Totaal 2

Marcel van Roosmalen bij Meulenhoff:

Het is nooit leuk als je tegen een boom rijdt
Ik ben (s)normaal
Geen brug te ver
Je moet opschrijven dat hier niets gebeurt
Het zijn de kleine dingen die het doen
Mijn legendarische moeder overleeft alles
Totaal
Totaal 2

Met Eva Hoeke:
Als het maar niet op ons lijkt

meulenhoff.nl

Marcel van Roosmalen

TOTAAL 2

Zijn beste columns

MEULENHOFF

van Grunsven
CREATIVE MANAGEMENT

Deze uitgave is tot stand gekomen met medewerking van Van Grunsven Creative Management, zie ook: www.vangrunsvencm.com

ISBN 978-90-290-9439-9
ISBN 978-94-023-1610-0 (e-book)
NUR 320

Auteursfoto: © Martin Dijkstra/Lumen Photo
Omslagontwerp: Bloemendaal en Dekkers
Vormgeving binnenwerk: Steven Boland

Alle in deze bundel opgenomen columns zijn eerder verschenen in *nrc.next* of NRC. De radio- en televisiecolumns zijn afkomstig van de YouTube-kanalen van *Vandaag Inside*, NOS Sport en NPO Radio 1.

Inhoud

Radio- en televisiecolumns via een QR-code

Ik stop omdat Ab Klink het wil

27 juni 2008

Al jaren neem ik me met oud en nieuw voor te stoppen met roken. Het lukte nooit.

Binnenkort ga ik óf minder naar het café, óf ik stop met roken.

In de buurtkroeg lag tot voor kort een lijst, waarop je je handtekening kon zetten. Tegen het rookverbod in de horeca. En tegen de minister want dat is een lul. 'Als ze ons dit ook nog afpakken wat blijft er dan over?' had iemand er met stift boven gezet.

Tja, dat wist ik ook niet.

Ik heb wel getekend. De barkeepster over de minister: 'Die heeft zelf nooit gerookt.'

Ik heb CDA-minister Klink van Volksgezondheid één keer ontmoet. Bij een of ander congres. Hij hield daar een toespraak die '10 jaar Wet op ZON en Preventieprogramma' heette. Hij had een eivormig hoofd, waarop een bril stond en hij droeg een roze stropdas. Na afloop gaf ik hem een hand.

Ik kreeg een hand terug, maar hij wilde alleen praten over 'Zorg Onderzoek Nederland'.

Het werd een kort gesprek.

Ik haastte me naar een binnenplaats, waar je mocht roken. Ik rookte er drie achter elkaar en ik hoopte dat hij het vanachter het glas zou zien.

Een daad stellen. Laten zien: kijk Ab, we gaan gewoon door!

Er kwam een meneer naar buiten. Een medicus ook. Hij vroeg of ik mijn peukjes niet op de grond wilde gooien. Dat gaf geen fris gezicht. En de binnenplaats was geen rookzone.

Ik vroeg wat hij van het rookverbod vond.

'Goed,' zei hij. 'Omdat verbieden werkt.' Hij gooide er ook nog een spreekwoord tegenaan. 'Zachte heelmeesters maken stinkende wonden'.

Na het roken ging ik weer naar binnen. Niemand had me gemist. Mijn gerook buiten was opgevallen, maar had totaal geen indruk gemaakt. Het had eerder iets bevestigd. Iets ongezonds. Ab Klink nipte van een glas jus d'orange. Hij wilde niet over roken praten. Hij voerde al een leuk gesprek over 'Zorg Onderzoek Nederland'.

Bij de laatste stoppoging heb ik op advies alles wat met roken te maken heeft in een vuilniszak gestopt. Sindsdien heb ik geen asbakken meer en stop ik mijn shagjes in kopjes. Of ik druk ze uit op borden. Een gore gewoonte, die ik zo veel mogelijk tot mijn eigen huis probeer te beperken. Tijdens Duitsland-Turkije nam ik van de opwinding een slok thee. Daar dreven twee shagjes in. Kwestie van het verkeerde kopje kiezen.

Met dit soort gedrag kun je maar beter stoppen.

Al jaren maak ik met oud en nieuw hetzelfde lijstje: stoppen met roken/minder naar het café/gezonder leven. Het lukte nooit.

Wat wel lukte was: niet meer roken op het werk (ontslag genomen)/ niet meer roken in de trein (verboden)/niet meer roken tijdens etentjes (vaak verboden)/en niet meer roken bij mensen thuis (bijna overal verboden).

'Omdat verbieden werkt.' Die zin laat me niet meer los. Binnenkort ga ik of minder naar het café of ik stop met roken. Allebei goed. Het is aftellen tot 1 juli. Dan begint het gezonde leven. Dat kan ik namelijk niet zelf. Daar heb ik zo'n lul als Ab Klink voor nodig.

Hertog is ziek

8 oktober 2009

Voor aanvang van de thuiswedstrijd van Vitesse tegen Sparta, afgelopen weekeinde, had stadionspeaker Theo van Baal 'een trieste mededeling'. 'Vanwege een levensbedreigende schimmelinfectie zal Hertog vandaag niet vliegen.'

Voor de meeste supporters was het geen nieuws, ze hadden het al gelezen op de site van de voetbalclub. Daar was Hertog, de Afrikaanse vechtarend, in het rijtje geblesseerde spelers opgenomen.

Het idee van de arend kwam vorige zomer van technisch directeur Marc van Hintum. Hij was naar een wedstrijd van het Portugese Benfica geweest. Daar had voorafgaand aan de wedstrijd een roofvogel door het stadion gecirkeld. Was dat ook niet iets voor Vitesse? Iedereen binnen de club was enthousiast, de commerciële mensen voorop.

De afdeling Voorlichting van Vitesse maakte in die zomer bekend dat er sprake was van een spectaculaire aankoop, die pas een kwartier voor aanvang van het eerste competitieduel bekend werd gemaakt. Een hint: het was een beest.

Op een boerderij in Lunteren werd het geheim verzorgd door het echtpaar Gerard en Bettine van den Brink. 'Dit is 'm dan,' zei Gerard. De nieuwste aankoop van Vitesse zat in een nest naast de koffietafel op het erf: een Afrikaanse vechtarend. 'Over een half jaar is-ie een meter hoog. Hij houdt van kippenvlees, barbecuevlees en shoarma.'

Het was de bedoeling dat de vogel voor de aftrap bij thuiswedstrijden een rondje door stadion GelreDome zou vliegen. Naast het nest stond een cassetterecorder waaruit stadiongeluiden kwamen. Kon-ie vast wennen.

Werken met vogels is niet zonder gevaar; ze hadden Gerard een oog uitgepikt. 'Maar dat was geen Afrikaanse vechtarend,' zei de verzorger. 'Die zijn veel sterker. Ze kunnen een zebra pakken. Ik heb die Van Hintum daarvoor gewaarschuwd, want die hing me iets te enthousiast met z'n snuit boven het nest.'

Kosten noch moeite werden gespaard om 'de aankoop' groots te presenteren aan de achterban. Op internet verschenen mysterieuze filmpjes met hoofdrollen voor Van Hintum en de toenmalige trainer Hans Westerhof. 'Het zou fantastisch zijn als hij komt,' zei de technisch directeur, die zijn lachen amper kon houden.

Al snel lekte uit dat het om een vogel ging. Dat viel niet goed. De filmpjes werden vervangen door een open brief van algemeen directeur Paul van der Kraan, waarin hij probeerde uit te leggen waarom

Vitesse een vogel had gekocht. 'In tegenstelling tot de meeste spelers is dit wel een aankoop die nog jaren bij de club blijft [...] De arend wordt heel groot! En daarin schuilt de symboliek van deze aankoop. Kracht en sterkte van de vogel moeten straks synoniem zijn voor de kracht en sterkte van het elftal [...] Het dier moet groeien, de club moet groeien en de band tussen club en supporters moet groeien. Vitesse gaat met deze vogel meegroeien.'

De ontvangst van 'De Vogel' viel mee. Aangekondigde fluitconcerten bleven uit en er hing maar één negatief spandoek: GEEN VOGELS, MAAR VOETBAL. De vogel kreeg de naam Hertog. Een kwartier voor aanvang van een thuisduel klonk voortaan een speciaal gecomponeerd deuntje door het stadion en vogeltrainer Gerard van den Brink en zijn vrouw marcheerden met de Afrikaanse vechtarend het veld op. Gerard liep dan naar het doel waarachter de Vitesse-aanhang zat, haalde een kipfilet tevoorschijn en zwaaide ermee boven het hoofd.

Bettine liet vanaf de andere kant van het veld het beest los. De bedoeling was dat de vogel naar Gerard vloog. Dat ging op wat uitzonderingen na goed.

Binnen korte tijd verwierven Hertog en zijn trainer een cultstatus. Bij de fanshop in stadion GelreDome werd de sleutelhanger met een foto van Hertog het meest verkochte item. De verkoper van de fanshop: 'Er is echt geen speler van ons die bij die aantallen in de buurt komt.'

De club, overdonderd door het onverwachte succes, overspeelde haar hand. In plaats van een 'voetbalfoto' kwam er een afbeelding van Hertog op de nieuwe seizoenkaart en marketingman Ronnie Groenewold verzon Het Hertogdom, een site waar supporters tegen betaling club- en vogelnieuws konden kopen. Een deel van de aanhang kwam in opstand. Ze wilden voetbal zien en hingen een spandoek op met de tekst RONNIE STERF.

En nu is Hertog ziek.

'Hij krijgt medicijnen, sondevoeding en zit aan het infuus. Gelukkig is Hertog in goede handen bij de beste specialisten. Maar feit blijft dat Hertog het zwaar heeft,' staat op de site. Zijn toestand is stabiel.

Hoewel Hertog een van zijn succesvolste aankopen is, verhinderde Van Hintum dat vogeltrainer Van den Brink voorafgaand aan het duel met Sparta een emotionele toespraak in de middencirkel hield. Van den

Brink wilde de supporters bedanken voor de steun en alle schalen rauw vlees.

Na twee jaar kwam de technisch directeur tot het inzicht dat het bij Vitesse alleen om voetbal draait.

Grote neus, geverfd haar

31 januari 2011

Nadat er was gebeld met correspondente Nicole le Fever in Caïro, nam het *NOS Journaal* een kijkje in grillroom Ramses in Soesterberg. We zagen een pizzabakker die met een grote stok een pizza in een houtoven stopte. De verslaggever van dienst zei: 'Ook vandaag worden er pizza's en broodjes shoarma bereid, maar de aandacht is ergens anders...'

Ze zaten er naar CNN te kijken, zo te zien de hele tijd met een Egyptische en een Nederlandse vlag in de handen. Ze maakten zich grote zorgen en hoopten dat het goed afliep allemaal, begrijpelijk.

Ik was een keer in Egypte, nog niet zo lang geleden, in een hotel in de vorm van een croissant. Tot goede gesprekken met Egyptenaren was het in die week niet gekomen. Eigenlijk probeerden we ze een beetje te ontlopen – wat best moeilijk was, we waren tenslotte in Egypte – want ze zaten de hele tijd achter ons aan met hun spulletjes: handgemaakte kameeltjes, kettingen, tapijten, plastic geweren, met alles eigenlijk. En dan ook nog de hele tijd 'allemachtig prachtig achtentachtig' en 'tuut-tuut-tuut, groetjes van Ruud' roepen.

Er hing daar in de lobby van dat hotel ook een enorm portret van Mubarak. Grote neus, geverfd haar, wallen onder de ogen, niet direct iemand met een warme uitstraling. Eronder, op een zuil, een vaas met bloemen.

Maar goed, nu was daar dus een revolutie gaande. Om de stemming te peilen naar Egyptisch eetcafé El Amier aan de Van Woustraat in Amsterdam. Ik was de zaak duizenden keren voorbijgewandeld, maar er nog nooit binnen geweest.

Eetcafé was een heel groot woord. Je kon er waterpijp roken, theedrinken en als je wilde haalden ze een portie shoarma voor je bij de frietzaak verderop. De eigenaar, een vrolijke krullenbol in een joggingbroek vol vlekken, keek naar de televisie, die op een Arabische zender stond.

Zijn broer – ook eigenaar – waste glazen. In de zaak hing een blauwe walm van al die waterpijpen. Op het beeldscherm de rellen. Het wachten was op de toespraak van Mubarak. Een toespraak waar de aanwezige Egyptenaren nou niet echt gespannen naar uitkeken. Ze dronken thee, rookten waterpijp en speelden backgammon; business as usual.

De thee kwam. In het glas dreef een blaadje munt en onderin zat een berg suiker. 'Hij blijft,' zei de eigenaar over Mubarak. 'Hij is sterke baas. Hij heeft alles al gepakt, hij zit vol.'

Hij legde uit dat politici in Egypte in de eerste plaats aan zichzelf dachten, pas als ze genoeg hadden, dachten ze aan het volk. Na dertig jaar zat Mubarak 'vol': hij had genoeg. Het zou stom zijn om hem juist nu in te ruilen voor een ander.

Die hele revolutie was 'een Egyptisch probleempje', dat het best met Egyptische logica kon worden bestreden. 'Mubarak moet weg en blijven.'

‘Een konijn, majesteit’

1 februari 2011

Koningin Beatrix was jarig, ze vierde het zoals gebruikelijk in huiselijke kring. De feestelijkheden op televisie begonnen in het programma *Ochtendspits* van Wakker Nederland. In beeld verscheen de tekst DRIEWERF HOEZEE, zodat meteen duidelijk was hoe ze daar over het koningshuis dachten. Vaste gast Frits Huffnagel en royaltyverslaggever Pieter Klein Beernink van *De Telegraaf* bespraken het nieuws vanaf een bankstel. Ervoor een blok hout, waarop een theepot stond. De strekking van het gesprek: de vorstin was dan wel 73 jaar oud, maar ze kon nog jaren mee, want ze deed het hartstikke goed. En leuk dat de oproep van de Bond van Oranjeverenigingen om de dag te beginnen met het spelen van het Wilhelmus door veel regionale omroepen was opgevolgd. Frits Huffnagel voegde eraan toe dat ze het volkslied niet vaak genoeg konden spelen.

Het *NOS Journaal* had beelden geschoten bij de ingang van Huis ten Bosch aan de Bezuidenhoutseweg in Den Haag. Het was er weer een komen en gaan geweest van mensen die pakketjes, kaarten en bloemen kwamen afgeven. Een man in regenjas overhandigde een enorm boeket witte rozen aan de dienstdoende marechaussee, een envelop met een felicitatiebrief in de mond. Nadat hij alles had afgegeven zei hij: ‘En als je d’r ziet, feliciteer ’r dan van mij!’

Vorige week zag ik de koningin zelf in actie. Ze opende de Nationale Kleindierenshow Nederland, een evenement waar sierduiven, cavia’s, konijnen en kleine knagers aan het publiek worden getoond. Het was een thuiswedstrijd. Kleindierliefhebbers waren bijzonder Oranjegezind. Ze juichten en klapten als de vorstin passeerde. Koningin Beatrix liep met een bosje bloemen in de hand door de hal, een glimlach op het gezicht. Ze stond langere tijd stil bij een wel heel kleine pony, keek naar een mevrouw die haar cavia föhnde en sprak met de eigenaar van een konijn dat vanwege overvloedige beharing eigenlijk niet meer als zodanig te herkennen was. De baas van het beest verklaarde later dat de koningin hem had gevraagd naar wat voor dier ze nou eigenlijk stond te kijken, mijns inziens een terechte vraag.

'Een konijn, majesteit,' had hij geantwoord. Hij had eraan toegevoegd dat er van de vacht later een trui zou worden gebreid.

De koningin had het voor kennisgeving aangenomen en was doorgelopen naar een stapel van pakken caviavoer.

Fans van het koningshuis zien er gewoon uit. Ze föhnen hun cavia, breien truien van konijnen, brengen cadeautjes naar het paleis en het liefst luisteren ze de hele dag naar het Wilhelmus.

Rita Verdonk, FC Utrecht-supporter

2 februari 2011

In het jongste nummer van het tijdschrift *NUsport* poseert Rita Verdonk met een shirt van FC Utrecht. Ze had zich er speciaal voor opgemaakt, ze wilde goed overkomen, want er zaten nogal wat voetbalsupporters in haar achterban.

Politici hangen graag de voetbalsupporter uit. Ex-PvdA-leider Wouter Bos schuift graag aan bij het programma *Voetbal International* en zelf zag ik Hilbrand Nawijn ooit bij een wedstrijd van ADO Den Haag met een geelgroene sjaal om, een dom gezicht.

Rita was een echte FC Utrecht-supporter. Ze hield van 'harde werkers' als Utrecht-spits Frank Demouge, een vroeg kalende stormram. In *NUsport* roemde ze de sfeer bij de thuiswedstrijden in stadion Galgenwaard. 'Opzwepende liederen, iedereen die opstaat en klapt. Op zulke momenten giert er een hoop adrenaline door mijn lichaam.'

De gedachten gingen terug naar een jaar of drie geleden, toen ze zichzelf en haar beweging Trots Op Nederland in de Passenger Terminal in Amsterdam presenteerde aan het Nederlandse volk. Daar gingen ze allemaal staan en klappen toen zij het podium op kwam lopen. Op krukken vanwege een driedubbele spierscheuring. Ze las tien velletjes papier voor en die gingen allemaal over 'aanpassen' en 'integratie'. Ze stond hoog in de peilingen en kondigde aan dat alles anders werd zodra zij 'aan de knoppen ging draaien'. Na afloop sprak ik haar kort. Het was een bizar gesprek. Het ging over 'boerenkool met worst', haar lievelingseten. Over integratie zei ze: 'Iedereen moet zich aanpassen. Als wij naar Tunesië gaan, laten we de string ook in de koffer.'

Het laatste nieuws rond Rita was dat haar partij niet deelnam aan de verkiezingen voor de Provinciale Staten. Op haar eigen website was een filmpje te zien. Fascinerende beelden van Rita in een verlaten congrescentrum en Rita in haar winterjas, zoekend naar haar auto op het parkeerterrein. Het ging nog steeds hartstikke goed met haar beweging. Ze sprak over een bijeenkomst met wel honderdvijftig actieve 'Trotsers', in de marge bezig met de wederopbouw van ons land. Ze sloeg eventjes een verkiezinkje over om 'de basis te verbreden', maar geen zorgen, bij de volgende verkiezingen was ze er weer helemaal.

Tot die tijd is ze te bewonderen op de tribunes van stadion Galgenwaard, waar ze met een FC Utrecht-sjaal om de nek tussen de gewone, hardwerkende mensen zit en na afloop in de businessclub een borrel drinkt. FC Utrecht, een club met ambities, maar we weten allemaal dat ze nooit kampioen worden.

Een klein fysiek gebrek geen enkel bezwaar

3 februari 2011

Ik was in Arnhem, mijn lievelingsstad. Een cd gekocht bij De Waaghals, de leukste platenzaak van Nederland. Daarna voor een broodje naar La Place in de V&D, geen aanrader. De aandacht werd getrokken door drie particuliere beveiligers, een tafel verderop.

Wie of wat ze die dag aan het beveiligen waren, bleef onduidelijk, maar een van de drie was tijdens de werkzaamheden door scholieren bekogeld met proppen papier. Hij was ook nog eens uitgescholden voor 'dikke', in zijn geval een voor de hand liggend scheldwoord.

Het was niet de eerste keer geweest en hij had de achtervolging ingezet. Op de stoep voor het Rembrandt Theater aan het Velperplein had hij een van de daders, een Turks jongetje van een jaar of veertien, te pakken gekregen. Die had eerst 'een draai om de oren' gehad en daarna was de politie gebeld. Ze hadden 'm afgevoerd naar het politiebureau.

De beveiliger nam een hap van zijn broodje en zei met volle mond: 'Ik neem aan dat ze 'm daar nu aan het verhoren zijn en dat de namen van de andere daders er inmiddels uit zijn gepeuterd.'

Je mag ze natuurlijk niet allemaal over één kam scheren, maar er zitten er nogal wat tussen bij wie een steekje loszit. De functie-eisen voor beveiligers kende ik niet, maar aan de heren aan het tafeltje te zien was een klein gebrek geen enkel bezwaar.

Het was lang geleden dat ik was uitgescholden en proppen papier waren er na de middelbare school nooit meer naar me gegooid. Ik kon me voorstellen dat zoiets niet leuk was onder werktijd, zeker niet als je druk bezig was met beveiligen. Dan kon je natuurlijk overkoken.

Dat bedacht ik allemaal, terwijl ik mijn broodje filet americain at. Er groeide iets van begrip en juist toen gebeurde het. Een jongen en een meisje kwamen binnen. Ze gingen aan een tafeltje zitten, de jongen onderuitgezakt. Tussen hen in een shake van aardbeien en yoghurt.

Niets aan de hand.

Vanuit het niets klonk nogal dwingend de stem van een van de beveiligers.

'Ga eens rechtop zitten!'

De jongen vroeg zich af waarom dat moest.

'Omdat ik het zeg!' antwoordde de beveiliger.

Harm Brouwer, procureur-generaal van het Openbaar Ministerie, gaf een interview op Radio 1. Als het aan hem lag, kregen particuliere beveiligers meer bevoegdheden. Hij dacht daarbij onder andere aan handboeien en een wapenstok.

Ik ging niet

4 februari 2011

Frits Barend was te gast in het Parool Theater in Amsterdam, wat gezien de recente ontwikkelingen in de voetbalwereld – Gullit naar Tsjetsjenië om maar eens iets te noemen – interessant kon zijn voor een stukje.

Ik ging niet.

De avond ervoor was Frits namelijk al te gast bij *Pauw & Witteman* om ons bij te praten over de laatste voetbaltransfers. Ik weet niet hoe jullie erin zitten, maar twee keer Frits Barend in een week is mij te veel. Ik ben nog van de generatie van de dagelijkse talkshow *Barend & Van Dorp*, waarschijnlijk heb ik toen een overdosis gehad. Bij *Pauw & Witteman* trapte hij af met de mededeling dat hij had gehuild tijdens de première van de film *Sonny Boy*, hoewel van 1947 geeft Frits je graag het gevoel dat die hele Tweede Wereldoorlog eigenlijk om hem draaide.

Tijdens het WK van 2006 reisde ik voor *Nieuwe Revu* naar Duitsland om een stukje te schrijven over de laatste uitzendingen van *Barend & Van Dorp*. Na drie dagen hangen in het dorp Titisee had Frits eindelijk tijd.

Hij zat op een klapstoel in een weiland.

Op zijn hoofd een donkere zonnebril.

Hij zuchtte diep en vroeg: 'Wat is nou eigenlijk je insteek?'

Ik had geen idee.

Frits: 'Dat straal je ook uit.'

Ik: 'Dat zal wel.'

Frits: 'Ja, dat straal je uit.'

Ik: 'Ik voel me niet echt welkom...'

Frits werd boos. 'Ik vind het ongelooflijk onbeschoft wat je nu doet. Onbeschoft en onbeleefd. Respectloos. Echt schan-da-lig!'

Het interview duurde zo nog een half uur en na afloop rookte ik een half pakje sigaretten achter elkaar op.

Een paar maanden geleden was er een open dag van de Johan Cruyff Foundation in het Olympisch Stadion. Hoofdgast was Johan Cruijff, die na afloop van de openingshandeling voor het hoofdpodium werd omsingeld door Frits en zijn toen nog zwangere dochter Barbara. Frits sloeg een arm om de nek van Johan en drukte de mond tegen zijn oor. Ze moesten wat van hem, dat was duidelijk. Het ongemakkelijke gezicht van Johan Cruijff, die geen kant meer op kon, bleef hangen. Je begon te begrijpen waarom hij in Barcelona woont, want als vriend had je het ook niet makkelijk. Voor je het weet staat hij te speechen op je begrafenis. Het overkwam André Hazes in een volle Amsterdam ArenA.

Bij *Pauw & Witteman* meldde Frits dat de transfer van Bas Dost van Heerenveen naar Ajax niet doorging. Oud nieuws, dat een uur eerder al uitgebreid was besproken in het programma van Johan Derksen – geen vriend – op een andere zender. Voor hem op tafel lag zijn BlackBerry, waarin 3600 vrienden zaten. Er werd niet gebeld, dat stelde enorm gerust.

Wat als Catherine Keyl was ontploft?

1 augustus 2011

Kelimboots, vrouwenlaarzen gemaakt van oude tapijten uit Marokko, ik had me er nooit zo in verdiept. Zaterdag zat ik er per ongeluk middenin, in deze trend. De Stadskantine in Amsterdam, een plek waar je normaal prima kunt werken, zat vol opgewonden vrouwen – veel met vriendinnen, een enkeling met een zichtbaar balende vriend.

In de kelder was een sale, een volgens de aanwezige vrouwen 'uniek' gebeuren.

Theo Panzer, een op Ibiza woonachtige Duitser van 68, zat in de kelimboots, en was de avond ervoor halsoverkop met tweehonderd paar laarzen naar Amsterdam gereden. Theo leek me een vriendelijke man en ik vond Panzer een geweldige achternaam voor een Duitser.

Hij had de afgelopen 35 jaar met zijn handel op de hippiemarkt in Ibiza gestaan. Sinds Sylvie van der Vaart en Lieke van Lexmond, vrouwen die hem verder niets zeiden, kelimboots droegen, liep het opeens geweldig. Hij liet me de laarzen zien.

Handgemaakt in Marokko, van oude tapijten dus.

Het hippe aspect ontging me.

De nutteloze zaterdag werd afgesloten op de IKEA-bank voor de televisie. Al zappend belandde ik bij Geschiedenis24, een goeiige kwezel keek met Catherine Keyl terug op 'zestig jaar televisie'.

We zagen de Catherine van 1981 met een enorme uilenbril wijdbeens in een verlaten straat van Belfast, Noord-Ierland. Er was daar toen een burgeroorlog, maar in beeld gebeurde niets. Goede televisie: verslaggever in verlaten straat die constateert dat het rustig is.

'Later besef je pas dat je toen je leven hebt geriskeerd,' zei Catherine. 'In het hotel hoorden we bommen ontploffen.' En verder viel het haar op dat ze zich toen, als oorlogsverslaggever, helemaal niet opmaakte. Voor de kijker was dat wel zo makkelijk: ze zag er nog precies hetzelfde uit als vroeger, want voor Geschiedenis24 had ze zich wel met van alles onder gesmeerd.

De gedachten dwaalden af. Wat als Catherine wel was ontploft? Ik had dan in ieder geval minder buiten gespeeld. Als kind keek ik graag televisie, het liefst al in de middag. Dat plezier werd ergens halverwege de jaren tachtig vergald door Catherine Keyl die ons met haar verschrikkelijke *AVRO Service Salon* – het eerste en laatste middagprogramma met meer dan een miljoen kijkers – de straat op joeg.

Het ging over huisdieren, kapsels en truien en mijn moeder keek het iedere middag. Volgens Catherine was het 'heel makkelijk' om over dat programma met dedain te praten. We moesten beseffen dat het interviewen van 'gewone mensen' veel moeilijker was dan praten met een minister.

We zagen beelden.

Ze droeg een roze bril met hartjes.

Naast haar medepresentatrice Amanda Spoel, de zwarte haren in een wrong.

Amanda droeg kelimboots, dat was toen ook mode.

Paard of een brommer?

2 augustus 2011

De ME in Amsterdam – toevallig op oorlogssterkte vanwege de wedstrijd Ajax-FC Twente – arresteerde zaterdagavond 56 leden van motorclub Satudarah, die aan de biefstuk zaten bij Grill Restaurant Toon aan de Scheldestraat. Het was een preventief optreden, de politie vreesde een confrontatie tussen Satudarah en de Hells Angels.

Op maandagochtend stond de eigenaar – Toon? – van Grill Restaurant Toon met een groene plastic gieter de plantjes voor zijn zaak water te geven. Op de luifel van zijn restaurant stonden twee stieren, want hij was gespecialiseerd in 'Argentijns vlees'. Hij herinnerde zich 'een normale avond'.

Ik liet hem *Het Parool* zien. Er stonden foto's in van zijn zaak, omsingeld door ME'ers. Er begon iets te dagen, bij nader inzien was het geen normale avond geweest. Hij las de tekst en wees me op een feitelijke onjuistheid. Er stond dat er in en om zijn restaurant twaalf messen en twee vuurwapens waren gevonden en dat er bij schermutselingen gegooid was met tafels, stoelen, flessen en rotzooi. In plaats van 'rotzooi' had er 'biefstuk' moeten staan, een wezenlijk verschil. Mocht hij verdergaan met water geven aan zijn planten? De zon scheen, het was dringend.

In Nederland zijn geloof ik acht motorclubs. Een paar jaar geleden, toen ze nog allemaal vrienden waren, bezocht ik er een paar. Bij MC Rogues in Opmeer sprak ik een man met een baard die zei dat je de juiste genen moest hebben om lid te worden. Hij begon over de prehistorie en de tijd daarvoor. 'Die mensen hadden veel eigenschappen die wij ook hebben. Zoals territoriumdrift, machogedrag en de bereidheid om je dood te vechten voor je groep.'

Hij wist al vroeg dat hij de juiste genen had. Als kind wilde hij indiaan worden. 'Dan ging je op bizonjacht. We schoten met pijl-en-boog op koeien. Op mijn vijftiende stond ik voor de allesbepalende keuze: neem ik een paard of een brommer?'

Het clubhuis van MC Demons zat in een verbouwde kippenschuur, ergens in Zuid-Holland. De 'vicepresident' liet me de vergaderruimte zien. Op tafel lag een enorme kunstlul. 'We hebben hier geen hamer,' zei hij, 'een kwestie van humor.' Veel Demons hadden naast hun motorleven ook een normaal leven. Ik maakte kennis met een supermarkteigenaar, een bedrijfsleider en een instructeur. Een van hen zei: 'Maar hier heet ik Hond.'

In het clubhuis van de afdeling – 'Chapter' – Apeldoorn van motorclub Satudarah at ik boerenkool met worst. De plaatselijke president zat tegenover me en legde uit dat het niet uitmaakte of iemand zwart of wit was, als je 'm de polsen doorsneed was het bloed altijd rood.

'Respect' was een woord dat bij al die bezoekjes viel, een respectvolle benadering werd op prijs gesteld. Bij Grill Restaurant Toon hebben ze dat goed begrepen: motorclubs blijven er van harte welkom.

Keuken Meubels Welkom

3 augustus 2011

De toename van het aantal migranten uit Midden- en Oost-Europese landen is veel groter dan verwacht. Dat schreven minister Henk Kamp en staatssecretaris Paul de Krom van Sociale Zaken maandag in reactie op vragen van de tijdelijke onderzoekscommissie 'Lessen uit recente arbeidsmigratie' van de Tweede Kamer.

Prima, het leek me goed nieuws voor Marek Strieszewski (52) en zijn vriendin Sylvia, die graag stewardess bij Air France wil worden.

Marek, een man in een verwassen T-shirt die, als ik een groente moet noemen, nog het meest op een aardappel lijkt, bestierde sinds enige tijd een 'Poolse supermarkt' op de Amsterdamse Van Woustraat. Ik had hem vaak op straat zien roken, Poolse sigaretten met veel teer waarschijnlijk. Toen ik zijn zaak binnenstapte was hij bezig met het snijden van worst, want dat doen Polen.

Ik liet hem een *nrc.next* zien en zei dat ik daar tijdelijk werkte. 'Tijdelijk werk,' het waren twee woorden die voor verbroedering zorgden. Hij was vanuit Breslau naar Nederland gekomen om te werken in de schoonmaakbranche. In kantoorgebouwen aan de Zuidas leerde hij zijn eerste Nederlandse zinnetjes: 'Bek dicht' en 'Katja grote tieten', de inburgeringsperiode werd afgesloten met de conclusie dat je als Pool in Nederland het beste voor jezelf kon beginnen. Na een mislukte copyrette wilde hij een product waar hij meer feeling mee had: Pools eten.

Ik informeerde naar de omzet, de klandizie en de producten die hij verkocht. Hij liet me worsten proeven: jagersworst, jeneverworst en Krakauer. En daarna haring met pruim uit een potje, een hapje aardappel-citroengelei en augurkensoep met worst. Toen hij, het was half tien 's ochtends, flessen Żywiec-bier – genoemd naar een dorp in het zuiden – begon te openen, waren de grenzen van de participerende journalistiek wat mij betreft bereikt.

Hij was hier aardig geland, er was sprake van een redelijke omzet en wat Polen zoal lusten, vond ik vies. Er werd gebeld met Pawel Balcerzak, die verkocht even verderop in de straat keukens voor vierhonderd euro per stuk, dat moest en zou ik ook zien.

Pawel droeg een soort kiel en had wallen onder zijn ogen. Hij nam me mee naar zijn zaak, die hij 'Keuken Meubels Welkom' had genoemd. Er waren daar twaalf verschillende keukens en hij deed van allemaal alle kastjes een keer open en dicht.

Dat zei hij ook de hele tijd.

'Open.'

'Dicht.'

Dat ging zo maar door en toen het klaar was kwam Marek van de Poolse supermarkt naar 'Keuken Meubels Welkom' om een plastic zak met stukjes worst te brengen. Polen werken harder dan Nederlanders, ze houden nooit op.

Anne Frank Huis

4 augustus 2011

Vandaag is het 67 jaar geleden dat Anne Frank werd opgepakt. Voor het Anne Frank Huis aan de Prinsengracht 263 in Amsterdam stond gisteren een lange rij belangstellenden, veelal Amerikanen. Medewerkers van het Anne Frank Huis kwamen met folders om het wachten te veraangenamen.

Die folder was zo uit, een samenvatting van het bekende verhaal. Ik wurmde me langs de rij. Aan een Anne Frank Huis-vrouw in een zwart uniform legde ik uit waarvoor ik kwam. Ze ging bellen met de afdeling Communicatie. De uitkomst: ik mocht bij haar een kaartje kopen, maar voortaan even vooraf bellen, ze hielden niet van onaangekondigd bezoek.

De mevrouw voor me, moeder van een gezin van vier, had via internet kaartjes besteld. Ze draaide zich om en zei: 'Zo kunnen we allemaal wel voordringen, lekker makkelijk.'

In een lange rij schuifelden we door het voorhuis, waar alles was als vroeger. Er stonden televisietoestellen – die stonden er toen nog niet hoor – waarop Anne Frank en helper Miep Gies voorbijkwamen. Aan de muur achter glas wat attributen, onder andere een gebedenboekje in het Hebreeuws. Op het bijbehorende kaartje een citaat uit het dagboek: 'Moeder heeft me haar gebedenboek in handen gestopt. Voor het fatsoen heb ik wat gebeden in het Duits gelezen.'

Een jonge vrouw in korte broek, die gearmd met haar vriend voor het boekje stond, viel over een feitelijke onjuistheid.

'Ik weet niet veel, maar dit is geen Duits, Armin.'

'Klopt geen hout van,' vond ook Armin.

Via allemaal trappen en die bekende draaideurboekenkast kwamen we het Achterhuis binnen, kale ruimtes, de boel was niet heringericht.

Een Amerikaanse vrouw van een jaar of veertig, onderdeel van een grotere groep, sloeg een hand voor de mond.

'*Oh my God...*' zei ze in het kamertje van Anne. '*Really touching, I have to fight back some tears now.*'

De andere Amerikanen hadden het ook moeilijk, maar daarna gingen de gesprekken al snel over ene Louise, een reisgenote in een rolstoel. Ze wachtte in het museumcafé achter een glas cola, omdat Anne Frank Huis-medewerkers hadden gezegd dat het pand niet echt rolstoelvriendelijk was, een understatement vanjewelste.

Een uur later schuifelden we langs de speciale tentoonstelling over Margot Frank, de bijna-vergeten zus van. Een jeugdvriendin van Margot vertelde op een televisiescherm dat ze al jaren 'razend boos' was omdat alle aandacht naar Anne ging. 'Margot was lief en plichtsgetrouw,' zei een oud-klasgenootje, 'een dochter die je iedere moeder zou toewensen.'

'En lelijk,' voegde een jongen van een jaar of zestien er ongevraagd aan toe. Hoewel hij een punt had, waren er bezoekers die zich aan de opmerking ergerden. Zijn moeder, of begeleidster dat kan ook, verontschuldigde zich. 'Wij zijn fan van hun allemaal.'

Bij het weggaan las ik het vuistdikke gastenboek. Nogal wat mensen hadden een davidster getekend. Anderen beperkten zich tot korte teksten. 'Ik ben pas 10, maar ik weet nu wel hoe ze leven.'

Pedofiel begint vaak als dierenbeul

5 augustus 2011

Bericht uit Velp, het dorp waar ik opgroeide en waar mijn ouders nog steeds wonen, schuin achter 'De Oude Jan', een kerkje uit de vroege middeleeuwen. Een buurjongen, een van de weinige Velpenaren met wie het contact nog normaal verloopt, zond me een filmpje van Omroep Gelderland.

Het ging over kattenmishandeling een stukje verderop. Aan de verkeerde kant van de Kennedylaan, een gebied waar 'gewone mensen' de baas zijn, werd de ene na de andere gewonde kat gevonden.

In beeld Tara, een lieve schat van een jaar of dertien uit de Merwedestraat. Ze had de haren gekamd en zat samen met haar moeder op een leren bankstel in een verduisterde huiskamer, de gordijnen met pantermotief waren gesloten. Moeder had een stuk prikkeldraad op de linkerarm laten tatoeëren, Tara aaide haar kater Boris, die sinds kort nog maar drie pootjes had.

'Ik dacht gelijk: dit zit fout,' zei moeder over de dag dat Boris kreupel thuiskwam. 'Ik tilde 'm op en zag het pootje er onderaan bungelen.'

De dierenarts constateerde een verbrijzelde heup en amputeerde een achterpoot. Moeder keek recht in de camera en riep iedereen met kapotte katten op om aangifte te doen.

Naar Velp, de buurt in waar we vroeger niet durfden te komen omdat de kinderen er, aangemoedigd door hun ouders die 's zomers met al hun eten en drinken op straat zaten, met blaaspijpen op ons schoten.

Er waren nu acht gevallen van mishandelde katten bekend, allemaal hadden ze iets aan de heup. Het had voor veel onrust gezorgd.

'Ik hou de bek dicht,' zei een vrouw uit de Alexanderstraat. Nadat ze 'op de internet' had geroepen dat het beter was als katten in hun eigen tuin bleven, was ze nogal bedreigd. Ze zei dat kattenbeulen – 'en paardenbeulen trouwens ook' – vies, vuil, smerig en laf waren. 'Pak dan een duif, die schijten op mijn was.'

Ze had dus niks tegen katten, maar kattenbezitters moesten zich aan regels houden, want dat moesten hondenbezitters ook. Zelf had ze een hond.

Een man met een indrukwekkende blote buik, de rode sportbroek afgezakt tot over de heup, vatte alles samen: 'Wij willen Animal Cops! Wilders zegt het ook: pedofielen beginnen vaak als dierenbeul, de gewone politie weet helemaal niet dat hier een tijdbom loopt.'

Zelf vond hij mensen met verzorgde tuinen – 'met van die mooie heggen en van die bloemetjes' – verdacht, maar hij had inmiddels begrepen dat de dader in een zilvergrijze stationwagon reed. 'Als ik die hier zie, sleur ik 'm eruit,' zei hij.

De vraag 'En dan?' drong zich op.

'Gewoon,' zei hij. 'Dan schup ik 'm! En daarna weet hij voor de rest van z'n leven hoe het is om een kunstheup te hebben.'

De plaatselijke dierenbescherming adviseert kattenbezitters in Velp-Zuid om 'de boel' voorlopig binnen te houden. Bezitters van een zilvergrijze stationwagon adviseer ik om met het openbaar vervoer te komen. Velp heeft een lelijk stationnetje.

Joop Zoetemelk

8 augustus 2011

Ik was naar Oostvoorne gestuurd om verslag te doen van de plaatselijke wielerronde. In het voorprogramma reden prominenten achter motoren, de publiekstrekkers waren Gert Jacobs en Joop Zoetemelk. Na afloop at Joop Zoetemelk gerookte paling in de vipruimte.

Hij kwam niet vaak in Nederland. Een directrice van een groot uitzendbureau zat naast hem en snapte niet waarom dat was.

'Ach,' zei Joop, 'gewoon.'

Een paar uur later sleepten organisator Rob van Beek en zijn vrouw Joke hem naar het dorpsplein, waar Dries Roelvink optrad. De aangeschoten bevolking van het dorp zong de teksten woord voor woord mee.

Joop stond met de armen over elkaar aan de zijkant van het podium, naast hem Gert Jacobs en het echtpaar Van Beek, meedeinend op de muziek.

Gert Jacobs zwaaide met de handen boven het hoofd en liep het podium op.

'Jij ook, Joop,' zei Joke en ze gaf de oud-tourwinnaar een zet in de rug. Het publiek juichte toen Joop het podium op struikelde. Hij bewoog wat op de muziek en zwaaide wat met de armen.

Even later bevond hij zich met het organisatiecomité in een polonaise.

Na het optreden werd Joop besprongen door de massa.

Iemand kwam met een traytje bier. Joop moest ook bier.

'Niet flauw doen, Joop.'

Daarna sleurden ze hem naar een man in een rolstoel, geen echte gehandicapte: een meneer die zijn been had verdraaid bij het golfen.

'Daar moet je mee op de foto, Joop,' zei Joke, die eraan toevoegde dat de meneer normaal veel langer was.

Daarna begon ze over het karakter van Joop. Hij was een introverte, lieve man, maar als je hem kende – en zij kende hem – was-ie juist het tegenovergestelde.

'Heb jij Joop Zoetemelk ooit de polonaise zien lopen? Ik niet! Ik niet! Jij wel?'

Daarna bleef de plaat steken.

'Heel Oostvoorne zag het! Heel Oostvoorne zag het! Heel Oostvoorne zag het!'

Joop Zoetemelk stond met zijn rug tegen een feesttent. Hij moest met iedereen op de foto.

Rob stak zijn duim op naar Joop, kondigde aan dat ze naar de kroeg gingen en dat Joop de komende uren nooit zou vergeten. Even later gingen ze Oostvoorne in. Rob voorop, daarachter Gert Jacobs en Joop Zoetemelk, mevrouw Van Beek hing er als een malle theezak tussenin.

Het was opeens volkomen duidelijk waarom Joop Zoetemelk in Frankrijk woont.

Een mens, een vriend: Eddy Wally

9 augustus 2011

Bij snackbar Barbarella lag het weekblad *Privé*, een wat vettig geworden editie uit maart. Er stond een verhaal in over Eddy Wally, de Vlaamse zanger. Na een etentje bij vrienden in Brussel liep hij naar zijn auto, die in de Rue de Dinant stond geparkeerd. Daar viel hij neer. In *Privé* stond: 'Eddy Wally strijdlustig na beroerte: "Ik ga door tot het gaatje van de plaat"', een vreemde uitspraak voor iemand die half verlamd in bed ligt. Het citaat was dan ook overgenomen uit een *Weekend* van een paar jaar eerder, toen had Eddy darmkanker en moest chemokuren ondergaan.

Al met al riep het de vraag op hoe het met Eddy ging. Volgens de website van – alweer – *Privé* was hij inmiddels uit het ziekenhuis ontslagen en verhuisd naar een verzorgingstehuis. Hij was nog steeds gedeeltelijk verlamd, maar zag de toekomst met vertrouwen tegemoet. *Privé*: 'Hij is dan ook vastbesloten om een groot feest te geven als hij weer helemaal is opgeknapt.'

Ongeveer een jaar geleden was ik op bezoek bij de beroemde zanger. Hij woonde in een vrijstaand huis in een afgelegen straat in Zelzate, België. Aan de gevel een glimmend bord: EEN LEVEN, EEN CARRIÈRE, EEN MENS, EEN VRIEND, EDDY WALLY.

Eddy reageerde niet op de bel, hij lag met zijn witte poedel op een bank te slapen. Na flink kloppen op de ramen deed hij open. Hij was in korte broek, zijn haren waren zwart geverfd en daarbovenop stond een witte hoed met een roze rand.

Hij begon meteen te zingen.

'Hallo, ik ben Eddy
Altijd ready.'

Hij vertelde dat hij was begonnen als marktkoopman, hij verkocht handtassen.

'In 1973 liet ik mijn hand lezen. Die vrouw zei: "Och, meneer Eddy

Wally… Ik zie doornen en rode rozen en daarna gouden platen!" En zo is het gegaan, hè?'

Hij drukte op een knop van de stereo en keek verbaasd om zich heen. 'Hé,' riep hij, '*That's the sound from mister Eddy Wally!*'

Hij zong mee met zichzelf.

'Shanghai

Amai, amai.'

En:

'Ik spring uit een vliegmachien

Alleen maar om jou te zien.'

Daarna deed zijn incontinente poedel een plasje op het zeil in de keuken, een afhaakmoment. Onder de witte hondenharen stond ik even later buiten, uitgeput en suf gezongen.

In de Vlaamse krant *Het Laatste Nieuws* liet Eddy's manager Hugo Colpaert optekenen dat hij in Zelzate op zoek gaat naar de locatie voor een Eddy Wally-museum. Hij hoeft niet lang te zoeken, maar laten we vooral hopen dat de zanger spoedig herstelt, hij heeft aandacht nodig.

Henny Huisman

10 augustus 2011

Het bericht 'Website Henny Huisman 450.000 keer bezocht' stuiterde binnen. Honderdvijftig keer achter elkaar.

Op www.hennyhuisman.nl straalde de entertainer in spijkerbroek en groene sweater je tegemoet. 'Met deze site wil ik je wegwijs maken in mijn leven. Ik wens je veel plezier!' stond er onder zijn voeten.

Ik klikte op 'Laatste nieuws', waar Henny een interview met zichzelf had geplaatst. Het betrof een aflevering van de rubriek 'Lompe vragen' van het tijdschrift *Revu*. De vragen – 'Wie zit er nog op jou te wachten?', 'Slaap je in een paardenpyjama?' en 'Hinnik jij?' – vielen mee, de antwoorden niet.

Henny zei dat hij wel eens een onderbroekje met een snuitje erop had gedragen, dat hij de laatste jaren minder makkelijk tot een orgasme kwam en dat hij hoopte op een televisieprogramma, een familieshow. 'Het laatste wat ik wil is zielig overkomen. Helaas lukt dat niet altijd.'

Ongeveer een jaar geleden vierde Henny Huisman op uitnodiging van het Dolfinarium zijn 59ste verjaardag in Harderwijk, alle journalisten waren van harte uitgenodigd. Een dag eerder was hij ontslagen door de Evangelische Omroep.

We troffen Henny op zijn hurken bij het dolfijnenbassin, een emmertje met visjes in de hand, kleinkind op de schouders. Hij droeg een afzakkende spijkerbroek en sportschoenen, zijn haar was geblondeerd en rond de ogen waren de sporen van de laatste cosmetische ingreep nog zichtbaar.

Henny stak zijn duim op naar de verslaggevers en werkte de cameraploegen een voor een af. Nee, hij was niet zielig. Hij voelde zich goed, fitter en jonger dan ooit zelfs. Omdat hij iedere dag groenten wokte was hij zeventien kilo afgevallen. Het interesseerde niemand.

Een verslaggever van SBS *Shownieuws*: 'En dan nu de hamvraag... En nu?'

Henny gaf er een positieve draai aan. Hij was blij dat hij van 'het keurslijf van de EO' verlost was en dat hij op televisie gewoon weer 'lekker wijf' kon zeggen, dat hadden ze er bij zijn laatste programma *Korenslag* gewoon uitgeknipt. De zenders konden bellen, hij verwachtte snel een telefoontje.

Even verderop stonden zijn vrouw, dochters en kleinkinderen. Ze wilden zich omkleden, want na een dag Dolfinarium stink je naar vis. Op verzoek van de fotografen omhelsde hij Wally de Walrus, de mascotte van het pretpark, en daarna ging het in draf richting gezin. Onderweg struikelde hij over een kabel.

Ze hebben hem niet gebeld.

Bezoek in godsnaam www.hennyhuisman.nl.

Onze ME'ers

11 augustus 2011

Jan Brouwer, hoogleraar algemene rechtswetenschap van de Rijksuniversiteit Groningen, vond zichzelf gisteren terug in zo'n beetje alle kranten. Dat was ook zijn bedoeling. Hij vond het optreden van de Britse politie bij de rellen 'nogal amateuristisch'. Dat zou onze mobiele eenheid anders hebben gedaan.

Hij schetste de Nederlandse aanpak.

'ME'ers dragen een platte uniformpet. Als de situatie dreigender wordt, zetten ze snel helmen op en wordt de wapenstok zichtbaar gedragen. Politiehonden, en eventueel daarachter een kordon paarden, houden de demonstranten op hun plaats. Ondertussen blijven officieren praten met demonstranten. Vaak helpt dat. [...] De ME'ers vormen een blok en zorgen ervoor dat ze de eerste linies van demonstranten meteen open kunnen breken.'

Ik had nog nooit van meneer Jan Brouwer gehoord, maar even googelen leerde dat hij een regelmatige gast in de nieuwsuitzendingen van RTV Noord is. Het hoofd en de manier van praten deden aan Jaap de Hoop Scheffer, de vroegere NAVO-baas, denken. Strak in het pak, de stropdas over de adamsappel geknoopt, gaf hij commentaar en advies.

Op de trappen voor zijn universiteit zei hij met een ernstig gezicht dat de politie niet zomaar studentenkamers mocht binnenvallen om te kijken of daar gestolen verkeersborden hingen, een kwestie die in Groningen nogal leefde. Volgens Brouwer lag dat juridisch moeilijk. Alleen als er geen vitrage voor het raam hing was dat eventueel mogelijk.

In een ander item las hij vanachter een rommelig bureau een door hem gefabriceerde brief voor die de overheid naar 'potentiële raddraaiers' kon sturen om rellen op oudejaarsavond te voorkomen.

Ik was een keer bij een oefening van onze ME. Op een rangeerterrein bij het spoor in Tilburg namen 150 ME'ers het op tegen een paar honderd gedreven ROC-scholieren, die voor de gelegenheid plastic emmertjes met rotte aardappelen hadden gekregen. Toen de groenten op waren, werd er met andere dingen gegooid, van 'gesloten linies' en 'blokvorming' was geen sprake.

'De leukste schooldag *ever*,' zei een scholier die agenten met een stok had geslagen. 'Hier doe je het allemaal voor.'

De plaatselijke commandant gaf na afloop toe dat 'het beter kon'. 'Vooral in het begin hadden we het moeilijk.'

Het kwam omdat niet alle 'demonstranten' zich aan de regels hadden gehouden. Zo was er een scholier 'apart gezet' omdat hij tegen alle afspraken in met een steen had gegooid. Hij had niemand geraakt, maar dat had wel kunnen gebeuren. Er is met hem gepraat, hij bood zijn excuses aan.

Versleten borsten

12 augustus 2011

Ik bezocht een training van FC Utrecht, niet mijn favoriete club, maar ik was toevallig in de buurt. Langs de lijn, in de regen, twee meisjes van een jaar of zeventien. Ze hadden voor de gelegenheid met stift geel-blauwe vlaggetjes op de wang getekend, want FC Utrecht had drie Zweedse spelers gekocht. Eentje heette er Nilsson, zo heten er veel daar, de namen van de andere twee ben ik vergeten.

Vorig jaar kwamen ze vaak voor Ricky van Wolfswinkel, maar die was al bezet en verdween in de zomer naar Sporting, een club in Lissabon. De focus was verlegd naar de Zweden, want ze moesten toch wat.

Ik kende het verschijnsel van de trainingen bij Vitesse, een club die ik een paar jaar van dichtbij volgde. Daar stonden regelmatig meisjes met een spandoek vol hartjes voor Paul Verhaegh en Mads Junker, toen die verdwenen werden ze voor Lasse Nilsson en Piet Velthuizen, maar als er onverhoopt een andere voetballer interesse toonde, was het ook goed.

Soms werd die moeite beloond.

Ik logeerde ooit met vijf journalisten in een huisje, vanwege een 'fanweekend' in Center Parcs, toen er laat op de avond een voetballer binnenviel met een fan, een meisje van negentien. Ze zochten een slaapplek en het huisje met journalisten leek hem de beste optie, dan wist je tenminste zeker dat het niet uitlekte, de lijntjes zijn kort in de voetbaljournalistiek.

We maakten de mooiste kamer, voor zover je daar in een Center Parcs-huisje van kunt spreken, voor hem vrij. We lagen er met z'n allen de hele nacht wakker van. De volgende ochtend bleek dat ze de lamp van het plafond hadden getrokken en dat het bed was ingestort, dat hebben we toen gerepareerd. In de Jungle Dome, een overdekte attractie van Center Parcs, trof ik 'm weer, dit keer met zijn zwangere vriendin.

Dat meisje kwam later nog wel eens naar trainingen, geen idee of ze voetbalvrouw is geworden, ik hoop het voor haar, want er zitten voordelen aan vast.

Ik vergeet nooit de dag dat Tanja – de vrouw, of ex-vrouw dat kan ook – van de voetballer Stijn Vreven op de tribune van stadion Gelre-Dome trots haar verjaardagscadeau liet zien: nieuwe borsten. Gekregen van Stijn, ze zei erbij dat de oude waren versleten.

Appeltaart in de plee

15 augustus 2011

Ik bezocht Ajax-Heerenveen. Het was de eerste keer dat ik Theo Janssen in een Ajax-shirt zag spelen: een vreemd gezicht voor iemand die uit Arnhem komt. Theo was iets dikker dan de rest en bewoog wat log tussen die springerige Ajax-spelertjes.

Op de perstribune zat ik naast een zwarte man met een modern kapsel: van opzij geschoren, bovenop iets langer. Hij speelde de hele tijd met zijn mobiele telefoon, soms nam hij een foto van zichzelf.

Achter me zat Ton Ojers, trainer en voetbalanalist bij RTV Noord Holland. Ton was een man van in de vijftig met een kapsel uit de jaren tachtig: een geblondeerd permanentje, kort van voren, lang in de nek.

Ton schold de hele wedstrijd op Theo. 'Hij loopt voor geen méter. Hij is te zwaar, te log, te traag... Negentig kilo. Ne-gen-tig ki-lo! Misschien wel honderd!' Hij vond medestanders op de perstribune, mensen die Ajax al een paar honderd jaar volgden.

Na afloop volgden we Ajax-perschef Miel Brinkhuis naar de 'mixed zone' in de gracht rondom het veld. Er hingen touwen, daar moest je achter blijven staan als je met spelers wilde spreken. De Deense voetballer Christian Eriksen sprak tegen twee cameraploegen over de tactiek, ook voor de Belg Toby Alderweireld was veel belangstelling.

Theo Janssen droeg alle onderdelen van het trendy clubkostuum over elkaar: een blouse, een vest en een colbertje. Volgens Ton Ojers was het geen gezicht. 'Veel te zwaar... De broek half afgezakt, geen beste beurt, vriend.'

De zwarte man met het hippe kapsel had een kartonnen doos in zijn ene en een microfoon in zijn andere hand, hij noemde zichzelf Humphrey Hanenkam of zoiets en ging Theo Janssen interviewen. Het werd een bizar gesprek, Theo onderging het lijdzaam.

'Theo, Theee-ooo, wat heb ik in mijn hand?'

'Een doos.'

'En wat zit er in die doos? Een taart, Theo! En die krijg jij omdat jij mijn favoriete Ajax-speler van de week bent. Ik vind jou de allerbeste!'

'Nou, bedankt.'

Theo kreeg de doos en moest daarna vijftien keer uitleggen waarom hij in Arnhem en niet in Amsterdam woonde. En nog was het niet goed, want volgens Humphrey was Amsterdam de leukste, hipste stad van de wereld, echt een plaats voor Theo. Als Theo ging verhuizen kwam hij langs met nog een taart; het leek me geen lokkertje.

Theo gaf me een hand, hij informeerde naar Vitesse. Ze hadden de avond ervoor met 4-0 gewonnen van VVV-Venlo, hij had voor de zekerheid zijn seizoenkaart 'geactiveerd'. Hij deed de doos open en liet me de taart zien.

Het was appeltaart van de HEMA.

'Ga je die opeten?' vroeg ik.

'Nee, vieze troep,' zei Theo. 'Ik neem 'm mee naar de kleedkamer en als niemand 'm wil hebben, gaat-ie de plee in.'

Over Theo Janssen hoeven we ons geen zorgen te maken.

Ik tekende alles, zo'n type ben ik wel

16 augustus 2011

Als verslaafde heb je zo je gewoontes, zo haal ik al jaren mijn rookspullen bij Sigarettenspeciaalzaak Van Wou. De band klant-dealer liep danig uit de hand, zo mag ik op zonnige dagen in de tuin achter de winkel zitten.

Wat er in haar gevaren was weet ik niet, maar plotseling begon eigenaresse Nancy aan een carrière als dierenactivist. Op de toonbank tussen het snoep en de aanstekers verschenen petities, die vaste klanten geacht werden te tekenen. Tegen het gebruik van dieren in het circus, tegen nertsenfokkerijen, tegen het doodslaan van zeehonden, dat soort dingen.

Ik tekende alles, zo'n type ben ik wel: in mijn directe omgeving houd ik ze het liefst allemaal te vriend.

Het was niet genoeg.

Op een dag werd me gevraagd een stuk te schrijven over een actie van Bont voor Dieren, ze organiseerden een bewustwordingsactie tegen 'de bontkraag', een modeverschijnsel onder middelbare scholieren. Binnen de organisatie had Nancy hoog over me opgegeven, dus het moest eigenlijk.

Ik, sul, zei meteen 'ja'.

Met de directrice van Bont voor Dieren, een mevrouw met rood haar en een streng brilletje, en actrice Georgina Verbaan bezocht ik een school in Amsterdam. Ze hadden gasmaskers meegenomen om duidelijk te maken hoe zo'n bontkraag gemaakt wordt. Georgina las een verhaal voor over een nertsenfokkerij, het heette 'door de hel' en op een groot scherm verscheen – speciaal voor de jongens – de dierenactivist Patrick Kluivert. Die zei: 'Door het dragen van een bontkraag veroorzaak je ernstig dierenleed.'

Ik schreef daar een stukje over dat qua toon niet goed viel in Sigarettenspeciaalzaak Van Wou, aan dergelijke publiciteit hadden ze niks!

Ik beloofde beterschap.

Er diende zich een nieuwe kans aan. Nancy was inmiddels iets hoogs binnen de Orka Coalitie en vorige week was er een kort geding tegen het Dolfinarium in Harderwijk. Het ging over orka Morgan, een dier dat al een jaar in het Dolfinarium verbleef en onmiddellijk moest worden vrijgelaten!

Nancy overstelpte me met achtergrondmateriaal, er zat zelfs een plattegrond van het Dolfinarium bij.

Ik beloofde weer m'n best te doen, maar op de dag der dagen versliep ik me.

Om het allemaal goed te maken vond ik mezelf dit weekend terug in het Dolfinarium te Harderwijk. Ik stond bij 'de tank', een mini-aquarium waarin orka Morgan z'n rondjes zwemt. Ik kon niet zien of-ie gelukkig was, dat is moeilijk bij orka's, maar die 'tank' was te klein, dat was duidelijk.

Dus ik hoop dat het Dolfinarium snel bij zinnen komt, dat ze orka Morgan naar een groter bassin verplaatsen of beter nog: vrijlaten in de zee, met of zonder familie – dat maakt me niet uit. Zodat ik weer gewoon boodschappen kan doen bij mijn favoriete sigarettenspeciaalzaak.

Een pakje Drum Select graag, met Rizla rood.

Eens Fortuynist, altijd Fortuynist!

17 augustus 2011

Ik gooide alle ongelezen boeken het huis uit – dat werd tijd – en stuitte op een exemplaar van het vorig jaar verschenen *Boeren, burgers & politici*. De auteur was Peter Langendam, de ex-voorzitter van de LPF die landelijk bekend werd omdat hij na de moord op Pim Fortuyn riep dat 'de kogel van links kwam'. Geen idee of zijn bundel vol 'spannende verhalen', 'bijtende spot', 'ontroerende beschrijvingen' en 'menswaardige humor' een succes werd, de opbrengst ging in ieder geval naar de familie van Martin Kievits, een man die volgens Langendam in 2002 ten onrechte niet in de Tweede Kamer kwam en er daarna 'letterlijk en figuurlijk aan onderdoor is gegaan'.

Dat Martin Kievits was doorgedraaid, verbaasde me niet. Pim Fortuyn zag in de docent aan de Nederlandse Politieacademie 'een troef op justitie'. Hij zette hem op zijn lijst, vlak onder Mat Herben. Kort daarop werd hij beschuldigd van seksuele intimidatie van een leerlinge. Hij werd van de lijst gehaald en aan zijn lot overgelaten. Daarna vocht hij in zijn eentje voor rehabilitatie, die nooit kwam.

In 2003 zocht ik hem op in zijn woning in Mijdrecht. Op zijn voordeur zaten zeven sloten, een beveiligingscamera registreerde alles. Voor het huis zijn witte auto, waarop 'vijanden' met zwarte verf 'sukkel' hadden geschreven.

Hij somde op wat 'de politiek' hem gebracht had.

Vanaf de Burgemeester Padmos-brug gooiden ze vuilnis in zijn vijver. Ze plasten ook in zijn water. Hij vond zakken chips, zakken friet en zakken friet met 'vieze dingen' in zijn tuin. Er dreven shoarmasaus en shoarmabroodjes in zijn water. De auto's van meneer en mevrouw Kievits werden regelmatig onder gesmeerd met shoarmasaus. Er werden boompjes uit zijn tuin gerukt. Ze pisten in zijn brievenbus. Er zat graffiti op het huis en de auto's. Hij werd met de dood bedreigd, er was een mistlicht gejat en dagelijks kwam er een pizzakoerier langs om pizza's voor de heer Kievits te brengen die hij nooit had besteld.

Het werd een raar samenzijn, Kievits kreeg een huilbui en veegde met een wit servet zijn bril schoon, daarna ben ik maar gegaan.

In de jaren erna kreeg ik dagelijks tientallen of soms honderden mailtjes met zijn commentaar op het nieuws, hij ondertekende steevast met 'Hoogachtend, Martin Kievits – eens Fortuynist, altijd Fortuynist!'

Ik gooide ze meestal ongelezen in de prullenbak, de laatste mail kwam ergens in 2006, daarna moet hij zijn doorgedraaid. Ik hoop voor zijn familie dat het boek *Boeren, burgers & politici* een beetje verkoopt, maar dat zal wel niet.

Speciaalbier voor honden, alcoholvrij

18 augustus 2011

Voor een studie over de menselijke soort kan ik een bezoek aan dierenspeciaalzaak Avonturia de Vogelkelder in Den Haag, de grootste dierenwinkel van het land, adviseren. Zesduizend vierkante meter dierenplezier met als hoogte- of dieptepunt, het is maar hoe je het bekijkt, een door eigenaar Jan Huybers en zijn familie gebouwd grottencomplex.

Waarom, in godsnaam, waarom? denk je dan, maar dat was een vraag waar meneer Huybers, nooit bij stil had gestaan. 'Je wilt een beetje anders zijn dan de anderen,' zei hij. Nou, dat was gelukt.

Op verzoek volgde er een rondleiding door de dierenspeciaalzaak. Huybers vertelde over de nieuwste attractie: de hondenwasstraat, een groot glimmend apparaat. De hond werd in een comfortabel krat geplaatst, waarna op een knop naar keuze – 'shampoo' of 'conditioner' – kon worden gedrukt. Daarna legde de hond 'een traject' af, waarna hij door de baas kon worden drooggeföhnd, een intiem karwei.

We zagen een vrouw bezig met hond en föhn, ze hield de föhn verkeerd om en blies zichzelf warme lucht in het gezicht.

Jan zei: 'Je stopt 'm er vies in en hij komt er schoon uit.'

Vervolgens gingen we het grottencomplex in. We keken naar de spinnen in het Egyptische faraogedeelte, zochten naar goud in de gouddelverzandbakken en sloten af bij de bak met stokstaartjes, waarvan er toevallig twee op elkaar zaten.

'Ze liggen te neuken,' zei Jan, een daad waar hij als dierenhandelaar 'natuurlijk erg blij' van werd.

Via een trappenstelsel belandde ik in 'het enige hondencafé ter wereld', een plaats waar honden aan de bar en baasjes op de grond zaten.

Aan de bar zat 'een oud-Duitse Hütehond', die de naam Heino had gekregen, voor zijn neus een plastic bak Kwispelbier (een speciaalbier voor honden, alcoholvrij). Op de grond, in kleermakerszit het baasje, een wat verfomfaaide vrouw van een jaar of veertig, druk bezig met haar mobiel. Ze stoorde zich verder niet aan mij en sprak vanaf de grond tot haar huisdier.

'Heb je je bier op? Ik wil zo naar het mensencafé... Vind je dat goed?'

Dat beest zei niets terug, natuurlijk niet, honden kunnen niet praten. En ik had verder ook geen vragen, de situatie was helder.

My way

4 oktober 2011

In de metro van het Centraal Station te Rotterdam gaf Lee Towers een 'undergroundconcert'. Er waren mensen die daar erg van schrokken, maar de meeste reageerden gelaten.

Hij droeg een double-breasted pak, een enorme stropdas met glitters en een bril met blauw glas. Hij stond op een verhoging met zijn gouden microfoon.

'En nou allemaal!' riep hij tot de ongeveer honderd mensen die bleven staan.

Daarvoor was het te vroeg.

De Verkeersonderneming Slim Bereikbaar had hem gestrikt om de campagne 'Ik doe het my way' te promoten. Een *match made in heaven*, want Lee was net als zijn opdrachtgever 'volledig tegen files'.

Na afloop stond hij de pers te woord. Hij sprak met een ernstig gezicht over het fileprobleem.

'Je ziet het zelf dat als het druk is in de stad, dat je dan bij wijze van spreken met de tram of metro sneller op je plek bent.'

Het leek me een prima analyse.

Daarna schakelde Lee over op zijn favoriete gespreksonderwerp: zichzelf. De aanvechting om hem daarover wat te vragen kon ik moeiteloos weerstaan.

Ik had hem in mijn leven twee keer gesproken en kende het verhaal. Hij heeft twee koninklijke onderscheidingen en is ambassadeur van Feyenoord en de Rotterdamse haven. Zijn hobby is geschiedenis.

Vijf jaar geleden, hij had net een kunststof knie gekregen, interviewde ik hem in de aanloop naar zijn jaarlijkse concertreeks in Ahoy. Hij was wat labiel en had even tevoren een potje zitten janken omdat hij een boek over de indianen en Columbus had gelezen. Hij zei toen dat indianen lieve mensen waren en dat het jammer was dat ze allemaal waren afgeslacht en dat hij zich belangeloos inzette voor geestelijk gehandicapten omdat dat 'mensen zonder dubbele bodem zijn'.

Hij zei ook dat hij normaal zesduizend euro per half uur kostte, maar dat hij er vaak zomaar veertig minuten van maakte.

De directeur van Verkeersonderneming Slim Bereikbaar heette Laurens Schrijnen, het was een kalende man die later op de dag goed bereikbaar was.

Hij zei dat zijn bedrijf Lee Towers als boegbeeld had gekozen omdat het een Rotterdams icoon was, bovendien zong hij vaak 'I Did It My Way', wat naadloos aansloot bij de campagne 'Ik doe het my way'.

Voordeel was bovendien dat de zanger nooit in de spits reisde.

'Hij treedt 's avonds op.'

Wat hij Lee betaalde wilde hij niet zeggen, behalve dan dat het onder het normale tarief van de zanger lag. Minder dus dan zesduizend euro per veertig minuten.

Lee Towers heet in het echt Leen Huijzer.

Hij was ook helemaal geen kraanmachinist, hij was monteur.

Hij zegt dat Feyenoord kampioen wordt, reist zelf nooit met het openbaar vervoer en adviseert ons om de auto te laten staan.

Ik doe nooit wat Lee Towers zegt, maar hoop dat Rotterdam zijn fileprobleem oplost.

Maria & Jozef

27 december 2011

We besloten de kerst in gezinsverband dit jaar maar te laten.

Mijn vader lag in een Tilburgs ziekenhuis met een infectie.

Hij kreeg er appelmoes, bloemkool, een karbonaadje en vla uit plastic bakjes te eten.

Er was ook een priester geweest om te zingen en te bidden.

Mijn vader omschreef de stemming door de telefoon als 'gemoedelijk' en verder daalde de bloeddruk – een gunstige ontwikkeling.

Op eerste kerstdag was ik gewoon in Amsterdam met een vrouw, die na een conflict met een Amerikaanse zangeres door het leven moest als 'nazihoer' en 'racist'.

Tijdens een stadswandeling passeerden we sekstheater Casa Rosso, waar een man met een rammelend gebit ons attent maakte op de 'fuckie-kerstshow met extra korting'.

Die vond wegens gebrek aan belangstelling plaats in het noodtheatertje aan de overkant van de gracht, waar een intieme, huiskamerachtige sfeer hing. Het was de eerste seksshow ter wereld waarbij je de artiesten ook kon ruiken, een volgens de verkoper unieke ervaring.

In het 'noodtheater met de intieme sfeer' moesten we twee trappen op. 'Drank' kostte er vijf euro. Met een stuk of vijftien Chinezen, op straat gelokt met de kreet 'Wokkie-wokkie', keken we naar de show.

Een blonde vrouw in leer ging aan de slag met een plastic stoel.

Daarna was er een Roemeense die de benen ver kon spreiden en vibrators weg kon schieten.

Het hoogtepunt was een stel dat het met elkaar deed. Je kon merken dat ze de show zes keer per dag deden. De woorden 'mechanisch' en 'geroutineerd' kwamen op, niemand werd er opgewonden van. Tijdens 'de vieze film' daarna – twee vrouwen in witte bikini's bij de zee – liep het zaaltje leeg.

De portier van het noodtheater – een man met een gele snor van het roken – zei dat hij op tweede kerstdag met z'n kinderen ging eten. Gevulde kalkoen met reepjes spek en een touwtje eromheen. De 'artiesten', want dat waren het toch wel, kwamen zonder uitzondering uit het Oostblok. Nederlanders waren in deze branche onbetaalbaar. Het stel dat de nazihoer en ik zo liefdeloos en mechanisch bezig vonden, kwam uit Polen. Ze hadden in het echt ook een relatie en werden Maria en Jozef genoemd.

Heel toepasselijk.

Voetballende dochter

28 december 2011

Een vriend heeft een voetballende dochter, hij nodigde me uit voor een dagje vrouwenvoetbal.

'Want wat weet jij ervan?'

En zo stond ik op een regenachtige zaterdagochtend op sportcomplex Buitenveldert in Amsterdam, thuishaven van SC Buitenveldert, de club met het grootste aantal meisjes- en vrouwenteams van Nederland.

Er was een leuke kantine, waar de hele tijd Willeke Alberti uit de speakers kwam. Het nummer 'Niemand laat zijn eigen kind alleen' werd door de aanwezige dames hardop meegezongen.

Net als bij de mannen dronken ze na het sporten bier.

Ik begon een gesprek over verschillen tussen mannen- en vrouwenvoetbal. Erg dom. Een vrouw pikte me met haar vinger en zei dat ze zich ergerde aan mannen 'die met een sigaret in de mond langs de kant staan en zeggen dat vrouwenvoetbal zonde van het gras is'.

Ze zei ook dat meisjes tussen de twaalf en veertien jaar verder zijn dan jongens. 'Ze zijn gewoon meer ontwikkeld, ze spelen meer samen en zijn eerder in staat om systemen te zien.'

Wisten we dat ook weer.

Het meisjesteam dat ik volgde won die dag met 8-1 van de jongens van Nieuwendam.

De uitslag vond ik bijzonder.

Nog bijzonderder vond ik de totale frustratie nadat de jongens hun doelpunt hadden gescoord.

Na afloop, we zaten aan de gehaktbal in de kantine, sprak de trainer zijn meiden toe. Dat tegendoelpunt kon dus echt niet. Ze moesten hard worden als staal. Opmerkingen van tegenstanders moesten worden genegeerd.

Hij gaf een voorbeeld. 'Vandaag is er weer twee keer "Ik wil je neuken" tegen Ilse gezegd.'

Ilse keek schuldbewust naar de grond. Ze had er niet op moeten reageren.

'Voortaan zeggen we standaard "Niet met jou" op zo'n opmerking,' zei de trainer. 'En dan focussen we ons verder op de game.'

Hij sloot af met: 'Dat soort dingen dus.'

Even later zag ik een paar tafels verderop een trainster haar team toespreken. Ze zeiden dat ze een oud-international was en dat ze ooit profvoetbal speelde in Zweden.

Haar speelsters droegen trainingspakken van Faber Dekwerken en luisterden zwijgend naar de trainster, die naarmate ze langer sprak steeds opgewondener werd van haar eigen woorden.

Hoogtepunt was het moment dat ze een plastic frietbakje uit handen van een van haar speelsters griste en zei: 'Dat eten wij niet. Wij luisteren!'

Hoe het met deze vrouwen is afgelopen weet ik niet.

Of dit een dieptepunt was?

29 december 2011

Van alle nog niet ontdekte schrijvers is Otto Flemminks de beste. En de aardigste, hij verfde ooit belangeloos het plafond van mijn badkamer. Het leek me leuk om hem mee te vragen toen ik was uitgenodigd om 'iets' te doen bij de vestiging van Selexyz in Arnhem.

Otto haalde me thuis op.

Hij was in pak, zo kende ik hem niet.

Otto vond dat ik ook een pak aan moest.

Daarna reden we in de Golf van zijn schoonmoeder naar Arnhem.

In de auto zat een metertje dat steeds verder terugliep.

Otto zei dat hij bang was voor dat metertje.

Ik moest op mijn telefoon zoeken wat 'EPS' betekende.

Bij Vinkeveen stopten we op een parkeerterrein achter een benzinepomp. Ik ging buiten roken. Otto belde zijn schoonmoeder. Toen ik weer instapte, hoorde ik hem 'geen paniek' tegen haar zeggen.

We besloten toch verder te rijden.

We bereikten Arnhem.

In de boekhandel had boekhandelaar Wim vijftig stoelen in een keurig vierkant gezet. Op het tafeltje ervoor lag een stapel van mijn boeken. Er was ook een microfoon.

Er waren acht belangstellenden.

Mijn ouders, Vitesse-voorlichter Ester Bal en haar moeder, een journalist van *de Gelderlander* – hij ging over de rubriek 'Sprietjes' –, een zwarte man met een fototoestel en twee onbekenden.

Otto interviewde mij.

Zijn eerste vraag was: 'Hoe denk jij over het huwelijk?'

Daarna lazen we om beurten wat verhalen voor.

Er werd niet op gereageerd, ook niet op het verhaal met pornoelementen van Otto.

Na lang aandringen van mij – 'U mag echt alles vragen...' – kwam er een reactie uit het publiek.

Mijn moeder stak haar vinger op.

Ze had er niets van verstaan.

Een wat oudere man, hij bleek Hans te heten, viel haar bij.

'Ik ook niet, maar dat geeft niet, want u bent zoals u bent, onverstaanbaar dus en daar kunt u niets aan veranderen.'

Daarna ging ik boeken signeren.

Een lesbische vrouw kocht het boek voor haar vriendin.

'Voor Inge,' moest ik erin schrijven, 'omdat het ook niet leuk is dat je altijd depressief bent.'

De journalist van *de Gelderlander* kwam met zijn kladblok naar me toe. Of dit een dieptepunt was? Ik moest in het regiokatern kijken naar de rubriek 'Sprietjes'.

'Ik heb vanmiddag heel wat sprietjes bij elkaar geharkt.'

Boekhandelaar Wim kwam zeggen dat hij er qua publiciteit alles aan had gedaan. Van een poster op de deur tot een advertentie in de *Uitkrant*. Hij had meerdere auteurs in zijn winkel zien sneuvelen, maar deze middag was het gebrek aan belangstelling wel heel evident geweest.

Nog een sprietje, concludeerde *de Gelderlander.*

Op de weg naar Amsterdam evalueerden Otto en ik ons optreden.

Pas een paar dagen later durfde hij te zeggen dat de paniek over dat metertje voor niets was geweest, het ging over het benzineverbruik.

Hamburger hawaï zonder ananas

30 december 2011

Mijn ouders schamen zich soms voor wat ik allemaal schrijf. Vooral als het niet klopt. Eerder schreef ik dat mijn vader in een Tilburgs ziekenhuis ligt en dat ze hem daar op eerste kerstdag plastic bakjes met bloemkool, appelmoes, karbonade en vla hadden gegeven.

Hij belde daarover op.

Het moest zijn: slavink, prei en yoghurt, de appelmoes klopte wel.

Hij zei ook: 'Iedereen krijgt het hier uit plastic bakjes, dus dat is ook niets bijzonders.'

En verder vond hij het St. Elisabeth Ziekenhuis in Tilburg een geweldig ziekenhuis. Beter dan Rijnstate in Arnhem.

'Ze geven hier hun fouten ruiterlijk toe.'

Later vertelde mijn moeder dat het per trein van Velp naar Tilburg ongeveer anderhalf uur duurde, dat ze in Arnhem moest overstappen en dat er op de trein naar Tilburg 'Roosendaal' stond. Ze probeerde uit te leggen wat mijn vader mankeerde, maar bleef steken in een verhandeling over de 'CRP-waarde in bloed'. Verder had ze liever niet dat ik nog over mijn vader schreef, want dan ging de bloeddruk weer omhoog.

Goed, Tilburg.

Ik zat er een paar jaar op een avondopleiding en ik herinnerde me alleen een café dat Bet Kolen heet en een supermarkt met de naam Lekker & Laag. In de stadsbus viel me op hoe lelijk dat centrum is. De buschauffeur viel ook op, vanwege zijn enorme snor en ook omdat hij instappers begroette met een welgemeend 'Wat mag het zijn?'

Het St. Elisabeth Ziekenhuis bleek een enorm complex dat vanwege een verbouwing achter groene lappen was verborgen. De hoofdingang viel tijdelijk samen met die van de spoedeisende hulp. Ik moest naar afdeling F3, geen gemakkelijke opgave want de bewegwijzering was ronduit kut.

In het ziekenhuis waren geldautomaten, winkels, een kapsalon waar je je telefoon niet mocht opladen en een restaurant waar ze hamburgers en friet verkochten. Ik at er met mijn moeder een 'hamburger variant hawaï'. Je denkt dan dat je er een stuk ananas op krijgt, maar de variant daar was een brok meloen op de rand van het bord.

Een paar stoelen verderop at een oude moslim van een bord friet, zo een in een jurk met een lange grijze baard en een mutsje op het hoofd. Uit zijn rolstoel stak een gipsen been. Been gebroken dus. Ik vroeg hem hoe dat kwam.

Het antwoord: 'Op de koelkast geklommen. Mislukt.'

Ik moest toen aan mijn vader denken die had gezegd dat er in ieder gezin wel eens wat gebeurde.

Vitesse en Derek Ogilvie

6 januari 2012

Vitesse is op trainingskamp op Cyprus. Niets vreemds, alle voetbalclubs gaan in de winterstop naar een of ander warm oord. Ik sprak persvoorlichtster Ester Bal kort door de telefoon, ze liep in een korte broek over het strand. Er gebeurde voor de verandering niets geks, behalve dan dat het medium Derek Ogilvie in hetzelfde hotel verbleef. Hij had een paar uur met wat spelers gesproken, en ze waren ook met hem op de foto gegaan. Derek had daarbij met zijn vingers het 'v-teken' – bekend uit de Tweede Wereldoorlog – gemaakt, dat de club uit marketingoogpunt heeft geannexeerd.

Derek Ogilvie geeft berichten door uit 'de andere wereld'. Geesten zoeken contact met hem, er zijn mensen die het geloven. Een paar maanden geleden zat ik in De Theaterfabriek in Amsterdam tussen duizend fans die 65 euro hadden betaald voor een kaartje, RTL maakte opnames.

Ik had geen ervaring met het paranormale en was sceptisch, een houding die niet bij iedereen goed viel.

'Je hoopt heel erg dat het waar is,' zei een vrouw. Ze had ooit een miskraam gehad en hoopte op contact. 'Ik sta er in ieder geval heel erg open voor.'

Ze was al vaker bij de show geweest en was bang voor 'bad spirits', kwade geesten. 'Derek is er ook bang voor. Die is een keer een woning uit gevlucht omdat het er spookte. Heb ik zelf gezien op RTL.'

In de volle theaterzaal vloog Derek van de ene naar de andere kant. Hij maakte rare geluiden, dan was er contact met een geest.

'Wie heeft er last van hoofdpijn?'

'Boven het rechteroog?'

Een vrouw kleurde rood en stak haar hand op.

'U heeft ook problemen met de enkel gehad?'

'En is twee jaar geleden de computer gecrasht?'

De vrouw begon te huilen.

'Je broer was hier. Hij zegt "hallo".'

Derek zei zelf wat we hiervan moesten vinden. *'It's amazing! Wowww!'*

Daarna bescheiden: 'U klapt niet voor mij. U klapt voor de geesten.'

En zo volgden die middag kleine en grote wonderen elkaar op. Vrouwen die niet wisten dat ze ooit zwanger waren geweest, maakten contact met hun ongeboren kinderen.

'Veel mensen hebben ooit een miskraam gehad, maar ze weten het niet,' hield Derek ons voor. Daarna tegen een vrouw: 'Uw dochter vraagt of u drie maanden geleden een nieuwe spiegel hebt opgehangen.'

Het leidde tot een onbedaarlijke huilbui.

Na die op z'n zachtst gezegd wat vreemde middag kwam ik tot de conclusie dat die Derek Ogilvie niets voor mij was. Ik behoorde niet tot de doelgroep.

En nu opeens duikt-ie op bij mijn favoriete voetbalclub. De mededeling dat sommige spelers bezig waren om 'het onverklaarbare te snappen' lijkt me reden tot grote zorg.

Hansie-Hansie wilde best meewerken

12 januari 2012

Ongeveer een jaar geleden leerde ik Iwan Tol, sportjournalist bij *De Pers*, kennen. We zaten in hetzelfde hotel in het Turkse Belek, waar veel Nederlandse voetbalclubs overwinterden. Met een groepje interviewden we AZ-trainer Gertjan Verbeek, die onthulde 'twee gezichten' te hebben: er was een Gert en er was een Jan en je wist nooit wie je tegenover je kreeg.

Iwan zei toen: 'Ik vind je heel erg "Jan" vandaag, klopt dat?'

'Nee,' zei Verbeek. 'Ik voel me Gert.'

Typisch een 'Jan'-antwoord, vond Iwan.

Die Iwan Tol trok een jaar op met ex-profvoetballer en trainer Hans Kraay jr., sinds optredens bij het programma *Voetbal International* ook bekend als 'Hansie-Hansie'.

Ik sprak Hansie-Hansie twee keer. De eerste keer was tijdens het WK voetbal van 2006 in Duitsland. Frits Barend en Henk van Dorp zonden uit vanuit het dorp Titisee, Hansie-Hansie was uitgenodigd. Ik trof hem vlak voor de opnames. Hij was op eigen verzoek heel bruin geschminkt en werd begeleid door een blond meisje met weinig kleren om het lijf. Hij maakte toen tien keer dezelfde grap, iets met 'Titi'.

'Hé,' zei hij toen ik passeerde.

Ik had hem nog nooit gesproken, maar zei ook 'Hé'.

Hans zei: 'Waar ben je ook alweer van?'

'Nergens van,' zei ik. 'Ja, vandaag van *Nieuwe Revu*.'

'Van die rubriek, hè?' zei Hans.

'Nee,' zei ik.

'Ja, van die rubriek,' zei Hans. 'Ik wil best meewerken, maar je belt altijd ongunstig. Het komt nooit uit.'

'Eh...' zei ik, 'ik heb je nooit gebeld.'

‘Ligt aan het tijdstip,’ zei Hans. ‘Volgende keer doe ik mee.’

Een paar jaar later speelde Vitesse voor de KNVB-beker tegen Lienden, waar Hans trainer was. Hans won en nodigde alle aanwezige journalisten na de wedstrijd in de kleedkamer uit, waar hij vooropliep in de polonaise. Hij goot een fles champagne over zijn hoofd en raakte ontroerd door zijn eigen woorden. Hij sloeg een arm om me heen en begon over onze telefoongesprekken en dat ik het allemaal verkeerd voorspeld had.

Voor de duidelijkheid: ik had hem nooit gebeld.

Ik zei dat ik het ‘Kafka’ vond, maar die kende hij niet.

Over het leven van die Hans Kraay jr. verscheen het boek: *Hans Kraay jr., achter de kleedkamerdeur.* Geschreven door Iwan Tol. Alleen al vanwege citaten als ‘Ik was net een paard dat te lang op stal had gestaan en een mik haver in zijn bek kreeg’ de moeite waard.

Bewust naar Auschwitz

13 april 2012

De KNVB kwam met een persbericht: tijdens het EK voetbal zullen de spelers van het Nederlands elftal een bezoek brengen aan Auschwitz, het voormalige concentratiekamp. Teammanager Hans Jorritsma in *Voetbal International*: ‘De keuze om naar Auschwitz te gaan is heel bewust gemaakt. Tijdens het WK in Zuid-Afrika hebben we voorafgaand aan de derde groepswedstrijd tegen Kameroen met een deel van de selectie een bezoek gebracht aan Robbeneiland. Dat bleek toen zeer waardevol.’

Jorritsma doelde op het groepsgevoel dat door de ervaring was gegroeid. Ik werkte tijdens dat WK voor *Voetbal Magazine*, een inmiddels verdwenen tijdschrift. De hoofdredacteur belde me daags na het bezoek van de selectie aan de cel van Nelson Mandela in euforische staat op. Ze hadden dankzij uitstekende contacten binnen de KNVB een foto van Arjen Robben op Robbeneiland, hoe grappig was dat? En hoe leuk zou het zijn als ik daar een stuk over zou schrijven. Hij gaf zelf het antwoord: heel erg leuk! Hij sloot af met de zin waarmee hij ieder telefoongesprek met mij eindigde: 'Ik zou zeggen: tikken met je kut!'

Ik was niet de enige met deze insteek, jammer dat Arjen niet echt meewerkte. Hij had andere dingen aan zijn hoofd, een hamstringblessure om maar eens iets noemen. Hij had het 'wel speciaal' gevonden, een eiland dat ook Robben heette. Andere spelers waren spraakzamer.

Eljero Elia vond het 'mooi om mee te maken'. 'We waren met iemand die daar zes jaar heeft gezeten en die vertelde dan verhalen. Dat ze daar ook voetbaltoernooitjes hebben gespeeld.'

Khalid Boulahrouz dook de diepte in en kwam met een stukje bezinning. 'Als ik dan hoor dat ze in de gevangenis aten, niet omdat ze het lekker vonden, maar puur om te overleven, dan denk ik bij mezelf: ja jongens, waar zijn wij in Nederland mee bezig?'

Op de persconferentie werd gezegd dat oud-president Nelson Mandela binnen de selectie erg geliefd was en dat onder anderen aanvoerder Giovanni van Bronckhorst had aangegeven dat hij hem graag een keer zou ontmoeten.

Bondscoach Bert van Marwijk noemde het bezoek 'indrukwekkend' en een 'groot succes'. Bijkomend voordeel was dat je er iets van opstak en dat een bezoek aan zo'n historische plek vaak jaren bleef hangen.

Dat klopt: kort na zijn transfer van Feyenoord naar Real Madrid sprak ik Royston Drenthe. Van alle wensen die hij in petto had voor zijn 'leventje' waren er al veel vervuld, maar hij wilde graag ook nog een keertje naar Japan. 'Naar dat stadje waar ze die bom hebben gegooid.'

De selectie van Feyenoord bezocht tijdens een oefencampagne ooit het atoombommuseum in Nagasaki, hij had er veel over gehoord. Royston Drenthe zei dat er daar 'een hele grote boem' was geweest om vervolgens in de volgende zin te schakelen naar zijn liefde voor Feyenoord en het legioen. 'Niets is mooier dan een ontploffende Kuip.'

Joep Schreuder

3 mei 2012

Een paar dagen voor de wedstrijd FC Twente-Ajax wandelde sportverslaggever Joep 'Laat ik de vraag anders stellen' Schreuder met Ajax-speler Theo Janssen van trainingscomplex De Toekomst naar de ArenA. Een tocht van twintig minuten, waarin Joep erin slaagde om op vijftien verschillende manieren aan Theo Janssen te vragen of hij zich wel thuis voelde bij Ajax.

Bij de NOS zetten ze Joep graag in voor 'het verhaal achter het verhaal'. Het zogenaamde 'andere kijken'. Grote dingen klein maken en kleine dingen groot, het liefst op zo'n manier dat iedereen het begrijpt.

Marga van Praag begon er ooit mee bij het journaal: zelf in beeld verschijnen en de kijkers toespreken alsof het kinderen zijn. De euro werd ingevoerd en dan zagen we Marga hannesen met al die nieuwe biljetten in de supermarkt. Peer Ulijn kan het ook.

Maar terug naar Joep. Ik zag hem een paar keer van dichtbij in actie. Tijdens het WK in Zuid-Afrika ging hij op pad met de vraag: 'Wordt Oranje goed bewaakt?' Joep interviewde alle zwarte mannen in uniform die hij tegenkwam, en dat waren er nogal wat.

'Is Oranje safe?'

'You check everything?'

'Security okay, today?'

'Everything okay? Under control?'

Gerustgesteld trok hij verder naar het open riool, de vuilnisbelt en het smerige trapveldje. En overal stelde hij in zijn eigen taal – een mengeling van Brabants en Engels – dezelfde vraag.

'World Cup, will things get better?'

In Hillsborough, 'de ergste wijk van Zuid-Afrika', openden de spelers van het Nederlands elftal een trapveldje. Buurtbewoners stonden op het balkon en keken ernaar. Joep sprak ze aan: *'Do you see the Cruyff Court?' 'So, football can help?'*

Op een vuilnisbelt in Johannesburg sprak hij over de tegenstellingen die hij waarnam. 'Johannesburg is mooi en lelijk, lief en gewelddadig, energiek, maar ook hulpeloos.'

Omdat Joep naar eigen zeggen 'nooit met lege handjes terugkomt' sturen ze hem in Nederland graag naar clubs waar het rommelt.

'Dag trainer, ik geef u een hand!'

Ik kwam hem ooit rennend tegen in Arnhem, waar hij verslag deed van de chaos bij Vitesse. Hij filmde vliegtickets in prullenbakken en zei dat het in de bossen van Papendal barstte van duistere Oostblokmakelaars. Hij achtervolgde 'zo'n type' met een microfoon. Het was oud-spits Boško Bursać, al een jaar of twintig als scout aan de club verbonden, en nadat hij een hersenbloeding had gehad juist die dag weer voor het eerst aan het werk.

Tijdens het Europees Kampioenschap komende zomer zien we Joep ongetwijfeld terug in de gaarkeukens van Charkov in Oekraïne.

'Food good?'

De website linkeballen.nl riep Joep alvast uit tot 'meest irritante sportmediapersoon'. Terecht.

120-jarig jubileum

9 mei 2012

Sinds Vitesse-PSV (april 1980) bezoek ik de thuiswedstrijden van Vitesse. Eerst met mijn vader, maar nadat die na een doelpunt bij de wedstrijd Vitesse-Cambuur van de tribune viel, ging ik voortaan met mijn broer en twee vrienden, een select gezelschap.

Zes jaar geleden kon mijn broer het geestelijk niet meer opbrengen om naar al die schijtwedstrijden te gaan. Hij werd vervangen door de kleine kinderen van mijn beste vriend. Sindsdien was het toegestaan om af en toe 'vreemden' mee te nemen.

Dat werden heel vervelende middagen. Mijn gasten waren zonder uitzondering voor de tegenpartij. Jaap, de vormgever van het blad *Intermediair*, zag PSV kampioen worden in stadion GelreDome. Bij Vitesse-FC Twente werden we bekogeld met proppen papier omdat 'Jakhals' Erik Dijkstra werd herkend van televisie. Afgelopen zondag gingen mijn goede vriend Gijs en zijn zoon Kobus mee naar Vitesse-Ajax, een wedstrijd waarin niets meer op het spel stond.

Een nederlaag was ingecalculeerd, maar ik hoopte enige indruk te maken met het randgebeuren: het duel tegen Ajax was 'extra feestelijk omlijst'. Vitesse bestond 120 jaar, een lange tijd waarin helaas geen noemenswaardige prijs werd gewonnen.

De supporters op de Noord-tribune hadden een nieuw spandoek, er was een nieuw scorebord – dat het niet deed – en er was ons een artiest beloofd. Het bleek te gaan om Alex, een man met een gewichtsprobleem die ooit een hit had met het nummer 'Een bossie rooie rozen'. Hij playbackte in vijf minuten de refreinen van zeven Nederlandstalige hits en werd daarna van het veld gefloten omdat hij bekendstond als Ajax-supporter, iets wat de organisatie over het hoofd had gezien.

Voor de wedstrijd was er 'een spetterend vuurwerk'. Op het veld stonden een stuk of tien kanonnen, die deden het helaas wel. Clubvogel/zeearend Hertog II – opvolger van de aan een schimmelinfectie overleden Hertog I – raakte door de knallen zo van slag dat hij maar door stadion GelreDome bleef vliegen. De vlucht eindigde tegen de ruiten van een van de businessboxen, waarna het beest tussen het publiek op de hoofdtribune viel. Er werd niemand geraakt. Zijn verzorger Gerard, de eenogige directeur van De Valk Roofvogels uit Lunteren, die tien minuten voor janlul op het veld had staan zwaaien met een kipfilet, was snel ter plaatse om zijn beest op te rapen en weg te voeren.

Halverwege de saaie wedstrijd meldde stadionspeaker Theo van Baal vanuit het niets: 'De vogel maakt het goed.'

Voor die mededeling werd geklapt.

Medewerkers van de club verklaarden later dat het glas van de businessbox niet beschadigd was en dat Hertog II voor het belangrijke nacompetitieduel tegen NEC weer zou zijn gerepareerd. Zelf vond ik het wel symbolisch om het 120-jarige bestaan op deze manier te vieren. Altijd als je denkt dat de club eindelijk succesvol zal zijn, gaat er wat mis. Dat maakt Vitesse zo sympathiek, of in het slechtste geval een cultclub.

Maar probeer dat anderen maar eens uit te leggen.

Purrel Fränkel

11 mei 2012

Vorige week bezocht *Telegraaf*-journalist Mike Verweij beroepsvoetballer Purrel Fränkel (35) voor 'een openhartig gesprek'.

Purrel moest vijftien dagen naar de gevangenis, waardoor hij de belangrijke promotie/degradatiewedstrijden van zijn werkgever De Graafschap ging missen.

Purrel: 'Het voelt alsof ik in een wasmachine zit, mijn leven staat op z'n kop.'

Ze hadden zijn rijbewijs afgepakt omdat hij in een onverzekerde auto reed, daarna werd hij zonder rijbewijs aangehouden bij een verkeerscontrole en daarna kwam hij niet opdagen bij zijn rechtszaak.

Purrel: 'Stom, stom, stom. Neem dit soort zaken serieus, verschijn op zittingen en raadpleeg altijd een advocaat.'

Via Mike Verweij en *De Telegraaf* hoopte hij de mensen duidelijk te maken dat hij geen crimineel of misdadiger is. Wat Mike Verweij en *De Telegraaf* daarvoor terug wilden bleef onbekend, exclusiviteit en een bakje De Graafschap-roddels waarschijnlijk.

Zelf ken ik Purrel uit zijn tijd bij Vitesse, een niet zo succesvolle periode. In korte tijd vestigde hij twee records: hij maakte het snelste eigen doelpunt uit de geschiedenis van de eredivisie – negen seconden – en hij was de eerste eredivisiespeler die in één seizoen drie eigen doelpunten maakte. Populair word je niet met dit soort acties.

Na zijn vertrek bij Vitesse bleef ik hem volgen. Af en toe haalde hij het nieuws. De KNVB schorste hem wegens blowen en hij blesseerde zichzelf door een wasmachine op zijn teen te laten vallen. In zijn carrière gaf hij twee interviews aan *Voetbal International*, waardoor de mens Purrel Frankel zichtbaar werd.

Over zijn jeugd in Suriname: 'Opa hield vijf koeien. Wat een rotwerk! 's Avonds verwarmde opa de melk om bacteriën te doden. Ik moest dan achter de pot staan en het vuur uitzetten zodra de melk begon te koken. Maar dat waren enorme hoeveelheden, het duurde lang en soms viel ik dan ook in slaap. Tot ik wat begon te ruiken. Haha, wat een geweldige tijd!'

Over armoede: 'Wij waren als kind dolgelukkig als we ijsblokjes hadden om in ons drinken te doen, terwijl sommige kinderen in Nederland nu echt álles hebben wat ze willen.'

Over Telstar, zijn eerste profclub: 'Ik was direct verkocht toen ik het stadion zag. En we kregen broodjes en sokken, dat was ik allemaal niet gewend.'

Met zo'n achtergrond denk je niet aan een autoverzekering, een beetje voetbalclub regelt dat voor je, zoiets kun je dus niet aan De Graafschap overlaten. Purrel Fränkel is geen crimineel, maar na een paar van dit soort interviewtjes en incidentjes ben je in de voetbalwereld wel meteen een vreemde vogel.

Over vogels gesproken. Eerder schreef ik over Hertog II, de Vitesse-vogel die tegen een ruit van een vipbox vloog, maar dat niemand werd geraakt. Een feitelijke onjuistheid. Persvoorlichter Ester Bal van Vitesse meldde het volgende: 'Nou, Hertog II is dus toch op iemand gevallen. De vogel is na de landing gaan krabben, zou ik ook doen als ik tegen een raam was gevlogen. De man heeft zijn kapotte broek opgestuurd. Best een dure, een Diesel van 140 euro. Ondanks het feit dat het slachtoffer een Ajax-supporter is zullen we de schade vergoeden.'

André Kuipers: ver weg, maar toch te dichtbij

12 mei 2012

Binnenkort keert André Kuipers terug op aarde. Dat is misschien maar het beste ook, want in het internationale ruimtestation ISS zullen zijn collega-astronauten ondertussen ook wel gek worden van onze André.

Hier in Amsterdam, een plek op aarde, is er geen ontkomen aan.

André is ver weg, maar toch dichtbij.

Hij was nog maar net in de ruimte of hij zocht contact met Radio 2 om live het eerste nummer van de *Top 2000* aan te kondigen. 'Torn' van Natalie Imbruglia. Hij legde uit dat je in de ruimte niet naar de *Top 2000* kon luisteren en dat hij daarom een USB-stick met alle nummers had meegenomen.

Via Twitter – ik ben een van de 235.611 volgers – meldde hij kort daarop dat het hartstikke goed ging. Hij trok zich in het ruimtestation vaak terug in de Cupola, een kamer met ramen vanwaaruit je een fantastisch uitzicht had op de aarde. Hij kon een lidmaatschap van het Wereld Natuur Fonds (WNF) adviseren.

Op 31 december 2011 wenste hij ons via het *NOS Journaal* een gelukkig nieuwjaar. Hij vierde het zonder vuurwerk. 'Hier zijn sterren genoeg.'

Begin april zat ik tussen een paar honderd kinderen in het Planetarium van de Amsterdamse dierentuin Artis. Er werd gejuicht toen André op het scherm verscheen in zijn stoere ruimtepak. Hij zwaaide naar de kinderen. De andere hand verdween in het ruimtepak, waaruit na wat gefrummel een pluchen beest tevoorschijn kwam.

De man van Artis die de boel aan elkaar praatte reageerde euforisch.

'Maar André, dat is Artis de Marsis… onze mascotte.'

'Ja,' zei André, 'niet doorvertellen, maar er is een verstekeling aan boord.'

De man van Artis: 'Dit is echt, mensen. Dit is niet gefotoshopt.'

De kinderen mochten vragen stellen.

Het eerste kind vroeg: 'Bestaan ruimtewezens nog?'

André dacht van wel. 'Hopelijk komen we ze snel tegen.'

Daarna zagen we André nog wat demonstraties van gewichtsloosheid geven. Hij zweefde door het beeld en maakte trappende bewegingen met de benen.

De man van Artis: 'André zwemt met Artis de Marsis door de ruimte!'

Op Koninginnedag droeg André een oranje shirt, nieuws dat alle journaals haalde. In een videoboodschap aan de koningin zei hij dat hij 'deze mooie dag' ging vieren 'met kaas en andere Hollandse producten'. Een paar dagen later correspondeerde hij met Elton John vanwege de veertigste verjaardag van diens nummer 'Rocket Man'. 'Het is een van de meest gedraaide nummers hier in het ISS,' liet hij de zanger weten. 'Een inspiratie voor mensen die astronaut willen worden.'

Het dieptepunt kwam vorige week toen hij een concert van de Toppers onderbrak om René Froger, Jeroen van der Boom en Gerard Joling 'toitoitoi' te wensen. 'Misschien dat ik, als ik goed kijk en luister, jullie hier in de ruimte kan zien of horen.'

Volgens *De Telegraaf* – een krant waarmee André dagelijks vanuit de ruimte veel contact heeft – reageerde het publiek in de Amsterdam ArenA extatisch.

Ik was zondag bij de wedstrijd Vitesse-RKC, waarin Vitesse zich voor het eerst sinds tien jaar voor Europees voetbal kwalificeerde. Na afloop wensten diverse prominenten ons via de beeldschermen succes in Europa. Toen het beeld onduidelijk werd, ben ik gegaan.

Generatiekloof

15 mei 2012

Werken in het onderwijs is gewoon kut, tenminste dat is mijn ervaring. De valkuil heet 'idealisme', een ander woord voor hard werken voor te weinig geld. Wat bezielde me toen ik een jaar geleden enthousiast zat te kakelen, want dat was het, tegen de oprichters van de studierichting Creative Writing? Ik zou de boel wel even aanjagen. Pats, meteen aangenomen.

Goed, de afgelopen maanden gaf ik op de donderdagen drie uur schrijfles aan zeventien studenten van Hogeschool ArtEZ, de vroegere kunstacademie in Arnhem. Een tip voor aankomende docenten: begin je eerste les dus nooit met de opmerking dat dit voor jou ook maar een experiment is. Dan sta je meteen met 4-0 achter.

Ik had nooit gedacht dat ik dit ooit zou zeggen, maar er was op z'n minst sprake van een generatiekloof. Waar ik aan moest wennen, was het elkaar masseren en strelen tijdens de lessen, het op elkaar zitten of liggen tijdens de lessen, de onderlinge spanningen die met huilbuien gepaard gingen, het consequent aangesproken worden met 'meneer' en het fulltime gefacebook waar het gedrag van de docenten nauwgezet werd geanalyseerd. Verder waren er eetgroepjes en slaapgroepjes en werd er 's nachts gewaakt bij studenten die in een acute crisis verkeerden. Er waren er ook twee die in het klaslokaal een hut hadden gebouwd onder een tafel. Ik ben daar nooit op bezoek geweest, het hoofd van de opleiding wel.

Ik had het dus niet gemakkelijk, maar zij ook niet.

Creativiteit bleek hand in hand te gaan met lichamelijke en geestelijke ongemakken die het actief bijwonen van de lessen bemoeilijkten. Ik noteerde: een knieoperatie, een chronische vermoeidheidsziekte (twee keer), een naderende geslachtsoperatie plus hormoonkuur die spanningen met zich meebracht waardoor chronische vermoeidheid was ontstaan, trillende benen (vooral 's nachts) waardoor chronische vermoeidheid was ontstaan, eetstoornis (twee keer), hyperactiviteit (daar wordt iedereen moe van), een nevencarrière als handboogschutter, onderling relatiegedoe, een psychose en psychische problemen (twee keer).

Tel bij deze situatie een door treinvertragingen geplaagde docent op die ook niet altijd even fit was – wel zo eerlijk om dat er even bij te zeggen – en je krijgt een bijzondere vorm van onderwijs.

Mijn vak heette Tekst & Wereld. Met de uitgedunde groep wandelde ik door Arnhem, we maakten een treinreis, bezochten een coffeeshop, een ziekenhuis en een gokhal. Daar zijn verhaaltjes over geschreven die ze van mij klassikaal moesten voorlezen. Dat ging niemand in de koude kleren zitten. Bij de laatste les waren er nog vier studenten over, of eigenlijk drie, want één lag er in de vensterbank te slapen.

Vorige week was het evaluatieweek. Ze kwamen bijna allemaal opdagen, een opsteker. Na het uitdelen van de voldoendes steeg mijn populariteit, een mooi moment om te vragen wat ze van mij geleerd hadden. Na lang nadenken zei een meisje: 'Ik denk dat ik van u heb leren roken.'

Er was er ook een die zich eigenlijk niets kon herinneren, maar dat moest ik me vooral niet persoonlijk aantrekken.

De Oer(ol)mens

22 juni 2012

Gedwongen door omstandigheden – de ex-vriendin was betrokken bij een landschapstheatergezelschap – bezocht ik een paar keer het Oerolfestival, tien dagen cultuur, dans, zang en (straat)theater in de natuur op het eiland Terschelling. Ik sliep dan in een tent op camping De Kooi, een weiland tussen de dorpjes Midsland en West-Terschelling.

Ik heb daar wat aan overgehouden.

Vorige week, het was weer begonnen, las ik dat het regende en dat er windkracht acht op het eiland stond en ik merkte dat ik toen dacht: mooi zo, fijn voor ze.

Ik heb het zelf ook gedaan. Met een regenponcho van de ASN Bank over de kleding 's avonds zeven kilometer fietsen naar een duinpan en daar dan twee uur op een vuilniszak kijken naar een artiest in een maillot die zijn lichaam in allerlei vormen kon vouwen. En daarna door naar de andere kant van het eiland, naar mimespelers in een schuur.

Ik begrijp dat het festival voor een theatermens het summum is. Dat het fijn is dat er tweehonderd mensen naar je voorstelling komen die je na afloop gegarandeerd belonen met een dankbaar applaus. En die je zien zoals je bent: een artiest.

Respect voor de makers.

Waar ik niet tegen kon was het onverwoestbare optimisme, het grote genieten en de overweldigende mensenliefde van de Oerolbezoeker. Mensen die, nadat je zeiknat bent geregend, naar de hemel kijken en zeggen dat er een streepje blauwe lucht aankomt. Mensen die in regenplassen een dansje doen. Mensen die klappertandend zeggen dat ze het niet koud hebben omdat ze vanbinnen warm zijn. Mensen die rondwandelende vreemdelingen vragen om hun rug in te smeren met zonnebrand. Mensen die spontaan je hand gaan lezen. Mensen die het gezellig vinden om in de rij te staan bij Spar Spanjer of voor een stuk

Fries suikerbrood. Mensen die muggen lief vinden. Mensen die Afrikaanse kraaltjes vlechten in elkaars haar of baard.

De laatste keer op camping De Kooi stond mijn tent tegenover de tent van twee jongens en een gitaar. Die begonnen om acht uur 's morgens te spelen en 'Ik heb een tante in Marokko en die komt – hiep hoi!' te zingen. Die wil je dan eigenlijk slaan, of je wilt er op z'n minst wat van zeggen, maar juist dan kruipt er uit een andere tent een vrouw die 'een lekker broodje voor de zangers' heeft gemaakt en dan draai je je om in het besef dat je hebt verloren.

Qua humor kon ik ook niet meekomen. Zo lachte ik als enige toen een veganistische kennis zich tijdens de maaltijd afvroeg of ze wel of geen wollen sokken mocht dragen van zichzelf.

Ik ken twee mensen die elkaar hebben leren kennen tijdens Oerol. Ze hebben inmiddels een kind, dat heet 'Joop', naar Joop Mulder, de organisator van het festijn. Want stiekem is Oerol gewoon een relatieplaneet waarvan je altijd kunt zeggen dat je erheen ging voor de cultuur. Die doen dus alles voor seks. Hoe extremer de omstandigheden, hoe groter de kans van slagen. En als het lukt gaan ze ieder jaar terug om te vieren dat het gelukt is. Regen en windkracht acht zijn prima omstandigheden.

Ze kiezen altijd voor de kat

10 juli 2012

Zomaar een telefoongesprek met mijn vriendin.

'En wie lag er in de vensterbank te knorren en z'n pelsie te wassen toen ik thuiskwam?'

'Doppie?'

Het antwoord was goed, tuurlijk was het goed.

Doppie is een gecastreerde kater van een kilo of acht, die vanwege een probleem aan de prostaat alleen maar dure dieetbrokjes mag. Jammer voor hem, want eten is zijn enige hobby. De vraag waarom ze het beest geen 'Brokkie' heeft genoemd, is wel eens bij me opgekomen.

Als we gaan eten klimt Doppie op tafel en dan begint het grote staren, net zo lang tot zij zegt: 'Doppie mag een stukje vlees.'

Doppie wil nooit rijst.

Doppie wil nooit aardappels of bloemkool.

Nee, Doppie wil alleen de lekkere dingen.

Van mijn bord, want zij is vegetarisch.

Met Doppie worden ook hele gesprekken gevoerd. Over het weer, de politiek, de drukte bij Albert Heijn en over mij, want als we er een keer niet uit komen, wordt naar zijn mening gevraagd.

'Stom, hè, Doppie?'

Ja, Doppie was het ook niet met me eens.

Geen wonder, want behalve dat we hetzelfde vrouwtje leuk vinden en dat-ie altijd gaat liggen waar ik wil zitten delen we niets.

Ik heb die Doppie op verzoek twee keer proberen te aaien, twee keer een haal gehad. En de keer dat ik kattensnoepjes voor hem had gekocht, werden die bijna triomfantelijk uitgekotst op bed.

Tijdens Nederland-Portugal lag Doppie op de televisie, de staart zwaaiend voor het beeld. Daar werd smakelijk om gelachen, en ik heb meegelachen, want dat is echt het beste.

Vrouwen met katten kiezen uiteindelijk altijd voor het huisdier en andersom houdt de kat meer van een vrouw dan van een man. Die diepe band moet je niet eens willen verstoren.

Een paar relaties geleden woonde ik samen en kreeg ik voor mijn verjaardag een kater met een darmafwijking. Alles wat er aan de voorkant in ging, kwam er aan de achterkant in verdunde vorm uit. En meestal niet in de kattenbak. Ik heb daar toen niet altijd 'lief' op gereageerd. Toen we klaar waren met samenwonen sputterde ik voor de vorm wat tegen toen zij de kat opeiste.

Het argument dat het mijn kat was werd weggelachen met de argumenten: 'Frodo ligt nooit bij jou op schoot', 'Frodo laat zich door jou niet aanhalen', 'Frodo loopt altijd naar mij toe' en: 'Ik denk niet dat Frodo denkt dat jij in staat bent om voor hem te zorgen.'

Frodo leefde uiteindelijk nog negen gelukkige jaren en dat diarreeprobleem stopte ook. Ik heb het beest er later wel eens van verdacht dat hij die hele kwaal fakete om ons uit elkaar te drijven. Aan het eind van zijn leven gaf hij dat via een kattendeskundige – ook een vrouw – nog toe ook. Die darmkwaal was psychisch geweest, waarschijnlijk een geval van stress. Er werd niet meteen naar mij gewezen, maar de link was snel gelegd.

Gezinsleven

13 juli 2012

De *VARAgids* stuurde me op en neer naar Málaga om Adriaan van Toor (de acrobaat uit de kinderserie *Bassie & Adriaan*) te interviewen. Je zou kunnen zeggen dat ik een fantastisch leven heb, je zou ook moeiteloos het tegenovergestelde kunnen beweren.

Ik vloog met Vueling, een Spaans vliegbedrijf. Ik zat achterin, twee rijen achter mij zat een jong gezin dat de achterste helft van het toestel drie uur zou domineren. Vader zat aan de ene kant van het gangpad, moeder en peuterdochter aan de andere kant. We stegen op.

Moeder: 'Hoei-hoei-hoei!'

Vader: 'Toet-toet!'

Moeder: 'Een-twee-drie, daar gaan we hoor!'

Het kind begon aan een enorme huilbui, moeder panikeerde.

'Wat doet de koe?'

'Wat doet het schaap?'

Vader: 'Mwehh!'

Moeder: 'Wat doet Giorgino nou? Wat voor geluid maakte Giorgino? Van een sch....'

Vader: 'Mwehh! Mwehh!'

Moeder begon namen van boerderijdieren te roepen. De haan, de kip, het paard en het schaap natuurlijk, want dat kon papa zo leuk nadoen.

Het kind schreeuwde inmiddels. Moeder kondigde aan te gaan wandelen. Ze pakte het kind onder de oksels en zwaaide ermee door het gangpad. Het huilen stopte.

Moeder: 'Een-twee-drie, daar gaan we weer!'

Een mevrouw kreeg het kind in het gezicht, ze verloor haar bril.

Ze gingen weer zitten.

Moeder: 'Wat gaan we nou doen? Wil je kabouter Plop? Plopper-deplop?'

Vader: 'Plop!'

De stewardess passeerde.

Moeder: 'Cola met een rietje! Jahaaa, cola met een rietje! Of wil je liever een chipje?'

Vader: 'Ja-haa!'

Er ontstond een heel gedoe met de stewardess omdat die het woord 'rietje' niet begreep.

Toen het allemaal was opgegeten kondigde moeder een 'slapie-slapie' aan. Het kind begon weer te huilen. Vader knielde in het gangpad en blies met zijn snuit tegen de voeten van zijn dochter.

Moeder: 'Papa is een olifant! Papa is een olifant!'

Achter papa vormde zich een rij van mensen die naar het toilet moesten. Toen iemand vroeg of ze er alsjeblieft langs mocht, zei moeder: 'Dan gaan we wel weer wandelen...'

Ik wist inmiddels wat dat betekende en zocht dekking.

Moeder: 'Hoei, hoei, dit is leuk! En nog een keer!'

Ze zagen papa vanuit de verte zitten.

Moeder: 'Wie zit daar nou? Is dat Giorgino? Is dat Giorginooooo?'

Vader nam zijn dochter over en rook eraan. 'Poepalarm!'

Moeder: 'Luier vol? Luier vol?'

Ze ging in het bagagerek rommelen. De schone luiers zaten in een plastic trommel, de vuile luier werd op het tafeltje uitgestald.

Moeder: 'Bah-bah-bah, die zat dwars. Wat een grote mops was dat!'

Vader: 'Moest je poepen?'

Daarna behandelden ze in gezinsverband de vraag wie er allemaal in Spanje woonden. De antwoorden waren: Sinterklaas, Zwarte Piet en opa.

We gingen landen.

Vader: 'Tuut-tuut!'

Moeder: 'Hoei!'

Na de landing viel er een tas uit het bagagerek op die vader. Niemand vond dat zielig.

Vierdaagse gekte

17 juli 2012

Vanmorgen heel vroeg – de fanatiekelingen starten om vier uur – begon de 96ste editie van de Nijmeegse Vierdaagse. Ik woonde zes jaar naast de Wedren, het parkeerterrein dat dienstdoet als start- en finishplaats. Vanaf het balkon zagen we de wandelaars meerdere keren passeren.

Ik vond dat altijd heel bijzonder, maar had ook vragen.

Waarom ga je vier dagen achter elkaar veertig kilometer wandelen als je daar lichamelijk en/of geestelijk niet toe in staat bent?

Waarom bind je roze vleugels op je rug of zet je een Mexicaanse hoed op je hoofd als je gaat wandelen?

En waarom zing je de hele dag 'Zo gaat-ie goed, zo gaat-ie beter, alweer een kilometer!'?

Op dat soort vragen kunnen wandelaars geen normaal antwoord geven.

We vonden in de tuin ooit een wandelaar die de schoenen had uitgetrokken vanwege blaren, een veelvoorkomende kwaal.

Op de vraag 'Heeft u last van de voeten?' antwoordde hij: 'Nee, maar wel van een loopneus!'

Bij SBS en Omroep Gelderland vinden ze dat soort antwoorden geweldig.

Die gaan weer uren televisie maken over het absolute niets, met een kakelende Harm Edens bij de finish.

'Het is fantastisch wandelweer, er hangen donkere wolken, maar er is nog geen druppeltje gevallen. Gelukkig niet. En als er een druppeltje valt, hoop ik dat het niet op de wandelaars valt.'

En verslaggevers die iedereen de hele dag dezelfde vragen stellen, waarvan de antwoorden voor niemand interessant zijn.

Waar komt u vandaan?

De hoeveelste keer is dit?

Hoe laat bent u gestart?

Heeft u veel geoefend?

Bent u moe?

Heeft u last van uw voeten?

Wat een sfeertje, hè?

Dit jaar doen er 41.472 mensen mee, en die krijgen allemaal een appel van Pauline Krikke, de burgemeester van Arnhem. Want de tocht komt door het dorp Elden (gemeente Arnhem) en dat mediamomentje laat ze zich niet afpakken.

'Alstublieft, een appel!'

'Goh wat lekker, een appel!'

En daarna zal ze ook dit jaar weer het hoofd naar de camera draaien en zeggen dat ze het doet voor de blije gezichten, en dat je met iets kleins ook een groot gebaar kunt maken.

Waar het ook van barst: mensen die hun wandeltocht koppelen aan een goed doel, meestal een erge ziekte. Die lopen met gironummers op de borst en laten zich sponsoren door vrienden en familie. Als ze erover praten – en dat doen ze de hele dag – raken ze ontroerd van zichzelf.

Je kunt zoiets natuurlijk ook van de andere kant bekijken en denken: goh, wat bijzonder, maar dan bent u bij mij aan het verkeerde adres, want na zes jaar in de buurt van die finish wonen denk je anders over die dingen. Dan kun je geen volwassen man met een ballonnetje aan de rugzak meer zien. Dan ga je niet meer klappen voor een kudde treinconducteurs die 'kedeng-kedeng' zingend een treintje nadoet, een mevrouw in een zelfgemaakte jurk van boerenzakdoeken of een bejaarde van negentig in een korte broek die struikelend je straat binnenvalt.

Vier dagen achter elkaar veertig kilometer wandelen: iedereen kan het, maar alleen gekken doen het.

Voetbalstewards

24 juli 2012

Voetbalstewards zijn mensen die voor ongeveer negen euro per uur – maar er zijn er ook die het vrijwillig doen – in een fluorescerende jas naar voetbalwedstrijden gaan om daar andere mensen te wijzen op de regels. Tijdens de wedstrijd staan ze met de rug naar het veld om het publiek in de gaten te houden. Je hebt voor zoiets een certificaat nodig.

Ik zag ze zaterdag in het RTL *Nieuws* klagen dat het werken ze soms onmogelijk wordt gemaakt. Een ex-steward van Feyenoord, een jongen met een kaal hoofd en een oorbel: 'Je wordt soms gewoon uitgelachen.'

Ik bezocht de afgelopen jaren nogal wat voetbalwedstrijden en zag stewards in actie. Er zat van alles tussen: dik, krom en extreem gespierd. Maar de gemeenschappelijke factor was toch wel: niet al te slim en van de regels, een gevaarlijke combinatie.

In het Abe Lenstra Stadion te Heerenveen was ik getuige van een portofoontraining. De portofoon is een apparaat met twee knoppen, het kostte enorm veel moeite om twee stewards met elkaar te laten praten.

Bij Willem II zag ik een steward hemel en aarde bewegen om iemand te verplaatsen die op een verkeerd stoeltje zat, dat het vak verder leeg was, deed voor hem niet ter zake.

Na afloop van een wedstrijd in Nijmegen zag ik ze een menselijke keten vormen tussen twee supportersgroepen. Daar stonden ze dan, de armen in elkaar gehaakt. En maar roepen: 'Ga achteruit!'

In stadion GelreDome van Vitesse zijn ze de hele wedstrijd met een man of twintig bezig met handhaving van het rookverbod.

'Mag de sigaret uit?'

'Nee!'

Bij AZ zag ik drie stewards als hazen naar een door supporters scheef opgehangen spandoek sprinten. Leverde vermakelijk duw- en trekwerk op.

Bij Heracles Almelo – waar ze zoals overal op vuurwerk controleren – hadden ze tijdens de open dag twaalf stewards met fakkels in een sfeervak gezet. Er waren mensen die foto's maakten van de stewards en hun vuurwerk. Dat deed ik ook, maar meer omdat ik het niet kon geloven. Door het stadion klonk het lied 'Viva Hollandia', een begrijpelijke tekst die door de stewards werd meegezongen. De omgekeerde wereld. Ik kreeg de indruk dat de stewards een leuke middag hadden.

Kan iemand me de lol van deze hobby uitleggen, want ik snap het niet. 'Ik vind het leuk om met mensen om te gaan', 'Ik hou van afwisselend werk' en 'Ik vind stadions mooi' keur ik af.

Ik bedoel, wat voor menstype ben je? Heb je profileringsdrang? Thuis weinig te zeggen? Vrouwen die man hadden willen zijn? Is het het uniform? Afgewezen voor de politieschool?

Stewards – beveiligingsmensen in het algemeen trouwens, laten we die er ook maar meteen bij pakken – verkeren in de onterechte veronderstelling dat ze hulpverleners zijn en dat je ze dus niet mag slaan. Ik ben niet voor slaan – nooit – maar ik begrijp de neiging. Stewards zijn geen hulpverleners, die hebben ze juist nodig. Hooligans ook trouwens.

Gewone mensen

1 augustus 2012

Voor zover ik weet, kom ik uit een gewoon gezin, maar de laatste dagen ben ik gaan twijfelen. Het komt door al die reportages op radio en televisie over de familie van Marianne Vos, winnares van de wielrenwedstrijd bij de Olympische Spelen. Ze staan met z'n vijven op een camping in Londen: vader Henk, moeder Conny, broer Anton, goede vriendin Marlies en poes Sjekkie. In de caravans eromheen verslaggevers, die vastleggen hoe gewoon ze zijn. De familie is er inmiddels aan gewend.

We zien de gewoonste dingen: dat ze ontbijten in oranje kleren, hoe die kettingrokende moeder nog koffiezet met een filter en het daarna inschenkt in plastic bekertjes. Op verzoek van RTL liet ze zien wat er in de keukenkastjes van de camper zit. Allemaal gewone dingen.

'Koffie, thee, eierkoeken, gevulde koeken...'

Vader Henk Vos die altijd sleutelt. Aan fietsen, aan het wiel van de camper, aan de kraan in het keukentje...

'Er is altijd wat te sleutelen.'

Goede vriendin Marlies die de hele dag aan haar armbandjes frutselt en broer Anton die met poes Sjekkie rondjes over de camping loopt en uitlegt dat Sjekkie in een tuigje zit omdat hij anders wegloopt.

Moeder Conny zei dat Marianne op school nooit tevreden was met een acht: 'Dat moest een negen of een tien zijn, anders werd ze min of meer boos.'

Vader Henk over de rolverdeling binnen het gezin: 'Moeder wast de wielerkleding en verzorgt de camper, ik hou de fiets in topconditie en Anton doet de website.'

Broer Anton was van alle aandacht voor zijn zus overspannen geworden. 'Er knapte iets, Marianne stond altijd centraal.'

Vader Henk hierover: 'Het ging altijd over Marianne.'

Moeder Conny: 'Je moet proberen het te verdelen.'

Vader Henk: 'Maar je moet Marianne er niet mee opzadelen.'

Inmiddels maakte broer Anton foto's van Marianne voor de kranten en was het probleem bijna helemaal opgelost.

Een dag na de overwinning lag vader Henk Vos alweer te sleutelen onder de camper. Hij had 'een redelijke nacht' gehad en zei dat hij blij was met goud: 'Want als het zilver was geweest, hadden we een dag of vier uit haar buurt moeten blijven. Dan had ze alles gesloopt, misschien wel een hele flat.'

Moeder Conny was koffie aan het zetten en trok aan haar sigaret. 'Er is hier heel wat met fietsen gegooid, maar nu zijn we blij.'

Broer Hans dacht dat hij bij de finish het hardst had geschreeuwd, en verder vond hij dat ze toch maar mooi veel dingen meemaakten die normale mensen niet meemaakten.

'Wij reizen Marianne overal achterna met de camper, ik denk dat normale mensen niet zo veel reizen. En ik denk dat normale mensen ook niet zomaar een handje krijgen van prinses Máxima...'

Erben Wennemars, de hyperverslaggever van Radio 1, vroeg welke karaktereigenschappen Marianne van haar ouders had meegekregen.

Meneer Vos: 'Eigenwijs.'

Mevrouw Vos: 'Ik denk eigenwijsheid.'

Meneer Vos: 'Mijn vrouw is ook eigenwijs.'

In de studio werd gezegd dat het hier uitspraken van gewone mensen betrof, de ouders van onze Marianne Vos uit het gewone dorp Meeuwen.

HHH

7 augustus 2012

Je bent Nederlander en je bent in Londen, want de Olympische Spelen worden gehouden. Dan trek je je oranje T-shirt aan en ga je naar een huis dat Holland Heineken House heet. Daar zijn nog een paar duizend Nederlanders. Je drinkt er Nederlands bier, wat je betaalt met een nieuw systeem van de Rabobank. En dan ga je daar heel erg hard schreeuwen en meezingen met Nederlandse artiesten en met z'n allen kijken naar sport. Maakt niet uit wat. Zwemmen, hockey, surfen, desnoods Anky van Grunsven... Als een Nederlander maar een olympische medaille wint!

We weten wat dat betekent.

Feestje!

Lekker meelallen met de meezinger 'Je vecht nooit alleen' van de 3J's. En voor je naar huis gaat kaarten regelen voor de volgende dag. Want dan is er misschien wel EEN HULDIGING.

Ik was ooit bij zo'n huldiging. Toen – tijdens de Olympische Winterspelen in Turijn – werd schaatsster Ireen Wüst aan de massa gevoerd. Stond ik naast een hysterische Erica Terpstra die een oranje boa om het hoofd had getrokken te kijken naar die Ireen, die van gekkigheid niet wist wat ze moest. Toen begon ze maar als een gek heel spastisch te dansen.

Iedereen gek!

En die Erica maar stompen in m'n zij.

'Mooi man! Fan-tas-tisch!'

We evolueren, tegenwoordig krijg je er ook Humberto Tan bij. Hij spreekt langzaam je naam uit, lettergreep voor let-ter-greep en ondertussen wordt er van achter uit de zaal, over de feestende hoofden heen, een enorme kartonnen medaille doorgegeven.

En dan roept Humberto: 'Die is voor jou! Die is voor jou! Die heb jij verdiend... Zie je 'm?'

Ja, natuurlijk zie je 'm. En je weet ook al wat je moet zeggen: dat je het hier allemaal voor gedaan hebt, dat je hier vier jaar voor hebt afgezien, dat het fantastisch is en – het allerbelangrijkst – dat zo'n feest eigenlijk alleen maar door Nederlanders gevierd kan worden.

En dan zetten wij met z'n allen het 'Wilhelmus' voor je in, of 'We Are the Champions', dat is weliswaar geen Nederlands lied, maar wel een beetje.

De verbroedering is compleet als De Prins er is, of nog mooier: Máxima! Dan gaat het dak er he-le-maal af, want we zijn een knettergek volk.

We huldigen Dorian van Rijsselberghe, een naam die ons tot voor kort niets zei. Hij doet aan windsurfen, een sport waar we met z'n allen nooit naar kijken.

Doet er niet toe.

Hij heeft goud!

We hebben goud!

We zijn een bijzonder land!

Niemand doet zo gek als wij!

Of om met Jan Smit – de dienstdoende artiest na de huldiging van de estafettezwemdames – te spreken: 'Dat gevoel van saamhorigheid zie je echt nergens anders. Dat is echt iets Nederlands.'

Klopt, alleen wij hebben een Holland Heineken House, waar we met z'n allen doen alsof we een belangrijk sportland zijn. En waar we juichen als we zijn gestegen in het medailleklassement.

Wij houden van onszelf, en van niemand anders.

Salinero

9 augustus 2012

Als stukjesschrijver heb je een ondergrens, die bereikte ik in 2009 toen de makers van het blad *Sint* mij vroegen om 'De Kerstman' en 'De Paashaas' te interviewen. De redactrice van dienst vroeg me 'om het vooral realistisch te houden'.

Ik had dat heel goed gedaan, want een jaar later hing ze weer aan de lijn; nu met het verzoek om met 'Het paard van Sinterklaas' te gaan praten.

Ging ook heel goed, sterker: binnen die uitgeverij waren ze zeer over mij te spreken. Logisch dat ze tijdens een brainstormsessie voor een special van een van hun paardenbladen aan mij dachten toen iemand opperde om Salinero, het paard van Anky van Grunsven, te interviewen.

Ik kreeg de volgende achtergrondinformatie: 'Salinero, voluit Keltec Salinero, is het paard waarmee Anky van Grunsven in 2004 en 2008 een gouden medaille heeft behaald op de Olympische Spelen in Athene en Hongkong (Peking 2008). In 2006 won de combinatie op de Wereldruiterspelen in Aken. De donkerbruine hannoveraan is een ruin en werd in 1994 geboren. Hij heeft een schofthoogte van 1 meter 76. Zijn vader is Salieri en zijn moeder is St. Pr. Luna.'

Dan weet je dus nog niets, maar dat interview was zo gepiept. Het ging over zijn lievelingseten – haver met wortels – en over zijn werk: onnatuurlijk lopen op klassieke muziek. Het werd ter autorisatie voorgelegd aan Anky. Ze was op z'n zachtst gezegd 'not amused'. Vooral de zinnen 'Het is voor geen enkel paard leuk om de hele tijd Anky van Grunsven op je rug te hebben' en 'Dat mens heeft het maar over piaffe en passage, ik wil godverdomme springen' deden pijn.

Anky wilde er niet eens over in discussie. Zoiets zou Salinero nooit gezegd hebben. Discussie gesloten, het was haar paard.

Ik liet het verder zitten. Journalistiek gezien was dit de bodem. Ik ging niet soebatten over citaten van een paard, want paarden kunnen niet praten. Tenminste niet tegen mij en de andere normale mensen.

Maar wel tegen Anky.

Gisteren kwam ze op televisie voorbij, ze had samen met Salinero een bronzen medaille gewonnen. 'Die kleur had ik nog niet.'

Salli – Anky mag als enige 'Salli' tegen Salinero zeggen – had haar weer de oren van de kop gekletst. Volgens Anky had hij het enorm naar de zin in Londen, was hij in vorm en keek hij uit naar de kür op muziek. Namens zichzelf voegde ze eraan toe dat ze Salli een goed pensioen gunde. Net zo'n fijn pensioen als Bonfire, het paard waarvan ze na de Spelen van 2004 afscheid nam.

Ik weet dat ik de enige ben, maar ik hoop dat Salinero zich vandaag tijdens zijn laatste kunstje ooit op de Olympische Spelen helemaal laat gaan en dat hij die Anky van zijn rug gooit. Omdat paarden niet kunnen praten, maar wel een mening hebben over meer dan tien jaar verplicht bewegen op kutmuziek.

Openluchtmuseum

23 augustus 2012

Ik vind veel musea al snel vervelen, uitzondering op de regel is het Openluchtmuseum te Arnhem. Mijn ouders sleepten ons er regelmatig heen en tel daar maar gerust een stuk of tien verplichte schoolreisjes bij op.

Laatst was ik er weer.

Voor de mensen die er nog nooit zijn geweest: het Openluchtmuseum staat vol huizen uit andere tijden, laatste aanwinst: een paar panden uit de Amsterdamse Jordaan. Ik begon in een Staphorster boerderij uit achttienhonderdzoveel. Daar zat een mevrouw – een vrijwilligster – in klederdracht net te doen alsof het vroeger was. We hadden een kort gesprek. Ze had de was gedaan, een heel gedoe met een tobbe, en nu zat ze iets te haken. Ze leerde ons de betekenis van spreekwoorden als 'Een blauwtje lopen' en 'Hij krijgt het laatste koekje uit de trommel'.

In een oud tolhuisje uit Bedum zaten er vier onder tropische omstandigheden in een veel te klein hok achter een weefgetouw. Het zweet stond ze op het voorhoofd bij het vervaardigen van theedoeken. Helemaal super vond ik dat, dat ze de moeite hadden genomen om de verschrikkelijke arbeidsomstandigheden van toen na te bootsen. De werknemers werkten geconcentreerd en lieten zich door niets of niemand afleiden. De simpele vraag 'Hoelang doe je over een theedoek?' werd pas na een minuut of vijf, toen ik het echt niet meer verwachtte, beantwoord.

'Heel lang.'

Goed, we gingen maar weer eens. Ik wenste de werknemers nog een prettige dag in hun primitieve omstandigheden. Pas bij het verlaten van het pand zag ik het bordje boven de ingang. Hier werkten mensen met een beperking, of we – de bezoekers – daar alsjeblieft rekening mee wilden houden.

Het eerste wat door me heen schoot, was de vraag of ik soms nog meer van dat soort waarschuwingen over het hoofd had gezien.

Die vrouw in dat snoepwinkeltje op de Zaanse Schans die de hele tijd over kaneelstokken begon, die schele rietvlechter, die papiermaker in de watermolen en vooral die conductrice in de ouderwetse museumtram, die spoorden toch ook niet?

Of lag dat aan mij?

Daar sta ik de laatste tijd heel erg voor open, dat ik de dingen anders ervaar dan anderen. Maar toch ben ik blij dat die vrouw van begin zestig die zich twee keer per week verkleedt als een conductrice uit 1930 en die bij iedere boom keihard op haar fluit blaast, mijn moeder niet is.

Ronald Plasterk, collectant

4 september 2012

Ronald Plasterk ging collecteren voor KWF Kankerbestrijding. Omdat ik ook tegen kanker ben, en sinds mijn vader slokdarmkanker heeft helemaal, vertrok ik richting Schiphol Plaza. Een bevriende fotograaf wilde rijden. Op de ringweg bereikte ons het bericht dat de actie was verplaatst. Ronald stond opeens bij de pont bij de NDSM-werf.

Ronald de collectant rammelde met de collectebus.

Hij bleef maar kort.

Gebeld met Marjolijn Swart, persvoorlichter bij KWF.

Ronald was al lekker bezig, op z'n Ronalds.

De IJ-tunnel was afgesloten, we raceten over de Ringweg.

Ze belde weer.

Het ging hartstikke goed, maar we moesten ons haasten. Ronald wilde met de volgende pont terug naar Amsterdam CS. Vijf minuten later kwam de mededeling dat Ronald speciaal voor mij een pontje had laten schieten.

Ik schreeuwde dat we nog harder moesten, het laatste stuk ging over de stoep.

Bij het NDSM-terrein stond een metershoge plastic collectebus. Een medewerker van KWF was bezig om een roker die ertegenaan zat te verwijderen.

Kennisgemaakt met Marjolijn van KWF Kankerbestrijding. De collecteweek was begonnen, ze vond Ronald dus echt een heel goede collectant. En – ze zei het er maar even bij – Ronald had speciaal op ons gewacht.

Ik naar Ronald toe, handje geven.

Hij droeg een bruin kostuum, met op het colbert een KWF-button. Hij zei dat hij uit meerdere Ronalds bestond. Ik trof hem als Ronald de collectant en pas op de pont werd hij weer Ronald de populaire politicus, want hij deed het om meer geld voor onderzoek op te halen en niet voor politiek gewin. Ik vond het ingewikkeld dat er opeens twee Ronald Plasterks waren en dat de een niet over politiek en de ander niet over kanker wilde praten.

Ronald ging ondertussen door met collecteren.

Het was voor het eerst dat ik een collectant achter fietsers aan zag rennen. Er was geen ontkomen aan. Toen hij iedereen gehad had, meldde hij zich hijgend. Hij schatte dat hij in korte tijd tweehonderd euro had opgehaald. Hij rammelde met de collectebus voor mijn hoofd. Ik stopte er een muntstuk van twee euro in. Hoewel hij altijd probeerde om niet te kijken, was het hem opgevallen dat ik muntgeld had gegeven.

'Papiergeld knispert zo lekker.'

Op de pont spraken we kort over teelbalkanker, een ziekte waarbij door onderzoek grote sprongen waren gemaakt. Een mevrouw met een korte coupe wilde dat hij poseerde met haar Iraakse vriend. Ze stemden PvdA, zei ze er maar even bij. Hij vroeg om een ogenblik geduld en haalde de button van het colbert.

Vegetarische slager

6 september 2012

Ik ken een paar mensen die op de Partij voor de Dieren stemmen, de bekendste is Piet Velthuizen, keeper van voetbalclub Vitesse. Hij houdt op drie manieren van vissen. Hij vangt ze, eet ze, verzamelt ze. In zijn huis staat een enorm aquarium met uitheemse soorten. Op een na noemt hij die allemaal 'vis', de uitzondering heet 'Harry', vernoemd naar Harry Vermeegen.

Piet weet niet dat Marianne Thieme hem het liefste van zijn hobby's zou beroven. Ik ga hem dat ook niet vertellen, een principiële kwestie. Ik ben voor censuskiesrecht, een systeem waarin Piet Velthuizen en Harry Vermeegen niet zouden mogen stemmen, een groot deel van de dierenliefhebbers trouwens ook niet. En dan heb ik het over het deel van de achterban dat op de Partij voor de Dieren stemt omdat ze een lieve poes hebben.

Tot die groep sprak Marianne Thieme toen ze te gast was bij het programma *Koffietijd*. Marianne zat er ontspannen bij tussen de presentatrices Pernille en Quinty, in het volle besef dat ze een thuiswedstrijd speelde. Het gesprek begon met 'de estafette-vraag', een vast onderdeel in verkiezingstijd.

In beeld verscheen het glunderende hoofd van de vorige politieke gast, SP-leider Emile Roemer: 'Marianne, er is de afgelopen tijd wat commotie ontstaan over het beroep van jouw man. Die zou slager zijn. Zou je dat willen uitleggen?'

Dat wilde Marianne graag. Haar man Jaap was een biologische vegetarische slager. Hij maakte spiesjes van verantwoord geteelde tofu. Pernille en Quinty zaten heftig te knikken, ze konden zich opeens herinneren dat Jaap een keer te gast was geweest. Er werd geschakeld naar televisiekok Caspar, die zich de heerlijke maaltijd nog precies voor de geest kon halen. Het water liep hem weer uit de mond, soja was een fantastisch product.

Marianne, blij dat het verschrikkelijke gerucht uit de wereld was, begon aan een pleidooi voor vegetarisch eten. Ze gebruikte simpele voorbeelden. Als we allemaal hetzelfde stuk taart wilden blijven eten, moesten we steeds grotere taarten gaan bakken en – we wisten het allemaal – op een gegeven moment kan een taart gewoon niet groter.

Marianne: 'Als we allemaal vlees blijven eten, hebben we gewoon drie wereldbollen nodig en dat gaat natuurlijk niet. Dat gaat ten koste van de aarde en – last but not least – het dierenwelzijn.'

Wat bleef hangen was dat ze haar man – de vegetarische slager – thuis soms verwarde met de Tweede Kamer. Ze vonden dat alle twee niet gezellig.

Lingo met politici

12 september 2012

Het besluit om toch maar niet te gaan stemmen zal gisteravond in veel verzorgingshuizen zijn genomen. In een wanhopige poging de kiezer in de kont te kruipen namen de SP'ers Harry van Bommel en Nicole van Gemert het in *Lingo* op tegen Cora van Nieuwenhuizen en Klaas Dijkhoff van de VVD.

Wat bezielde deze politici?

Waarom doe je mee aan een spelletje woorden raden als je daar slecht in bent?

Dachten ze dat *Lingo*-kijkers het leuk vinden als ze worden geconfronteerd met kandidaten die niet kunnen spellen en tellen? Ik ken die doelgroep van dichtbij – mijn ouders zijn ver over de zeventig – en weet één ding zeker: die mensen waren not amused met de pot *Lingo* die de dames en heren politici lieten zien. Als je oud of dementerend bent, of allebei, wil dat nog niet zeggen dat je gek bent. Niemand gaat op je stemmen omdat je in *Lingo* zo zat te stotteren.

In beeld het grijze hoofdje van Harry van Bommel, de buitenlandspecialist van de SP. Er schoot van alles door hem heen, maar een vijfletterwoord dat begon met een L zat er niet tussen. Vlak voor de toeter ging riep hij: 'LASSER.'

Lucille Werner, de sympathieke presentatrice, besloot het mes er langzaam in te draaien. Ze telde hardop het aantal letters. Zes! Een letter te veel. Ondertussen zag je Cora van de VVD al zweten in haar rode jurk. Ze wist: ik krijg de beurt, ik moet een woord van vijf letters zeggen dat begint met een L en ik weet niets.

'LOTJE.'

Ze wist zelf ook niet wat dat betekende.

Lucille Werner vroeg of het soms een verwijzing was naar 'Van lotje getikt zijn'.

Later bij de zesletterwoorden flapte Cora er TINGEL uit. Toen de jury dat goed rekende omdat het 'een soort kwal' was, begon ze te knikken. Ja, dat bedoelde ze.

Ze vertelde dat de VVD taalachterstand al op het consultatiebureau wilde gaan meten.

Harry van Bommel pareerde met de opmerking dat de VVD verantwoordelijk was voor de sluiting van bibliotheken, in verzorgingshuizen waarschijnlijk het sein om een bak vla naar de televisie te gooien.

Nicole van de SP, iedere keer van slag als ze aan de beurt was, kon geen woord van zeven letters verzinnen, maar toen haar collega Harry drie keer achter elkaar een groene bal pakte – goedbeschouwd een unieke prestatie – ging ze uit haar dak. Klats, drie keer een high five.

Dat wordt hoe dan ook feest bij de SP, de lat ligt niet hoog.

Mevrouw Van Lieshout

13 september 2012

Uit het blik gewone mensen toverde de NOS tijdens 'het slotdebat' een knakworst die Thea van Lieshout heette. 'Mevrouw Van Lieshout' werd geïntroduceerd als 'een 55-jarige vrouw die met heel veel plezier bij ProRail werkt'. Als je met heel veel plezier bij ProRail werkt, gaan bij mij alle alarmbellen af.

Mevrouw Van Lieshout verscheen in beeld. Ze had de haren geverfd – de uitgroei was zichtbaar – droeg een zwart T-shirt en zat 'al jaaaa-ren' met een vraag. Ze stelde de vraag, zoals alleen verongelijkte mensen een vraag stellen. Met heeeeel veeeel klemmmm-tooo-nen.

'Goei-n-a-vond heee-ren, ik heb al heeeel lang, jaaaa-ren, een vraag.

Wan-neer kan ik zeker zijn dat jullie doen wat er in jullie programma staat' – hier begon mevrouw Van Lieshout met de ogen te rollen – 'en niet de dag naaaaa de verkiezingen al van standpunt veranderen?'

In de huiskamer zeiden we: 'Die is niet goed.'

Dominique van der Heyde vertaalde de vraag.

'Wat we van u willen horen is een concreet punt dat na de verkiezingen absoluut overeind moet blijven.'

Het maakte niet zo gek veel uit wat de lijsttrekkers zeiden, mevrouw Van Lieshout bleef met de ogen rollen. Alles was abracadabra, veel te hooggegrepen. Wat deed mevrouw Van Lieshout eigenlijk bij ProRail, bladeren van de rails rapen?

Na een paar minuten stak ze haar vinger op: 'Ik snap de politiek niet helemaal. Ik vroeg een standpunt. Ik vroeg echt maar één standpunt.'

Diederik Samsom probeerde uit te leggen dat je soms een compromis moest sluiten. En dat hij meerdere dingen belangrijk vond: 'Duurzame energie, eerlijk delen, onderwijs...'

Mevrouw Van Lieshout bleef maar zwaaien met haar vinger.

'Eén ding! Eén ding!'

Alexander Pechtold hield een vuurtje onder het projectiel.

'Mevrouw Van Lieshout wilde maar één ding horen... Ik zeg onderwijs.'

Weer die vinger in beeld.

In de daaropvolgende minuten ontaardde de discussie.

Geert Wilders: 'Een stem op de heer Rutte is een stem op de heer Samsom.'

Mark Rutte: 'Een stem op u, meneer Wilders, is een stem op meneer Samsom.'

Geert Wilders: 'Een stem op de SP is een stem op Samsom.'

Mark Rutte: 'Een stem op Wilders is een verloren stem.'

Diederik Samsom: 'Een stem op de heer Samsom is een stem op de heer Samsom.'

We kregen mevrouw Van Lieshout niet meer te zien, die was totaal in de war gemaakt. Ze proberen haar voor de volgende verkiezingen te repareren.

Gordon

14 september 2012

Na het zien van de aubade die de grijze besjes van Sweet Sixteen in het Victory Hotel in Amsterdam aan 50PLUS-lijsttrekker Henk Krol brachten, dacht ik het dieptepunt van de uitslagenavond achter de rug te hebben. Maar dat was buiten de VVD gerekend. Wat er in die feesttent op het Scheveningse strand allemaal gebeurde was met geen pen te beschrijven.

Het is al niet leuk om naar de glimmende vleeskoppen van Ton Elias, Erica Terpstra en Ivo Opstelten te kijken, maar als ze 'uit hun dak gaan' is het helemaal niet meer te doen. Tuurlijk mag je blij zijn, dat gun ik de VVD'ers best. Maar je gaat niet met een paar duizend man staan 'swingen' op de erkende kutmuziek van Gordon en LA, The Voices. Dan ben je als politieke partij niet geloofwaardig meer, dan mag je nooit meer over cultuur praten en dan gooi je 65 jaar politieke geschiedenis te grabbel.

Was dit wat Thorbecke wilde?

De man zou zich omdraaien in zijn graf.

En wat te denken van al die zwevende kiezers?

Ben je eindelijk geland, kom je bij Gordon terecht.

Dan zit je als VVD-stemmer toch niet meer helemaal lekker op je stoel in de huiskamer.

Het was mij volkomen duidelijk waarom Mark Rutte zo lang in zijn hotelkamer van het Beach Carlton bleef zitten, dat had niets met de uitslagen, maar alles met de feestband te maken.

De heren artiesten – voor de gelegenheid allemaal versierd met een VVD-stropdas, en Gordon was om raadselachtige redenen verkleed als Henk Krol – brachten een muzikale vlaflip en gingen daarna uit de bol, omdat ze dachten dat ze minder belasting hoefden te betalen. Het meest idiote was dat de verslaggevers ter plekke Gordon ook nog even om een statement vroegen.

Gordon over de politiek: 'De VVD is gewoon mijn partij. Ik vind dat Mark enorm overeind blijft met al die aanvallen van links. Ik vind dat Diederik Samsom een leuk hoofd heeft, maar hij is als leider ongeschikt.'

Voor de duidelijkheid: Gordon is een man in een bontjas, die met een Hummer door Het Gooi rijdt. Toen hij een keer moest optreden op een Waddeneiland was hij boos, omdat er geen snelweg naartoe ging, maar hij houdt wel van zeehondjes.

Om zijn nek.

Justice for Diesel

22 oktober 2012

Gisteren werd Diesel herdacht. De Amerikaanse bulldog – '50 kilo liefde' – van Edwin en Marja Gelton liet vorige week in de bossen bij Putten het leven na een confrontatie met een veel kleinere collie. Volgens Edwin, Marja en hun twee kleine kinderen werd Diesel, die nog niet zo lang geleden aan een rechterachterpoot werd geopereerd, door een ouder echtpaar ('geen bejaarden') aan de halsband omhooggetrokken en in de pens getrapt.

Ze waren een minuut stil en riepen daarna 'Justice for Diesel!', zo boos waren ze.

Op de Facebook-pagina 'Justice for Diesel' verschenen stukjes huisvlijt.

Een foto van een hond die uit respect voor Diesel een minuut stillag op een brug, een vrouw die met haar hond poseerde rondom een hart van waxinelichtjes in de achtertuin. en honden met een rouwband om.

'Rust in vrede, Diesel! Mensen moeten zich schamen de liefde van een hond is onvoorwaardelijk!! Geen goed woord over voor zo'n zieke trieste idioot! Baasjes veel sterkte!'

In Putten kwamen enkele tientallen mensen en honden – sommigen in zwarte lappen gewikkeld – ondanks een verbod van de burgemeester bij elkaar voor een stille tocht naar de onheilsplek, waar een portret van Diesel met de tekst '*Gone but not forgotten, forever in our hearts*' was geplaatst. Marja Gelton, het baasje van de vermoorde hond, liep in een zwarte jas voorop, in haar armen een bos witte rozen. Er werden bloemen gelegd, er werd gehuild en het portret van Diesel werd gestreeld. Een kale man met een grote oorbel verklaarde tegenover Omroep Gelderland dat een hond deel uitmaakt van het gezin. 'Een hond is een familielid, klaar!'

In Apeldoorn kwamen twaalf hondenliefhebbers bij elkaar voor een wandeling over de hei. Ze hielden een portret van Diesel in de lucht, waren een minuut stil en riepen daarna keihard 'Justice for Diesel!' in de richting van Putten, want zo boos waren ze. Initiatiefneemster Bea Tabak Westerink vond de actie niet overdreven, vooral omdat ze niet alleen aan Diesel maar aan alle zinloos overleden dieren had gedacht. Aan het verwaaide, trieste hoofd was te zien dat het allemaal oprecht was.

Er was ook een mevrouw die een gedicht voorlas:

De vriendschap van een hond
Is vriendschap voor het leven
Voor een ander onbekend
Hoeveel een hond kan geven.

Hier werd de kern geraakt. De hond is lid van het gezin en voor veel mensen nog veel meer, namelijk het liefste lid van het gezin. De enige die in moeilijke tijden loyaal blijft en van wie ze de onvoorwaardelijke liefde voelen. Dan ben je dus eigenlijk heel eenzaam. Gisteren kwamen al die eenzame mensen bij elkaar in bossen, op de hei of gewoon op internet. Allemaal heel boos en verontwaardigd over wat mensen met honden doen. Ze hebben in tijden niet zo veel aandacht gehad.

Het ouderlijk huis

26 oktober 2012

Als ik mijn geboorteplaats opnieuw zou mogen kiezen was ik weer in Arnhem geboren. Dat mijn ouders later naar Velp verhuisden heb ik altijd als een fout gezien. Je ruilt een BMW toch ook niet in voor een Suzuki Swift.

Gedwongen door omstandigheden ben ik alweer een paar dagen in het ouderlijk huis. Ze wonen in de nieuwbouw van Velp-Zuid. De mensen die er twintig jaar geleden woonden, wonen er nu nog. De meesten zijn met pensioen. Vroeger waren ze verpleger, conducteur, douanier, postbode en ambtenaar. Er zat ook een zedendelinquent tussen, maar die is verhuisd.

Het wel en wee in het ouderlijk huis wordt op de voet gevolgd.

'Ik zag de gordijnen bewegen.'

Op mijn beurt word ik bijgepraat over ziektes, sterfgevallen en ander ongemak. Ik weet inmiddels dat het heel vervelend is om eksterogen aan de tenen te hebben en dat het in de gemeente Rheden niet makkelijk is om een vergunning voor een dakkapel te krijgen.

Een van de bewoners overleed aan een geheimzinnige ziekte waardoor zijn hoofd en voeten op latere leeftijd begonnen te groeien. Een buurman zei: 'Hij had iedere winter een nieuwe muts en twee keer per jaar nieuwe schoenen nodig.'

Op straat gebeurt niets.

Letterlijk.

Als er iemand passeert – meestal is dat om een brief te posten, dat gebeurt hier nog – gaat mijn moeder even voor het raam staan. Dan zegt ze dingen als: 'Mevrouw Slachter fietst snel, die heeft haast.'

Een buurman had een nieuwe bladblazer, hij stond er een half uur mee te worstelen onder een boom.

Hij liet het ding zien.

Je had drie verschillende blaassterktes, maar zelfs op 'krachtig' en 'turbo' kreeg hij de hondendrol die hij had aangetroffen niet weg.

Hij vroeg: 'Wat is turbo?'

Gelukkig kende hij de afzender van de drol, de zaak wordt aangekaart. Het gesprek werd afgesloten met de mededeling dat hij appels ging kopen en dat hij daarna appelmoes ging maken.

Wat ik grappig vind, is dat al die mensen, misschien is dat een leeftijdsdingetje, onbedoeld humoristisch zijn doordat ze letterlijk zeggen wat ze aan het doen zijn. Dat je iemand ziet met een tas vol boodschappen in de hand en dat die dan zegt: 'Ik heb boodschappen gedaan.'

Ook gehoord: 'Ik ben in de tuin aan het werk.'

'Ik ben een rondje aan het lopen.'

'Ik laat de hond uit.'

'Ik ben de auto aan het wassen.'

'Ik heb tuinhandschoenen aan.'

Zelf zeg ik meestal dat ik een sigaret aan het roken ben. En anders zeg ik dat ik 'buiten' ben, of dat ik op straat sta. Ik heb ook al een keer gezegd dat ik een jas aanhad, maar daar werd verder niet op gereageerd.

Het absolute hoogtepunt kwam in de vorm van een buurman met de arm in het gips. Hij zei: 'Ik heb last van de voeten.'

Piet van Dijk

30 oktober 2012

Gisterochtend overleed mijn vader. Rond etenstijd kwam een meneer van uitvaartverzorger DELA naar het ouderlijk huis in Velp om alles te regelen. Ik had naar dat bezoek uitgekeken, zoals ik ook benieuwd was geweest naar de mensen van de thuiszorg. Daar zat ook van alles tussen: een heel aardige man die zo vriendelijk was geweest om alle klokken in het huis zaterdagnacht een uur terug te zetten, maar ook een mevrouw die vond dat de stoel naast mijn vaders bed niet aan de arbonormen voldeed. Ze ging uiteindelijk akkoord met een verstelbare tuinstoel uit de schuur.

De man van de DELA had een baard en een buikje en droeg een gele stropdas op een blauwe blouse. Hij maakte een door de wol geverfde indruk, je zou kunnen zeggen dat we het met hem getroffen hadden.

Mijn vader was sinds 1981 verzekerd bij DELA.

Het goede nieuws was dat hij naast het basispakket ook een pluspakket had, het slechte nieuws was dat het pluspakket niet zo veel inhield. Uit zijn aktetas kwamen een Dell-computer, een mobiel printertje en drie fotoboeken met voorbeelden van kisten, bloemstukken en rouwkaarten.

Qua kist kon hij spaanplaat adviseren.

Bijna iedereen koos spaanplaat, vooral vanwege de vriendelijke prijs (€ 320).

We hadden recht op een bloemboeket en konden – als we dat wilden – voor een rouwlint kiezen uit 29 populaire teksten. Naast het afgezaagde 'Rust zacht' en 'Een laatste groet' zaten er ook vondsten tussen als 'Hoe zal de tijd ooit deze wonden helen?' en 'In mij bloeien duizend tuinen, de mooiste bloemen zijn voor jou'.

Ik heb een half uur gefascineerd door het 'rouwkaartenboek' gebladerd, waarin de heer 'Piet van Dijk' – een uit een Amerikaanse commercial geplukt gezicht – tientallen keren werd herdacht. Populaire thema's waren: Piet van Dijk in een bootje, Piet van Dijk onder een vogel, Piet van Dijk aan zee, Piet van Dijk onder een wolkenlucht, Piet van Dijk in de duinen, grijze roos, stenen, herfstblad, Piet van Dijk in een weiland, Piet van Dijk met een boom, schaapjes, boom in weiland, bloemen, herfstbladeren, bospaden, Piet van Dijk in een polderlandschap en vlinder.

Het hoofd van Piet van Dijk mochten we overal wegdenken. Of vervangen door mijn vaders hoofd, dat mocht ook.

De thema's riepen vragen op.

Waarom wel 'schaap' en geen 'kat' of 'hond' bijvoorbeeld?

En wie had 'wolk met tak' en 'kers' verzonnen?

De man van DELA stelde dat het fotoboek uit 2008 kwam en dat er in een binnenkort te verschijnen herziene versie ook modernere thema's als 'knuffels', 'raceauto' en 'voetbal' zouden worden opgenomen, maar gezien de leeftijd van mijn vader had hij die opties maar niet aangekaart.

Om van de keuzemogelijkheden af te zijn, kozen we voor een blanco rouwkaart. Dat klonk makkelijker dan het was. Van 'blanco' – door ons omschreven als 'wit met een zwarte rand' – bleken een stuk of twintig varianten te bestaan, een van de voordelen van het pluspakket.

Vrienden op Facebook

1 november 2012

Ik wandelde over het Westergasterrein in Amsterdam. In een van de gebouwen was een bijeenkomst van het bedrijf Facebook. Ik liep naar binnen en kreeg meteen een badge en een stift. Ik mocht er zelf mijn naam op schrijven en het ding aan een koord om mijn nek hangen. Er was espresso en er waren koekjes in twaalf smaken.

Op het podium een zwetende jongen.

Een Amerikaan, zo te horen.

Hij liet met behulp van staafdiagrammen en grafieken zien hoe je de Facebook-gebruiker als bedrijf het best kon benaderen. Hoe je hem het best spullen kon verkopen dus. De beste manier was als de Facebook-gebruiker het bedrijf ook daadwerkelijk als vriend zag. Iemand van wie je graag wilt horen hoe het met hem gaat. Iemand ook die je persoonlijk benadert en die niet schroomt om te laten weten hoe hij zich voelt.

Om mij heen jongens en meisjes uit de reclamewereld, de een nog geïnteresseerder dan de ander.

Tijdens de eerste *coffee break* zei een meisje dat dit was waar marketeers al jaren op zaten te wachten. Ontroerd was het woord niet, maar ze was geraakt door de enorme mogelijkheden. Dat je met z'n allen ging stappen als je een 'vriend' van spijkerbroekenmerk Diesel was bijvoorbeeld. En dat je dan allemaal een gratis feest – of een drankje – kreeg en dat je dan allemaal kleding van Diesel aanhad en elkaar bewonderde en dat je dan nog meer inspiratie kreeg om producten van Diesel te kopen. Ze had het bewust over Diesel omdat ze daar niet voor werkte. Haar eigen opdrachtgevers gaf ze niet prijs, dat hoorde niet.

Ik zei dat het ook averechts kon werken. Dat je in je Diesel-broek naar een Diesel-feest ging en dat al die andere mensen in Diesel-kleding ook behoorlijk konden tegenvallen omdat je bijvoorbeeld geen conversatie had en dat je dan kon besluiten om maar helemaal geen Diesel-kleding meer te kopen.

Ze moest lachen.

Dat soort mensen bestond niet.

'Mensen die naar een Diesel-feest komen praten over Diesel, dat vinden ze leuk.'

De mededeling kwam dat de coffee break langer ging duren. De presentator had een kop koffie over zijn blouse gekregen. Ik zag hem vloekend voorbijkomen op weg naar het toilet, achtervolgd door een assistente met een theedoek.

Een jongen die stevig aan een filtersigaret zoog, zei dat er, als het aan Facebook lag, in de toekomst misschien wel geen landen meer waren. Hij vond landen sowieso een achterhaald idee. Er kwamen gemeenschappen van mensen met dezelfde interesses en ieder mens was dan lid van een stuk of twintig gemeenschappen.

'En de bejaarden dan?' vroeg ik.

'Bejaarden doen sowieso niet mee,' zei hij. 'Die zijn commercieel niet interessant. In het beste geval zou je kunnen zeggen dat dat dan ook een gemeenschap is. Een gemeenschap van mensen die er niet bij horen. Ik heb geen idee hoe die communiceren.'

Hij sloot af met: 'Het doet er ook niet toe.'

'Gecontrolleerd'

5 november 2012

Condoleren is nooit mijn sterkste kant geweest. Ik vond het ook geen goede tekst. 'Gecondoleerd' was in mijn ogen toch een beetje synoniem aan 'ik weet echt niet wat ik moet zeggen'. Maar goed, dat is gedoe op begrafenissen, dan ben je al aanwezig en neemt niemand je verder iets kwalijk.

Ik herinner me een huisgenote van wie de vader plotseling overleed. Ik kwam haar tegen op de trap en vroeg: 'Hoe voel je je?'

Het antwoord 'Hoe denk je?' kwam als een natte dweil in mijn gezicht. Sindsdien besefte ik bij elk sterfgeval dat er een situatie was ontstaan waar ik meer kwaad dan goeds kon aanrichten.

Er hebben me in de loop der jaren heel wat rouwkaarten vanaf de hoek van het bureau schuldbewust liggen aanstaren. Dan twijfelde ik zo lang over de tekst in een mail, een sms, een telefoontje of een kaart terug dat uiteindelijk van uitstel afstel kwam, iets waar je dan later weer ontzettende spijt van krijgt als je de afzender van de kaart weer tegenkomt. Dat je dan ter hoogte van de groenten in de Albert Heijn gaat staan uitleggen dat je niet wist hoe te reageren en voorzichtig informeert of het een mooie uitvaart was.

Vorige week bevond ik me na het overlijden van mijn vader plotseling aan de andere kant van de medaille. Ik bleek niet de enige die met het fenomeen worstelt. Ik kreeg te maken met mensen die ik helemaal niet zo goed ken – en die mijn vader helemaal niet heeft gekend – die bijna overdreven op het nieuws reageerden. 'Ver-schrik-ke-luk! Ik heb de hele dag aan je gedacht. Ik slaap er niet van. Koester de goede herinneringen, doe rustig aan. O, o, wat erg!' Maar ook met mensen die het nodig vonden om de boel zelf te relativeren: 'Hij had de leeftijd, er zijn er jonger gestorven.' Met mensen die de link legden met zichzelf of met nog erger nieuws. 'Een nichtje van mij is vorig jaar overleden. Die was 24.' En met mensen die mijn vriendin de opdracht gaven om mij te condoleren: 'Zeg hem hoe verschrikkelijk ik met hem en zijn familie meeleef.'

De sms met de tekst 'gecontrolleerd' vond ik ook bijzonder.

Uiteindelijk bleek ik met iedere vorm van aandacht blij, iets wat ik tevoren ook niet achter mezelf had gezocht. De meeste moeite had ik met mensen die ik goed ken en die niets van zich lieten horen, met mensen zoals ikzelf dus. Mensen die niet weten wat ze moeten zeggen en dus maar niets zeggen en zich later in allerlei bochten wringen om dat uit te leggen.

Ik ben het woord 'gecondoleerd' op waarde gaan schatten en wilde dat er meer van dat soort woorden waren. Zo snak ik ook naar een woord voor als je te laat komt, of als je iets niet op tijd inlevert, want de reden dat je vader is overleden is natuurlijk ook maar beperkt houdbaar.

Wij houden van Wilfried Bony, hij niet van ons

7 november 2012

Wilfried Bony, topscoorder van de eredivisie en Vitesse, is een man die vooral met de voeten spreekt. Letterlijk. Dat doet-ie overigens goed, zo scoorde hij afgelopen zondag tegen Ajax twee keer. Na afloop van iedere wedstrijd geeft hij ons – de wachtende journalisten – hooguit een paar korte zinnen om over na te denken.

'Vitesse is nog geen topteam.'

'Als je kansen krijgt, kun je ze het beste afmaken.'

'Ik ben blij.'

Maar meestal vertelt hij hoe graag hij weg wil bij Vitesse, het liefst aan *De Telegraaf* – 'Bony boos op Vitesse' – en het liefst al over een wedstrijd of acht. De speler wordt in verband gebracht met de vreemdste clubs. Van Chelsea tot Roebin Kazan, er schijnt zelfs een Chinese club voor hem in de race te zijn.

Wilfried Bony voetbalt voor het geld – 'Ik moet aan mijn gezin en aan de toekomst denken' – en komt uiteindelijk daar terecht waar ze hem het meeste betalen.

Ik vind dat duidelijk en eerlijk, dat zouden meer spelers moeten doen. Heel wat beter dan zo'n Dirk Kuijt die overal roept dat hij het liefst voor Feyenoord voetbalt en een paar weken later een contract bij Fenerbahçe tekent. Of Jan Vertonghen die Ajax 'in het hart heeft gesloten' en nu bij Tottenham Hotspur speelt.

Bij Bony weten we waar we aan toe zijn.

Wij houden van hem, hij niet van ons.

Het enige positieve wat hij ooit over Vitesse gezegd heeft, is dat hij de goaltune – 'Daddy Cool' van Boney M – die ze na ieder doelpunt van hem draaien in stadion GelreDome 'wel mooi' vindt. Tegenover *de Gelderlander* zei hij in een van zijn ultrakorte interviews dat het muziekje ook een ringtone op zijn mobiele telefoon is.

'Als ik dat hoor, weet ik dat mijn beste vriend belt.'

Vorige week was ik een dagje op Papendal, waar het nieuwe, goudkleurige, trainingscomplex van Vitesse bijna af is. Het eerste elftal wordt er straks in een apart gedeelte volledig afgeschermd van de buitenwereld. De spelers krijgen eigen ruimtes waarvan de deuren alleen opengaan met de juiste vingerafdruk. Het is het antwoord van Vitesse op 'de grote boze buitenwereld' zodat 'onzinverhalen' als dat Theo Janssen op zijn eerste werkdag alle buikspiermatjes heeft verstopt, niet meer naar buiten komen.

Tot het zover is, hebben de spelers van Vitesse van de clubleiding allemaal een mooie mountainbike gekregen om van de gammele kleedkamers op 'De Slenk' naar de trainingsvelden te fietsen.

Ik zag Wilfried Bony daar alleen op zo'n fiets door de bossen dolen. In een houdertje aan het stuur de nieuwe iPhone 5, die hij als dank voor de bijzondere prestaties tot nu toe van clubeigenaar Merab Jordania heeft gekregen.

Als de clubeigenaar wil – en waarom zou hij dat niet willen, Bony is aan het eind van het seizoen nog genoeg waard – wordt Wilfried Bony gewoon nog een half jaartje opgesloten in dat nieuwe trainingscomplex. Dan mag hij daar de hele dag roepen dat hij boos is op Vitesse, er is niemand in de buurt die het opschrijft.

Daarna wordt hij verhandeld en zal hij Vitesse en Arnhem zo snel mogelijk willen vergeten. Andersom zullen wij hem voor eeuwig in het hart sluiten.

Een stukje beeldvorming

9 november 2012

Ik logeerde bij mijn moeder in Velp en las voor het eerst sinds lange tijd *de Gelderlander*. Op de streekpagina 'Arnhem & Omstreken' stond een prachtige foto van Vitesse-trainer Fred Rutten. Hij at een broodje mee bij gewone mensen in een woning met een heel klein keukentje. We zagen hem in trainingspak aan een houten keukentafel. Op tafel een schaal broodjes, een pak hagelslag en een pot pindakaas. Om de nek van de trainer hing een koord met een stuk karton waarop met grote letters FRED stond.

Verder aanwezig: Ozgur, Nazmi, Nartin, Jaap en Door. Allemaal ook met een stuk karton om de nek zodat 'Fred' iedereen bij de voornaam kon noemen. Het bijbehorende artikel heette: 'Aan keukentafel praten over toekomst Presikhaaf.'

Presikhaaf is een probleemwijk in Arnhem, toevallig ben ik er geboren. Ozgur, Nazmi, Nartin, Jaap en Door waren betrokken bewoners. Ze waren bij elkaar om vrijuit te filosoferen hoe de leefbaarheid van Presikhaaf verbeterd zou kunnen worden. Omdat Vitesse net als alle andere clubs 'een hart voor de samenleving heeft' – of net als alle andere betaaldvoetbalclubs doet alsof – was de training van de voetballers een uurtje vervroegd zodat Fred Rutten hardop mee kon denken over de toekomst van de wijk, waar hij in het beste geval hooguit een keer met de auto doorheen heeft gereden.

De problemen werden benoemd.

Zo had een van de bewoners voor de gelegenheid graag pompoensoep met pompoenen uit eigen tuin willen maken, maar helaas: de meeste pompoenen waren de avond ervoor gestolen. Niettemin was de conclusie dat het leven in Presikhaaf zo slecht nog niet was. Kleine, door de media opgeblazen incidenten zorgden voor een negatieve beeldvorming.

Volgens de verslaggever van *de Gelderlander* zorgde Vitesse-trainer Fred Rutten vervolgens voor 'diepgang in het gesprek'.

Fred zag parallellen met zichzelf en zijn werk bij Vitesse.

Net als de bewoners had hij last van 'een stukje beeldvorming'.

Hij adviseerde de bewoners om te communiceren.

'Als bewoner herken je de beeldvorming niet omdat je in de wijk leeft. Dat ervaar ik bij Vitesse. Door contact te zoeken met mensen buiten die omgeving kun je van het etiket afkomen. Beeldvorming ontstaat vaak doordat mensen niet weten wie je bent en wat je doet.'

Met zo'n advies kun je wat.

De verslaggever noteerde voor de zekerheid dat 'de mens Fred Rutten' had gesproken.

De mens Fred Rutten vindt dus dat je moet communiceren, terwijl de trainer Fred Rutten juist bekendstaat om zijn communicatieprobleem met journalisten dat verdergaat dan onverstaanbaar praten. Het hele lijf straalt uit dat hij niet kan en wil communiceren, sterker nog: hij wekt de indruk tegen communicatie te zijn.

Behalve dus als je hem naar een probleemwijk brengt. Dan communiceert hij naar de bewoners dat ze moeten communiceren omdat er vanwege communicatieproblemen een verkeerde beeldvorming is ontstaan.

Volgens *de Gelderlander* is dat nieuws, maar zo kun je aan de gang blijven. Als je Fred Rutten naar Syrië brengt zal hij ook communiceren dat de oorzaak van het conflict daar een communicatieprobleem is.

Voor de rest is Fred Rutten een goede trainer.

Uitwaaien

19 november 2012

Ik had altijd zo mijn gedachten over mensen die 'lekker gaan uitwaaien'.

Op een verjaardag was ooit een vrouw die het Pieterpad had gelopen. Het regende in haar verhaal drie dagen aan een stuk. Ze zei: 'Als je heel lang wandelt, maakt het niet uit wat voor weer het is. Heerlijk.'

Zo lustte ik er nog wel tien.

Als je heel veel drinkt, maakt het ook niet uit wat voor weer het is.

Regen en wind associeerde ik niet meteen met vakantie – ik ging juist graag naar plekken waar het niet waaide – maar vorige week moest ik er dan toch aan geloven. Mijn vriendin en ik boekten een 'uitwaai-arrangement'. Met z'n tweeën een midweek in een huisje op Terschelling, een eiland waar ze pas echt weten hoe ze de middeninkomens geld uit de zak moeten kloppen. 'Kutweer' heet daar 'uitwaaien' en iedereen heeft er wel een stal of tuinhuis in de aanbieding waar je volop van de elementen kunt genieten.

Het uitwaaien begon al op de veerboot van Rederij Doeksen, een maatschappij die haar personeel verplicht om in een uniform met een geborduurde zeehond op de borst te lopen. Het stelletje tegenover ons vouwde een enorme plattegrond open, waar ze een uur lang boven bleven hangen. Alsof ze naar een enorm uitgestrekt gebied gingen. De gesprekken draaiden om de vraag of ze het eiland 'rechtsom of linksom gingen nemen'. De man zei ook nog iets wat lang bleef hangen. Hij pakte een krant van een ander tafeltje en zei dat hij die straks 'lekker onder de jas' ging stoppen. Hij raadde zijn vrouw aan hetzelfde te doen.

Bij aankomst werd meteen duidelijk dat we het begrip 'uitwaaien' letterlijk dienden te nemen. Het maakte niet uit waar we waren op dat eiland – binnen of buiten – uitgewaaid werden we. Sterker, na een paar dagen tegen de wind in fietsen was ik volledig uitgewaaid. En de vriendin was ook nog nooit zo uitgewaaid.

Ik veranderde als mens.

Vanaf de huurfiets hoorde ik mezelf praten over wolkenluchten en de kleuren van de herfst.

We zeiden dingen als: 'Je ziet toch elke keer wat anders'. 'Dan heb je straks toch echt trek' en: 'Toch lekker, want je wordt zo sloom van binnen zitten.'

In die stemming maakten we kennis met 'de eilanders', een totaal uitgewaaide groep mensen. In het plaatselijke restaurantje bestelde ik 's avonds het 'verrassings-uitwaaimenu'. Dat was op dinsdag 'kip piri-piri op Terschellinger wijze' en op woensdag 'shoarma'.

Ik vroeg de serveerster wat shoarma met uitwaaien te maken had.

Het antwoord was dat het lamsshoarma was en dat lammeren op Terschelling de hele dag in de wind stonden. Hetzelfde gold voor de kippen die verwerkt waren in de 'kip piri-piri op Terschellinger wijze'.

'Eigenlijk is alles hier uitgewaaid.'

Waai weg, denk je dan.

Toen de ellende begon

23 november 2012

Vijftig jaar geleden – de oorlog was nog niet eens zo gek lang voorbij – verzonnen we dat het een goed idee was om ernstige en meervoudige gehandicapten een eigen dorpje te geven. 'Het Dorp': alle gehandicapten op een kluitje, lekker onder elkaar, met alle zorg en hulpverleners in de bossen bij Arnhem. Een marathontelevisie-uitzending van Mies Bouwman op 26 en 27 november 1962 – *Open Het Dorp* – leverde 22 miljoen gulden op. Ik leefde toen nog niet, maar de beelden staan me helder voor ogen, want de hoogtepunten uit het programma komen eens in de zoveel tijd voorbij. Je zou ook kunnen zeggen dat de ellende toen begon.

Banketbakkers die voor het goede doel een heel groot krentenbrood hadden gebakken.

Kinderen die hun spaarpot kwamen legen.

Een fanfare die 125 gulden had opgehaald.

We keken graag naar onszelf, en naar hoe we met zijn allen geld ophaalden voor het goede doel.

Het recept werd daarna talloze malen herhaald, het liefst met BN'ers die de telefoon opnamen. Laatste loot aan die stam: *MAX maakt mogelijk*, waarin Omroep MAX-voorzitter Jan Slagter zichzelf een reisje naar Indonesië toebedeelde om aandacht te vragen voor 'de mensonterende toestand' van 'verwaarloosde en aan hun lot overgelaten' Indische Nederlanders in de voormalige kolonie. In een promo kwam een geëmotioneerde Jan voorbij terwijl hij een verwaarloosd vrouwtje in zijn armen sloot. Op zo'n moment weet je dat je geld dient over te maken.

Nederland op zijn best met Jan Slagter als sinterklaas. Emo-tv voor en door bejaarden, mensen die de actie Open Het Dorp hebben meegemaakt en die de saamhorigheid van toen nog een keer willen herbeleven. Toen stopten ze gehandicapten in het bos, nu gaan ze 'een thuis' bouwen in Indonesië.

Onze gehandicapten werden in 1962 met een drumband naar hun dorp gebracht. Dat hadden 'we' toch maar mooi voor elkaar gebokst! Probeer in zulke omstandigheden een gegeven paard maar eens in de bek te kijken. De bewoners ervoeren al snel dat het tussen alleen maar andere gehandicapten wonen ook zo zijn nadelen had. De een was meer gehandicapt dan de ander en dat gaf spanningen. Behalve hulpverleners en familie kwamen er weinig 'gewone mensen' naar hun wijk. Ze hadden er ook niets te zoeken. Behalve een aangepaste supermarkt en een gemeenschapsruimte was er geen vertier. Op de middelbare school moesten we in sinterklaastijd ooit gedichten schrijven bij chocoladeletters die voor 'de bewoners' waren gekocht.

Mevrouw Schut,
Ik ken u niet,
Maar dit krijgt u van Zwarte Piet.

De inzichten van toen zijn inmiddels achterhaald. In de komende jaren wordt Het Dorp verbouwd tot een gewone Arnhemse woonwijk, met woningen voor mensen met en mensen zonder beperking. Maar voor het zover is komen de artiesten Frans Bauer, Gers Pardoel en Willeke Alberti nog een keer spontaan feestvieren vanwege het vijftigjarig jubileum. Voor mensonterende toestanden hoeft Omroep MAX niet naar Indonesië.

Ik ben (s)normaal

27 november 2012

Ik was bij de Dag van de Belegger, een twee dagen durend evenement in een halletje van de RAI in Amsterdam. Het was bedoeld voor de particulier, de kleine belegger. Mensen die voor hun lol handelen in aandelen en beleggingsproducten. Een paar jaar geleden was ik er ook al eens, toen moest er nog entree betaald worden. Dat durfde de organisatie niet meer.

Grootste attractie op de beursvloer was de stand van RTL 7, het kanaal waar ze in de vrije tijd op afstemmen. De deskundigen wisselden elkaar af achter de desk. Hele verhalen over 'een mooie rit naar boven maken', 'geld aan de zijlijn parkeren' en 'het juiste momentum kiezen'.

Overheersende gedachte: het ergste is voorbij, 2012 kan een mooi instapmoment zijn. Eromheen mannen van middelbare leeftijd. Mannen met snorren, mannen met een paraplu in de hand, mannen met linnen tasjes vol folders om de schouder, mannen die heel vies een kroket eten.

Eerste gedachte: droeftoeters.

Ze stonden erbij, ze luisterden en ze maakten een allesbehalve levendige indruk.

Eentje zei dat hij als hij thuiskwam de hele avond naar de koersen op het internet zat te staren. Hij wilde wel stoppen met de verschrikkelijke hobby, maar het was het verkeerde moment. Het was wel zo dat hij de vrouw had gezegd om te bezuinigen. In wezen was beleggen een ander woord voor gokken, maar met die mening stond hij alleen.

Wat bleef hangen was het gescharrel.

Mannen die een gratis pak koffie bij de stand van Douwe Egberts dankbaar in de tas stopten, samen met de gratis balpennen van ABN AMRO en de stressballetjes van Randstad. Dieptepunt: de man die een greep deed op het bord met gratis chocolaatjes en de volle hand in de binnenzak van het colbert liet glijden.

En dan die gesprekken. Over aandelen met potentie. Over kopen en verkopen. Over de verschrikkelijke crisis.

Er kwamen meisjes, ingehuurde studentes, in goudkleurige badpakken voorbij. Ze deelden folders uit voor een beleggingsproduct, iets met een gouden toekomst.

Na afloop had ik een tas vol waardeloze cadeaus: heel veel folders, zeven balpennen en een netje met chocolademunten. Het had iets viezigs, ik wilde mijn handen wassen. Naast me bij de wastafels op het toilet stond een man zijn snor te kammen. Ik had dat nog nooit gezien.

Hij zei dat hij een presentatie moest geven over edelmetaal. Hij belegde alles wat hij overhad in zilver. Zijn kam was ook van zilver.

Toen hij klaar was met zijn snor zei hij: 'Zo, ik ben weer snormaal.'

De koers van zilver kon je iedere dag volgen op internet of in de krant. Behalve in *nrc.next*, want daarin reserveren ze geen pagina voor beurskoersen. Dat maakt het ook een fijne krant. Het is bladvulling, geen service. Wie doe je daar nog een plezier mee? Een paar snormalen, en verder niemand.

Fight Club

29 november 2012

Om de Nederlanders uit 2012 te kunnen duiden hoeven we alleen maar naar de Bestseller 60 van het CPNB te kijken. De ranglijst van de bestverkochte boeken wordt gedomineerd door boeken bedoeld voor 'niet-lezers'. Boeken over SM, over het seksleven en de verslavingen van een oud-voetballer of over het gevoelsleven van een hooligan.

Gisteren stelde deze krant Yoeri Kievits voor, auteur van de bestseller *Rotterdam Hooligan*. Yoeri is een heel gevaarlijke Feyenoord-hooligan. Zo stond hij ook op de paginagrote foto. Met de armen over elkaar en de benen wijd voor de Rotterdamse Kuip, capuchon over het hoofd.

In zijn boek geeft hij de lezer 'een uniek inkijkje in de psyche van de hooligan'. Hooligans – het is geen nieuws – houden van slaan en geslagen worden. En verder van snuiven, drinken en soms ook voetbal. Maar ze houden vooral van elkaar. Van het unieke groepsgevoel.

Tot zover de verhaallijn.

Ik kende Yoeri een beetje van *Pauw & Witteman*, die voor de veiligheid van Yoeri en zijn vrienden de uitzending waarin hij te gast was een uurtje hadden vervroegd. Yoeri wekte daar op z'n zachtst gezegd een gevoelsarme indruk. Hij keek strak voor zich uit en gaf korte antwoorden.

Het geweld en de vechtpartijen waren 'een bewuste persoonlijke keuze'. Maar er zat wel een gedachte achter. Gewone mensen hadden niets te vrezen, de confrontatie werd gezocht met groepen met dezelfde intenties. Yoeri vergeleek de groepsdynamiek onder Feyenoord-hooligans met stammen uit de oertijd. Een verhaal over 'mannen en krijgers' moest voor duiding zorgen.

Een psychiater – toevallig ook aan tafel om over Jasper S., de moordenaar van Marianne Vaatstra, te praten – begon over het groepsgevoel van 'de Huzaren'.

Yoeri: 'Goed gezegd.'

De levenswijze deed denken aan de film *Fight Club*, waarin mannen samenkomen om met elkaar te vechten om zo te ontsnappen aan 'de sleur van het burgerbestaan'.

Gisteren leerde ik dat Yoeri naast schrijver ook directeur-eigenaar van een steigerbouwbedrijfje is. Zijn vriendin is psychiatrisch verpleegkundige. Haar analyse volgens Yoeri: 'Ze vindt mij niet gek.'

Ik weet niet in welke inrichting de vriendin van Yoeri werkt – misschien werkt ze te hard, dat kan ook – maar voor de meeste andere mensen is het duidelijk dat ze een hoop huiswerk mee naar huis heeft genomen.

Yoeri over de mentaliteit die hij zijn zoontje tijdens de opvoeding probeert bij te brengen: 'Altijd je kin omhoog, borst in de lucht, je eer hooghouden. Toont iemand respect voor je dan toon je respect terug. Schoffeert iemand jou, dan schoffeer je hem.'

Oog om oog, tand om tand, net als bij de Hunnen.

Op TV Rijnmond vond ik beelden van de boekpresentatie. Zijn ouders kregen het eerste exemplaar van *Rotterdam Hooligan*. Ze zaten op de eerste rij. Een moeder met een bril en een vader met een baard. Aan hen had het niet gelegen, dat zag je meteen. De andere stamleden waren er ook. Jongens met sportschoollijven vol tatoeages, net als Yoeri met een lege blik in de ogen. Vreemd genoeg gaven ze elkaar kusjes in het voorbijgaan. Daarover stond dan weer niets in dat boek.

Maasbert Schouten

3 december 2012

Ruim voor aanvang van de wedstrijd Vitesse-Roda JC parkeerde Maasbert Schouten de Porsche Panamera voor stadion GelreDome. Daarna wandelde hij in een tred die het midden hield tussen parmantig en koddig naar de hoofdingang, waar hij even stil bleef staan in de motregen. Vitesse-sjaal over de stropdas geknoopt. Het was duidelijk dat hij graag gezien wilde worden.

Ruim twee jaar geleden was Maasbert Schouten landelijk nieuws. De voormalig topman van kredietverstrekker AFAB had 'zijn' voetbalclub Vitesse – waar hij tegen wil en dank eigenaar van was geworden – met winst doorverkocht aan de Georgiër Merab Jordania. Zijn met metaforen doorspekte speech werd live uitgezonden op verschillende televisiezenders.

Hij zei dat 16 augustus – de sterfdag van Elvis Presley – voortaan 'een feestdag voor alle Vitessenaren' zou zijn en herhaalde een keer of vijf dat Vitesse voortaan voor het hoogste ging: de landstitel en voetballen in de Champions League.

'Het licht in Arnhem staat op groen.'

Naast hem zat de nieuwe eigenaar van Vitesse: Merab Jordania. Hij kondigde de komst van grote versterkingen aan. '*Give me two days.*'

In de dagen, weken, maanden, jaren erop begon 'Het Grote Lachen'. Dat begon al een paar weken later toen Maasbert Schouten zich tegen journalisten beklaagde dat de uitdrukking '*Give me two days*' te letterlijk was genomen. 'Dat is Georgisch voor "Ik maak het snel in orde". Alles wat je zegt, wordt verdraaid of uitvergroot. De Vitesse-supporters zijn heel tevreden met mijn uitspraken, de grote boze buitenwereld heeft er moeite mee.'

Aan het eind van dat seizoen zocht ik hem twee keer op in zijn villa in Elst, waar hij de gebeurtenissen rond de overname reconstrueerde. Jammer dat Vitesse teleurstellend had gepresteerd. Jammer dat zijn uitspraken destijds verkeerd begrepen waren door de media. Jammer dat de redactie van *de Gelderlander* hem had uitgeroepen tot 'oliebol van het jaar'. Jammer dat er zo weinig oog was voor zijn zakelijke talent. En of ik nog een kop Senseo-koffie wilde?

Zijn betoog – het duurde twee uur – kwam er eigenlijk op neer dat hij maar even gezegd wilde hebben dat hij de voetbalclub had gered en dat hij verder ook niet wist wat ze hem op die 16de augustus allemaal hadden laten zeggen.

Waarvan akte.

Maasbert, naar eigen zeggen 'niet geschikt voor de schijnwerpers', deed er wat Vitesse betreft verder het zwijgen toe en profileerde zich als investeerder en ondernemer.

Tot gisteren.

Voor, tijdens en na de wedstrijd tegen Roda JC – Vitesse won en nestelde zich met FC Twente bovenaan de ranglijst – wist Maasbert zich opeens weer letterlijk te herinneren wat hij destijds gezegd had. Iets met landstitels en Champions League-voetbal. En hij herinnerde zich ook dat hij daarna heel hard was uitgelachen. Via de sociale media begon hij alvast voorzichtig een bescheiden standbeeldje voor zichzelf te beitelen.

We zullen er nog jaren naar moeten kijken.

Straatcoach

7 december 2012

Tijdens de verkiezingscampagne vertelde Diederik Samsom – zelf ex-straatcoach te Amsterdam – dat hij 'een warm pleitbezorger' voor buurtwachters en straatcoaches was. 'Het lijkt misschien of ze niets doen, maar dat is alleen maar goed. Als er twee van die mannen langs een Cruyff Court hangen, dan scheelt dat de maatschappij veel ellende.'

Hij voegde eraan toe dat de overlast in sommige buurten in Amsterdam-Oost 'voor honderd procent' door Marokkaanse jongeren werd veroorzaakt en dat hij dat als straatcoach met eigen ogen had gezien. Die opmerking, gedaan op de lokale zender AT5, leverde toen nul boze reacties op.

Gisteren zag ik twee straatcoaches in de Amsterdamse Van Woustraat preventief bezig zijn. Ze reden op mountainbikes over de stoep en passeerden ter hoogte van de failliete snackbar Barbarella drie Marokkaanse jongens.

Een van de jongens zei: 'Jij mag hier niet fietsen!'

De straatcoaches, zo te zien frequente bezoekers van de sportschool, sprongen meteen van de fiets.

'Respect!' zei er een. 'Ik wil wel respect. Is dat begrepen?'

De andere straatcoach vroeg: 'Waar gaan jullie naartoe?'

'Naar school,' zei een van de jongens.

Het leek me een sociaal wenselijk antwoord waar je als straatcoach die preventief bezig is wat mee kon, maar deze straatcoach – zelf ook een Marokkaan – raakte ervan in de war. Hij was even stil en zei toen: 'Dan is het goed.'

Even later stapten ze af voor koffie en een broodje bij Broodje Popov.

De ene bestelde een broodje salami met augurk en de ander een broodje kaas. Toen ze hun broodjes ophadden vroeg ik ze of het waar was wat Diederik Samsom had gezegd, dat de overlast in sommige buurten voor honderd procent door Marokkanen werd veroorzaakt.

De Marokkaan zei: 'Dat ga ik als Marokkaan niet zeggen. Dus.'

De Nederlander – een jongen met een grote tatoeage van een kruis op de onderarm – zei dat ze 'alle rassen' in de gaten hielden. Hij voegde eraan toe dat straatcoaches zelf ook hangjongeren waren geweest, dat ze stevig in hun schoenen stonden en dat ze de taal van de straat spraken.

Voorbeelden van straattaal waren: 'kappen nou', 'hou je bek' en 'wegwezen'. 'En ook scheldwoorden.'

Na de lunch gingen ze preventief door de buurt fietsen, op zoek naar de drie jongens die ze even tevoren preventief hadden aangesproken.

'Als ze hier nog rondlopen hebben ze een probleem. Een groot probleem. Dan zijn ze niet naar school gegaan. Dan hebben ze gelogen.'

De Nederlander: 'Je moet niet liegen tegen mij.'

De Marokkaan: 'Liegen is vies.'

Hij voegde eraan toe 'zeker te weten' dat de jongens hadden gelogen.

'Omdat wij dat bijdehante gedrag herkennen. Omdat wij zelf zo geweest zijn. Daarom.'

Maar met hen was het goed afgelopen.

Ze hadden van hun hobby – rondhangen – hun beroep gemaakt en van de gemeente een uniform en een mountainbike gekregen.

Ambtenaren

27 december 2012

In de trein op weg naar het kerstdiner hoorde ik een man tekeergaan over ambtenaren. Het waarom was onduidelijk, waarschijnlijk had hij slechte ervaringen.

Mannen in te hoog opgetrokken broeken die elkaar bij de achternaam noemden.

De argumenten waren:

Ambtenaren deden niets.

Ambtenaren konden niets.

Ambtenaren waren zakkenvullers.

Ambtenaren waren lui.

Ambtenaren hadden te veel vakantiedagen.

Uit eigen ervaring weet ik dat dat onzin is. Mijn vader was ambtenaar, hij werkte bijna veertig jaar op het provinciehuis in Arnhem, Gelderland. Tijdens de middagpauze, precies om kwart over twaalf, belde hij naar mijn moeder. Dat deed hij iedere dag. Op zijn verjaardag kwamen de collega's. Mannen in te hoog opgetrokken spijkerbroeken of in pakken van C&A die elkaar bij de achternaam noemden. Wat ze onder werktijd deden, was niet te achterhalen. Mijn vader ging over 'dijken', dat wist ik wel en ik wist ook dat er twee collega's waren die een hekel aan elkaar hadden, maar toch al twintig jaar een kamer deelden. Een verzoek tot overplaatsing werd steeds opnieuw afgewezen. Tussen de bureaus was een gordijn gehangen.

Met die achtergrond en de simpele vraag: 'Wat doen ze eigenlijk in het provinciehuis?' nam ik een tijd geleden namens *HP/De Tijd* contact op met de afdeling Voorlichting van de provincie Noord-Holland, want daar woon ik.

Ik kreeg te maken met de heer drs. R.A.R. Fillet, kortweg Raymond, een man met een vriendelijke stem die me uitlegde dat op het oog simpele vragen niet makkelijk te beantwoorden waren. Het aanspreken van ambtenaren op de werkplek en het krijgen van een rondleiding door het Provinciehuis waren typisch van die vragen die hij 'in het overleg' moest gooien, wat daar uitkwam, wist je nooit. Wat hij wel wist was dat hij de verantwoording voor het geven van toestemming niet ging dragen.

Omdat ik het wollige taalgebruik herkende, moest ik daar toen heel erg om lachen.

Na publicatie liet ik het verhaal aan mijn vader lezen. Hij vond dat ik een karikatuur van het ambtenarenbestaan had gemaakt.

'Ze zijn soms wat formeel,' zei hij over 'de ambtenaar', 'maar dat moet ook.'

De ambtenaren die hij kende, waren gedreven mensen met hart voor de zaak en het stoorde hem dat ze door mensen die van toeten noch blazen wisten werden weggezet als nietsnutten en zakkenvullers.

Thuis, in het huis van mijn moeder, trof ik gisteren op de vensterbank een kerstkaart van 'De Provincie', met binnenin een voorgedrukte en wat formele kerstgroet.

Ik stelde me zo voor dat er een ambtenaar was vrijgemaakt voor het versturen van kerstkaarten naar alle werknemers en ex-werknemers. Je zou dat geldverspilling – mijn vader is inmiddels overleden – kunnen noemen, maar ik vond het attent. Respect voor de ambtenaar die de verantwoording voor het geven van toestemming voor het versturen van kerstkaarten durfde te dragen.

Cavia's

8 januari 2013

Aan cavia's heb je niet zo veel. Ik had vroeger een cavia, een witte met bruine vlekken. Zijn naam ben ik vergeten, die deed er ook niet toe, hij luisterde toch niet.

Gekregen op mijn verjaardag, terwijl ik om een hond gevraagd had. Ik herinner me weinig van het dier, behalve dan dat hij de hele dag stil in zijn hok zat.

Van andere mensen met cavia's hoorde ik vergelijkbare verhalen. Met een cavia heb je wel de lasten – iets wat eet en drinkt – maar niet de lusten van een huisdier. Ik heb tenminste nog nooit iemand horen zeggen: goh, wat hebben we leuk met de cavia gespeeld.

Toch gaat het te ver om alle cavia's over één kam te scheren. In de sprinter tussen Nijmegen en Arnhem wist een cavia uit zijn kooi te ontsnappen. Hoe hij dat voor elkaar had gekregen bleef onduidelijk, want het was een kooi met aluminium tralies en het deurtje zat goed dicht. Dat zei tenminste de eigenaresse, een meisje van een jaar of negen.

Het beest vierde de vrijheid door van de ene naar de andere kant van de coupé te roetsen, wat tot veel activiteit leidde. Een man probeerde het beest met een *Volkskrant* op te jagen, een vrouw zat op haar hurken met een stuk brood en er was er ook een die het beestje met zijn iPhone filmde.

Het meisje van de cavia begon te huilen.

Na station Elst nam een zwetende conductrice de leiding van de operatie op zich. Ze gaf twee reizigers de opdracht om de tussendeuren gesloten te houden en vroeg aan de andere passagiers om voor één keer met de schoenen op de banken te gaan zitten. De man met *de Volkskrant* werd gesommeerd op te houden met wapperen.

We zagen de conductrice op handen en voeten door het gangpad richting cavia kruipen. Het beestje zag het gevaar en glipte weg voor de graaiende handen. De conductrice moest draaien.

Ter hoogte van station Arnhem-Zuid gaf ze – nog steeds op handen en voeten – via de mobilofoon de opdracht de deuren gesloten te houden. Tegen ons zei ze: 'Iedereen blijft zitten!' Een paar minuten later ving ze het dier.

In de coupé werd voor de conductrice geklapt. Ze bracht het beestje terug naar zijn opgeluchte baasje.

De cavia had wit plukhaar en had verder geen naam.

'We noemen hem "cavia",' zei het meisje. De conductrice zei dat ze 'Julia' wel een mooie naam vond, zo heette ze namelijk zelf.

Op zo'n moment denk je dat zo'n kind uit dankbaarheid instemmend gaat zitten knikken, maar dat was niet het geval. Ze stopte de cavia terug in de kooi en zei na een korte stilte: 'Zo gaan we hem niet noemen, hoor. Ik vind Julia een stomme naam.'

Het was dat ze daarna tot station Arnhem Centraal heel lief naar haar cavia ging zitten kijken, anders hadden we haar geslagen.

Gordon (2)

22 januari 2013

In het Muziekgebouw aan 't IJ presenteerde LA, The Voices een nieuwe cd: *Geloof, Hoop en Liefde*. Er was een select gezelschap showbizzvrienden en journalisten uitgenodigd. Ik meldde me bij manager Mirjam de Raaff, die samen met haar dochter de ingang bewaakte.

Nrc.next was een krant met een zeer slechte reputatie. Gordon Heuckeroth, de bekendste zanger van de groep, haatte de krant. Na kort overleg mocht ik toch naar binnen. Dit had te maken met de weersomstandigheden, veel mensen hadden op het laatste moment afgebeld.

Een mevrouw in een zwarte avondjurk begeleidde me naar het zaaltje. Ze maakte de hele tijd foto's, want ze werkte voor de website van LA, The Voices. Ook zij vond *nrc.next* een slechte krant. Ze ging tegen Gordon zeggen dat ik er was.

Ik informeerde voorzichtig wat ik kon verwachten. Dat wist ze niet. 'Wat denk je zelf? Ik denk dat hij je een pisvlek vindt.' Ik was de enige in een gebreide kabeltrui en ging maar meteen achterin staan. Bij de hangtafels waarop bakjes met nootjes en groenten (stukjes paprika, venkel en staafjes komkommer) stonden, het lievelingseten van de zangers. De zangers droegen allemaal dezelfde kleren en bewogen zich kussend en kletsend tussen de achterban. Het mens in de zwarte jurk liep direct naar Gordon. Ik zag haar wijzen en botste vlak daarna tegen Patricia Paay op die dacht dat ze me ergens van kende. Ze begon meteen te praten.

Ze vond LA, The Voices 'waan-zin-nig': 'Ik ben een rock-'n-roll-meisje dat ook van klassiek houdt, dus ik kom volledig aan mijn trekken.'

Ze keek in mijn kladblok. 'Schrijf je dat goed op?'

Ik schreef meteen ook maar even op dat Nicky, haar minnaar, *Story*-journalist Guido den Aantrekker uitschold. 'Ik vind jou een lul!' Den Aantrekker noemde het 'een subtiele hint' dat hij zijn werk 'goed deed'. Als dat het criterium was, was ik ook goed bezig. Gordon beklom het podium en begon aan een speech waarin hij het gezang van LA, The Voices omschreef als 'een muzikale explosie en samenzang in optima forma'.

Verder waren de arrangementen op de nieuwste cd weer van 'een ongekende klasse en schoonheid'. Daarna legde hij uit wat 'Geloof, Hoop en Liefde' betekende. 'Mijn leven is doordrenkt en doorspekt van allerlei aspecten waaruit voor een artiest heel veel moois te halen valt.'

Hij begon over de hoogte- en dieptepunten en zei: 'Hoop is voor mij uitgestelde teleurstelling.' Carlo Boszhard reikte de eerste cd uit.

Toen hij Patricia Paay in het publiek zag staan riep hij: 'Hé, heb jij je griepprik wel gehaald?'

Gordon: 'Die heeft vannacht een heel andere prik gehad.'

Daarna begon het zingen.

Toen het klaar was klapten de genodigden zo hard als ze konden. Gordon werd er emotioneel van, want de nieuwe cd was een project dat hem 'ongelooflijk aan het hart ging'. 'We hebben er ongelooflijk veel tijd en geloof in gestopt.' En iedereen die dat niet vond had er geen verstand van.

Waarvan akte.

Prinses Laurentien

24 januari 2013

In het magazine *Ouders & Co* stond een interview met prinses Laurentien. Verslaggeefster Alie Danker wilde alles van haar weten over 'voorlezen in gezinsverband'. Laurentien strooide met tips voor ouders.

'Verzin leuke taalspelletjes, dan beklijft het beter. Je hoeft hun fantasie maar aan te raken, dan gaat het stromen. Speel aan tafel bijvoorbeeld gezegden als "Daar komt een aap uit de mouw".' Haar kinderen groeiden op in 'een warm bad van letters'.

'Eloise begon eens spontaan alle "a's" in te kleuren van een conceptdocument van mij dat op tafel lag, daarna alle "e's" in een ander kleurtje.'

Zij en haar man Constantijn lazen dagelijks voor. 'Een boek is een anker voor kinderen om met volwassenen te kunnen praten,' aldus de voorzitter van de Stichting Lezen & Schrijven.

Als ze vanwege hun drukke werkzaamheden 's avonds afwezig waren zorgden ze voor 'een oplossing'. 'Als we er niet zijn leest de au pair voor.'

Een tip om te onthouden.

Gisteren begonnen De Nationale Voorleesdagen, een moment waarop prinses Laurentien steevast in actie komt. Dit keer dook ze op in Den Haag. Ze kwam in een zwarte Mercedes naar Brede Buurtschool De Krullevaar, waar twee geselecteerde kinderen haar bij de ingang stonden op te wachten met een bosje bloemen.

De kinderen van de school hadden tot voor kort geen idee wie Laurentien was, maar de afgelopen dagen had de schoolleiding een inhaalslag gemaakt. De kinderen was wijsgemaakt dat prinses Laurentien een echte prinses was. Dat kan natuurlijk helemaal niet als je de dochter van Laurens Jan Brinkhorst bent, maar daar heeft Laurentien schijt aan.

Laurentien kwam aan.

Ze zwaaide naar de kinderen en werd meteen naar binnen geloodst. Het was niet zo dat iedereen zomaar achter Laurentien aan naar binnen mocht hobbelen. Ik moest het doen met een communicatiemevrouw die me na afloop kwam vertellen dat Laurentien de kinderen van groep 2 had voorgelezen uit het prentenboek *Nog 100 nachtjes slapen*.

'Het is goed verlopen. Je kon zien dat de prinses een ervaren, gepassioneerde voorleesster is.'

Op de achtergrond was te zien hoe een groep kinderen voor een camera 'spontaan' met z'n allen tegelijkertijd 'prinses Laurentien is zooooo!' riepen en daarbij de duimen opstaken.

Op de vraag hoelang daarop geoefend was, kwam geen antwoord.

In de gang werd Laurentien kort geïnterviewd door het *NOS Journaal* en Omroep West, dat was van tevoren zo afgesproken.

Tegen het *NOS Journaal* zei ze: 'Investeren in voorlezen is investeren in de toekomst van een kind.'

En tegen Omroep West: 'Ik hou van kinderen, ik werk ook heel veel met kinderen. Voor mij gaat voorlezen om verbinden met kinderen via een verhaal.'

Daarna vertrok ze in vliegende vaart.

De communicatiemevrouw zei dat Laurentien nog een dag- en avondvullend programma voor de boeg had.

Haar kinderen Eloise, Claus-Casimir en Leonore moesten het die avond weer eens met de voorlezende au pair doen.

PEC Zwolle-Heerenveen

28 januari 2013

Na e-mails van Koerdische bewoners van de Arnhemse wijk 't Broek – 'Jij alsjebleif helpen ons. We niet meer fascisme accepteren' – besloten ze bij dagblad *de Gelderlander* meerdere verslaggevers naar de volkswijk te sturen om er de 'etnische spanningen' tussen Koerden en Turken en tussen nationalistische Turken en gewone Turken te meten. Ze kwamen terug met slecht nieuws: 't Broek was 'een hogedrukpan', er was maar weinig voor nodig om de boel te laten ontploffen.

De problemen waren begonnen in juni 2011 toen een medewerker van Stichting Rijnstad tijdens een Turks feest de stekker van de geluidsinstallatie uit het stopcontact had getrokken toen een Turkse muziekgroep een zeer nationalistisch lied – 'Ik offer me voor je op, Turkije' – begon te zingen. Het beoogde de-escalerende effect bleef uit. Integendeel: de actie ontaardde in duw- en trekwerk.

De verslaggevers van dienst hadden weinig geluk. Ze vonden alleen maar bewoners die anoniem hun verhaal wilden doen. 'Een volbloed Turkse die geen hoofddoek draagt' zei dat ze regelmatig op straat werd aangesproken door Turkse vrouwen die wel een hoofddoek dragen. Ze vroegen: 'Waarom draag jij geen hoofddoek?' En 'een echte Arnhemse die al vijftig jaar in de wijk woont' nam de verslaggevers mee naar achter de schutting in haar achtertuin waar ze vertelde dat ze geen gesprekken op straat meer voerde. Enkele Turken lieten – anoniem – optekenen dat ze alles wat de Koerden beweerden 'overdreven' of zelfs 'ongeloofwaardig' vonden. Anonieme Koerden op hun beurt dreigden anoniem met harde acties tegen de overmacht van fascistische Turken in wijkcentrum De Symfonie omdat ze 'geen vertrouwen in de overheid hebben'.

Zaterdagavond laat – ik logeerde bij mijn moeder, de sigaretten waren op – belandde ik in het hart van het oorlogsgebied. Buurtcentrum De Symfonie was jammer genoeg dicht. Maar in bar Marmaris in de

Rijpstraat zaten enkele tientallen Turken, Koerden en Marokkanen gezamenlijk naar voetbal op een grote televisie te kijken. 'Ach wat leuk, de Afrika Cup,' zei ik tegen mijn gezelschap, want ik was natuurlijk niet alleen naar dit gevaarlijke gebied gereisd. Ik werd aan alle kanten verbeterd. Ze keken naar PEC Zwolle-Heerenveen.

Ik vond het in groepsverband kijken naar PEC Zwolle-Heerenveen een ontroerend stukje inburgering. Dat kijken Nederlanders niet eens.

'Heerenveen is veels beter,' zei ene Said die maar meteen bij de Turkse zonder hoofddoek achter de bar een paar pijpjes bier voor ons bestelde.

'Veel beter,' zei ik. 'Niet veels beter.'

Voor zo'n opmerking zou je in het moderne Nederland voor je bek kunnen worden geslagen, maar de jongen zei: 'Dank u wel, meneer.'

Ik informeerde naar de onrust in de wijk.

Ze hadden erover gelezen in *de Gelderlander*, maar er zelf niets van gemerkt. Als ik op zoek was naar onrust kon ik beter de volgende dag terugkomen. Dan speelde Vitesse tegen Ajax, dat werd ook live uitgezonden in bar Marmaris en daarover waren de meningen wel verdeeld.

Majesteit heeft zich even teruggetrokken

30 januari 2013

Als beginnend verslaggever volgde ik ooit een jaar lang koningin Beatrix. Als zij ergens op werkbezoek ging, hobbelde ik er in de kluwen achteraan. Tussen ons in overenthousiaste burgemeesters en andere hotemetoten, hofdames en de onvermijdelijke medewerkers van de Rijksvoorlichtingsdienst, van wie een me een keer zei dat ik best mijn haren mocht kammen.

Het zou te ver gaan om te beweren dat ik van de koningin ben gaan houden, maar het respect groeide. Ik zag dat ze echt ontzettend haar best deed om gezellig te zijn op Koninginnedag. En warm en menselijk te doen tegen dementerende bejaarden en de medewerkers van een sociale werkplaats.

Maar ze was geen Erica Terpstra. Die vindt zaklopen echt leuk en die kun je ook met een gerust hart desnoods een week een sociale werkplaats in sturen. Die blijft knuffelen en haar duimen opsteken en zal honderd keer zeggen dat het allemaal 'kanjers' zijn.

Beatrix had een zakelijker aanpak. Die wilde echt weten hoeveel conservenblikjes er in een kartonnen doos pasten en zorgde er op subtiele wijze wel voor dat ze niet werd onder gekwijld. Ze at en dronk ook niet alle zelfgebakken troep en kopjes koffie op die ze kreeg aangeboden. Heel verstandig vond ik dat. Tijdens de nationale herdenking Vijftig jaar Watersnoodramp raasde er een sneeuwstorm over Zeeland, waardoor de koninklijke bus vertraging opliep. De voorzitter van het welkomstcomité in Ouwerkerk keek op zijn horloge en sprak de vrees uit dat het zorgvuldig geplande programma in het water zou vallen. Een uitspraak waar hij al snel spijt van had. 'Ik heb me heel ongelukkig versproken.'

In Ouwerkerk liep ze met haar ministers over de dijk. Aan het eind van de dijk stonden een monument en een verkleumde kunstenaar. Er speelde ook een harmonie, een van de blazers was bevangen door de kou. Hij tetterde niet mee en zat met zijn tuba in een tent. Ze hadden hem een deken om de rug geslagen. De man zei: 'We hebben hier twee uur staan wachten.'

In het halletje van het Watersnoodmuseum informeerde de koningin naar de caissons waarmee na de ramp de dijken waren gedicht. Daarna schoot ze het toilet in. Dat stond niet in het protocol.

Alle op elkaar gepakte ministers, burgemeesters, commissarissen van de koningin, journalisten en fotografen keken zwijgend naar de dichte deur. Het gerucht ging dat het kwam door de erwtensoep die eerder die dag was geserveerd. Een medewerker van de RVD zei: 'Majesteit heeft zich even teruggetrokken.'

Het duurde en duurde.

Toen de deur weer openging, keek iedereen discreet de andere kant op.

Beatrix zei tegen de museumdirecteur: 'U heeft een maquette van het gebied? Die zou ik nu dolgraag willen zien.'

De dag werd afgesloten in een restaurant waar 45 nabestaanden zaten te wachten. De eerste nabestaande opende het gesprek met de mededeling dat ze een zus had verloren bij de ramp. 'Die ging op zolder zitten, dat had ze nooit moeten doen.'

Daarna kreeg ze in 45 minuten nog 44 slachtoffers en een onbekende hoeveelheid erwtensoep voorgeschoteld. Zo veel Nederland gun je niemand.

Je wilt wel meedoen, maar je bent kansloos

7 februari 2013

In de carrièrebijlage van *nrc.next* schreef Stephanie Bakker vier pagina's vol over mooie mensen. Het kwam erop neer dat ze sneller een baan vinden en meer geld verdienen dan de gewone mensen.

Ik weet niet of het de bedoeling van Stephanie was, maar na lezing van haar epistel stond ik als gewoon mens – ik maak me geen illusies – weer met beide benen op de grond.

Ik ken Stephanie Bakker niet.

Het kan zijn dat ik haar een paar weken geleden op de bedrijfsborrel de hand heb geschud, maar dat ben ik dan helaas vergeten. Volgens hoogleraar sociale psychologie Roos Vonk, die uitgebreid aan bod kwam in het artikel, is dat geen goed teken. Als ik Stephanie aantrekkelijk had gevonden waren we na een milliseconde automatisch met elkaar in gesprek geraakt. Maar dat gebeurde niet. Waarmee ik overigens niet wil zeggen dat de taille-heupverhouding bij Stephanie Bakker niet in orde zou zijn. Ik vermoed eerder het tegenovergestelde, want het viel me op dat bij *nrc.next* alleen maar aantrekkelijke mensen werken. Eerst dacht ik dat dat toeval was, maar nadat ik Hans Nijenhuis, de nieuwe hoofdredacteur, had gesproken wist ik beter.

Het is beleid.

Hij begon meteen over mijn vriendin. Die kon, als ze dat zou willen, zo aan de slag.

Ik begreep dat wel, ze heeft mooie, volle lippen. Dat maakt haar aardiger, socialer, spontaner, competenter en intelligenter dan andere mensen.

Daar waren we het over eens. Hij voegde eraan toe dat hij meer van mooie mensen hield, wat overigens niet wilde zeggen dat hij de lelijke er meteen uit wilde werken.

Dat stelde gerust.

Maar goed, er was werk aan de winkel, dat begreep ik heus wel.

Stond ik daar met dat ongekamde haar met inhammen te praten tegen redacteuren die zonder uitzondering een rechthoekige kaaklijn, donkere huid en diepliggende ogen hadden.

Je wilt wel meedoen, maar je bent kansloos. Daarom was het zo aardig dat ze een vrolijk gekleurd kadertje bij het artikel hadden geplaatst waarin werd uitgelegd wat er bij een volgende gelegenheid van me verwacht werd.

Ik heb dat goed bestudeerd, zodat ik de volgende keer op hippe feestjes van *nrc.next* niet uit de toon val. Ik zal daar staan met 'omlaag getrokken wenkbrauwen', 'rechte schouders' en 'een directe blik' in de ogen en ik zal alle collega's even aanraken. Dat stimuleert de aanmaak van oxytocine, een stof die het sociale verkeer vergemakkelijkt. En als ik ze eenmaal vastheb fluister ik ze wat vertrouwelijks in het oor, want dan word je 'per direct aardig gevonden'.

Ik begin met die Stephanie en Hans.

Deskundige Roos Vonk werkt gelukkig niet bij *next*, anders had ik haar moeten overslaan. Geen goede taille-heupverhouding.

Absolut Vodka

13 februari 2013

Nrc.next is verfrist. Belangrijkste verandering is de invoering van vier pijlers waarin je alle nieuwsgebeurtenissen kunt gieten: weten, denken, doen en Absolut Vodka.

Om het te vieren was Club NYX in de Amsterdamse Reguliersdwarsstraat afgehuurd. Bij binnenkomst kreeg ik van een meneer in onderbroek – op de plaats van zijn hoofd zat een paardenhoofd – middels een vishengel een sticker aangereikt. ABSOLUT COOL stond erop. Die moest ik op mezelf plakken, ik mocht zelf weten waar.

Bij de eerste de beste bar trof ik plukjes redacteuren, nog wat wantrouwend loerend naar hip en trendy Amsterdam. Voorzichtig pratend met elkaar, want dat was eigenlijk niet de bedoeling. De instructies vooraf waren duidelijk: niet te veel bij elkaar klitten, maar gezellig doen met adverteerders, marketingmensen en doelgroepers.

Animeren dus. Dat kostte moeite.

Je kunt aan de rand van de dansvloer wel over nieuwe katernen of een vrolijke opmaak leuteren, maar dan schiet je als hippe krant je doel mooi voorbij. Om dat te voorkomen was er dus die Absolut Vodka. Mij hielp het in ieder geval enorm. Wat een heerlijk spul, ik kan niet anders zeggen. Na een wat onwennig begin heb ik, gezeten op die grote, roze kunstlederen lul bij de rookruimte, heel goede gesprekken gevoerd. Met een redacteur die eigenlijk gitarist wil zijn. En met een redactrice die na anderhalf uur Absolut Vodka plotseling worstelde met de essentiële vraag of ze wel hip genoeg was. 'Ik draag kleren van mijn moeder, kan dat?' En daarna natuurlijk met adverteerders en marketingmensen, want het was hun feest. Eén stelde zich voor als: 'Ik ben Absolut Vodka, ik betaal jouw salaris.'

De vernieuwde krant werd rond middernacht met veel 'oo's' en 'aa's' ontvangen. Twee marketeers lieten zich fotograferen terwijl ze trots de achterkant, waarop een grote fles vodka stond, omhooghielden. Op de voorpagina en de pagina's twee en drie stonden ook allemaal flessen. En de rest van de krant was ook iets om trots op te zijn.

De gedachte achter de pijler 'doen' begreep ik opeens ook. Een adverteerder vouwde een heel mooie *nrc.next*-hoed voor me. En een verdieping lager zaten twee meisjes in korte broekjes op een stalen balk boven de dansvloer. Ze sloegen elkaar onvermoeibaar met een *nrc.next* op de billen. Hoofdredacteur Hans stond erbij en legde het tafereel vast met de iPhone.

Ik vond het een ontroerend beeld, maar dat kan ook door de Absolut Vodka komen. Een drankje dat mensen tot elkaar brengt en verbroedert, dat mag ook wel eens gezegd. *Nrc.next* zou *nrc.next* niet zijn om dit niet als eerste te signaleren. U vond drieënhalve pagina Absolut Vodka veel? Ik vond het weinig.

Almere, een echte Melba toast-stad

1 maart 2013

Ik kocht nooit Melba toast, ik at nooit Melba toast. Ik had dus niets met Melba toast. Tot mevrouw Angelina Hammond van Hammond Communications – motto: 'Meerdere wegen naar Rome… in social media land!!!' – nogal hardnekkig contact met me zocht.

Ik was actief in de diverse media!

Dat was opgevallen!

Ze viel maar meteen met de deur in huis. Wist ik dat Melba toast gewoon van broden gemaakt wordt? Door de familie Van der Meulen uit Friesland? Bij de familie Van der Meulen hielden ze niet van gladde praatjes en poespas. Het motto van de familie Van der Meulen was: 'We doen ons werk zo goed mogelijk en dat proeft men!'

Er volgden nog veel meer weetjes, maar halverwege was mij al wel duidelijk dat ze bij de familie Van der Meulen totaal geen budget voor marketing hadden. En zo waren ze dus bij Hammond Communications beland.

Angelina Hammond had leuke Melba toast-verrassingspakketjes (proefdoosjes) samengesteld. Op het moment van schrijven toerde een Melba toast-busje met een Melba toast-campagneteam door het land om Facebook-vrienden van Melba toast te verrassen met het Melba toast-verrassingspakket en een goed gesprek dat minstens twintig minuten zou duren. Openingszin: 'Hoe was jouw dag?' Angelina Hammond: 'Interesse? *Let me know!*'

Ik had allerlei vragen: hoe goed gaat het echt met je als je op Facebook vrienden wordt met Melba toast? En wat voor lul ben je als je de hele dag namens Melba toast gaat aanbellen bij Facebook-vrienden van Melba toast om een minuut of twintig 'een echt gesprek te voeren'.

Angelina gaf me het mobiele nummer van campagnecoördinator Kees-Jan. Hij reed al de hele dag met dat Melba toast-busje door het land om mensen te verrassen. 'De goede gesprekken vind ik het belangrijkst,' schreeuwde hij door de telefoon, want het busje raasde door. 'Mensen zitten echt om een praatje verlegen.'

Een uur later naderde hij Amsterdam. 'Blijf paraat!' Weer een half uur later klonk zijn stem een octaaf lager. Hij stond op een vluchtheuvel te bellen en moest me helaas mededelen dat er tussen de Amsterdamse Facebook-vrienden van Melba toast helaas niemand zat die een journalist bij 'het geefmoment' wilde hebben.

Ik begreep dat wel, maar voor Kees-Jan – nog steeds behept met het idee dat een pak Melba toast een geweldig cadeau was – was het gebrek aan enthousiasme een raadsel. Hij zette zijn kaarten op Almere, een echte toast-stad.

In Almere waren de geselecteerde Melba toast-vrienden helaas niet thuis. Of ze deden niet open, dat kan ook.

'Teleurstellend,' vond ook Kees-Jan.

Maar als ik kwam, gingen ze in Almere Buiten spontaan de straat op om met mensen te praten. Na een gesprek van twintig minuten kregen ze dan een proefdoosje. 'Voor wat, hoort wat,' zei Kees-Jan.

Je kunt je product ook overschatten.

Happinez

5 maart 2013

Twee weken geleden bezocht ik een bijeenkomst van Bruna-vertegenwoordigers. Ze werden voorgelicht over de nieuwe boeken van Bruna, zodat ze wisten waarover ze spraken als ze met de catalogus onder de arm de boekhandels afgingen. Het waren vooral vrouwen van rond de 35.

Ze lieten de voorstelling gelaten over zich heen komen. Echt enthousiast werden ze pas bij de pagina met *Happinez*-producten.

Meneer Boezeman, de toenmalige baas van Bruna, vertelde dat ze hier een doelgroep bij de kladden hadden waar in deze economisch moeilijke tijden nog wel wat aan te verdienen was. Hij sprak 'om te beginnen' van 'een x-aantal tonnen rendement'.

We keken naar een papier vol schriftjes, potloden, yogahandboekjes, agenda's en kalenders, die vanwege opmaak en kleurstelling allemaal iets van verdieping en zingeving uitstraalden.

Meneer Boezeman: 'Staan jullie al in de *Happinez*-stand?' En of! De vrouwen in de zaal leefden op. Die potloden, waren dat potloden met een gummetje erop? En eentje stelde de in mijn ogen legendarische vraag over wat het verschil is tussen een klein en een groot notitieblok.

De vraag werd niet beantwoord.

'Als ze het *Happinez*-logo er maar groot op knallen,' zei Boezeman. Hij had hierover contact opgenomen met de makers. 'Ze zeiden: maar we maken ook kleine boekjes. Toen heb ik gezegd: op een klein boekje kun je ook knallen!'

Hij schetste zijn 'droom': 'In iedere boekhandel een *Happinez*-tafel met *Happinez*-merchandise.' Dat is dus de toekomst. Of zoals een van de vertegenwoordigers het verwoordde: 'Eindelijk! Met dit soort producten krijgen we het buitenkanaal wel warm.'

Het 'buitenkanaal' waren de boekhandelaren, een groep waar ze van gekkigheid ook niet meer weten wat te doen.

Afgelopen zomer bezocht ik het *Happinez*-festival te Groenekan, een verbijsterende ervaring. Spiritualiteit, zingeving, zelfontwikkeling en geestelijke groei: oké. Maar dit was te veel.

Een weide vol goedgelovige 35-plusvrouwen werd op Tibetaanse kleedjes aan de thee gezet en kreeg een serie lezingen en workshops voor de kiezen waar de honden geen brood van lusten. Ze ondergingen het met een glimlach.

Die vrouwen geloofden echt:

Dat bomen muziek kunnen maken.

In innerlijke acupunctuur.

Dat in het lichaam opgeslagen emoties door een mantra kunnen worden schoongemaakt en losgetrild.

Dat er een kracht uitgaat van de zon, waarmee je jezelf en de aarde kunt helen.

Dat er dauwdruppeltjes en vlammetjes met wijsheid bestaan.

En dat niets blijvend is, behalve het leven zelf.

Wat bij mij bleef hangen was de ongelooflijke hoeveelheid geurkaarsen, yogamatjes, houten kralenkettingen en cd's met oergeluiden die er werden verkocht.

Dan is er ook een markt voor boeken zonder letters.

Ik geloof in *Happinez*-notitieblokjes.

Duurzaam onderwijs

7 maart 2013

Een opdrachtgever stuurde me gisteren naar een congres voor onderwijzers met de veelzeggende titel 'Duurzaamheid. Hart, hoofd en handen voor duurzame ontwikkelingen in het onderwijs'.

Je mag in deze tijden van crisis een gegeven paard niet in de bek kijken, maar erg veel zin had ik niet. Dat woordje 'duurzaamheid' begint me op de zenuwen te werken. Ik heb het ook met 'groen'.

Alles is duurzaam. Van mijn stoeltje in het stadion van Vitesse tot de vuilniszakken en de magnetron. En mijn vriendin is ook duurzaam, want die eet amper vlees. Mochten we ooit kinderen krijgen dan gaan die naar een duurzame basisschool, of we nu willen of niet. Eentje met zonnepanelen op het dak, een groen schoolplein, veel natuuronderwijs en onderwijzers die extra aandacht besteden aan 'wereldburgerschap' en een extra voorleesuur op Duurzaamheidsdag.

Duurzaamheid en onderwijs gaan hand in hand, dat werd me gisteren wel duidelijk toen ik het gebouw van de Marnix Academie in Utrecht binnenstapte. De man achter de 'welkom-tafel' spuugde me meteen drie keer in het gezicht dat ik in de meest duurzame pabo van Nederland was. Ze hadden van 'de duurzaamheidscommissie' drie 'duurzaamheidssterren' gekregen, een unicum.

'Ik ken verhalen over hbo-opleidingen met twee duurzaamheidssterren, maar drie duurzaamheidssterren is iets bijzonders. Raadpleegt u het internet, daar staat het allemaal op.' Het was dus geen wonder dat het congres over duurzaamheid in het basisonderwijs juist hier plaatsvond.

Tussen de in duurzaamheid geïnteresseerde onderwijzers en onderwijzeressen struinde ik over de informatiemarkt met kraampjes, waar ze duurzame onderwijsproducten verkochten.

Duurzame onderwijsproducten waren: 'een cursus helikopterview', schoolkampen met natuuractiviteiten, workshops 'Biologische streekproducten in je broodtrommel!' en 'Groene, meidvriendelijke speelruimtes'.

De verkoper van het laatste product zei: 'Als een plein of openbare ruimte goed is ingericht zie je veel meisjes. Meisjes zijn de ottertjes van de samenleving, die moet je koesteren.'

Ik vroeg verder niets.

Het congres werd geopend door meneer Gerard Veerbeek, directeur van de Marnix Academie, drie duurzaamheidssterren, hij zei het voor de zekerheid nog maar een keer. Hij had vijf minuten nodig om het begrip 'duurzaamheid' te duiden en verslikte zichzelf daarna in een betoog over 'de onderwijzer als richtingaanwijzer op aarde'. 'Wij leren toekomstige generaties dat we niet moeten exploiteren, maar beheren.' De duurzame onderwijzer was te vangen in de 'drie B's': bekwaam, betrokken en bevlogen.

Later op de middag vroeg een spreker om 'respons uit het veld'. De duurzame onderwijzers in de zaal hadden genoeg respons, bakken vol. Beste citaat: 'Als je moe wordt van duurzaamheid heb je het niet over duurzaamheid. Want duurzaam is alleen duurzaam als het duurzaam is.'

Negentig kilo zero tolerance

12 maart 2013

Als Arnhemmer van geboorte volg ik het nieuws uit de Gelderse hoofdstad met meer dan gemiddelde interesse. Zaterdagnacht mocht een camerateam van *Nieuwsuur* op pad met het Openbare Orde Team (OOT) van de plaatselijke politie, een Arnhemse uitvinding waar veel interesse voor bestond uit de rest van het land. Sinds het OBT was er eigenlijk geen uitgaansgeweld meer in Arnhem. Het geheim: overal camera's en vooral Henk Heil, negentig kilo zero tolerance met een sik en een snor.

Henk sprak 'Ernems', een prachtig dialect waarin de 'a' verandert in een 'e', de 't' wordt ingeslikt en het woord 'schijt' veelvuldig voorkomt. Voor *Nieuwsuur* reden om de reportage te ondertitelen.

Ik weet niet of het door de aanwezigheid van de camera's van *Nieuwsuur* kwam – ik vrees van niet – maar voor Henk en zijn collega's was iedere passant een potentiële verdachte.

We zagen Henk en collega Fabian een eerste ronde door het uitgaansgebied maken. Henk, breeduit lopend, voorop. Ze spraken een Marokkaan uit Ede aan, Henk had 'm al vaker 'in de smiezen' gehad.

De Marokkaan: 'Rustig, we doen niets. We gaan zo terug naar Ede.'

Henk: 'Wat zeg je nou? He-je schijt aan ons?'

De Marokkaan: 'Nee, ik heb schijt aan iedereen hier.'

Henk: 'Je moet gewoon je gemak houden, joh. Met je grote bek.'

De Marokkaan uit Ede: 'Is goed.'

Henk duwde de jongen tegen de borst.

'Je bent niet in Ede. Hé, je bent niet in Ede. Koekenbakker!'

De Marokkaan uit Ede: 'Je hoeft me niet aan te raken, hoor.'

Henk: 'Als ik dat wil, doe ik dat, jongen. Je moet niet zeggen: ik heb schijt aan iedereen hier. Dan heb je ook schijt aan mij. En dat pik ik niet.'

Even later werd een wildplasser bekeurd. 'Broek effe dichtmaken, eens even kijken... Hoeveel was het ook alweer.... 130 plus zeuven euro administratie...'

De wildplasser: 'Dat hebben jullie weer goed verdiend.'

Het hoogtepunt kwam toen Henk een melding kreeg van onrust bij discotheek Club 8.

Henk tegen een collega: 'We gaan het effe serieus aanpakken daar...' We wisten inmiddels wat dat betekende.

Ze gingen er met een man of tien op af, van wie er een zich galopperend op een paard een weg baande door het uitgaanspubliek. 'Ga aan de kant! Weg! Aan de kant, zeg ik.'

Een meisje van een jaar of zestien – wat ze had gedaan bleef onduidelijk – werd door vier agenten weggevoerd. 'Ik doe niks, meneer. Alsjeblieft.'

Daar had Henk schijt aan.

Een collega van Henk schopte een iets te enthousiaste omstander. 'Doorlopen en wegwezen...'

De jongen: 'Waarom schop je mij?'

De schoppende agent: 'Die kant op, laatste kans.'

Arnhem is weer veilig, we weten nog niet hoe blij we moeten zijn.

Hazisme

27 maart 2013

In een poging het succes te duiden, zei de manager van wijlen André Hazes ooit: 'Vroeger had je het nazisme, nu heb je het Hazisme.'

Mooi gezegd.

Ik geloof dat we qua Hazisme een nieuw hoogtepunt naderen. Ik zag voorstukjes van het SBS-programma *Bloed, Zweet & Tranen* waarin Roxanne en Dré jr., de kinderen van André, samen met Danny de Munk en Gerard Joling vanaf vrijdag op zoek gaan naar 'een nieuwe volkszanger'.

'Een nieuwe volkszanger' dus, geen nieuwe André Hazes, waarschuwde de zender uitdrukkelijk, want van André Hazes was er natuurlijk maar één. In een parade van volkse types kwamen onder anderen een dikke mevrouw met een bril die vol overgave '*C'est la vie – Je moet genieten van het leven – Want dat duurt toch maar heel even – Falderie*' – zong, een man die spontaan begon te huilen en een ex-barvrouw voorbij. Allemaal uit de categorie 'snik in de stem', 'puur en oprecht', 'uit het hart', 'goudeerlijk' en 'hartverwarmend'.

Voor de minder getalenteerden zijn er in de zomer de mega meezingconcerten 'Heel Holland Zingt Hazes'.

Zelf bezocht ik vorige week *Hij Gelooft in Mij*, de musical over het leven van Rachel van Galen, de vrouw van André Hazes. Het motto van de musical was: 'Haar liefde. Zijn leven. Onze muziek.'

De musical had overal complimenten – 'Waargebeurd!', 'Raakt in het hart' en 'Het leven zoals het is' – en vijf sterren gekregen. Het moest dus wel iets bijzonders zijn. Ik was nog nooit bij een musical geweest, en heb dus geen vergelijkingsmateriaal, maar vroeg me na afloop wel af hoe het er bij musicals met minder sterren dan aan toegaat.

Het theater werd bevolkt door mensen die 'iets' van de zanger en zijn vrouw in zichzelf herkenden. Er hing een wolk van parfum en dat was maar goed ook, want de man naast me liet voor aanvang een enorme scheet.

Tegen zijn vrouw: 'Ik zit er klaar voor!'

In de pauze gingen we ondanks de vrieskou bijna allemaal naar buiten. Volgens de mevrouw bij de jassen lag het aantal rokers bij deze voorstelling beduidend hoger dan bij andere voorstellingen.

Een man zei: 'Hij was zoals ik ben. Gewoon.'

Ik geloofde dat André Hazes zich ook wel in hem zou kunnen herkennen.

Als je er in twintig minuten in slaagt om op en neer te rennen naar de FEBO, twee blikjes bier te drinken, drie sigaretten te roken en een doosje kipkluifjes leeg te eten, ben je een heel grote, maar ook heel gewoon.

Nul vrienden

29 maart 2013

Ik ken een lief iemand met nul vrienden. Niet op Facebook of Twitter, maar in het echt. Hij kan elke willekeurige melodie die hij hoort op de piano naspelen, beschikt over een goed gevoel voor humor en heeft een paar geweldige imitaties in huis, al zijn de meeste tantes en ooms die hij nadoet inmiddels al wel jaren dood. Verder is hij ook nog intelligent, slimmer dan zijn collega's op de zorgboerderij in ieder geval.

Maar toch, nul vrienden.

Hij wil wel graag vrienden, heel graag zelfs, en ik geloof het als hij zegt dat hij er alles aan gedaan heeft, maar uiteindelijk haakt iedereen altijd af.

Te veel verwachtingen.

Te veel wantrouwen.

Te veel spanning vooraf.

Te veel gepieker achteraf.

Zijn vader, dat was een vriend.

Die belde hij soms zeventien keer per dag. Het bellen begon om acht uur 's morgens. Dat maakte niet uit, er werd geluisterd. Dag en nacht, overal en altijd. Desnoods tien keer naar hetzelfde verhaal. Over dat hij bang is dat de buren last van hem hebben en dat hij daar last van heeft omdat hij zich in zijn woning niet durft te bewegen uit angst om te veel geluid te maken en dat hij sloffen over zijn schoenen doet als hij de post gaat halen, maar dat hij denkt dat ze hem desondanks misschien toch nog horen.

Die vader liet bij zijn overlijden geen gat, maar een krater achter. De ingekochte hulpverlening luistert ook. Maximaal twintig uur per week, dan hou je dus 148 uur over.

Op zijn 41ste verjaardag kwam dit jaar alleen zijn moeder.

Ze had haar best gedaan er iets van te maken en in een linnen tas een cadeau en een appeltaart van de HEMA meegenomen. Zelf had hij ook een taart gekocht.

De zus moest iets met de kinderen en kwam een paar dagen later. De broer vond de treinreis te lang duren en had het te druk. Toen de broer belde om te feliciteren zei hij: 'Ik begrijp het wel, je hebt het druk. Iedereen heeft het druk. Als mama dood is, neem ik een hond om tegen te praten.'

Je kunt als huisdier ook ongelooflijk boffen.

Eerlijk zijn over een kuthuis

8 april 2013

Een goede vriendin en haar vriend – de namen mogen beslist niet in de krant, anders raken ze dat kuthuis nooit meer kwijt – deden mee aan Open Huizen Dag. Ze hadden een rijtjeshuis in een nieuwbouwwijk bij Arnhem in de aanbieding. Een kansloze zaak, dat wisten ze zelf diep vanbinnen ook.

Ik kende dat huis goed, van de niet te verwijderen vochtplekken op het zoldertje tot het mini-achtertuintje waarin om duistere redenen maar geen gras wilde groeien. En ik kende ook de verhalen over de buren. Op links een echtpaar dat hun rode gehandicaptenwagentjes op de stoep parkeerde. En op rechts een gezin met acht kinderen.

Als ik meehielp met de grote schoonmaak mocht ik de open dag van dichtbij meemaken, want het leek me toch wel interessant hoe ze dit in de markt gingen zetten. Ze moesten het vooral van de presentatie hebben, want van de vraagprijs kon niets meer af. En dus zaten ze zaterdag in hun netste kleren op de tweezitsbank uit het raam te kijken. Er stonden in die straat nog meer huizen te koop, bijna allemaal om precies te zijn.

Om kwart over een – ze zaten bijna drie uur op de bank en hadden de voor de potentiële kopers gereserveerde appeltaart al voor de helft op – dienden zich de eerste en tevens laatste belangstellenden aan. Een jongen met een bril en zijn zwangere vriendin. Ze waren gek genoeg enthousiast.

De slaapkamer kreeg van de bezoekers de kwalificatie 'romantisch' en de kleine zandvlakte achter het huis werd bestempeld als 'een tuin met mogelijkheden'. De vriendin en haar vriend voelden zich als een spits in het strafschopgebied die alleen voor een leeg doel de bal bij toeval in de voeten krijgt. Ze hoefden hem er alleen nog maar even in te schoppen.

Appeltaart erin.

Cappuccino erbij.

Hele verhalen over die heerlijke Albert Heijn twee straten verderop.

En toen kwam het gesprek op de buren.

Wat waren dat voor mensen?

Dan zeg je natuurlijk niet dat op rechts tot ver na middernacht de bel gaat, en dat ze op links elkaar wegens ruimtegebrek de tent uit vechten. Nee, dan zeg je dat je niet zo veel contact hebt.

De vriend van mijn vriendin: 'Het is echt een buurtje van leven en laten leven.'

De bezoekers keken elkaar gerustgesteld aan.

Toen ze weg waren was er eerst euforie, daarna knaagde het schuldgevoel en ten slotte besloten ze toch te bellen met de eerlijke mededeling dat het met het oog op de baby qua buren misschien toch niet helemaal ideaal was.

Eerlijk duurt het langst, maar in dit geval heel lang. Tot de buren zijn verhuisd waarschijnlijk.

Eric van Tijn, liedjesmaker

10 april 2013

Eric van Tijn, de liedjesmaker, woont bij mij in de straat. Ik zie hem de hond uitlaten en tref hem soms in de Lidl om de hoek. Vorige week stond hij nog gewoon voor me bij de kassa, waar hij twee flessen witte wijn afrekende.

Hij maakt dan altijd een sombere indruk, in niets de blije bekende Nederlander zoals we hem kennen van *Idols* en *X Factor*. Een gewone man, weggedoken in de kraag van zijn leren jas.

Ik vond dat altijd sympathiek en verwarde het met bescheidenheid. Sinds gisteravond weet ik dat het schaamte is.

Toen presenteerde *RTL Boulevard* het 'Beatrix bedankt-lied', waar – bron: Albert Verlinde – het duo Fluitsma & Van Tijn 'keihard' aan had gewerkt. Nou ja gewerkt, ze kopieerden gewoon even hun hit '15 miljoen mensen', dus Fluitsma deed helemaal niets. Van Tijn sloeg aan het rijmen en kwam met dit soort teksten:

De vlaggetjes
En spelletjes
Op elk verjaardagsfeest
U stond er steevast lachend bij
Maar nu is het mooi geweest

Arme Beatrix, 33 jaar keihard gewerkt, liefhebber van klassieke muziek, ballet en kunst. En wat krijg je als dank? Dat het volk je toezingt vanaf verschillende pleinen. En als toetje van RTL *Boulevard* een emmer snot over je heen.

En die gaan ze de komende weken helemaal over je heen wrijven, laat dat maar aan Albert Verlinde en Winston Gerschtanowitz over. Want het is voor een goed doel – het Prinses Beatrix Spierfonds – en dan mag alles.

Gisteren waren de opnames voor de cd en videoclip. Albert Verlinde droeg een strak oranje T-shirt en Winston Gerschtanowitz had voor de gelegenheid een oranje corsage op het jasje gespeld. Ze hadden een vrolijk mopje meegezongen met de groep B-artiesten om hen heen, die alleen op dit kleine stukje aarde gewaardeerd worden: Josje van K3, René Froger, Frans Bauer, Jamai en Lieke van Lexmond om er een paar te noemen.

Alleen Gordon ontbrak.

Winston zei dat hij zeker wist dat het lied Beatrix zou raken. Het klonk als een dreigement, en dat was het ook. Ik dacht dat je daar in dit land een beetje mee moest oppassen, voor je het weet heb je het staatshoofd beledigd. De waxinelichtgooier zit uit voorzorg alweer vast in een Duitse cel. En dit mag wel?

Heropening Rijksmuseum

16 april 2013

Ik woon al meer dan vijftien jaar in Amsterdam en was pas één keer in het Rijksmuseum geweest. Wat ik me van die ene keer herinner: weinig bezoekers, heel veel schilderijen – een beetje te veel – en dat *De Nachtwacht* achter glas hing.

Daarna ging ik nooit meer. Ik was niet de enige. Ik ken bijna niemand die daar – vrijwillig dan – naartoe gaat. En in al die tijd dat het museum gesloten was, heb ik niemand gehoord die dingen tegen mij zei als: 'Ik kijk zo uit naar de heropening.' 'Ik kan niet wachten.' 'Ik moet er zo snel mogelijk naartoe.' En helemaal niemand die zei dat hij twee dagen wilde gaan omdat-ie dacht dat één dag niet genoeg was.

Ik leefde in een andere wereld. Sinds de heropening van het Rijksmuseum weet ik dat de meerderheid totaal anders in elkaar zit. De bekende Nederlanders op televisie bijvoorbeeld hadden allemaal enorm naar de heropening uitgezien. 'Ein-de-lijk!' 'Heerlijk, het is weer open!' Ze mochten eerder naar binnen en kwamen terug met enthousiaste verhalen. Je zag ze, met op de achtergrond een klassiek muziekje, door de zalen dwalen. Ze stonden stil bij een kunstwerk naar keuze en hielden hele verhandelingen over hoe mooi en bijzonder dat was. En als je de kunst niet mooi vond, kon je altijd nog van het gebouw genieten, hield Jan Mulder ons voor. Alles was er mooi en prachtig, van het dak tot de verf op de muren.

Dan weet je dat het dringen wordt als het opengaat want sinds de media-aandacht bestaan er opeens heel veel mensen die het Rijksmuseum ontzettend gemist hebben. Mensen bij wie het was gaan kriebelen omdat ze graag onderdeel willen zijn van de hype.

Het woordje 'gratis' deed de rest. Want zaterdag was het museum de hele dag gratis toegankelijk. Er stonden duizenden mensen in de rij, sommige hadden stukken uit de krant gescheurd zodat ze wisten waar ze binnen allemaal naartoe wilden. Alles wat ze op televisie hadden gehoord werd nagekakeld.

'Dit wil je niet missen,' zei een mevrouw die speciaal uit Deventer was gekomen. Alsof het museum een dag later zou worden weggehaald. Een ander zei: 'Ik kon niet wachten.' En: 'Als het niet gratis was geweest was ik ook gegaan. Ik moest.'

Een paar uur later bij de uitgang werd geklaagd over de drukte. Over de lange rijen. En dat de iPads allemaal waren uitgeleend. Het idee dat ze nog een keer konden gaan, kwam niet bij iedereen op. Een man: 'Ik ben er acht uur geweest, ik heb het gebouw nu wel gezien.'

Drie verrassingen

8 mei 2013

Op de website van *De Telegraaf* nam Wilma Nanninga de kijkers mee naar de vochtige bijkeuken van de journalistiek. Ze droeg een zwarte hangtrui, op de rechterschouder was een bh-band ter grootte van een tractorwiel zichtbaar. Ze had 'de biografie' van Patricia Paay doorgenomen en was daarna als een gek gaan bellen. Het hoofd smulde nog na van al het nieuws dat haar ter ore was gekomen.

Patricia had laten opschrijven met wie ze het allemaal gedaan had. Wilma sprak van 'drie verrassingen': Waylon, John de Mol en David Bowie. De eerste twee ontkenden 'glashard', David Bowie nam vreemd genoeg niet op als Wilma belde.

Wilma kwam met beelden van het tv-programma *Holland's Got Talent* van enkele jaren geleden, waarin Waylon toch wel op een heel speciale manier naar Patricia had gekeken en schermde met een telefoontje van Gerard Joling en een nachtelijke sms van ex-*Holland's Got Talent*-jurylid Henkjan Smits ('s nachts met Wilma sms'en, wat voor

NSB'er ben je dan?), die de innige omgang bevestigden. Als twee onafhankelijke bronnen los van elkaar iets beweren, is het gewoon waar, zo journalistiek zit het hoofd van Wilma in elkaar.

Het geval John de Mol lag gecompliceerder. Hij kon zich niets herinneren van een amoureuze nacht ergens tussen 1982 en 1985 en noemde Patricia 'een diva op haar retour' en haar boek 'zonde van de bomen'. Patricia kwam via Wilma met een nieuwe verklaring: zij en John hadden het bed wel gedeeld, maar wat daar precies gebeurd was, wist ze niet meer.

'Zo memorabel was het dus niet,' aldus Wilma namens Patricia.

Item afgesloten, denk je dan.

Maar dat was buiten Wilma gerekend.

Ze had op de valreep nog gebeld met haar vriendin Patty Brard, een gesprek dat de discussie een diepere dimensie gaf.

'Patty vroeg zich terecht af waarom mannen altijd mogen opscheppen over hun seksuele escapades en vrouwen niet.'

Daar moesten we thuis maar eens over nadenken. Een moeilijk te beantwoorden vraag die Patty opwierp.

Een vraag ook waar Patty, Patricia en zeker Wilma zich gelukkig niet het hoofd over hoeven te breken. De vermeende minnaars ontkenden en blijven ontkennen, dat was nu juist de oorzaak van alle ophef. Er zijn helemaal geen mannen die opscheppen dat ze het met Patty, Patricia of Wilma gedaan hebben. Of David Bowie moet heel verrassend uit de hoek komen, dat horen we dan wel weer van Wilma, als hij eindelijk zijn telefoon opneemt tenminste.

Een absolute schrijversdroom

10 mei 2013

In de Warmoesstraat – voor de fans: schuin achter de Bijenkorf – in Amsterdam opende schrijfster Heleen van Royen haar eigen winkel waar alleen boeken van Heleen van Royen te koop zijn. In de winkel is van alles te doen: je kunt er hoofdstukken uit een boek van Heleen voorlezen, wat dan weer wordt uitgezonden op haar eigen Heleen van Royen-YouTube-kanaal, je kunt er appeltaart eten met Heleen, je kunt een boek van Heleen laten signeren door Heleen, je kunt praten met Heleen en je kunt er de workshop 'seksspeeltjes en eigenliefde' bijwonen. Kortom: als je fan bent van Heleen een must, alle anderen kunnen de winkel beter mijden.

Heleen glom van trots. Ze sprak van 'een absolute schrijversdroom' die was uitgekomen. 'Alle schrijvers kennen het: zodra je een boekwinkel binnenstapt, zoek je naar je eigen titels. Liggen ze ertussen? Liggen ze er überhaupt?'

Van die zorg was ze nu verlost.

Ze hoopte dat haar nieuwste boek *De hartsvriendin* weer een bestseller werd.

'Het verhaal van *De hartsvriendin* gaat over Yvonne de Graaf, een gelukkig getrouwde vrouw van veertig en haar twee tienerkinderen. Als haar beste vriendin Mona haar op haar verjaardag in de steek laat en ze een opmerkelijk cadeau van haar kinderen krijgt, durft Yvonne uit haar "comfortzone" te stappen.'

Tussen het oploopje voor de winkel herkende ik een oude bekende: valkenier Gerard van den Brink uit Lunteren, zichtbaar ook uit zijn comfortzone gestapt. Heleen had besloten dat ze het feest wilde opluisteren met een roofvogel van Gerard op haar arm.

Omdat Gerard de verzorger is van Vitesse-vogel Hertog II had ik hem en zijn vrouw Bettine in het verleden wel eens opgezocht op zijn boerderij. Hij waarschuwde me destijds uitvoerig dat werken met vogels niet zonder gevaar was. Ze hadden hem een keer een oog uitgepikt. Daarna vertelde hij het verhaal van een kind dat bij een demonstratie in België was gegrepen door een adelaar omdat het leek op een oefenbal.

Heleen had gekozen voor een oehoe, minder gevaarlijk dan een adelaar, maar nog altijd een beest waar je niet met je hoofd voor moet gaan hangen, wat Heleen tot ontzetting van Gerard wel deed.

Een paar dagen later had Heleen haar bestseller en kreeg Gerard een bekeuring omdat Heleen was vergeten een vergunning voor de oehoe aan te vragen. Een meevaller was wel dat ze beide ogen nog had, al kun je natuurlijk ook zeggen dat een aanval door een oehoe de verkoop naar nog grotere hoogten had gestuwd.

Gehandicapt in de Efteling

14 mei 2013

Ik ging naar de Efteling met een gehandicapte. Geen vrijwilligerswerk: gewoon met een familielid. Ik dacht dat gehandicapten bepaalde privileges hadden, maar die hebben ze bij de Efteling afgeschaft in ruil voor twee euro korting op een toegangskaartje.

De mevrouw bij de kassa zei dat dit gebeurd was na ‘ontzettend veel klachten van gewone mensen’ die zich eraan stoorden dat gehandicapten ‘voor mochten’. We hoefden dus niet te rekenen op kortere wachttijden. Als begeleider vond ik het een tegenvaller.

We mochten bij de uitgang van de attracties naar binnen. Er kon daar door Efteling-medewerkers gevraagd worden naar een briefje van de huisarts.

'Nou, dat lijkt me in dit geval niet echt nodig, hè?' zei ik, maar het waren nu eenmaal de regels.

'Anders kan iedereen wel zeggen dat hij gehandicapt is.'

Ze voegde eraan toe dat zich in het verleden wel eens mensen in een rolstoel bij een attractie hadden gemeld die helemaal niet gehandicapt waren.

'Maar wij kunnen het bewijzen,' zei het familielid.

Daar moesten we niet te licht over denken. 'Onze mensen zijn geen dokters.' Daar hadden we niet van terug, als je het verschil tussen één of twee benen niet ziet, ben je geen dokter.

Wij naar De Halve Maen, een schip dat op en neer gaat tot je er kotsmisselijk van bent. We sloten bij de speciale ingang aan achter een spast, een jongen op krukken, een bejaarde vrouw met een dekentje over de knieën, een stuk of acht rolstoelkinderen allemaal in oranje plastic gewurmd en een plukje begeleiders.

Een Efteling-medewerker monsterde de rij en bekeek de medische verklaringen. Ik had het idee dat ik aan de grens stond. Hij zei dat de mensen die eventueel konden lopen ook in de gewone rij konden gaan staan, waar de wachttijd was opgelopen tot drie kwartier. Want, we wisten het inmiddels, we kregen geen voorrang.

De jongen op krukken zei dat hij liever in deze rij bleef omdat ze hem anders zo aanstaarden.

'Hier word je nog meer aangestaard,' zei de Efteling-man.

Dat klopte.

We voelden de jaloerse blikken van de wachtende meute. Er zaten ertussen, zo werd ons verteld, die nauwkeurig opletten of ze tijdens het wachten niet een paar keer dezelfde gehandicapte voorbij zagen schommelen.

Om de paar minuten werden twee van ons de attractie in geholpen. Het schoot gelukkig tergend langzaam op, want gehandicapten zijn leuk en aardig en je moet er goed voor zorgen, maar ze moeten de gewone mensen natuurlijk niet gaan irriteren.

Bezorgde moeder

22 mei 2013

Toen Wanda van den Bovenkamp nog gewoon Wanda van den Bovenkamp was, een moeder van 46 uit Doorn, deelde ze vooral tegeltjeswijsheden als: 'Ik wou dat mijn bankrekening zich even snel vulde als mijn wasmand', en: 'Heb jij je voeten wel geveegd voordat je op mijn ziel trapte?' met haar vrienden op Facebook. Ze maakte ook een foto van een volle pan zelfgemaakte spaghetti, het zag er heerlijk uit.

Ik leerde Wanda een week geleden kennen tijdens een dubbelinterview in het *Algemeen Dagblad*, waarin zij en Marc Satijn (20) werden neergezet als 'de drijvende krachten' achter al die burgers die maar bleven zoeken naar de vermiste broers Ruben en Julian. Na een oproep van Wanda om de bossen rond Doorn uit te kammen, stuurde ze binnen een mum van tijd honderden mensen aan.

Wanda omschreef zichzelf als 'een bezorgde moeder die aanvoelt wat een ouder van vermiste kinderen doorstaat' en Marc meldde zich bij haar speurdersleger omdat hij 'een onbedwingbare drang naar organiseren en ondernemen' heeft. Op zijn tiende wees hij de burgemeester er al op dat er iets mis was met de prullenbakken in Doorn. Zo'n jongen dus.

Ze verzamelden 's avonds bij parkeerplaats het Doornse Gat. 'Zaklamp meenemen.' Ze kamden de bossen rond de Pyramide van Austerlitz uit en zochten bij het Henschotermeer. In kranten verschenen foto's van grote groepen die gewapend met prikstokken de natuur in trokken. Na zo'n dag zoeken zaten ze soms helemaal kapot, maar ze sleepten elkaar erdoorheen. Nadat Wanda liet weten dat het gevoel van saamhorigheid enorm was – ze zag steeds dezelfde gezichten, je leerde elkaar kennen – was ik om. De regenlaarzen stonden klaar, want het speuren kon je, dat was me al lang duidelijk, niet aan de politie overlaten. De volgende dag werden de broers gevonden.

Uit respect voor de nabestaanden verdwenen Wanda en Marc van de radar. Het werd stil op de Facebook-pagina van Wanda. Ze schreven: 'Wij hebben er zeer bewust voor gekozen dat wij gezien de recente ontwikkelingen tijdelijk geen berichten meer plaatsen of reacties geven. Ook zullen wij de pers (tijdelijk) niet te woord staan, omdat wij vinden dat op dit moment alléén stilte gepast is.'

Ja, Wanda en Marc, dacht ik, jullie hebben weer gelijk.

Ik stelde me zo voor dat Wanda maar weer spaghetti was gaan maken en dat Marc zich weer ging ergeren aan het straatmeubilair, maar dat had ik dus mis. Gisteren haalden ze het nieuws met een landelijk netwerk van particuliere zoekteams dat de politie gaat helpen bij vermissingen.

De broers zijn dan weliswaar gevonden, maar het zoeken gaat door. Vermisten genoeg. Binnenkort gaan ze weer op pad. Een volger verwoordde het zo: 'Een klein land wordt opeens heel groot! TOP!!!'

Handelaars in welbevinden

28 mei 2013

In Wageningen was de eerste editie van Lokale Schoonheid, een festival voor en door mensen die de wereld een stukje mooier willen maken. Sleutelbegrippen waren bewust leven, ervaren, persoonlijke groei, ontwikkeling, zelfgenezing, innerlijke rust, balans, gezondheid, vreugde, geluk en lekker eten.

'Duurzaam leven dus,' zei de organisatie in de vorm van mevrouw Laura Jonker.

Ze stond te stralen dat het een lieve lust was en ontving ons nog net niet met een knuffel, maar dat kon nog komen, daar was weinig aanleiding voor nodig. Ze kon er lang en kort over spreken – ze koos voor lang – maar het was een succes. Tussen het groen krioelde het van 'duurzame mensen' uit het hele land.

Ze zei: 'Ons uitgangspunt is dat ieder mens specifieke kwaliteiten heeft. Individueel is het soms moeilijk om daar richting aan te geven, helemaal als het kunstzinnige en creatieve kwaliteiten zijn. Wij wilden wel eens zien wat er gebeurde als je het samenbrengt. Nou, dit dus!'

Ze spreidde de armen en zei: '*Enjoy!*'

Omdat ik honger had en niet per se zin had in een falafel met kikkererwtenmoes bestelde ik een duurzaam minipannenkoekje dat werd gebakken op de achterkant van een brandblusser: bereidingstijd een kwartier. Even verderop kon je zelf een glas vruchtensap bij elkaar fietsen op een hometrainer. Ik begreep dat dat duurzaam en dus goed voor het milieu was. Maar daarvoor kwamen de mensen niet.

Ze waren op zoek naar iets veel mooiers: geluk. De handelaars in welbevinden waren overal en lieten ons van de producten proeven. Ik heb een briefje in de wensboom gehangen, liep met blote voeten over een belevingspad (gras voelde lekkerder dan grind) en liet mijn aura wassen. De therapeut van dienst zag weliswaar de mooiste kleuren, maar ook ruis. Waarschijnlijk afkomstig van mijn overleden vader, maar het konden ook opgekropte spanningen zijn. Hij waste de handen in een emmer zeepsop, vroeg of ik de ogen wilde sluiten en ging aan de slag. Omdat ik stiekem toch een beetje keek, zag ik wat hij deed. Hij worstelde letterlijk met mijn gedachten, die hij met veel moeite in de emmer met sop gooide. Om ons heen stonden een stuk of veertig mensen, niemand lachte.

Een half uur later vroeg een man of ik soms last had van blauwe plekken. Die kon hij genezen. Het kon eventueel ook telefonisch.

Ik sloot het middagje af met een knuffelworkshop in een tipi.

'Het geeft niks dat je onzeker bent,' hield een man ons voor. 'Iedereen is onzeker. Maar geloof mij: je bent de moeite waard!'

Omdat het leuk was om dat ook eens van een ander te horen gingen we in tweetallen tegenover elkaar staan en zeiden het tegen elkaar: 'Je bent de moeite waard!' En daarna een knuffel.

Na afloop voelde ik me niet per se gelukkig, eerder vies. Dat kon natuurlijk ook niet in één middag. Daarvoor moet je op workshop, geluk kost geld.

Dan kende ik God nog niet

3 juni 2013

Het thema van de EO-Jongerendag was '*Can you hear me?*'

Spreekstalmeester Manuel Venderbos, een jonge vader in trendy merkkleren, zorgde in de met 25.000 christelijke jongeren gevulde GelreDome voor de duiding. Hij sneed omzichtig een herkenbaar probleem aan: dat je wel de hele tijd met God kunt praten, maar dat hij nooit wat terugzegt.

Manuel: 'Dat lijkt dus zo…'

We doken zijn leven in. Hij zei niet waarover het ging, dat ging niemand wat aan, maar we mochten gerust weten dat hij pasgeleden heftig negatief nieuws had gehad. Dusdanig negatief dat het even helemaal zwart was. Hij had God meerdere malen om hulp gevraagd, maar kreeg geen antwoord. Vertwijfeld stapte hij op een ochtend in zijn auto, draaide de sleutel in het contact om en uit de speakers denderde Radio 538. Hij hoorde keihard het volgende refrein: '*Don't you worry, don't you worry child. See heaven's got a plan for you.*'

Ik ken de problematiek van Manuel niet, maar het stelde hem enorm gerust. Dit was niet meer of minder dan 'een knipoogje van God'.

Voor dit inzicht kreeg Manuel applaus.

Ze gingen samen bidden.

Manuel vroeg God of hij ons die dag allemaal zo'n knipoog wilde geven en hij vroeg om een extra knipoogje voor de familie van een twaalfjarig meisje dat vlak voor de EO-Jongerendag was verongelukt. En ook voor een meisje dat op school dusdanig vaak voor 'zeekoe' was uitgescholden dat ze een einde aan haar leven had willen maken.

Eigenlijk konden we allemaal wel een knipoogje van God gebruiken.

Het kon via allerlei kanalen komen, zelfs via Radio 538 dus.

Ik vond dat Manuel de lat voor goddelijke interventie daarmee behoorlijk laag had gelegd en hield met een schuin oog de videoschermen in de gaten, want dat leek me de meest praktische oplossing. Maar zo simpel zat het volgens de christelijke jongeren die ik er later over sprak nu ook weer niet in elkaar. Dan kende ik God nog niet, het kwam altijd onverwachts.

'Voelsprieten aanzetten, dan komt het vanzelf, vriend, echt.'

De reis naar huis verliep vlot, geen files, geen ongelukken. Een beetje christen zou zeggen: 'Heer, wat bent u groots.'

Turkse toestanden

5 juni 2013

Als Peter van der Vorst voor zijn programma *Van der Vorst ziet sterren* op bezoek komt, heb je als ster weinig te vrezen. Vorige week boetseerde hij samen met Yolanthe Sneijder-Cabau een standbeeld voor Yolanthe Sneijder-Cabau, die samen met haar man Wesley in een recordtempo aan het inburgeren is in Turkije. De gesprekjes ontzenuwden de vooroordelen over 'de voetbalvrouw' volledig. Yolanthe was niet alleen knap, maar ook nog superactief, creatief, intelligent en ze had het hart op de goede plaats. Ze trad op in Turkse praatprogramma's, lanceerde een eigen sieradenlijn, maakte commercials voor icetea en – Peter vond het fantastisch – zette zich keihard in tegen kindermisbruik.

En ze had nog humor ook, zo interpreteerde ik de zin 'bij Wesley heb ik nooit het gevoel dat ik op mijn tenen moet lopen' tenminste.

Yolanthe en Wesley woonden op de twaalfde verdieping van een super-de-luxe appartementencomplex in Istanbul. Vanaf het dakterras hadden ze een fantastisch uitzicht op alle highlights: de Aya Sofia, de Blauwe Moskee, 'de leuke kerkjes' en de ook al schitterende woning van Dirk Kuijt en zijn vrouw Gertrude.

Peter dook de diepte in en vroeg wie de ruimte had ingericht.

'Ik,' zei Yolanthe niet zonder trots.

Ze had bewust voor rustige kleuren gekozen, bijna alles was wit.

In het oog sprongen een levensecht wit paard – Yolanthe: 'Het is groot, je moet toch wat neerzetten in zo'n ruimte' – en een witte vleugel. Helaas speelde zowel Yolanthe als Wesley geen piano, maar het was een uitdrukkelijke wens van Wesley geweest omdat een vleugel in huis gewoon mooi was.

Een paar dagen na de uitzending, tijdens de rellen in Istanbul, stuurden Yolanthe en Wesley via Twitter exact dezelfde boodschap naar hun volgers.

'*My heart is with Turkish people who are defending their rights #occupygezi #direngeziparki #taksim #direnankara*'.

Je kon je zo voorstellen hoe dat gegaan was. Ze hadden de rellen gezien vanaf het dakterras, hadden er op een van hun witte banken over gediscussieerd en kozen partij.

Ze stonden achter het volk dat opkwam voor hun rechten!

Gisteren was het alweer een stuk rustiger in Turkije. Yolanthe zat inmiddels in de zon op Ibiza en switchte naar een ander belangrijk onderwerp.

'*What are your favorite summer sandals? Find out about mine http://say.ly/apB5XZW*'.

Vroeger had ik dat heel oppervlakkig gevonden maar als kijker van *Van der Vorst ziet sterren* weet ik dat haar hart echt bij al die Turkse mensen is. Een voetbalvrouw kan razendsnel schakelen.

Een clubje in Turkije

7 juni 2013

Als je liegt kun je het beste goed liegen, tenminste zo denken onze voetballers erover. Neem Ryan Babel, spits van Ajax. Een paar weken geleden schold hij Johan Derksen nog uit voor 'rare snor' omdat die in zijn praatprogramma had durven suggereren dat hij, de grote Ryan Babel, naar een clubje in Turkije zou vertrekken.

Vanwege het geld natuurlijk, want het belastingklimaat in Turkije is voor voetballers hartstikke lekker. In de nieuwste *Voetbal International* stond deze week een infographic waaruit je kon opmaken in welke landen je als beroepsvoetballer het minste belasting hoefde te betalen. Helemaal bovenaan stond Bulgarije, even daaronder Turkije.

Het leek me goed nieuws voor Ryan, maar Ryan was helemaal niet blij. Integendeel. Hij ging helemaal niet naar Turkije en al helemaal niet voor het geld. Door al 'dat gelul' leek het net alsof hij geld belangrijk vond.

Gisteren kwam de voetballer met een haast ontroerend persbericht op zijn website, waar je naast het laatste Ryan Babel-nieuws ook coole foto's van Ryan kunt downloaden.

'Hallo fans,' schreef Ryan, die de wereld gemakshalve indeelt in twee groepen: 'fans' en 'echte fans'. 'Ik vind het jammer dat sommige beslissingen of de juiste gang van zaken niet altijd op correcte wijze in de media komen of naar buiten gebracht kunnen worden. Mijn zaakwaarnemer Winny Haatrecht heeft voor mij alle aanbiedingen en geïnteresseerde clubs naast elkaar gelegd en met mij besproken.

Ikzelf ben op vakantie en zal na terugkomst de beslissing nemen waar ik wil gaan spelen. Ik kan niet ontkennen dat het ambitieuze Kasımpaşa uit Turkije een goede indruk op ons heeft gemaakt...'

Na een verhaal over de aanstormende talenten van Ajax wier ontwikkeling hij niet langer wilde blokkeren schreef Ryan: 'Ik verlaat Ajax dus niet om financiële redenen maar om het sportieve belang van de jeugd. Ik ben en blijf altijd een Amsterdammer met een Ajax-hart en als de club het wil kom ik ooit terug. Met sportieve groeten aan de echte fans, Ryan Babel.'

En de sportieve groeten terug!

Daar pareerde Ryan alle eventuele kritiek op zijn keuze bij voorbaat. Kasımpaşa! Daar wil iedereen wel naartoe, behalve Ryan Babel dan, die eigenlijk liever bij Ajax bleef. Maar goed, hij gaat dus toch. Niet voor zichzelf, maar omdat hij al die Ajax-talentjes niet langer voor de voeten wil lopen. Dank Ryan, dank ook zaakwaarnemer Winny, voor deze heldere uitleg. Wij, jouw fans, snappen je keuze voor Kasımpaşa nu een stuk beter.

De echte fans dan.

De cultuurscout

19 juni 2013

Cultuurscouts zitten overal, het liefst in wijken waar de bewoners helemaal niet op cultuurscouts zitten te wachten. Tenminste, dat denken ze, want dan kennen ze de cultuurscout nog niet. Cultuurscouts zijn bijna altijd vrouwen en het zijn doordouwers, ze duwen de cultuur desnoods in je gezicht. En ze worden steeds actiever, tenminste, dat denk ik, want in korte tijd ontmoette ik er drie en het verschijnsel bestaat toch al een paar jaar.

De eerste was verre familie, laten we haar maar Irma noemen. Ik zat naast haar op een feestje waar ze me de oren van de kop kletste over kunstborrels, de kunstroute die ze had uitgezet en haar cultuurnetwerk. Ze was nu drie jaar actief in een wijk in Rotterdam en de kunstenaars daar vochten om een plekje op 'de culturele kaart' die ze ieder jaar samenstelde.

'De pioniersfase is voorbij,' zei ze. 'Ik heb echt de indruk dat ik in de wijk ben verankerd.'

Regelmatig struinde ze de straten af op zoek naar 'culturele waarden'. Wat dat precies waren bleef vaag, maar als ze 'iets' zag wat haar beviel, wilde ze het zichtbaar maken en in verbinding brengen met de bewoners. 'Desnoods smeer ik het ze in het gezicht.'

Claudia, de cultuurscout van de Arnhemse wijk Presikhaaf, speurde mij zelf op. Ze timmerde samen met een kunstenares een wijkkrant in elkaar over de flat waarin ik geboren ben. Ze zei het maar meteen: ze vond de flats in Presikhaaf prachtig en ze kon zich zo voorstellen dat ik mooie herinneringen had. Ik had nul herinneringen, maar mijn moeder wel. Die wilde er zo snel mogelijk weg, wat na drie jaar ook lukte. Ik heb Claudia heel blij gemaakt met mijn babyfoto's.

Ik vond Claudia meteen een bevlogen lieverd en hoopte dat de krant over de flats een groot succes zou worden, maar dat leek me een moeilijk verhaal. Ik ken de bewoners van Presikhaaf een beetje, de meeste hebben een hekel aan boeken, van cultuur krijgen ze jeuk en kranten die ze ontvangen, belanden ongelezen in de kattenbak. Daar was aan gedacht: de krant werd ook, in een vergrote versie, op de flat geplakt zodat het niemand kon ontgaan.

Voorafgaand aan een lezing in een boekhandel in een troosteloos winkelcentrum in Schiedam-Noord ontmoette ik Carolien, die haar gebied een witte vlek noemde. 'Het is trekken en sjorren hier.'

De cultuurkiosk met uitklapelementen op het pleintje was nog geen groot succes, maar van het cultuurkwartet waarmee bewoners op speelse wijze in contact kunnen komen met artiesten uit de buurt had ze hoge verwachtingen.

Ze monsterde de vijftig belangstellenden in de boekhandel en zei: 'Daar zitten ze dan, de cultuurliefhebbers. Ik heb ze te pakken, tja, je bent cultuurscout of je bent het niet.' Daarna: 'Ik lust ze rauw.'

Even later hield ze een korte toespraak.

De zin 'U gaat cultuurkwartetten' bleef hangen.

Of ze nou willen of niet, dacht ik, laat dat maar aan de cultuurscout over.

Boegbeeld

1 juli 2013

Hanneke van Tol meldde zich met de mededeling dat de gemiddelde Nederlander per jaar vijftig kilo bruikbaar voedsel in de vuilnisbak gooit. We vonden het alle twee een schande. Aan het eind van het gesprek was ik benoemd tot ambassadeur/boegbeeld van Damn Food Waste, een evenement tegen voedselverspilling. Ze ging me later ook nog telefonisch interviewen voor de website, dan kon ik wat 'tips & tricks' delen.

Toen ze had opgehangen vroeg ik me af hoe die Hanneke in godsnaam bij mij terecht was gekomen, ze had duidelijk geen flauw benul van hoe ik met eten omging, maar tegelijkertijd voelde het ambassadeurschap als een grote stap. Eindelijk ging ook ik iets goeds doen.

Twee dagen voor het evenement belde Hanneke weer, ze waarschuwde dat ze meeschreef. Ik zei toen dat mensen in de supermarkt alleen maar dingen moesten kopen die ze echt nodig hadden en dat ze eten wat ze overhadden moesten invriezen.

Hanneke vond het 'hele goede tips'.

Zaterdag meldde ik me bij het evenement op het Museumplein.

Ik had me extra netjes aangekleed, want ambassadeur/boegbeeld, en keek naar de mensen die in de rij stonden voor een gratis bordje curry, bereid van weggegooid of afgekeurd voedsel. Het barstte van de vrijwilligers die geen benul hadden wie ik was.

'Ik ben jullie ambassadeur,' zei ik.

Ik werd naar Renée Hendrickx gesleept, een vrouw in een vale spijkerbroek. Renée coördineerde alle ambassadeurs/boegbeelden. Ze bood me een kopje koffie aan dat ze hadden gekregen van het Concertgebouw en hadden opgewarmd. Mijn naam was met stift op een stuk karton geschreven. Mijn ambassadeurschap verloor zijn glans. Van de andere boegbeelden kende ik alleen Eva Hoeke, toevallig mijn vriendin.

Renée sprak van 'een heel mooi rijtje'.

Ze raadde me aan om over het terrein 'te fladderen, te proeven en te genieten'. Mocht zich een journalist melden die een statement van me wilde dan speurde ze me meteen op. Ze kon alvast zeggen dat *De Telegraaf* geen interesse had. Ze had me aangeboden – 'Kijk, daar staat een van onze ambassadeurs, Marcel van Roosmalen' – maar hij had de schouders opgehaald.

Ik liep er die middag wat verloren bij en werd links en rechts ingehaald door anderen die wel wisten hoe ze hun ambassadeurschap moesten uitventen. Staatssecretaris Sharon Dijksma van de PvdA meldde zich spontaan en stiefelde meteen door naar de microfoon op het hoofdpodium. Daar maakte ze heel duidelijk dat er in huize Dijksma geen voedsel werd verspild, ze aten daar echt alles op. Van broodkruimels van oud brood bakte ze met haar kinderen koekjes.

Als boegbeeld/ambassadeur had ik nog een lange weg te gaan.

Henk Lubberding

5 juli 2013

Oud-wielrenner Henk Lubberding werd gisteren onbedoeld de personificatie van het racistische kwaad. Henk zei op de radio: 'Die renner die vandaag voorop reed. Dat negertje. Nou ja, negertje, hij was wel heel donker. Dus ik noem dat maar een neger. Het is al verbazingwekkend dat die op een fiets kan rijden. Dat hebben wij jaren moeten missen in het peloton. Ik vind het mooi dat kleurlingen in het profpeloton aanwezig kunnen zijn. Dat valt dan op.'

Ik begreep eruit dat Henk het mooi en onverwacht vond dat er eindelijk een donkere wielrenner meereed in de Tour de France. Henk, geschrokken van alle commotie, liet weten dat hij het juist positief bedoeld had.

Ik geloof Henk.

Henk heeft een wat eigenaardige manier van praten. Henk zegt wat hij op dat moment denkt en denkt daar verder niet over na. En als hij niets denkt zegt hij gewoon dat hij er niets van vindt. Je zou het nuchter kunnen noemen.

Een paar jaar geleden volgde ik met wat verzekeringsmannen een teambuildingsdag bij het bedrijf Teambuilding met Lubberding. Henk, in wielertenue, een petje schuin op het hoofd, verzorgde de training, zijn vrouw Corina ging rond met de koffiekan.

Henk begon met te zeggen dat zijn training 'een mengelmoes van gezelligheid en gesneden koek was'.

De teambuilding was in 'wielertaal'. Daarvoor waren de verzekeringsmensen ook gekomen, Henk was tenslotte oud-wielrenner. Henk zei dat hij een brug wilde slaan tussen wielrennen en bedrijfsleven en legde uit wat een brug was: 'Dat is zo'n ding over het water.'

Henk las voor vanaf een papier en zei dingen als: 'Wanneer de samenwerking niet goed verloopt kun je als bedrijf een andere koers kiezen', en: 'Het succes van een team wordt bepaald door de kracht van het collectief.' Hoogtepunt van zijn betoog waren 'de zes cols van Lubberding', want ook in het bedrijfsleven moesten er bergen werk verzet worden. Het waren allemaal woorden die met een c begonnen: communicatie, coördinatie, confrontatie, contacten, competitie en collectief.

Al die c's kwamen samen tijdens het middagprogramma. We zaten op racefietsen en reden achter Henk aan. Vrij onverwachts reed een van die verzekeringsmensen tegen een muurtje. Henk stapte af, keek naar de renner en zei: 'Ik denk dat de cursus voor hem voorbij is. Wel jammer.'

Sorry-zegger

8 juli 2013

Ik werd vroeger nooit gepest, maar er zat een jaar tussen dat het weinig scheelde. Omdat het niet wilde vlotten met school stuurde mijn vader me toen ik zeventien was naar een particuliere school in een statige villa in Beek-Ubbergen waar je 4 en 5 havo in één jaar kon doen. Hij kon een flinke korting bedingen omdat de eigenaar een oude studievriend was.

De situatie daar was er voor mij een van overleven, dat had ik op de eerste schooldag al in de gaten. Dan heb je dus geluk als er een paar nog grotere kneuzen tussen zitten. Het beeld van een van hen, vrijwillig bukkend met de handen op de motorkap van een auto, waarna ze hem een voor een een trap tegen het achterwerk gaven, komt nog wel eens boven. Een van de jongens gaf eerst een trap en zei daarna 'sorry', waarmee hij zich verexcuseerde voor een stukje groepsdwang.

Je vraagt je af wat er van zo iemand geworden is en je hoopt dat het niet iets leidinggevends is.

Zaterdagavond gingen we uit eten bij een trendy restaurant, de aankleding van het monumentale pand had een vermogen gekost, dat zag je meteen. In de eigenaar die voor de ingang belangrijk stond te wezen, herkende ik de 'sorry-zegger' van toen, het hoofd vol drank.

Hij kneep de ogen tot kleine spleetjes toen ik passeerde.

'Hoe gaat het?' informeerde ik.

Hij knikte naar zijn pand. 'Je ziet het.'

Herinneringen ophalen had verder geen zin, daar was aan beide zijden geen behoefte aan. We aten de borden leeg, dronken de huiswijn en betaalden de rekening. Bij de kassa ving ik op dat het de laatste avond was, de zaak was failliet verklaard.

Even later verscheen er een artiest in de vorm van een zanger met geluidsband die een aantal meezingers ten gehore bracht.

De zaak kwam tot een climax bij het nummer 'Ik kan het niet alleen' van De Dijk. Ik zag mijn oud-klasgenoot luchtgitaar spelen en door de knieën zakken.

Een aandoenlijk tafereel.

De economische crisis had hem een trap onder zijn hol gegeven, maar er waren ook drank en muziek. Alsof het leven sorry wilde zeggen.

Renault Clio

10 juli 2013

Terwijl we naar het programma *Wegmisbruikers* keken, liet mijn moeder (82) zich ontvallen dat mijn vader niet kon autorijden. We keken er alle twee van op. Zij omdat ze zich na zijn dood hoofdzakelijk positieve eigenschappen herinnert, ik omdat ze net zelf haar auto total loss had gereden. Ik was het overigens wel met haar eens: mijn vader kon niet autorijden. Als je een fietspad 'een rustige weg' noemt, is er iets mis met je verkeersinzicht.

Mijn moeder had een zilvergrijze Renault Clio uit 1993 die haar overal naartoe bracht. Naar de Coop. Bij het Velperbroekcircuit en af en toe naar Vught, waar ze mijn slechtziende broer in een aanleunwoning hebben gestopt.

De grote voordelen van een Renault Clio volgens mijn moeder:

– Goede banden.

– Zit lekker.

– Klein.

– Stuurt goed.

– Schakelt fijn (ze had een automaat).

Iets te fijn, zou ik daaraan toe willen voegen, want pas geleden had ze haar eerste botsing. Ze dacht dat ze vooruitreed, maar het was omgekeerd, waarna ze eerst een elektrisch hek en daarna een kerk ramde.

De impact groeide haar qua papierwinkel bijna boven het hoofd. Misschien was het qua autorijden ook wel mooi geweest, dacht ik, want dit was niet voor herhaling vatbaar. Dat was voordat ik haar zag fietsen.

In een auto was het veiliger, voor haar dan.

We gingen op zoek naar een passende auto. Met een bekende die er verstand van heeft, bezochten we de autodealers in de regio. De laatste keer dat ik meeging, belandden we in Heteren, waar mijn moeder alle auto's die werden aangewezen probeerde en om uiteenlopende redenen afwees.

'Te grote banden.'

'Een raar stuur.'

'Te veel een koets.'

En de belangrijkste reden: geen Renault Clio.

De verkoper in Heteren, een goedwillende man met een imposante snor, zei dat hij ging rondbellen en dat hij dan misschien binnenkort wel een Renault Clio had.

Mijn moeder: 'Een grijze? Uit 1993?'

Eenzaam

12 juli 2013

'In de zomer, als iedereen op vakantie is, is de eenzaamheid onder ouderen het grootst.' Bovenstaande zin, een vondst van het Nationaal Ouderenfonds, staat ieder jaar in de krant. Twee dagen geleden dook hij op tussen het economisch nieuws in *NRC*. Er stond een mooie kleurenfoto bij van vijf ouderen met strooien hoedjes op het strand bij Kijkduin. Ze zaten in ouderwetse rieten strandstoelen voor zich uit te staren. Het thema van het door het Nationaal Ouderfonds georganiseerde uitstapje was 'jaren twintig'. Die tijd hadden zelfs de eenzame ouderen op de foto niet bewust meegemaakt, maar het kan zijn dat ze dachten van wel.

Toen ik de foto zag, was ik blij dat ik dit jaar niet was ingegaan op de uitnodiging van het fonds om bij dit persmoment aanwezig te zijn. In het verleden was ik er een paar keer ingetrapt. 'Vergeet-ze-nietjes'-dag, een dag waarop de zanger Wolter Kroes zijn oma in Wormerveer verraste met een bosje bloemen en een handvol cameraploegen was een dieptepunt. Het dagje mee met 'de BoodschappenPlusBus' vol eenzame ouderen was ik ook nog niet vergeten.

We toerden door de bollenstreek.

Ik zat naast mevrouw Delfos, nog niet zo lang weduwe. Bij een van de haltes stapte haar oude buurman in, een man met een slecht geheugen. Hij herkende mevrouw Delfos niet en vertelde dat de man die vroeger naast hem woonde was overleden.

Mevrouw Delfos: 'Dat was mijn man. Sjaak.'

De oude buurman: 'U kent hem?'

Vanwege de vele verkeersdrempels reden we dertig kilometer per uur. Vanuit de laadruimte achterin klonk een enorm kabaal. 'Wie heeft er de rollator niet op de handrem gezet?' vroeg de chauffeur. Twee mensen staken hun vinger op.

De tocht eindigde bij een palingrokerij, waar we zwijgend een broodje aten.

Ik schreef dat eenzame ouderen elkaar niet zo veel te vertellen hadden, wat ik op zich best begrijp. Een voorlichter van het Nationaal Ouderenfonds was het daar niet mee eens en nam contact op. Sommige eenzame ouderen waren volgens haar zo eenzaam dat niemand ze miste als ze een dagje met andere eenzame ouderen op stap waren.

'Ze willen wel kletsen, maar ze weten niet waarover. Wij proberen ze een bijzondere dag te bieden. In dit geval een busrit en een kopje koffie. Weet u wat beters, een nog onvergetelijkere gedeelde ervaring?'

Je zou ze natuurlijk ook op het strand kunnen achterlaten, dacht ik opeens, toen ik die foto op de economiepagina zag.

Zomerfeesten

15 juli 2013

Uitgerekend aan de vooravond van de Vierdaagse had ik een weekend Nijmegen gepland. Ik ging ervan twijfelen aan mezelf. Had ik in een tent geleefd? Hoe kon ik de Zomerfeesten zijn vergeten? En waarom had niemand me daar even op geattendeerd?

Met de wandelaars waren traditiegetrouw de B-artiesten de stad in gelopen, waar ze verdeeld over tientallen podia tot middernacht hun kunsten vertoonden.

Eerst zaten we op een terras tussen wandelaars die liedjes zongen. Er zat van alles tussen: krom, scheel en in T-shirts met teksten als JENEVER WALK ALONE!

Ze zongen: 'We hebben een B, we hebben een B, we hebben een Q... Barbecue!!!' Vierdaagse-wandelaars fascineren me al jaren.

Wat is daar leuk aan?

Waarom zijn ze bijna allemaal boven de veertig?

Waarom zingen ze liedjes en zijn ze altijd blij?

En waarom zou je vier dagen achter elkaar veertig kilometer gaan lopen als je fysiek dat eigenlijk niet toestaat?

'Omdat het schit-te-rend is!' tetterde een man op bergschoenen me in het gezicht. Hij had een grote grijze snor en miste – 'diabetes is een kutziekte' – een oog.

Zijn 'wandelmaatje': 'Je levert een prestatie!'

De man: 'De toeschouwers zijn hier ge-wel-dig!'

Daarna werden de vingers voor mijn gezicht gehouden.

Twee keer twee handen vol: twintig keer meegelopen!

Oprecht plezier, waar ik even geen antwoord op had. En ze hadden nog gelijk ook: als zij er met die groep in slaagden om vier dagen achter elkaar te wandelen was dat een prestatie van formaat.

We begonnen aan een ronde door de stad, die was opgedeeld in sectoren zodat er voor iedereen wat te halen was. Er waren plekken waar je je vol kon proppen met vegetarische producten als 'kaasgehakt', 'noten-geitenkaaskroketten', 'stampballen' en falafel. De mensen genoten er rustig en bewust, maar het meest intrigeerde de binnenstad, waar we rond middernacht belandden.

Dat was het domein van de dronken dagjesmens, voor wie het woord feest gelijkstond aan vlees, friet, bier en schreeuwen.

Een jongen schold zijn vriendin uit voor foetus.

Even verderop lag een man in een groen shirt met bedrijfslogo wijdbeens tussen het zwerfafval. Zijn collega's hingen erboven.

'Sta eens op!'

'Gaat het nog?'

'We gaan naar huis!'

Vooral 'Gaat het nog?' was een goede vraag, want het was duidelijk dat het niet meer ging. Uiteindelijk tilden ze hem op en sleepten ze hem mee. Op zijn rug stond de naam van een verzekeringsmaatschappij. Daaronder de leus: 'Wij vinden het belangrijk dat u gezond de eindstreep haalt.'

Zand erover

17 juli 2013

Gisteren haalde Velp het landelijk nieuws, zelfs het *NOS Journaal* was van de partij. Ik zal niet zeggen dat ik een gat in de lucht sprong, maar ik vond het voor de verandering wel eens leuk dat het nieuws mij opzocht. Ik logeerde bij mijn moeder, die op een steenworp afstand woont van de Slotstraat, waar in het zand van het speeltuintje scheermesjes waren gevonden.

De Slotstraat lag aan 'de verkeerde kant van de Kennedylaan', een wijk waar het aantal uitkeringen hoog was en waar de bewoners bij mooi weer op bankstellen voor de woning zaten. De crisis had er danig huisgehouden. Gistermiddag bij een ronde door de buurt telde ik een geel-zwarte driewieler, een motor, een gehandicaptenwagentje, een lederen tweezitsbank, twee uit de kluiten gewassen tuinkabouters en drie auto's, allemaal voorzien van een karton met de tekst TE KOOP. Dat er daar ook een kapsalon met de naam Allure zat, vond ik van een ongekende schoonheid.

Het incident met de scheermesjes was snel opgelost.

Twee meisjes waren met een sneetje in de vinger thuisgekomen. De gealarmeerde wijkagent vond vijftig scheermesjes onder de schommel en even later de dader: een jongetje van zeven.

De burgemeester van Rheden liet de speeltuin sluiten.

Een woordvoerder van de politie zei dat de dader zich later, als hij groot was, nog wel eens achter de oren zou krabben.

De vader van het jongetje zei tegen *de Gelderlander* dat hij zijn zoon het liefst had willen slaan, een neiging die hij had weten te onderdrukken.

De moeder had het over 'drie dagen opsluiten en daarna zand erover'.

Dat werd allemaal besproken door het handjevol buurtbewoners dat samen met mij naar het graafmachientje keek waarmee een medewerker van de gemeente Rheden de grond in de speeltuin afgroef.

Je zou denken: eind goed, al goed, maar zo simpel lag dat dus niet. Een man in een gebloemde korte broek, een kind tegen de blote borst, sprak 'namens alle kinderen' van 'een verpeste vakantie': 'En wie gaat dat vergoeden? Die ouders niet, die hebben een uitkering.'

De gemeente, die de buurtbewoners had opgeroepen de rust te bewaren en vooral te focussen op de komende buurtrommelmarkt, kon de borst natmaken. Ze lieten het er niet bij zitten, het was tenslotte crisis.

De Hollandse bocht

19 juli 2013

Zowel *De Telegraaf* als het AD opende gisteren met dezelfde foto die een aangekondigd gekkenhuis moest illustreren: negen Nederlanders liggend op een Frans wegdek. In hun oranje kleertjes met een biertje in de hand. Eromheen andere Nederlanders die hun landgenoten fotografeerden met de mobiele telefoon en een man in een NAC-shirt die zomaar stond te juichen met de armen in de lucht.

De Telegraaf: 'Van voor naar achter, van links naar rechts...'

Het AD: '1.000.000 mensen op onze berg, 200.000 Nederlanders vieren er feest.'

Belkin-renner Bram Tankink voor de rit: 'Het schijnt echt een gekkenhuis te worden.'

Zijn collega Robert Gesink na de rit: 'Het was echt een gekkenhuis.'

Ze hadden het over bocht zeven, 'de Hollandse bocht'. Want wij waren, en dat lezen we graag, anders openen de kranten er niet mee, wederom de gekste.

Ik heb niet die hele bergetappe gekeken, even was genoeg om weer te weten wat een gekkenhuis precies is. In dit geval in het oranje op een berg staan, het liefst dronken en dan voor wielrenners springen, wapperen met een Nederlandse vlag waarop je de naam van het dorp waar je vandaan komt hebt geschreven, meerennen met wielrenners, op een auto springen en schreeuwen. Of gewoon oranje en gek zijn en daar dan foto's van laten maken door andere mensen die net als jij helemaal gek zijn.

Van wat eigenlijk?

'Van alles!'

Een duidelijker antwoord kwam er niet in de onvermijdelijke reportages die ik op de diverse zenders zag.

Ik viel ook nog even in een uitzending over de Vierdaagse, het ging over het dragen van rare hoedjes tijdens het wandelen, want waarom zou je een gewone hoed opzetten? Ik zag van alles voorbijkomen: een hoed met eenden, een rood-wit-blauwe hoed, een tulband en iemand die een vlag op zijn hoofd had gemonteerd, maar de interviewer van dienst pikte er een wandelaar uit die geen rare hoed op het hoofd had. De voor de hand liggende vraag: 'Waarom draagt u geen rare hoed?'

Het antwoord: 'Omdat ik daar niet aan heb gedacht.'

Ik vond het verfrissend.

Wellicht dat we die invalshoek volgend jaar als we weer met z'n allen in Bocht Zeven op die berg staan, weer de Vierdaagse lopen en tijdens het WK voetbal in Brazilië de samba staan te dansen nog een keer kunnen gebruiken.

'Waarom ligt u niet op het wegdek?'

'Waarom bent u niet dronken?'

'Waarom draagt u niets oranjes?'

Omdat ik daar, heel gek misschien, niet aan gedacht heb.

Ongevraagd kledingadvies

23 juli 2013

Ieder jaar, als het dan een keer warm is, vliegen de ongevraagde kledingadviezen de kantoormens om de oren. Een vriend, werkzaam bij een grote verzekeraar, kreeg een paar dagen geleden mail van zijn leidinggevende. 'Vooruitlopend op de hitte: draag geen korte broek, of strakke, of transparante kleding. Uit respect voor je collega's en uit respect voor jezelf.'

De populaire korte broekjes mochten van de mij onbekende stylist Fred van Leer alleen als je mooie benen hebt.

Er ontstond ophef over het gekozen taalgebruik, maar vooral omdat bij een aantal collega's het vermoeden bestond dat de mail alleen aan de lelijke mensen was verstuurd. Een van hen zag er zelfs een mogelijk discriminatiegeval in en zei dat lelijke mensen het sowieso in de zomer veel zwaarder hebben dan mooie mensen. De zaak is nog niet opgehelderd, maar de boodschap was niettemin aangekomen: er was de dag na de mail op dat kantoor geen overtollig bloot te zien.

In bijna iedere krant werd gisteren Fred van Leer geciteerd, die de do's-and-don'ts bij zomerse temperaturen uitlegde. Mannen mochten van hem geen korte broek aan op kantoor: 'Als je het heel modieus draagt, kom je ermee weg. Maar vaak zijn het van die middelmatige mannen met de verkeerde broek.'

Vrouwen mochten zowel de benen als de armen bloot hebben, maar 'de populaire korte broekjes' mochten van Fred alleen als je mooie benen hebt.

Het kwam er dus op neer dat mooie mensen van Fred meer mochten dan lelijke mensen.

Waarom haalde dit nieuws zo veel kranten?

Bellen ze hem omdat de zon schijnt?

Of stuurt hij een persbericht de deur uit?

Ik vrees het laatste.

Dan ga je zo'n man googelen, dat werkte geruststellend. Fred droeg een roze colbert, een heel hoog opgetrokken broek en had geen sokken in de schoenen; dat kan ook niet op veel kantoren. Fred daarover: 'Ik draag geen sokken in mijn schoenen, zo dwing ik af dat het mooi weer wordt.'

Als 'RTL 5-gezicht' had hij veel te maken met jaloezie, maar daar ging hij niet onder gebukt. 'Mijn wereld is mooier, leuker en liever dan de buitenwereld,' liet hij in een interview met de *VARAgids* weten. Het wereldnieuws paste niet in zijn wereld. 'Het journaal brengt de buitenwereld naar binnen. Dat wil ik niet, dat scherm ik af.'

Van alle tips van Fred leek me het filteren van informatie de meest bruikbare voor de kantoormensen die zich boos maken omdat ze van Fred of van hun baas geen transparante of strakke kleding mogen dragen. Luister of lees het niet. Uit respect voor jezelf.

Hete zomer

29 juli 2013

Vanuit mijn raam kijk ik uit over een tiental achtertuinen. De bewoners van de bijbehorende huizen zijn ongewild bekende gezichten geworden. Ik zie ze vanaf tweehoog barbecueën, in de zon liggen, eten en ik hoor ze praten. Ik geloof dat ze zich door de hoge bomen onbespied wanen.

De man die regelmatig met smaak afhaalmaaltijden zat te eten op het vierkantje grindtegels in zijn verder slecht onderhouden tuintje, hield er opeens een onstuimig liefdesleven op na. Dat had ik niet achter hem gezocht.

Vrijdagavond laat, ik zat bij het open raam, zag ik hem in een witte ochtendjas een meisje achtervolgen in zijn tuin, dat hij daarna, net uit het zicht, nam tegen de houten schutting, die ervan op en neer ging.

Je wilt het niet horen, maar je hoort het toch.

Opgewonden werd ik er niet van, maar ik was wel nieuwsgierig genoeg om te blijven zitten waar ik zat.

Zij: 'Ik wil je grote pik! Ik wil je grote pik!'

De geluiden die hij maakte leken nog het meest op het grommen van een hond.

Van de vrouw zag ik even de achterkant.

'O, o, o!' schreeuwde hij. 'Ik kom! Ik kom!'

'Godverdomme!' schreeuwde zij, gevolgd door een dwingend: 'Spuit dan!'

Na afloop zaten ze met de ruggen tegen de doorbuigende schutting.

'God, wat was jij goed zeg!'

Hij stak een sigaret op.

Nu ze was klaargekomen drong de realiteit langzaam tot haar door. Ze zat dus met haar blote kont in het gras in een tuin in een volkswijk in het centrum van Amsterdam.

'Denk je dat iemand iets gemerkt heeft?'

Hij, op geruststellende toon: 'Welnee!' Daarna: 'Iedereen doet toch wel eens gek?'

Het belooft een onverwacht hete zomer te worden. Gistermiddag begon dezelfde man aan de opbouw van een rond plastic zwembad. Het ging traag en toen begon het ook nog te regenen. Maar goed, dat zwembad komt er, tenminste daar rekenen we wel op, benieuwd als we zijn naar de vrouw achter de gesprekken.

Ik schrijf inmiddels in de 'we-vorm', want van diverse buren begreep ik dat ze 'de porno' ook hadden meegekregen. Lees je dit, woon je in de Pijp en heb je toevallig een nieuwe vriend met een baardje, kijk dan even omhoog als je in zijn nieuwe zwembad zit en zwaai dan. Je achterkant kennen we inmiddels, we verheugen ons enorm op de rest. Want zo'n buurt is het wel.

De *Esta*-vrouw

31 juli 2013

Uitgeverij Sanoma maakte een einde aan *Esta*, een blad voor gewone vrouwen die nergens bij horen. Te oud voor *Viva*, te getrouwd voor *Opzij*, niet hip genoeg voor een glossy, te down-to-earth voor *Happinez*, te jong voor *Libelle* en *Margriet*. Dan hou je dus veertigduizend niet te vermarkten *Esta*-vrouwen over. Wat kun je die in godsnaam verkopen behalve boeken?

In de trein vond ik het allerlaatste nummer, dat aftrapte met twee pagina's openbare rouw van lezeressen, waaruit de zinloosheid van het bestaan viel af te lezen: 'De laatste *Esta*'s ga ik koesteren, en ik probeer ze over de zomer uit te smeren voor in een hoekje van de tuin, met een wijntje, en een vaag weemoedig gevoel [...].'

Als een tijdschrift als een vriendin is, dan was *Esta* de zeurvriendin, dacht ik bij het doorbladeren.

'Het liefst draag ik combinaties die niet kloppen.'

'Aan mijn gewicht zie je hoe het met me gaat.'

'Ik koos ervoor mijn ziekte geen grote plek te geven.'

'Mijn gepieker klopt niet met hoe gelukkig ik ben.'

'Een half gevuld glas vind ik vreselijk.'

'Ik had foute mannen nodig om de goede te kunnen herkennen.'

'Op vakantie neem ik een zak gedroogde pruimen mee.'

'Wees je bewust van onbewuste vooroordelen.'

'Niet inhouden, die windjes, daar kun je hoofdpijn van krijgen.'

Geen woord over seks, gelukkig niet, maar van de gezichten op de foto's spatte het opgekropte verlangen. Je vroeg je af hoe het nu verder moet met de *Esta*-vrouw. Afgelopen zondag zag ik er een paar op de laatste dag van het festival Welcome to the Village in Leeuwarden. Ze lagen in het gras bij het literaire tentje, de geverfde haren los, genietend van de zon. Het was een plaatje dat zo in de *Esta* had gekund. Literatuurliefhebster vanbuiten, geil vanbinnen, anders laat je na afloop niet allemaal foto's van jezelf nemen met je arm om Ronald Giphart geslagen. Zelfs ik moest er na het voorlezen van twee verhaaltjes ook aan geloven. Ik poseerde braaf voor een linnen bandplooibroek met een mobiele telefoon.

Ik vond die foto's later terug op internet. 'Marcel van Roosmalen met zijn heerlijke boeken' en 'Genieten van Marcel van Roosmalen in het gras' stond erbij. Ik schaamde me toen ik mezelf daar zag staan als levend bewijs voor de stelling: Ja, ik ben een *Esta*-vrouw, maar god wat heb ik dit weekend geleefd.

Ik gunde zo'n vrouw iets anders dan Ronald Giphart of mezelf. Dat er opeens een cultuurliefhebber als Edgar Davids zou verschijnen die haar dat festivalterrein over zou jagen, zodat ze daarna voor jaren afgemat kon terugduiken in haar huwelijk. Maar dat gebeurde natuurlijk niet, en juist dat was helemaal *Esta*.

Afghanen

6 augustus 2013

De tandarts hield praktijk in Dukenburg, een nieuwbouwwijk aan de rand van Nijmegen. Elke keer weer, ik woon in Amsterdam, was het de kunst om daar op tijd te zijn. Dit keer had ik een kwartier. Ik nam een taxi op Nijmegen CS en instrueerde de chauffeur.

Hij: 'Waar?'

Ik: 'Kerkenbos.'

Ik voegde eraan toe dat ik haast had.

Dat was niet tegen dovemansoren gezegd. Op de Graafseweg vlogen we links en rechts auto's voorbij. Zo'n haast had ik nu ook weer niet.

'Rustig,' zei ik.

Hij ging meteen langzaam rijden.

Dat wilde ik ook niet.

We stopten uiteindelijk tegenover winkelcentrum Dukenburg.

Hij: 'Bank binnen. Rabobank.'

Ik: 'Nee, naar tandarts. Kerkenbos.'

De man begon te jammeren, de handen aan het hoofd.

'TomTom vergeten. Dom. Dom. O, wat dom.'

Hij ging bellen met zijn baas van de taxicentrale.

In een onverstaanbare taal – ik dacht het Arabisch, ik kon alleen het telkens terugkerende 'Kerkenbos' verstaan – loodste die ons hardhandig door de nieuwbouwstraten. Het zweet druppelde mijn chauffeur van het voorhoofd. Die baas was boos en ik was ook niet de allerleukste passagier, dat wist ik ook wel. Het laatste stuk ging om mij te dienen met vliegende vaart een stukje over de stoep.

Ik was te laat en stond pas een uur later weer buiten.

Tot mijn verbazing stond die chauffeur er nog. Schaapachtig lachend, in zijn hand een kartonnen doos. Hij wilde dat ik een stuk baklava nam, niet echt iets waar je na een tandartsbezoek trek in hebt. Daarna bood hij aan om me gratis terug te brengen naar het station.

Voor we vertrokken vroeg hij: 'Langzaam of snel?'

Ik koos voor langzaam.

Hij bleek een Afghaan, gevlucht voor de Taliban.

En nu was hij bang voor zijn baas, ook een Afghaan. Als we aankwamen op het station moest ik maar zeggen dat de reis voorspoedig was verlopen en dat ik tevreden was. Ik vroeg wat hij vroeger deed, toen hij nog in Kabul woonde.

Het antwoord verbaasde me: hij was er naar eigen zeggen een tijdje waarnemend burgemeester geweest.

Zijn baas gaf me op het station allervriendelijkst een hand, mijn chauffeur werd weggesist. Ik vroeg of hij wist dat hij de waarnemend burgemeester van Kabul wegsiste, wat het geval bleek.

'Ik was er vroeger schoenpoetser. Ik poetste vroeger zijn schoenen.'

Het prikkelde de fantasie.

Amok

8 augustus 2013

Nijmegenaren hebben een hekel aan Arnhemmers, en andersom is dat ook een beetje zo. Ik woonde in beide steden en heb me nooit zo druk gemaakt over de rivaliteit, maar dat zou zomaar kunnen komen doordat ik me meer Arnhemmer dan Nijmegenaar voel. Wij zijn altijd de bovenliggende partij. We zijn de hoofdstad van Gelderland, hebben een leukere binnenstad, een betere voetbalclub, gerenommeerde musea en zo kan ik nog wel even doorgaan. Laatste overwinning: de Nijmegen-mok van Starbucks – prijs € 10,50 – met een afbeelding van de skyline van Nijmegen waarin Nijmegenaren tot hun schrik de Arnhemse John Frost-brug, de Arnhemse Eusebiuskerk en nog wat 'on-Nijmeegse gebouwen' terugvonden.

In Nijmegen was dit groot nieuws, waar in Arnhem schouderophalend op werd gereageerd.

'Ik vind dit wel zielig voor ze,' zei een mevrouw op RTV Arnhem. 'En daar wil ik het verder bij laten.'

Hoogtepunt was een interview op Omroep Gelderland met een Starbucks-mokkenverzamelaar (een Arnhemmer) die maar liefst dertig Nijmegen-mokken had ingeslagen. Ze waren bestemd voor de ruilhandel.

Met de Nijmegen-mok – 'een collector's item' – hoopte hij zijn verzameling uit te breiden. Van de 330 wereldwijd uitgebrachte mokken had hij er pas 98. Zijn laatste aanwinst was de eergisteren uitgekomen Arnhem-mok, waarop – hij had dat zorgvuldig gecontroleerd – geen fouten stonden.

Ik leerde veel over Starbucks-mokken.

Er zat eigenlijk geen beleid achter, zo vroeg hij zich af waarom Eindhoven, Maastricht en Deventer, toch steden met een Starbucks-vestiging, nog geen Starbucks-mok hadden. Van een anonieme Starbucks-bron had hij begrepen dat de Nijmegen-mok vanwege de verwachte drukte rond de Vierdaagse in versneld tempo in productie was gegaan, wellicht dat de fout daardoor was ontstaan. Hij sloot af met de voor Nijmegenaren geruststellende mededeling dat hij verwachtte dat er binnen een jaar wel een nieuwe Nijmegen-mok zou verschijnen met een kloppende afbeelding.

En nu nooit meer zeggen dat de regionale omroepen geen functie hebben, dacht ik toen ik klaar was met luisteren naar een interview met deze Arnhemse Starbucks-mokkenverzamelaar, die via de ruilhandel profiteerde van een fout op de Nijmeegse Starbucks-mok.

Er zullen ongetwijfeld Nijmegenaren zijn die ook dit weer verschrikkelijk nieuws vinden en zich er vreselijk over opwinden. We lezen en horen de klaagzangen graag. Het is de reden waarom we van jullie houden, zoals je ook van je kleine broertje houdt.

Ruiken als Dion Graus

12 augustus 2013

Ruik ik wel lekker? En dan bedoel ik van boven tot helemaal beneden, overal en altijd. Zeker weten doe je dat natuurlijk nooit, maar je kunt me in ieder geval niet verwijten dat ik er niet alles aan doe. Behalve 'je ruikt naar rook' heb ik geen klachten gehad, het omgekeerde – 'Goh, wat ruik jij heerlijk' – komt ook niet zo vaak voor, zeg ik er eerlijkheidshalve maar achteraan.

De vraag drong zich op na het lezen van een interview met Dion Graus in *Het Parool* waarin het Tweede Kamerlid van de PVV de interviewster van dienst uitnodigde om eens goed aan hem te ruiken. Hij stak zijn nek naar voren. Dion was ervan overtuigd een heerlijke, voor vrouwen haast bedwelmende lichaamsgeur af te scheiden.

De interviewster besnuffelde Dion en rook vooral parfum, Bang van Marc Jacobs. Het was Dions 'zomerparfum', als ze hem in de winter had getroffen had ze Antaeus van Chanel geroken, maar daar ging het de parlementariër niet om. Deodorant en geurtjes waren overbodige extraatjes die *the real thing*, zijn heerlijke lichaamsgeur, verborgen voor het grote publiek. Puur natuur was hij op z'n lekkerst.

'Alle dames zeggen het, het zit in mijn huid. En dat komt omdat ik geen vlees eet. Ga maar na: koeien- en paardenmest ruikt ook lekker. Althans: niet vies. Terwijl de stront van alleseters zoals kippen en varkens echt niet te harden is. Dat is met vleeseters ook zo. Ik heb dat niet, ik ruik altijd lekker, van boven naar beneden.'

Bij het artikel stond een foto. We zagen Dion, opgesloten in dat wonderlijke lichaam met die 'woeste Karpatenkop' erop, benen van vrouwelijke voorbijgangers fotograferen op het Binnenhof. Vrouwen die hij, zo wisten we inmiddels, makkelijk zou kunnen bedwelmen als hij geen parfum op had.

Misschien had hij die vrouwen ook wel bedwelmd en meegenomen naar een ongetwijfeld heerlijk ruikend hol, dat zou best kunnen.

Maar wilde ik dat weten?

Dat toch niet.

Maar klopte het ook wat Dion allemaal beweerde?

Zou ik, net zo lekker als Dion is misschien wat veel gevraagd, maar nog lekkerder gaan ruiken als ook ik vegetariër werd? Op het internet vond ik wat uitspraken van vegetariërs die vonden dat vegetariërs lekkerder ruiken dan niet-vegetariërs, maar niets wetenschappelijks.

Ik las ook meerdere keren dat vegetariërs beter waren in bed dan niet-vegetariërs. Waarom was Dion daar eigenlijk niet over begonnen?

Je geld of je leven

16 augustus 2013

In een natuurlijke reflex op het geweld in Caïro kwamen ze bij het *NOS Journaal*, *RTL Nieuws* en *Hart van Nederland* allemaal op hetzelfde idee. Ze stuurden verslaggevers naar de incheckbalies op Schiphol om de stemming te peilen onder all-inclusive reizigers met bestemming Sharm-el-Sheikh of Hurghada.

Daar stonden ze dan in hun bermuda's tussen hun koffers. Bezorgde gezichten, van een uitgelaten vakantiestemming was geen sprake, een uitzondering daargelaten – 'In Hurghada is geen avondklok, we gaan gewoon genieten!'

De meesten hadden geen idee wat ze op de plaats van bestemming zouden aantreffen. Ja, mooi weer natuurlijk, daar hadden ze voor betaald, maar verder?

'Ik hoop echt dat het meevalt,' zei een man met een bril.

Het was een kwestie van afwachten en duimen, het overgrote deel had ook nog eens te maken met bezorgde familieleden. 'Ze kijken thuis iedere dag op de computer.'

Dat de reisorganisaties alle excursies en jeepsafari's hadden geschrapt en geadviseerd om vooral in de hotels te blijven werd gezien als een extra domper.

Een greep uit de reacties:

'Nou ja, als het misgaat zien we het vanzelf wel.'

'Je moet gewoon uitkijken.'

'Ik ga in ieder geval niet naar de piramides.'

'Ik lig al twee nachten wakker vanwege de spanning.'

De vraag kwam op waarom ze überhaupt nog op vakantie gingen.

'Omdat het moet van de regering.'

Een mevrouw met een trendy brilmontuur, aan het accent te horen afkomstig uit Overijssel, keek ons met nauwelijks ingehouden woede aan. 'Waarom,' vroeg zij zich af, 'waarom heeft de regering geen negatief reisadvies afgegeven?' Nu moest ze wel op vakantie, anders was ze haar geld kwijt. En ze was niet de enige die er zo over dacht.

'Als je niet gaat, ben je alles kwijt,' zei een man in een geruite blouse. Ook hij vertrok met frisse tegenzin.

In een laatste shot zagen we ze door de douane gaan. Met wallen onder de ogen van de spanning op weg naar het onbekende land. Ze wilden niet, maar ze moesten van de regering. Anders waren ze hun geld kwijt.

Moreel appèl

20 augustus 2013

De zestien verzorgings- en verpleegtehuizen van De Vierstroom in Zuid-Holland gaan familieleden van dementerende bewoners verplichten om vier uur per maand te helpen. En dan gaat het niet alleen om hun eigen vader of moeder.

Directeur Jeroen van den Oever had het op een persconferentie over 'een moreel appèl', zo begint de ellende vaak.

Het ging volgens de directeur om activiteiten als wandelen, koffie schenken, spelletjes doen en 'een handje toesteken'. De journalisten mochten een kijkje nemen in de woonkeuken van verzorgingstehuis De Westerweer. We zagen zeven bejaarden in een kale keuken aan een lange tafel zitten waarop een vaas met zonnebloemen stond. Eentje schilde er aardappelen, de rest keek naar mevrouw De Lange die door schoondochter Nel werd gevoerd. De ene lepel vanillevla na de andere.

Nel droeg een vormloze groene jurk en zei terwijl ze de mond van haar schoonmoeder afdepte dat ze het 'perfect' vond allemaal. De andere dementerende bejaarden deed ze er gewoon even bij. Ter illustratie duwde ze een kop koffie tegen de lippen van een bewoonster.

'Nog meer?'

In het NOS *Journaal* zag ik 's avonds nog zo'n mantelzorgster: 'Als mijn schoonvader niet aanspreekbaar is ben je toch snel uitgepraat.'

Ze deed een quiz en zei daarover: 'Ik krijg respons.'

Uit het filmpje dat volgde bleek het tegendeel. De dementerende bejaarden reageerden niet op de zin 'De pot verwijt de...' En dus maakte ze hem zelf maar af.

'Ketel!'

Directeur Jeroen van den Oever zei dat het ging om 'er met z'n allen voor te zorgen dat mensen een blosje op de wangen krijgen'.

Zonder blosje op de wangen zei hij dat er in de tehuizen van De Vierstroom 's middags op een groep van acht mensen maar één professional aanwezig was. 'Als er dan een klein ongelukje gebeurt en de verzorger moet mee naar de badkamer dan is de rest van de groep alleen.' Met de verplicht aanwezige mantelzorger.

Ik hou van mijn moeder maar mocht ze gaan dementeren dan verbieden we haar om naar een tehuis van De Vierstroom te gaan. Echt verbieden kun je het natuurlijk niet, we hebben een moreel appèl op haar gedaan.

Geer & Goor in de bijstand

22 augustus 2013

Gerard Joling en Gordon Heuckeroth waren in Huizen voor de eerste opnames van hun nieuwe programma *Geer & Goor: Effe geen cent te makken*. De opnames vonden plaats in en rondom de Jumbo-vestiging. De inwoners van het plaatsje in Het Gooi waren blij verrast door de komst van de twee entertainers. Bij de ingang van de supermarkt werden ze opgevangen door Jumbo-medewerkers en vrijwilligers van het Nationaal Ouderenfonds die waarschuwden dat het betreden op eigen risico was. Ze konden zomaar het slachtoffer worden van een hilarische kwinkslag!

Maar wel voor het goede doel, het Nationaal Ouderenfonds! Die koppeling kwam uit de koker van Goor, die wel vaker originele ideeën had. Hij en Geer maakten zich grote zorgen over het niveau van de ouderenzorg. Geer & Goor gingen voor de serie net doen alsof ze bij elkaar in 'een normaal huis' woonden en moesten daar rondkomen van het onmogelijke bedrag van zeshonderd euro.

Een vrijwilligster: 'Per maand!'

Ze voegde eraan toe dat dit voor veel ouderen helaas realiteit was, maar ja, dit waren Geer & Goor en dan is zoiets toch komisch. Zeker als je ze dan ook nog vrijwilligerswerk in de ouderenzorg laat doen.

Dat ze in het echte leven heel veel betaald kregen voor hun liefdadigheid was een slechte insteek, je kon ook denken: ze gaan een misstand aankaarten. Je kon het vergelijken met de familie Froger die in een soortgelijk programma veel had betekend voor de voedselbank. Zonder de inzet van René en Natas waren er misschien wel helemaal geen voedselbanken meer geweest! Goed om daar even bij stil te staan.

Daar waren onze helden!

Ze reden voor in een witte BoodschappenPlusBus vol ouderen, van wie we allemaal wel zagen dat ze arm en eenzaam waren. Meteen die humor! Goor achter een man in een rolstoel, waarvan de mond en de stropdas scheef hingen, dan weet je dat het woord 'duwen' snel valt. En dan weet je ook dat snel daarop door een andere eenzame oudere in de jurk geplast wordt van het lachen. Meteen in vliegende vaart naar de schappen met TENA Lady.

De bejaarden verdwenen al snel onder gele Jumbo-tassen. Het logo goed in beeld, zo'n filiaalmanager is natuurlijk ook niet gek. De instructies van de regie waren duidelijk: zo snel mogelijk naar de '1 plus 1 gratis actie-producten', zodat de oudere kijkers straks meteen weten hoe de winter door te komen.

Pure Markt

26 augustus 2013

Een Bretons flensje met schilfers gruyèrekaas en ambachtelijk gerookt spek. Ik had het al een tijd niet gegeten, maar ik had honger en ik liep over de Pure Markt in Park Frankendael in de Amsterdamse Watergraafsmeer en zwichtte voor een meisje met een strooien hoedje op het hoofd – typisch Frans – dat het product onder de aandacht bracht. Het pannenkoekje van zeven euro vijftig kwam met houten bestek, want plastic was taboe.

De Pure Markt, 'Het buitenevenement voor het hele gezin', was in bladen als *JAN* en de bijlage van *Het Parool* aangeprezen met trefwoorden als 'lekker eten en drinken', 'regionaal- en seizoensgebonden', ambachtelijkheid, creativiteit, duurzaamheid en gezelligheid. 'Bij ons kunt u een lekker taartje eten, lunchen, een borrel drinken met een oester, terwijl de kinderen met elkaar spelen.'

Dan weet je van tevoren wat je krijgt: een park vol tweeverdieners met kinderwagens, flessen witte wijn op picknicktafels en een sfeertje waar om de haverklap het woord 'gezellig' valt. Aangeschoten moeders ook, die half struikelend over hun zomerjurk naar 'Menno en zijn bijzondere draaimolen' renden om hun kind wat papiergeld in de uitgestoken klauw te drukken zodat het nog even in de rondte kon zwieren.

Ik zag een vrouw met één hand een luier verwisselen en met de andere een oester eten. Ik sprak met een ambachtelijke hobbyslager die maar één koe per jaar verwerkte. Hij had het complete beest met liefde uitgebeend. Voor hem lagen, keurig geseald, de restanten. De nog behaarde staart was lekker voor in de bouillon. Kon je zo in de pan hangen.

Een man met een hoed en een baard, een echte boer dus, verkocht gerookte paling uit de Veluwe. Ik kom uit dat gebied, er zit daar geen paling. Het ging dus om gekweekte paling. Daar leek me niets puurs aan, maar je kon de nadruk ook leggen op 'ambachtelijk gerookt' en dan was het weer wel 'puur'.

Ik luisterde naar muziek. Drie volwassenen met een instrument en een kind van tien met een beugel dat liedjes van The Beatles zong. De meeste toeschouwers vonden dat geslis ontroerend. Ik niet. Ik haat zangeresjes van tien, waarschijnlijk omdat ze de Engelse taal beter beheersen dan ik.

Tussen de vrolijke kraampjes liepen straatartiesten. In andere delen van Amsterdam spugen ze op accordeonisten en vioolspelers, bij de Pure Markt werden ze naar picknicktafels geroepen met het verzoek 'nog iets klassieks' te spelen.

Bij de uitgang van het park stond een tractor waarop biologische pompoenen lagen uitgestald.

'Alles is eetbaar,' zei 'de boerin', een mevrouw uit IJburg. Omdat de markt ten einde liep kon ik een hele krat kopen voor vijf euro. Wat moest ik met een krat pompoenen?

'Lekker soep van trekken!' maar ik kon ze ook op de vensterbank zetten. 'Gezellig.'

Puur gelul natuurlijk, maar ook dat is een ambacht.

Humor om te lachen

28 augustus 2013

Mevrouw Herma Bokdam en haar Henk hadden zich ontfermd over het lot van een meneer uit Irak, die zich in Ter Apel diende te melden. Terwijl Henk met de asielzoeker in een hokje verdween, bleef Herma achter in de wachtruimte, waar het personeel hardop grapte. Een meneer Amali werd consequent aangesproken met 'salami'. Over een man die Mamadou heette werd gezegd: 'O, dat is de beer uit *Jungle Book*.' En aan een Chinese jongen van vijftien werd gevraagd of hij 'mandarijn' of 'banaan' sprak. Humor om te lachen, kortom.

Ik geloofde Herma op haar vriendelijke stem en ging bellen. Om te beginnen naar het azc Ter Apel, waar een beveiliger de telefoon opnam. Hij verbond me door met de voicemail van voorlichter Jacqueline. Daarna verbond hij me met Chantal van 'Proces Opvanglocatie', die panikeerde en dat afreageerde op Shirley.

'Shirley, waar is Jacqueline?'

Shirley belde Jacqueline op haar mobiel, maar kreeg net als ik de voicemail. Chantal tegen Shirley: 'Zoek een woordvoerder Unit Noord. Nu!' Daarna tegen mij: 'Er wordt op dit moment druk gebeld voor u.' Ze legde de hoorn naast de telefoon, waarna ze riep: 'Wie is godverdomme de achtervang?'

De achtervang – zeven dagen per week, 24 uur per dag bereikbaar – was Jan-Willem Anholts, landelijk voorlichter van COA (Centraal Orgaan opvang Asielzoekers). Jan-Willem zat in de auto en kwam al snel tot de conclusie dat ik bij de persvoorlichting van het aanmeldcentrum in Ter Apel moest zijn, dat viel onder de IND en niet onder COA.

De centralist van het aanmeldcentrum verbond me door met Bram Brunsveld, die boos was dat ik belde. 'Ik ben geen persvoorlichter.' De centralist – 'Dat staat zo wel in ons telefoonboek' – verbond me opnieuw met Bram Brunsveld, die wanhopig werd. 'Ik ben gewoon een ambtenaar.' De centralist ging het uitzoeken. 'Ik ga u laten bellen door het juiste telefoonnummer.'

In de supermarkt werd ik een half uur later gebeld door een centralist van Justitie, Donald. Het was zijn functie om namen en vragen te noteren. Weer een half uur later belde Wiebe Alkema van het ministerie van Veiligheid en Justitie, die maar meteen zei dat hij niet de juiste man was. Hij kon voor deze kwestie zijn collega Yvonne Wiggers aanbevelen. Yvonne was hartstikke aardig en kondigde een minionderzoek aan. Een kwartier later sms'te ze: 'Hallo, ik had net een collega van COA aan de lijn, die belt jou terug.'

Die collega bleek een bekende: Jan-Willem Anholts. 'Zegt de naam

Wendy van Veen jou iets? Dat was een mevrouw met een soortgelijke klacht over het personeel in Ter Apel. Zij heeft keurig een klachtenformulier gekregen, helaas heeft ze dat nog niet geretourneerd.'

Als hij mij was, maar hij was mij niet, zou hij contact opnemen met het IND, de organisatie die mij met hem had doorverbonden. Of anders met het aanmeldcentrum in Ter Apel, waarmee de cirkel na een dagje bellen rond zou zijn.

Ik heb mevrouw Bokdam gemeld dat het met het gevoel voor humor bij Justitie wel goed zit.

Schaatsjournalistiek

3 september 2013

Ik wist niet dat er 23 smaken van het yoghurtdrankje Activia van Danone bestonden, maar nu weet ik het en ik zal het nooit, nooit meer vergeten. Ik was al jaren niet op persreis geweest, maar gisterochtend vertrok ik op kosten van het yoghurtje met een handvol andere journalisten naar het Italiaanse Marina di Cecina, waar de vrouwenploeg van Jac Orie zich voorbereidt op het schaatsseizoen.

Ik was er namens de *VARAgids* tussengevoegd omdat de sterinterviewster op het laatste moment andere bezigheden had. Dat vonden ze bij Danone al minder omdat ze een unieke mix van journalisten hadden samengesteld, maar ze beseften heus wel dat er ook een praatje bij het Danone-plaatje moest.

Het vliegtuig vertrok vanaf Eindhoven Airport en ik dreigde door een reeks van misverstanden te laat te komen. In de trein van Amsterdam naar Eindhoven kreeg ik er vol van langs van Wietske of Wieteke van Danone, die mij een gebrek aan professionaliteit verweet.

'Wie betaalt het vliegtuig? Danone! Wie betaalt het hotel? Danone! En wie komt er misschien te laat?'

Ik, wist ik.

En wie was er dan de dupe? Danone!

Maar ik was op tijd, goedbeschouwd een wonder.

Op de luchthaven van Pisa maakte ik kennis met de andere journalisten en een mevrouw van Danone die wilde praten over de filosofie achter Danone.

Libelle was met twee vrouw sterk, ze gingen vol voor het verhaal achter het verhaal en waren helemaal gekleed op het mooie weer.

'Tekst of beeld?' vroegen ze aan mij.

Het antwoord 'tekst' leverde een blik van herkenning op.

NRC was ook aanwezig, een aardige man in een lichtblauw T-shirt, naast hem de schaatsspecialist van het *Algemeen Dagblad*, waar ze een nieuw declaratiesysteem hebben.

'We moeten alle bonnetjes nu zelf inscannen. Helemaal elektronisch, laatst heb ik het weer allemaal verkeerd gedaan.'

De mevrouw van Danone schoof langzaam naar voren in het busje met haar '23-soorten-yoghurtjes-en-goed-voor-de-spijsvertering-verhaal'. Mij sloeg ze vooralsnog over. De man van het *Financieele Dagblad* informeerde naar mijn insteek, andersom was ik ook wel benieuwd. *NUsport* was er voor drie verhalen voor een special over de Olympische Spelen, met een beetje kwade wil zou je kunnen beweren dat die special er zonder Danone nooit zou komen.

Ik wist niets van schaatsen en drinkyoghurt en dat straalde ik ook uit.

De rest ging meteen na het inchecken met een busje naar de training van de dames kijken. Ze gingen met gewichten om de heupen een heuvel beklimmen, aangekomen op de top dronken ze een drinkyoghurt.

Ik ging deze column schrijven.

Nu gaat de hele tijd mijn telefoon.

Dat is weer een vrouw van Danone, ze zitten met z'n allen een pizza te eten aan de boulevard. Niemand zit op mij te wachten, maar ze missen me toch.

Prijsvechters

5 september 2013

Ik had nog niet vaak met een prijsvechter gevlogen en ik keek er ook niet naar uit. De vlucht naar Pisa vertrok vanaf Eindhoven Airport waardoor de reistijd feitelijk verdubbelde. De enorme rij voor de incheckbalie voldeed aan de verwachtingen.

Er was nul hulp en geen clementie.

Twee van ons die vergeten waren om thuis de tickets uit te printen hadden het zwaar. Evenals degenen met iets te grote of te zware koffers. In dat soort gevallen zijn ze heel makkelijk: bijbetalen of niet meevliegen. Klagen heeft geen zin, daarvoor is te weinig personeel aanwezig. Je kunt natuurlijk wel gaan schelden, zoals dat stel zonder printer, maar dan krijg je met de enorme hoeveelheid mensen achter je te maken die ook allemaal heel weinig betaald hebben voor nul service, maar wel graag willen inchecken.

De ontmenselijking ging in zo'n rap tempo dat van een verwachtingspatroon überhaupt geen sprake meer was. Je hoopt dat je aankomt en je weet dat dat het maximaal haalbare is. Na een kwartier met ongeveer tweehonderd stuks in een glazen hok trok een medewerkster een lint omhoog. We werden een voor een gescand en losgelaten op de landingsbaan, waarna een run op het vliegtuig volgde. Er waren geen vaste zitplaatsen. Maar wat deed het ertoe? Alle stoelen zaten slecht, alleen kinderen en kleine mensen hadden beenruimte.

Ik kwam naast een stel uit Gemert dat een paar maanden geleden 'gewoon maar wat' geboekt had.

Pisa, of daar de zon scheen?

Zij wist dat er een scheve toren stond, hij at graag pizza.

Een kinderhand is snel gevuld.

Onderweg bestelden ze een lunchbox bij de stewardess in de geel-blauwe bedrijfskleding. Ze kregen een kartonnen doosje ter grootte van een handpalm waarin ze voor zes euro vijftig een mini-Marsje, twee crackertjes en een kuipje smeerkaas vonden.

De geel-blauwe stewardess wenste ze 'bon appétit', ik vond dat grappig.

Als ik hier onwel word zal ik moeten betalen voor een slokje water, besefte ik. Dat je niet hoefde te betalen voor het toilet beschouwde ik als een meevaller. Dat er een toilet was eigenlijk ook.

Na de schokkerige landing klonk een trompet, het melodietje kende ik uit voetbalstadions waar het meestal wordt gevolgd door de kreet 'aanvallen'. Er werd ons verteld dat we op tijd waren aangekomen. Daarvoor werd geklapt.

Na het verlaten van het vliegtuig werden we geteld door een mevrouw met een 'teller'. Als er een passagier passeerde drukte ze op een knopje.

'Miranda 178 stuks,' meldde ze vijf minuten later in haar walkietalkie.

Miranda, schijnbaar nog aan boord, kaatste terug met 'clean'.

De kist kon opnieuw gevuld.

Opstijgen, landen en dan maar hopen dat er onderweg nog wat mensen veel te veel voor een lunchboxje of een flesje water wilden betalen. Niets gratis, ook geen glimlach. Geen service is gewoon heel duidelijk, heb je ook geen klantenservice meer nodig.

Syriërs waaien niet

9 september 2013

Ik logeerde bij mijn moeder in Velp, een dorp met een hoge concentratie eenzame dames op leeftijd die allemaal verlegen zitten om een praatje. Het kleine nieuws heeft er een hoge omloopsnelheid. Zo hoorde ik dat er bij mevrouw A. sinds kort een echte Syriër verbleef, een heel aardige uit Aleppo.

Wat vond ik daar nou toch van, vroeg mijn bron, een lieve schat die ik al mijn halve leven ken als 'oma Ans'.

Eigenlijk niets, behalve dan dat ik me afvroeg hoe die Syriër in Velp terecht was gekomen. Oma Ans hield het op 'gewiekstheid', want hij was bij haar vriendin A. met de neus in de spreekwoordelijke boter gevallen.

'Ze is dol op hem.'

Tegen haar had ze gezegd dat hij was komen 'aanwaaien', maar oma Ans wist wel beter: Syriërs waaien niet. Haar vriendin had hem gewoon gevonden op de trappen voor Chinees-Indisch restaurant The Blue Lotus, waar hij met grote treurige ogen voor zich uit had zitten staren. In Amsterdam negeren ze zo'n geval, maar in Velp beginnen ze als je het treft zomaar een praatje.

De Syriër sloeg aan op de vraag '*Are you sad?*' en bevond zich een uur later tot zijn eigen verbazing aan de dis bij mevrouw A. in de Parkstraat, waar nasi goreng met appelmoes en vanillevla toe werden geserveerd.

Van het een kwam het ander en nu zat hij daar al twee weken. Mevrouw A. had hem zelfs meegenomen naar de yogaclub, waar hij met open armen was ontvangen. De dagen erna bracht hij onkruid wiedend door in de voor- en achtertuinen van kennissen.

Maar mijn bron had haar twijfels.

Kwam 'Sammy', zoals de Syriër inmiddels liefkozend werd genoemd, wel echt uit Aleppo? Of was het stiekem gewoon een verdwaalde Turk? Wat waren zijn bedoelingen? Kon ik er niet eens naar kijken?

Een dag later trof ik hem in een achtertuin, waar hij op verzoek de druivenstruik inspecteerde. Voor zover ik het kon inschatten was hij inderdaad een Syriër uit Aleppo, als je een Syrisch paspoort hebt, ben je voor mij een Syriër, maar de vraag hoe hij in Velp was beland bleef onbeantwoord. Hij was al wel behoorlijk ingeburgerd. Zijn lievelingseten was 'Domino Pizza'.

De laatste stand van zaken is dat het heel ellendige vluchtverhaal er inmiddels is uitgepeuterd en dat de dames volgende week met hem asiel gaan aanvragen, een procedure waar ze alle vertrouwen in hebben.

Vergeten

11 september 2013

Een half jaar na het overlijden van mijn vader begon mijn moeder met het opruimen van zijn spullen. Het was een proces van één stap vooruit en twee stappen terug. Spullen die zeer beslist in dozen waren gestopt, moesten er halsoverkop weer uit. Maar in welke doos zat dat bijzondere scheerapparaat?

De boekenkast in zijn studeerkamer werd aan mij overgelaten. Dat ging een stuk sneller, het betrof een verzameling boeken waar zelfs op Bol.com geen belangstelling voor was. Bij het uitruimen stuitte ik op een fotoalbum van mijn vader als dienstplichtig militair. Hij was ingedeeld bij de 7 december-divisie die tijdens de politionele acties naar Indonesië werd gestuurd om orde en rust te herstellen, althans: zo noemden ze het toen.

Hij had er nooit over willen spreken. We vroegen er ook niet naar. Voor ons was er maar één oorlog, de Tweede Wereldoorlog, en de rest werd als 'niet interessant' terzijde geschoven. Niettemin was ik op alles voorbereid, voor je het wist vond je in zo'n album een foto met lijken in een sloot.

Niets van dat alles. Ik werd meegezogen in de wereld van een magere negentienjarige jongen in een te groot uniform. 'Zo de Nederlandse vlag wappert weer,' schreef hij onder een foto van een verzameling rieten huisjes. Ik zag hem wijdbeens op een kanon zitten en samen met wat anderen springen in ondergoed op een grasveld.

'Sport staalt spieren.'

Wat ze precies in Indonesië deden weet ik niet, er werd vooral veel geposeerd. Mijn vader bij een bananenboom: 'Bananen blijken pisangs te heten en kokosnoten klappers.'

Andere notities bij foto's:

'Het wordt weer sukkelen. De ene auto na de andere moet in reparatie.'

‘Niks is zo lekker om na een flinke mars een fris bad te nemen.’

‘Kerstmis in de rimboe.’

‘Eddy Canzoni en het zonnestraalcabaret.’

‘Op de zwarte markt is alles te koop. Het is verleidelijk om iets van textiel in te slaan.’

Zaterdag was de jaarlijkse herdenking in Roermond, waar een monument staat voor de 6200 in Indonesië gesneuvelde Nederlandse militairen. Ik trof een veld vol grijze mannen van ongeveer dezelfde leeftijd als mijn vader, bijna allemaal waren ze verontwaardigd over het gebrek aan belangstelling.

‘Waar is de koning?’ vroeg een van hen. En: ‘Waarom komen wij niet op het journaal?’

Dat ze vanuit Den Haag een staatssecretaris (Fred Teeven) hadden gestuurd, hielp ook niet. ‘Eens in de zoveel jaar krijgen we allemaal een medaille, die liggen in een bakje tussen de paperclips.’

Wie er wel was, was Jos van Rey. Als er iets te doen is, reserveren ze in Roermond uit een soort automatisme nog steeds een mooi plekje voor de van omkoping verdachte ex-wethouder. Die stond in het najaarszonnetje heel erg aanwezig te zijn in een glimmend blauw pak en te herdenken dat het een lieve lust was. Door iedereen vergeten zijn, behalve door Jos van Rey, dat is dubbel zo erg.

Over kutboeken in kutbuurten

13 september 2013

Als je het boek naar de wijk brengt wil dat niet zeggen dat je de hele wijk in je boekhandel wilt. Zo interpreteerde ik de column die Monique Burger van de Nieuwe Boekhandel in Bos en Lommer schreef over de mensen die naar haar winkel kwamen om een gratis exemplaar van het *Droomboek* af te halen.

'Ongeschoren, ongewassen, ongekamd, dik, uitgezakt, kreupel, rotte tanden, stinkend, met looprekken en hulpmiddelen die ik nog nooit eerder in mijn leven heb gezien, ruw, onbeleefd, nauwelijks pratend: soms steken ze alleen het bonnetje toe – ook wanneer ik met andere klanten bezig ben af te rekenen, totaal gespeend van enig gevoel voor sociale verhoudingen of omgangsregels.'

De hele wereld viel over haar heen, terwijl het volgens mij een goed getroffen omschrijving van de situatie ter plekke was. Heel wat herkenbaarder dan al die artikelen waarin ze beweren dat je er tegenwoordig zo lekker kunt koffiedrinken. Er zijn er zelfs die de wijk 'trendy' of 'hip' durven te noemen. Als de aanwezigheid van een boekhandel of een leuk café voldoende is voor die kwalificering ligt de lat wel heel laag. Dan zijn Zoetermeer en Lelystad of Velp ook hip.

Ik woonde anderhalf jaar in Bos en Lommer, in onderhuur op tweehoog in de Coppelstockstraat, en had daar dagelijks te maken met ongeschoren, ongewassen, ongekamde, dikke, uitgezakte, kreupele, stinkende buurtbewoners met rotte tanden en rollators. Ik weet niet meer of ik me toen zelf elke dag schoor en of ik mijn haren kamde, maar ik poetste wel mijn tanden, waardoor ik toch een voorsprong had op de bovenbuurman die iedere nacht in het trappenhuis plaste omdat hij het niet meer kon ophouden.

De winkel van mevrouw Burger was er in mijn tijd jammer genoeg nog niet. Ik begrijp dat het een succes is, een ontmoetingsplaats voor mensen uit de wijk die hun haren nog wel kammen. Het allerstomste wat je op zo'n plek kunt doen is spullen gratis uitdelen. Want dan komen ze, zoals ze ook komen als je in je restaurant flyers voor een tweede, gratis hamburger bij de McDonald's op de toonbank legt. Ik kan me voorstellen dat je daar als winkelier niet op zit te wachten. Nog nooit een boek aangeraakt, en dan nu opeens een *Droomboek* willen, dan heb je het niet over een klant met potentie.

Opeens ben je een uitgiftepunt van een kutboek, dat is geen droom, maar een nachtmerrie en als je daar iets van zegt ben je op Twitter een elitaire trut.

Wat is er overigens mis met een elitaire trut?

Van een elitaire trut als buurvrouw heb je minder last dan van mijn buurvrouw in de Coppelstockstraat, die ik ooit in haar roze joggingbroek bij de Albert Heijn zag vechten om de laatste kartonnen doos.

Pedoslager

19 september 2013

De keurslager aan de Noordewierweg in Amersfoort stuurde een seksueel getint WhatsApp-bericht naar een veertienjarige medewerkster van zijn bedrijf. Het hoe en waarom bleef duister, de slager zelf verklaarde dat hij 'uit de tent gelokt' was. De politie zag er geen misdrijf in, de buurt wel. De slager werd op internet bedreigd, het woord PEDO werd met verf op zijn etalageruit geschreven en in zijn winkel verschenen klanten die de boel kort en klein wilden slaan.

Reden voor *PowNews* om verslaggever Tom Staal naar de winkel te sturen om het aangeschoten wild af te slachten. Ter introductie interviewde Tom een scholiere op een fiets, die zich in de buurt van de slagerij ophield.

'Hoe oud ben jij?'

'Zestien.'

'Dan zou ik hier niet naar binnen gaan.'

In zijn functie als aanklager, rechter en beul betrad Tom met draaiende camera de keurslagerij, de microfoon met roze plopkap als een zwaard op de slager gericht, die van de zenuwen een rood hoofd kreeg.

'Ben jij Melbert? Ben jij Melbert? Ben jij Melbert? Waarom stuur jij rare teksten naar meisjes van veertien? Waarom doe jij dat?'

De slager probeerde het met 'geen commentaar' en ging toen dat niet werkte voor het bord waarop het broodje van de week werd aangeprezen de politie bellen. Tom richtte zich tot de vrouw van de slager, die gehakt stond af te wegen.

'Ben jij zijn vrouw? Heeft hij jou ook zo versierd?'

De vrouw van de slager schepte gewoon door in een berg gehakt.

Tom Staal begon nu met luide stem het gewraakte bericht te declameren.

'Strakke jeans, daaronder een zwarte string, een heel dunne met een touwtje tussen je billen en een zwarte bh van een glad stofje...' Daarna, met overslaande stem: 'Dat zijn de berichten die jouw man stuurt naar meisjes van veertien! Een meisje van veer-tien, Melbert! Hé, Melbert, kom op! Wel een grote bek tegen meisjes van veertien, maar als ik wat vraag geef je niet thuis.'

Met de woorden: 'Als je nog een stukje worst hebt voor de kleine hoor ik het graag,' verliet Tom Staal de winkel. Voor een stukje hoor en wederhoor interviewde hij op straat nog wat pubers.

'Heeft dat meisje het uitgelokt?'

'Nee, het is gewoon een lief meisje,' zei een blond meisje.

Case closed.

De verslaggever keek nog een keer naar de etalage, waarop met grote letters PEDO stond. De keurslager was keurig geslacht, het vervolg liet hij graag aan buurtbewoners over. Wie was hier eigenlijk de slager?

VUT

25 september 2013

De videorecorder van mijn moeder hebben we ook maar bij het grofvuil gezet, ze wist toch niet hoe het ding werkte. Voor het zover was, hebben we nog één keer naar de VHS-band gekeken met het verslag van de dag waarop mijn vader, eind jaren tachtig, met de VUT ging. De VUT was een regeling die een paar recessies eerder was verzonnen en waarbij belastinggeld werd uitgegeven om mensen thuis te laten zitten. De gedachte erachter was dat als ouderen eerder stopten met werken, dat er dan meer banen voor jongeren zouden vrijkomen.

Het was een vrijwillige regeling, maar mijn vader werd subtiel die VUT in gedreven. Hij was al jaren de oudste van de afdeling, alle anderen van zijn leeftijd waren hem al voorgegaan, en iedereen, behalve hij, vond de invoering van de computer 'een heel mooi moment' om afscheid te nemen.

Op de videoband zag ik mijn vader op een versierde stoel in de hal van het Provinciehuis in Arnhem zitten. Mijn moeder ernaast, een paar stoelen verderop wij, zijn drie schoolgaande kinderen. De chef van de afdeling, een man met een bijzonder grote bril, hield een speech waarin hij het had 'over een tijd van komen en een tijd van gaan' en kondigde 'het grote genieten' aan, een periode die de volgende dag begon.

Daar dachten wij, aan de gezichten te zien, anders over.

Lekker dan, je vader de hele dag in huis.

De collega's hadden geld ingezameld voor een fiets. Bij de overhandiging van het cadeau zongen ze een toepasselijk lied, waarbij ze bij het refrein met kartonnen fietswieltjes draaiden.

Van die fiets heeft hij gebruikgemaakt. We joegen hem met ons gedrag de Veluwe op, waar het in die jaren op doordeweekse dagen barstte van de eind-vijftigers, begin-zestigers in de bloei van hun leven. De horeca in de bossen leefde ervan op. Zelfs bij slecht weer zaten de terrassen bij restaurants als Prinsheerlijk vol met van die jongere ouderen in hun identieke regenpakken.

Met de VUT-regeling verdwenen de fietsende jongere ouderen. Op de radio hoorde ik vanmiddag iemand zeggen dat de oudere generatie volop had geprofiteerd van die regeling. Als types als Henk Krol en Jan Nagel al iets hebben bereikt, dan is het dat 'de ouderen' ten onrechte als groep worden aangesproken. Mijn vader genoot niet van het gedwongen nietsdoen, hij had liever doorgewerkt. Hij heeft de opkomst van 50PLUS nog net meegemaakt. Hij zag Jan Nagel en Henk Krol op televisie en gunde ons voor heel even weer een VUT-regeling waar we die twee subtiel in zouden kunnen laten verdwijnen.

Opdringerige Roemeense levende standbeelden

1 oktober 2013

Mijn moeder werd 83, we vierden het met een etentje in Chinees-Indisch restaurant The Blue Lotus, een zaak met uitzicht op het grootste parkeerterrein van Velp, waar ze van de directie een ijsje met een stuk vuurwerk erin kreeg aangeboden.

Een ervaring rijker reisden we de volgende dag terug via Arnhem, waar de straten waren afgezet vanwege de tweede dag van het wereldkampioenschap levende standbeelden. We vielen er totaal onvoorbereid in, de winkelstraten zaten er vol met deelnemers, bezig met de laatste voorbereidingen.

Ter hoogte van Bakker Bart sprak ik het eerste levende standbeeld, een blauwgeverfde vrouw met een Limburgs accent, die als 'godin van de zee' hoge ogen dacht te gaan gooien. Tenminste als ze geen last kreeg van jeuk of koude voeten, de twee grootste vijanden van een levend standbeeld.

De strekking van het gesprek was: als je een levend standbeeld bent, heb je het ook niet makkelijk tegenwoordig. Ik dacht altijd – waarom eigenlijk? – dat levende standbeelden vrolijke mensen waren, maar dat was vroeger, toen je nog geen vergunning nodig had om ergens als levend standbeeld te gaan staan en je op een dag nog moeiteloos een paar honderd euro ophaalde.

Net als bijna alle andere Nederlandse levende standbeelden had dit levende standbeeld last van 'de opdringerige' Roemeense levende standbeelden. Ze hadden de markt overspoeld en de andere levende standbeelden een slechte reputatie gegeven. De regering moest er wat aan doen. Ze zei nog net niet: eigen levende standbeelden eerst. Het bleek te gaan om een breedgedragen sentiment.

Een grijs geschminkte man met tussen zijn benen een zwart rubberen paard zei: 'In een normale branche selecteert het zich uit. Dan vallen de slechten gewoon af en blijven de goeden over. Maar er waren op een zeker moment zo veel slechte levende standbeelden dat de goede niet meer opvielen. De mensen dachten: o, weer een levend standbeeld, doorlopen.'

De levende standbeelden moesten het tegenwoordig hebben van evenementen zoals dit wereldkampioenschap, waar een deskundige jury vooraf het kaf van het koren had gescheiden. 'Zodat onze professionals geen last hebben van "Oost-Europese grapjassen die even naar de feestwinkel zijn geweest".'

Ik, die tot dit weekeinde dacht dat alle levende standbeelden ooit in een feestwinkel waren begonnen, wist helemaal niets van deze problematiek en dat straalde ik ook uit.

'In Roemenië heb je heel veel Dracula's, die een heel leuke boterham verdienen,' zei de man met het rubberen paard tussen de benen, terwijl hij met zijn armen zwaaide. 'Dan gaan wij daar toch ook niet allemaal verkleed als Dracula naartoe?'

Waarom eigenlijk niet? dacht ik toen.

Jaap, onze hoop, Scheffer

11 oktober 2013

Misschien is het tijd om de leeuw in het wapen van Nederland te vervangen door een ander beest, een labrador bijvoorbeeld. Dat is een heel lieve hond. Hij blaft, maar bijt niet en likt iedere hand die hem wat lekkers geeft.

Het hoofd van Jaap de Hoop Scheffer aan beide kanten van dat schild zou ook niet misstaan. Geen fraai gezicht misschien, maar Nederlandser en met minder ruggengraat vind je ze niet. Jaap begon altijd automatisch te kwijlen bij contact met boven hem geplaatsten. De beelden van het bezoek dat hij als minister van Buitenlandse Zaken samen met minister-president Jan Peter Balkenende ooit aan president Bush bracht, bleven nog lang op het netvlies hangen. Snuf en Snuitje gingen op reis en vonden alles in het Witte Huis prachtig.

Gisteren was hij weer even terug in de openbaarheid om minister Timmermans van Buitenlandse Zaken omstandig te prijzen omdat die namens Nederland excuses had aangeboden voor de aanhouding en detentie van de Russische diplomaat Dmitri Borodin, die volgens meerdere bronnen 'stomdronken' in zijn woning in Den Haag was aangetroffen terwijl hij zijn kinderen mishandelde.

Jaap vond het maken van excuses 'verstandig', want er was in het officiële vriendschapsjaar 2013 al genoeg vervelende ruis op de lijn Nederland-Rusland en dan had hij het niet over de Russische antihomowetgeving, de gevangen bemanning van de Greenpeace-boot of de reacties op het statement van Halina Reijn in een Russisch theater, maar over mogelijke economische sancties die 'pijn zouden kunnen gaan doen'. Er doken al dreigende berichten op over het weren van Nederlandse tulpen, en die arrestatie kwam net op het moment dat staatssecretaris Sharon Dijksma (Landbouw) met een zware delegatie in Moskou was om er te praten over het beëindigen van de aardappelboycot, want onze aardappels blieven de Russen ook al niet.

Ik keek naar Jaap met die rollende ogen en had eigenlijk geen idee wat de beste man nu deed, maar duidelijk was dat we zijn naam maar hoefden te fluisteren en hij kwam kwispelend zijn hok uit om ons te adviseren hoe met de Russen om te gaan.

Zachtjes blaffen, nooit bijten en als het baasje boos wordt meteen met vier pootjes in de lucht op het tapijt voor hem gaan liggen. Wat zou hij dat namens ons graag nog een keer willen doen en wat zouden we dan veel tulpen en aardappels verkopen.

Punt uit

15 oktober 2013

Toen mijn vader was overleden moest ik natuurlijk een toespraak houden. Het was in de kerk in de Emmastraat, in de geluidsinstallatie zat een harde piep. De priester van dienst had vooraf gezegd: 'Laat uw hart spreken, maar houd het kort.'

We hadden in totaal een minuut of vijftien.

Eerst was mijn broer, die normaal nooit sprak in het openbaar. Omdat hij blind is werd hij door een begeleidster op de juiste plek, recht voor de microfoon, gezet. Hij hield het ultrakort. De keel schrapen, een herinnering aan een fietstocht en daarna zeggen dat mijn vader zijn beste vriend was en dat hij hem heel erg ging missen. Duidelijk, to the point, klaar, af. De overslaande stem in combinatie met de schuifelende aftocht aan de arm van de begeleidster was een zakdoekmoment.

Ik had de nacht ervoor in het Crest Hotel bij het Velperbroekcircuit vier velletjes volgeschreven, genoeg om het kwartier vol te maken. Ik benoemde alle hoogte- en dieptepunten, gelardeerd met hier en daar een grapje over de dode om de sfeer erin te houden.

Naast schouderklopjes – 'Goed gezegd' – leverde die toespraak me na afloop bij de receptie in restaurant De Watermolen minstens twee gesprekken op die me niet bevielen. Stond ik opeens aan een oude buurvrouw uit te leggen dat ik wel van hem hield en dat we elkaar bij leven dit soort dingen ook zeiden. Een ander familielid zei: 'Hij was een goede vader, hij heeft altijd hard gewerkt. Punt uit.'

Hoezo 'punt uit'? dacht ik. Alsof ik het tegendeel beweerde.

Gisteren kwam dat weer allemaal terug. Ze hadden mij gevraagd om Renske de Greef uit te luiden. Niet dat mijn medecolumnist was overleden, integendeel: ze gaat op wereldreis, maar het voelde wel alsof ik aan het open graf stond, terwijl de kist langzaam naar beneden zakte. Het verschil was dat de koffietafel voor de plechtigheid kwam. We zaten tegenover elkaar aan een tafeltje in café De Ysbreeker voor een interview. Alsof de snackbarhouder op bezoek kwam in het vegetarische restaurant. Hoe maakten ze die lekkere bietenschotel daar toch?

We wisselden recepten uit, zeiden tegen elkaar dat de ander echt lekker kookte en hadden het verder gezellig. Daarna schreef ik 1200 woorden over een bietenschotel. Dat ik die eerst nooit at, maar dat je daar als je er eenmaal van geproefd had steeds meer van wilde en dat je er ook steeds meer verschillende smaken in ontdekte.

Dat had dus ook in drie zinnen gekund. Schrijf gewoon dat je Renske de Greef gaat missen. Dat ze hartstikke goed is en dat iedereen die dat niet vindt een dikke vinger kan krijgen.

Moraal van dit verhaal: vraag mij nooit voor een toespraak aan je graf, je moet mijn broer hebben.

Discriminatie

22 oktober 2013

Ik kwam naar het café op de hoek voor een biertje, maar kreeg een bord vol stukken leverworst en brokken kaas en een discussie over Zwarte Piet, die koers zette richting de bekende haven: dat je niet meer mag zeggen wat je wilt omdat alles discriminatie is. Eigenlijk wilde ik meteen van boord, maar omdat ik de schipper van dienst in de vorm van uitbater Henk, een kilo of 95 Amsterdamse eerlijkheid, inmiddels een beetje kende, bleef ik toch.

Hij zei het maar recht voor z'n raap: hij had de buik vol van de overheid.

Een tijdje geleden had hij problemen gehad met een Marokkaanse jongen uit de buurt. Hij viel klanten lastig en wilde bij het weggaan de rekening niet betalen. Het ging om tien euro.

'Prima,' had Henk gezegd en hij pakte de mobiele telefoon van de jongen af.

De boel liep uit de hand, de politie kwam met twee man sterk.

Henk werd buiten gehoord, de jongen binnen.

Henk zei: 'Die Marokkaan wil niet betalen.'

'Ho ho,' antwoordde de agent, 'dat moet u anders verwoorden. U moet zeggen: die jongen wil niet betalen.'

In de opwinding versprak Henk zich nog twee keer, waarna een laatste waarschuwing volgde en een boete wegens discriminatie dreigde.

Een paar weken later, de zaak was in de tussentijd geschikt, de telefoon was geruild voor het verschuldigde tientje, belde de politie naar het café.

Of Henk aangifte wilde doen tegen 'de Marokkaan', ze hadden hem voor de lol eens nagetrokken op het bureau en 'meneer' bleek zo'n beetje de schrik van de buurt te zijn.

'Marokkaan?' vroeg Henk. 'Dat mag u zo niet zeggen, hoor. U moet "die jongen" zeggen.'

Even later vroeg dezelfde man nogmaals of Henk aangifte wilde doen opdat ze 'die Marokkaan' van straat konden halen.

'Nu doet u het weer,' had Henk gezegd. 'Ik doe geen aangifte, u discrimineert.'

Daarna had hij de verbinding verbroken.

Hij liet het bord met leverworst en kaas nog een keer rondgaan en keek me triomfantelijk aan. 'Ze moeten wel normaal blijven doen, dan maar politiek correct!'

Ik keek in het lachende gezicht van de café-eigenaar en daarna naar de buik die vol zat van de overheid en dacht: ja, daar zit wel wat in.

Piet is lief, Piet is lief, ja... Piet is lief

24 oktober 2013

De discussie over Zwarte Piet had het land verdeeld, ik las ergens dat ons een spiegel was voorgehouden. Het NOS *Journaal* koos voor de reportage en bezocht het kantoortje van Bas en Kevin, de twee Brabantse reclamejongens achter de Facebook-pagina Pietitie. Ze hadden de haren gekamd en hun netste kleren aangetrokken en zaten op verzoek verwoed op de muis van hun computer te klikken. De teller stond op dat moment op meer dan 789.000 likes. Bas was zenuwachtig van alle spanningen en Kevin zei dat het initiatief was geboren uit woede, hij had vroeger zelf nog zijn zwartepietendiploma gehaald. Op de achtergrond was een kantoorplant te zien.

Als het aan mij had gelegen was de cameraploeg ook nog even doorgereden naar Fijnaart, waar Frans Bauer de avond ervoor op verzoek van zijn zoon Fransje jr. de pen in het hart doopte en een lied voor Zwarte Piet schreef.

Piet is lief, Piet is lief, ja... Piet is lief
Echt een hartendief
De grootste kindervriend...
Van het hele land
Piet is lief, Piet is lief, ja... Piet is lief
Zo ontzettend lief
Hij hoort toch bij ons...
Hij hoort bij Nederland

Een tekst met de diepgang van een houten lokeend was goed voor 200.000 likes op zijn Facebook-pagina.

'*Holy cannoli!*' was het terechte commentaar van Frans, die maar meteen doorschakelde naar ander belangrijk nieuws: zijn theatertour met collega René Schuurmans.

Piet is lief, Piet is lief, ja... Piet is lief.

Je luistert ernaar en je hoort niets.

Er is ons een spiegel voorgehouden, er is in die spiegel gekeken en opeens verschijnt dan het vertrouwde gezicht van Frans Bauer dat zegt hoe het verder moet. Een simpele tekst op een bekende melodie, je zingt het makkelijk mee.

Veel mensen vinden dat fijn.

Wilde wijven

26 oktober 2013

Vanuit het niets zei mijn moeder laatst dat ik steeds meer op John Lennon begin te lijken. Later bleek dat ze John Leddy bedoelde, bekend geworden als Koos Dobbelsteen van *Zeg 'ns Aaa*.

Het was bedoeld als compliment, maar zo heb ik het toch niet ervaren. Dat dan toch zeker niet, godverdomme, dacht ik.

Even later, op het toilet, heb ik best lang voor de spiegel gestaan. Lang genoeg om te weten dat ze naast een gehoorapparaat nu toch ook echt een sterkere bril nodig heeft.

Waar ik wel op lijk, en dat geef ik toe, is Peter te Bos, de grijzende zanger met de wallen onder de ogen van Claw Boys Claw, een band die halverwege de jaren tachtig furore maakte.

Onbekenden zeggen dat ongevraagd op straat wel eens tegen me. Ik vind Peter te Bos niets om je voor te schamen, behalve dan dat ik gewild had dat de gelijkenis op veel latere leeftijd was ingetreden. Als ik net als hij 63 ben bijvoorbeeld.

Maar er zijn ergere dingen.

Op het station in Arnhem kwam ik vorige week terecht tussen een kluit woedende Anouk-fans die de keelproblemen van de zangeres niet konden plaatsen en hun frustraties vrij baan gaven voor draaiende camera's.

Concert afgelast – voor niets naar Arnhem gekomen – leven verpest.

Wilde wijven waren het, het temperament hadden ze met hun idool gemeen.

Mandy uit Rotterdam, een Anouk met hanghaar en een bril, dreigde dat ze de kosten van de oppas ging verhalen op de organisatie. Voor het station trapte ze om haar woorden kracht bij te zetten vloekend tegen een prullenbak. Zou de echte Anouk volgens mij ook doen.

Daarna zakte ze tegen de schuifdeuren naar de grond, waar ze werd getroost door andere Anouks, die heus niet minder boos waren.

Later in de trein richting Amsterdam trof ik er weer een paar. Ze hadden hamburgers gegeten, de teleurstelling werd hardop verwerkt.

'Ik wil niet meer op Anouk lijken,' zei een Anouk.

Ik vond dat nogal een uitspraak voor een vrouw van midden veertig die nog het meest op Loretta Schrijver leek.

Het relativeerde enorm.

Een half leven lang denken dat je op Anouk lijkt terwijl je er in niets op lijkt is een veel groter probleem dan lijken op John Leddy of Peter te Bos, die overigens helemaal niet op elkaar lijken.

Eenheid in verscheidenheid

29 oktober 2013

Nog niet eerder vertoond, maar echt gebeurd: gisteren hield Albert Verlinde glimmend van trots een NRC *Handelsblad* omhoog in zijn programma RTL *Boulevard*. Reden was een positieve recensie voor de door Albert Verlinde Entertainment geproduceerde musical *Sonneveld*. Ik had dat artikel gemist, maar volgens Verlinde was werkelijk iedereen laaiend enthousiast over de musical, tot de burgemeester van Utrecht aan toe, want in die stad beseften ze plotseling dat ze een artiest van wereldformaat hadden voortgebracht.

'Inderdaad. Ver-ruk-ku-luk,' aldus de kok over zijn toetje.

Daar viel niets tegen in te brengen. Er was van gegeten en het was lekker gevonden, en daar mag je als kok dan best blij om wezen. Deze kok was heel blij. Hij stak de vinger diep in het dessert en likte 'm langzaam af.

Het filmpje van het volgende item werd ingestart.

We zagen dezelfde kok, dit keer in een chic pak en met een oordopje in, want hij sprak in zijn hoedanigheid als lid van het Comité Nederland 200 jaar Koninkrijk. Op een persconferentie kondigde hij aan dat hij voor het hele volk een twintiggangendiner in elkaar had geknutseld. En dat gingen we op 30 november met z'n allen eten, of we nu wilden of niet.

De dag zal de geschiedenis ingaan als de dag dat Huub Stapel verkleed als Willem Frederik aan land zal gaan in Scheveningen, waarna hij onder anderen Cor Bakker, Ruth Jacott, Halina Reijn, honderden vrijwilligers met oranje vlaggetjes en een dolgedraaide burgemeester Jozias van Aartsen van Den Haag voor de kiezen krijgt.

Presentator Albert Verlinde over het door Albert Verlinde van het comité gepresenteerde programma: 'De organisatie is in handen van Albert Verlinde Entertainment. Het belooft ge-wel-dig te worden.'

Als directeur van Albert Verlinde Entertainment kon hij eraan toevoegen dat er sprake was van 'Koninklijke Goedkeuring', hij had als lid van het comité tenminste begrepen dat de koning zeer verguld was geweest met alles wat hem die dag zou worden voorgeschoteld.

De camera zoomde in op het zelfvoldane gezicht.

De kok had een lekker toetje gemaakt en ging er nu gemakshalve maar van uit dat we voortaan alles van 'm vraten. De ijdele hoop is gevestigd op Huub Stapel, alleen hij kan nog roet in het eten gooien. Door te doen wat ieder normaal mens zou doen als hij wordt geconfronteerd met een strand vol Albert Verlinde Entertainment: omdraaien en terug roeien, hup de volle zee op.

Ons in eenheid door verscheidenheid achterlatend.

Off the record van de dijk vallen

2 november 2013

Annemarie Jorritsma was te gast bij *Vrijdagmiddag Live*, een radioprogramma dat bij mij om de hoek, op het Rembrandtplein in Amsterdam, werd opgenomen. In ruil voor een fles rode wijn gooide ze wat oneliners de ether in.

Ze vond de zorg in Nederland 'raar verdeeld'.

'De scootmobiel staat vaak in de schuur.'

Als het aan haar lag werd dat aangepakt.

De schuur of de scootmobiel? dacht ik nog even, waarna het besef doordrong dat ze waarschijnlijk alle twee bedoelde. Daarna volgde een vrolijker boodschap: ze kondigde aan de rest van haar leven in Almere te willen blijven, het liefst als burgemeester.

In een vorig leven werkte ik als vliegende reporter voor een opinietijdschrift. In 2003 werd ik een paar dagen naar Delfzijl gestuurd, waar Annemarie waarnemend burgemeester was. Ik liep toen een tijd achter haar aan.

Het was de lelijkste plek in Nederland waar ik ooit was geweest, maar Annemarie dacht dat ik achterlijk was en zei dat het er wel mooi was. Ze deed dat met zo veel vuur dat de fotograaf en ik er bang van werden. Ze liep in haar enthousiasme ook twee keer door een rood stoplicht, ze riep erbij dat het verboden was om dat op te schrijven.

De persvoorlichter van dienst zei: 'Dat is off the record.'

Het hoogtepunt was toen ze de dijk bij de haven beklom, zich verstapte en er achterwaarts afdonderde. De gemeentevoorlichter van dienst liet zijn baas rustig liggen en versperde het zicht van de fotograaf.

Heel even geloofde ik in God.

Annemarie had een vieze broek en ik had iets om op te schrijven.

Het was natuurlijk ontzettend flauw dat ik dat deed, Annemarie bleek off the record van de dijk te zijn gevallen. Het eindigde in een telefonische ruzie, waarin ze kritiek op haar functioneren verwarde met 'vrouwonvriendelijkheid'. Of ik misschien wist wat een glazen plafond was? Nee, ik zat met een dijk bij de Eemshaven in mijn hoofd.

Een half uur nadat burgemeester Annemarie gistermiddag was uitgesproken trok ik mijn jas aan. Ik werd ook verwacht in die radiostudio. Bij de ingang botsten we bijna op elkaar, we schuurden langs elkaar.

Gelukkig, dat niet, dacht ik nog. Ik keek om en zag hoe ze buiten, in de regen, een enorme lap stof om haar lijf wikkelde. Direct daarna viel ik languit over een boomstronk die ter decoratie naast de lift lag.

Mijn moeder houdt niet van te laat komen, ze komt liever te vroeg

7 november 2013

Er was een tante overleden. Mijn bejaarde moeder verzuchtte door de telefoon dat er nu bijna niemand meer over was en ik dacht aan mijn vader die ooit zei: 'Degene die als laatste overblijft is als eerste in de hel.' Ik probeerde me voor te stellen hoe het zou zijn als iedereen die ik kende er niet meer was en dat je het dan moest hebben van types als ik.

Ik bood spontaan aan om mee te gaan.

De herdenking was aan de andere kant van het land, we zouden elkaar ontmoeten op Den Haag CS.

Mijn moeder houdt niet van te laat komen, ze komt liever te vroeg. Dat was vroeger al zo. Op vakantie in Zwitserland begon ze na een paar dagen al te pakken voor de terugreis, had ze dat alvast gedaan. In de genenoverdracht is er iets misgegaan: ik kom liever laat, dan hoef je niet zo lang te wachten.

Ze stelde voor om twee uur van tevoren af te spreken, dan hoefden we niet te haasten. Daar smokkelde ze gisteren wat extra tijd bij, ze was een paar uur eerder dan gepland van huis vertrokken om op tijd voor mij te zijn.

Toen ik nog moest vertrekken, stond zij al op Den Haag CS, een enorme hal die haar angst inboezemde. Ze meldde me per telefoon dat ze haar bankpas voor de zekerheid uit haar portemonnee had gehaald en in haar jaszak had gestopt. Dat moest ik onthouden. Ze spoorde me aan om op te schieten, ik adviseerde haar om ergens koffie te gaan drinken. Een kwartier later kwam het bericht dat ze in een gezellige koffiebar zat, waarna ze haar telefoon uitschakelde door te lang op de rode knop te drukken.

Ik zocht op Den Haag CS in de Starbucks, daarna in de cafés rondom het station en vond haar uiteindelijk in de Burger King achter een kartonnen beker.

We kwamen door al het gedoe bijna te laat, met hetzelfde gemak zou je kunnen zeggen dat we op tijd waren.

Terug reisde ik mee tot Utrecht, we hadden het over de oorlog. Ze was veertien in 1944, het gezin woonde in een boerderij aan het Wilhelminakanaal in Noord-Brabant. Er was contact geweest tussen de strijdende partijen, maar de bevrijders bereikten het dorp sneller dan gedacht. De terugtrekkende Duitsers waren hun spullen nog aan het inpakken en schoten terug, waardoor hun huis plotseling in een vuurlinie lag en tot op de grond afbrandde.

Er werd nog jaren gesproken over wie er te vroeg kwam of wie er te laat was vertrokken.

Wout

14 november 2013

Tot mijn verbazing werd ik vorige zomer gebeld namens het blad *Wout*, een (nog) niet-bestaand magazine voor politieagenten. Ze stuurden me met een fotograaf naar de landelijke diversiteitsdag van de politie in zaal De Heerlickheijd in Ermelo. Een locatie waar ik eerder was geweest, toen voor de Nationale Conferentie voor Dansschoolhouders. De meeste aanwezigen waren in uniform. 'Jong Blauw' deelde condooms en een nieuwsbrief uit waarin werd gewezen op Nationale Complimentendag. Daar werd naar uitgekeken.

Ik had de pech in de armen te lopen van Hans van den Bergh, senior beleidsadviseur bij de politieacademie. Hij droeg een stippeltjesblouse, was betrokken bij de organisatie en zat in allerlei commissies. Wat volgde was een minutenlange monoloog waarin hij uiteenzette hoe divers de Nederlandse politie was. Conclusie: heel divers, zo divers hadden we het nog niet gegeten.

Voor vragen kon ik hem te allen tijde aanklampen, een fax sturen naar zijn blonde persvoorlichter mocht ook.

Meneer Van den Bergh: 'Alles zwart-op-wit. Wel zo makkelijk!'

In een grote zaal bogen de aanwezige dienders zich in kleine groepjes over 'politievraagstukken'.

Twee politiecollega's van Turkse/Marokkaanse/Limburgse/Friese afkomst spraken met elkaar Turks/Marokkaans/Limburgs/Fries waardoor andere collega's het gesprek niet konden volgen. Hoe gaat u hiermee om? Veranderde dit wanneer zij dit op straat deden met iemand die het Nederlands niet (goed) spreekt?

Ik volgde de discussie tussen drie agenten (twee mannen en een vrouw), die totaal anoniem wensten te blijven, de woordvoering over diversiteit was in handen van meneer Van den Bergh en zijn blonde persvoorlichter, en die kenden we inmiddels.

In de pauze, er was tomatensoep en er was appelsap en er lagen stapels ingewikkelde broodjes met prikkers erin, kwamen we Hans van den Bergh weer tegen. Hij was benieuwd naar 'de indrukken' en begon over de opening van de dag die we helaas gemist hadden. Er was daar een transgender agent in Ghanese klederdracht verschenen.

'Als dat niet divers is...'

Bij de politie spraken ze onderling ook nooit van een 'vakman', maar van een 'vakmens'.

Hij raadde ons aan tot het einde te blijven, want dan kwam er een grappenmaker. Hij lichtte een tipje van de sluier op.

'Het is mager, draagt een bril en heeft een hele gewone naam!'

Jörgen Raymann viel af, het antwoord – Dolf Janssen – was wel goed.

Meneer Van den Bergh: 'Ssst!'

Het door mij geschreven stukje verdween in een zwart gat, van de fotograaf begreep ik later dat die hele *Wout* nooit was verschenen. Ik vergat het en dacht er pas vorige week weer aan toen ik las dat agenten buitenlanders vaker fouilleren dan Nederlanders. Zo hebben ze dat op de politieacademie niet geleerd, dacht ik toen. Tenminste niet van meneer Van den Bergh.

Bel BN'ers

19 november 2013

Modeontwerpster Marlies Dekkers was naar de studio van *Shownieuws* van SBS6 gekomen om een goudkleurig lingeriesetje aan te bieden. Het was haar bijdrage aan de door tyfoon Haiyan getroffen Filipijnen, een gebied waarmee ze een speciale band had. 'Wij produceren in dat gebied, dus ik ken de mensen in het Verre Oosten goed.'

Naast haar stond stylist Leco, tot wie de volle omvang van de ramp nog niet helemaal was doorgedrongen en misschien was dat ook maar het beste. Hij had nadat hij het nieuws hoorde een pakketje met een kwastensetje en 'een haarpakket uit de webstore' in een doos gestopt, de mensen mochten bieden.

'Shampoo, conditioner, lak... alles wat je nodig hebt.'

Even later mocht hij daar namens Yolanthe Sneijder-Cabau een groene jurk bovenop doen. 'Die heeft ze in Saint-Tropez gedragen. Ze heeft er veel plezier in gehad.'

Alles voor Giro555.

Vond ook Ben Saunders, die een naar hem vernoemde BMX-fiets liet zien: 'Bieden! Ze hebben het nodig!' schreeuwde hij in de camera. '*Be swag!*'

Er werd geschakeld naar Beeld & Geluid in Hilversum, waar 'onze BN'ers' zich volgens de voice-over helemaal uit de naad werkten. We zagen beelden.

Soapster Manuel Broekman zei dat hij samen met collega Halina Reijn heel kwetsbare gesprekken had gevoerd met mensen die maar heel weinig konden missen, maar toch gaven.

Een zender verderop, bij *RTL Boulevard*, sprak Linda de Mol ons streng toe. Ze had de lancering van haar eigen goededoelenstichting voor arme mensen uitgesteld vanwege de ramp maar was geschrokken van een peiling waaruit bleek dat maar elf procent van de Nederlanders wilde geven voor de Filipijnen. Zo kende ze ons nog niet, vooral omdat ze wist dat wij het hart op de goede plaats hebben want wij zijn een warm volk.

'Een heleboel keer één euro is ook een heleboel euro.'

Terug naar SBS6, waar Beau van Erven Dorens iedereen opriep om naar het SBS Show Café in Amsterdam te komen om er voor vijf euro per flesje bier te drinken voor de ramp.

Patty Brard speelde er toiletjuffrouw, een rol die haar op het lijf geschreven was. Over de ramp zei ze: 'Ik ben echt in shock. Het wordt steeds erger gewoon. Ik ben me bewusteloos geschrokken.'

Daarna zag ze een bekende in de lange rij, die haar schreeuwend begroette met 'aandachtsgeile hoer'.

Patty: 'Voor het goede doel, hoor!'
Ze klaagde over de Giro555-shirts die veel te strak zouden zitten.
Dat geloofde ik wel.

Een ander hoofd

26 november 2013

Ik had beloofd om dozen van zolder naar de schuur te sjouwen. Nadat ik in de intercity op weg naar mijn moeder wederom voor Peter te Bos werd gehouden, besloot ik in Velp naar de kapper te gaan. Mijn moeder juichte dit besluit toe en diepte uit een la een kortingscoupon op van haar favoriete salon, een zaak waar ze haar al jarenlang hetzelfde knipten.

Velp is ruim voorzien van kapsalons. Deze kapperszaak werd gerund door Hans en Juliette, een zonnebankbruin duo. Juliette zette een kopje espresso voor me, terwijl Hans, een man met veel goud om de armen en polsen, even verderop als een vlieg rondom een oudere vrouw drentelde. Af en toe plotseling stoppend om totaal onverwachts een krul weg te knippen.

Er volgde een kort 'intakegesprek' met Juliette onder het genot van een kopje espresso.

We keken samen in de spiegel.

Ze vroeg wat ik zag.

En daarna wat ik wilde zien.

Op mijn grapje 'een ander hoofd' werd serieus gereageerd, wat me niet voor haar innam. Ze begon aan een riedel waaruit ik concludeerde dat 'een mooie binnenkant' vaak leidde tot een stralend uiterlijk.

Dat was dan zo'n beetje de formule waarmee het echtpaar en hun assistentes al ruim dertig jaar bejaarden bedonderden. Gelukkig was ik nog niet dementerend. We hadden elkaar niet zo veel meer te zeggen. Juliette bekeek mijn hoofd nog een paar keer van opzij, zuchtte en zei: 'We gaan er iets moois en passends van maken.'

Ik belandde in de stoel naast die van de bejaarde. Hans had haar zojuist onder de droogkap gestopt. Het gesprek werd luid pratend voortgezet.

Hans: 'Is het niet te war-rem?'

'Waa-aat?'

Hans: 'Heeft u het war-rem?'

De bejaarde vrouw stak een duim omhoog.

Even later zei ze: 'Ik ben wel eens bang dat ze me pas laat vinden. Als ik al lang dood ben, net zoals die man in Rotterdam.'

Hans wuifde het probleem met beide handen weg.

Hans: 'U heeft volgende maand toch weer een afspraak?'

'Jaaa.'

Hans: 'Als u niet komt, bellen we gewoon de politie.'

'Fijn.'

Juliette tegen mij: 'Dat doen we echt, hoor!'

Toen ik een kwartier later naar buiten liep, zag ik eruit als Hans Kazan.

IDFA-volk

28 november 2013

Vaste bezoekers van het IDFA, het jaarlijkse internationale documentairefestival te Amsterdam, zijn geïnteresseerder in het wereldgebeuren dan mensen die normaal de bioscopen bezoeken.

Minder verzorgd ook.

Ik kijk graag naar ze.

Hoe ze erbij liggen in de filmzalen met hun warrige kapsels, zwarte brillen en rare mutsjes op het hoofd. De schoenen uit, etend uit zakken meegenomen voedsel, soms vechtend tegen de slaap, want de gemiddelde documentaire duurt net iets te lang en dat tikt aan als je kaartjes voor twintig voorstellingen hebt.

Wat ze ook anders maakt, is de betrokkenheid.

Bij de film *Final Destination* in bioscoop De Munt viel het me weer op. In de zaal werd hardop meegeleefd met Povilas Marcinkus, een zestigjarige heroïneverslaafde uit Litouwen met maar één been die we gedurende 65 minuten zagen bedelen, verzwakken, vermageren en definitief aftakelen.

Hard gelach bij een shot van een poesje dat met zijn pootje tegen een televisiescherm tikte. Afkeurende geluiden toen de hoofdrolspeler op bed een Zweeds pornoblad doorbladerde en daarbij zijn mening gaf over de combinatie van zwarte mannen en blonde vrouwen. Afschuw – 'ooooh' – toen hij zijn wonden, opgelopen na een gevecht met een politieagent, aan de camera toonde.

De vrouw naast me, die tot mijn grote ergernis de hele voorstelling liggend smikkelde van een in zilverpapier gewikkelde komkommer, veerde overeind en murmelde afkeurend toen de hoofdrolspeler aan het eind van de documentaire met rolstoel en al in een bestelbusje werd gepropt.

'*Why?*'

Na afloop zocht de zaal naar duiding.

De Litouwse filmmaker werd naar voren gehaald, een wat smoezelige jongen in een spijkerbroek met een sleutelbos aan de riem. Hij kreeg een spervuur van vragen uit het publiek over zich heen.

Wat zeiden de beelden over de ziekenzorg in Litouwen? Waren er in dat land meer heroïneverslaafde bejaarden, was de hoofdrolspeler een van de velen?

Wat zei dit over de Europese Unie, kon die niets doen?

Was Litouwen een politiestaat?

Hoogtepunt, of dieptepunt, het is maar hoe je het bekijkt, was een mevrouw met een mutsje die geschokt door alle ellende vroeg: '*Why didn't you help? Why didn't you give him some money?*'

De filmmaker zei dat hij een filmmaker was, hij registreerde slechts.

Hij stelde ons gerust met de mededeling dat we gewoon hadden zitten kijken naar een film van 65 minuten over een heroïneverslaafde zwerver met maar één been in Litouwen, waar we verder niets achter moesten zoeken. Daar was er in het hele land maar één van.

Operatie

30 november 2013

Woensdag schreef freelancejournaliste en arts-assistente chirurgie Emma Bruns in *nrc.next* een zin die ik heb onthouden. 'De huidige stand van zaken op het gebied van communicatie in de zorg is te vergelijken met een middeleeuwse stad zonder riool.'

Ik moest eraan denken toen ik om half zeven 's morgens een intakegesprek had met de verpleegkundige van dienst op de afdeling Dagbehandeling van het ziekenhuis waar ik zou worden geopereerd aan mijn keel en stembanden.

Wat ik precies mankeerde was me totaal onduidelijk.

'Er zit daar iets verdachts, maar niets om u zorgen over te maken, tenminste nu nog niet,' of woorden van gelijke strekking zei de kno-arts een paar weken eerder. Het was geruststellend bedoeld.

Van hem weet ik ondertussen meer dan goed voor me is. Dat hij tegen zijn collega's graag schuine moppen tapt, dat hij houdt van muziek uit de jaren zestig en dat hij 's morgens geen tijd heeft om de grijze haren te kammen omdat hij anders te laat komt in het ziekenhuis. Als ik mijn verpleegkundige moest geloven stapte hij vanuit bed zo de auto in, en daarna, na een kop koffie, de operatiekamer binnen.

Net als ik geen ochtendmens dus.

'Ik ben toch niet de eerste van de dag?' vroeg ik.

Daar ging mijn verpleegkundige niet op in.

Ik moest maar gaan zitten op een van de plastic stoeltjes en 'net als de andere mensen alles over me heen laten komen'. Wachten dus tot ze me kwamen halen. Daarna mocht ik mezelf een papieren schort aantrekken en een mutsje opzetten en in een bed gaan liggen waarna ze me in 'een roesje' brachten. De ingreep zou een kwartier duren, hoe laat ik zou ontwaken bleef een raadsel.

'Dat is bij iedereen anders.'

Als ik wakker werd mocht ik drie dagen niet roken en spreken. Mijn vriendin keek er gisteravond toen we afscheid namen alvast verlangend naar uit. Kon ze eindelijk zonder hinderlijke onderbrekingen haar verhaal kwijt, mijn verzameling asbakken was met een zekere zwier in de vuilnisbak gegooid.

Zojuist kwamen ze me halen, een verpleegster die Usnan heet en een arts-assistent met een bril. De verpleegster waarschuwde dat mijn computer uit moest en de arts-assistent zei nogmaals dat het maar een kleine ingreep betrof.

'Frans Bauer heeft het ook ondergaan en kijk hoe het met hem is afgelopen.'

Het had even geduurd, maar uiteindelijk hadden ze me toch bang gekregen.

Yoghurt Loei Lekker

5 december 2013

Na de soepwinkels, de sapwinkels, de koffiebarretjes en de gras- en zadenshop was het wachten op de volgende foodtrend die vanuit New York kwam overwaaien. Als buurt zaten we al in spanning wat het nu weer zou worden, want op de een of andere manier is de Amsterdamse Pijp altijd vroeg aan de beurt.

Het werd dus yoghurt.

Om de hoek verscheen een yoghurtbar, een café waar ze yoghurt verkopen. Ik moest eerst een beetje lachen om het concept, maar zag steeds meer mensen met zo'n kartonnen beker met de tekst YOGHURT LOEI LEKKER! lopen en dacht dat ik het dan maar eens moest proberen.

Gisteren had ik zin in yoghurt.

De verkoper was enthousiast. Of ik al eens eerder in een yoghurtbar was geweest?

Nee?

Dacht hij al.

Ik stond voor een toonbank met een zee aan roestvrijstalen bakken met ingrediënten voor door de yoghurt. Het fruit herkende ik, de rest niet. Het fijne aan het concept van de yoghurtbar was dat er deskundige hulp is die samen met jou – want ze nemen er de tijd voor – de ideale yoghurt samenstelt.

Mocht hij nou eens chiazaadjes voorstellen? Het mocht, zelf was ik daar nooit opgekomen.

Met een zekere zwier strooide hij na de chiazaadjes nog een handvol blauwe besjes over mijn yoghurt.

'Dat combineert heerlijk.'

De yoghurt kwam in een honderd procent afbreekbare biobeker. Ik kreeg er ook nog een CO_2-neutrale lepel bij.

Ik ging aan de bar zitten en pakte een krant.

'Fijn hè?' vroeg de verkoper.

Wat?

'Nou, dat er eindelijk een ontmoetingsplek is waar je de krant kunt lezen en yoghurt kunt eten?'

Want daar was behoefte aan.

In New York was yoghurt echt een ding.

Hij vergeleek het met koffie. Ook zo'n echt Hollands product dat er jaren over had gedaan om naar buiten te komen.

'Iedereen vindt yoghurt lekker. Yoghurt eet je samen. Yoghurt is gezond en onze yoghurt komt direct van de boer.'

Als hij aan yoghurt dacht was 'eerlijk duurt het langst' een van de eerste zinnen die bij hem opkwamen.

Daarna kwam 'Loei Lekker!', een vondst van het hoofdkantoor.

Hij legde uit dat 'Loei' sloeg op het geluid dat koeien maken, maar dat wist ik zelf ook wel. Ze waren er nu toevallig niet, maar er waren steeds meer zzp'ers die ervoor kozen om in een yoghurtbar te zitten werken.

'Yoghurt is de nieuwe koffie.'

Toen ik mijn yoghurt had leeggelepeld zei ik dat ik koffie toch ook wel lekker vond. Hij liet me een beker zien met de tekst LOEI HEET! Weer een grapje van het hoofdkantoor.

Dijken

7 december 2013

Je hoort wel eens van ouders die geen interesse tonen in de belevingswereld van hun kinderen. Bij ons was het andersom. Ik had lange tijd geen idee van het werk van mijn vader. Iets op het Provinciehuis in Arnhem, iets met dijken en wegen. Als hij erover wilde vertellen, deed ik demonstratief vingers in mijn oren. Iedere morgen vertrok hij rond half acht op de fiets, de haren in een keurige scheiding, een lange jas over het pak. Aktetas onder de snelbinders. Tien uur later kwam hij hetzelfde weer terug.

'Zeker weer niets meegemaakt?' zei ik dan tegen hem.

Ik was niet de allerleukste puber.

De sinterklaasstorm die in 2013 over het land raasde, bracht me terug naar mijn jeugd toen het een keer net zulk onstuimig weer was. De dijken bij de grote rivieren hadden het begeven. Mijn vader en ik gingen kijken bij Sporthal De Dumpel in Velp, waar vrijwilligers zandzakken vulden. Het wassende water van de IJssel had bezit genomen van kelders, tuinen en straten. In de polder verderop waren twee boerderijen verdwenen.

'Foetsie,' zei een buurtbewoner. 'Kopje-onder.'

Terwijl ik daar vurig stond te hopen dat Velp, dat kutdorp, zou worden weggespoeld en vergeten – en ja, daar mochten wat mij betreft best wat slachtoffers bij vallen – keek mijn vader peinzend naar het zwarte water.

'Zouden we het dan toch verkeerd gezien hebben?'

'Wat?' vroeg ik.

'Nou, met die dijken...'

Hij bleek als ambtenaar op vergaderingen altijd fel tegen dijkverzwaringen te zijn geweest. Hele rapporten had hij erover geschreven.

'Nee, jullie hebben het goed gezien!' stelde ik hem gerust. 'De hele regio spoelt weg! Goed gedaan, complimenten.'

Thuis ging mijn vader meteen naar zijn werkkamer, collega's bellen.

Mijn moeder vroeg of ik wilde ophouden met lachen.

'Als Velp wegspoelt is dat niet zo leuk. Voor papa.'

'Gelukkig, de televisie doet het nog,' relativeerde mijn broer.

Velp spoelde niet weg, natuurlijk niet, maar 'een ramp' was het wel, ook al waren er nul slachtoffers en focusten de media op zwaarder getroffen gebieden.

Op verjaardagen ving ik daarna wel eens verhalen op over hoe ze, de ambtenaren, boeren in dorpshuizen moesten uitleggen dat ze land moesten afstaan in ruil voor bredere dijken. Ze hadden aktetassen waarin een ijzeren plaat was verwerkt, daar konden ze dan onder schuilen.

Verschrikkelijk werk, aldus mijn vader. 'Niemand laat ons uitpraten, niemand luistert.'

Precies zoals het er thuis ook aan toeging dus.

De journalistieke insteek

10 december 2013

De werkomstandigheden voor sportjournalisten zijn bij geen club in de eredivisie zo goed als in stadion GelreDome, de thuisbasis van lijstaanvoerder Vitesse. Een zee van een perstribune met prima uitzicht op het veld en je hoeft na afloop maar een trappetje af naar de mixed zone. De journalisten hebben er allemaal een eigen bureautje met een stopcontact voor de computer en voor de collega's die nog met potlood en papier werken regelt persvrouw Ester Bal desnoods zelf een puntenslijpertje. Het stadion was lange tijd een vlag op een modderschuit.

Ik volgde de club al in minder goede tijden, toen er nog een schaal in cellofaan verpakte broodjes lag te beschimmelen op de bar in de persruimte en toen er na afloop ergens in een spelonk van dat hypermoderne stadion nog snel een paar frikadellen in stukken werden gesneden, die ze dan op een bord lieten rondgaan tijdens de persconferentie.

Tegenwoordig zijn er meergranenpistoletjes, waar dan zelfs een fris blaadje sla tussen is gepropt, en gaan er tijdens de persconferentie hele schalen bittergarnituur rond. Ze vallen erop aan als beesten. Alsof er na maanden van schaarste eindelijk voedselhulp is gearriveerd in de Hoorn van Afrika.

Je zou kunnen zeggen dat de overname van de club voor journalisten niet slecht heeft uitgepakt. Het nieuws lag er bovendien altijd voor het oprapen. Er was altijd wel iets te zeiken over 'Chelsea 2', zoals het elftal wordt genoemd.

Nu ze dan eindelijk bovenaan staan, is er een nieuwe stok gevonden om de hond mee te slaan: de toeschouwersaantallen. Ze zitten op de perstribune en zien geen voetbal, maar lege plekken op de tribunes en met die conclusie vallen ze na afloop van weer een gewonnen wedstrijd trainers, staf, spelers en supporters lastig.

'Peter Bosz, gefeliciteerd, een mooie overwinning, maar waarom zit het stadion niet vol?'

Zo ondervraag je de winnaar van de AKO Literatuurprijs toch ook niet? 'Mooi boek, gefeliciteerd. Waarom wordt het niet verkocht? Waarom hebben de lezers een hekel aan uw werk? Komt het misschien omdat u de laatste jaren zo veel subsidie hebt gehad?'

Komende week spelen ze tegen NAC, een duel dat volgens de burgemeester van Arnhem een risicowedstrijd is omdat die club in dezelfde kleuren speelt. Er zullen weer schalen met broodjes doorheen gaan en hoe goed Vitesse ook speelt, er zal hoofdschuddend naar worden gekeken.

Mijn voorspelling: 5-1 voor Vitesse en 18.294 toeschouwers, dat laatste is het nieuws.

Glazen huis

19 december 2013

Gisteravond aten de 3FM-dj's Giel Beelen, Coen Swijnenberg en Paul Rabbering geroosterde kabeljauwfilet, gebraden hertenfilet met boerenkool en Fryske bluf (een Fries dessert met koffie, Beerenburg en vanille-ijs).

Dit was nieuws.

Na afloop van hun 'laatste avondmaal' stonden ze de verzamelde pers te woord. Voor de zoveelste keer mochten ze vertellen hoe zwaar ze dachten dat ze het gingen krijgen in het Glazen Huis te Leeuwarden, waar ze zes dagen gingen vasten en radio maken voor het goede doel.

Zwaar dus.

Coen zag op tegen het gebrek aan privacy, we moesten beseffen dat het hier een glazen huis betrof. 'Continu de spotlights op je gericht, dat zijn wij radiojongens niet gewend.'

Paul had het hert laten staan. Zijn vriendin had hem ter voorbereiding op rantsoen gezet. Ik had het filmpje voorbij zien komen waarin ze met een staafmixer een wortel pureerde – daarna at hij een wit bakje met die drab ook echt leeg.

Giel, 'de ervaringsdeskundige' (hij deed al voor de achtste keer mee), zei dat je je op zoiets heftigs als Serious Request niet kon voorbereiden. Hij kreeg sowieso geen hap door zijn keel omdat hij een paar uur eerder afscheid had moeten nemen van zijn vriendin. 'Dat blijft toch het heftigste.'

Paul: 'Het is een kwestie van neus dicht en gaan. We stappen echt in een rollercoaster.'

En zo ging dat maar door.

Niet eten en weinig slapen, daar werd je labiel van.

Heftige shit.

Of zoals ze zelf zeiden: 'Best een dingetje.'

Een dag eerder zaten ze er bij *Pauw & Witteman* ook al niet luchtig over te doen. Daarna mocht de ook aangeschoven Eric Corton kort voor enige duiding zorgen. Het ging dus om Burundi, hij was er zelf geweest. Ze hadden er schoon water nodig, om de diarree de wereld uit te helpen.

Even later volgde een fragment uit *Zomergasten* waarin Hans Teeuwen zich afvroeg waarom de dj's eigenlijk niet aten.

Dj Paul gaf het antwoord: 'Hij begrijpt er niets van. Het is gewoon een statement. We kunnen ook wel eten. We kunnen ook taart eten.'

Wat hij eigenlijk zei: het is allemaal gelul.

Gewoon een dingetje.

Dat we door al die heftige shit uit Burundi niet gaan denken dat zes dagen radio maken vanuit een glazen huis je in de kouwe kleren gaat zitten.

Kerstmis

21 december 2013

De verwachtingen waren ieder jaar zo laag dat het eigenlijk alleen maar kon meevallen. Mijn moeder maakte altijd hetzelfde eten. Een met pruimen gevulde kalkoen van slagerij Theunissen, aardappelpuree en boontjes. En Viennetta-ijs toe.

Mijn vader die de voordeur opende en dan, terwijl ik de jas uitdeed, zei dat we dit jaar geen ruzie gingen maken. Hij instrueerde me dat ik tegen mijn moeder moest zeggen dat het eten lekker was.

'Gewoon gezellig doen.'

Mijn broer die me begroette met de vraag of ik er ook geen zin in had.

'Nee, natuurlijk niet.'

Mijn zus die meteen liet weten dat ze geen zin had in al dat negativisme, waarmee het eerste conflict een feit was.

Het zwijgend lepelen van de soep.

Het voorzichtig informeren naar elkaars bezigheden.

'We zijn aan het sparen voor een nieuwe voordeur.'

'O, leuk.'

De ruzie om niets die altijd op de loer lag.

Mijn vader die dan met welgemikte schoppen onder tafel probeerde om de stemming te doen kantelen. Als iemand zei dat het weer niet gezellig was, pareerde hij met: 'Het is hier wél gezellig!', wat komisch was.

Mijn moeder die dan zuchtend en vol zelfmedelijden zei: 'Ik heb mijn best gedaan.'

De overbuurvrouw die zoals ieder jaar rond negenen zelfgebakken oliebollen kwam brengen. Het vet droop door de papieren zak.

'Heerlijk, Ad,' hoorden we mijn vader dan zeggen.

Als ze uit het zicht was, gooide hij de zak in de vuilnisbak.

Die dingen waren niet te eten, daar waren we het dan wel over eens.

Achteraf bezien was de Kerstmis dat mijn moeder in elkaar zakte bij het gasfornuis misschien wel een van de gezelligste, hoewel we de keer dat de vitrage vlam vatte ook niet mogen uitvlakken.

We zaten te wachten op de kalkoen, die niet kwam.

Ze werd weggebracht met de ambulance.

Je ziet het vaker bij rampen: de mensen groeien naar elkaar toe.

Een jaar later, mijn moeder deed het nog, was het weer als vanouds ongezellig.

En het jaar daarna ook.

Sinds mijn vader is overleden, is er nooit meer ruzie over de dag waarop we samenkomen. En als het dan zover is, valt er geen onvertogen woord. Als hij kon meekijken, zou hij het niet geloven.

Niemand die het hardop zegt, maar we missen die meedogenloze ongezelligheid enorm.

'Kwertje werme'

31 december 2013

Ik werd geboren onder de rode neonletter W van WINKELCENTRUM PRESIKHAAF die op het dak van onze flat aan het Cloekplein in Arnhem stond. Mijn ouders kwamen uit kleine dorpjes in Brabant en moesten wennen aan de stad en haar bewoners. Toen ze zich in hun netste kleren gingen voorstellen op de galerij zei de buurvrouw: 'Wij hebben liever geen contac.'

'Contac' en niet 'contact'.

In het 'Ernums' slikken ze de 't' in, verandert de 'a' in een 'e' en gebruiken ze veelvuldig bijvoeglijke naamwoorden als 'schijt' en 'vies'. Fraai klinkt dat allemaal niet, maar als iemand me in die taal aanspreekt maakt mijn hart altijd een sprongetje.

Ik trof een Arnhemmer in Amsterdam, hij zei er maar meteen bij dat hij blij was weg te zijn uit die 'schijtstad' waarin hij en ik opgroeiden. Hij vertelde me twee verhalen die ik meteen herkende.

Het eerste ging over 'kwertje werme', een fenomeen dat hij, een voetbalfanaat, alleen in Arnhem had gezien. Op de staantribunes van Vitesse verwarmden volwassen mannen tijdens wedstrijden in de wintermaanden hun muntgeld met een aansteker, waarna ze de gloeiende munten naar de kinderen bij het hek gooiden. Als die ze dan opraapten, brandden ze hun vingers. Humor om te lachen.

Toen hij naar Amsterdam was verhuisd belandde hij in Paradiso, waar hij na wat wilde bewegingen op de dansvloer per ongeluk een biertje uit iemands handen stootte. 'Ik stak meteen de handen omhoog,' zei hij. 'Ik dacht: sla me maar in elkaar, ik heb het verdiend.' Het gebeurde niet, de man haalde de schouders op en zei: 'Kan gebeuren, gappie.'

De oprechte verbazing was nog van zijn gezicht af te scheppen – zo was je in Luxor of discotheek Charlie niet weggekomen. Hier werd de kern geraakt: in Amsterdam, en in de rest van Nederland eigenlijk ook, waren de mensen aardiger, verdraagzamer en positiever dan in Arnhem.

Ik vertelde over kapper Kniest waar ze mijn vader per ongeluk in het oor knipten. Hij kreeg een pleister en vijf gulden korting. Na mijn vader dreef de kapper een klein kind met blonde krullen de stoel in, waarna hij verzuchtte: 'Kiek nou, een schaap!'

En over die keer dat we uit eten gingen in een Arnhems restaurant. Het eten was er heerlijk. De serveerster informeerde een tafeltje verderop bij een man of het had gesmaakt. Zijn antwoord was: 'Nou, ik spuug er niet in.'

Het was bedoeld als groot compliment.

Naar een stad met zulke bewoners verhuis je niet snel terug, maar je kunt er wel heimwee naar hebben.

Vriend in nood

4 januari 2014

Jhon van Beukering, de ex-profvoetballer van onder meer Vitesse, NEC, De Graafschap, Feyenoord en FC Dordrecht, groeide op in de Louisestraat in Velp, op een steenworp afstand van mijn ouderlijk huis.

Tweehonderd meter en toch een wereld van verschil. Op een dag belde ik hem voor een interview, hij was in de nadagen van zijn carrière vooral in het nieuws omdat hij te dik was.

Jhon – levensmotto: ik leef vandaag en morgen zien we wel – had 'geen hoge muts op' van de journalistiek. 'Die schrijft dit en die schrijft dat je vet bent, dat je ondertussen al lang weer bent afgeslankt schrijven ze er niet bij.'

In zijn zilvergrijze Chevrolet reden we door Velp. Eerst naar het huis van mijn ouders. Hij vond de twee-onder-een-kapwoning een echt 'schrijversnest'. 'Weet je wat het probleem met boeken is? Te veel letters. Kranten heb ik zo uit. Dan staat er keurig boven waar het over gaat. Bijvoorbeeld: "Jhon van Beukering helemaal niet dik", maar in een boek staat "hoofdstuk 1", en daarna komt "hoofdstuk 2". Je moet er helemaal doorheen en als je denkt dat je er bent, krijg je weer een hele lap.'

Even later stonden we voor zijn geboortehuis: een arbeiderswoning. De oude buurvrouw zeemde de ramen. 'Hé, dag poeperd! Wat kom je doen?'

'Zij heeft me als baby laten vallen,' zei Jhon. 'Ik heb er nog steeds een bult van op de kop. Aan de achterkant, die gaat niet meer weg.'

'Hij glipte me zo uit de handen,' zei de ex-buurvrouw. 'We noemden hem Scooby, naar Scooby-Doo, die lieve hond uit de tekenfilm.'

Daarna ging het richting zijn nieuwe huis in de Arnhemse wijk Presikhaaf. Hij liet zien hoe hard de auto kon. 'Ik heb een hekel aan de fiets. Als ik op zo'n ding naar school moest, stak ik de banden lek. Mijn vader gaf me een scooter.'

Het huis stond op een eigen landgoed, achter een elektrisch hek met een zwaailicht. Met de claxon verjoeg hij zijn kinderen die op de oprijlaan speelden.

'Ik houd de kinderen kort,' zei Jhon. 'Als ik zeg niet in de buurt van de auto komen, komen ze niet aan de auto.'

Gisteren haalde Jhon het nieuws omdat in een van de bijgebouwen achter dat huis een hennepkwekerij was ontmanteld. Jhon, die het pand tijdelijk aan 'een vriend in nood' had verhuurd, liet weten van niets te weten. Hij had de schijn tegen, maar vond het ook lekker makkelijk van de media om meteen weer naar hem te wijzen.

Ik had ook geen hoge muts op van de berichtgeving.

Weer een slecht stuk

9 januari 2014

OneWorld Magazine zond me naar een buitenwijk van Enschede om er verslag te doen van de kennismakings-/benefietavond van de stichting Hand in Hand voor Syrië. De paar aanwezigen kenden het tijdschrift geen van allen, maar nu ze eindelijk een journalist bij de kladden hadden, lieten ze me niet meer los ook. De heer Rik Min, een kaderlid van de NCPN met plukjes grijs haar aan de zijkanten van het hoofd die ritmisch meedansten als hij sprak, zei dat ik met de neus in de boter was gevallen. 'Wij weten meer over Syrië dan het *NOS Journaal* en *de Volkskrant*.'

Met 'wij' bedoelde hij vooral zichzelf.

'Ik ben een van de weinige mensen met verstand van nationalisatievraagstukken.'

En toen ontdekte een van de aanwezigen dat ik columns voor *nrc. next* schreef, waarna de strontkar met vereende krachten over me heen werd gekieperd. *NRC*, de zogenaamde kwaliteitskrant, nog erger dan de hetzerige NOS en de verschrikkelijke *Volkskrant*.

'Heel eenzijdige berichtgeving over Syrië,' zei Sonja van den Ende, de initiatiefneemster van de avond. 'Jullie kiezen partij tegen president Assad.'

'Er is daar geen revolutie!' riep Rik Min.

Meneer Guryas Zaghtiti, voorzitter van Hand in Hand voor Syrië begon over een container met hulpgoederen die door toedoen van de douane nog steeds in Hengelo stond en zei dat de stichting door inmenging van de staat nergens een bankrekening kon openen.

'Stond weer niets over in *NRC*,' zei Corry Westgeest, ook van de NCPN.

Om hun onvrede over de berichtgeving te uiten hadden ze in de zomer gedemonstreerd voor het nieuwe pand van de krant.

Sonja: 'We mochten niet naar binnen, er kwam een journalist naar buiten. Henk of Fred van de buitenlandredactie, kent u die?'

Ik schudde mijn hoofd.

'Ach kom,' zei Corry, 'een jongen met een blauwe blouse.'

Rik Min snapte sowieso niet waarom de hoofdredacteur niet zelf naar buiten was gekomen. De collega met de blauwe blouse was op de stoep de discussie aangegaan, ze hadden de indruk dat ze hem met de feiten om de oren hadden geslagen.

'Enfin,' zei Sonja, 'drie dagen later kwam er een artikel.'

Corry: 'Weer een slecht stuk.'

Rik: 'Er moet geschreven worden dat tachtig procent van de Syrische bevolking achter president Assad staat, maar dat schrijven ze niet.'

Corry: 'Over onze actie ook geen woord. *Tubantia* berichtte er wel over, ook een slecht stuk trouwens.'

Toen ik zei dat ik er in de door hun gehate krant over ging schrijven werd er gelachen. Guryas Zaghtiti schudde het hoofd. 'Jouw baas belt, hij maakt er een prop van en gooit het in de prullenbak.'

Precies wat ze vandaag zelf met dit stuk gaan doen.

Weer slecht.

Oren

11 januari 2014

'Verstopte oren!' schreeuwde de huisarts na een kort onderzoek. 'Er zitten proppen in de gehoorgang. Hoe ouder je wordt, hoe meer oorsmeer je aanmaakt.'

Ze verwees me naar de assistentes achter de balie, twee studentes met hoofddoek wier werkzaamheden zich beperkten tot het aanstippen van wratten en het uitspuiten van oren. De kleinste van de twee ging zuchtend met mij aan de slag. Vier keer spoot ze lauw water in mijn oor, maar er kwam niets uit. Met het advies een week later terug te komen en in de tussentijd driemaal daags olijf- of zonnebloemolie in mijn oren te druppelen, werd ik weggestuurd.

Mij was gevraagd om de nieuwjaarsreceptie van de Raad voor de rechtspraak op te leuken met een voordracht. Ik had daarvoor eerder een paar uurtjes meegelopen met een rechter in Amsterdam. Het gesprek op zijn werkkamer ging nog – hij stond met de poten in de klei van de samenleving, de hobby's waren wandelen en lezen –, maar van de rechtszaak die ik bijwoonde, kreeg ik weinig mee, behalve dan dat de verdachte een huilbui kreeg.

De dagen erna bleef ik maar olijfolie in mijn oren gieten, of het daaraan lag weet ik niet, maar gisteren hoorde ik bijna niets meer. Ik stond met een verhaal over een rechter die ik niet had verstaan in de binnenzak op de nieuwjaarsreceptie van de Raad voor de rechtspraak, waar ik werd voorgesteld aan de voorzitter, een man met een hoornen bril in driedelig pak.

Toen ik wat zei, deinsde hij achteruit.

Als je niets verstaat weet je zelf ook niet hoe hard je praat.

'Mijn oren zitten verstopt!' zei ik.

Daarna wilde de organisatrice van dienst me meenemen naar minister Ivo Opstelten. Dat wist ik te voorkomen.

Ik ging in een hoekje koffiedrinken en knikte vriendelijk naar de mensen die passeerden. Af en toe blies ik mijn wangen vol en stopte tegelijkertijd vingers in mijn oren, in de hoop dat het dan overging. De dagvoorzitter, ook een rechter, keek me vanaf een afstandje met open mond aan.

Van het feestlied van het muziekgroepje en de speeches verstond ik niets, van mezelf daarna ook niet, maar het was in ieder geval 'luid en duidelijk', schreeuwde een rechter me later in het gezicht.

Na afloop voerde ik gesprekken met topambtenaren en rechters waarvan ik niets verstond. Na het derde glas wijn een korte plop, daarna hoorde ik opeens van alles. Onder andere een vrouwelijke rechter die zei dat ze 'die dove jongen' zo grappig vond.

Bij het weggaan riepen ze allemaal heel duidelijk aardige dingen in mijn gezicht, ik heb dat maar zo gelaten.

Puro Koffie

14 januari 2014

Bij de hoofdingang van de RAI, het was Horecava, stond de directie van Puro Koffie aan te kondigen dat er een enorme stunt op komst was. De heer Rob Schreuter (45), een man met een bril in een wat moeilijk zittend pak, stelde zich voor als 'directeur Sales'. Mocht hij een kopje koffie aanbieden met maar liefst twee keurmerken?

Hij gooide het er maar meteen uit: 'Wij hebben Andy van der Meijde gecontracteerd.'

Andy van der Meijde, de oud-voetballer van Ajax en Inter Milaan en misschien nog wel bekender door zijn boek *Geen genade*, waarin hij onder andere bekende dat hij al zijn geld had verbrast en dat hij seksverslaafd was geweest, ging nu op feesten en partijen Puro Koffie schenken.

Dit was zijn eerste werkdag. Andy van der Meijde was te laat.

'File,' zei Rob Schreuter, die begon over de onwaarschijnlijke marketingdriehoek tussen Puro Koffie, Andy van der Meijde en Natuurmonumenten. 'We hebben met Andy afgesproken dat we tweeduizend bomen planten als we er door zijn inspanningen tweeduizend klanten bij krijgen.'

De verantwoordelijke voor deze vondst stond even verderop in de vorm van de 'crossmediaal denkende' Patrick Dorrestein.

'Ik was met mijn vrouw in de kapsalon van Melisa, de vrouw van Andy. Hij was koffie aan het zetten. Puro Koffie. En toen kreeg ik een brainwave.'

Het vervelende aan Patrick Dorrestein was dat hij opeens vragen ging stellen die hij vervolgens zelf beantwoordde. 'Waarom is Puro Koffie zo anders? Zo duurzaam?'

Hij keek me triomfantelijk aan: 'Het haalt het beste in je naar boven! Zie je de link met Andy nu? Die geeft om de natuur doordat hij Puro Koffie drinkt.'

Ik vroeg wat Andy van der Meijde kostte. 'De helft van Bastiaan Ragas.' Daarna: 'Ik zeg altijd maar: *People, Pleasure, Planet!*'

'En *Profit*,' vulde ik aan, want ik had ook wel eens een marketingcursus gevolgd.

Patrick Dorrestein, opeens bloedserieus: 'Nee, wij werken met drie P's, niet met vier.'

Daar was Andy, een half uur te laat, maar keurig in een blouse en een schort.

'Helemaal top, Andy,' riep Rob Schreuter. 'Ga maar een bakje koffie zetten, de mensen zullen wel dorst hebben.'

Ik vroeg of hij koffie lekker vond.

'Ik drink ongeveer vijftien koppen per dag,' zei Andy, die eraan toevoegde dat zijn moeder hem als baby, als er geen geld was om melk te kopen, voedde met koffie, aangelengd met lauw water. 'Geweldig,' zei directeur Rob Schreuter. 'Je zou kunnen zeggen dat het hem met de paplepel is ingegoten. Of denk ik nu heel erg marketing?'

Zaalprijs gewonnen, pipo

21 januari 2014

Er was een tijd dat ik verslaafd was aan een gokkast met het thema Egypte, daarvan stonden er een stuk of tien schuin achter de ingang van Holland Casino. Drie farao's moest je hebben, dan kreeg je vrije spelen. De eerste dagen kreeg ik soms wel negen farao's, met een karakter als het mijne kom je dan snel weer terug. Het liefst zo vroeg mogelijk, want er moest ook nog gewerkt worden.

Met wat soortgenoten ongedurig een filtersigaret roken, als een beer op een gloeiende plaat. Wachten tot de medewerker in zo'n feestelijk Holland Casino-pak de draaideur ontgrendelde. Dringen, jas ophangen, pasje laten zien, gaan zitten en voor je het wist was het avond.

Farao's moest ik hebben.

Drie farao's, hoe moeilijk kon het zijn?

Kutfarao's.

Het dieptepunt waarvan je wist dat het onverbiddelijk zou komen, kwam toen ik op een knop drukte, er een sirene afging en het zwaailicht op mijn gokkast begon te flikkeren. Naast me sisten ze tegen me: 'Zaalprijs gewonnen, pipo.'

Er kwamen meteen wat mensen om me heen staan. Het kon maar zo om een paar duizend euro gaan. Een mevrouw bleef maar herhalen dat ze dagen, nee wekenlang op de kruk had gezeten waar ik op zat.

De zaalprijs, normaal veel geld of desnoods een televisie of een auto, bleek die dag een paashaas van melkchocolade. Het ding van een halve meter hoog kwam in een kartonnen doos met van dat doorkijkplastic aan de voorkant zodat ik hem goed aan kon blijven kijken. De medewerker die hem bracht en die ook wel wist dat dit geen hoofdprijs was zei: 'Smakelijk eten', en daarna iets in de trant van: 'Veel plezier ermee.'

Als je zelfs bij geluk zo veel pech hebt, kun je beter een andere hobby nemen.

Gistermiddag was ik weer even terug tussen de wachtende verslaafden voor de draaideur, die ze bij Holland Casino vaste klanten noemen. Ik liet ze een persbericht zien waarin het concern een aantal maatregelen aankondigde die de boel rendabeler moesten maken. Er gingen banen verloren door op onrendabele uren onrendabele tafels te sluiten, het bedrijf ging vaste klanten meer aandacht geven en er werd meer werk gemaakt van 'de aankleding'.

Een oudere vrouw vertaalde het hangend boven haar looprek even voor me. 'Aankleding', daarmee bedoelden ze 'rookruimtes', dat wist ze zeker.

'Wat er eigenlijk staat is dat je 's middags alleen nog maar kunt blackjacken met fiches van twintig euro, dat gokverslaafden een gratis drankje krijgen en dat je op meer plekken mag roken.'

Nieuwjaarsreceptie

23 januari 2014

Zomaar een nieuwjaarsreceptie, toevallig die van de krant waar ik voor schrijf. Ik liep dat schitterende restaurant binnen. Recht in de armen van god weet wie. Ik zag er beter uit dan op de foto, het leek me een compliment.

Een onbegrepen grapje eroverheen: 'Ja, ik heb mijn haar gewassen.'

Dan van de andere kant: 'Ik ga samenwonen, de kogel is door de kerk.'

Ik wist niet dat er een kogel was, laat staan een kerk, zelfs het bestaan van een vriendin bevreemdde me.

Naar de garderobe.

Gesprek met iemand met schrijfdrang.

'Mijn vingers jeuken. Ik heb zin om ergens in te duiken.'

'Mooi!' hoorde ik mezelf zeggen. En: 'Ik kijk ernaar uit.'

In het achterhoofd rees de vraag of dit typisch iets voor journalisten was, of ging het er binnen andere beroepsgroepen ook zo aan toe? Banketbakkers bijvoorbeeld. Als die een feest hadden, zeiden die dan ook allemaal dat ze zin hadden om eindelijk weer eens een taart te bakken? Of automonteurs? 'Ik wil morgenvroeg onder de motorkap duiken.'

Van rechters wist ik het inmiddels, ik was een paar weken terug op hun nieuwjaarsreceptie en daar ging het vooral over cabaret en toneel, een hobby waarbij ze zich lekker konden laten gaan.

Naar de bekende gezichten.

Eentje vroeg meteen: 'Heb je er nog zin in?'

Jezus, straalde ik het tegenovergestelde uit? 'Heb je er nog zin in?' vond ik een bedreigende vraag, die ik natuurlijk niet met 'nee' ging beantwoorden.

'Ja! Heel veel zin.'

Ik kieperde het eerste glas bier achterover.

'Ongelooflijk veel zin.'

Toespraak van de hoofdredacteur, schuin voor me iemand die heel nadrukkelijk 'Yeah!' riep toen het klaar was.

Buiten roken, binnen kletsen, iemand die begon over kantoorpolitiek en dat je jezelf op de kaart moest zetten.

De kaart, welke kaart?

'Je moet ze erop wijzen dat je bestaat.'

Mee naar degene tegen wie je moest zeggen dat je bestaat, we waren niet de enigen. Ik wist te ontkomen. Op het toilet, bij de wasbak, een redacteur die zei: 'Ik blader hem steeds vaker door.'

De krant?

'Nee, *nrc.next*.'

Het was vriendelijk bedoeld.

Drank, hoe werkte dat eigenlijk? Waarom hoorde je als het begon te werken geen klik, of een knal? Een serveerster dreef ons achter een lint, steeds verder naar achteren moesten we. De groep werd kleiner, de ruimte ook. Ik kon nu tegen iedereen persoonlijk zeggen hoeveel zin ik erin had. In de garderobe het besef dat ik natuurlijk ook mijn mond had kunnen houden, maar daar zijn nieuwjaarsrecepties niet voor bedoeld.

Taxiritje

30 januari 2014

De fiets was kwijt/gestolen en dus verplaatste ik me een paar keer met de taxi, vaak van het bedrijf TCA. De chauffeurs van die organisatie maakten op z'n zachtst gezegd een ongelukkige indruk. Oorzaak waren de geringe verdiensten. Dat lag overal aan, behalve aan henzelf. Sterker nog: ze hadden een verplichte interne cursus gevolgd waarbij 'service aan de klant' veel aandacht kreeg. 'Lekker ruiken, normaal doen, niet omrijden en schone kleren aan,' zo vatte een chauffeur het geleerde samen. Even later schreeuwde hij me in het gezicht dat ik de letters TCA gerust als een keurmerk mocht beschouwen. Voor ons schoot een meisje door rood licht.

'Ik rem niet,' klonk het naast me.

Even later: 'Mis, jammer.'

Amsterdamse humor.

Gisteren trof ik een chauffeur die al 26 jaar in het vak zat. In elk oor een gouden oorbel en een stropdas met gele beertjes. Onderweg stopten we bij Texaco, want ook een taxi moest wel eens tanken. Hij kwam terug met het nieuwtje dat bijna al zijn collega's over de vrouw met die bril achter de kassa daar waren geweest.

'Je zou het niet zeggen, maar het is wel zo.'

De rit verliep gezellig, ik mocht raden hoeveel ritten hij die dag had gehad.

Twee, en dat was inclusief meneertje koekepeertje!

Na het afrekenen schoot de taxi weg, met mijn mobiele telefoon nog op het dashboard. Met de telefoon van de vriendin belde ik tien minuten later de serviceafdeling van TCA. Eerst een 2 toetsen, dan een 6 en daarna twintig minuten in de wacht.

Vanaf het uitgeprinte bonnetje las ik het taxinummer voor aan 'de centralist'.

'Meneer is van de weg, die zit al in z'n privacy.' Ik vroeg wanneer ze meneer weer konden storen. Dat was onbekend.

'Of weet u niet wat privéleven is?'

Als hij mij was zou hij een gevondenvoorwerpenformuliertje op de website invullen.

Ik vroeg zijn naam. 'Piet.'

En verder? 'Nummer 36.'

Een half uur later probeerde ik het nog een keer. Als je de '1' van 'taxi bestellen' indrukte, kreeg je Piet/nummer 36 sneller aan de lijn. Hij wilde niets doen en hij ging niets doen, maar ik kon wel een klachtenformuliertje downloaden, dan gingen ze daar de volgende dag ook naar kijken. En verder had ik die telefoon natuurlijk zelf laten liggen.

Wat ze bij TCA niet konden, konden ze bij de politie Amsterdam-Amstelland tot mijn verbazing wel: de chauffeur bellen.

De chauffeur stond in een beige joggingbroek op de stoep voor zijn flat op me te wachten. Verontwaardigd omdat ik met de politie had gebeld. De telefoon kwam uit de joggingbroek met de mededeling dat het een geluk was dat ik een taxi van TCA had genomen, zoals bekend een keurmerk.

Ja, piemel

4 februari 2014

Theo Janssen, in de media vanwege zijn snelle revalidatie van een blessure (afgescheurde kruisbanden) al een 'medisch wonder' genoemd, zakte een dag voor de belangrijke ontmoeting met Feyenoord (1-1) door zijn knie. Persvoorlichter Ester Bal was snel ter plaatse. 'Kut, klote,' was de eerste reactie.

Ze vreesde voor het einde van de carrière van haar favoriete speler. Het was een lelijke streep door de rekening voor Vitesse, de club kon de enige mediagenieke speler in de selectie goed gebruiken, al was het maar als bliksemafleider voor journalisten, dan lieten ze de andere spelers van de titelkandidaat die minder goed tegen druk konden tenminste met rust.

Een dag later bleek de schade mee te vallen. 'Meniscus naar de kloten,' zei Theo Janssen, die desondanks een prima humeur had. 'Wat moet ik dan doen? Gaan zitten janken?'

Toen we de perskamer van stadion De Kuip binnen liepen, staarden ze allemaal naar hem. Trainer Peter Bosz en zijn assistent Hendrie Krüzen stonden in hun grijze Vitesse-winterjassen aan de bar, roerend in kopjes koffie. Voorafgaand aan een uitwedstrijd hielden ze zich altijd op in de perskamer, het waarom was onduidelijk. Alsof ze wilden laten zien dat ze voor niets en niemand bang waren.

Ester Bal: 'Theo is beschikbaar voor vragen.'

Theo stak de handen in de lucht. 'Ik ben beschikbaar!'

Met *Voetbal International* en *de Gelderlander* liep hij naar buiten zodat hij een sigaret kon roken.

Theo sprak, ze noteerden wat hij zei. De meniscus was kapot, en nee, hij was niet te vroeg begonnen met trainen – 'Anders had ik de kruisband wel weer afgescheurd, maar die was stevig genoeg' –, dit betekende einde seizoen, maar nog niet per se einde carrière. Rondom de speler en de journalisten drentelde een nerveus rokende Joep Schreuder van *NOS Studio Sport*. Het gesprek tussen hem en Theo Janssen duidde voor eens en altijd de verhouding tussen voetbaljournalisten en voetballers.

Joep: 'Theo, we doen straks een interviewtje, toch?'

Theo: 'In de rust heb ik tijd.'

Joep: 'Mijn cameraman staat beneden, onderaan de trap. Zou jij even de trap op en af willen lopen?'

Theo: 'Dat denk ik niet.'

Joep: 'Even van boven naar beneden?'

Theo: 'Nee, weet je wel hoe moe of ik ben?'

Joep, aan zijn hoofd was te zien dat hij zijn knopen telde: 'Maar het interviewtje in de rust gaat wel door toch?'

Theo: 'Ja, piemel.'

Op de tribune zei Theo, die zag dat ik het had opgeschreven, dat hij mensen wel vaker met 'piemel' aansprak. 'Van hem' – hij wees naar een journalist in een blauwe jas – 'heb ik een oplader voor mijn iPhone geleend. Zijn naam weet ik niet, dus die noem ik ook piemel. Hij noemt mij trouwens "pik".'

Persvoorlichter Ester Bal, die tussen ons in zat, schrok wakker. 'Wie noem je piemel?'

Ze was blij dat het niet over de clubleiding ging, want die lazen alles. Joost de Wit, de algemeen directeur, had aangekondigd me aan te spreken, omdat ik vanuit de trainingsaccommodatie op Papendal een foto had getwitterd waarop vaag de contouren van spelersmakelaar Vlado Lemić te zien waren, die er een kom tomatensoep at. Dat hij zich druk maakte om een Twitter-bericht op de dag dat de club een miljoenenverlies naar buiten bracht, verbaasde me, maar ook weer niet. De leiding van de club maakte zich vooral druk om het eigen imago.

Technisch directeur Mo Allach liet weten niet interviewbaar te zijn nadat managementassistente Mirjam Clifford hem met een bezorgd gezicht een *nrc.next* had laten zien. Hij vond de passages waarin hij figureerde 'levensgevaarlijk'. Ik was niet de eerste en niet de laatste journalist met wie hij weigerde te spreken. Op trainingskamp in Abu Dhabi was hij al eens weggevlucht voor vragen over de Israëlische speler Dan Mori. Hij werd uiteindelijk gevonden op een wipkip in de speeltuin bij het hotel.

Een schitterend beroep

6 februari 2014

Bij de roltrappen op station Den Bosch voerden conducteurs actie tegen agressie. 'Handen af van het spoorwegpersoneel!' stond er op buikhoogte op de actiehesjes die ze over de uniformen hadden aangetrokken.

'Hier,' zei een conducteur en hij drukte me een folder in de handen, 'doorlezen, en als je het uit hebt kun je het daarin gooien' – zijn arm wees naar een prullenbak.

Het door de vakbond voor rijdend personeel opgestelde schrijven ging over agressie tegen spoorwegpersoneel en wat je daar als reiziger tegen kon doen. De ene tip – 'Denk aan uw eigen veiligheid' – was makkelijker uitvoerbaar dan de andere – 'Houd de dader aan' –, maar dat was muggenziften.

'Waar het om gaat is dat we de mensen in het gezicht smeren waar wij dagelijks mee te maken krijgen.'

Iedere dag werd er wel ergens een conducteur geslagen, pogingen tot wurging en 'op de rails gooien' kwamen ook voor.

'Uitgescholden worden is voor ons heel normaal,' zei een kleine conducteur met een baardje.

'Waarvoor dan?' hoorde ik mezelf vragen.

De kleine conducteur met het baardje: 'Kutkabouter, tuinkabouter, hobbit, Laaf.'

De agressie kwam vaak van zwartrijders, maar ook 'gewone reizigers' konden zomaar 'ploffen'. Een van de conducteurs was ooit in de eerste klas aangevlogen vanwege de opmerking: 'Dan moet u de volgende keer maar het vliegtuig nemen,' nadat er geklaagd was over een vertraging. 'Tand door de lip. Ik maak geen grapjes meer.'

Voor meer achtergrondinformatie diende ik de vakbond te bellen. Ik kreeg vakbondsbestuurder Wim Eilert aan de telefoon. Hij zat toevallig in de trein, de reis verliep 'gesmeerd', wat gezien alle ellende die hij daarna schetste een wonder mocht heten. De vraag rees of het überhaupt leuk was om conducteur te zijn. 'In wezen blijft conducteur natuurlijk een schitterend beroep,' zei Wim Eilert, die zelf nooit conducteur was geweest. Hij kwam met 'vier dikke plussen'.

– 'Je reist van A naar B, kriskras door het land.'
– 'Je ziet van alles.'
– 'Je komt met verschillende mensen in aanraking.'
– 'Je doet ontzettend leuke contacten op.'

Met een zucht: 'Het enige wat wij willen is dat onze mensen zich na gedane arbeid weer ongeschonden bij hun gezinnen kunnen voegen.' Daarna: 'Als de conducteur niet meer met de trein kan, wat moeten we dan?'

Het vliegtuig nemen, dacht ik toen, maar het was bewezen dat dat geen leuk grapje was.

Spookhuis

8 februari 2014

Als je als journalist tijdens een interview door een stoel zakt, moet je die stoel dan betalen? Het gebeurde in 2012, toen ik voor het inmiddels ter ziele gegane tijdschrift *Intermediair* afreisde naar het huis van Gerda Coumans in Brunssum, waar in 1995 een plastic Mariabeeld 'spontaan' bloed was gaan huilen.

De buurman en de pastoor werden erbij gehaald, waarna al snel de eerste cameraploegen verschenen. In de periode na het wonder kwamen de bedevaartgangers. Eerst heel veel, later – toen laboratoriumonderzoek had uitgewezen dat het beeld geen bloed maar gesmolten hars had gehuild – twee groepen per week. De verering stopte nadat mevrouw Coumans begin 2011 van de trap viel en daarbij haar nek brak. Met de rest van de familie liep het ook niet goed af.

In mijnwerkersbuurt De Egge stond het huis sindsdien bekend als 'het spookhuis'. De nieuwe bewoonster, die er na lange leegstand net was ingetrokken, was een alleenstaande moeder die leefde van de bijstand. Bouwvakkers van de woningbouwvereniging hadden het achtergebleven beeld bij het vuilnis gezet, waar het spontaan uit elkaar viel. Er waren buurtbewoners die zeiden dat Maria de woning had verlaten en was vervangen door de duivel.

De nieuwe bewoonster werd achtervolgd door ongeluk. Kort samengevat: vriend weggelopen, burn-out, financiële problemen en ook nog een inbraak waarbij de Disney-spaarpotjes van de kinderen waren buitgemaakt.

Zij: 'Dit huis is behekst.'

Ik stak een sigaret op en zei: 'Dat kan niet, dat valt wel mee.'

Meteen daarna zakte ik door de houten stoel waarop ik was gaan zitten.

Het dochtertje van drie riep: 'Krak, krak! Kiek dan, mama… stuk!'

Ik raapte de asbak en de peukjes op die ik in de val had meegenomen en probeerde de stoel in elkaar te zetten.

De bewoonster: 'Ver-schrik-ke-lijk!'

Haar dochtertje: 'Helemaal krak, mama...'

Ik begon een hekel aan dat meisje te krijgen. Ondertussen trok haar zoontje van twee de strijkplank omver.

Toen ik de woning verliet, liet ik een krijsende chaos achter.

Een paar weken later kwam de rekening voor het nieuw aangeschafte meubilair, die ik doorstuurde naar het tijdschrift, dat korte tijd later helaas ophield te bestaan. Daarna kwamen de telefoontjes en dreigementen, waarna ik betaalde.

Gistermiddag, bij het opschonen van de mail, kwam ik de mailwisseling met 'de huisadvocaat' tegen, die stelde dat 'journalisten die door stoelen zakken binnen dertig dagen dienen te zorgen voor vervangend meubilair'.

Ik weet nog steeds niet of het waar is, maar ik geloof sindsdien wel in spookhuizen.

Kinderhand van een Ernummer is snel gevuld

13 februari 2014

Als dank voor een voordracht in de plaatselijke bibliotheek kreeg ik een boekje met een literaire wandeling door Arnhem cadeau dat begon met een citaat uit *Eindelijk oorlog* van Herman Koch (geboren in Arnhem).

'Het begint bij mij altijd meteen al op het station. Dat gevoel alsof je in een te warm gestookte kamer bent waar geen raam open kan. Alsof je in de wachtkamer van de tandarts zit en tijdschriften doorbladert, zonder dat je ooit wordt binnengeroepen om van die zeurende kiespijn te worden verlost.'

Het zal wel weer door de oorlog komen, waarin de stad totaal werd verwoest, maar typerend voor de Arnhemmer ('Ernummer') is dat hij altijd het zwartste scenario als uitgangspunt neemt. De ingecalculeerde nederlaag. Er zijn er die dat cynisch vinden, maar de Arnhemmer redeneert: dan kan het alleen nog maar meevallen.

Ik hield een voordracht over de in 2013 overleden Vitesse-icoon Theo Bos en keek vanachter de microfoon een stuk of honderd Arnhemmers 'recht in de bek', allemaal behept met een laag verwachtingspatroon.

'Het viel me erg mee,' zei een jongen met een kaal hoofd me na afloop, een groter compliment kun je van een Arnhemmer niet krijgen. Hij vertelde een anekdote.

'Ik ging altijd naar de training van Vitesse kijken. Ik vroeg een keer aan Theo Bos of hij met me wilde wedden. "Ik ga in het doel staan en jij mag vijf penalty's nemen. Als ik die alle vijf stop, krijg ik van jou een broodje bal." Hij schoot vijf ballen op me, allemaal keihard, maar recht in mijn pens. Ik had gewonnen, maar kon van de buikpijn geen broodje bal meer zien.'

Gewonnen, maar toch verloren. Daarna vertelde hij drie keer dat dit het nooit meer te overtreffen hoogtepunt van zijn leven was. Je zou kunnen zeggen dat een kinderhand snel gevuld is, maar mij ontroerde het.

Even later gaf de mevrouw van de bibliotheek me dat boekje met die literaire wandeltocht en een zak met koekjes.

'Arnhemse meisjes,' zei ze, 'de plaatselijke lekkernij.'

'Mag ik wat vragen?' riep iemand uit de zaal. 'Kun je die dingen opblazen dan?'

Bij het verlaten van de bibliotheek zag ik hoe een tachtigjarige Arnhemse werd klemgereden door de politie vanwege een verkeersovertreding.

'O, heb je me daarom achtervolgd,' riep ze. 'Ik dacht al dat ik te veel goud had omhangen.'

Voor de rondwandelende vreemdeling is Arnhem wellicht een te warm gestookte kamer, maar binnen lachen ze heel gezellig om elkaar.

Getallen

18 februari 2014

Mijn moeder was in de ban van de Olympische Spelen. Tijdens het eten meldde ze hoeveel medailles er die dag weer bij het schaatsen gewonnen waren, en ook hoe dat kwam.

'Wij glijden veel beter over het ijs', 'Als de anderen moe worden zijn de Nederlanders nog fit' en 'Andere landen hebben verkeerde pakken aan' waren een paar van de oorzaken van het succes. Als oud-logopediste wist ze bovendien waarom analist Erben Wennemars, van wie we alle twee knettergek werden, zo veel praatte. 'Die had vroeger een spraakgebrek. Stotteren, denk ik. Nu praat hij extra veel.'

De 1500 meter van de dames werd met ongekend enthousiasme gevolgd. Ze reden zo snel dat mijn moeder de rondetijden niet kon noteren. 'Dat heb ik alleen bij de Nederlanders.'

Toen er een buitenlandse coach in beeld kwam, zei ze: 'Hij maakt dezelfde gebaren als de Nederlandse coach, ze gaan ons nadoen.'

Na afloop hoorde ik haar telefoneren met een vriendin. 'Een, twee, drie en vier,' hoorde ik haar zeggen. 'Nee, een, twee, drie was donderdag, nu is het: een, twee, drie en vier.'

Om de dag compleet te maken keek ik daarna met haar naar het programmaonderdeel 'het kofferspel' in *Miljoenenjacht*, waarbij een willekeurige landgenoot moet raden in welke koffer een hoog dan wel laag bedrag zit verstopt. En waarbij presentatrice Linda de Mol een kwartier lang heel hysterisch gesprekken voert over niets. Gisteren mocht Paul, een man met wallen onder de ogen, de koffers openmaken. Zijn vrouw Anouk wilde eigenlijk niet in beeld, maar had zich toch op een speciale stoel laten zetten, zodat ze konden overleggen.

Linda, die eerst zei dat het een geluksspel was, vroeg de hele tijd aan Anouk of ze het eens was met het gekozen getal. 'Als jij het niet eens bent met 21 moet je het nu zeggen!'

Anouk knikte.

Linda: 'Het moet iets krachtiger, Anouk, met iets meer overtuiging.'
Anouk: 'Ja.'
Linda: 'Gewoon uitstralen dat het een goed getal is.'
Anouk: 'Duidelijk.'
'Ach, sukkel,' zei mijn moeder nadat Paul een koffer met een verkeerd getal had gekozen. Ze was met een pen iets in *de Gelderlander* aan het schrijven, een som zo te zien.
'Zeventien,' zei ze opeens.
'Die koffer is er al uit,' antwoordde ik.
'Nee, zeventien medailles. En morgen weer drie. We staan tweede.'
Gek van de getallen verliet ik het ouderlijk huis.

Mijn moeder: geen commentaar

1 maart 2014

De laatste keer dat ik bij mijn moeder was, stond de schuur vol potten met narcissen die ze in het tuincentrum met korting had kunnen krijgen.
'Wat moet je met al die narcissen?' vroeg ik.
'Geen commentaar.'
Eergisteren – het was de verjaardag van mijn vader, ik ging spontaan bij haar langs – was ze onvindbaar. Bij het graf van mijn vader zat ze niet. Ik trof er wel vier van die potten met narcissen aan, en trok de voorzichtige conclusie dat ze die dus een voor een aan het verplaatsen was.
Ze bleek in Chinees-Indisch restaurant The Blue Lotus te zitten,

gehuisvest in een flat en met afstand het lelijkst gesitueerde restaurant van Velp. Achter een groot bord nasi goreng, het lievelingseten van mijn vader.

Ze was blij met mijn bezoek.

Ik begon over al die potten met narcissen, ze mepte terug met de mededeling dat mijn vader altijd van bloemen had gehouden.

De volgende ochtend kwamen we te spreken over de 'werkstukken', zoals ze mijn stukjes in de krant noemt.

Ze werd er door kennissen regelmatig op aangesproken, vooral als ze er zelf in figureerde. Meestal waren de recensies positief, maar er was ook kritiek. Er waren er die het verschrikkelijk vonden.

'Wie dan?' vroeg ik.

Mijn moeder: 'Geen commentaar.'

Ik dacht in eerste instantie aan humor, maar het was serieus bedoeld. Ze bleef maar 'geen commentaar' zeggen.

Ik: 'Hoezo geen commentaar?'

Zij: 'Geen commentaar.'

Gezelliger werd het er niet op. Over haar nieuwe tweedehands Renault Clio wilde ze wel praten, die was voor de derde keer in korte tijd kapot.

'Zet dat maar in de krant.'

De sleutel was bij het omdraaien in het contact afgebroken, de garage had een takelwagen moeten sturen en tot overmaat van ramp hadden ze bij de ABN AMRO-bank per ongeluk al haar bankpassen geblokkeerd.

'Per ongeluk?'

'Geen commentaar.'

Later ging het gesprek over dokters en dat die tegenwoordig zo ingewikkeld deden.

'Ze zaaien angst.'

Dat was vroeger anders. Toen ze pas getrouwd was en na de huwelijksreis nog niet zwanger bleek ging ze naar een huisarts in Arnhem. Die had haar alleen maar aangekeken en gezegd: 'Ik zie aan uw oogjes dat u drie kinderen krijgt.'

Na een korte pauze: 'En ik kreeg drie kinderen.'

Tegen zo veel waarheid kon ik niets inbrengen.

Bij het afscheid zei ze: 'En nu ga je zeker over die potten met narcissen schrijven?'

De achterkant van het gelijk

27 maart 2014

Als geboren Arnhemmer kwam ik als student een paar jaar in Nijmegen terecht. Aan die periode hield ik in ieder geval tandarts Auw over, die ik de beste wortelkanaalbehandelaar van Nederland durf te noemen.

Eergisteren viel ik na een preventieve behandeling met mijn neus in de journalistieke boter. Het complete gemeentebestuur stond bij het station op het punt om met een sliert burgers achter zich aan naar het politiebureau te wandelen om daar aangifte te doen tegen Geert Wilders.

Je proefde de euforische eensgezindheid. Voor de enkeling die niet wist waar het over ging, was er een driemans brassbandje dat de kern van de zaak – 'wij zijn tegen haatzaaien' – er met een vrolijk refreintje in toeterde.

Ik wrong me naar voren, tot vlak achter de bestuurders die de duimen omhoogstaken naar applaudisserende Nijmegenaren. Ah, daar was de burgemeester, de fors uitgevallen heer Bruls van wie ze allemaal zeiden dat hij een aimabele levensgenieter was. Een echte burgervader, eentje met het biertje in de ene en de karwats in de andere hand. Als hij die laatste hanteerde, dan deed hij dat goed. Als Hubert Bruls zei: 'Tot hier en niet verder,' bedoelde hij ook echt niet verder.

Verslaggevers hielden hem microfoons onder het hoofd waarin hij luid en duidelijk sprak. Voor de duidelijkheid splitste hij zichzelf in twee personages: 'de privépersoon Hubert Bruls, die toevallig ook burgemeester Bruls is' en 'burgervader Bruls'.

De 'privépersoon Hubert Bruls, die toevallig ook burgemeester Bruls is' zei: 'De heer Wilders is te ver gegaan, hij heeft een grens overschreden.'

'Burgervader Bruls' zei: 'Ik sta boven de partijen.'

Daarna: 'Ik doe aangifte als de privépersoon Hubert Bruls, maar ik ben daarnaast ook burgemeester Bruls.'

Of hij er een erectie van kreeg was niet te zien, maar Hubert Bruls genoot tijdens de wandeling zichtbaar van de inwoners van zijn stad. Juist toen hij iets over 'de eensgezindheid' wilde zeggen passeerden we iemand die in zijn eentje een afwijkende mening stond te hebben. BEDANKT GEERT, stond er op de Nederlandse vlag waarmee hij wapperde. De eenzame idioot slaagde er meteen in om sommigen onder ons diep te kwetsen met eenpersoonsspreekkoren over criminele Marokkanen, minder Europa en geleuter over vrijheid van meningsuiting.

Er waren er die hem eventjes gingen vertellen dat we voor dat laatste een stokje gingen steken, maar de meesten passeerden hem alsof hij lucht was. Van Hubert Bruls zag hij alleen de dikke kont van het gelijk. Het was onduidelijk of dit het achterwerk van de burgervader of de privépersoon was.

Het systeem

25 april 2014

In korte tijd kreeg ik een paar keer met 'het systeem' te maken. De ervaring leert dat je kansloos bent zodra ze zich achter het systeem verschuilen. Dan kun je beter je bek houden want voor hetzelfde geld belanden je assertieve opmerkingen ook in het systeem.

Eerst was er mijn moeder die zich ergerde aan haar bankpasjes, behalve haar naam stond ook de naam van mijn vader erop.

'Het klopt niet meer,' zei ze de hele tijd, aangezien mijn vader al geruime tijd dood was.

'Laat het nou maar zo, wat maakt het uit', en 'Daar komt alleen maar ellende van,' had ik nog gezegd, maar ik had ook gewoon mijn mond kunnen houden. Want op een goede dag stapte ze toch een bankfiliaal binnen om te zeggen dat er van haar bankpasjes niets klopte. De mevrouw daar ging het meteen in orde maken.

Dat was buiten 'het systeem' gerekend.

Nog geen week later kon ze niet meer pinnen en moesten haar flexibel krediet en hypotheek opnieuw worden afgesloten. Het liefst via allerlei formulieren op de website die voor mijn moeder ontoegankelijk was omdat ze het internetbankieren niet beheerst en nooit zal beheersen.

'Het is hier inmiddels een verschrikkelijke papierwinkel aan het worden,' waarschuwde ze alvast door de telefoon toen ik een bezoekje aankondigde.

'Het ligt op drie stapels.'

De mevrouw van de bank die haar eerst nog zo vriendelijk had geholpen had al lang spijt. Als mijn moeder voor de zoveelste keer wanhopig het filiaal binnenstapte, stak de vrouw maar meteen de handen in de lucht.

Sorry, sorry, sorry, maar ja het systeem...

Daarna begon het systeem tegen mij.

Bij de nieuwe apotheek – de oude was failliet – zei 'het systeem' dat ik geen medicijnen kon afhalen omdat ik die al had afgehaald bij de oude apotheek, wat aantoonbaar niet kon.

Bij de Belastingdienst die het aan mij verleende uitstel introk, omdat het systeem dat automatisch deed als je accountant onder een andere naam voor zichzelf begon.

Bij de telecomaanbieder, waar het systeem wilde dat ik een rekening voor de tweede keer betaalde, anders zou het systeem mij automatisch blokkeren.

Ik begon te geloven dat het systeem het systematisch op mij had voorzien, maar dat was toch niet zo, zei een medewerkster van de telecomaanbieder me gisteren.

'Ik zie verder niets geks in het systeem.'

Daarna volgde een zin die hoop gaf.

'Soms corrigeert het systeem zichzelf.'

Een zoon als Wolter Kroes

12 mei 2014

Moederdag. In het tijdschriftenrek van de supermarkt herinnerde *TrosKompas* me eraan. Op de cover stond Wolter Kroes die zijn moeder verraste met een bos rode rozen. Die hij natuurlijk niet zelf gekocht had, dat had de redactie van dat blaadje gedaan, maar dat hij van zijn moeder hield mocht heel Nederland weten.

'Zij staat echt altijd voor iedereen klaar.'

'Zij is de allerliefste moeder van de hele wereld.'

Om te kotsen.

Je vroeg je af hoe dat werkte bij zo'n tijdschrift.

Hadden ze lang moeten zoeken naar een bekende Nederlander die op de cover van de Moederdagspecial wilde?

Wilden ze allemaal?

Of was Wolter zelf met het idee gekomen?

Dat hij in februari al had gebeld en gezegd: 'Denk eraan, binnenkort Moederdag,' gevolgd door de toevoeging dat hij zijn moeder wel wilde verrassen met een bos bloemen en een fotograaf of desnoods met een hele cameraploeg, want dat vond ze ook enig.

In het artikel stond ook dat die moeder 'natuurlijk trots' was op wat haar zoon had bereikt.

Waarop dan?

Aan de andere kant: het is zijn moeder en van haar hoef je natuurlijk niet te verwachten dat ze in de *TrosKompas* een beetje kritisch over haar kind gaat doen.

Ik zette het tijdschrift terug in het rek en belde mijn moeder.

'Nou, het is Moederdag,' zei ik. 'Gefeliciteerd.'

Ze reageerde er niet op, ze zat in een heel andere modus: er was een bos sleutels verdwenen.

'En ik weet niet meer of ik ze in het Kruidvat of bij de Lidl heb laten liggen.'

Ik adviseerde om rustig te blijven, maar vroeg me wel af hoe ze dan het huis was binnengekomen.

Een kwartier later belde ze weer.

'Je raadt nooit waar de sleutels waren...'

Ik begon te raden, maar het goede antwoord zat er niet tussen.

'In de deur!'

De opluchting aan de andere kant van de lijn was voelbaar, maar echt blij werd ik er toch niet van. Er waren momenten dat ik mijn moeder andere kinderen gunde. Een zoon als Wolter Kroes bijvoorbeeld, maar dat zouden alle bejaarde moeders wel willen.

Georgische humor

25 juli 2014

Ik was van plan naar kringloopwinkel De Zaak in Ermelo te reizen om de Georgiër Merab Jordania het eerste exemplaar van mijn boekje – *Schijt* – over het laatste seizoen van de Arnhemse voetbalclub Vitesse aan te bieden, maar door dat plan fietste een nationale dag van rouw.

De ex-eigenaar van Vitesse had een taakstraf van twintig uur opgelegd gekregen voor het bedreigen van algemeen directeur Joost de Wit – '*I cut off your fingers!*' – van de voetbalclub. Tot zijn verbazing diende hij die in eerste instantie te vervullen bij een kliniek in Ammerzoden. Toevallig de woonplaats van de nog steeds doodsbange Joost de Wit, die de dreigementen als enige letterlijk nam.

Toen dat op het laatste moment werd ontdekt, moest hij naar Ermelo, waar hij zich na een timide begin snel populair wist te maken bij zijn tijdelijke collega's en waarvandaan hij het Openbaar Ministerie (bewust of onbewust, dat weet je nooit) belachelijk maakte door regelmatig berichten te sturen over 'de heerlijke tijd' die hij daar had.

Vooraf hoopte hij verantwoordelijk te zijn voor het vernietigen van overbodig meubilair – '*Demolishing, I can do that*' – maar dat bleek niet het geval.

Hij kreeg een pot witte verf en een kwast en de opdracht om tafels en stoelen te schilderen.

Hij kwam iedere dag met de taxi naar de werkplaats, waarna hij, gekleed in giletje met daaronder een grijze blouse, tafels en stoelen moest schilderen onder supervisie van Robert-Jan, een jongen met een petje op het hoofd die ruim twintig jaar jonger was.

'Jordania had nog nooit een stoel geverfd,' liet Gert Wessels, de beheerder van de kringloopwinkel, aan een door Jordania getipte medewerker van Omroep Gelderland weten. 'Hij kon er goed mee omgaan dat een veel jonger iemand hem vertelde wat hij moest doen, hij noemde hem *boss*.'

Wat verder opviel was dat Jordania een sociale collega was, 'nooit te beroerd voor een praatje'.

Zelf ontving ik na afloop van zijn laatste werkdag een foto waarop hij poseerde naast een stoel die hij wit had geverfd. Om dat karwei af te kunnen maken had hij gevraagd of de taakstraf verlengd mocht worden. In plaats van om 12.00 uur ging hij om 17.00 uur naar huis.

De begeleidende tekst: '*I understood today exactly what I missed all my life: painting of furniture. Have great fun!*'

Eenmaal thuis liet hij via Twitter weten: '*If it was punishment, I do "threat" again.*'

Georgische humor.

Kutdouchegordijn

26 juli 2014

Na een week waarin dagelijks een rouwstoet van lijkwagens met slachtoffers van de vliegtuigcrash in Oekraïne door het land trok, stelde ik mezelf steeds meer vragen. Wie waren die mensen in campingkleren op die viaducten en langs de wegen die alles filmden met hun mobiele telefoons? Waarom heette dat respect betuigen? Wat bezielde de organisatoren van stille tochten en waarom sponsorde SBS de organisatie van de tocht in Amsterdam? En waarom waren er zo veel mensen opeens zo trots op Nederland dat ze berichten uit buitenlandse media verspreidden waarin dan weer stond hoe eensgezind en bijzonder wij waren, een klein land waar de rest van de wereld best een voorbeeld aan mocht nemen, #trots?

In een warenhuis in Arnhem viel ik van mijn wolk.

Ik was daar omdat mijn moeder me de opdracht had gegeven om er een strijkplank te gaan halen, haar strijkplank was op raadselachtige wijze 'kwijtgeraakt'. Ik had mezelf afgeleerd te vragen hoe zoiets kon.

Achter de kassa een meisje van begin twintig, zwartgeverfd haar, een neusringetje.

Een man en een vrouw gooiden een pak op de toonbank, waarin een douchegordijn zat.

Woest, waren ze.

Op dat douchegordijn, op het meisje dat nog niets fouts had gedaan, op zichzelf omdat ze zo stom waren geweest om hier een douchegordijn te kopen en op iedereen die ze verder voor de voeten kwam.

Het kassameisje: 'U wilt ruilen?'

De man: 'Echt niet, geld terug.'

Ze vroeg wat er mis was met het product.

'Waar moet ik beginnen?' vroeg de man zich hardop af. 'Erg veel klopt er gewoon niet van.'

Zijn vrouw, wat meer to the point: 'Het is gewoon een kutdouchegordijn.'

De verkoopster besloot niet verder de diepte in te gaan en vroeg naar de kassabon. 'Bewaar jij het bonnetje als je een douchegordijn koopt?' vroeg de man.

De verkoopster keek de winkel in, zoekend naar de filiaalhouder die er niet was.

'Mijn collega is er even niet.'

De man: 'Daar heb ik geen boodschap aan.'

Het eindigde met geschreeuw over een kutdouchegordijn – merk Handy, prijs 9,95 euro – een bijna huilende caissière die er ook niets aan kon doen dat ze naar bonnetjes moest vragen en een sliert mopperende wachtenden die ook niet alle tijd hadden.

Daar stond ik dan, met die strijkplank.

De gedachte dat deze mensen – misschien wel schouder aan schouder – hadden staan herdenken kwam in me op. Heel even maar. Ik moest als ik aan de beurt was wel vragen om een bonnetje, de kans bestond dat het een kutstrijkplank was.

Leuke dingen zeggen, stomme dingen doen

6 augustus 2014

Wat moest je eigenlijk met collega's van andere kranten? dacht ik toen ik mezelf terugvond boven een 'Archimedes-schotel' in Grieks restaurant Delphi tegenover het station in Arnhem.

Behalve dat we allemaal verslag deden van de verrichtingen van Vitesse hadden we niets gemeen.

De gezelligheid kwam in de vorm van een cameraman van Omroep Gelderland die de stilte doorbrak met een goocheltruc. Kort gezegd: hij tipte een askegel van zijn sigaret op de bovenkant van iemands hand, vroeg diegene de as over zijn hand uit te wrijven, waarna wat ingewikkelde bewegingen volgden en de as plots ook aan de binnenkant van de hand zat.

Het zal wel aan het Griekse bier gelegen hebben, maar het duurde lang voordat ik doorhad hoe het in zijn werk ging.

De volgende dag voelde ik me een goochelaar.

'Ik ken een truc!' zei ik tegen de vriendin die me vuil aankeek, omdat ik een sigaret opstak. Ik pakte haar armen en zei dat ze die gestrekt moest houden.

'Wacht even,' zei ze. 'Is dit die truc waarbij je zojuist as op de binnenkant van mijn hand hebt gesmeerd? Maak je sigaret dan maar weer uit. Ik ken 'm al. Die truc deed mijn vader altijd.'

De volgende dag kwamen mijn zus, haar man en hun twee kinderen op bezoek. Allemaal in vakantietenue, want daarna reden ze in één ruk door naar Beieren. 'Naar het huis van Hitler!' riep mijn jongste nichtje enthousiast.

'Wat gaan wij eigenlijk doen?' vroeg ik mezelf hardop af, want onze nieuwe woning was nog helemaal niet ingesteld op zo veel bezoek tegelijkertijd.

Even later wandelden we in een lange sliert – zo veel weten we elkaar nu ook weer niet te zeggen – naar een café-restaurant.

'En daar doe ik een goocheltruc!' riep de joviale oom.

Op het terras stak de jongste haar kinderhandjes vol vertrouwen naar voren terwijl ik aan mijn sigaret zoog.

'Het doet geen pijn,' zei ik, waarna ik voorzichtig de askegel van de – overigens heerlijk smakende – sigaret probeerde te tikken. Nog een keer, iets harder nu, waarna er een gloeiend stukje van de sigaret op haar kleine handje viel.

De truc eindigde bij het fonteintje op het toilet met de belofte dat ik nooit meer zou toveren, terwijl mijn zus de hele tijd 'Tjongejonge wat een leuke truc' zei.

'Leuke dingen zeggen, stomme dingen doen,' zei mijn nichtje.

Ik was op slag de Diederik Samsom van de familie.

En toen belde dus mijn moeder van 82

11 augustus 2014

Ik was zo'n columnist die graag op het verkeerde moment op de verkeerde plaats kwam. Dat dacht ik terwijl ik in de Amsterdam ArenA naar Ajax-Vitesse zat te kijken. Over deze wedstrijd viel weinig te vertellen, behalve dan dat onze keeper Piet Velthuizen geen beste indruk maakte, maar dat was over een paar dagen ook iedereen vergeten. Dit was er een voor de statistieken.

Het nieuws kwam via de sociale media. In Den Haag protesteerden tweehonderd mensen namens de gelegenheidsbeweging Pro Patria – 'Voor het vaderland' – tegen aanhangers van terreurbeweging IS, moslimradicalen en antisemitisme. In de Schilderswijk werden ze opgewacht door 'islamitische jongeren' die 'Allah is groot' riepen en met stenen gooiden. Van een afstand was ik voor het eerst van mijn leven voor de mobiele eenheid, misschien moest ik dat voortaan maar doen: partij kiezen voor de ploeg met gemiddeld het hoogste IQ.

En toen belde dus mijn moeder van 82, die niet wilde geloven dat ik in een voetbalstadion zat omdat ze geen achtergrondgeluiden hoorde.

'Ik zit in de Amsterdam ArenA,' zei ik. 'Ze maken hier geen geluid.'

'Nou,' zei ze, 'hij heeft de hele dag op de bank gelegen. Behalve als ik naar de keuken ga, dan gaat hij ook naar de keuken.'

Waar heeft ze het nu weer over? dacht ik. Wie bedoelt ze? Was de klusjesman die laatst de deuren had geschilderd blijven hangen? Dat kon er dan ook nog wel bij, moest ik dan voortaan 'papa' tegen die man gaan zeggen? Anderzijds, waarom eigenlijk niet? Een van haar beste vriendinnen was iets begonnen met een hovenier en die had nu allemaal leuke plantjes in de tuin.

'Wie bedoel je?' zei ik.

'Senna,' zei ze.

Senna was het katje van de kinderen van mijn zus, die op last van mijn Formule 1-gekke zwager was vernoemd naar Ayrton Senna, hij logeerde bij haar totdat het gezin terugkwam van vakantie.

'Als ik hem brokjes geef is het gewoon feest, dan klimt hij in mijn been. En ik praat er ook tegen.'

'Wat zeg je dan?'

'Nou, "niet in de gordijnen klimmen" bijvoorbeeld, maar dat doet hij ook niet. Ik vind het een leuk beestje.'

Daar ging ik de komende tijd nog veel van horen, het was een keer wat anders dan het doornemen van overlijdensberichten en de prostaatklachten van een kennis.

Nee, die kat mocht nog even blijven, dacht ik terwijl keeper Piet Velthuizen een inschattingsfoutje maakte.

Verder was het een verloren zondag.

De vette lach

12 augustus 2014

Ik was met een Arnhemmer, die net als ik al jaren in Amsterdam woont, te gast in de Amsterdam ArenA. Hij beschikte over speciale kaarten – 'met eten en drinken' – voor de wedstrijd Ajax-Vitesse en zo belandden we in een zaal vol genodigden waar inderdaad 'eten en drinken' aanwezig waren. We dienden per hapje af te rekenen met een speciale kaart waarop de thuisclub een saldo van 25 euro had gestort, die we bij de ingang in een feestelijke envelop hadden gekregen.

Het was natuurlijk typisch Arnhems om het gegeven paard meteen in de bek te kijken. Bij Vitesse gebeurden veel rare dingen, maar zoiets zouden ze in Arnhem nooit doen.

'Daar staan gewoon schalen en dan mag je zo veel opscheppen als je wilt,' zei mijn vriend. Wat hij er niet bij zei, was dat als je je bord dan volschepte, je daar dan wel op aangekeken werd. Want dat is ook typisch Arnhems, om de zaak van een afstandje te becommentariëren.

'Die had zeker honger.'

Of: 'Die vreet het behang van de muur.'

De humor van de Arnhemmer zit 'm in de terloops gemaakte opmerking. Zo hoorde ik wijlen Vitesse-icoon Theo Bos ooit met een stalen gezicht aan een chagrijnige serveerster vragen: 'Mag ik jouw telefoonnummer?'

Kom daar eens om bij de Amsterdammer, als die iets grappigs heeft gezegd wil hij het weten ook. Die gaat dan triomfantelijk om zich heen zitten kijken, waarna de andere Amsterdammers weten wat ze te doen staat: lachen.

Eergisteren, een paar uur na die wedstrijd, kocht ik bij een café in Betondorp een pakje shag. Pas thuis merkte ik dat de barkeeper er een briefje in had gestopt met de tekst 'Ajax 4 Vitesse 1'.

Een grapje.

Het complete personeel – bestaande uit twee broers, de een met, de ander zonder haar– stond me vandaag op de stoep voor het etablissement op te wachten toen ik op weg was naar de tramhalte. Even applaus oogsten omdat ze weer eens op z'n Amsterdams grappig waren geweest.

Ik kreeg een biertje aangeboden, wat ik niet afsloeg, en zo zat ik ineens aan de toog tussen Betondorpse Amsterdammers. René Froger, maar dan vijf keer. Het ging over voetbal.

'Wat praat jij moeilijk, maar wat wil je. Die heeft gisteren een beroerte gehad.'

'Hij ziet er wel beroerd uit.'

En daarna die vette lach.

Het was wachten op een gevatte opmerking van mijn kant, maar die kwam niet.

Arnhemmers bewaren de humor graag voor het goede moment.

De Slag om Arnhem, elk jaar weer

4 september 2014

'Hotels Arnhem bomvol' las ik in het huis-aan-huisblad dat bij mijn moeder op de keukentafel lag. Het was een onbedoeld speelse verwijzing naar de zeventigste herdenking van de Slag om Arnhem, die eigenlijk al begint met de Airborne Wandeltocht, die ik als padvinder van de Markesteengroep een keer of drie gedwongen was te lopen.

Als kind voelden we ons in september altijd bijna speciaal, omdat wij uit Arnhem kwamen. Wij, met onze stad, hadden meer geleden dan andere steden en ze lieten niet na ons te vertellen over de lichtbewapende luchtlandingsdivisies van de geallieerden die bij Arnhem op onverwacht grote Duitse tegenstand stuitten en er niet in slaagden om de Rijnbrug te veroveren.

Ieder jaar kwamen de veteranen weer met een pets medailles op de borst, we liepen op extra stevige schoenen met de hele klas achter ze aan de uiterwaarden in, waar we respectvol luisterden naar de onverstaanbare verhalen, want Engels verstond ik toen nog niet. Over de tegenstander hoorden we weinig, terwijl die toch ook niet echt voor de lol meedeed. De meesten kregen na de slag een *Himmelfahrtskommando* – wat inhield dat ze zich dood moesten vechten. Gewonnen, maar toch verloren.

We gingen naar de Ginkelse Heide, waar ze begeleid door mariniers nog een keer uit de Dakota's sprongen, net zo lang totdat je je ging afvragen wanneer het gevaarlijker was, toen in 1944 of op tachtigjarige leeftijd.

Na een oproep bij Ted de Braak op televisie deed ik mee als figurant bij *A Bridge Too Far*, waarvoor ik als achtjarige met een scheur in de broek en met roetvegen in het gezicht over de brug bij Deventer moest lopen. Achter een houten kar met wat klasgenootjes. Na afloop waren we ervan overtuigd de oorlog zelf te hebben meegemaakt. Een jaar later in de bioscoop vond ik mezelf niet terug op het scherm. We waren er allemaal uit geknipt, behalve Vincent Peters en dat vond ik toch al zo'n lul.

Dit jaar komen er nog maar tachtig veteranen en wordt de herdenking grootser dan ooit met duizend parachutisten, historische voertuigen, een heus tentenkamp, eten dat ze toen ook aten en met goed ingevoerde journalisten die een paar maanden geleden al aan een parachute boven de heide uit een vliegtuig werden gegooid. En voor het eerst ook Duitsers. Een van de veteranen zei daarover bij Omroep Gelderland dat hij zoiets bij een andere herdenking ergens in het Duitse Reichswald al een keer had meegemaakt. 'Daar stonden Engelse en Duitse veteranen tegenover elkaar met geladen geweren. Er werd niet geschoten.'

De Arnhemmer ís Primark

23 oktober 2014

Lelijke kleding uit ontwikkelingslanden voor weinig geld, dat is het concept van Primark. Ik vond het niet vreemd dat de Ierse modeketen juist Arnhem had uitgekozen om daar het voorlopig grootste filiaal van Nederland – 5600 vierkante meter – te vestigen. Ik weet hoe ze daar in elkaar zitten, ik kom er immers vandaan. Voor een paar euro minder gaan de principes opzij en kun je dranghekken voor de deur zetten. Die stonden er dan ook toen het filiaal opende, samen met de burgemeester en de fanfare. Ze, het volk, bestormden de winkel brullend van opwinding, binnen werden ze juichend ontvangen door 88 ex-structureel werkloze Arnhemmers die dankzij gemeentelijke subsidies bij Primark een baan hadden gevonden.

Dit soort taferelen speelde zich in meer provinciesteden af waar Primark kwam, zag en overwon, maar nergens was het Primark-effect zo groot als in mijn geboortestad.

Of eigenlijk is er geen effect, het is slechts een bevestiging van wat ik al wist: de Arnhemmer ís Primark.

Eerst keihard jammeren om het vertrek van de Bijenkorf: 'Nou gaat de stad naar de kloten. Alle kleine winkeliers gaan kapot, eg waar.'

Daarna dezelfde kleine winkeliers als argument gebruiken om juist bij de Primark te gaan winkelen.

'Laat ze lekker naar de kloten gaan! Motten ze zelf maar goedkoper worden.'

Ik bezocht het centrum en constateerde dat het er drukker was dan voorheen. Iedereen liep er met zo'n papieren Primark-tas vol Primark-kleren te mopperen op de andere winkels die zo verschrikkelijk duur zijn.

'Wij zijn hier jarenlang op een verschrikkelijke manier opgelicht.'

De Primark was de nieuwe beste vriend, de toffe jongen in de kroeg die elke keer een rondje gaf. En van nieuwe beste vrienden bleef je met je tengels af.

De posterplakkers van Loesje – ook uit Arnhem – hadden teksten in de stad gehangen: BERICHT: DE MEDEWERKERS VAN PRIMARK HEBBEN EEN DONATIEPOTJE VOOR DE TEXTIELARBEIDERS NAAST DE KASSA GEZET.

De Arnhemmer haalde de schouders op.

'Doen ze slim bij de Primark, ruime winstmarge,' zei een moeder die met haar dochter voor twintig euro twee tassen had laten vullen.

Ook gehoord: 'IKEA buit toch ook chauffeurs uit, of niet dan?'

En: 'Primark haalt een heel pak werklozen van de straat.'

Die werklozen kwamen natuurlijk weer terug als de kleine winkels waren verdwenen, maar die konden dan dankzij de Primark nog wel goedkoop kleren kopen. Wat dat betreft waren ze er in Arnhem inderdaad op vooruitgegaan.

Gewoon verdriet

13 november 2014

Mijn moeder was naar eigen zeggen bijna bezweken aan de emoties tijdens het kijken naar de MH17-herdenking op tv. Ze herkende de symptomen: pijn op de borst, zweten, algehele slapte.

Ik trof haar in haar keuken, ze kon alweer andijvie koken. Ze veegde haar handen schoon aan het schort en zei nog maar weer eens dat ze, mocht het echt misgaan, 'beslist niet' gereanimeerd wilde worden.

Ze leefde nog. Als dat niet zo was geweest, was 'Smeren jullie je goed in?' het laatste wat ze tegen me gezegd had. Dat had het tijdens de speech bij de uitvaart ongetwijfeld goed gedaan, want hoezo zou je je insmeren voordat je op vakantie gaat, in dit geval naar Iran?

'Ze dragen daar sluiers,' had ik gezegd.

Zij: 'Daar hou ik niet van.'

Dat ze altijd zegt dat ik me goed moet insmeren als ik waar dan ook naartoe ga en over hoe ze onbedoeld grappig kan zijn; zou ik dat ook willen delen met een tv-publiek? De afgelopen dagen zag ik overal nabestaanden, bij *Pauw*, *Nieuwsuur* en *RTL Late Night*. Het *NOS Journaal* deed ook mee met een portret van een motorrijder die zijn halfbroer had verloren bij de crash. Ik zag hem op zijn computer naar foto's van zijn halfbroer kijken, 'Perfect Day' van Lou Reed speelde op de achtergrond. De man had pas na zijn broers dood ontdekt dat die van vissen hield.

Ik vond het heel erg voor de motorrijder, maar wat moest ik ermee? Hetzelfde gevoel had ik bij de herdenkingsdienst in de RAI, waar een van de nabestaanden letterlijk citeerde uit de dagelijkse omgangstaal tussen hem en zijn omgekomen zoon, schoondochter en kleinzoon en waar Marco Borsato tijdens het zingen de hoge noten niet haalde.

Waarom werd dit live uitgezonden?

'Wat voelde je dan?' vroeg ik mijn moeder, want de vriendin en ik hadden ons thuis op de bank vooral ongemakkelijk gevoeld.

‘Pijn op de borst,’ zei ze, maar dat bedoelde ik niet.
Daarna: ‘Gewoon, verdriet.’
Ze voegde eraan toe dat ze blij was met de hoge kijkcijfers.
‘Dat verdienen die mensen.’
Een kwartier later stootte ik een kop koffie over mijn laptop, die het meteen begaf. De gebelde pc-dokters adviseerden om het ding in een bak met rijst te leggen.
‘Heb jij rijst?’ vroeg ik mijn moeder, die in een pan stond te roeren. Ik legde uit wat er gebeurd was. Ze had geen rijst.
‘Ik heb wel brood.’
Over de nabestaanden van MH17 hadden we het verder niet meer.

Straks viel er meer uit

18 december 2014

Ik moest naar Arnhem voor een etentje met Arnhemmers, van wie er een aantal me vooraf diverse keren hadden gebeld dat ik vooral moest komen. Hele verhalen over hoeveel zin ze erin hadden, maar toen ik er eenmaal was, bleek de helft er niet te zijn.
‘Ik had ineens toch niet zo veel zin,’ zei een van de wegblijvers me de volgende dag. Waar ze ergens anders een smoes verzinnen, vindt de Arnhemmer het de normaalste zaak van de wereld dat hij van mening verandert. Alles onder het motto: ‘Je beste vriend, dat ben je zelf.’
In de aanloop naar dat etentje wandelde ik door de stad. In de Steenstraat, een winkelstraat die de laatste jaren behoorlijk is opgeknapt maar nog steeds niet uitnodigt om te winkelen, werd ik overval-

len door een wolkbreuk. Ik schoot de Martinuskerk in, waarvan ik wist dat mijn vader er de laatste jaren regelmatig heen was gegaan.

In de hal stond een tachtiger, de broek te hoog opgetrokken, met een emmer sop een houten deur te boenen. Ik zei dat het hard regende, waarop hij antwoordde dat het wel meeviel.

'Straks viel er veel meer uit.'

Met zo'n zin heb je me meteen.

'Straks' gebruiken in de verleden tijd en de hemel voorstellen als een bak met water die ze nu en dan omkieperen. We spraken kort over het gebouw, waarvan hij blij was dat het een paar jaar geleden was gerestaureerd. Hij hield de duimen een centimeter of tien uit elkaar en zei dat er 'zulke wurmen' in de houten balken hadden gezeten.

'Het was luilekkerland hier, die beesten vraten zich helemaal vol. Probeer die er maar eens uit te krijgen met een handvol parochianen.'

Ik vroeg of hij mijn vader, de heer Van Roosmalen, had gekend. Hij stopte even met boenen, wreef met de mouw van zijn blouse de bril schoon en vroeg: 'Overleden?'

Ik knikte.

'Had hij een bril?'

Ik knikte weer.

'Ja,' zei de man. 'Die ken ik wel. Die heeft ook nog meegeholpen met het verjagen van de wurmen.'

Ik wist zeker dat het niet waar was, maar vond het toch leuk om te horen hoe mijn vader, die hoogtevrees had, in die kerk op een ladder was geklommen om de balken in het plafond te behandelen met een gif en dat hij daarna op de brommer, die hij nooit gehad heeft, was teruggereden naar huis.

'Mijn vader had geen brommer,' zei ik.

De man haperde geen moment.

'Dan had hij een fiets, ik zie hem nog zo wegrijden.'

Kerstdiner

27 december 2014

We herinnerden ons allemaal het vorige kerstdiner: de soep was te dik, de ragout te dun en de kalkoen aangebrand. 'Kijk oma,' probeerde haar jongste kleinkind mijn moeder te helpen, 'als we de soep in de pasteitjes gooien, lukt het wel.' Maar mijn moeder huilde bittere tranen toen ze zuchtend het nagerecht – Viennetta-ijs van Ola – nog in de kartonnen doos op een schaal had geserveerd.

'Ook mislukt?'

Mijn moeder: 'Misschien te vroeg uit de vriezer gehaald.' Na het toetje had ze nog lang over 'het rampjaar 2013' gesproken, waarna wij in gezamenlijkheid besloten dat ze met Kerstmis niet meer hoefde te koken.

Ze was de eerste, het was begin november, die een tafel reserveerde in een restaurant aan de Emmastraat in Velp, waar we in optocht naartoe wandelden. De regen sloeg ons in het gezicht.

Velp was ondanks de kerstverlichting nog gewoon Velp. Vanuit een flat op de Brugweg werd een kanonslag naar beneden gegooid.

'Kiek ze schrikken dan...'

Het restaurant heette Kleur, reden voor mijn broer die – zoals het zo mooi heet – een visuele beperking heeft, om af te trappen met zijn vaste grap: 'Nou, ik zie er niets van.'

We werden aan een ronde tafel gezet. Ik naast mijn nichtje van twaalf van wie de smartphone was afgepakt omdat ze constant foto's van haar familie deelde met een groep vriendinnen.

De menukaart had een bijzondere vormgeving: de gerechten stonden in kerstballen geschreven.

De ober bood zijn excuses aan: 'Priegelwerk, we hebben een te klein lettertype gekozen. Het is bijna onleesbaar.'

Mijn moeder prutste aan haar gehoorapparaat. Er kwamen veel geluiden binnen, vooral van andere tafeltjes, maar van dichtbij verstond ze niets.

'Wat zegt u?' vroeg ze aan de ober.

De ober: 'De menukaart is bijna onleesbaar!'

Mijn moeder: 'Ik hoor niets!'

Even later zei ze bij ieder gerecht wat mijn vader daarvan zou hebben gevonden. Eend vond hij niets, maar varken was lekker. Wisten we nog dat ze tijdens de laatste wandelingen samen in het bos twee keer hetzelfde everzwijn waren tegengekomen?

Wij wisten.

Het jongste nichtje van negen zakte tijdens het wachten op het hoofdgerecht steeds dieper weg in haar stoel. Ze keek om de tien minuten op haar horloge en zei dan, op het laatst bijna wanhopig, hoelang – 'Al 57 minuten...!' – het wachten duurde. Aan het eind kwam de ober zeggen dat van iedere euro fooi vijftig cent naar de voedselbank in Velp ging.

'Voed-sel-bank!' herhaalde mijn zus voor mijn moeder.

Mijn moeder: 'Nee, dank u wel. We hebben echt genoeg gehad.'

Weer thuis vertelden we haar dat het gezellig was geweest.

Dood gewaand

17 januari 2015

De discussies over de vrijheid van meningsuiting waren Velp voorbij gewaaid. 'Gelukkig wel,' vond mijn moeder. 'Gebeurd is gebeurd,' zegt ze altijd en dan komt het voorbeeld van de oorlog.

‘Een week na de bevrijding deden we gewoon weer de was.’

Wat ze toen niet deden was er de hele dag over praten.

Ze had wel wat anders dan de aanslag op het hoofdkantoor van het satirische weekblad *Charlie Hebdo* in Parijs aan haar hoofd. De volgende dag zou ze met drie verschillende openbaarvervoerorganisaties een hoogbejaarde zus van mijn vader in Brabant bezoeken, een ramp wat betreft in- en uitchecken met de ov-chipkaart.

Toen ze even naar de supermarkt was, belde die zus. Ik nam op. Ze was nogal gepikeerd en ze schreeuwde, want ze heeft een gehoorapparaat.

‘Zeg!’ schreeuwde ze. ‘Waar blijft mijn rouwkaart? Of sturen jullie mij geen rouwkaart?’

‘Waar heeft u het over?’ schreeuwde ik terug.

Even later werd duidelijk dat ze dacht dat mijn moeder twee dagen eerder was overleden. Dat had ze gehoord, maar het kon ook zijn dat ze het verkeerd had verstaan.

‘Tante Dien dacht dat je dood was,’ zei ik tegen mijn moeder toen ze zuchtend een tas met boodschappen op de keukentafel zette.

‘Dat klopt niet,’ zei ze. ‘Ik ga haar meteen bellen, want ik ga er morgen op bezoek en ik wil niet voor een dichte deur staan.’

Ze pakte de telefoon.

‘Hallo?’

‘Ja, hallo! Nee, ik ben niet overleden! Ik kom morgen!’

‘Dan is het goed dat ik bel, want als je echt dacht dat ik dood was, zou je je morgen rot geschrokken hebben.’

Over dat laatste had ik dan toch wel een stukje geschreven, dacht ik. Dat de een zich letterlijk doodschrok omdat de dood gewaande ander voor de deur stond.

Goede tekst voor op de rouwkaart ook: ‘Ze schrok zich dood.’

‘Wat zei ze?’ vroeg ik nadat mijn moeder nog een paar keer had geschreeuwd dat ze nog leefde.

‘Nou gewoon, dat ze blij was dat ik nog leef,’ zei mijn moeder. Ze voegde eraan toe dat zoiets ook leuk was om te horen, wat dat betreft was het nog helemaal niet zo gek om even dood gewaand te zijn.

‘Dus dat is fijn.’

Dat mijn tante, die haar verwisseld had met een goede vriendin, nu pas tot het besef kwam dat die vriendin dus was overleden, daar stapte mijn moeder voor het gemak maar even overheen.

'Gebeurd is gebeurd,' zei ze.

Mooie productie

20 januari 2015

Ik meldde me in het ziekenhuis voor een vruchtbaarheidstest. Voor de tweede keer alweer, want de eerste keer had ik geen doorzichtig potje bij me en dat diende ik vooraf toch echt zelf aan te schaffen bij een drogisterij of apotheek.

'De tijd dat we zoiets verstrekten ligt ver achter ons,' had een medewerkster me gezegd. 'U heeft gehoord van de bezuinigingen?'

'Nog niet van deze,' antwoordde ik naar waarheid.

Ik was dus terug, met doorzichtig potje. Het vullen van het potje moest ter plekke gebeuren, dat had de assistente van de huisarts met pen onderaan de informatiebrief geschreven. 'Ter plekke produceren s.v.p.'

De jongen voor me bij de balie, een knaap van een jaar of dertig in een houtje-touwtjejas, had al geproduceerd. 'Zo,' zei hij, terwijl hij zijn potje op de balie zette. 'Gebeurd.'

Een vrouw in een witte jas – ze kon veertig zijn, maar ook vijftig – pakte het potje, noteerde iets op een formulier en zei: 'Mooie productie.'

Het leek me bedoeld als een compliment, ze wilde er waarschijnlijk mee zeggen: daar kunnen we hier wel iets mee. Maar het kon natuurlijk ook dat ze het standaard zei om de mannen gerust te stellen. Toen de jongen zich omdraaide en wegliep, zag ik zijn gezicht en bedacht dat het misschien een waardeoordeel was. Zo van: dat valt mee, want voor de rest maakte hij een wat slome indruk.

Ik was aan de beurt. Ik noemde mijn naam, gaf mijn ponspasje en liet mijn potje zien.

De vrouw ging me voor naar een kamertje. 'De productieruimte,' grapte ik, maar daar werd verder niet op gereageerd.

Er waren een leren bankstel, een wandmeubel met twee laden en er was een wasbak. De vrouw van onbestemde leeftijd adviseerde me de deur op slot te draaien. In het wandmeubel lagen twee tijdschriften: een *Playboy* en een *Ferry*, ze zagen er goed gelezen uit.

Het potje was nog niet vol toen er werd geklopt.

'Ja?'

'Stoor ik?'

'Ik ben nog aan het produceren,' zei ik.

'Ik heb ook geproduceerd,' zei de stem. 'Ligt mijn telefoon daar nog?'

'Nee.'

'O shit, sterkte verder nog.'

Verder gebeurde er niets bijzonders.

'We gaan ermee aan de slag,' zei de mevrouw van de balie toen ik mijn potje afgaf. De kwalificatie 'mooie productie' bleef achterwege. Op de vraag van mijn vriendin: 'Hoe was het?' antwoordde ik: 'Geen bijzondere productie, ze gaan ermee aan de slag.'

Prima handschoenen

22 januari 2015

Met het nieuws over de teloorgang van warenhuis V&D kwamen de deskundigen. Bij economische tegenvallers zijn er altijd wel een paar die al enige tijd als vliegen boven de poep cirkelen en graag willen verkondigen dat het zaakje stinkt.

V&D was niet meer te redden, daar waren ze het over eens. Het kwam door het online winkelen en verder was het winkelen er geen belevenis, was het assortiment er achterhaald, had het warenhuis een koud, afstandelijk en oubollig imago en werd er niet vanuit de klant gedacht.

Ik vond het allemaal pluspunten.

Ik was meteen verkocht.

Voor de nieuwe handschoenen – het werd tenslotte winter – ging ik eens lekker naar de V&D in Arnhem, waar ze me geheel volgens verwachting koud en afstandelijk ontvingen.

'Waar kan ik de handschoenen vinden?'

Een wijzende arm.

'Daar.'

Niet meer, niet minder.

Heel wat beter dan bij concurrent H&M, waar ze me een week geleden bij de zoektocht naar een riem zo'n beetje dansend bij de afdeling Accessoires afleverden.

'*Check this.*'

Wat was hier de bedoeling van?

Dat ik me oud voelde, of moest ik iets in het Engels terugzeggen?

Nee, dan de V&D gisteren.

Geen rijen voor de kassa en personeel dat in alles uitstraalde dat het nog slechter met hen ging dan met jou. In Arnhem lieten ze zich het leed van de breed in de kranten uitgemeten loonkortingen niet makkelijk afnemen.

'Nee, het is hier allemaal niet zo leuk meer,' zei een wat oudere caissière bij wie ik mijn handschoenen afrekende. Heel wat beter dan dat zogenaamde vrienden-onder-elkaar-toontje van bijvoorbeeld de MediaMarkt, waar ze ongevraagd met je meedachten richting een duurdere computer. Of zoals me laatst bij een boekwinkel overkwam, dat iemand bij de kassa me ging vertellen welke boeken ik nog meer leuk zou vinden om te lezen.

Als u echt begrepen wilt worden door het personeel, ga dan eens lekker naar V&D. Ze zeggen er gewoon hardop wat u en ik al lang weten: dat winkelen alleen leuk is als je er tijd en geld voor hebt. Als dat niet het geval is, heb je er gewoon weinig gedachten bij. Behalve dan: ik wil hier weg. Dat kan bij V&D. Er zijn daar geen rijen, je wordt er niet verleid door bergen andere mooie producten – het assortiment is gewoon slecht – en ze doen er niet alsof je een goede vriend bent.

En ze hebben er prima handschoenen.

Hij doet het toch maar

3 februari 2015

Na afloop van de wedstrijd Vitesse-Ajax (1-0 hiep hoi) belandde ik in stadion GelreDome in een discussie waarin ik liever niet was beland. Het ging in plat Arnhems – 'Ernums'– over en weer tussen een man die voor de wedstrijd nog vond dat Vitesse-trainer Peter Bosz moest worden ontslagen maar na het resultaat qua mening honderdtachtig graden was gedraaid, en een ander die nog steeds vond dat Peter Bosz moest worden opgehangen en die nooit meer van mening ging veranderen.

'Volgens mij heb jij de goedwies kapot,' zei de een, waarmee hij bedoelde dat de ander niet goed wijs was.

De ander: 'Jij hebt zelf de goedwies kapot.'

De een: 'Nee jij...'

Toen trainer Peter Bosz met zijn kale kop op de grote schermen verscheen, werd er door een van de twee 'hij doet het toch maar' gezegd, een zin die me terug naar mijn jeugd in Arnhem katapulteerde.

'Hij doet het toch maar' was met het woord 'meulepeerd' – zo noemen ze in Arnhem iemand die te dik is – zo'n beetje het enige wat mijn vader van het plaatselijke dialect had geadopteerd en net als alle Arnhemmers zei mijn vader 'Hij doet het toch maar' als hij er in een verhit gesprek niet meer uitkwam.

'Hij doet het toch maar,' zei mijn vader toen toenmalig premier Ruud Lubbers bij een antikernwapendemonstratie in de Houtrusthallen in Den Haag een menigte toesprak die hem de rug toekeerde.

'Hij doet het toch maar,' zei mijn vader als paus Johannes Paulus II weer eens iets had gezegd waar verder iedereen het mee oneens was.

'Hij doet het toch maar,' zeiden wij – zijn kinderen – toen mijn vader in een restaurant tegen een glazen deur liep.

'Ik doe het toch maar,' zei mijn moeder als ze na een conflict over iets totaal anders het eten op tafel zette.

Met 'Hij doet het toch maar' zei je eigenlijk helemaal niets, maar je kon er alles mee verdedigen.

'Hij doet het toch maar' betekende 'einde discussie', 'ik heb geen argumenten maar heb toch gelijk' en 'punt uit' tegelijkertijd, en er was geen stad waar de zin 'Hij doet het toch maar' vaker werd gebezigd dan in Arnhem.

Met 'Hij doet het toch maar, of niet?' betrok een van de twee supporters me bij hun ruzie en hij wees naar trainer Peter Bosz op het scherm.

Heel even had ik de neiging om tegen die man te gaan schreeuwen dat hij de goedwies kapot had, maar die neiging wist ik te onderdrukken. Ik had het natuurlijk wel moeten doen. Of beter, ik had hem, gewoon omdat ik het niet met hem eens was, op z'n Arnhems twee 'blauwe luiken' moeten slaan. Dan hadden ze me allemaal nagekeken en tegen elkaar gezegd: 'Hij doet het toch maar.'

Zeikerds, betweters en bemoeials

12 februari 2015

Het zal wel aan het soort woning (nieuwbouw) of aan het dorp (Velp bij Arnhem) hebben gelegen, feit is dat ik opgroeide in een straat waar er nogal wat woonden die de dingen beter wisten. Zeikerds, betweters en bemoeials. Buurmannen – het waren altijd mannen – die er genoegen in schepten om je te verbeteren.

'Nee,' zei de ergste – net als mijn vader een ambtenaar – een keer op een verjaardag toen we het hadden over 'dat stomme dorp': 'Velp is geen dorp. En ook geen stad. Velp is een storp.'

Stonden we op onze stoep, op straat of in de tuin iets te doen – zeg tuinieren, klussen of de auto wassen – dan kon je er donder op zeggen dat er snel eentje bij kwam staan. Vaak met de handen over elkaar.

'Persoonlijk zou ik het anders aanpakken. Eerst schuren en daarna de grondverf.'

Daar zat je natuurlijk niet op te wachten als je al halverwege was met schilderen, maar de grootste ergernis zat 'm wat mijn vader betrof in het taalgebruik.

'Waarom beginnen de mensen in deze regio om de haverklap zinnen met "persoonlijk zou ik", dat kun je toch ook weglaten?'

Er waren er ook die nadrukkelijk niets zeiden, net zo lang totdat je vroeg waar ze naar stonden te kijken.

'Ik sta te wachten tot het misgaat.' Om dan even later als het mis was gegaan – en het met veel moeite opgehangen vogelkooitje naar beneden was gevallen – te concluderen: 'Zie je wel, daar kon je op wachten.'

Het allerergste waren zij, die je ongevraagd het werk uit handen namen omdat ze vonden dat ze het zelf beter konden. Het overkwam mijn vader in de laatste fase van zijn leven. Hij had zich erop verheugd nog een keer zijn druivenstruik onder het afdakje aan de zijkant van ons huis te snoeien, maar toen hij daar aankwam, trof hij er een buurman met een snoeischaar die alles wat groen was alvast had afgeknipt.

'Ik dacht: die gaat straks weer klungelen. Je kunt het beter in één keer goed doen, dan twee keer half. Moet je over twee jaar maar eens kijken.'

Dat haalde mijn vader niet.

En de buurman ook niet.

Op mijn verjaardag kwam mijn moeder met het bericht dat de man tragisch was omgekomen in zijn eigen achtertuin. Ik stelde me zo voor dat er vast wel iemand hoofdschuddend naast had gestaan toen hij zichzelf uit zijn boom zaagde. 'Persoonlijk' zou ik dan hebben gezegd dat je ook nooit op een tak moest gaan zitten zagen.

'Daar kon je op wachten.'

Kunstzinnig plan

24 februari 2015

Fotografe Simone Engelen, die zich aankondigde als 'groot fan' van mijn werk, mailde me op het juiste moment met haar kunstzinnige plan. Ik zat met de handen in het haar omdat mijn moeder zichzelf had uitgenodigd voor mijn verjaardag. De vriendin en ik zagen er erg tegen op, vooral ook omdat ze de reis per openbaar vervoer wilde maken. En toen mailde Simone dus, die voor haar project *A Scripted Life* dolgraag de regie van haar leven een dagje uit handen wilde geven.

'Jij mag bepalen wie ik ben, hoe ik me gedraag en wat ik doe. Zonder restricties. Jouw script zal ik zo precies mogelijk uitvoeren en op polaroid vastleggen. Kun jij in één dag een transformatie in mijn leven teweegbrengen? En wie ben ik dan, aan het eind van jouw dag?'

Ik besloot de kunstenares voor mijn karretje te spannen en zadelde haar op met de opdracht om mijn bejaarde moeder naar mijn huis te vervoeren en weer terug te brengen. Dat klonk saai, maar ik wist uit ervaring hoe makkelijk en onverwachts de paniek op een plek als Utrecht CS bij haar kan toeslaan.

Mijn moeder vond het gek genoeg de normaalste zaak van de wereld dat ze 's morgens vroeg werd opgehaald door een haar onbekende vrouw over wie ze later sprak als 'de hulpverleenster' en 'de stagiaire'. Samen reisden ze dwars door het land en ze aten bij ons op de bank een gebakje.

Simone vertelde dat ze onder begeleiding stond van een psychiater en ook dat ze nog scripts van andere mensen van wie ze fan was ging uitvoeren, van wie Halina Reijn en Ronald Giphart de bekendsten waren.

We wensten haar veel sterkte en succes en zwaaiden naar haar en mijn moeder toen ze een uur later weer vertrokken. Wat zich tijdens de drie uur durende terugreis heeft afgespeeld, bleef voor ons een raadsel.

'Ik vind echt dat je haar een voldoende moet geven,' zei mijn moeder na afloop.

In februari werd in Fotodok te Utrecht de tentoonstelling *Do You Hear Me?* geopend, waar onder andere het project *A Scripted Life* van Simone Engelen te zien was. Naast een serie polaroidfoto's waarop ik mijn moeder, kat Duttie en onze keukentafel herkende, hing er ook een psychologisch rapport waaruit bleek dat Simone tijdens het uitvoeren van mijn script moe en diep ongelukkig was geweest.

Ronselen

28 februari 2015

Na zijn dood heeft mijn moeder mijn vader omgetoverd tot een droomman. Een perfecte versie van zijn toch al ideale zelf: een man met allerlei gedachten over kapotte mixers, die de hele dag uit het raam kijkt en vervolgens constateert wat voor weer het is, een man bovendien die weet wanneer de slavinken waar in de reclame zijn.

Dat soort herinneringen koestert mijn moeder, de rest is verdrongen, vergeten of simpelweg niet gebeurd. Ook niet als er foto's van zijn.

'Ach, wat een klets weer,' zei ze toen ik tegen haar begon over de naderende waterschapsverkiezingen en dat mijn vader zich daar, toen die verkiezingen nog gewoon schriftelijk werden afgehandeld, een keer kandidaat voor had gesteld.

Hij leek me toen niet kansloos, waterschapsverkiezingen waren en zijn verkiezingen waarbij charisma geen enkele rol speelt.

De benodigde handtekeningen voor de kandidaatstelling haalde mijn vader op in bejaardenhuis Oosterwolde in onze straat.

In de eetzaal hield hij een spreekbeurt over 'het waterschap'.

Het ging vooral over de loop van het riviertje de Dommel waarbij hij als ambtenaar bij de provincie Gelderland nauw betrokken was geweest.

Wat bij mij bleef hangen, maar dat zal wel komen omdat ik zijn zoon ben, was vooral dat hij voorafgaand aan zijn spreekbeurt het koffiekarretje met thermoskan en servies omverliep, waardoor hij in ieder geval ieders aandacht had.

Hij kleurde licht, haalde schokkerig de schouders op en deed daarna alsof er niets aan de hand was. Wat, omdat iedereen gezien had wat er gebeurde, best vreemd was.

Na afloop stonden ze in de rij om vrijwillig hun handtekening te zetten.

Een paar weken later kwam de deceptie.

Meer dan dertig handtekeningen van bewoners van een bejaardentehuis werden, na protest van een tegenkandidaat, als verdacht gezien. Er werd gesproken van het ronselen van stemmen.

De verbazing en verontwaardiging bij mijn ouders over de beschuldiging bewezen voor mij zijn onschuld.

Niettemin dwong mijn moeder mijn vader om zich terug te trekken, al zal ze zich dat zelf waarschijnlijk anders herinneren.

Laatst zei ze: 'Ik wilde dat je eens ophield met het ophalen van al die herinneringen,' terwijl ik juist wilde dat ze dit soort dingen nog wist.

Luidruchtig genegeerd

12 maart 2015

Tijdens het Boekenbal werd ik van een trap getrokken door Arnold Karskens. U kent hem wellicht als de kale oorlogscorrespondent die maar wat graag aanschuift in talkshows om er over conflictgebieden te discussiëren met mensen die het minder goed weten dan hij.

Standaardzin: 'Ik ga nooit embedded.'

Nooit te beroerd om collega-journalisten op een fout te wijzen. 'Guerrillakampen liggen nooit aan de snelweg.'

Ik kende hem vooral als een woedende man. Eentje die de wereld eerst verdeelt in zwart en wit om daarna zelf heel nadrukkelijk aan de goede kant van de streep te gaan staan. Nadat ik hem tien jaar geleden ooit interviewde in De Balie en in mijn verslag optekende hoeveel borrelnootjes hij daar at en hoe die tijdens ons gesprek in een regen van kleine vermalen deeltjes op me terechtkwamen, kon ik erop rekenen dat ik, als ik hem ergens trof, luidruchtig werd genegeerd.

Dan hoorde ik hem ergens vanuit een hoek brullen wat of een slechte journalist ik wel niet was.

Die toestand duurde een jaar of tien. Tijdens de boekpresentatie van een vriend in café De Pels in Amsterdam eind vorig jaar, niemand wist wat hij daar eigenlijk kwam doen, legden we het conflict bij, iets waarvan ik inmiddels alweer gruwelijk veel spijt heb.

Want toen hij me op het Boekenbal bij de kladden had, was ik opeens weer een collega. Een collega met een column. Een collega met een column die het verdomde om over echt belangrijke zaken te schrijven bovendien. Echt belangrijke zaken waren volgens Arnold Karskens de kwestie-Zorreguieta, waar de onderzoeksjournalist Arnold Karskens een boek over had geschreven, en de jacht op oorlogsmisdadigers. Hij, het mocht gerust genoteerd, kwam uit een geslacht van verzetsstrijders en hij, Arnold Karskens, opende in de maanden maart en april hoogstpersoonlijk de jacht op de laatste nog levende Nederlandse oorlogsmisdadigers en we wisten allemaal hoe dat ging aflopen.

Die werden gepakt, gestraft en beschreven.

Ik was inmiddels zover dat ik alleen nog maar ja stond te knikken en dacht dat de Tweede Wereldoorlog in Nederland minimaal een jaar korter had geduurd als Arnold toen had geleefd.

'Schrijf er dan over, dat is belangrijk! Snap dat dan!'

Hoe ik ben weggekomen, weet ik niet meer, wel dat ik blij was dat ik was ontsnapt. Misschien dat hij me nu weer tien jaar luidruchtig negeert. Lekker rustig.

Peter van Straaten

17 maart 2015

Ik sprak tekenaar Peter van Straaten, die binnenkort tachtig wordt en die net als ik uit Arnhem komt. Hij vertelde me dat hij uit de vijver tegenover mijn oude middelbare school aan de Thomas a Kempislaan op veertienjarige leeftijd een klein kind had gered. Hij voegde eraan toe dat het hier geen heldendaad betrof omdat er tegelijkertijd met hem meer in het water waren gesprongen. Wat hem het meest was bijgebleven was de reactie van de toegesnelde moeder die hij en ik typisch Arnhems vonden. Ze nam haar kind in ontvangst, hield het ondersteboven tot het al het slootwater had uitgebraakt en zei daarna: 'Die doet het nog.'

Denkend aan Arnhem verzuchtte Peter: 'O, die geweldige taal.'

Een zin die spontaan bij hem opkwam: 'Kom hier, dan zal ik je een klap in de nek geven zodat je petroleum pist en een week nadruppelt.'

Daar dacht ik aan toen ik zaterdagochtend op Sportcentrum Papendal stond waar een borstbeeld voor 'Mister Vitesse' Theo Bos werd onthuld die in 2013 overleed. Arnhemser dan Arnhems, behept met een zwart gevoel voor humor dat soms niet werd begrepen, maar waar ik heel hard om moest lachen.

Zijn vriend en oud-collega Marc van Hintum vertelde dat Theo, toen hij hoofdcoach was, stickertjes voor de spelers had laten maken met de spreuk HEB HERT VOOR DE CLUB, WANT DE CLUB IS OOK HERT VOOR JOU. Het eerste 'hert' stond voor 'hart' en het tweede voor 'hard'.

Zijn weduwe Marieke onthulde het borstbeeld door een geel-zwart doek weg te trekken en zei: 'Het beeld is heel mooi geworden, ik kan niet anders zeggen.'

Vooral het tweede gedeelte van de zin had Theo mooi gevonden, zoals hij ook zou hebben gelachen om het feit dat de tegenstander – PEC Zwolle in dit geval – twee weken geleden precies scoorde in de minuut waarin het publiek in stadion GelreDome hem massaal herdacht.

Na afloop van de festiviteiten sprak ik kort met Rob de Leede, de nieuwe, bijna drie meter hoge parttime persvoorlichter van Vitesse die niet uit Arnhem komt en die je dus niet kunt uitleggen wat Theo Bos van een dundoek met de tekst EVENEMENT THEO BOS zou hebben gevonden. Hij zei over zijn werk: 'Vitesse is als een prachtig oud schilderij, dat restaureer je ook niet in een middag. Dat moet met een penseeltje. Je moet er de tijd voor nemen om de beeldvorming rondom de club bij te stellen.'

Toen ik uitgelachen was miste ik Theo Bos nog meer.

Hoe is de opkomst?

19 maart 2015

Mijn vader was zijn hele leven ambtenaar, waarvan 25 jaar bij de provincie Gelderland. Daar schreef hij rapporten over de loop van de rivier de Berkel die vaak ongelezen met multomap en al verdwenen, wat hem gek genoeg niet afremde om er een volgende keer met extra energie tegenaan te gaan. Bij zijn afscheid kreeg hij een fiets met drie versnellingen. Verkiezingen voor de Provinciale Staten vond hij zo belangrijk dat hij tot ver na zijn pensionering op dat soort dagen even langs de oude werkplek fietste waar in de hal altijd wel een stembureau was.

'Even informeren hoe de opkomst is.'

Vroeger vond ik dat vreemd, maar nu – ik logeerde een paar dagen bij mijn moeder – begreep ik die drang om eropuit te trekken wel, gek als ik werd van dat geritsel van haar de hele dag. Kastje-open-kastje-dicht, slof-slof waar liggen die sleutels nou?, gekraak met plastic tasjes, het ging daar maar door.

'Ik fiets even naar het Provinciehuis,' hoorde ik mezelf zeggen, waarna zij begon te zeggen wat of mijn vader gestemd zou hebben en dat ze zo blij was dat hij al die verschrikkelijke kwezels van nu niet meer had meegemaakt. Zelfs de politici waren er na zijn dood niet op vooruitgegaan.

Het Provinciehuis aan de Markt in Arnhem ademde een zekere chic, net als de receptioniste met haar sjaal om de hals. Deze weg was mijn vader dus duizenden keren gegaan. Langs de receptie, voorbij het bronzen borstbeeld en het zwaard dat de Poolse bevrijders hadden achtergelaten, naar de liften met in de hand een leren koffer waarin een bruine broodtrommel zat.

In de hal zaten twee bejaarden en een blonde mevrouw achter een bord met snoep te wachten op kiezers die niet kwamen. We voerden een zinloos gesprek.

'Hoe is de opkomst?'

'Weeknie,' loog de man, aan het accent te horen een Arnhemmer.

Even verderop, bij een pilaar: thermoskannen met koffie en zilverkleurige dienbladen met cake. Ze hadden al drie keer gezegd dat ik die vooral moest pakken.

Na de eerste hap: 'Klef. Of niet?'

Waarom zei zo'n man dat niet voor je ervan hapte?

Opeens wilde ik wel eens zien in welke kamer mijn vader daar al die jaren had gezeten. De receptioniste belde een voorlichter, een vriendelijke man met een snor. Hij wees door het raam naar een kale vlakte want de aanbouw was 'duurzaam gesloopt'.

'Daar zat hij. Op zich een prima plek.'

Over die tweede zin dacht ik lang na.

De Briljante Schaar

21 maart 2015

Ik verbleef een paar dagen bij mijn oude moeder en maakte daar niets mee. Behalve dan dat ze donderdagavond in haar nachtpon in de vroegere werkkamer van mijn vader verscheen met de mededeling dat ze het internet onklaar had gemaakt door alle stekkers uit het modem te trekken.

'Want ik wil niet dat het verder slijt.'

De wonderlijke gedachtegang was het gevolg van een brief van KPN waarin werd aangekondigd dat het internet wegens werkzaamheden tijdelijk zou worden afgesloten. Ze had het gezien als een bevel, zoals ze alle mededelingen van derden tegenwoordig als bevelen ziet waarvan niet mag worden afgeweken.

Zo was het mij al enige tijd verboden om voor haar te internetbankieren in Velp omdat met de ABN AMRO was afgesproken dat mijn zus dat voor haar deed. Ze hadden mijn moeder erbij verteld dat ze ter zelfbescherming in de gaten werd gehouden.

'Alsjeblieft, doe het niet,' panikeerde ze dan ook toen ze me op een keer betrapte terwijl ik met mijn eigen bankzaken bezig was. 'Het mag niet! Ze hebben een brief gestuurd.'

Tegen die achtergrond was het logisch dat ik gistermiddag om vier uur precies naar 'de Turk' – de kleermaker – werd gestuurd omdat ze met hem had afgesproken dat een te verstellen broek vanaf dat tijdstip kon worden opgehaald, wat zij interpreteerde als 'moest worden opgehaald'.

De kleermaker en zijn vrouw zaten in een klein pand aan de Hoofdstraat, waar met sierlijke letters DE BRILJANTE SCHAAR op de ruit stond geschreven, wat meteen de vraag opriep of ik met een briljante Turkse kleermaker te maken had of met eentje die niet kon spellen. Het was alle twee waar. De naam was gekozen om verwarring met die andere Turkse kleermaker in het dorp te voorkomen die de naam 'De

Gouden Schaar' voerde en boven wie deze vakman zich ver verheven voelde.

'Briljant is beter dan goud,' zei hij me een paar keer terwijl zijn vrouw de gerepareerde broek in een plastic zak deed.

Thuis trof ik mijn moeder in een gesprek met een KPN-monteur die van deur tot deur ging en die haar vertelde dat ze beter een goedkoper, want minder snel, alles-in-één-pakket kon afsluiten.

'Wat wordt de maximumsnelheid?' hoorde ik haar vragen. Ik wist toen al dat ze me voortaan zou verbieden om te snel te internetten.

Bijzondere mensen

24 maart 2015

Mijn broer had nog maar één oog, dat we zijn 'goede oog' noemen, maar feit was dat hij daar ook steeds slechter mee zag. Dat merkte ik toen we afgelopen weekeinde samen naar Puur, de beste koffiewinkel van Velp en omstreken, wandelden. Even ontsnappen aan mijn moeder bij wie we, het kwam verder nooit voor, gelijktijdig logeerden. Hij extra wild zwaaiend met zijn blindenstok als er iemand naderde, ik aan zijn rechterkant, want dat moest van hem.

We hadden alle twee niet gestemd bij de verkiezingen. Ik omdat ik echt niet meer wist op wie nu weer, hij omdat hij het vertrouwen in politici had verloren. Dat regeringspartijen in de campagne hadden gezegd dat de crisis bijna voorbij was, was de druppel geweest.

'Voor mij niet,' zei hij.

Dat de pedicure uit de verzekering was gehaald kon hem, als diabetespatiënt, op den duur een been kosten.

'Dat is goedkoper voor ze dan dat ze iedere week naar mijn voeten kijken.'

Mijn broer had nu medelijden met de zorgverleners. De zorgverleners hadden zo veel last van de werkdruk dat ze soms echt even moesten bijkomen. Er waren er die hem het doemscenario van gedwongen mantelzorg schetsten, maar die had hij met de feiten om de oren geslagen.

'Ik heb een broer in Amsterdam,' had hij over mij gezegd, 'die kan ik wel gaan bellen met ellendige verhalen, maar die komt toch niet.'

Toevallig had ik een dag eerder een mail ontvangen van een journaliste die me voor het mij onbekende tijdschrift *Lotje&Co* wilde interviewen over 'het gezinsleven met een bijzonder kind, zonder zieligdoenerij, maar wel eerlijk en open. En liefst met een vleugje zelfspot'. In een bijlage zat een interview met ex-FC Twente-keeper Sander Boschker, wiens zus het syndroom van Down heeft.

'Dikke lul, dat doen we echt niet,' was nog het vriendelijkste wat mijn broer zei toen ik hem erover vertelde. Daarin vonden we elkaar dan, in de gedeelde afkeer van dat soort verhalen over 'bijzondere mensen' en hoe 'gewone mensen' met ze omgaan.

'Gewone mensen zijn echt heel aardig,' zei mijn broer, 'behalve dan als je ze tegenkomt in de Primark in Arnhem. Daar lopen ze je met blindenstok en al omver.'

Kraakheldere vrouw

28 maart 2015

'Uw moeder is een kraakheldere vrouw,' zei de chauffeur van de Arnhemse taxicentrale Willemsen-de Koning die me bij het ouderlijk huis in Velp kwam halen en me uitgebreid complimenteerde met de vitrage voor het raam.

'Hagelwit, zo zie ik het graag.'

Ik was op weg naar een interviewafspraak met een student journalistiek die ik op het laatste moment had verplaatst naar Arnhem omdat hij weigerde me op een andere dag te interviewen.

'Nee hoor, we doen het gewoon vandaag.'

Die dwingende toon fascineerde me.

'Veel mensen wassen de gordijnen nooit, maar uw moeder is een nette vrouw,' zei de taxichauffeur weer.

'U kent haar helemaal niet,' zei ik, waarna de chauffeur op zijn Arnhems meteen in de verdediging schoot.

'Heb ik iets verkeerds gezegd dan? Nee toch? Ik wilde dat ze het over mijn moeder zouden zeggen, maar die heeft de gordijnen twintig jaar geleden voor het laatst gewassen.'

Na een korte stilte zei hij: 'Ik let als ik mensen kom ophalen altijd op de vitrage.'

Toen ik vervolgens niets zei omdat ik een sms van die student journalistiek kreeg waarin hij meldde dat hij al geruime tijd voor Hotel Haarhuis in Arnhem op me stond te wachten terwijl we het tijdstip toch zo goed hadden doorgesproken, begon de chauffeur zichzelf te vergoelijken.

'Ik ben een beetje een amateurpsycholoog. Beter dat dan een echte afwijking. Of niet dan?'

De student journalistiek stond in de regen op me te wachten. Hij was niet naar binnen gegaan omdat dat niet was afgesproken. Even later werkte hij een vragenlijst af waarvan niet mocht worden afgeweken, wat ik aandoenlijk vond. Toen het klaar was gaf hij me een hand en liet me een foto zien van een bord waarop de vertrektijden van de treinen richting Eindhoven stonden. 'Ik heb het als aangenaam ervaren, maar moet nu wel gaan.'

Het was gewoon zo dat de dingen moesten gaan zoals hij ze zich had voorgenomen. Daarna zei hij dat hij het syndroom van Asperger had.

'Ervaart u dat als een nadeel?'

Beter dat dan een echte afwijking, dacht ik toen.

Daar was hij dan weer, mijn vader

7 april 2015

Achttien jaar geleden, hij had beide ogen nog, filmde mijn broer in en rond het ouderlijk huis erop los met een enorme videocamera. Ik was de opnames helemaal vergeten, maar toen de vriendin en ik mijn broer bezochten kwamen de banden uit een zwarte koffer tevoorschijn.

En zo kwam het dat ik op eerste paasdag, het zal geen toeval zijn, mijn vader weer zag en hoorde. Daar was hij, en niet direct in een pose waarin ik hem het liefst herinnerde.

In zijn nette pak, de haren in een scheiding, de bril op het puntje van de neus, de das scheef.

Het was Kerstmis 1997.

Hij zat op een stoel, voor de reusachtige kamerplant die over de schrootjesmuur naar het plafond kroop en die inmiddels ook is overleden, een speech te oefenen op mijn moeder die hij een paar dagen later in het Provinciehuis zou uitspreken.

'Laten we het maatschappelijk nut van het waterschap vooral niet onderschatten...'

Mijn moeder was bezig in de keuken, we hoorden althans de hele tijd het gerammel van pannen.

Mijn vader was geen groot spreker.

'Dit is nog niet goed, denk ik,' zei hij na een slaapverwekkend betoog van een kwartier tegen mijn broer, die dus alles filmde. 'Het moet wat meeslepender.'

De opname werd ruw onderbroken.

Daarna zag ik mijn moeder roerend in een pan ragout, een blauwgeruit schort om haar middel, sigaret in haar andere hand. Stuyvesant rood met filter, herinner ik me. Pas drie jaar later, na haar hartaanval, zou ze stoppen.

Mijn broer filmde dit niet, ik zag hem ook in beeld, zeker twintig kilo zwaarder dan nu. De filmer zoomde in op de ragout waar mijn moeder met een houten lepel doorheen kamde.

Daarna mijn stem, geaffecteerder dan nu, 'bekakt' zou de vriendin later zeggen: 'Kom ik een keer thuis, krijg ik dit.'

Het gebrek aan decorum.

Het boerenbontservies, de ragout die we met lepels uit het bladerdeeg hakten, mijn moeder die maar bleef vragen of dat filmen nu bijna voorbij was.

Mijn vader die vroeg wat ik van zijn speech vond.

'Saai,' hoorde ik mezelf zeggen.

Ik zag de angst in zijn ogen en hoorde mijn moeder liegen dat zij het wel heel goed vond.

Ik snakte nu toch wel naar een vriendelijk woord van mezelf, maar dat kwam niet.

Grijze sneeuw.

Daarna beelden van mijn zus, liggend in een weiland op Texel. Ik denk dat ze allemaal blij waren dat ik die vakantie niet mee was.

Herinneringen

6 juni 2015

Een week geleden presenteerde ik in Arnhem een columnbundel waarin in ieder verhaal het woord 'Arnhem' voorkomt. De plaatselijke boekhandel had het groots aangepakt, waardoor ik achter Showband Mystique, waarvan de leden voor we vertrokken eerst nog allemaal moesten plassen, door het winkelhart marcheerde. Vrienden zeiden me later dat ik de schaamte 'waardig droeg'.

Na iedere bocht zag ik mijn vader meewarig het hoofd schudden.

Toen hij terugkwam uit Nederlands-Indië zag hij de fanfare en de versierde platte kar al van ver bij het ouderlijk huis staan. Hij nam een omweg, glipte door de achterdeur naar binnen en ging met zijn plunjezak op zolder zitten, waar hij uiteindelijk werd gevonden door zijn broer. Daarna begon het circus alsnog.

Ik vond het hinderlijk dat mijn vader in mijn hoofd meehobbelde en vroeg beleefd of hij er voor even uit wilde, maar dat ging niet meer. Pas na zijn dood had ik me op zijn leven gestort. Ik wist nu dat hij bij zijn geboorte vijf kilo woog, dat hij de koffie tijdens de lunchpauze met veel melk consumeerde, dat er van alle adviezen die hij gaf maar een was uitgevoerd en dat hij bij vergaderingen nagenoeg geen inbreng had. Heel anders dan thuis, waar hij de wereld tijdens het journaal becommentarieerde. Maar wie hij was, wist ik nog steeds niet.

In café Atlanta zat mijn moeder op de eerste rij. Na afloop zei ze tegen mijn vrienden dat mijn vader, als hij nog geleefd had, niet alleen naast haar zou hebben gezeten, maar dat hij ook nog heel hard zou hebben geklapt. En ook dat ze zijn aanwezigheid vooral in de ochtenden miste.

Wat deed mijn vader dan 's ochtends?

Hij at een boterham, dronk een kop thee en verder herinnerde ik me vooral het gestommel. Het zichzelf verplaatsen van de ene naar de andere stoel met een boek, of het zwijgend inspecteren van de groei en bloei van de druivenstruik onder het afdak.

Later die middag waren er meer die me ongevraagd kwamen vertellen wat mijn vader van het gebeuren zou hebben gevonden. Dat ze uitkeken naar het boek dat ik ooit over hem ging schrijven.

Ik was ergens in gaan roeren en dit was mijn straf, dacht ik. Waar ik ook kwam, er waren er altijd wel een paar die me kwamen zeggen wat hij ergens van zou hebben gevonden. Goedbedoelde onzin was het. Als hij me nog iets wilde zeggen, was het: 'Laat me met rust,' en waarschijnlijk was dat ook voor iedereen het beste.

Het asielzoekerscentrum

20 juni 2015

In de buurt van winkelcentrum Velperbroek, waar mijn moeder tot aan haar dood trouw haar boodschappen zal blijven doen, zit sinds kort een asielzoekerscentrum, waarvan je bewoners zag lopen met plastic tasjes van de Action. Er was er ook al een gesignaleerd met een vishengel bij de vijvers aan de Kennedylaan, de tuinman die het me vertelde zei erbij dat hij dacht dat de asielzoeker honger had.

Mijn moeder vroeg zich af waarom de asielzoekers op de fietspaden wandelden en niet op de stoep. Omdat ze niet goed was in uitwijkmanoeuvres was ze uit voorzorg maar midden op de weg gaan fietsen.

Een buurvrouw kwam verslag doen van de open dag die in het asielzoekerscentrum was georganiseerd. Ze was er geweest met de kleinkinderen. Achter het gebouw waren een springkussen en een springkasteel opgezet, waarop door het slechte weer helaas niet veel was gesprongen. Er waren ook popcorn en suikerspinnen voor de buurtbewoners en de meeste asielzoekers spraken tot haar verbazing goed Engels. Ze vond het zielig voor de asielzoekers dat ze hun land hadden moeten verlaten. Ik vond het vooral zielig dat ze juist in Velp waren geland, in een gebouw waar je met zijn tienen een douche en met 25 een wasmachine moest delen. En waar het voorlichtingsapparaat van de gemeente Rheden naar buiten toe vooral communiceerde hoe karig de omstandigheden er waren, omdat de buurtbewoners vooral niet moesten denken dat ze daar, in dat gebouw aan de Broekstraat, leefden in extreme luxe.

De buurvrouw vertelde dat ze alles had gezien. De slaapvertrekken, de keuken en het klaslokaal waar de asielzoekers met een computer contact konden leggen met het thuisfront. En dat de asielzoekers ook taarten voor de buurtbewoners hadden gebakken en muziek hadden gemaakt.

'Met trommels.'

Bij het weggaan vergat ze een papier van de gemeente waarop precies stond geïnventariseerd welke spullen aan de asielzoekers ter beschikking waren gesteld. Typisch Velps vond ik dat er voor de zekerheid bij stond waarvoor je ze kon gebruiken.

'Een stoel waarop hij/zij kan zitten.'

'Een locker waarin hij/zij haar spullen kwijt kan.'

'Een half aanrechtkastje waarin eventuele kookspullen bewaard kunnen worden.'

'Een bed waarin hij/zij kan slapen.'

Mijn moeder: 'En dan snap ik niet dat ze niet even zeggen: dat is een stoep en daar moet je op lopen.'

Met de kennis van nu

20 juli 2015

Met het vaderschap in het verschiet bladerde ik door het fotoalbum dat mijn moeder bijhield in de eerste jaren na mijn geboorte. Ik vond mezelf als baby niet zo interessant, maar de wereld eromheen des te meer.

Daar was ik dan, zittend in een badje in een woonkamer op zevenhoog, mijn vader op de achtergrond lezend in *De Tijd*, dat toen nog een dagblad was.

Ik zag mensen terug – broers en zussen van mijn ouders – die al lang overleden zijn. Een oom, die later zou omkomen bij een verkeersongeluk in Polen, poserend voor zijn oranje Opel Rekord. Ik op een handdoek op de motorkap.

Een neef – kwam op kraamvisite met een pantserwagen, die hij op de parkeerplaats voor de flat parkeerde.

Presikhaaf was nog geen probleemwijk, en ook geen Vogelaarwijk of kansenwijk, maar een modelwijk. Alles zat er nog strak in de verf. Er stond een groot houten bord bij het winkelcentrum: HIER BOUWT ARNHEM AAN DE TOEKOMST!

Mijn moeder maakte selfies, toen al, met mij op schoot voor het raam van de flat. In het met balpen geschreven commentaar las ik eenzaamheid.

'Wachten op papa. Jij wilt pap.'

Ze had ook kunnen schrijven: 'Waren we maar nooit uit Brabant vertrokken.'

Onder plakband vond ik een pluk haar.

Bijschrift: 'Je eerste haartjes.'

Op sommige dagen maakten ze, om beurten, wel 25 foto's, zoals op die middag dat mijn vader 'een middag vrij' had genomen om te wandelen in het net aangelegde park, dat feitelijk niet meer was dan een enorm grasveld met een eendenvijver.

‘Eendjes voeren, je vond het prachtig.’

Merkwaardig hoe ze daar in identieke poses stonden: een hand aan de kinderwagen, omringd door eenden, flats op de achtergrond.

Tussen al die foto’s zat er ook een van het achterwerk van een peuter in korte broek op het balkon.

Bijschrift: ‘Je vriendje Arthur had zijn hoofdje tussen de spijlen van het balkon gestoken. Wat een gedoe was dat!’

Navraag bij mijn moeder leerde dat het hier een jongetje uit de buurt betrof. Jaren later zou hij nog een keer de krant halen vanwege een overval met een kruisboog op een benzinepomp.

‘Maar dat wisten we toen natuurlijk nog niet,’ zei ze op een toon alsof ik moest geloven dat ze dat kind met de kennis van nu gewoon had laten zitten.

Vreemde aan de deur

22 juli 2015

In de Emmastraat in Velp was een oude vrouw beroofd. Er had een man in paniek bij haar aangebeld die waarschuwde voor een gaslek. De vrouw diende haar woning direct te verlaten, maar niet nadat ze haar kostbaarheden in een tas had gedaan die de dader voor haar had meegenomen.

Het was het zoveelste incident in het dorp met het hoogste percentage ouderen van Nederland, reden voor vrijwilligers om met een multomap vol waarschuwingen langs de deuren te gaan.

Ik trof mijn moeder aan de koffie met meneer Van Vliet, een kalende vijftiger die, zodra ik door de achterdeur naar binnen stapte, meteen vloog om zichzelf met een paspoort te legitimeren.

Ik vond het komisch: iemand die aanbelt bij vreemden om te waarschuwen voor vreemden die aanbellen omdat die, dat was schijnbaar bewezen, 'nooit goede bedoelingen hebben'.

'Nooit binnenlaten,' zei Van Vliet.

'Al zeggen ze dat ze van de politie zijn. Sta ze te woord met de deur op een kier, ketting erop. Dat is niet onaardig. Tegenwoordig is een vreemde aan de deur geen zuivere koffie.'

Er volgde een serie voorbeelden van babbeltrucs die in Velp op bejaarden waren losgelaten en die waren terug te lezen op het voor mijn moeder onbekende Facebook.

Het ging van meteropnemers tot zwangere vrouwen die om een glaasje water vroegen, tot iemand die zich kwam voorstellen als 'de nieuwe buurvrouw'.

Er waren er zelfs, aan zijn gezicht was te zien dat Van Vliet dit soort oplichters de allerergste vond, die deden alsof ze van de politie of de gemeente waren.

'Of mensen die doen alsof ze mensen komen waarschuwen,' zei ik.

Het was een grapje, maar Van Vliet was het type man voor wie ieder geintje een seintje was.

Hij concludeerde dat 'de zoon de boodschap had begrepen'.

'Maar meneer,' zei mijn moeder naar waarheid, 'ik was juist altijd zo blij als de bel ging. Wat als ze al aan de koffie zitten?'

'Gaat u ze in geen geval te lijf,' adviseerde Van Vliet. 'Probeert u ze met een smoes weg te krijgen. Zeg bijvoorbeeld dat u ieder moment uw zoon verwacht.'

Dit gezegd hebbende stond hij op.

Hij klopte de koekkruimels van zijn colbert, pakte zijn rode multomap en liep naar de voordeur, die een pluimpje kreeg vanwege het aantal sloten.

Hij nam afscheid met de woorden: 'Als ik nog een keer aanbel hoop ik dat u me niet binnenlaat.'

Daar kon hij op rekenen.

Wachten

23 juli 2015

Ik vond wachten al nooit leuk, maar je hebt wachten en wachten. Als je per se in de nieuwe achtbaan van de Efteling wilt, dan kies je ervoor. De rijen op Schiphol: alle begrip. Zover was ik. De apotheek, ik schreef er al eerder over, vond ik moeilijker, maar daar wordt aan gewerkt. In die van mij hingen de laatste keer tenminste briefjes waarop stond dat ze er bezig waren met 'een nieuw systeem' waardoor het 'binnenkort nog sneller' ging. Je kon daar veel van vinden, bijvoorbeeld waarom het dan eerst nog langzamer moest gaan, maar positief was dat ze het probleem onderkenden. Bovendien is de apotheek dan zo'n plek waar je hardop mag zuchten.

Dat doe je in het ziekenhuis niet zo snel, maar ik kreeg er onderhand wel zin in, want als ze ergens hun machtspositie uitbuiten, is het in de medische wereld. Bij de afdeling Verloskunde bijvoorbeeld maakt het niet uit of je er 's morgens als eerste een afspraak hebt of ergens in de namidddag. Er komt daar zo vaak 'wat tussen' dat je je op den duur gaat afvragen waarom ze er in de planning geen rekening mee kunnen houden.

Ik kreeg een goedbedoelde tip: 'Als u een afspraak hebt, kunt u het beste de ochtend of de middag in de agenda blokken, dan komt u nooit in de problemen.'

Ik dacht even dat het aan het menstype bij verloskunde lag, men was daar nu eenmaal oeverloos van aard. Laatst zat er iemand die tegen ons zei dat ze wachten zelf nooit zo erg vond omdat ze dan altijd 'lekker' een boek kon lezen.

Gisteren ontdekte ik dat het iets van alle afdelingen in alle ziekenhuizen is. Ik ging met mijn moeder naar het ziekenhuis vanwege drie afspraken bij cardiologie en een gehoorprobleem. In totaal waren we daar zes uur, wat mijn moeder kort vond. Haar referentiekader was de oorlog, waarin ze tijdens 'de evacuatie' van een kar viel en een been brak.

‘Komt u over drie dagen maar terug,’ zeiden ze toen in het dichtstbijzijnde ziekenhuis.

Als je het zo bekeek, was er sindsdien al veel verbeterd.

Wilderswil

27 juli 2015

Mijn ouders waren geen reizigers, maar we gingen toch. Altijd naar Wilderswil, een Zwitsers dorp met uitzicht op de Eiger, Mönch en Jungfrau. Ze huurden er de bovenverdieping van de boerderij van een familie die de hele dag bezig was met het maken van kaas. Die vakanties kon je samenvatten in drie woorden: wandelen, wandelen en wandelen. En dan uiteindelijk weer uitkomen bij die boerderij, waar mijn vader een schildje met het logo van het dorp waar we op tweedehands bergschoenen naartoe waren gelopen, op onze wandelstokken timmerde.

Dat herinner ik me, en ook dat we er altijd ontzettend veel conservenblikken mee naartoe namen in de achterbak van de groene Mazda 323.

De ontbrekende herinneringen vond ik eergisteren. De zolder moest leeg. Er stonden dozen die vier verhuizingen hadden overleefd en waarin ik in geen vijftien jaar had gekeken. Op een ervan stond met stift ZWITSERLAND MARCEL. Er zaten stenen uit Zwitserland in, een hoorn van een koe, een koebel met opschrift WILDERSWIL en een plakboek.

Ik was weer even zestien, het jaar waarin ik begon en stopte met het verzamelen van stenen en waarin we voor het laatst naar Wilderswil gingen, een plaats die ik toen consequent 'het Zwitserse kutdorp' noemde.

Het plakboek las als een sociaal experiment van twee volwassenen die zich met hun drie puberkinderen vrijwillig hadden laten opsluiten op de bovenverdieping van een boerderij bij een Zwitsers dorp waar niets te beleven was.

'Zelfs geen televisie!!!' las ik met de ergernis van toen. We waren er dat jaar een maand, een periode waarin het bijna onafgebroken regende en we noodgedwongen binnen zaten.

'Weer kutweer,' schreef ik. 'Weer monopoly, weer scrabble.'

Mijn ouders moeten dat jaar uitgeput zijn teruggekeerd. Mijn zus sloeg me per ongeluk met haar wandelstok drie hechtingen op het hoofd, ik verscheurde haar lievelingsboek, mijn broer glibberde een ravijn in en tijdens een onweer hingen we een paar uur in een stoeltjeslift in Lauterbrunnen. Mijn broer en ik boven het dak van een boerderij, mijn vader boven een weiland, mijn moeder en zus 'lekker' boven een afgrond. Het plakboek stopte abrupt met een notitie over mijn ouders: 'Nu hebben ze zelf ook ruzie, hahaha. Nog drie dagen.'

Later zouden ze het nog regelmatig over die heerlijke vakanties in Wilderswil hebben. Naast het sterfbed van mijn vader stond een koebel uit Wilderswil en mijn zus ging er zelfs op huwelijksreis naartoe. Zelf had ik laatst ook wel weer zin in Wilderswil, ik noemde het tenminste als mogelijke vakantiebestemming. Het was een raadsel hoe dat kon.

Borstvoeding

6 augustus 2015

Ik zag voor het eerst een kolfapparaat. Het ding stond op de cover van de carrièrebijlage van *nrc.next* als ankeiler voor een artikel over een voor mij nieuwe problematiek: het ontbreken van een 'comfortabel kolfplekje' op de werkplek voor vrouwen die na vier maanden zwangerschapsverlof nog steeds door willen gaan met het geven van borstvoeding. In plaats van de wettelijk voorgeschreven afsluitbare ruimte met stretcher of bankstel en koelkastje moesten ze het soms doen met een kolfruimte met een deur waarin een raampje zat, waardoor de desbetreffende moeder zich genoodzaakt voelde om met de rug naar de deur te moeten gaan zitten.

Het leek me verschrikkelijk voor die vrouw, maar ook weer niet schrijnend. Ook in *De Telegraaf* en het *Nederlands Dagblad* las ik citaten van vrouwen die klaagden over ondermaatse kolfruimtes. Het kwam omdat het Wereld Borstvoedingsweek was, een jaarlijks terugkerende 'feestweek' waarvan de slogan dit jaar 'Aan het werk met borstvoeding: het werkt!' was.

Ik had wel eens betere slagzinnen gezien, maar van een organisatie die in eerdere jaren zinnen als 'Borstvoeding: een streven naar leven', 'Borstvoeding doe je samen!', 'Borstvoeding bruist' en 'Borstvoeding, zeg het maar' verzon, moest je misschien niet te veel verwachten.

Ik had natuurlijk wel eens gehoord van de 'borstvoedingsmaffia', van vrouwen die nogal fanatiek vinden dat alle vrouwen borstvoeding kunnen en moeten geven, maar ik had daar geen beeld bij. Met het aanstaand vaderschap in het verschiet blijken ze overal te zitten. Vermomd als buurvrouw, vriendin, moeder, collega of verloskundige kregen we ze de laatste tijd over de vloer. Het begon altijd met het stellen van de voorzichtige vraag of de vriendin al wist wat ze ging doen, fles of borst, die binnen een paar minuten kantelde in een nogal fel beleden standpunt voor borstvoeding. Dat de vriendin het nog niet wist en dat het mij niet uitmaakte was olie op het vuur.

Een buurvrouw zei: 'Waar een wil is, is een weg.'

Met het geven van borstvoeding is iets vreemds aan de hand. Tik het woord in op Twitter en je ontmoet vrouwen die trots foto's plaatsen van zichzelf met het kind aan de borst.

'Al negen maanden borstvoeding. Trots. #Enwegaannogevendoor.'

Het was een raadsel waarom, maar ze wilden het schijnbaar heel erg graag delen.

Misschien dat 'Borstvoeding, bemoei je met jezelf' een goede slogan voor de volgende Wereld Borstvoedingsweek is.

Vloeibaar goud

18 augustus 2015

Vorige week werd ik vader. De dochter arriveerde na een woeste nacht in een kraamkamer van het OLVG te Amsterdam. Twee uur later ging ze voor het eerst met een taxi van TCA, waarin het naar dennennaalden rook en waarvan de chauffeur zei dat we hem zeker weten nooit zouden vergeten als hij juist nu tegen een boom zou rijden.

We tilden haar twee trappen op en legden haar in de wieg die er al weken stond. Met de dochter kwam een nieuwe wereld het huis binnen: een optocht van ervarings- en lactatiedeskundigen, verloskundigen, vroedvrouwen en kraamverzorgsters. De humor had zich goed verstopt, maar was als verstekeling toch meegekomen.

De vrouw van de 'prikdienst' had rookaanslag op haar tanden, uit haar kontzak stak een pakje Zilver-shag. Koolbladeren in de bh hielpen tegen zere tepels. Poepvlekken verwijderde je het best met Glassex. De zuster van onze kordate kraamhulp had in een vorig leven toevallig ook in ons huis gewoond en wilde de open keuken zien. Mijn moeder kwam met één gebroken en drie zwerende tenen omdat ze 'zomaar' uit bed was gerold. De andere moeder had een gehoorapparaat van hetzelfde merk waardoor ze elkaar vonden in de conclusie dat het een extreem rustig kind was. Mijn zwager schikte mijn zus en hun puberkinderen zorgvuldig achter onze wieg, schroefde een flitslicht op zijn ouderwetse toestel en verloor zich in de fotografiehobby. De buurvrouw die borstvoeding belangrijk vond kwam aan de deur informeren naar de kleur van de ontlasting. 'Vloeibaar goud, zul je bedoelen,' zei ze nadat ik 'piccalillysaus' had gezegd. De uitbater van de buurtsuper liet per sms weten dat hij vanwege ons Pampers in het assortiment had opgenomen, er werd op omzet gerekend.

Ik wilde wel blijven, maar liet me ook graag wegsturen. Naar de bemoeials van de borstvoedingswinkel voor een voedings-bh en naar het stadsdeelkantoor voor de aangifte.

'Weer een nieuw inwonertje erbij,' zei de ambtenaar daar. Hij bedeelde de dochter met negen nummers, nergens ter wereld kreeg je er volgens hem zo snel zo veel, al zei hij er eerlijkheidshalve bij dat hij een paginanummer van de geboorteakte had meegerekend. Nadat de formaliteiten waren afgehandeld, mocht hij me namens de burgemeester een officieel cadeau aanbieden: een handdoek met capuchon in de kleuren van de stad met de tekst I AMSTERDAM erop. Je mocht een gegeven paard natuurlijk niet in de bek kijken, maar blij werd ik daar als geboren Arnhemmer niet van. Mijn dochter deed toen we haar er na het badderen inwikkelden het enige juiste en spoot vloeibaar goud over de slogan. Alle twijfel, zo die al bestond, was weg. Ja, dit was mijn dochter! Om maar eens een cliché te gebruiken: een wolk van een baby.

Ze had veel gekkere dingen gezien

20 augustus 2015

Over 'de kraamtijd' was ons niet alles verteld, het kon ook zijn dat we selectief hadden geluisterd. Er waren, tussen al dat geluk door, momenten dat ik de zin 'geniet ervan' die ze ons van alle kanten toewensten, cynisch interpreteerde.

Het slaapgebrek kwam binnen een week definitief om de hoek kijken. Lagen we eindelijk lekker, iedereen stil, stond de kraamhulp om half negen voor de deur voor 'een laatste inspectie'. Ik naar beneden in mijn onderbroek, de haren door de war. Nog voor ik me kon excuseren, zei ze dat het helemaal niet gaf dat ik bijna bloot was.

'Ik heb echt veel gekkere dingen gezien.'

O ja, wat dan? Geef eens een voorbeeld, dacht ik, want in voorbeelden geven was ze toevallig heel goed. Dat wist ik nog van 'de voorlichtingsavond voor aanstaande ouders' in het ziekenhuis waar ze in een referaat van meer dan drie uur het ene na het andere voorbeeld uit haar jurk toverde. Wat ik ervan onthouden had was dat je als zwangere vrouw het beste ergens anders kon gaan staan als je bijvoorbeeld op een perron met een roker werd geconfronteerd. Dat de baarmoeder te vergelijken was met een boterhamzakje. Dat ze de aanwezige zwangere vrouwen, als ze dan toch een beest moest noemen, nog het meest op 'tijgers' vond lijken. En dat van de aanwezige mannen, door haar consequent 'toekomstige papa's' genoemd, ondersteuning werd verwacht. Zowel voor als na de bevalling.

In die laatste fase zaten we nu.

Ze informeerde hoe het ging.

Ik beperkte me tot 'weinig slaap', wat ze afdeed als 'gebruikelijk'. Toen ik daarna zei dat de vriendin een griepje had, ging ze in galop de trap op. Ik erachteraan. Toen ik in de slaapkamer kwam, lag ze naast de vriendin en de baby op mijn plek in het bed. Ze streelde haar arm, een stukje betrokkenheid. Ik kon er natuurlijk bij gaan liggen of bij blijven staan kijken, maar ik kon ook beneden koffie gaan drinken.

Daar hoorde ik haar via de babyfoon zeggen dat ze het zich best kon voorstellen als er vanwege die griep 'traantjes kwamen', maar hoezeer ze ook aandrong: de vriendin gaf geen sjoege, hooguit een beetje.

'Ja, daar komen dan toch traantjes.'

Een kwartier later stond ze met haar conclusies in de woonkamer. De vriendin had griep, dat was gewoon. De baby had overgegeven, dat was gewoon. We waren uitgeput, dat was gewoon. Ze ging het dossier dichtdoen, dat was gebruikelijk als alles gewoon was. Niets stond een heerlijke kraamtijd in de weg. Terwijl ze haar veter strikte kotste onze kat Duttie voor haar voeten al het Sheba-voer eruit. Daar keek ze van op, maar ik dan toch niet. Dat was heel gewoon, ik had ergere dingen gezien.

Gewoon gigantisch gewoon

29 augustus 2015

Ik ontving een brief van de heer M.H., een mij tot dan toe onbekende inwoner van het dorp Middelbeers, die tot zijn vreugde in de krant had gelezen dat ik vader was geworden. Het toeval wilde dat hij bij het opruimen van het familiearchief een foto van mijn vader als baby had gevonden. Het portret, een soort staatsiefoto van een gezin uit een andere wereld, had hij bijgesloten in de envelop.

Ik heb er lang naar gekeken.

Mijn vader als baby, in niets lijkend op de man die hij later zou worden.

De wieg, die nog het meest deed denken aan een houten kist, zo een waar ze vroeger appels in deden, stond onder een glas-in-loodraam in de ouderlijke woning. Eromheen broers in korte broeken (het was februari!) en zussen met strikken in het haar. Het waren er nogal wat want het betrof hier een rooms-katholiek gezin waar op de voortplanting geen rem leek te zitten. Verder in beeld: een kapelaan, mijn oma in een zwarte jurk en een man met een pijp in de mond, waarschijnlijk de huisarts.

Met mijn vader was wat vreemds aan de hand.

Hij was, we hebben het over begin 1925, de grootste baby die tot dan toe in Middelbeers was geboren. Hij oogde inderdaad indrukwekkend, om niet te zeggen kolossaal.

Commentaar van de briefschrijver: 'Een tienponder! Grappig toch? En dan te bedenken dat toen hij na de oorlog naar Indië vertrok nog geen 45 kilo woog.'

Navraag bij de weinigen die het nog konden weten leerde dat mijn vader na zijn geboorte een attractie was.

'De hele familie kwam om het te zien, zelfs die uit België. Ze namen roomboter mee.'

Ook gezegd: 'De verwachtingen waren natuurlijk hooggespannen.'

Veel verwachten van een te groot uitgevallen baby, alsof mijn vader toen al wist dat dat Brabantse onzin was. Hij groeide de jaren erop geen centimeter.

Ik liet de foto aan mijn moeder zien en vertelde haar dat de bejaarde zus van haar man had gezegd dat mijn vader wachtte met groeien tot de anderen net zo groot waren als hij.

Ze zei dat mijn vader zijn hele leven 'heel gewoon' was geweest en dat ik verder niets bijzonders achter zo'n foto moest zoeken. Hij was gewoon een gigantische baby waar ze maar beter niets van hadden kunnen verwachten. We concludeerden dat het hem in ieder geval gelukt was om heel gewoon te worden.

Nieuwe ervaringen

1 september 2015

Na de komst van het kind begaf ik me voorzichtig in een nieuwe wereld die ik voorheen alleen uit verhalen kende. Voor het eerst in lange tijd deed ik weer eens dingen voor het eerst, hoewel ik soms hoopte dat het tevens de laatste keer was.

De eerste keer met een kinderwagen in een tram bijvoorbeeld, bij het instappen bleef een van die kutwieltjes hangen achter een drempel terwijl de deuren zich langzaam sloten. In gedachten zag ik mezelf al thuiskomen zonder dochter, voor eeuwig gereduceerd tot een slecht verhaal waarvan er me er de laatste tijd ongevraagd al zo veel werden verteld. Van peuters die sigarettenpeukjes uit de asbak van hun vader hadden gegeten tot en met een vader die per ongeluk op zijn baby was gaan zitten. Deze eerste keer instappen in de tram ging op het nippertje goed, waarna meteen de eerste keer uit de tram gezet worden wegens een kinderwagen volgde.

'Maximaal twee per tram,' zei de conductrice vanuit haar glazen hok over het aantal kinderwagens. Ze telde er hardop drie waardoor het gangpad bij een eventuele calamiteit met de verder halflege tram volgens de regels officieel geen vluchtroute meer was.

De eerste keer in een park met andere ouders bood een voorzichtige kijk in de nabije toekomst. We bouwden wespenvallen met halflege flesjes Fristi, hadden het over kamperen en een kleuter liet me uitgeprinte plaatjes van de Disney-film *Frozen* zien die ze inmiddels twintig keer had bekeken.

Omdat ons kind zo braaf en rustig was geweest werd ik overmoedig toen we op de weg naar huis de Pure Markt passeerden. Een grasveld vol verantwoorde mensen en kraampjes met verantwoorde producten, tot voor kort kon je me er met geen stok heen drijven, maar nu leek het me opeens leuk om er het verse gezin overheen te slepen.

We waren de enigen niet.

Stonden we daar.

Tussen andere mensen met Stokke-wagens in de rij voor een plastic glas Kornuit-bier. Het bier kwam, samen met ouders die hun hoofd in de kinderwagen staken en zeiden dat we haar beslist naar De Pretlettertjes of een andere goede crèche moesten sturen. Een man van in de vijftig met zijn kind in een katoenen draagdoek voor de buik kwam me ter hoogte van de biologisch gedraaide Hongaarse worsten om een spuuglapje vragen. We hadden geen spuuglapje, natuurlijk hadden we geen spuuglapje.

Begon ze daarom onbedaarlijk te huilen?

Fotografen

10 september 2015

Ik had fotografen onder mijn beste vrienden, dus je zou me een gewaarschuwd mens kunnen noemen. Ik had de gekste dingen gezien. Ik had gezien hoe ze Pim Fortuyn, die had gezegd dat hij op een door hem georganiseerde 'dag voor de internationale pers' beslist níét met het in het pand aanwezige 'achterlijke servies' gefotografeerd wilde worden, toch richting metershoog porselein wisten te dirigeren. De psychologie erachter intrigeerde me. Hoe gebeurde dat?

Wat dacht Vitesse-keeper Piet Velthuizen toen hij na een interview het verzoek kreeg om een zwembroek aan te trekken en in de karpervijver in zijn tuin te gaan staan? Hoe kon het dat een fotograaf er bij Johan Derksen in geslaagd was om een lekke voetbal op het hoofd te leggen?

Dat ging mij dus allemaal nooit overkomen.

Ik wilde alleen normaal en snel, en liever ook niet te veel belichting.

Vorige week meldde zich een fotograaf van *Nieuwe Revu* aan mijn keukentafel die, hij zei het maar eerlijk, een eigen verhaal wilde creeren. Het verhaal van de kersverse vader, een soort combinatie van de rauwe werkelijkheid versus de jonge onschuld.

Ik had de gekste dingen gezien, mensen die in de vreemdste poses werden vastgelegd. Dat ging mij dus niet overkomen.

'Het kind mag niet op de foto,' zei ik beslist.

Maakte niets uit.

Hij had een auto met een achterbak vol met attributen: een fles whisky, een ouderwetse kinderwagen, zwarte kleren, waaronder een lange leren jas, een wit pluchen konijn met bloederige ogen.

'Die kleren trek ik niet aan,' hoorde ik mezelf zeggen, waarna er begripvol werd geknikt.

'We verzinnen wel wat.'

Even later zat ik naast hem in de auto op zoek naar 'een donkere steeg', waar ik toen we die eenmaal hadden gevonden, zo veel dingen weigerde dat ik uit compassie andere dingen toch maar wel deed.

De fotograaf schroefde een wiel van de kinderwagen en drukte het in mijn armen.

'Verplaats je in de situatie...'

Daarna: 'Er is een wiel van je kinderwagen gevallen, je bent radeloos... Wat denk je nu?'

Ik dacht aan van alles. Aan de publiciteitsmedewerkster van de uitgeverij die me haar mediaplan uit de doeken had gedaan. Ze ging een bord spaghetti tegen de muur flikkeren en daarna zouden we wel zien wat er bleef kleven. In het geval van een bundel mocht je sowieso blij zijn als er wat bleef kleven.

Dit is dus wat blijft kleven, dacht ik, terwijl ik op verzoek op één been stond waardoor mijn gezicht zou ontspannen.

'Oké, kijk dan maar zoals je wilt kijken.'

Ik mocht, als ik dat wilde, ook wel roken.

En zo werd ik vastgelegd: rokend achter een kinderwagen, precies wat ik vooraf niet had gewild.

Een zwarte voet

17 september 2015

We wisten het misschien nog niet, maar het ging weer goed met ons en het was tijd dat we dat gingen merken. De gretigheid van de PvdA om dat in de troonrede verborgen nieuws onder de aandacht te brengen, deed me aan vroeger denken.

Ons gezin leek die partij wel, inclusief dat onderlinge geruzie tussen alle rampspoed door. Mijn zus die boos was omdat ik haar nog geen geboortekaartje had gestuurd en mijn broer al wel, terwijl ons telefoongesprek toch vooral over mijn moeder diende te gaan. Die had na twee openhartoperaties in het tijdperk na Ad Melkert – een periode waarin het beter leek te gaan – last van een steeds zwarter wordende voet gekregen waaraan ze met spoed geopereerd moest worden. Ooit was ze het mooiste meisje van Oirschot, een van de weinigen die ging studeren, maar dat moest je er tegenwoordig bij vertellen want de gesprekken met anderen gingen vooral over 'toestanden' in en rond het huis.

Wij erheen met de baby.

Mijn moeder had zelf groentesoep gemaakt, kommen vol.

Ze deed opgewekt en blij. Wij wisten het misschien nog niet, maar ze voelde zich goed en het was tijd dat we dat gingen merken. Zelfs dat diagnosticeerden we als 'zorgelijk' want wat was er, behalve onze baby dan, nu eigenlijk zo positief?

'Dat de vaatchirurg een aardige man is,' zei mijn moeder. 'Wist je dat hij vroeger ook in Presikhaaf heeft gewoond?'

Een beetje als Lodewijk Asscher die na een periode van bezuinigen bij een talkshow komt aanzitten om te vertellen dat de kinderopvang iets minder duur wordt en er en passant bij zegt dat hij zijn drie kinderen iedere morgen zelf naar school brengt.

We drukten haar het jonge geluk in de armen, waarna ze samen in een niet te verstaan gebrabbel vervielen. Tegen ons zei ze hoe mijn vader gereageerd zou hebben als hij mijn kind had kunnen zien. Moe werd ik daarvan. Dezelfde moeheid die me overviel als PvdA-voorzitter Hans Spekman weer eens over Joop den Uyl begon, alsof iemand daar nog aan dacht als je Dijsselbloem, Asscher of Samsom hoorde.

Mijn moeder had het tegen de baby over middagen in pretparken, Kerstmissen en wandelingen door het park. Blijmoedig gebrabbel was het. Als je wilde, kon je daar heel optimistisch van worden, maar in het achterhoofd zaten twee openhartoperaties, dichtgeslibde aderen, kommen groentesoep en een zwarte voet.

Terug naar Velp

26 september 2015

In mijn slaap was ik de laatste tijd op daken van hoge gebouwen te vinden. Ondanks de hoogtevrees kropen de baby en ik, zij als een trouwe hond achter me aan, over planken die flats met elkaar verbonden. Het medicijn dat de werking van nicotine in mijn hersens blokkeerde, bezorgde me 's nachts lsd-achtige dromen.

Als ik al sliep, want het huilen was in het echt ook overgegaan in krijsen. Ze liep daarbij rood aan, blies haar gezichtje op als een kikker en was – wat we ook probeerden – ontroostbaar.

Het was me wel eens slechter uitgekomen om een nachtje te mantelzorgen.

Ik verliet de vriendin en het huilende kind om in het ouderlijk huis de goedmens uit te hangen.

De voet van mijn moeder werd steeds zwarter en tot overmaat van ramp was haar telefoon ten onrechte afgesloten. Fout van KPN of Telfort, die hadden er volgens mijn broer onderling ook ruzie over. Paniek.

Kon ze het huis nog wel uit?

Wat als er juist dan een monteur kwam?

En hoe moest dat als het ziekenhuis probeerde te bellen om de operatiedatum door te geven?

Echt uitgeslapen was ik niet toen ik arriveerde. Hallucineerde ik, of hingen de blauwe druiven echt met hele trossen te rotten onder het afdak? Hoe kort was het nog maar geleden dat zoiets ondenkbaar was? Ik zag mijn vader nog staan op de keukentrap, tuinhandschoenen aan, zorgvuldig snoeiend met de allesknipper.

Drie of vier sloten, tergend langzaam geopend.

Binnen buitelden de nieuwtjes over me heen. De man van mijn zus was van zijn scooter gevallen, de telefoon deed nog steeds niets en de grote lamp boven de keukentafel was ook al stuk.

Er was geen eten in huis, hield ik van knakworst?

Niemand mocht aan die kapotte lamp zitten, en kon de oplader van mijn mobiele telefoon alsjeblieft uit het stopcontact? – 'Omdat er al zo veel stuk is.'

Het lukte, ondanks de goede voornemens, weer niet om geduldig en aardig te blijven.

'Wil je een appel?' 'Wil je een banaan?' 'Wil je yoghurt?' 'Wil je chocola?'

De hele tijd die koektrommel onder mijn neus.

'Blijf nou eens zitten,' zei ik.

'Wil je een stroopwafel?'

Nee, ik wil verdomme mijn moeder terug, dacht ik. Die vrouw van de gekookte aardappels, bloemkool en slavink met appelmoes.

Ze wees welke aderen er binnenkort operatief verplaatst moesten worden, ik las *de Gelderlander*. Ze zei dat ze haar testament had aangepast, ik antwoordde dat ik op zolder op de computer ging werken.

De volgende dag bakte ze een ei en dronken we zwijgend koffie.

Ik geloof dat ze het erg prettig vond dat ik daarna weer naar huis ging.

Sterven voor je gezin

29 september 2015

Het feest was in één zin samen te vatten: mijn moeder werd 85, ze had sla gekookt. Er hadden nogal wat familieleden met hun snuit vol appelgebak in de Maxi-Cosi gehangen, de dochter had best lang bij de jarige in de armen gelegen – een sessie die ze overigens beëindigde door haar oma een behoorlijke kopstoot op de kaak te geven – en dus was het logisch dat we op de weg terug met 'de gebakken peren' zaten.

Maar 120 kilometer huilen en krijsen was wel lang.

'Doe iets,' zei de sturende vriendin, die op een lang recht stuk al een pink in het brullende mondje had proberen te steken, wat goddank – want levensgevaarlijk – niet lukte.

'Wat dan?' blafte ik terug, want ik hing al zonder gordel over de leuning van de stoel – probeer dat maar eens in zo'n kutautootje van Greenwheels – om die speen er zo ver mogelijk in te duwen, terwijl de vriendin de maximumsnelheid overtrad om maar zo snel mogelijk thuis te zijn.

Daar had de baby de dag ervoor ook fulltime gehuild, maar het klonk er toch prettiger dan op de A2. 'Niets aan de hand, ze maakt gewoon een "sprongetje",' was ons van alle kanten verteld, maar dan wel eentje dat gepaard ging met dusdanig veel geluid dat er weinig voor nodig was om de vlam in de pan te laten slaan. Het door mij in de groep gegooide woord 'huilbaby' bijvoorbeeld.

De vriendin: 'Dit is normaal gedrag, we hebben dus geen huilbaby.'

Ik: 'Nee, we hebben een baby die veel huilt.'

De baby begon nu extra hard te huilen.

Als tegenzet zette ik Radio 2 harder.

Een praatprogramma met een compilatie van protesten uit Enschede en Tilburg tegen de komst van vluchtelingen. Mannen – vaders, net als ik – die de zin 'Ik ben bereid te sterven voor mijn gezin' voor in de mond hadden liggen. Het leek me dat je als burgemeester of ambtenaar in functie moest uitkijken voor dat soort vaders. Een man uit Tilburg voorzag aanrandingen, verkrachtingen, diefstal en vechtpartijen in de achtertuin en voor de rest – we wisten het al – mochten we gerust weten dat hij vader was, een vader die bereid was om te sterven voor zijn gezin.

Ik zei het niet hardop, daar zou de vlam alleen nog maar meer van in de pan slaan, maar in ons huurautootje op de A2 was op dat moment niemand bereid te sterven voor het gezin.

Blijven bellen

1 oktober 2015

Bij KPN hadden ze een fout gemaakt, dat gaf de monteur direct toe toen hij bij mijn moeder over de vloer kwam die toen al een week zonder telefoonaansluiting zat. We waren allemaal nogal geschrokken door de paniek die het defect had veroorzaakt, maar nu was er dus de monteur die kwam onderzoeken wat voor een fout het was.

Ik was daar gelukkig niet bij aanwezig. Ik wist genoeg van de situatie ter plekke.

Mijn gehandicapte broer die het contact met de klantenservice had gelegd – mijn zus en ik hoefden ons nergens mee te bemoeien – zat vol ingehouden woede op de bank.

'Het moet gewoon gemaakt worden.'

Mijn moeder keek graag over de rug van zo'n man mee, ze achtervolgde hem letterlijk met vragen.

'Ziet u al iets? Denkt u dat het ziekenhuis me deze week nog kan bellen? Ligt het aan de kabel? Wilt u het toestel anders zelf proberen?'

De monteur vond geen oorzaak, waarna mijn broer, een man van 'belofte maakt schuld', zich genoodzaakt voelde om een week 'vrij te nemen' om zich fulltime op de zaak te storten. De oorzaak werd gevonden – een fout in de computer bij KPN – er kwamen excuses, de zaak werd doorverwezen naar het prioriteitenteam en daarna, omdat er een medische noodzaak was, naar het escalatieteam, wat betekende dat mijn moeder 'echt boven op de stapel' lag, maar gerepareerd werd er niets.

Mijn broer bleef bellen.

Veertig minuten in de wacht, drie keer verkeerd doorverbonden worden, het maakte hem wel uit – zijn hulpverleners waren er inmiddels ook bij betrokken – maar hij week niet. Net zo lang totdat ze van het escalatieteam aan hem vroegen om alsjeblieft niet meer te bellen. Hij belde toch weer, ja, hij had niet voor niets een week vrij genomen, gewoon twee keer per dag om even te zeggen dat de telefoon van mijn moeder het nog steeds niet deed.

Gisteren belde hij mij om te zeggen dat het escalatieteam hem had teruggebeld. Wacht, hij liet het even horen, hij nam de gesprekken op.

Het goede nieuws was dat het escalatieteam inmiddels wist waarom de telefoon nog niet was aangesloten – er zaten tegenstrijdige opdrachten in hun computer – en het slechte nieuws was dat het waarschijnlijk niet ging lukken om die computer binnen een week te resetten.

's Avonds belde mijn moeder vanuit de woonkamer bij de buren om te zeggen dat ze nog altijd geen telefoon had. Gelukkig zat mijn broer erbovenop, die werd steeds bozer en zou weer gaan bellen.

Hij wel.

IJzeren logica

13 oktober 2015

Het onderbeen van mijn moeder moest dus geopereerd worden. Eerst zagen we daartegen op, later keken we ernaar uit. Alles was wel zo'n beetje besproken, het idee was dat de vriendin en ik met de dochter een tijdje in haar huis zouden logeren zodat we in de buurt zouden zijn.

Nu het dan eindelijk zover was, zorgde dat geruststellende idee ineens voor veel onrust. Of ik een dag voor de operatie al naar Velp wilde reizen? Er was nog veel te bespreken, belangrijke zaken.

Er hing een vreemde energie om haar heen. Een koortsachtige opwinding die me aan vroeger deed denken, toen ze de avond voordat we met de Mazda 323 naar Zwitserland reden op het laatste moment ook nog van alles in koffers propte. Blikken met knakworst voor het geval we ergens in Duitsland zouden stranden.

Ze zei de hele tijd hoe ze er 24 uur later aan toe dacht te zijn.

Ze had zich verloren in het schrijven van instructies, de velletjes lagen naast elkaar op tafel. Televisiekijken, daar waren drie afstandsbedieningen voor nodig, de kleine zwarte was voor het geluid. Er was een nog door mijn vader getypt vel papier waarop stond waar welke zender te vinden was. 'Nederland 2' zat op 44.

'Zullen we die dan maar meteen goed instellen?' vroeg ik.

'Nee, dan schop je alles door de war.'

Ze had liever niet dat we de achterdeur gebruikten, dat deed ze zelf ook niet, omdat ze daar maar één sleutel van had.

'Als die kwijtraakt, kan ik de achterdeur niet meer gebruiken.'

Verder lag het plastic pasje dat je in de gemeente Rheden moet laten zien als ze het grofvuil komen halen, in 'een geheime la' onder de keukentafel, bij de reservesleutels van de Renault Clio. De autopapieren daarvan lagen dan weer in de tweede lade van het bureau van mijn vader, waarvan het sleuteltje in haar nachtkastje lag.

'In het eierdopje.'

De waarom-vraag kwam regelmatig op, maar als ik die stelde werd me op een toon die geen tegenspraak duldde de mond gesnoerd.

'Waarom kijk jij naar *Buitenhof* zonder het geluid aan?' had ik haar bijvoorbeeld gevraagd terwijl ze naar Rob Trip op de televisie keek.

'Omdat dat prettiger is.'

IJzeren logica, op alles kwam een passend antwoord. Ons laatste gesprek ging over bankafschriften die in een rieten mand moesten worden gestopt, daarna werd ze opgehaald. We zwaaiden.

Schaalvergroting

16 oktober 2015

Ziekenhuis Rijnstate in Arnhem is een lelijke, betonnen klomp die plotseling opdoemt tussen de bomen. Zo zien marktwerking, deregulering en schaalverzorging in de zorg er dus uit.

Met mijn zus in de file voor de slagboom van de parkeergarage, een zak zoete drop op het dashboard. Het was lang geleden dat we samen iets gedaan hadden. We hadden door Velp gewandeld. Koffiegedronken bij een café dat de naam had veranderd van Leuk naar Erg Leuk. Uit verveling waren we bij onze lagere school naar binnen gelopen, waar het nog hetzelfde rook als toen.

Achter een streep wachtten we tussen de andere mensen op een van de zes liften. Iedereen in deze fabriek mankeerde iets of leek iets te gaan mankeren. Zelf oogde ik ook niet fris, zag ik in de spiegel naast de galerij met knoppen. Waarom hing daar een spiegel?

Over mijn moeder wist niemand iets. Ze brachten mijn zus en mij naar een lege plek in de opgegeven kamer. Mijn moeder zou er ontwaken tegenover een meneer die door moest zonder onderbeen. Een hoofd onder de lakens, ernaast, op een stoel, het bezoek dat uit een doos chocolade snoepte.

Ze was er nog niet.

'Weggebracht, maar nog niet teruggekomen.'

Wachten in de enorme hal.

De avond voor de ochtend van de operatie had ze me drie spaarkaarten van ziekenhuiscateraar Vermaat in de handen gedrukt.

'Hier, jongen.'

Dertig schots en scheef geplaatste stempels, goed voor drie zuurverdiende kopjes koffie. Gespaard in de tijd dat ze in Rijnstate bij mijn broer een oog hadden verwijderd en daarna toen mijn vader er wegkwijnde.

We streken neer op de formica stoeltjes van het restaurant, waar een paardenstaart ons het voordeeltje door de neus boorde. Ze deden niet meer aan stempelkaarten, wel aan maaltijdacties onder de noemer 'Eten & drinken doe je samen'.

Contact met de arts, een jongen op gymschoenen onder de witte jas. Hij zei het maar op z'n Arnhems: 'Nou, de pootjes zitten er nog aan.'

En verder was het afwachten.

Een dag later een telefoontje met de mededeling dat ze had 'gespookt'. Een delier, plotselinge verwardheid. Ze had geroepen om haar kinderen en kleinkinderen omdat die er 's nachts niet waren. Dat beeld ontroerde en stemde mild.

Pas nadat via via een klemmend beroep op mij werd gedaan om de kranen in haar woning na gebruik vooral dicht te draaien, wist ik dat het naar omstandigheden goed ging.

Mijn moeder was terug op aarde.

Benen

23 oktober 2015

We bezochten mijn moeder in het ziekenhuis. Alsof daar niets was gebeurd, ging het weer gewoon over de bijzaken. Fijn dat we nachtjaponnen hadden meegenomen uit haar huis. Maar waarom die gele, en niet de kobaltblauwe?

'Daarom,' zei ik.

Ze lag op haar bed hardop haar benen te tellen.

'Ik ben blij dat ze er nog aan zitten.'

'Nou, wij ook,' zei de vriendin.

Benen – voetbal – Johan Cruijff.

Het nieuws uit de autoradio dat hij longkanker zou hebben, had er onderweg ingehakt. Dat kon helemaal niet. Een dag eerder had ik hem nog bijna vertederend gevonden, babbelend met Hanneke Groenteman in *Sterren op het doek*. Bovendien was hij al jaren gestopt met roken.

Hoe het met het huis ging, wilde mijn moeder weten.

Ik zei dat alles er volgens plan verliep. De planten hadden water gekregen en er had nog niemand aan de thermostaat gedraaid zodat het binnen nog gewoon 23 graden was.

Ze zat maar op dat bed, ons kind in haar armen. De dochter speelde met het plastic koord om moeders nek.

'Dat hebben we hier allemaal,' zei ze. 'Er hangt een knop aan. Niet op drukken hoor, want dan komt ze.'

Ze huiverde en zei op fluistertoon dat ze de verpleegkundige een kreng vond.

'Als ik wat vraag, zegt ze dat ze maar twee handen heeft.'

Best scherp voor een verpleegkundige die op een afdeling werkt waar ze de mensen leggen van wie er ledematen worden (of al waren) geamputeerd, maar het was ongetwijfeld onbedoeld komisch.

Zoals het ook humoristisch was om juist mijn moeder een knop te geven. Dan ging ze erop drukken ook. De eerste keer om te onderzoeken of de knop het wel deed, daarna om te controleren of ze daar zelf, zonder hulp, op kon drukken en ten slotte om te vragen of ze het vervelend vonden dat ze de hele tijd op die knop drukte. Die vragen – 'Heb ik hem zo goed ingedrukt?' 'Dus ik hoef hem niet ingedrukt te houden?' 'Ik druk om te vragen of ik ook 's nachts mag drukken?' – probeer dan als verpleegkundige maar vriendelijk te blijven.

Op de terugweg neuriede de vriendin mee met Guns N' Roses. De dochter sliep in haar stoeltje op de achterbank, met een gelukzalige, raadselachtige glimlach rond het mondje. Mijn moeder en dat ziekenhuis was ik al vergeten, maar dat Johan Cruijff kanker had dan toch niet.

Onder geamputeerden

26 oktober 2015

Dat mijn moeder het ziekenhuis mocht verlaten zorgde voor opluchting bij sommige van haar medepatiënten. Enig begrip had ik daar wel voor. Ze lag tussen 'de geamputeerden' op een afdeling die door sommige bezoekers weinig smaakvol 'Rwanda' werd genoemd. Het leek me niet gemakkelijk om na een operatie een onderbeen, een arm of zelfs maar een teen te moeten missen en om dan wakker te worden tegenover mijn moeder.

Mijn moeder die, als ze haar gehoorapparaat niet in heeft, of uit heeft staan, zo hard spreekt en zich niet zo bewust lijkt van de mensen om haar heen.

'Eén, twee benen,' telde ze die eerste dagen veel te luid als er bezoek kwam. 'En twee voeten, en tien tenen.'

De man zonder onderbeen stak zijn hoofd onder het laken.

Toen we haar kwamen ophalen was ze van kamer gewisseld en lag ze niet meer tussen mensen zonder benen of tenen, maar tegenover een meneer met het hoofd in het verband en naast Hetty, een vrouw bij wie vier vingers waren geamputeerd. Zij hadden minder last van haar geoefen achter de vijfpoot, van haar 'links een stapje, rechts aansluiten, nog een stapje, weer een meter!'

Mijn moeder zat op de rand van het bed, de reistas met daarin drie nachtjaponnen, *Lieve mama* van Esther Verhoef en fotootjes van alle kinderen en kleinkinderen op schoot. Naast haar op het bed, hij hoefde niet in die tas, een foto van mijn vader in een houten lijst. Met hem besprak ze nog van alles, gesprekken die ze op zaal ook konden volgen.

'We komen je halen.'

'Even afscheid nemen.'

Ze schuifelde eerst naar de man met het verband om het hoofd van wie ze niet wist of hij nog oren had om mee te horen en daarna naar haar buurvrouw.

'Dag Hetty...' zei ze tegen de nog slapende vrouw.

'Dag Hetty, slaap je nog?'

'Nu niet meer.'

'Hoe gaat het? Ik kom je even een hand geven.'

'Dat gaat niet, die is eraf,' zei Hetty en ze stak een verbonden stomp omhoog.

Dat is dan wel weer fijn aan oud worden, dat je het niet altijd in de gaten hebt als een situatie ongemakkelijk wordt.

'Dan doen we het maar zo,' zei mijn moeder en ze zwaaide best lang met haar hand naar de vrouw. Die natuurlijk niet terugzwaaide.

Oud-collega

16 december 2015

Mijn vader werkte op het Provinciehuis in Arnhem. Een van de collega's verhuisde na zijn pensionering naar een huis in de buurt van Zwolle. Ze hadden nooit meer contact gehad. Twee weken na het overlijden van mijn vader zat hij plotseling weer in het hoofd van de oud-collega. Samen met zijn vrouw reed hij over het Velperbroekcircuit. Hij herinnerde zich dat hij dezelfde kleding- en schoenmaat had als mijn vader. De afslag Velp was daarna snel genomen.

Mijn moeder deed verslag van het bezoek, ze mocht Hans en Tilly zeggen. Ze hadden het gelezen op Facebook, waar iemand een foto van de rouwadvertentie uit *de Gelderlander* had geplaatst. Hans had zich toen van schrik verslikt in een boterham met kaas. Mijn moeder had ze verteld over het wilde zwijn dat ze tijdens hun laatste wandeling samen op de Posbank waren tegengekomen en na nog een kopje koffie waren ze naar boven gegaan. Naar de slaapkamer van mijn ouders, waar ze de kleren van mijn vader in dozen en zakken hadden gedaan.

Mijn moeder had ze bedankt, zoals ze ook de buurjongen had bedankt die was gekomen voor de fiets van mijn vader waarop volgens hem toch niemand meer fietste. Zo werd mijn moeder van alle kanten geholpen met de nieuwe werkelijkheid dat ze er alleen voor stond.

Vorige week was ze zoals ieder jaar bezig met het spannen van een rood lint in de huiskamer. De allereerste kerstkaart was binnen. Van die Hans en Tilly: verre vrienden maar toch dichtbij. Het adres was zo genoteerd.

Een paar dagen later, ik moest voorlezen in een jongerencentrum in Zwolle, zaten ze in mijn hoofd. Ik herinnerde me hoe bijzonder het was dat Hans dezelfde kleding- en schoenmaat had als mijn vader. Dat ik in Zwolle was terwijl ik aan Hans dacht maakte het allemaal nog bijzonderder. Zou hij die grijze pakken en lichtblauwe overhemden ook 's avonds dragen?

Het was niet zo dat de voordeur van de twee-onder-een-kapwoning meteen openvloog toen ik ervoor stond. Iedereen kon wel zeggen dat hij de zoon van Wil van Roosmalen was. Ze hadden macaroni gegeten, Hans droeg tot mijn grote teleurstelling een beige bandplooibroek en Tilly had de koffie niet klaar. We hadden het kort over mijn vader. Volgens Hans was het een bijzondere man geweest. Zo bijzonder dat hem niets bijzonders te binnen schoot. Zelfs niet hoe bijzonder het was dat ze dezelfde kleding- en schoenmaat hadden.

Weer Kerstmis

28 december 2015

Voor de dochter was het haar eerste Kerstmis. De familie trok gekke gezichten, daarna ging ze van hand tot hand. We zeiden desgevraagd meerdere keren dat de autorit goed was verlopen. Het goede nieuws was dat mijn moeder weer niet had gekookt. Ze had besteld, het eten stond al twee dagen op de tafeltennistafel in de schuur. Ze had wel soep met zelfgedraaide balletjes gemaakt, die was mislukt. Wilden we toch die soep?

Ik had al koffie, rode wijn en thee en cake en pepernoten, dus ik wachtte nog even. Mijn broer had een baard en ging boven roken, mijn zus had gewerkt en zei dat veel patiënten in het ziekenhuis met kerst extra chagrijnig waren. Mijn nichtje liet een rapport met allemaal voldoendes zien. Ik had geen kleingeld, de vriendin verwisselde een luier op de gang en mijn moeder bracht toch soep, die ze, omdat die zo dun was, maar in een wijnglas had gedaan.

We hadden het over Heumensoord bij Nijmegen, waar onder de vluchtelingen schurft was uitgebroken, over een ingegroeide nagel en over het klimaat en, toen de vriendin terug was, weer over de baby die maar bleef groeien. Mijn moeder bracht een glas cola en zei dat er ook witte wijn was.

Iemand stelde voor om de *Top 2000* op te zetten, mijn broer begon aan de transistorradio te draaien, maar die ziet bijna niets dus dat schoot niet op. We vielen er uiteindelijk in bij Neil Diamond. Mijn moeder hoorde vanwege haar gehoorapparaat alleen nog maar muziek, dus die radio moest weer uit. Daarna werd er een tijd niets gezegd.

Een half uur later werd het eten uit de schuur gehaald. We aten mayonaise van slager Delgijer, want zo viel de 'vlees- en vegakerstschotel' toch wel samen te vatten.

Mijn moeder zei wat mijn vader, die ons vanaf de muur wat ongemakkelijk aankeek, zoal zou hebben gezegd. 'Dat er weer een jaar voorbij was' bijvoorbeeld, en verder zou hij beslist extra hebben opgeschept.

We waren snel klaar. Mijn moeder stelde voor om de wijn snel op te drinken zodat ze ijs in de wijnglazen kon scheppen, maar uiteindelijk pakten we toch schaaltjes uit de kast.

Na de afwas deden we monopoly, mijn moeder kwam nog een paar keer langs met alles wat ze maar aan eetbaars kon vinden. Daarna viel ze van uitputting in slaap op de bank.

Het spel werd afgebroken, mijn broer ging boven roken, wij maakten de baby wakker.

De volgende dag belde mijn moeder. Ze snapte niet waarom haar tomatensoep zo dun was geweest.

Antislip

1 februari 2016

Vanwege een 'mobiele beperking' had mijn broer in 2016 recht op zeshonderd kilometer vervoer met Valys, een taxibusje van deur tot deur. Hij begon er met Kerstmis al over: meer dan de helft van die kilometers ging hij aan ons besteden. Onderweg pikte hij mijn bejaarde moeder op. Ze zouden vier uur blijven. Vier gezellige uren, die verplichting voelde ik heus wel.

Zaterdag was de dag.

Toen ik met een zakje kletskoppen in de hand van de buurtwinkel kwam, werden ze net uitgeladen voor de deur. Daar stonden ze dan. In de regen, op de stoep, mijn moeder met een in cadeaupapier gewikkelde rol onder de arm.

Het busje reed achteruit de straat uit, de chauffeur had een gewichtsprobleem. Ze waren 'binnendoor' gereden, niet over de snelweg maar door allemaal dorpjes waar anderen met een mobiele beperking waren ingestapt en afgeleverd. Het had aan één stuk door geregend, de autostoelen waren minder luxe geweest dan vooraf gedacht.

Mijn moeder ging de bloemen die ze had meegebracht zelf in een vaas zetten, mijn broer inspecteerde de woonkamer.

'Wat was dat?' vroeg hij toen hij met zijn blindenstok iets levends raakte.

'De baby,' zei ik in een poging tot humor.

Het was poes Duttie, de baby werd even later pas binnengedragen.

Daar was ze dan, vrolijk als altijd.

Mijn broer had een enorm roze spaarvarken voor haar gekocht bij de Action, als je er een muntstuk in stopte kwam er een kermis van licht en geluid uit. We gooiden er zo veel muntjes achter elkaar in dat het ding op tilt sloeg.

'Hij verslikt zich, hij verslikt zich…' zei mijn moeder.

Dan het cadeau dat mijn moeder voor ons had gekocht. 'Jullie raden nooit wat het is.'

Dat klopte.

We kwamen inderdaad niet op twintig meter antislip.

Ze legde uit dat je de rol in stukken kon knippen en ze wist ook al waar de antislip van pas kon komen. In de achterbak van de auto, op de trap, in de douche en het toilet, op alle plekken eigenlijk waar ze in haar eigen huis antislip had geplakt, maar je kon het ook op de onderkant van een vaas plakken.

Het laatste half uur zaten ze met de jassen aan, want de chauffeur van Valys had gebeld dat hij voorlag op schema.

Mijn broer had een kunstoog en een 'goed oog' waarover hij zich grote zorgen maakte. Het goede nieuws was dat als dat verder verslechterde hij volgend jaar veel meer kilometers zou krijgen en dat ze dan vaker op bezoek zouden kunnen komen.

We gingen maar vast antislip plakken.

Jan Siebelink, aandachtstrekker

22 februari 2016

De schrijver Jan Siebelink woont in Ede, als hij zijn geboorteplaats Velp bezoekt is dat meestal met een cameraploeg achter zich aan. Ik heb zijn boek *Knielen op een bed violen* niet gelezen. Mijn vader kreeg het cadeau op zijn laatste verjaardag. Mijn moeder heeft het boek weggedaan. Ze heeft een hardop beleden afkeer van de schrijver die ze vanwege zijn voorkeur voor gekleurde schoenen en zijn 'raceauto' een aandachtstrekker noemt. Ze staat daarin vrijwel alleen, de rest van het dorp is trots op de schrijver die Velp op de kaart zette. Walter, eigenaar en uithangbord van de plaatselijke boekhandel, zei me na het verschijnen van de roman *Margje* dat hij het gevoel had dat Jan Siebelink als schrijver een tweede huid aan het afkrabben is.

Dat soort mededelingen is aan mijn moeder niet besteed. Mijn moeder heeft het graf van mijn vader afgeschermd met een dubbele laag bloempotten, maar blijft naar eigen zeggen last houden van de 'Jan Siebelink-fans'. Zelf zag ik die leesclubvrouwen bijna nooit, laat staan hun voetafdrukken.

Natuurlijk niet, vond mijn moeder, hoe vaak kwam ik daar nou?

Toen mijn vader nog niet zo lang dood was en we nog steeds wachtten op de marmeren afdekplaat uit China zei mijn moeder op een dag dat ze iets vreselijks had gezien toen ze bij het graf zat.

'Jan Siebelink?' vroeg ik naar de bekende weg.

'Met Dieuwertje Blok!' zei mijn moeder. 'Die had schijnbaar ook niets beters te doen.'

Het laatste jaar werd het rustiger, ik hoorde haar minder vaak over leesclubvrouwen die de gesprekken tussen haar en mijn vader verstoorden.

Vorige week zaten de acteurs Barry Atsma en Noortje Herlaar aan tafel bij DWDD. *Knielen op een bed violen* was verfilmd. Een dag later belde ik mijn moeder. Ze had het niet over de uitzending of de film, maar uit het verslag van haar belevenissen kon ik afleiden dat het nieuws haar had bereikt. Ze had bij de Blokker op de Hoofdstraat een extra stoffer en blik voor in de fietstas aangeschaft.

Hans van den Broek

29 februari 2016

'Kijk!' wees ik terwijl ik met vriendin en dochter door Velp wandelde. 'Daar woonde Hans van den Broek.' Ik had net zo goed naar een willekeurige steen kunnen wijzen want het interesseerde ze niets, en dat terwijl de oud-politicus toch zo'n prominente rol in mijn jeugd speelde.

Terwijl ik opgroeide, klom Hans van den Broek na een begin in de Rhedense gemeenteraad steeds hoger op in het CDA, hij werd staatssecretaris, minister, Eurocommissaris en uiteindelijk zelfs vader van een prinses.

Mijn ouders zeiden het altijd als ze Hans van den Broek of 'de vrouw van Hans van den Broek' weer eens waren tegengekomen in Velp. 'Ik zag Hans van den Broek bij de benzinepomp,' zei mijn moeder dan. 'Hij zag er moe uit, hij had getankt.'

Mijn vader zag Hans van den Broek in de kerk en bij vergaderingen van de oudercommissie van de Fredericusschool zat hij naast de vrouw van Hans van den Broek. Mijn moeder zag de vrouw van Hans van den Broek op een gegeven moment iedere dag bij het schoolplein, mijn zus zat bij een dochter van Hans van den Broek in de klas.

Het nieuws dat ze mee naar huis bracht werd steeds kleiner. Ze zei tijdens het avondeten dat de vrouw van Hans van den Broek een broek aanhad, of dat ze een nieuwe jas had. Heel soms kwam ze verrassend uit de hoek: 'Ik heb de vrouw van Hans van den Broek vandaag niet gezien.'

Als mijn vader Hans van den Broek zag fietsen op de Hoofdstraat, zwaaide hij. Hans van den Broek zwaaide nooit terug, anders hadden we het wel gehoord. Toen we daar een keer over begonnen, zei mijn moeder dat Hans van den Broek het te druk had om terug te zwaaien. Een paar dagen later had hij het dan weer niet te druk om naar bakker Borggreve te gaan, waar hij gewoon op zijn beurt wachtte en een half volkoren bestelde.

Toen we op de leeftijd kwamen dat we onze ouders konden kwetsen, begonnen mijn broer en ik ook over Hans van den Broek. Zelfs nadat hij al lang uit Velp was vertrokken zeiden we dat de vrouw van Hans van den Broek in de supermarkt zonder mandje liep of dat Hans van den Broek ons weer eens had geslagen met een zweep. Net zo lang tot mijn moeder zei: 'Hou nou eens op over Hans van den Broek.'

De vriendin wees me er terecht op dat ik nu ook tegen de dochter over Hans van den Broek was begonnen.

Ik was mijn ouders geworden.

Soms lekker gepijpt

14 maart 2016

De avond voor het Boekenbal zond de NTR de documentaire *Binnen bij het Boekenbal* uit, waarin Abdelkader Benali de kijker meenam achter de coulissen van 'het bekendste en meest gewilde feest van Nederland'. De beste fictie kwam van Jan Siebelink, die vertelde dat hij achter de gordijnen van de Amsterdamse Stadsschouwburg 'soms lekker gepijpt' was door dames die hij verder niet kende.

Ik keek er niet van op.

Net als Jan Siebelink groeide ik op in Velp. Er gebeurde daar zo weinig, en in zijn tijd waarschijnlijk nog minder, dat we elkaar op straat de hele dag vertelden dat we weer ergens gepijpt waren door onbekende vrouwen die we nog niet eerder in Velp gezien hadden. Soms was dat lekker, maar het gaf ook overlast.

Als ik ergens te laat kwam, zei ik dat ik weer eens totaal onverwacht gepijpt was achter het muurtje bij de benzinepomp van Driessen aan de Schoolstraat. Het enige vreemde aan dat verhaal was de locatie. De meeste mannen troffen de onbekende vrouwen in park Biljoen of bij café de Oude Jan.

In Velp keek niemand op van onze verhalen. Iedereen kende tenslotte wel iemand die Jan Siebelink nog had meegemaakt en die had hem – op z'n Velps gezegd – 'heel los in de broek hangen'.

Soms keerde hij terug naar het dorp. Dan hoorden we later terug dat hij had gezegd dat hij tijdens een lezing bij de boekwinkel in de Emmastraat onder tafel was gepijpt. Wat Jan Siebelink eigenlijk wilde zeggen was dat hij het naar zijn zin had gehad in zijn geboorteplaats.

Een dag nadat hij op televisie had gezegd dat het best voorkwam dat hij zich achter de gordijnen liet pijpen door onbekende vrouwen, zag ik Jan Siebelink op het Boekenbal. Hij droeg een crèmekleurige linnen bandplooibroek waarin hij als een sprinkhaan van het ene naar het andere warme bad sprong. Hij zweette ervan en ging af en toe op de trap zitten. Toen fotograaf Klaas Koppe daar voor hem ging hangen, greep Jan Siebelink naar twee willekeurige vrouwen die het gelukkig leuk vonden om met hem te poseren. Even later huppelden ze ongeschonden naar beneden, maar de Velpenaar in mij had genoeg gezien.

Toen mijn moeder me de volgende dag belde om te vragen hoe het op het Boekenbal was geweest, zei ik dat Jan Siebelink op een van de trappen van de Stadsschouwburg was gepijpt door twee onbekende vrouwen. Ze keek er niet van op.

Leuke papa's

27 april 2016

We gingen op bezoek bij kennissen die ook een of meerdere kinderen hadden. Het was nieuw voor me: bij mensen thuis, kopje thee of koffie op de bank, kijken naar de kinderen op het speelkleed en daar dan wat over zeggen. De andere vaders mankeerden meestal niets, dat waren jongens die net als ik hun best deden om te blijven functioneren en waarover zo nu en dan in het openbaar werd gezegd hoe onhandig ze konden zijn.

Er was ook een kleine groep waar ik al snel een pesthekel aan had. Van die nadrukkelijke papa's, vaak een stuk jonger en sportiever dan ik, voor wie het vaderschap geen taak maar een oplossing is. Mannen die meteen na binnenkomst al gaan bewijzen hoe goed of ze met kleine kinderen zijn.

Laatst waren we weer bij zo'n stel over de vloer waarvan de vader De dochter meteen aan het lachen kreeg door zijn adem in te houden en dan zelf op zijn bolle wangen te slaan.

'Ja,' zei de vrouw die erbij hoorde, 'hij is heel leuk met kinderen!'

'En met dieren?' vroeg ik, maar daar werd verder door niemand op gereageerd.

Zijn eigen kinderen, met wie hij dus zo leuk was, hingen of lagen overal in de woonkamer te jengelen of domweg te zijn.

Hij deponeerde De dochter met veel geluidjes op een ligzak en zei toen hij daarna ging zitten voor de zekerheid zelf nog maar even dat hij gek was op kinderen. 'Ik ga vaak ravotten met de jongens. Hutten bouwen in het park.'

'Ja hoor,' hoorde ik mezelf zeggen, 'hutten bouwen in de stad...'

Gezellig was dat niet, gelukkig vond de rest elkaar in de aanname dat ik jaloers was omdat ik niets kan met bomen en takken, behalve erover struikelen.

Daarna hadden we gesprekken over andere onderwerpen die me niet interesseerden. De blauwe wand was vroeger bruin geweest en die waar hun zoontje met een bal tegenaan stond te trappen, had hij zelf gemetseld.

De vriendin keek me veelbetekenend aan.

'Zelf gemetseld!'

De andere vader stond midden in een zin op om een kind te kietelen en rende toen dat gedaan was met De dochter onder de arm naar de keukentafel. 'Die heeft een volle schuit,' zei hij toen hij haar op mijn schoot parkeerde.

De vrouw die bij hem hoorde, zei dat hij er qua volle broeken nog nooit naast had gezeten.

Ik heb het bij het weggaan gezegd hoor, dat ik hem een leuke papa vond.

Velp, het meest roze dorp van Nederland

2 mei 2016

De Giro d'Italia koerst volgende week drie dagen door Gelderland. Als organisatie van de Ronde van Italië sta je dan eigenlijk voor lul, Italië ligt als je er nuchter naar kijkt aan de andere kant van Europa, maar geld maakt alles goed. De gedachte is dat iedereen dat gekke uitstapje toch zo vergeten is als de wedstrijd in Italië echt begint. Behalve de inwoners van Gelderland dan, want er zitten daar nogal wat bestuurders voor wie het belangrijk is dat hun woonplaats meer roze kleurt dan aanpalende stadjes of dorpen.

In Apeldoorn – synoniem voor saai, echt helemaal niemand heeft het ooit over Apeldoorn – zag ik twee weken geleden al in iedere lantaarnpaal een roze gespoten fiets hangen. Eronder liepen soms nietsvermoedende Apeldoorners, al hingen ze van gemeentewege mensen op aan lantaarnpalen dan nog zouden ze het niet in de gaten hebben.

Uit Nijmegen en Zutphen sijpelden berichten door dat de roze verf er op was, zo graag wilden ze daar. Opvallen door te doen als iedereen, in Arnhem hadden ze daar gelukkig wat meer moeite mee. Geen principekwestie trouwens. De Arnhemmer redeneert: wat ik op de gevel smeer, moet ik er ook weer afpoetsen. De gekte bleef beperkt tot wat mkb'ers, zelf vond ik een roze gevel intussen al helemaal niet bijzonder.

In het aanpalende Velp waren ze wel knettergek geworden. Ze spraken er nog net geen Italiaans. De winkeliers boden tegen elkaar op om maar zo roze mogelijk uit de hoek te komen. Boekhandel Jansen & De Feijter voorzag het geheel natuurlijk weer van een literair tintje met een verhalenwedstrijd, ijssalon La Farfalla ('De Vlinder') kreeg toestemming en geld om honderd roze ijsjes weg te geven, bij wijnhandel Appeldoorn kon je Italiaanse wijnen kopen en burgemeester Petra van Wingerden draagt al weken een roze jurk onder haar ambtsketen.

Bij de Hoofdstraat stonden de dranghekken alvast klaar voor volgende week. Je kon maar beter voorbereid zijn, was waarschijnlijk de gedachte, want Velp kennende waren er nogal wat die plannen hadden om dan in het centrum even te gaan kijken naar de Giro d'Italia die helemaal niet door Velp komt.

Het paste helemaal bij hoe mijn bejaarde moeder omgaat met de dingen die haar pad kruisen: er gebeurt niets meer in haar leven, maar ze neemt wel allerhande voorzorgsmaatregelen.

Ze was overigens trots op Velp, toch maar mooi het meest roze dorp van Gelderland waar de Giro niet doorheen komt.

Smakkelijk

9 mei 2016

Het ‘restaurant’ bij mij om de hoek dat gewoon een snackbar is, wordt gerund door drie Egyptische broers en diverse kinderen. Ze serveren hun frikadellen, kroketten en friet met zichtbare tegenzin, ze smijten ze nog net niet over de toonbank.

‘Smakkelijk,’ zei een van de broers toen hij twee plastic bakjes voor me op een tafeltje zette. Dat ik na het bestellen meteen buiten op het miniterrasje aan de weg was gaan zitten, betekende voor hem extra werk. Hij kon niet nalaten om dat even te zeggen. Ik knikte begrijpend, zelf deed ik ook het liefst zo min mogelijk moeite.

Ik begon aan de maaltijd.

Er brak een tandje van mijn plastic vork, zo knapperig was de friet.

De frikadel was goed op temperatuur, maar na de eerste ferme hap zag ik een grote groene stip tussen het vlees.

Met een dienblad met plastic bakjes in de ene hand en de dochter op de andere arm meldde ik me tussen de wachtenden in de snackbar. De klacht werd afgehandeld door de oudste van de broers, die ons handig weer mee naar buiten loodste. Hij pakte zichtbaar geïrriteerd de frikadel met twee vingers uit de mayonaise in het plastic bakje en hield hem tegen het licht, alsof hij een juwelier was die een kostbare steen bekeek.

‘Is gewoon vlees,’ zei hij.

‘Is groen vlees,’ zei ik.

Ik pakte de frikadel van hem over en wees naar de stip, waarin ik een uitloper van een schimmel meende te zien. De dochter hapte ernaar, mis gelukkig.

‘Zij vindt wel lekker,’ zei de frietverkoper.

Ik zag mezelf in de etalageruit, de bleke benen in een korte broek. De zon scheen. Ik realiseerde me dat ik een zinloos gesprek stond te voeren en sjokte terug naar mijn plastic stoel aan de weg, waar ik verontwaardigd op een veel te hard frietje ging kauwen. Opeens was hij er weer. In zijn hand een nieuw plastic vorkje, service van de zaak.

De volgende ochtend zag ik de man weer. Deze keer zat hij in het lichaam van Roger van Boxtel die als interim-president-directeur van de Nederlandse Spoorwegen naar het televisieprogramma *Buitenhof* was gekomen om recht te praten wat krom is. Ik noteerde dat de NS een fantastisch bedrijf is, dat de NS bij de drie beste spoorwegbedrijven ter wereld hoort, dat hij van het spoor was gaan houden en dat stations 'vindplaatsen van geluk' zijn.

In gedachten deed ik wat ik een dag eerder al had moeten doen. Ik pakte hem bij zijn kapseltje en duwde hem heel even met zijn gezicht in het sissende frituurvet.

Vaderdag

20 juni 2016

Op Vaderdag bezochten we mijn oude moeder. Ze wist dat we kwamen en had van alles in huis gehaald. Wat ze van de zenuwen ook allemaal tegelijkertijd klaar ging zetten. Mijn vader keek ons inmiddels van alle kanten – de kast, twee muren, de salontafel – in drie verschillende truien met die vertrouwde onbestemde blik aan. Het inschenken van de koffie duurde een kwartier; het gehoorapparaat moest er nog in en er moest ook nog zacht kreunend een stuk plastic worden opgevouwen op de keukenvloer. Toen ze dan eindelijk zat en we waren voorzien van een stuk appeltaart, een stroopwafel, toastjes met brie en koffie en een glas appelsap, stond ze weer op om rond te gaan met een schaaltje met chocolaatjes.

De vriendin weigerde beleefd.

Mijn moeder: 'Wil je een banaan?'

Het gesprek daarna hotseknotste alle kanten op, ze vond dat de Vaderdagen zonder mijn vader toch anders waren. Ik herinnerde me niet dat we die dag ooit gevierd hadden, maar dat had ik dan toch verkeerd.

Ze verloor zich weer eens in voorbeelden die ze typisch mijn vader vond.

Mijn vader zat in een stoel.

Mijn vader zei 'lekker' als hij zijn appeltaart ophad.

Mijn vader keek naar voetbal op televisie.

'Maar als we bezoek hadden zette ik die uit,' zei ze.

'En dan?' vroeg de vriendin.

'Nou gewoon,' zei mijn moeder. 'Dan was het stil.'

Van alles miste ze de stilte van hun samenzijn het meest.

Een voorbeeld: als het begon te regenen keek hij eerst uit het raam, daarna stond hij op en draaide hij het zonnescherm omhoog.

'En als de zon daarna weer tevoorschijn kwam, draaide hij het zonnescherm weer naar beneden. En dan zeiden we verder niets.'

We lepelden zwijgend de appeltaart naar binnen, kraakten met de toastjes en mijn moeder las drie keer achter elkaar de uitnodiging voor die met de post was gekomen. Een zus van mijn vader werd over een maand negentig, de feestelijke brunch in Brabant begon om twaalf uur. De vraag hoe daar te komen en hoe er daarna weer weg te geraken had haar in een houdgreep waaraan ze zich pas over een paar weken zou weten te ontworstelen. Ze zette de televisie aan.

België-Ierland, met het geluid op 25.

Op de vragen die we daarna stelden, kwam geen antwoord meer.

Toen we weer thuis waren, belde ze op om te zeggen dat ze het heel gezellig had gevonden, op de achtergrond schreeuwde het journaal.

Darmkrampjes

13 juli 2016

Sinds ik vader ben is er veel veranderd, maar de desinteresse in het wel en wee van andermans kinderen is gebleven.

Omdat ik niet onder stoelen of banken heb gestoken dat het vaderschap me op latere leeftijd is overvallen gebeurt het me steeds vaker dat mensen me erop aanspreken.

De o zo vertrouwde ongemakkelijke stiltes bij ontmoetingen met halve bekenden en onbekenden hebben plaatsgemaakt voor humorloze prietpraat over luieruitslag, het doorkomen van papadagen en slaaptekort.

Vooral mensen die zelf nog niet zo lang vadertje of moedertje spelen voelen de behoefte tot het delen van ervaringen. Het begint altijd met een voorzichtig informeren – 'Jij hebt toch ook nog niet zo lang een kind?' – waarna er genadeloos wordt doorgepakt met eigen ervaringen.

Vorige week moest een mij onbekende radioredacteur me in het NOS-gebouw van plek A naar plek B brengen, een loopje van tien minuten dat hij verpestte met een gesprek over darmkrampjes, een onderwerp dat me totaal niet interesseert.

'Die van ons heeft gelukkig geen darmkrampjes,' herhaalde ik mezelf meerdere keren, maar dan begon hij gewoon weer opnieuw. Bij het afscheid liet hij op zijn telefoon een foto van zijn aan darmkrampjes lijdende zoontje zien. Er wordt dan verwacht dat je ook je telefoon tevoorschijn trekt, maar dat liet ik achterwege.

In Artis werd een dag later de bodem geraakt toen ik er werd aangesproken door een man die er prat op ging dat hij daar nog vaker kwam dan ik. Hij sprak over de dierentuin als zijn 'kantoor', omdat hij er daar wel en thuis niet meer in slaagde om telefoongesprekken te voeren.

Zijn dochtertje zat net als de mijne in de kruipfase constateerde hij, terwijl ze alle twee over het gras krioelden.

'Die van ons heeft laatst een kersenpit in haar neusje gestopt.'

Ik kon daar behalve dat ze een keer kattenbrokjes had gegeten niets tegenoverstellen, waarna het hele drama van het kersenpitje me tot in het kleinste detail werd beschreven. Ik knikte en knikte tot ik niet meer knikken kon en vertelde toen hij eindelijk stil was dat ik bij het verschonen had ontdekt dat de ontlasting van baby's zo veel op de babyvoeding uit potjes lijkt dat je makkelijk kan recyclen.

Het was niet bedoeld als goed gesprek, maar zo werd het wel ervaren. Met mij is het tegenwoordig makkelijk praatjes maken, de lat heeft nog nooit zo laag gelegen.

Snuit-aan-snuit

31 juli 2016

De kinderopvang waar we nu weer gingen kijken werd gerund door een filiaalmanager met een kordate vlecht die tijdens het spreken van links naar rechts vloog. Het was al de derde plek in korte tijd, ik had onderhand zin om knopen door te hakken. We moesten blauwe slofjes over de schoenen doen voor we bij de babygroep naar binnen mochten. De leidster die wijdbeens wat baby's zat te amuseren zei dat het er net zo steriel was als in een operatiekamer en dat je er van de grond kon eten.

De filiaalmanager zei over de leidster: 'Ze is al wat ouder en heeft dus meer ervaring.'

Dat 'dus' had van mij niet gehoeven.

We zetten de dochter op de grond, ze kroop meteen naar de wat oudere leidster, die haar extra enthousiast begroette.

'Ik ben net een magneet,' zei ze.

Schuin achter haar, ik zag hem in eerste instantie niet, kroop een man in een colbert tevoorschijn, ook al wat ouder.

'En wie is dat?' hoorde ik mezelf praten.

'Ik ben maar gewoon een enthousiaste papa,' zei hij. 'Let maar niet op mij.'

De filiaalmanager zei dat papa's en mama's met hun pincode – 'makkelijk en veilig' – altijd naar binnen konden en dat daar flink gebruik van werd gemaakt. Er waren er die in een opwelling besloten dat ze even 'het boterhammomentje' wilden meepikken, maar het kon ook dat ze, zoals meneer, even snuit-aan-snuit met hun eigen kleintje wilden na een lange werkdag.

'En daar is niets mis mee!' zei de filiaalmanager, die zich onverwachts omdraaide waardoor haar vlecht me bijna in het gezicht sloeg.

Ze ging ons voor naar een andere ruimte met houten getraliede kooitjes waar de baby's tussen twaalf en drie verplicht een middagslaapje deden. Er hingen daar camera's. De filiaalmanager zei dat je daar ook van de grond zou kunnen eten, een mooi bruggetje naar het 'geenvleesbeleid', waarover ze zonder dat ze erop werd aangevallen meteen in de verdediging schoot.

'Vlees geeft te veel gedoe, de ene ouder wil het wel en de andere juist beslist niet. En dat heeft niets met welk geloof dan ook te maken! Het is gewoon onmenselijk voor de leidsters.'

Nadat ze dit sausje over haar verdienmodel had gegoten keek ze op haar horloge. 'Ik moet weer doorrrrr... Helaas.'

De vriendin zei dat we snel een beslissing gingen nemen. We plukten de dochter weg uit de babygroep.

'Ze is er echt aan toe,' zei de oudere leidster, die eraan toevoegde dat de dochter de enthousiaste papa met een plastic kegel had geslagen.

Ik had zin om haar te belonen met een plakje worst, heel onmenselijk.

Proppen

11 augustus 2016

De huisarts sloot niet uit dat mijn slokdarmklachten erfelijk zijn, maar het kon ook zijn dat het aan mijn eetgewoonten ligt. Ik dacht er meteen bij dat die ook erfelijk zijn. Zelfs het kerstdiner is bij ons in Velp binnen tien minuten op. We beginnen meteen te scheppen en staren daarna voor de vorm nog een tijdje naar de leeggeschraapte schalen. Pas toen mijn zus en ik een vreemde inbrachten, ontdekten we dat het er bij ons anders aan toeging dan bij andere mensen.

De vriendin zei me na haar eerste keer dat ze nog nooit zoiets had gezien. Ze was nog maar net begonnen met het voorzichtig snijden in haar sla, of mijn broer schoof zijn bord al van zich af.

'Op,' zei hij, waarna hij opstond om buiten onder het afdakje de spanning van het samenzijn van zich af te roken.

Nog een geluk dat ze mijn vader niet had meegemaakt. Die woog na de oorlog nog maar 47 kilo en moest het vet op de botten er daarna weer bij eten in een gezin met veertien kinderen. Die zag mes en vork als wapens om het eigen bord te beschermen. 'Eet het dan maar snel op,' zei hij dreigend als we dan een keer vonden dat mijn moeder lekker had gekookt.

Mijn moeder vond dat normaal gedrag. Ze kwam uit een Brabants boerengezin, waar ze alles met de achterkant van de vork fijnprakten om het zo snel mogelijk naar binnen te kunnen schuiven omdat er altijd koeien konden gaan kalveren of acuut hooi moest worden binnengehaald.

Na begrafenissen zag ik al die ooms en tantes zich altijd als sprinkhanen op de broodjes storten. Ik had het schrokken dus niet van een vreemde, wat volgens de vriendin niet betekende dat die eigenschap ook moest worden doorgegeven.

Laatst voerde mijn moeder onze dochter eten alsof het een gansje was dat moest worden geprepareerd om er uiteindelijk foie gras van te kunnen maken. Het lepeltje ging razendsnel van het bakje naar het mondje, waar ze de nog onverteerde voedselbal aanduwde. Ik zag het gezicht van de vriendin al betrekken en gaf mijn moeder een spreekwoordelijke tik op de vingers, hoewel het bij een tachtiger met een gehoorapparaat dan altijd nog een paar lepels duurt voordat de boodschap aankomt.

Ik knikte bemoedigend naar de vriendin, ze kon gerust zijn: die rare eetgewoonten stopten bij de volgende generatie. Daarna propte ik er bij mezelf heel tevreden drie boterhammen in.

Mooi feest

15 augustus 2016

De dochter was voor het eerst jarig, ik had bij de Deen voor vijf euro een opblaasbaar beest voor haar gekocht. Ze gooide het meteen uit haar box, dat zou ze de rest van de dag met al haar cadeaus doen. Omdat de vriendin en ik een hekel aan kinderfeestjes hebben vierden we het niet, maar er waren er die zich de gelegenheid niet lieten afpakken. Mijn moeder bijvoorbeeld was al weken bezig met deze dag. Ze kondigde aan dat ze met Valys zou komen.

Mijn gehandicapte broer kondigde aan ook met Valys te komen. Het idee om samen met hetzelfde busje voor mensen met een mobiliteitsbeperking te reizen leidde tot een administratieve hel waarvan ze me ongevraagd op de hoogte hielden.

'Wij komen tussen elf en drie,' kondigde mijn moeder aan. 'En we gaan tussen twee en zes.'

Mijn broer zei dat ze bij Valys zelf een beperking hadden.

De andere oma en opa kwamen met de tram.

En dan waren er nog vriendinnen van de vriendin die de datum schijnbaar ook hadden genoteerd.

'Hoe laat begint het?' informeerde er een.

'Het begint niet,' zei ik, 'ze heeft nog nul vriendjes en vriendinnetjes. Alleen twee oma's en een opa.'

Er was geen feest, maar toen ik aan het begin van de middag thuiskwam was de vriendin toch gekomen. Ze was de enige niet. Waar eerst een poef stond lagen nu drie kinderen op het speelkleed. De dochter staat graag alleen in het middelpunt en deed er alles aan om de leeftijdgenootjes weg te pesten door met haar vinger in een oogje te prikken en speentjes uit mondjes te trekken. Alle gedragingen werden nauwlettend geobserveerd en becommentarieerd vanachter de keukentafel, waar ze met elkaar bezoek zaten te zijn.

Toen de dochter uitgeput ging slapen, redde mijn moeder de situatie door haar glas wijn om te gooien en in de paniek daarover in de glasscherven te grijpen. De opa, die toevallig ook arts is, constateerde een snijwond, de vriendin zei dat er ergens in de achterbak van de auto een verbanddoos moest liggen en zo maakten we toch heel wat mee.

De chauffeur van Valys was een echte Arnhemmer en stond om kwart voor zes rokend voor de deur. 'Zo, daar is het vrachtje,' zei hij over de hoofden van mijn moeder en broer heen tegen ons. Daarna wendde hij zich tot zijn passagiers. Hij knikte naar het verband om de hand van mijn moeder en vroeg: 'Mooi feest gehad?'

Warm

25 augustus 2016

Vanwege de extreme hitte werd ik door familieleden naar het huis van mijn moeder gedirigeerd, het was weer eens mijn beurt om de toch wel gloeiende kooltjes uit het vuur te halen.

Ik trof haar bij de vrieskist in de schuur. Ze legde er handdoeken in, opdat ze zich de volgende dag lekker fris kon afdrogen na het douchen. Haar plan was dat ik alle ramen in het huis tegen elkaar open ging zetten, dat alle gordijnen en luxaflex gesloten werden, dat ik alle parasols zou openklappen en dat ik de zonwering waarvan het handvat was verroest naar beneden zou draaien. Misschien dat ze dan de volgende dag nog zou leven.

Verder wilde ze dat ik alle flessen frisdrank van de schuur naar de meterkast zou verplaatsen en dat ik de ventilator zou pakken die mijn zus in de winter op haar commando in een rode slaapzak (waarom?) achter de mangel (een loodzwaar erfstuk van voor de uitvinding van het strijkijzer) op zolder had gepropt. Toen de ventilator met veel schudden en beven was opgestart, had ik het inmiddels meer dan warm. Een mooi moment voor een bevroren handdoek in mijn nek en een bord met koude schotel die je, omdat ze ook die in de vrieskist had bewaard, beter bevroren schotel zou kunnen noemen.

'Voor geen goud trek ik een boerkini aan,' zei mijn moeder opeens, waarmee ze maar wilde zeggen dat ze het nieuws heus nog wel volgde. 'Daar is het in Velp ook veel te warm voor, ik heb er tenminste nog niemand in zien lopen.'

Hoe we het gedaan hadden wist ik niet, maar gisterochtend was het in die doorgaans broeierige huiskamer opeens onder de twintig graden.

'Schijnt de zon nog wel?' vroeg mijn moeder bezorgd, want door het woud aan parasols en zonneschermen kon ze vanachter het raam de blauwe lucht niet meer zien.

Aan de andere kant van het land was de paniek inmiddels uitgebroken. De vriendin bleef maar bellen met mededelingen over hoe ondraaglijk het daar was. De dochter was rood en huilde onbedaarlijk. De boodschap was duidelijk: ik moest maar weer eens op huis aan om de temperatuur ook daar te laten zakken.

Ik vertelde het mijn moeder, die zich inmiddels wat rillerig voelde. Misschien dat ze te lang onder een bevroren handdoek naast de ventilator had gezeten. Ze twijfelde tussen het aantrekken van een vest of het terugdraaien van alle genomen maatregelen.

Ze keek me vragend aan.

'Of weet jij iets beters?'

Ze kon natuurlijk ook de verwarming aanzetten.

Of een boerkini aantrekken.

Het kon ook allebei.

Dit was Velp, het zou niemand opvallen.

De Hypotheker

30 augustus 2016

Ik had een zinloos gesprek met De Hypotheker, een leeftijdloze man in een blauwe blouse die me een week eerder bij de intake aan de balie nog was verkocht als 'iemand die denkt in mogelijkheden'. Omdat in zijn agenda stond dat ik de dochter mee zou nemen had hij in zijn werkhok een spiraal met kralen op het tapijt gezet.

'Parkeert u haar daar maar,' zei hij, 'dan hebben we er geen omkijken naar.'

Dat wist ik wel zeker, want ik zag dat hij zijn boterhamtrommel ook op de grond had gezet. Waarschijnlijk vond hij vier bruine boterhammen met kookworst en een stuk ontbijtkoek op het werkblad geen professionele indruk maken.

'Kijk, een spiraal!' zei ik tegen de dochter, die ook wel aanvoelde dat dit een vloer met mogelijkheden was.

'Kende u deze vestiging?' vroeg De Hypotheker.

'Behoorlijk!' zei ik terug en ik vertelde hem dat ik, als het werken niet wilde lukken, regelmatig een rondje door het winkelcentrumpje liep.

Die vrijheid, dat vond hij dus echt een pluspuntje aan het zzp'er zijn. Zelf bracht hij zijn twintigminutenpauze ook door in het winkelcentrum. Hij snuffelde dan in de vakken met tijdschriften bij de AKO, kocht wel eens een bakje fruitsalade bij de groenteboer en hij ging ook wel eens op een van de bankjes in de zon zitten.

'Ik vind dit een gezellig winkelcentrum,' zei hij.

Ik vond het juist een heel ongezellig winkelcentrum, maar dat kon ook aan de kaasboer liggen die me sinds kort achternaliep als hij me zag, omdat hij publiciteit wilde voor zijn in eigen beheer uitgegeven dichtbundel.

'Vrijheid blijheid heeft ook een schaduwkant,' zei De Hypotheker met een zucht, waarna hij de map met de door mij aangeleverde papieren opensloeg. 'Wat u wilt kan niet. Eigenlijk wist ik dat al toen ik de letters zzp zag staan, maar ik heb u toch laten komen, want je weet maar nooit wat iemand nog uit de hoge hoed kan toveren.'

Ik kon niets uit de hoge hoed toveren en hij had geen toverspreuken in de aanbieding, behalve: 'Meevaller van de dag is dat een eerste gesprek met mij altijd gratis is.'

Onder de tafel had de dochter ondertussen alle kookworst van zijn boterhammen getrokken. Meevaller van de dag was wellicht dat ze er amper van had gegeten.

'Ze is gelukkig vegetariër,' grapte ik.

'Geeft niks,' zei De Hypotheker joviaal, 'ik heb wel gekkere dingen gezien.'

In ons winkelcentrumpje zeker, dacht ik. De volgende keer dat ik hem daar in zijn pauze zag, ging ik keihard zwaaien.

Grootouders

29 september 2016

Ik groeide op zonder grootouders. Ik had tot mijn tiende dan weliswaar een oma, maar dat telde niet. Die was zo oud dat ik me haar vooral herinner als een onverstaanbaar, kwijlend wezen dat bij bezoek in een rolstoel door een vrijgezelle zus van mijn vader de kamer in werd gereden. We werden ernaartoe geduwd om haar een kusje te geven en werden er ook weer vandaan getrokken als we het briefje van tien gulden uit haar knuist hadden gepeuterd.

Bij haar begrafenis zag ik mijn vader voor het eerst huilen. Pas later snapte ik dat hij haar ook als normaal mens gekend moest hebben.

Mijn dochter heeft twee oma's en een opa. Ik heb die mensen na haar geboorte zien veranderen. De moeder van de vriendin kruipt als ze op bezoek is tegenwoordig vaker wel dan niet op handen en voeten door de huiskamer, haar vriend trommelt met zijn vingers hele symfonieën op het tafelblad.

Met mijn moeder doet ze andere spelletjes.

Toen we de dochter ter ere van haar 85ste verjaardag op haar schoot zetten, begon ze haar ter plekke te demonteren. Ze peuterde eerst het gehoorapparaat achter haar oor vandaan, trok daarna de bril van haar gezicht en zou als we niet hadden ingegrepen ook nog het gebit uit haar mond hebben gehaald.

'Zit ze nog wel op schoot?' vroeg mijn moeder hulpeloos nadat ze van al haar hulpmiddelen was ontdaan.

Een kwartier later somde ze op wat ze nog allemaal wilde doen met haar jongste kleindochter, en dus indirect ook met ons.

Naar zee.

Naar een pretpark.

In een huisje zitten.

Vooral over dat laatste maakte ik me meteen zorgen.

'Maar je woont toch al in een huisje?' vroeg ik op mijn allervriendelijkst om de verjaardagspret niet meteen te bederven.

'Een huisje in de buurt van een dierentuin of een bos,' zei ze. 'Dan kunnen we daar met zijn allen naartoe.'

'Hoe dan?' vroeg ik, want ik vond het plan nogal ambitieus voor een vrouw die geen driehonderd meter meer kan lopen en die pertinent weigert om buiten een rollator te gebruiken.

'Dat zien we dan wel weer,' zei ze monter. 'Eerst maar eens naar het ziekenhuis.'

De vorige keer in het ziekenhuis lag ze er na de operatie als een dood vogeltje bij, maar toen ze haar kleindochter zag verstopte ze zich onder de lakens en maakte ze rare geluiden. Een verpleegster die binnenkwam om te temperaturen schrok zo dat ze een vaas met bloemen omstootte.

Ik had ze allebei nog nooit zo hard zien lachen.

Niets geks

21 oktober 2016

Mijn moeder duikt op in mijn columns, tot voor kort merkte ze daar niets van. Uitzondering was de keer dat ze op een verjaardagsfeest ongewild in de belangstelling kwam te staan omdat een buurvrouw zei dat ze had gelezen dat haar mixer van Philips stuk was.

'Dat stond in de krant.'

Ze belde me erover op.

'Ik kan wel huilen, nu weet heel Nederland dat mijn mixer stuk is!'

Sindsdien koopt ze zo nu en dan de krant bij de Esso. De verkoper daar belt haar daarover op. 'U staat er weer in hoor, ik heb hem apart gehouden.'

Ze is in de regel niet trots op mijn werkstukjes.

'Je moet ook een keer over de niet gekke dingen schrijven...'

Dinsdag logeerde ik bij haar omdat ik in de buurt moest zijn. Het samenzijn was voor de verandering zonder spanningen en ergernissen verlopen, maar 's morgens miste ik mijn spijkerbroek.

'O,' zei ze, terwijl ze me een kop thee inschonk. 'Die heb ik weggegooid. Er zat een gat in.'

Uitleggen dat het gat ter hoogte van de knie er al in zat toen ik de broek kocht, had geen enkele zin. Woedend op haar worden had nog minder zin, maar ik deed het voor de zekerheid toch.

'En nu?' riep ik. 'Ik moet zo weg. Moet ik dan in mijn onderbroek de trein in?'

Ze zag zichzelf alweer in de krant staan en had meteen grote spijt. In de ochtendjas van mijn overleden vader zat ik even later naast haar in haar Renault Clio waarmee we richting winkelcentrum Velperbroek scheurden. Ze hoopte dat ik de broek nog uit de kledingcontainer tegenover de Coop kon vissen.

Het moet een vreemd gezicht zijn geweest, hoe ik me op haar aanwijzingen in een te kleine ochtendjas in die container probeerde te hijsen.

'Zie je hem? Nee?'

Ik wilde gaan, maar dat was buiten haar gerekend. Ze hield een passerende scholier staande.

'Zou jij ons willen helpen?' vroeg ze. 'Kun jij proberen in die container te kruipen? Ik heb per ongeluk zijn broek weggegooid.'

De jongen bekeek me van top tot teen en vatte de situatie in één woord samen: 'Humor.'

De broek kwam niet meer uit de kledingcontainer, ze kocht op mijn aanwijzingen een nieuwe broek in een winkel op de Hoofdstraat. Terug in Amsterdam belde ze me verschillende keren op.

'Eind goed al goed toch? Er is toch niets geks gebeurd?'

Allerzielen

3 november 2016

Het was Allerzielen. In Velp werd pastoor A.J. Schaars met enig ceremonieel herbegraven. De kist met het stoffelijk overschot van de verzetsman die na de oorlog levend terugkeerde uit Dachau, was afgedekt met een Nederlandse vlag en werd met een koetsje door het dorp gereden.

De burgemeester deed een woordje, een priester zegende het graf en daarna ook alle andere graven. Jan Siebelink was nadrukkelijk onopvallend aanwezig op de begraafplaats, waar hij voor later alvast een graf heeft gereserveerd. Na iedere windvlaag streek hij met een hand door het zorgvuldig gekamde halflange, grijze haar.

Naast het graf van mijn vader hadden ze een vuurpot gezet, de vlammen weerkaatsten op het marmer uit China. Mijn moeder, die de steen wekelijks schrobt, had er een heideplant in een pot op gezet. Makkelijk in het onderhoud.

Ik zag haar tussen de genodigden zitten onder het plastic zeil. De stoelen naast haar waren leeg. Niet eerder zag ik haar eenzaamheid zo duidelijk. Ik had met haar te doen en ging naast haar zitten, maar blij werd ze er niet van. Ze had liever dat ik in de regen was blijven staan omdat ik nu misschien een stoel van een ander bezet hield. Ze zou het vervelend vinden als die vanwege mij nat zou regenen. Ik dacht: ik zal jou nog eens verrassen.

Ze fluisterde het laatste nieuws: ze was de sleutel van de achterdeur weer eens kwijt en ze moest nog verse worst halen bij de slager.

Een troubadour ging op geheel eigen wijze aan de slag met het nummer ‘De steen’ van Bram Vermeulen. Mijn moeder zei dat mijn vader het prachtig zou hebben gevonden.

‘Die muziek?!’ vroeg ik.

‘Nee, natuurlijk niet,’ zei ze. ‘Gewoon dit, deze hele herdenking die ze voor hem georganiseerd hebben…’

'En voor alle andere doden die hier liggen,' zei ik.

Ze keek naar Jan Siebelink, die even verderop was gaan zitten.

'Waar zou die nu aan denken?' vroeg ze.

'Aan seks,' zei ik. 'Daar denkt hij altijd aan als hij in Velp is, dat maakt dit dorp in hem los.'

De schrijver sprak er tenminste graag over bij zijn optredens in de regio, over wie hij wanneer tegen welke Velpse muur had gedrukt.

Mijn moeder reageerde niet op wat ik zei, dat liet ze mijn vader doen.

'Papa vond de gekleurde schoenen die hij draagt ook vreselijk...'

Ik had hem daar nooit over gehoord.

Deze tijd

17 november 2016

Ik was uitgeweken naar mijn moeder omdat het huisje dat wij bewonen te klein is voor een zzp'er met griep. Het was inmiddels zover dat we voor mijn moeder dachten. Zo had zich het idee in mijn hoofd genesteld dat het voor haar ook wel weer eens leuk zou zijn om ouderwets te kunnen zorgen.

Ik kreeg er thee met klodders honing die ze kocht van haar buurman die imker is, een drankje van heemstwortelextract, neusdruppels, paracetamols waarvan de houdbaarheidsdatum al jaren was verstreken – maar wat maakt dat uit? – en goedbedoelde adviezen die me irriteerden. 'Droog je goed af,' zei ze bijvoorbeeld als ik onder de douche stond. En: 'Ik zou een jas aandoen,' als ik aankondigde om even naar het dorp te gaan.

’s Avonds aten we ons zwijgend door bergen bloemkool en gekookte aardappels heen, terwijl ik op mijn telefoon keek en zij met een schuin oog naar *The Bold and the Beautiful* loerde. Na de dood van mijn vader was ze ernaartoe gezapt omdat het journaal toch elke avond hetzelfde nieuws bracht.

Gisteravond, ze had koffie ingeschonken, liet ze een foto van vroeger zien. Het grote Brabantse gezin. Ze poseerden, de meesten zo te zien met tegenzin, voor de boerderij. Ze wees aan wie wie was. Wat ik bijzonder vond waren de namen.

Riek, Riet, Ied, Piet, Tiny, Tien, Mies, Plien.

‘Moest er verplicht een “ie” in zitten?’ vroeg ik. ‘Of was het juist creatief bedoeld?’

Typerend voor mijn moeder is dat ze het onverdedigbare daarna met non-argumenten ging verdedigen.

‘Daar is niets geks aan! Dat was in die tijd nou eenmaal zo. Piet is iets heel anders dan Ied, het lijkt niet eens op elkaar. Wij hebben nog nooit iemand verwisseld. Nog nooit. Wij hebben een heel goede jeugd gehad.’

Ik maakte nog wat grapjes over Piet, Riet en Ied, waarna zij nogmaals zei dat die namen totaal niet op elkaar leken.

‘Bovendien hadden we in die tijd wel andere dingen aan ons hoofd.’

‘Wat dan?’

‘Niks bijzonders.’

Ze sleepte de actualiteit erbij.

‘Je lijkt Trump wel,’ zei ze, ‘die weet het ook altijd beter en die krijgt ook altijd zijn zin.’

Daarna zette ze de koptelefoon op zodat ze me niet meer kon horen. Ondanks haar leeftijd was ze juist heel erg van deze tijd.

Voortand

27 november 2016

Een paar weken geleden overleed de laatste broer van mijn vader. Als ik nog iets over mijn vader te weten had willen komen, had ik het hem moeten vragen. Hij was vroeger 'assistent-schoenmaker' en liet drie paar schoenen en meerdere fotoalbums na. De foto's werden gescand en verspreid onder geïnteresseerde familieleden. Ik zag mijn vader zoals ik hem nooit gekend had. Een wat cameraschuwe jongen, de haren keurig in een scheiding, al relatief jong in pak. Hij stond vrijwel altijd aan de zijkant van de familieportretten. Als je hem eraf zou knippen was het alsof hij er nooit had gestaan.

Ik kon het niet nalaten om zijn hoofd met duim en wijsvinger op het scherm van mijn iPhone te vergroten. Toen pas zag ik dat hij lange tijd een voortand moest missen. Ik dacht een jeugdtrauma op het spoor te zijn en informeerde ernaar bij mijn moeder. Ze liet een lepel in het pak Brinta – ze eet sinds kort weer pap – vallen en vroeg waar of ik nu weer mee bezig was. Ze vond het vreemd dat ik die foto's had uitvergroot.

'Wie doet zoiets?'

'Ik,' zei de gek.

Zoals gebruikelijk ontkende ze in eerste instantie.

'Je vader had gewoon tanden.'

Nadat ze de foto's zelf had gezien, zei ze dat het haar eigenlijk nooit zo was opgevallen. 'Daar lette je niet op als je iemand tegenkwam. Bovendien kwam ik hem tegen in de bus van Oirschot naar Middelbeers.'

'Waar lette je eigenlijk wel op?' vroeg ik.

'Op andere dingen,' zei ze. 'Ik vond hem meteen aardig.'

Ze had er schijnbaar over nagedacht want vorige week kwam ze terug op het gebit van mijn vader.

'Bij onze eerste afspraak viel het me meteen op. "Je bent een aardige jongen, maar daar moet je wat aan laten doen," heb ik gezegd. Toen we trouwden was het helemaal in orde.'

Ze voegde eraan toe dat tandartsen destijds ook al duur waren en dat hij kort voor die afspraak op kamers was gaan wonen.

'Anders had hij die tand natuurlijk nooit kunnen betalen. Hij werkte op het gemeentehuis en moest zolang hij nog thuis woonde al zijn geld afgeven. Hij kon niets achterhouden, oma wist precies wanneer het kwam.'

'Hoe dan?' vroeg ik.

'Ach,' zei mijn moeder. 'Van de burgemeester natuurlijk, dat mens fietste de hele dag door het dorp.'

Als ik vroeger na een familiefeest zei dat het in Noord-Brabant altijd zo gezellig was met al dat gedrink en dat worstenbrood waarschuwde mijn vader: 'Ga er nooit wonen!'

Ik begreep dat opeens veel beter.

Getikt

1 december 2016

Zo af en toe, op dagen dat er helemaal niets was waar ze zich over konden opwinden, stoorden mijn ouders zich aan de klok die al een eeuwigheid aan de schrootjeswand achter het televisiemeubel hangt. Tegenwoordig hoor je mijn moeder daar nooit meer over, dat is dan een van de voordelen van haar doofheid.

Maar vroeger...

Mijn vader kwam dan omhoog uit zijn stoel en zei: 'Wat tikt-ie toch... Het lijkt wel of hij harder tikt dan normaal.'

En dan mijn moeder. ‘Niet zeggen! Niet zeggen!’ Maar dan was het al te laat.

‘Nou heb ik het ook, ik hoor alleen nog maar die klok. Ik word er knettergek van.’

Normale mensen trekken zo’n klok op een gegeven moment van de muur. Mijn ouders niet.

Ik heb daar een tic aan overgehouden, als ik daar weer ben, hoor ik soms alleen die klok.

Gisteren zat ik met de computer op schoot in de stiltecoupé. Dat is fijn aan deze tijd; je hoeft niet zoals vroeger te wachten tot je ergens bent om actief te worden. Ik moest een heel stuk tikken en tikte de ene zin na de andere. Het ging, excuus voor de woordgrap, eigenlijk als een trein. Net toen ik dacht dat ik misschien vaker met mijn laptop in zomaar een trein moest stappen, meldde zich een medereiziger. Hij probeerde zich te beheersen, maar aan alles was te zien dat hem dat grote moeite kostte.

‘Dat getik! Ik heb al sinds Amersfoort last! U haalt me totaal uit mijn concentratie! Dit is een stiltecoupé!’

Het woord ‘stiltecoupé’ herhaalde hij voor de zekerheid.

Het overviel me.

Er zaten nog wel woorden in mijn hoofd, maar ze kwamen er nog maar langzaam uit. Het ging echt van tik-tik-tik, heel zacht, met nog maar één vinger. Ik kon zijn hoofd niet zien, maar stelde me er alles bij voor. Samengeknepen ogen waarschijnlijk, helemaal gefocust op het geluid dat hem stoorde en dat hij over alles heen hoorde. Ik klapte de computer maar dicht, met een plofje zodat hij kon horen dat ik zijn klacht serieus nam. Ik had niets meer te doen en probeerde goed te luisteren of hij ook geluiden maakte waar ik me op mijn beurt aan kon gaan ergeren.

Bij het uitstappen passeerde ik hem. Hij keek op van zijn telefoon.

‘Fijn dat u ophield met dat vreselijke getik,’ zei hij. ‘Ik verdraag het niet, maar u kunt zich daar waarschijnlijk niets bij voorstellen.’

Telefoon

6 december 2016

De dochter en ik aten banaan. Even verderop ging de telefoon. Mijn moeder. Ze belt iedere week om even met haar kleindochter te praten. Omdat zij slecht hoort en de dochter maar één woord kent – 'nee' – zijn dat bijzondere gesprekken.

'Hoe was het in het ziekenhuis?' vroeg ik.

'Ik dacht dat ik Jan Terlouw in de wachtruimte zag zitten...'

'Maar dat was niet zo,' zei ik alvast, want dat zou wel heel toevallig wezen.

'Nee,' zei ze, 'hij was het niet, maar hij leek er wel op.'

Ze had hem een week eerder in *De Wereld Draait Door* gezien, maar niet geluisterd.

'Hadden wij ook een touwtje uit de brievenbus hangen?' vroeg ik.

'Nee, natuurlijk niet,' zei ze. 'Ik werkte gewoon. Als logopediste, dat weet je toch nog wel?'

Daarna zei ze dat ze even oud was als Jan Terlouw en dat hij mijn vaders baas was geweest.

'Ja-haa,' zei ik, 'maar ze spraken elkaar nooit. Hij was commissaris van de Koningin in Gelderland en papa was maar gewoon ambtenaar...'

'Hij wist niks van dijken, dat zei papa altijd....'

Ondertussen kroop de dochter met een banaan in haar hand richting de televisie. Ik geloof dat ik dat het liefste aan haar vond, dat ze alvast 'nee' ging zeggen voordat ze iets ging doen wat niet mocht.

'Een ogenblikje,' zei ik, 'ik zet je op de speaker. Ze gaat banaan tegen het televisiescherm smeren.'

Mijn moeder: 'Och, wat gezellig!'

Ik legde de telefoon op tafel.

Mijn moeder sprak gewoon door.

Over dat ze in het Provinciehuis in Arnhem mijn vaders rapporten over de loop van de rivier de Berkel nooit lazen, terwijl hij er toch zo veel energie in stopte.

'Papa werkte altijd, zelfs in het huisje in Zwitserland. Maar ze lazen het niet. Ik heb een hele stapel rapporten gevonden toen ik zijn werkkamer uitmestte. Ze zaten in kartonnen mapjes.'

Ik zette de dochter weer op de grond en pakte de telefoon.

'Wat heb je ermee gedaan?' vroeg ik op een toon alsof ze bleekmiddel over een Rembrandt had gespoten. 'Toch niet weggegooid, hè?'

'Gewoon, door de papierversnipperaar,' zei ze. 'Weg ermee!'

Opeens zachtjes: 'Zeg, is ze er nog? Want ik bel niet voor jou.'

Ik gaf de telefoon aan de dochter.

'Wie ben ik?' hoorde ik mijn moeder zeggen. 'Ik ben oma, vind je het leuk dat ik bel?'

'Nee,' zei de dochter, waar ze 'ja' bedoelde want ze drukte de iPhone tegen haar oor.

Ik hoorde mijn moeder zingen en praten, en dat ging gewoon door nadat de dochter de iPhone op de grond had gesmeten.

Notaris

13 december 2016

Nu je voor een begrijpelijk testament of samenlevingscontract ook naar de HEMA kunt, zoeken notarissen de publiciteit, die ze met zelfgemaakte nieuwtjes nog krijgen ook. Het Netwerk Notarissen kwam met de jaarlijkse 'familiemonitor', die dit jaar nog alarmerender is dan in voorgaande jaren. Toen waren de conclusies ook al niet vrolijk.

‘Een kwart van de Nederlanders viert dit jaar geen kerst met de familie’, hoorde ik iemand van dat Netwerk Notarissen op Radio 1 kwetteren. Ze klonk door alle aandacht haast triomfantelijk: ‘Meer dan de helft van de Nederlanders heeft geen contact meer met een of meerdere familieleden, voornamelijk broers en zussen. De belangrijkste reden is ruzie over geld.’

De boodschap was duidelijk: praat tijdens de feestdagen niet over geld, maar regel de zaken lekker bij de notaris. Op Twitter gooiden de notarissen er voor de zekerheid ook nog een pikante verwijzing naar hun familiemonitor uit: ‘Ruzie tussen Dirk Kuijt en moeder is bijgelegd. Dat is goed nieuws!’

Als het niet zo treurig was, zou ik erom hebben moeten lachen. Uit ons eigen familiemonitortje herinner ik me juist een kerst met ruzie vanwege een notaris.

Na de dood van mijn vader groeide bij mijn moeder de behoefte om ‘alles’ bij de plaatselijke notaris goed te regelen. Misschien dat het kwam doordat er niets te verdelen viel, maar het bleek voor haar kinderen haast onmogelijk om een datum te vinden waarop ze gelijktijdig in zijn statige villaatje konden zijn om alles te ondertekenen.

En die notaris mijn moeder ondertussen maar opfokken met brieven, telefoontjes, verstrijkende ultimata en de dreiging van een oplopende rekening.

‘Dwingend aankaarten bij de dis!’ liet hij haar vlak voor kerst weten.

‘Ik snap niet dat het niet lukt om iedereen bij elkaar te krijgen,’ zei mijn moeder tijdens het eten waarbij iedereen aanwezig was. ‘Als niet alles heel snel op papier staat wacht jullie straks niets dan ellende.’ Ze was er zelf alvast ‘hondsmoe’ van geworden, zelfs het aansnijden van de rollade lukte door de spanningen niet meer.

Na eerst een hele tijd woedend naar elkaar te hebben gewezen vonden we elkaar uiteindelijk in onze afkeer van de notaris, die toen we hem een paar weken later dan eindelijk troffen in het echt ook nogal dwingend bleek te zijn. Hij bleef maar emmeren over het idee dat mensen te makkelijk over notariële aktes dachten.

Later zouden we, wanneer we geen ruzie kregen over de bezittingen die mijn moeder niet heeft, beslist nog eens aan hem denken.

En aan zijn rekening.

Gourmetten met kerst

18 december 2016

Zoals ieder jaar in december stond mijn moeder voor een bijna niet te beklimmen berg, een enorm project dat ze zichzelf had opgelegd en dat ze zich niet liet afpakken: het verzorgen van een kerstdiner. De dag waarop we elkaar zouden treffen stond al een jaar vast. Aan het eind van het vorige kerstdiner – we aten koude schotel en sla, ze kondigde alvast aan dat ze dat nooit meer ging koken – had ze met een zucht de nieuwe scheurkalender gepakt en heel nadrukkelijk de volgende eerste kerstdag omcirkeld.

'Hebben jullie het ook genoteerd?'

Een paar weken geleden schafte ze bij Beter Horen een armband aan met daarin een verborgen microfoontje dat in contact stond met haar gehoorapparaat.

'Het filtert achtergrondgeluiden uit de geluidsstroom,' zei ze. 'Als ik tijdens het eten met iemand praat en ik versta het niet houd ik gewoon mijn arm in de richting van het gesprek.'

Ze had het ding getest tijdens een bijeenkomst van haar breiclub, het resultaat was niet waarop ze had gehoopt.

'Je kunt geen trui breien en tegelijkertijd je arm strekken. Ik werd ook knettergek van dat getik van die breipennen.'

Dan het eten. Nadat ze eerder een met pruimen gevulde kalkoen, een rollade en een haas of een ander klein dier had aangekondigd, kwam ze vorige week met iets nieuws dat in ieder geval niet kon mislukken.

'We gaan dit jaar fonduen,' zei ze.

'Fonduen...' herhaalde ik.

'Ja,' zei ze, 'gezellig met z'n allen boven zo'n pan.'

Ik wist niet of een pan kokende olie een goed idee was met haar trilarmen en verder een slechtziende, een dreumes en wat bewezen onhandigerds aan tafel. Om haar niet te hard aan te vallen, gooide ik het op haar armband met richtmicrofoon.

'Dan hoor je de hele avond gesis.'

Na een paar nachten wakker liggen belde ze weer.

'We gaan dit jaar niet fonduen,' zei ze. 'Ik tril al als ik een brief ga posten. Voor hetzelfde geld stoot ik die pan met kokende olie om over een van de kleinkinderen. Nee, dat wil ik niet op mijn geweten hebben...'

'En nu?' vroeg ik.

'Gourmetten!' zei ze. 'Dan heeft iedereen z'n eigen pannetje, als het dan mislukt is het je eigen schuld.'

Een uur later had ik haar weer aan de lijn.

'Vind jij één pannetje ook zo weinig? Ik denk erover om een gourmetstel te lenen bij de buren. Als dat lukt hebben we allemaal twee pannetjes...'

Ze hing op met de mededeling dat ze op eerste kerstdag niets negatiefs over gourmetten wilde horen. Dat ging waarschijnlijk wel lukken, ze was haar armband met richtmicrofoon kwijt.

Hoofdprijs

29 december 2016

Een glimmende folder had mijn moeder doen besluiten mee te spelen in de Postcodeloterij. Ze was volledig gefocust op die rode truck met kerstverlichting, die op 1 januari voor haar huis kon staan met 49,9 miljoen aan boord. Ze zou haar prijs eerlijk verdelen over kinderen en kleinkinderen en van wat er over was, zou ze een nieuwe boiler kopen want de verwarming had het uitgerekend tijdens de kerstdagen begeven.

'Maar het meeste is voor jullie,' zei ze ruimhartig.

'Ik hoef geen soepkommen,' zei mijn broer, die ooit bij dezelfde loterij vier soepkommen had gewonnen. 'En ook geen musicalkaartjes.'

'Als ze aan de deur komen, niet opendoen,' zei ik. 'Behalve dan als je die truck ziet staan.'

Mijn moeder: 'Ik doe nooit open, ik kijk wel uit.'

Dat stelde gerust.

In een ver verleden liep ik voor een reportage een dag mee met Gaston Starreveld, die kale schreeuwer met bril van de Postcodeloterij. We gingen prijzen uitdelen in Amsterdam-Noord en Haarlem. Gaston voelde zich Kerstman en Sinterklaas tegelijk, vooral omdat er nogal wat prijswinnaars tussen zaten die het 'echt nodig' hadden.

Na een kwartier had ik al een hekel aan Gaston, die in het echt nog dwingender aanwezig was dan op televisie. Het ging om 'gewone straatprijzen': auto's, televisies en relatief kleine geldbedragen waar de belasting nog vanaf moest, maar Gaston schreeuwde zo hard dat de overvallen prijswinnaars in ieder geval voor even dachten dat ze miljonair waren geworden.

Ik zag er iets te veel die, hoewel ze liever niet op televisie wilden, even later toch maar naast dat blije hoofd van Gaston voor een nieuw plasmascherm hingen. Je vroeg je af of de lol van het winnen opwoog tegen Gaston voor de deur, met z'n 'Goeeee-ie-mor-gen!!!'

Dat dan toch nooit, dacht ik terwijl ik Gaston met een prijswinnaar een toneelstukje zag opvoeren. Waar moest hij die nieuwe grote televisie toch neerzetten in die kleine woning.

En doorrrr....

Naar de volgende postcode.

En Gaston ondertussen maar lullen over zijn aangeboren blije hoofd en het belastingklimaat in Nederland. Het kostte me enige tijd om deze ervaring van me af te schudden, maar nu was ze weer helemaal terug.

In gedachten zag ik Gaston Starreveld tevergeefs aanbellen bij mijn moeder omdat ze met de hele buurt een zomerfeest en voor allemaal een barbecue had gewonnen. Ze kwam pas naar buiten toen Wolter Kroes begon met zingen. Met maar één vraag: of het alsjeblieft wat zachter kon.

Dat ging natuurlijk allemaal niet gebeuren, want het was zoals ze tijdens het gourmetten een paar keer zei: 'Papa zei altijd: "Wij winnen nooit wat."'

Gelukkig niet.

Heb je er nog een beetje zin in?

30 december 2016

Mijn moeder zat verscholen achter drie kerststukjes toen ik onverwachts bij haar binnenviel.

'Heb je die zelf gemaakt?' vroeg ik.

'Nee, gekocht bij de Coop, 4 euro 95.'

Daarna: 'Maar je steekt de kaarsen niet aan want dan krijg ik brand en dan zit ik met de gebakken peren.'

De gebakken peren waren een makkelijk bruggetje naar haar volgende vraag: 'Blijf je eten?'

'Nee,' zei ik. 'Ik ga zo weer, ik was gewoon in de buurt.'

Ze schonk thee in en zei dat ze ondanks mij doorging met waar ze mee bezig was: het schrijven van kaarten. 'Ik moet er nog 28.'

'Fijne kerstdagen en een gelukkig nieuwjaar!' schreef ze er met scheve letters op.

'Jij schrijft nooit kaarten,' zei ze. 'Je zus wel.'

Ik zag mijn zus en haar man en kinderen inderdaad op het antieke kastje staan. Ze hadden zoals ieder jaar alle vier een kerstmuts op het hoofd. De vriendin en ik waren daar stil van, maar mijn moeder vond het prachtig.

'Die mutsen zijn niet echt, hoor,' zei ik. 'Die hebben ze er met de computer op gezet.'

Waarom zei ik dat soort dingen?

'Ze hebben wel mutsen op,' zei mijn moeder. 'Dat zie je toch?'

Nadat ze zichzelf vijf keer had herhaald somde ze op wie er dit jaar allemaal waren gestorven en ook waaraan. Ze zei ook dat mijn vader de aanslag op de kerstmarkt in Berlijn schandalig zou hebben gevonden. Mijn vader vond van alles na zijn overlijden, vooral dingen die iedereen vond.

'Heb je er nog een beetje zin in?' vroeg ik.

'Waarin?'

'In het nieuwe jaar.'

Ze keek me met een schuin hoofd aan. Ik had haar met al die columns waarin ze figureerde wantrouwend gemaakt.

'Net zo veel zin als de andere mensen erin hebben, denk ik. Net als andere jaren, niks bijzonders.'

'Je wordt weer oma,' zei ik.

'Ja,' zei ze, 'ik ben al aan het breien. Ik hoop dat ik het op tijd afkrijg.'

'Wat wordt het?' vroeg ik. 'Een muts?'

'Dat zie je dan wel.'

Twee dagen later belde ze haar kerstkaart achterna.

'Is hij aangekomen?'

Ik wist het niet, ik was niet thuis.

Ze zei dat mijn vader van zo'n antwoord een punthoofd zou hebben gekregen en hing op.

Van de trap gevallen

15 januari 2017

Ik was in het huis van mijn moeder van de trap gevallen. Ze had me naar boven gestuurd met de opdracht om haar gehoorapparaat te gaan halen. 'Goh, dat is snel,' complimenteerde ze me toen ze me nog geen minuut later onderaan de trap zag liggen.

Een paar uur later vond ik mezelf met een bult op de elleboog terug in de wachtkamer van de huisartsenpost in Velp, waar ze hadden besloten dat het praktisch is om alle dokters bij elkaar in een huisje naast de apotheek te proppen. Het toeval wilde dat een groot deel van die huisartsen die dag zelf ziek, zwak of misselijk was. Ze werden vervangen door collega's uit de regio.

'Heb je een slaapzak meegenomen?' informeerde een man met een bril toen hij me in de wachtkamer naar een zitplaats zag zoeken.

Zijn huisarts was ook gevallen.

'Haar vervanger is zo traag als poppenstront.'

'Nou, ik denk dat die van mij nog langzamer is,' zei een vrouw die alle tijdschriften naar eigen zeggen al drie keer had gelezen.

En zo ging dat maar door.

Nergens kunnen de mensen hun ongenoegen zo goed ventileren als in en rond Arnhem. Het is er ieder voor zich, maar bij tegenslag kruipen ze als marmotten naar elkaar toe om zich te warmen aan keiharde humor en andermans ellende.

'Ik heb een heel rare plek op de schouder,' zei een vrouw met blauwig haar. 'Mijn zoon zei dat ik die snel moest laten checken. Tegen de tijd dat ik aan de beurt ben is het waarschijnlijk uitgezaaid.'

Een ander zei zuchtend dat ze al twee uur zat te wachten.

'Als je net als ik last hebt van opkruipende artrose is dat fysiek feitelijk onmogelijk...'

'En dan straks nog door naar de apotheek, ben je weer een uur kwijt...' wreef de man met de bril in de vlek.

Om ook maar wat te vertellen zei ik dat ik uit Amsterdam kwam en dat ik op bezoek bij mijn moeder van de trap was gevallen.

Het bleef lang stil.

‘Dat is niet zo slim,’ zei de man met de bril.

Ze keken me allemaal ontzet aan.

Net toen ik wilde zeggen dat je natuurlijk nooit expres van een trap viel, zei hij wat ze allemaal dachten: ‘Het is niet zo slim om hier naar een dokter te willen.’

De rode knop

19 februari 2017

Nadat ze aan haar been was geholpen kwam er een grijs apparaat met een rode knop in het leven van mijn bejaarde moeder. Ze ging ermee rond alsof het een nieuwe koekjestrommel was. ‘Als ik hierop druk,’ zei ze, ‘dan gaan er overal alarmbellen af...’ In haar stem hoorde ik het ontzag voor de nieuwe vinding. ‘Een veilig idee.’

Terwijl ze het zei drukte ze per ongeluk op de rode knop. Ze liet het ding van schrik op de parketvloer vallen. Even later klonk een vrouwenstem.

‘Hallo?!’ zei mijn moeder, terwijl ze naar het apparaat kroop. ‘Ik heb op de rode knop gedrukt en daarna heb ik u laten vallen.’

‘Ja, mevrouw Van Roosmalen... U bent gevallen, we komen eraan! Beweegt u niet!’

De verbinding werd verbroken, mijn moeder bewoog niet meer.

Mijn moeder werd gek van de rode knop. Ze ging er een keer te hard overheen met een stofdoek, drukte erop als ze de telefoon wilde grijpen en stootte het apparaat ook een keer om bij het sluiten van de gordijnen. Na een paar weken, de bloeddruk was ervan gestegen, zette ze het apparaat in een kast. Om haar nek hing voortaan een ketting met een rode knop. 'Ideaal. Nog niet één keer op gedrukt.'

Het was de eerste keer dat ik iemand complimenteerde omdat die niet op een rode knop had gedrukt. Even later greep de dochter, die bij oma op schoot zat, naar de nieuwe ketting.

Uit de kast klonk de vrouwenstem. 'Hallo... Mevrouw Van Roosmalen... Hallo...' Mijn moeder rende naar de kast, roepend dat ze niets verstond omdat 'ze' in de kast zat. 'U zit in de kast. Ik heb niet op de rode knop gedrukt...'

De vrouwenstem: 'U zit vast. Geen paniek, we zijn onderweg.'

Op een dag belde mijn moeder, ze had gedroomd dat ze in bed op de ketting met de rode knop was gaan liggen.

Ik: 'Gelukkig was het een droom.'

Mijn moeder: 'Dat dacht ik eerst ook, maar het was echt zo.'

Van een hulpmiddel was de rode knop verworden tot een 'rotknop'.

Op mijn verjaardag begon ze me al om zes uur 's morgens te bellen, wat ik overijverig vond. Toen ik haar een paar uur later terugbelde om me te laten feliciteren, kreeg ik een onbekende aan de lijn. Mijn moeder was van de trap gevallen en was daarna naar haar telefoon gekropen. Ze had haar hele adresboekje gebeld.

Zaterdagmiddag gingen we bij haar op bezoek. Haar hoofd was blauw, van kin tot kruin. Het kwam ook door de bloedverdunners, zei ze. Daarna, bijna triomfantelijk: 'Maar ik heb niet op de rode knop gedrukt!'

Weer iets doms

1 maart 2017

Ik ging langs bij mijn moeder. Ik trof haar hoofdschuddend boven het reepje Perzisch tapijt op de keukentafel. 'Ik heb weer iets doms gedaan.'

Naast de theepot lag een folder van 50PLUS met het hoofd van Henk Krol gefotografeerd in betere tijden. 'Gekregen bij de hoorwinkel,' zei ze, want ze zag heus wel dat ik er afkeurend naar keek. 'Ik had van de zenuwen weer te hard aan de knopjes gedraaid, moest-ie weer worden bijgesteld.'

Ik zei dat ik genoot van de manier waarop de media Henk Krol behandelden. Ze dienden niet alles in één keer op, maar sneden elke werkdag een plak van het aangeschoten wild, zodat we langer van de onbenul konden smullen.

'Ach...' zei mijn moeder, 'die man doet ook maar zijn best.'

Ze zat met haar eigen domme dingen, maar zag er zichtbaar tegen op om erover te beginnen.

Ze blies over haar thee.

'Als ik het zeg, vind jij mij natuurlijk weer dom.'

De laatste keer dat we zo tegenover elkaar hadden gezeten was nadat ik twee dagen in haar huis naar aantekeningenboekjes van mijn vader had gezocht en zij zich opeens herinnerde dat ze die 'misschien' door de papierversnipperaar had gegooid.

Het verhaal dat ze uiteindelijk vertelde viel mee. Ze had geprobeerd om een aflevering van *Koffietijd* terug te kijken met de afstandsbediening.

'En toen heb ik dus de pincode van de bankpas ingetoetst. Op de televisie! Ze waarschuwen niet voor niets: nooit je pincode geven. Nu ben ik misschien alles kwijt.'

Het was niet gemakkelijk haar gerust te stellen, maar een paar uur later zaten we dan toch opgelucht aan de boerenkool met huzarensalade, een combinatie die ook voor haar nieuw was. Op televisie kwam de politiek voorbij.

Eerst Sylvana en Thierry Baudet tussen de schreeuwers in *Het Lagerhuis*, waarvan ze weer veel te wild aan dat knopje van haar gehoorapparaat ging draaien en later Henkie van 50PLUS die in een poging om de ouderen gerust te stellen AOW en WAO maar door elkaar bleef halen. Terwijl ik daarom lachte, werd er naast me juist begripvol geknikt. De ophef rond de leider van 50PLUS ontging haar, maar de gretigheid waarmee jongere generaties een foutje of verspreking afstraffen zat haar dwars.

'Jullie zijn zo snel boos.'

Ik ging maar weer eens, we kusten elkaar op de wang bij de voordeur. Misschien dat ik binnenkort nog een keer terugkwam om haar stempas te verstoppen.

Nasigeur

19 maart 2017

Ik botste bij het verlaten van Chinees-Indisch restaurant The Blue Lotus op een vriendin van lang geleden die er net als ik had afgehaald. Ze las de columns die ik over mijn bejaarde moeder schreef met bovengemiddelde interesse.

Ze kende mijn moeder uit de tijd dat ze bij mooi weer in een badpak met bloemen op een stretcher in de achtertuin lag. Ze herinnerde zich wel meer: dat mijn moeder altijd appeltaarten bakte en dat ze bezoek het liefst helemaal volpropte met haar baksels omdat wij die al lang niet meer lustten. Maar bovenal herinnerde ze zich de meedogenloze humor waarmee we elkaar in dat rijtjeshuis bestreden. Hoe we als legbatterijkippen vochten om elke vierkante centimeter.

‘Alles moest benoemd worden bij jullie. Je moeder die de hele tijd “Sssst” en “Denk aan de buren” riep. Of je vader die keihard “En we maken vandaag geen ruzie!” schreeuwde en dat jij dat dan nadeed.’

Haar mening over mijn stukjes: het was allemaal niet meedogenloos genoeg. ‘Of ben je met terugwerkende kracht ineens van je ouders gaan houden?’

‘En hoe is het met jouw ouders?’ hoorde ik mezelf vragen. ‘Leven die nog?’

Ze kon er treffend over vertellen. Over dat ze met z’n tweeën buiten de bebouwde kom woonden. Te goed om ze te dwingen ergens anders te gaan wonen, te dementerend om ze alleen te laten.

Over dat het er naar urine stonk omdat haar vader in de wasbak piste.

Over dat ze haar ouders soms aantrof achter een bord bruine bonen, of met beschimmeld brood omdat ze de supermarkt niet hadden gehaald.

‘Ik moet dus wel op bezoek komen.’

Ondanks alles was haar vader er toch in geslaagd om ergens een elektrische fiets te kopen.

‘Wat knap,’ zei ik.

‘Helemaal niet,’ zei zij. ‘Dat is vragen om ongelukken. Ik heb hem afgepakt.’

Ze hing haar plastic tas met nasi aan het stuur van wat nu haar elektrische fiets was en zei dat ze het huis van mijn moeder graag wilde ruiken als ik nog een keer iets over haar schreef.

Ik trof mijn moeder in haar nachtjapon bovenaan de trap. Ze zei: ‘Gelukkig, geen inbreker. Jij bent het.’

Twee dagen later belde mijn zus, die na mij bij haar op bezoek was geweest. Ze zei dat er weer niks bijzonders was gebeurd, maar dat het er wel naar nasi goreng had geroken.

We vonden dat allebei niet stinken.

Gewist

31 maart 2017

Het enthousiasme van mijn moeder over de geboorte van onze tweede dochter kende geen grenzen. Nog voor de eerste weeën belde ze om de kraamvisite te plannen. 'Morgen?' Toen het dan eindelijk zover was – we lagen als gezin nog bij te komen in de bevallingskamer van het ziekenhuis – liet ze zich door niets en niemand stoppen en zeker niet door ons.

'Morgen kom ik,' zei ze toen ik haar het blije nieuws vertelde.

Er was niemand die haar de eerste kennismaking wilde ontnemen, maar ik informeerde toch of het ook overmorgen kon.

'Nee,' zei ze. 'Dan moet ik naar de dokter. En de dag erna heb ik de breiclub, dan wil ik foto's laten zien.'

Het irriteerde me dat het allemaal weer niet in overleg ging.

Ik zei dat ik het even moest 'terugkoppelen' met de vriendin, dat woord was blijkbaar blijven hangen want tijdens een bevalling wordt er in een ziekenhuis heel wat teruggekoppeld.

De vriendin lag met de baby op haar lijf in een heel groot bed, ze was zielsgelukkig en zei dat ze even niets wilde.

'Morgen niets, dan mijn moeder, daarna jouw moeder...'

Ik was nog niet aan het terugkoppelen toegekomen of daar ging mijn telefoon alweer.

'Het is geregeld!' zei mijn moeder. 'Ik kom met een busje!'

Ze hing op.

Na de terugkoppeling belde ik met de vraag of ze misschien toch op een andere dag kon komen, zodat we haar in alle rust zouden kunnen ontvangen. Of anders na drieën.

Een uur later belde ze dat ze haar taxipas niet kon vinden.

En weer drie kwartier daarna met de mededeling dat ze die had gevonden.

'Je raadt nooit waar die lag... In de la van het kastje waar hij eigenlijk altijd ligt...'

Daarna: 'Ik kom na drieën, en als ik toch te vroeg ben ga ik gewoon naar wat Amsterdamse winkeltjes bij jullie in de buurt.'

Van de gedachte daaraan had ik later last: mijn bejaarde moeder, zwervend door onze buurt, op zoek naar niet-bestaande winkeltjes.

Ik had me voor niets zorgen gemaakt.

De volgende dag stond ze om half twee voor de deur.

Openingszin: 'We hadden geen vertraging onderweg.'

Ze hees zich de trap op en baande zich dwars door en over een kraamverzorgster, een terugkoppelende verloskundige, een dienblad met thee en beschuiten met muisjes en een nieuwbakken moeder een weg naar haar jongste kleinkind.

Ze nam het in haar armen en zei: 'Zo, ik zit.'

Daarvan zijn foto's genomen met haar iPad, die ze van de breiclub in Velp per ongeluk allemaal hebben gewist.

De belletjetrekker

26 april 2017

Mijn moeder had last van een belletjetrekker. Hij sloeg sinds begin dit jaar onregelmatig toe. Altijd midden in de nacht. De eerste reactie van ons, haar kinderen, was dat ze het zich waarschijnlijk inbeeldde. Maar dat kon helemaal niet, omdat ze sinds enige tijd 'een versterkte deurbel' heeft die ze ook zonder haar gehoorapparaat moeiteloos kan horen.

Vorige week was ik op bezoek.

Ze demonstreerde de versterkte deurbel. Ik moest toegeven dat het geluid dusdanig was dat van inbeelding geen sprake kon zijn. De directe buren, die van alle kanten kwamen toegesneld omdat ze dachten dat de belletjetrekker nu ook bij daglicht in actie kwam, bevestigden dat je je dat geluid onmogelijk kon inbeelden.

Midden in de nacht aanbellen bij een bejaarde vrouw.

Wie doet zoiets?

De politie wist het niet, die zeiden tegen mijn moeder dat ze nog vaker in hun surveillanceauto rondjes gingen rijden door haar buurt. En ze gingen ook 'geheime' maatregelen nemen, ze hoopten dat mijn moeder daar vertrouwen in had.

Mijn moeder had ook koffiegedronken met het hoofd van de buurtwacht. Beter gezegd: met de vrouw van het hoofd van de buurtwacht. Want het hoofd van de buurtwacht was allergisch voor poezen en was ongelukkigerwijs toch met zo'n dier in aanraking gekomen. Met alle gevolgen van dien.

'Dus die ligt in bed,' had zijn vrouw gezegd. 'Met een opgezwollen hoofd.'

Zelf zette mijn moeder iedere ochtend heel vroeg de wekker, ze ging dan met haar wandelstok onder de vensterbank zitten in de hoop de belletjetrekker op heterdaad te kunnen betrappen.

Mijn broer, die bijna blind is, had aangeboden om haar daarbij te assisteren.

De belletjetrekker liet zich niet meer zien, de lafaard.

Mijn moeder: 'Maar we blijven alert.'

Moederdag

14 mei 2017

Vanwege Moederdag belde ik mijn moeder. Wij kwamen weer niet op visite wegens te druk. Op de achtergrond stond de televisie op het hoogste volume, dus we schreeuwden. Ze zat op de stoel bij het raam, schreeuwde ze. Op straat gebeurde niets. Ze had 's morgens de familie S. ter kerke zien gaan en ook weer terug zien komen. Meneer S. was inmiddels zo krom als een hoepeltje. 'Die heeft jicht, ook geen pretje.'

Maar voor de rest gebeurde er dus zo weinig dat ze er maar niet over uitgeschreeuwd raakte.

'Bij iedereen zijn de kozijnen er al uit gevallen.'

Ze begon over een buurjongen die was geëmigreerd. 'Naar Canada, die rijdt daar in een Porsche. Ik heb de foto's gezien.'

Op straat gebeurde nog steeds niets. 'Dus de rest heeft ook nog geen visite.' Daarna: 'Ik voel me beslist niet alleen.'

'Wat kijk je?' vroeg ik, want ik moest alles wat ik zei drie keer herhalen.

'Dat is Bas Heijne!' schreeuwde ze terug. 'Die is bij *Buitenhof*. Ik heb mijn gehoorapparaat uit.'

'Waar gaat het over?' vroeg ik.

'Geen idee,' zei mijn moeder. 'Hij heeft een prettige stem. Ik kijk altijd naar *Buitenhof*, ze schreeuwen tenminste niet.'

Daar ergerde ik me alweer. 'Maar je luistert ook niet,' zei ik.

'En straks Feyenoord,' ging ze onverstoorbaar verder, 'dat ga ik op de radio luisteren. Dan ga ik een stuk appeltaart eten en dan is het alweer maandag. Weet je wat toevallig is? Dat Rotterdam vandaag precies 77 jaar geleden is gebombardeerd. Alles stond in brand.'

Alsof ze het bombardement wilde nadoen hoorde ik daarna heel veel lawaai. 'Dat was ik,' zei ze even later.

Ze was opgesprongen omdat ze een van de andere bejaarde moeders op straat zag lopen, een handeling waarbij de blikken koektrommel op de grond was gevallen. Ze had met haar trouwring tegen het raam getikt, maar er werd niet op gereageerd. Dus die heeft waarschijnlijk ook het gehoorapparaat uit.

'Helemaal niet erg, ik vermaak me wel.'

Een lief kind was na dit gesprek alsnog in de auto gesprongen.

Zwembad

29 mei 2017

We reden met twee gillende dochters naar mijn moeder. Onderweg belde ze een paar keer om te vragen waar we bleven.

'We zijn onderweg!' riep ik dan boven het geluid uit.

'Ik versta er niets van!'

Ze zei ook dat het in haar ommuurde achtertuintje op het zuiden steeds warmer werd. De thermometer tikte de hoogst mogelijke stand aan. Ze was speciaal voor ons met parasols aan het slepen en ze had al haar ventilatoren buiten gezet. Ik besloot spontaan tot de aanschaf van een zwembad voor in haar tuin.

We reden Velp binnen, waar het barst van de speelgoedwinkels. Maar opblaasbare zwembadjes hadden ze nergens.

'Dat weet je natuurlijk van tevoren dat we die niet meer hebben als het zonnetje schijnt,' zei een verkoper me heel wijsneuzerig in het gezicht. 'Die moet je aanschaffen als het koud is.'

Alleen bij Intertoys hadden ze er nog een, maar die was niet opblaasbaar. Wij met een doos vol buizen en plastic zeil naar mijn moeder.

Het romantisch ideaal was dat we met haar in haar achtertuin zouden zitten en dat we dan samen zouden genieten van het gespetter en gegil van de oudste dochter.

Even later lag ik op mijn buik op de tegels van haar gloeiende achtertuin buizen in elkaar te schuiven, terwijl zij de constructie achter mijn rug weer uit elkaar trok.

'Nee, dat moet anders.'

Gek hoe het geheugen werkt. Opeens zag ik mijn vader en moeder weer worstelen met de voortent van de caravan op een camping aan de Schelde. Trekkend aan elkaars tentstokken. Ik zei wat mijn vader toen had moeten zeggen: dat het beter was als ik het alleen deed.

Toen het zwembad dan eindelijk stond en ik het met een tuinslang had gevuld, vond mijn moeder het water te koud. Op haar gezag sleepte iedereen emmers warm water van haar keuken naar het zwembadje. Ze zat er inmiddels naast op een krukje, de gerimpelde hand in het water.

'Nog steeds te koud.'

Toen het water eindelijk bijna op temperatuur was vond ze het buiten toch te warm. We gingen binnen zitten, waar ze in het donker – alle gordijnen waren dicht – een voetbal naar haar kleindochter gooide. Dat gaf een hoop rommel. Af en toe keek ze naar buiten om te zien of het mooie weer al voorbij was.

Frituurvet

14 juni 2017

Er was iets naars gebeurd in Velp. Mijn moeder deed op de haar kenmerkende manier verslag. Eerst oeverloos inzoomen op totaal niet ter zake doende details waardoor het lang onduidelijk bleef wat er nou was gebeurd. 'Het is verschrikkelijk, de Hoofdstraat is afgezet. Mevrouw Sprengers is een van de gewonden.'

Eerste gedachte, het zal de tijdgeest zijn: een aanslag. Hoe langer ik daarover nadacht, hoe logischer ik het vond. Ik groeide op in Velp, goedbeschouwd was het een wonder dat ik toen zelf niet radicaliseerde.

'Wat is er gebeurd?' vroeg ik.

'De bank is voorlopig onbereikbaar,' zei ze, 'geen idee hoe ik aan geld moet komen. En ik ga ook niet naar de Albert Heijn. Veel te gevaarlijk. De politie houdt iedereen tegen.'

Het was lang geleden dat ik zo geïnteresseerd was in wat mijn moeder te vertellen had. De sensatiezucht kwam hand in hand met ijdelheid. Ik zag mezelf al naast Jan Siebelink in een televisiestudio zitten als Velp-deskundige om het dorp te duiden.

'Nou, mevrouw Sprengers reed er middenin. En die gaat hard, hè? Op haar elektrische fiets. Daarom wilde ik nooit zo'n ding. Je vliegt echt onderuit...'

'Waarin?'

'In het frituurvet.'

Dat was dan het verhaal. Er was uit een bestelbusje honderd liter frituurvet gelekt en mevrouw Sprengers lag er middenin.

De teleurstelling moet aan mijn stem te horen zijn geweest, want ze deed nog wel haar best om nog wat lucht in het verhaal te blazen.

'Omroep Gelderland is er ook, ze staan op de Kennedylaan te filmen... Ik blijf binnen, dan maar geen slavink vanavond.'

Voor de vorm informeerde ik naar het lot van mevrouw Sprengers, een vrouw die in mijn herinnering altijd met een boodschappentas met een stronk prei erin door onze straat liep.

'Niets gebroken,' zei mijn moeder, 'maar er zit wel een slag in haar voorwiel. En haar jurk kan ze weggooien, frituurvet krijg je er nooit meer uit. Wie rijdt er nou rond met honderd liter frituurvet in z'n auto?'

Net als de rest van het dorp wees ik instinctief naar automatiek Bert Beursken, een snackbar die enige landelijke bekendheid geniet omdat zanger Frans Bauer na een optreden in stadion GelreDome heeft gezegd dat ze daar de lekkerste bamischijven van Nederland hebben.

‘Komen jullie binnenkort nog naar Velp?’ vroeg mijn moeder, die zin had om haar kleinkinderen weer eens te zien.

‘Voorlopig niet,’ zei ik. ‘Veel te gevaarlijk.’

Sternstunde

19 juni 2017

Sinds de dood van mijn vader leek het wel alsof Vaderdag ieder jaar grootser gevierd werd, maar het kan natuurlijk ook zijn dat het altijd al een groot feest is geweest. In dat geval ben ik tekortgeschoten. Wij deden niet aan Vaderdag, maar ik mag graag denken dat ik, als hij nog geleefd had, wel bij hem was langsgegaan.

We zouden achterom komen, door de schuifdeur die dan nog gewoon op een kier stond. Geen gerommel met sleutels en schuiven aan de andere kant. Benieuwd hoe hij op zijn kleinkinderen gereageerd zou hebben. Hij zat dan in de bruine leunstoel voor de televisie naar *Buitenhof* te kijken, zijn lievelingsprogramma, maar deze specifieke zondag misschien naar de ZDF, waar het de hele dag over Helmut Kohl ging. Waar hij dan weer niets van verstond omdat mijn moeder de koffie nogal rammelig presenteerde. Bijkomende gedachte was haar gezicht, dat, omdat hij nog leefde, nog niet zo zorgelijk stond.

Voor mijn vader, die bij verkiezingen trouw een groene poster achter het slaapkamerraam aan de straatkant plakte, was de Duitse bondskanselier gewoon van het CDA.

‘Wij zijn overal de baas,’ zei hij als de christendemocratie ter sprake kwam. Pas onder Jan Peter Balkenende kwamen de eerste voorzichtige barstjes in dat vertrouwen. Voor hem schaamde mijn vader zich. Kohl vond hij daarentegen een 'Macher', net als Ruud Lubbers. Zelfs voor de wat gênante aftocht van Helmut Kohl uit de politiek had hij begrip. Hij had juist sympathie voor mensen die niet het vermogen hadden om op het hoogtepunt te stoppen, zelf had hij ook het liefst tot zijn dood doorgewerkt.

De dood van de Macher was voor hem waarschijnlijk reden geweest om alle platgetreden paadjes nog maar weer eens te bewandelen. Hij had hardop wat geciteerd uit de zaterdagkranten, ik denk dat hij *Sternstunde* een mooi Duits woord had gevonden.

Ik had het graag nog een keer gehoord, maar dat was achterafgelul vond ook mijn moeder, die speciaal voor mijn vader net als iedere zondag de hele uitzending van *Buitenhof* had uitgezeten.

De dood van Helmut Kohl had haar verbaasd.

'Ik wist niet dat hij nog leefde. Hij is 87 geworden, net als papa.'

Dat was dan meteen ook de enige overeenkomst tussen die twee. Wat mij het meest trof – het had vast met Vaderdag te maken – was het bericht dat Walter Kohl, een zoon van Helmut Kohl, op de radio hoorde van het overlijden van zijn vader en dat het laatste contact dateerde uit 2011.

Omgekeerd

7 juli 2017

De jongste zus van mijn moeder was overleden, waarmee mijn moeder de enige overlevende werd van het eens zo grote Brabantse gezin. 'Ik ben alles kwijt,' zei ze.

'Gelukkig heb je ons nog,' zei ik.

Maar daar had ze het niet over.

'Dat ding heeft alles opgegeten.'

Ze had het over de pinautomaat in het ABN AMRO-filiaal te Velp die haar bankpas en haar taxipas had ingeslikt.

Niet haar fout.

'Ik wist de pincode!'

Ze zei de wel heel makkelijk te onthouden cijfercombinatie, die een week eerder bij alweer een nieuwe pas was gekomen, een paar keer hardop.

'Ik ben dus niet gek!'

Het lag dus aan het ding, niet aan haar.

'Hij wil te snel, hij jut me op. De eerste keer drukte ik te snel op de groene knop, de tweede keer wist ik niet waar ik gebleven was omdat er een man met haast achter me was komen staan, en de derde keer was ik zo zenuwachtig dat ik het scherm niet meer kon zien omdat mijn bril ervan besloeg. De directeur van de bank zei dat het heel vaak voorkomt en dat het heel normaal is, dus dan weet je dat.'

'En nu?' vroeg ik.

'Nu ben ik mijn paspoort aan het zoeken.'

De volgende dag troffen we elkaar in de Odulphuskerk in Best, waar ik haar lieve achterhoofd op en neer zag schudden op de panfluitmuziek waar haar jongste zus zo van hield. En knikken toen de pastor een bespiegeling hield over het leven na de dood.

'Wanneer het volmaakte komt zal het beperkte verdwijnen.'

Ze was in het zwart en schreed, bijna statig, met een wandelstok achter de kist de kerk uit. In niets de kwetsbare vrouw die ik kende van thuis.

Tijdens de koffie met broodjes na afloop zei ze dat ze vaker was geopereerd dan de meeste van haar broers en zussen, dat ze desondanks iedereen had overleefd en dat dit dus de laatste begrafenis was geweest.

'Leuk om iedereen weer te zien, jammer dat er niemand meer is.'

We zaten even zwijgend naast elkaar, tot ik ontdekte dat ik mijn portemonnee waarschijnlijk in de kerk had laten liggen.

We keken elkaar even aan, lang genoeg om te zien dat ze ervan genoot dat de rollen even omgedraaid waren.

Wormenezen

17 juli 2017

In de zoektocht naar een woning in de buurt van Amsterdam deden we ook het dorp van de schoonmoeder aan. Wormer. Eerst bekeken we het schitterende huis, op de hielen gezeten door een makelaar, die ook uit de kranten had begrepen dat iedereen uit Amsterdam ging vertrekken.

Ja, ja, we moesten dus snel beslissen.

Van schrik reden we bij het vertrek heel zachtjes tegen een fietsenrek. Dat rek had niks, wij ook niet, maar de voorkant van de auto lag er wel af. In afwachting van de ingeschakelde hulp namen we plaats op het terras van de ijssalon-koffietent-brasserie in het centrum.

Ik had me voorgenomen om de gedwongen aftocht uit het onbetaalbaar geworden Amsterdam te vieren als een overwinning. Wij waren trendsetters, de eerste verkenners van wat de bewoners later als een plaag zouden gaan ervaren, omdat er voor hen geen woning meer overbleef en zij op hun beurt zouden moeten verhuizen vanwege al die Amsterdammers met hun kinderen. Het was een kwestie van je verlies nemen en over een paar jaar constateren dat je destijds heel slim bezig was geweest. En tot het zover was moesten we het zien te rooien met mensen die er nu wonen.

Van Wormer wist ik weinig. Martin Bosma van de PVV kwam er vandaan, Wolter Kroes kwam uit het eraan vastgekoekte Wormerveer en verder zag ik op Google dat ze er in het verleden last hadden gehad van 'spontane gaten' in weilanden.

'O, dat waren gewoon meteorieten,' zei de vriendin, voor wie dit dorp geen geheimen kent.

'Hoe noemen jullie jezelf?' vroeg ik de serveerster die nog gewoon met een kladblok de bestelling kwam opnemen. 'Wormen?'

'Nee, Wormenezen,' zei de vrouw, op een toon alsof dat veel logischer was.

Ik bestelde een dubbele espresso, die nog kwam zonder grootsteeds schuimlaagje en met een koekje op het schoteltje. Bij het afrekenen hield ik, gewend aan contactloos betalen, het pasje tegen het pinapparaat.

'Je moet hem er natuurlijk in doen,' zei de vrouw.

'Ze zijn hier nog lekker ouderwets,' zei ik tegen de vriendin, maar die keek om zich heen en siste dat ik 'normaal' moest doen. Daaruit trok ik de conclusie dat het best Wormer zou kunnen worden.

'Wat vind jij van Wormer?' vroeg ik een paar dagen later aan mijn moeder en ik duwde haar de geplastificeerde brochure van het huis onder de neus. Ze wees me op de taalfout op het omslag, maar negeerde de vraag verder. Ze ging niet hardop zeggen wat ze dacht: nog verder bij mij vandaan en dan ook nog in dat dorp van die andere oma.

Kinderfeestjes

4 augustus 2017

Ik had al een vermoeden, maar na het lezen van het angstaanjagende artikel over kinderfeestjes van Frederiek Weeda in *NRC* wist ik zeker dat mijn ouders hun tijd ver vooruit waren. Ze schreef over de trend dat kinderfeestjes tegenwoordig een prestigeproject zijn en dus steeds gekker en duurder worden. De kinderen van nu krijgen een dj en Surinaams eten, lossen een misdaad op en in Zoetermeer, maar ja dat is Zoetermeer, komt de reptielenman aan huis zodat je met je vriendjes een gekko of slang mag voeren en aaien.

Ik zat op de lagere school in de jaren tachtig, een periode waarin we in het beste geval werden verscheept naar het bowlingcentrum aan de

Schelmseweg in Arnhem, of naar de bioscoop. Kinderfeestjes waren verplichte nummers waarbij de vaders ontbraken.

Behalve bij ons.

Mijn ouders maakten er werk van.

Als kind zag ik op tegen mijn eigen verjaardag. Doodsbang voor wat mijn ouders over mijn rug heen organiseerden.

Mijn vader liet een gepensioneerde collega van het Provinciehuis een quiz of educatieve speurtocht door de buurt in elkaar zetten ('Sla bij de schillenboer links af, tel het aantal groene garagedeuren in die straat en deel dat door drie'). Ik ben in februari jarig, dus in het geval van een speurtocht moest ik op de uitnodiging 'Neem regenkleding mee' schrijven, dan wist je als tienjarige alvast ruim tevoren dat het alweer niet leuk werd.

Op de foto's van toen zie je mij heel ongelukkig kijken. Dat kan ik nog steeds heel goed, maar toen had ik een reden. Stond ik op een verhoging een oneindige reeks vragen af te vuren op leeftijdgenootjes die hun vrije woensdagmiddag zagen veranderen in extra schooltijd, maar dan met zelfgebakken cake van mijn moeder.

'Weer wat geleerd,' zei mijn vader als iemand niet wist dat Oviedo een stad in Spanje is.

Van de meester op school kregen mijn ouders een keer het compliment dat mijn verjaardagsfeestje zo educatief was geweest. Reden voor hen om het jaar erop extra gas te geven. Wij waren het goede voorbeeld dat echter geen navolging kreeg.

Mijn moeder heeft andere herinneringen. Volgens haar gierde iedereen het uit van de pret als ze de prijswinnaars meenam naar de keuken, waar ze onder een berg bloem op een bord iets lekkers had verstopt.

'Het meelhappen was echt een hoogtepunt, daar spraken ze nog weken over.'

Het waren in ieder geval geen dure verjaardagen, concludeerde ik, maar ook dat had ik mis.

'Meneer Beumer rekende een godsvermogen voor al die quizzen.'

Kinderverjaardag

16 augustus 2017

Voor mensen die hun eigen verjaardag het liefst overslaan, hadden we de verjaardag van de oudste dochter – ze werd twee – groots aangepakt. Ze had ondanks de slingers en ons gezang lang niets in de gaten. Ik bracht haar met wat doosjes rozijntjes naar de kinderopvang, waar de leidster zei dat ze een feestmuts gingen nieten. Er was nog een meisje jarig. Ik kwam de moeder tegen op het bankje waarop de ouders, vanwege de hygiëne, de verplichte slofjes over hun schoenen kunnen aan- of afdoen. Ze had tot diep in de nacht pakketjes gemaakt, waaromheen ze een strik had gelegd: een boekje van het Kruidvat, een plastic prul van de Action... En een doosje rozijnen.

'Ja, dat kan natuurlijk ook,' zei ik.

Toen ik zei dat wij alleen op rozijnen trakteerden, roddelde ze dat weg door te zeggen dat ze een keer had gezien dat de leidsters een traktatie teruggaven met een briefje erbij waarop stond dat het meegebrachte snoepgoed te veel suiker bevatte.

's Middags zat onze huiskamer vol met onder anderen twee tegen elkaar op juichende oma's, alle twee voorzien van een gehoorapparaat dat achtergrondgeluiden versterkt waardoor ze vanwege de cirkelzaag waarmee de nieuwe overbuurman al een week zijn woninkje aan het doorzagen was, helemaal niets meer hoorden.

De jarige kreeg een puzzel waaruit geluid kwam, een plastic trommel waaruit geluid kwam en een niet van echt te onderscheiden plastic iPhone die 'hallo' en 'ik hang op, hoor' kan zeggen. Ik keek naar mijn moeder, die er driftig mee zat te bellen richting de andere oma, die ondertussen wanhopig de geluidspuzzel probeerde te leggen om de stroom kinderliedjes die eruit kwam te stoppen.

Even later zag ik ze in de weer met de gipsen sierkip die een van de twee van het balkon had gepakt. Ze zaten elkaar ermee te pikken en vielen er ook de aangetrouwde opa mee aan, reden voor hem om alle dierengeluiden na te doen die hij kende. De jarige sloeg tot grote hilariteit met beide vuistjes in haar slagroomtaart, waarna mijn broer met de plastic telefoon de brandweer ging bellen.

Eenmaal thuis herinnerde mijn moeder zich het geluid van een cirkelzaag, dat de dochter zo leuk om zich heen had geslagen met de uitklapbare blindenstok van mijn broer en bovenal de fijne gesprekken die ze had gevoerd. Misschien moest ik maar eens met die plastic iPhone gaan bellen.

Trap

25 augustus 2017

Met mijn moeder ging het goed, ze had de trap onder handen laten nemen door de vertrouwde klusjesman, een harde werker die wel melk maar geen suiker in de koffie wil. Het tapijt, waar ze de bloedvlekken van haar laatste val niet meer uit had gekregen, was eindelijk verwijderd. Het was weer gewoon een houten trap, met op iedere tree een groene punt antislip.

'Ik heb het voor jullie gedaan,' zei ze goeiig, 'het huis is weer in waarde gestegen.'

Dat betwijfelde ik, maar daar bracht ze tegen in dat de thuishulp had gezegd dat ze nog nooit zo lekker van boven naar beneden was gelopen.

'En daarna hebben we samen de werkkast in de gang opgeruimd. Heerlijk. En jij?'

Ik zei dat ik de vaatwasser had ingeruimd, dat ik een brief had gepost en dat we helemaal gek werden van onze hypotheekadviseur die steeds weer nieuwe documenten wilde hebben.

'Ging je daarom een brief posten?'

'Ja.'

Daarna besprak ze het nieuws. In Velp maakte iedereen zich druk over de tijgermug, die er weliswaar nog niet was gesignaleerd, maar in Aalten wel dus dan kon je er donder op zeggen dat ze eraan kwamen, zeker als je bedacht dat die insecten eigenlijk in Brazilië wonen en ze die afstand dus ook hadden afgelegd.

'In Velp is het heerlijk voor ze. Overal stilstaand water.'

Daarna: 'Zijn jullie al gestoken?'

Een ademtocht later ging het over politiek, ze zat met een schuin oog naar het 'eierdebat' in de Tweede Kamer te kijken. Ze keek naar politiek zoals ik naar een voetbalwedstrijd van Vitesse, vol afschuw en verbazing over wie ze nu weer allemaal hadden opgesteld. Van staatssecretaris Martijn van Dam had ze nog geen woord verstaan, maar dat kon ook aan haar gehoorapparaat liggen. Alexander Pechtold had ze gelukkig nog niet gezien, die noemde ze afwisselend de 'slijmjurk' of de 'kwezel', gevolgd door een welgemeend 'bah'.

Dat deed ze dan voor mijn vader, die een leven lang een hardop beleden hekel aan D66 had gehad. Ach, als hij nog geleefd had was alles zoveel simpeler geweest.

'Die had gewoon eieren gegeten en zo'n tijgermug meteen doodgeslagen. Opgelost.'

Na een korte stilte: 'Weet je waar papa heel blij mee zou zijn geweest? Dat ik het tapijt van de trap heb laten trekken. Hij zou het prachtig hebben gevonden, een goede investering.'

Klachten

15 september 2017

Omdat ik naar Vitesse-Lazio Roma wilde, logeerde ik een nacht bij mijn moeder. Onze gesprekken waren geen gesprekken, we wisselden uit. Ze was naar de huisarts geweest.

'Ik zeg niet waarom, daar ga ik niemand mee lastigvallen.'

Ik vroeg om koffie.

Ze ging koffie halen bij de Coop.

Verslagenheid bij thuiskomst: de meegebrachte koffiecupjes pasten niet in het Senseo-apparaat.

Toch proberen.

'Dat gaat niet,' zei ik.

Dan maar thee, ze had een nieuwe waterkoker. Ik zei dat we, als het allemaal ging lukken met de hypotheek, naar Wormer gingen verhuizen. Ze antwoordde dat de huisarts haar had doorverwezen naar een maag-darm-leverarts, maar dat ze het daar verder niet over wilde hebben omdat ze mij er niet mee wilde belasten.

Ik liet foto's van haar kleinkinderen zien, daarin vonden we elkaar. In de jongste zag ze het gezicht van mijn vader. Ik zei dat ze als we in het nieuwe huis zaten maar moest komen logeren, maar ze antwoordde dat dat misschien niet mocht van de maag-darm-leverspecialist.

Van Jan Siebelink was een nieuw boek uit, het stond op kartonnen borden aangekondigd bij de boekhandel in de Emmastraat. Ze zei dat ze het niet hoefde te hebben in het geval dat de maag-darm-leverspecialist haar in het ziekenhuis wilde houden vanwege de klachten waarover we ons verder het hoofd niet hoefden te breken.

Ik zei dat Jan Siebelink bij *Pauw* had gezegd dat hij het voltooien van zijn boek bijna niet had overleefd en dat hij, toen hij per ambulance werd afgevoerd, dacht dat het zijn laatste rit was.

'Ík ga er niemand mee lastigvallen,' zei mijn moeder over haar klachten om het verschil met de schrijver te benadrukken. Ze ging het er verder ook niet over hebben.

Als ik wilde weten wat ze mankeerde of dacht te mankeren, kon ik het beste bij de buren aanbellen die haar van en naar het ziekenhuis rijden – schoot het door me heen.

Bij het ontbijt serveerde ze de volgende ochtend kokosmakronen. Waarom stopten ze er toch zo veel in die kartonnen verpakking? En dan ook nog met houdbaarheidsdatum, daar kon je als alleenstaande oudere niet tegenop eten. Zeker niet als je klachten had, waarover je het verder niet wilde hebben.

Ik propte de drie overgebleven kokosmakronen achter elkaar in mijn mond.

'Op,' zei ik toen ik het had weggekauwd.

'Fijn,' zei ze.

86

4 oktober 2017

We vierden de 86ste verjaardag van mijn moeder een week later. Ze zei meerdere malen dat dat haar niets uitmaakte. Het slikken van pillen was een dagtaak geworden. Ze had een doosje met vakjes en een apparaat waarmee ze pillen in plastic zakjes kon sealen. Geritsel. Het kleed op tafel lag vol medicijnen. De oudste dochter van twee wilde helpen sorteren.

'Nee,' zei mijn moeder, 'help jij straks maar met het schillen van aardappelen.'

Dat hadden wij dan weer liever niet.

Bij de thee ging het over het ziekenhuis. Je had aardige dokters en dokters die hun zaakjes afraffelden, en in de wachtruimte had ze een kennis gezien die in een rolstoel was beland. De thuishulp was nog steeds een aardige vrouw; de druiven onder het afdakje waren verrot naar beneden gevallen; ze was blij dat ze nooit aan een moestuin was begonnen; de afstandsbediening van de televisie deed nooit wat ze wilde.

Ze was vergeten de appeltaart uit de diepvries te halen.

Wilden we bevroren taart?

Ze had een uitje gepland, dicht bij huis.

Wij raadden.

Het Openluchtmuseum?

'Fout,' zei mijn moeder, 'we gaan naar de man van de ING Bank, die heeft een glijbaan.'

In optocht naar de nieuwe overburen.

Toen we er waren draaide ze zich om. Ze had zich bedacht, ze ging toch aardappels schillen.

Ietwat onthand stonden we in de achtertuin van mensen die ik nog nooit had gezien. Er was daar inderdaad een glijbaantje. De man werkte niet bij ING, zijn vrouw ook niet. Ze waren erg aardig en vertelden wat voor soort verf ze op de muur van hun keuken hadden gesmeerd.

De dochter ging drie keer van het glijbaantje.

'We zijn er weer,' zei ik toen we door de achterdeur het ouderlijk huis weer binnenkwamen. 'Het was een leuk uitje.'

Mijn moeder vroeg om stilte.

Ze was de overgebleven oranje pillen aan het tellen om te controleren hoeveel ze er had ingenomen. Nadat ze had geconstateerd dat de administratie klopte ging ze aardappelen schillen.

Ik zei dat het ons eindelijk gelukt was om een huis te kopen, ze antwoordde dat ze aardappelen altijd op de markt in Velp kocht. 'Van een echte boer. Zeeuwse roem, dat zijn de beste. Lekker bloemig. Willen jullie wat aardappelen mee?'

De aardappels werden gekookt en daarna gebakken in Croma, normaal bakte ze met Blue Band.

In de auto terug hoorden we nog steeds dat tikken van de enorme klok aan de muur. Ik betrapte mezelf op de gedachte dat ik haar geritsel zou missen als het er niet meer was.

Heen en weer

10 november 2017

Mijn moeder kondigde aan ons nieuwe huis te komen inspecteren. Het moest de volgende dag omdat haar vrijreizendagen van de NS bijna verliepen. Het aanbod om haar op een ander moment te komen halen en wegbrengen of om later te komen logeren, verwierp ze.

'Nee, ik kom morgen. Op en neer.'

Daarna belde ze meerdere keren over het reisschema. Over hoe laat ze vertrok, waar ze moest overstappen, hoe laat ze aankwam en wanneer en hoe ze moest in- en uitchecken.

Bij het vijfde gesprek verloor ik mijn geduld. Ik stond met een kind op de arm bij de kassa van de Vomar en vroeg me af of het niet beter was om van de hele onderneming af te zien.

Even later belde de thuishulp. De telefoon stond op de speaker, ze zaten klaar met pen en papier. Het lukte de hulp, een vrouw die maar eerlijk zei nog nooit in een trein te hebben gezeten, niet om te noteren wat ik zei.

Ik bleef herhalen.

Mijn moeder kondigde aan dat ze haar mobiele telefoon meenam. Wat was mijn nummer en moest ze op de rode of de groene knop drukken om te bellen?

Op de dag dat we wisten dat ze zou verdwijnen in de Bermudadriehoek Arnhem-Amsterdam-Zaanstreek belde ze vanuit de trein. Of beter: een onbekende mannenstem meldde zich met de mededeling dat het overstappen op Amsterdam Amstel was gelukt en dat ze op schema lag. Stonden we al op het station?

Twintig minuten later kwam ze aan.

Ze wandelde monter het dorpje in, als een koningin die haar onderdanen voor het eerst sinds lange tijd weer eens zag. Onderweg kochten we krentenbollen voor de lunch. Mijn moeder tegen de bakker: 'Verkoopt u veel brood?'

Eenmaal bij ons thuis zei ze tegen een buurvrouw van wie ze dacht dat het een thuishulp was, dat ze ook óp de kastjes moest soppen.

Daarna ging het al snel over de terugreis.

Over vertrek- en aankomsttijden, perrons en dat ze bang was dat ze was vergeten om uit te checken en of ze de NS-kaart daarom een of twee keer tegen de incheckpaal moest houden.

Een uur later vertrok ze weer, uitgeprint reisschema onder de arm. Na thuiskomst belde ze om verslag te doen. Tussen Zaandam en Amsterdam had ze van een conducteur met mooie wimpers eerste klas mogen zitten en van Ede-Wageningen tot Arnhem hadden de inzittenden van twee coupés gezocht naar haar wandelstok, dat was heel gezellig geweest en het was nog goed afgelopen ook: het ding stond toen ze thuiskwam gewoon onder de kapstok.

Ze sloot af met de mededeling dat ze volgende week weer kwam. Na een korte stilte vond ze dat een leuke grap van zichzelf.

Worstenbrood

20 december 2017

Mijn ouders kwamen uit Middelbeers en Oirschot, dorpen in Noord-Brabant. Het was niet dat ze hun afkomst verzwegen nadat het leven ze naar Arnhem had gebracht, maar ze liepen er – door schade en schande wijs geworden – niet mee te koop. Ze leerden hun accent af en maakten zichzelf en hun kinderen graag wijs dat ze zich omhoog hadden gewerkt, wat ook zo was, want een generatie eerder scharrelden de dieren nog gewoon in en rondom het huis en vonden ze 'vaste vloerbedekking' iets onvoorstelbaars.

Het enige Brabantse wat ze erin hielden was worstenbrood eten op kerstavond, worstenbrood eten op eerste kerstdag en worstenbrood eten op oudejaarsavond.

Een jaarlijks gedoe, want bij de bakkers in Arnhem hadden ze natuurlijk geen worstenbrood.

'Wij doen worst op brood,' had er ooit een tegen mijn moeder gezegd. 'Niet erin.'

Nee, voor worstenbrood reed ze in de Mazda 323 op en neer naar de bakker in Oirschot, over de provinciale weg, zodat ze Veghel, Sint-Oedenrode en Best ook nog even meepikte.

Het moest onder een vochtige theedoek een kwartier in de oven en gegeten worden met een servetje eromheen. Ik zie ons nog staan op kerstavond, met het hele gezin bij de oven, bijtend in een worstenbroodje en dan pas na een paar happen in staat zijn om iets tegen elkaar te zeggen.

Worstenbrood was Brabant, het land dat ze achter zich hadden gelaten, maar waar ze dan met iedere hap intenser naar konden verlangen. Naar De Kempen, stallen vol varkens en 'houdoe' zeggen. Mijn moeder kon zichzelf ontroeren als ze over de kerktoren van Oirschot begon, dat was tenminste een toren.

Zuchtend: 'Maar probeer dat hier maar eens uit te leggen.'

Er was een jaar dat ze vergeefs naar Oirschot reed en de bakkerij verliet met een lege tas. Worstenbroodjes op. Gelukkig had haar zus als voorzitter van de Katholieke Vrouwen Organisatie een machtspositie, en een pauselijke onderscheiding bovendien, en die ging vervolgens verhaal halen bij de vrouw van de bakker. Die ook wel wist dat ze moest leveren omdat ze anders geen leven meer had.

Bij de begrafenis van mijn vader aten we ook worstenbrood.

'Zo,' zei mijn moeder na de laatste hap, 'nu is hij echt dood.'

Gisteren belde mijn broer met de mededeling dat hij in Oirschot worstenbrood voor ons had gekocht. Ik heb een hekel aan Kerstmis, maar toen hij ophing kreeg ik er heel even zin in.

Klaas Gubbels

22 januari 2018

Nog even over de storm van vorige week, ik zou op die dag een praatje houden bij de opening van een expositie van Klaas Gubbels (84), de beroemde Arnhemse kunstenaar, gespecialiseerd in het schilderen van koffiekannen, tafels en supersaaie stillevens. Zijn werken hebben namen als *Uiertafel met melkkan*, *Dubbele borstentafel*, *2e speeldag Reykjavik* en *Stilleven met peer.*

De productie is enorm, ik bewonder hem daarom, maar Klaas beweert dat hij aan elke koffiepot kan zien hoe hij zich de dag dat hij die schilderde voelde. Tegen HP/*De Tijd* zei hij een paar jaar geleden dat eentonigheid zijn grootste inspiratiebron is. ‘Elke dag om tien uur op mijn atelier zijn, elke vrijdagochtend boodschappen doen met mijn vrouw, zelfde groenteboer, zelfde bakker, zelfde café, zelfde wijn. Alles altijd hetzelfde. Verschrikkelijk.’

Het contact met Klaas, die mij van eenzelfde levenshouding verdacht, verliep via Inge van Galerie Plaatsmaken. Tussen kerst en oud en nieuw belde Klaas zelf. Hij wilde mijn adres, dan ging hij een nieuwjaarsboodschap in elkaar fröbelen, ik mocht me voorzichtig gaan verheugen op iets supersaais of een koffiepot. Tien dagen later belde Inge, namens Klaas, met de open vraag of ik ooit post van Klaas had gehad.

‘Nee,’ zei ik. ‘Zou kunnen,’ zei Inge, ‘Klaas was het adres kwijt.’ Lang verhaal kort: op de dag van de opening timmerde ik een ode over Klaas Gubbels in elkaar en daarna haastte ik me naar het station. Ik had geen benul van de omvang van de storm, het was windstil toen ik van huis vertrok en ik ging er maar van uit dat alles goed kwam als het zelfs hier niet meer waaide.

Bij het station hielpen twee verkleumde dames in lichtgevende hesjes, me uit de droom. Niks reed, van vervangend vervoer wisten ze niets. Ik belde Inge van de galerie, de feestelijkheden waren nog net niet begonnen. ‘Ik kom niet,’ zei ik. Langgerekte schreeuw: ‘Neeee-eeeee!’

Daarna uitleg: ze waren er al de hele dag bang voor, maar ze hoorden niets, dus Klaas dacht: die komt gewoon. Ze ging het tegen Klaas zeggen. Die zei: 'Ik hoop dat hij toch komt.' Dat vond ik heel Arnhems: weten dat het onmogelijk is, maar toch op je schuldgevoel werken.

Inge: 'Zeg me een manier waarop het wel door kan gaan...'

Daarna: 'Zeg iets...' Ik liep voor de vorm nog maar een keer naar de vrouwen in hun NS-hesjes, die nogmaals communiceerden dat er niets reed. Ook geen taxi.

'Zeg Klaas dat het me spijt,' zei ik tegen Inge. Daarna hoorde ik nooit meer iets van Klaas, en ook niet van Inge. Ik stelde me zo voor dat hij de teleurstelling had gevangen in een supersaai stilleven. Een scheve tafel in een verder lege ruimte, titel: *Opening zonder praatje.*

Senseo-koffiepads

29 januari 2018

Nadat mijn moeder haar Renault Clio tegen het eigen huis had aangereden, had ze haar auto verkocht aan de hoogstbiedende. Ze deed daarna iedere dag drie keer boodschappen, te voet. Voor de zware spullen schakelde ze haar kinderen in. Omdat ik op 120 kilometer afstand woon hoef ik niet zo vaak als mijn zus.

Vrijdag was het mijn beurt.

Ik was er al vroeg, zuchtend en steunend.

Ze begroette me met een kus en nam het leven door.

Ze had een kastje uitgeruimd en wel honderd ansichtkaarten gevonden, ze vond de houten schutting in de tuin mooier dan de muur die er vroeger stond en er kwamen dit jaar veel minder vogels dan ze gewend was.

Een van de laatste zussen van mijn vader was overleden. Ze wilde uit de nalatenschap graag de opwindwekker hebben die ze naast haar ziekbed had zien staan, het was een wekker van de HEMA. Ik stelde voor om de nabestaanden er niet mee lastig te vallen en een wekker voor haar te kopen, in Velp hebben ze ook een HEMA.

Ze zette zich met pen en papier aan tafel.

'Ik ga nu een boodschappenlijst maken.'

Ik las: 'Een liter houdbare halfvolle melk, een fles bronwater en een zakje Senseo-koffiepads.' Ik zei dat ik had gedacht groot in te moeten slaan. Zij: 'Doe dan maar twee pakken houdbare halfvolle melk.' Ik vond het nog steeds weinig. 'Doe dan maar twaalf pakken houdbare halfvolle melk, en zes flessen bronwater.'

Toen vond ik het opeens veel. Ik had haar zelf van munitie voorzien, ze sloeg me met mijn eigen argumenten om de oren. 'Nee hoor, twaalf pakken houdbare halfvolle melk, zes flessen bronwater en Senseo-koffiepads. Je hebt er een heel stuk voor gereisd.'

Daarna: 'Maar je hoeft niet naar de HEMA voor een opwindwekker, dat vind ik onzin met zo veel boodschappen. Bovendien, er staat nog ergens een wekker.'

Toen ik met haar geblokte boodschappentas het huis uit sjokte, riep ze me na dat ze ook nog papieren zakdoeken wilde.

'Tempo-zakdoeken, doe maar twee dozen.'

Toen ik er weer was deed ze extra blij. Nee, die had ze zelf nooit kunnen tillen! Ze ging meteen koffiezetten met haar Senseo-koffiepads.

'Zo,' zei ze, nadat ze in een van haar honderden nieuwe papieren zakdoekjes haar neus had gesnoten, 'als die op zijn ben ik wel uitgehuild. En anders moeten jullie ze maar gebruiken als ik er niet meer ben.'

'Zo vaak huilen we niet.'

'Voor op mijn begrafenis.'

Schaatsinflatie

12 februari 2018

Ik was jarig. Ik vierde het niet, maar de familie kwam toch. Mijn zus, haar man en haar twee puberdochters, die liever zouden zijn gaan carnavallen in Groesbeek, zaten met een stuk gebak op de bank. Mijn moeder die vanwege het carnaval – er is bij ons in Noord-Holland helemaal geen carnaval – eigenlijk niet zou komen, was er toch. Ze was als cadeau meegenomen door Ester Bal, de ex-persvoorlichter van Vitesse die van het slag is dat ze zelf wel bepaalt of iemand wel of niet zijn verjaardag viert.

'Je moet er effe een lap overheen halen, Mars,' zei ze toen ze met mijn moeder aan de arm binnenkwam. 'De hele toet zit onder. Ik heb d'r onderweg kauwgom gevoerd.'

De televisie ging aan, want Winterspelen.

We zagen Carlijn Achtereekte goud winnen, Wüst en Knegt (bij het shorttrack) zilver en De Jong brons en vonden dat allemaal heel normaal. De medailles werden begroet met een simpel 'ja'.

'Wie van de Nederlanders heeft er gewonnen?' vroeg ik, want ik liep de hele tijd op en neer met koffie, thee en taart.

Mijn moeder: 'Een, twee, drie!'

Ester Bal: 'Een of andere Carlijn.'

Ik: 'Hoera.'

Toen er geen medailles meer te winnen waren ging de televisie uit.

Ester Bal: 'Hoe laat is morgen het eerste goud voor Kramer?'

Toen ik mezelf de volgende morgen brak op de bank terugvond, de leeftijd was toch nog behoorlijk gevierd, zag ik Sven Kramer op de vijfduizend meter.

De vriendin vanuit de keuken: 'Heeft hij al goud?'

Ik: 'Over drie rondjes.'

Zij: 'O, leuk.'

Op mijn telefoon zag ik dat Mark Tuitert, de schaatser die bij de Olympische Spelen van 2010 goud won op de 1500 meter, vijf gouden medailles voor de Nederlandse schaatsmannen voorspelde. Zelf vond ik het inmiddels geen gekke gedachte meer als 'we' bij de mannen en vrouwen alle gouden schaatsmedailles winnen en er ook met het grootste deel van de zilveren en bronzen medailles vandoor gaan.

Misschien dat het kwam omdat ik weer een jaar ouder ben, maar ik verlangde terug naar de tijd dat het winnen van een gouden medaille bij het schaatsen nog iets bijzonders was.

Laatst keek ik een aflevering van het geweldige programma *Andere Tijden Sport* terug. Annie Borckink die in 1980 goud won in Lake Placid, de polonaise van familie en buren op een boerderij in Eibergen: zo mooi wordt blijdschap nooit meer. Voor altijd een zwak voor de Ria Visser van toen die in dezelfde wedstrijd zilver won.

Als ze ons toen gezegd hadden dat we zo'n uitslag later normaal zouden vinden, hadden ze ons iets afgepakt.

Haas

30 maart 2018

Er liep een paashaas door het dorp, een beetje nonchalant, alsof het normaal was. De mensen keken hem niet na. De dochter en ik wel. We zaten aan de koffie en appelsap voor het raam bij de bakker.

'Nijntje!' riep ze enthousiast, terwijl het dier geld pinde bij de automaat van de Rabobank.

'Nee, haas,' corrigeerde ik. 'Paashaas. Die heeft het druk dezer dagen. Hij gaat eieren verstoppen, en die gaan wij dan over een paar dagen zoeken.'

Ik hoorde het mezelf zeggen.

'Nee, Nijntje!' zei ze boos.

We zagen de paashaas op z'n gemak de Dorpsstraat uit sjokken.

Een paar minuten later haalden we hem in op de fiets.

'Nijntje!' riep ze vanuit haar zitje.

Ik tegen de paashaas, alsof ik tegenover een kind van twee iets te bewijzen heb: 'Jij bent toch de paashaas? En niet Nijntje?'

Hij: 'Ja hoor, ik ben de paashaas.'

Ik keek de dochter in het lieve gezichtje.

'Zie je wel, paashaas.'

'Aaien,' zei ze. 'Nijntje aaien.'

Ik: 'Mag ze je aaien?'

De paashaas: 'Ja hoor.'

Hij ging er speciaal voor staan, ik stapte af en tilde haar uit het zitje.

Ze aaide zijn been en trok daarna aan zijn staart.

De paashaas haalde een pakje shag uit zijn vacht, halfzware Drum. Hij vroeg of ik een shagje voor hem wilde draaien. Ik draaide een shagje, de routine zat nog in de vingers. Hij zette zijn kop af want met was het moeilijk roken. Je verwacht dan dat er een werkstudent of scholier tevoorschijn komt, maar hij was nog ouder dan ik.

Stop maar met aaien, dacht ik.

'Heb je bij de Vomar gestaan?' vroeg ik.

Hij: 'Nee, ik woon hier. Ik moet naar Zaandam. Folders uitdelen bij een winkelcentrum, maar we hebben eerst nog een briefing.'

Ik: 'Geen eieren?'

Hij: 'Nee, hoezo?'

Ik: 'Ben je wel vaker paashaas?'

Hij: 'Deze week wel. Ik doe het erbij. Zwart.'

We hadden elkaar verder weinig te zeggen.

Hij stak zijn shagje aan, inhaleerde een paar keer diep, zette daarna zijn kop weer op en zei dat hij door moest, anders miste hij de trein op station Wormerveer.

'Nico,' zei hij bij het afscheid en hij gaf me een poot. We kwamen elkaar ongetwijfeld wel weer eens tegen, iedereen kwam elkaar hier weer tegen, of je nou wilde of niet. Hij keek naar mijn dochter en zei:

‘Kinderen vinden het vaak wel leuk, een paashaas, maar die van mij niet meer. Mijn zoon zei “kutkonijn” toen ik de deur uit liep, daar kon ik wel om lachen.’

Ik: ‘Haha, paashazenhumor.’

Daar moest hij dan weer niet om lachen.

Pasen 2018

4 april 2018

Pasen samengevat: regen. Eerste paasdag gingen we naar mijn moeder, tweede paasdag naar de Albert Heijn XL in Zaandam. In de auto op weg naar mijn moeder zei ik, terwijl ik de ruitenwissers probeerde te volgen met mijn ogen: ‘Als we lammetjes waren gaan aaien waren we nu kleddernat geweest.’

De vriendin antwoordde dat ze een koeiendans in het echt wilde zien.

‘Paashaas!’ zei de oudste dochter vanaf de achterbank, nog helemaal onder de indruk van een dier dat chocolade-eieren in de blubber legde.

Ik kon me niet herinneren dat mijn ouders ooit eieren voor ons verstopten. Ik geloof dat mijn vader eieren en paashazen vond afleiden van de kern van zijn geloof.

‘Verstopten jullie eieren?’ vroeg ik aan mijn moeder toen we er waren.

‘Nee, maar wij aten wel gewoon ei.’

Ze zei het heel stellig, alsof we toen een heel bijzonder stelletje bij elkaar waren. Terwijl de hele buurt eieren verstopte, aten wij ze gewoon op.

'En de paashaas aten we ook.'

Ik herinnerde me inderdaad een oom die een keer onverwachts op bezoek kwam met een dier dat hij een paar dagen eerder kapot had geschoten op de Oirschotse Hei en dat ze dat gingen villen op de tafeltennistafel in de schuur. Mijn ouders met bebloede schorten om, tijdens het eten een apart schoteltje voor de kogeltjes.

Ik glipte er tijdens de gesprekjes tussenuit en deed wat ik daar altijd doe: het huis uitkammen, zoeken naar restanten van mijn vader. Archeoloog op bekend terrein: je weet dat er ergens iets moet zijn, maar je weet niet wat en waar. Hopen op iets speciaals en daarna bijzonder gaan doen over een scherf.

Bureaulade open.

Paperclips, nietjes en elastiekjes ook vijf jaar later nog steeds in aparte bakjes, ik hoop dat ze het zo laat. Boek uit de kast trekken omdat je hoopt dat er een briefje uit valt. Maar het enige wat hij deed was met potlood uitroeptekens zetten achter alinea's die hem bevielen.

Weer beneden lepelde mijn moeder een gekookt ei leeg. Daarna zette ze de schaal omgekeerd in het eierdopje, om vervolgens veel te nadrukkelijk te constateren dat er niets in haar ei zit. Dat deed mijn vader altijd als er kleine kinderen bij waren.

Een dierbare herinnering, toch nog iets gevonden.

Mijn kinderen reageerden verder niet op die truc, dat was dan wel weer jammer.

Lievelingszus

30 april 2018

We belden aan, daarna nog een paar keer. De buurvrouw van mijn moeder keek door haar raam en zakte daarna terug in haar stoel. Ze had in de krant moeten lezen dat mijn moeder haar bril kwijt was. De bril was inmiddels gevonden.

Ik belde op. Mijn moeder zei dat ze in bed lag en dat ze moeilijk kon telefoneren. Ze was tegelijkertijd haar ochtendjas aan het aantrekken omdat er aangebeld werd.

'Het is een gek. Hij blijft maar aanbellen. Ik bel straks terug.' Ze verbrak de verbinding.

Ik belde nog een keer aan, dat had niet gehoeven.

Daar was ze, we zagen haar door het matglas haar rode ochtendjas dichtknopen. De oudste kroop meteen in het been dat geopereerd moet worden.

'Kangoeroe,' zei ze.

Mijn moeder verstond 'kankerhoer'.

Het tafeldekken duurde een half uur.

Net als de dochters liet mijn moeder alles zien. Dan hield ze bijvoorbeeld een half brood omhoog en zei: 'Kijk, ik heb nog genoeg brood.'

Ze had ook een pot berenpasta, een leverworst en een nieuw stuk kaas. Na de lunch zei ze dat we het afval moesten scheiden.

'Dat hoefde vroeger niet, papa was de biobak.'

Zo herinnerde ik me mijn vader ook. Als we vroeger iets niet lustten moesten we het op zijn bord leggen. Hij zei daar nooit wat van, behalve als ze een keer vies gekookt had en er niets meer bij kon op zijn bord.

Dan zei hij: 'Stop eens, jongens, anders knap ik.'

Mijn moeder toen: 'Als jij ontploft, ruim ik het niet op.'

De oudste kroop haar grommend achterna terwijl ze de kaas in de koelkast zette.

'Ze doet het koekjesmonster na,' zei ik. 'Geen kangoeroe.'

Mijn moeder tegen de oudste dochter: ‘Wil je een druif?’

Ze kreeg een hele tros, ze smeerde de druiven een voor een uit op de parketvloer.

Vlak voor we gingen hield mijn moeder een tafelkleed voor mijn neus, wit met honden erop. Ze vroeg of ik wist wie die hond was. Ik had geen idee. ‘Dat was Pasja, de laatste hond van tante Ied, die heb je zo vaak geaaid.’

Tante Ied was haar lievelingszus, die alweer vijftien jaar geleden was overleden. Aan het eind van haar leven liet die overal afbeeldingen van haar toen ook al lang overleden lievelingshond op drukken, zodat het beest er toch ook een beetje bij was in het verzorgingstehuis. Wij kregen het tafelkleed met Pasja-motief, mijn zus had al een koekjestrommel met die hond erop.

Thuis legden we het tafelkleed over de keukentafel, opdat we nooit zouden vergeten dat tante Ied van honden hield. En mijn vader at altijd zijn bord leeg, dacht ik erachteraan. Dat is dan wat er uiteindelijk beklijft. Een geruststellend idee.

Moederdag 1980

13 mei 2018

Ik ging naar de Fredericusschool in de Emmastraat in Velp. In de zesde klas kregen we er les van een non die zuster Virgini heette. Vanwege haar sluier noemden we haar ‘de pinguïn’. Nadat we *Het dagboek van Anne Frank* klassikaal hadden behandeld dwong ze ons om zelf een dagboek bij te houden. We moesten daar ook uit voorlezen.

Ik vond het terug en las dat ik mijn moeder in 1980 met Moederdag een plant gaf. Ik kocht de plant bij Voordeelmarkt Ebbers (nu een Jumbo) voor twee gulden. Ze was er blij mee.

’s Middags gingen we wandelen, een idee van mijn vader, die dat vooral zelf leuk vond. We reden in de Mazda 323 waarin het altijd naar benzine stonk naar de Posbank, waar toen nog een leuk restaurant stond. Daar dronken mijn ouders koffie.

Ik noteerde: *We mochten weer geen cola.*

Daarna werd er dus gewandeld. Mijn vader dacht de hele tijd dat hij wilde zwijnen hoorde, maar dat waren altijd andere wandelaars aan wie hij dan in het voorbijgaan vroeg of zij wel wilde zwijnen hadden gezien. Dat was nooit zo.

Die dag kwamen we een hert tegen. Het hert stond midden op het pad en bleef staan, wat vreemd is want herten rennen altijd weg. Maar dat hert niet. Lang verhaal kort: we durfden het hert niet te passeren en draaiden om. We dronken weer wat in dat restaurant. Ik noteerde dat ik het ‘een afgang’ vond.

En toen mochten we opeens wel cola. Toen we thuis waren ging mijn vader zijn moeder bellen, dat deed hij altijd op zondag, wij moesten daarna om beurten aan de telefoon komen en ‘hallo oma’ zeggen, ze zei dan soms iets terug.

Ik vertelde over dat hert, maar dat verhaal kende ze al.

We aten die avond gekookte aardappels, spinazie en karbonade. Mijn moeder ging drie keer naar buiten om onder het afdakje een sigaret te roken. Niemand rookte toen buiten, ze was haar tijd ver vooruit.

Ik noteerde: *Ik zat Studio Sport te kijken, ze kwam binnen en zette hem zomaar op een andere zender. Ik heb geen ruzie gemaakt want het was Moederdag.*

Een week later schreef ik dat we weer waren gaan wandelen op de Posbank, dat we toen geen hert tegenkwamen, dat ik mijn zus had geslagen met een tak en dat mijn moeder weer binnen rookte.

Een paar dagen daarna hield ik op met dat dagboek.

Op de laatste pagina stond het commentaar van zuster Virgini: ‘Een interessant dagboek. Heel leuk, een 8.’

Ik heb in die tijd nog minder meegemaakt dan ik al dacht, maar blijkbaar was het voor Velpse begrippen een ruime voldoende.

Non-nieuws

25 mei 2018

De krant lag tussen de botervloot en de hagelslag op de keukentafel bij mijn moeder. 'Heb je dat gelezen?' vroeg ik, wijzend naar de voorpagina. *Nrc.next* opende met een artikel van Joep Dohmen over vijftienduizend meisjes en vrouwen die tussen 1860 en 1973 dwangarbeid moesten verrichten in katholieke gestichten. Een van die 'liefdesgestichten' van de Zusters van de Goede Herder stond in Velp, op de plaats waar nu de agrarische hogeschool en een asiel staan. Ik had er tot dan nog nooit van gehoord.

Mijn moeder ook niet.

Ze had geen behoefte aan meer informatie.

'Omdat ik niet al dat gekwezel hoef te weten. Nou hebben de nonnen het weer gedaan. Toen ik de foto zag had ik al gegeten en gedronken.'

Ze zette de theepot op de krant.

'Dwangarbeid in Velp...' zei ik.

'Ja, dat zal dan wel,' zei ze.

Zelf zat ze als meisje opgesloten bij de nonnen van klooster Nazareth in de Koestraat in Oirschot, schuin tegenover het ouderlijk huis. Ze kon de dieren horen, soms zag ze vanuit het raam haar vader of een van de oudere broers of zussen. Er werd nooit teruggezwaaid. De poort naar de buitenwereld zat op slot, er werd gecommuniceerd met brieven. Eens per jaar mocht ze een week naar huis.

Ik had haar nog nooit iets positiefs over de nonnen daar horen zeggen, behalve dan over zuster Theonilla en zuster Clementia, maar dat waren behalve kloosterzusters ook zussen van haar vader.

'Maar ze trokken me niet voor.'

Daarna: 'Achteraf is het makkelijk praten, maar van deze ellende hoef ik verder niets te weten. Allemaal verhalen van mensen die de klok hebben horen luiden en niet weten waar de klepel hangt. Ik vond de handwerkles in het klooster verschrikkelijk, de non die dat gaf was echt een kreng, maar wij waren geen slaven. Kom nou toch.'

'Maar je hebt het stuk niet gelezen?'

'Doe ik ook niet.'

Daarna zei ze dat ze nieuws waar ze het niet mee eens is tegenwoordig overslaat, dat haar generatiegenoten bij de handwerkclub dat ook allemaal doen en dat dat prima bevalt.

'Als het ergens over gaat wat je niet bevalt zeg je gewoon: "O, dat nieuws, dat volg ik niet" en dan laat je het heerlijk passeren. Had ik jaren eerder moeten doen.'

Ze schonk zichzelf nog een kop thee in en zei dat ze een vest aan ging trekken. 'Ik heb het steeds zo koud. En dat heeft niets met mijn bloedsomloop te maken!'

Daarna: 'Je weet toch dat de zon minder fel schijnt dan vroeger?'

Dat nieuws had ik dan overgeslagen.

Zij: 'Fijn, dan hoeven we het er niet over te hebben.'

Hai Chang Hai

28 mei 2018

Als ik mijn moeder bezoek, zegt ze steeds vaker: 'Ik denk dat ik maar weer Chinees kook.'

Chinees koken betekent dat ik nasi goreng afhaal bij Chin. Ind. Rest. The Blue Lotus te Velp en dat zij ondertussen de borden op tafel zet.

Al op de trap van The Blue Lotus bekruipt het sentiment me.

Bij iedere tree word ik een jaar jonger.

Hier vierden we verjaardagen, met zicht op het parkeerterrein. Voor de jarige een stuk siervuurwerk in het ijs.

Grote porties, zwijgend eten.

Omdat ik daarover geschreven had was ik als deskundige te gast bij het radioprogramma *Mangiare!* dat naar aanleiding van het verschijnen van het fantastische boek *Chin. Ind. Spec. Rest.* van Mark van Wonderen geheel in het teken stond van Chinees eten.

Ik weet niets van Chinees eten, behalve dan of het lekker is of niet en dat ik er soms brandend maagzuur van krijg.

Een van de andere gasten was Soesja Dun Hu, die opgroeide in het Chin. Ind. Rest. van haar ouders, Tong Ah in Nuenen. Ze vertelde dat ze er op haar twaalfde al in de bediening stond. Op de vraag of ze het leuk vond in Nuenen zei ze: 'Ja, behalve dan met carnaval en zo.'

Met carnaval en zo was een deel van de bevolking zo dronken dat ze kwamen klieren. 'Met eten gooien en zo.'

Zij, een positief ingestelde vrouw, dacht dat het kwam omdat haar ouders zich vanwege de gebrekkige beheersing van het Nederlands niet goed konden verweren. Later gaf het haar en de andere kinderen een kick dat ze erin slaagden om de boel 'met carnaval en zo' steeds beter in goede banen te leiden.

Het raakte me omdat ik me tussen al het sentiment over al die Chin. Ind. Spec. Rests. plotseling de toestanden herinnerde bij Chin. Ind. Rest. Hai Chang Hai op het Jansplein in Arnhem, dat vanwege de vele televisies aan de muren 'de televisiechinees' werd genoemd. De zaak kreeg bezoek van groepen scholieren die er niet kwamen om te eten, maar om te kloten.

Ik maakte het een keer mee dat er een gordijn naar beneden werd getrokken door een man die riep: 'Ik moet bami hebben, anders verbouw ik hier de hele keet', en dat er in zijn entourage een vrouw was die daarop 'Rustig nou, Ronnie' gilde, wat door een ober in slecht Nederlands werd herhaald en de toestand alleen nog maar verergerde.

Wij zeiden niets, keken beschaamd de andere kant op en aten door, maar nu dacht ik er opeens aan. Misschien moeten de uitbaters van al die Chin. Ind. Rests. hun herinneringen ook eens uitgeven.

Voorland Velp

6 juli 2018

Medisch Contact, 'hét artsenvakblad van Nederland', pakte uit met een 'Velp-special'. Op de cover herkende ik de oprijlaan naar kasteel Biljoen, waar voor de vorm wat bejaarden waren neergezet, want Velp ligt qua vergrijzing ongeveer twintig jaar voor op de rest van het land. Bijna alle artikelen begonnen met een kop die de lading dekt: 'Voorland Velp', 'Velp: grijze voorloper in het groen' en 'Velp: de toekomst is nu'.

Je zou ook kunnen zeggen dat de redactie zich had uitgesloofd om zo veel mogelijk vlaggen op een modderschuit te plaatsen, want zo leuk is het in Velp nu ook weer niet voor bejaarden. Ik ging langs bij een goede bron die vrijwel dagelijks aantoont dat Velp geen bejaardenidylle is.

Ik kwam door de achterdeur en zei 'hallo'.

Mijn moeder zat in de groene stoel bij het raam en antwoordde dat ze er met de rollator twee uur over had gedaan om een liter melk te kopen.

'In de oorlog ging het sneller.'

Pas daarna keek ze tegen wie ze eigenlijk sprak.

'O, ben jij het.'

Ik liet haar het tijdschrift zien.

Ze had vooral interesse in de fotografie.

'Kasteel Biljoen, wat doen die bejaarden bij de ingang?'; 'De hoofdstraat, daar zitten alleen nog maar opticiens en gehoorwinkels'; 'De Posbank, je weet toch dat je vader en ik daar op het laatst een wild zwijn hebben gezien?'

Dat ze zonder het te weten al lange tijd in de toekomst woont, deed haar niets. Ze bleef al bladerend hangen bij een interview met een Velpse huisarts, een sympathiek ogende vijftiger die poseerde met de bips op zijn bureau. Hij zei 35 keer per jaar aan een sterfbed te zitten.

Omdat hij van achteren ook Van Roosmalen heet werd mijn moeder – vooral 's nachts – vaak gebeld door mensen met een hulpvraag.

‘Terwijl ik mijn gehoorapparaat erin frunnik zeggen ze dan: “Och, dokter. Ik heb toch zo’n hoofdpijn.” Nou ik ook, ik krijg een punthoofd van al die mensen die bellen voor dokter Van Roosmalen. Och, wat heb ik die man vervloekt.’

‘Je kunt een geheim nummer nemen,’ zei ik, ‘dan kunnen ze niet meer doorverwijzen naar jou.’

‘En dan?’ vroeg mijn moeder. ‘Dan belt er niemand meer.’

Later las ik in de Velp-special van *Medisch Contact* dat eenzaamheid de meest voorkomende ziekte in Velp is. De ene huisarts zei dat hij daar geen pilletje voor had, de andere constateerde dat de vraag naar euthanasie er steeg.

We leven nog

20 augustus 2018

Nadat we met de twee kinderen na een uitputtende rit in Velp uit de auto rolden belandden we in de dynamiek van mijn moeder die van spanning soms niet weet hoe ze zo’n dag met kleinkinderen moet aanvliegen.

Onder het golfplaten afdak schreeuwden tientallen trossen druiven of ze alsjeblieft geplukt mochten worden, maar mijn moeder had andere plannen. Of we zin hadden om meteen weer in de auto te stappen en naar de kringloopwinkel te rijden waar ze een stepje van zes euro had gezien?

Of eerst koffie? Of naar de kringloopwinkel? Of koffie en dan naar de kringloopwinkel?

Het koffiezetten ging kopje voor kopje. We moesten zitten en mochten niet helpen. Ze kwam telkens aangesloft met een dienblad, kleinkind aan haar been. De jongste speelde met een blindenstok, mijn broer was er ook.

Nou – 'hè hè' – ze zat.

Gesprek over de nieuwe rollator. Ze liep weer als vanouds, als ze de vergelijking met een dier mocht maken: als een kievit. Ze was die ochtend naar de kapper gelopen.

Mijn broer: 'Een uur heen, een uur terug.'

Mijn moeder: 'Omdat ik mensen tegenkom, daarom. Er was een vrouw die had een stukje van jou gelezen, dat zei ze. Leuk toch? Ik kneep in de handrem, daarom kwam ik eerst niet weg.'

De vriendin had de kinderen identieke jurkjes aangetrokken, ze wisten zelf ook wel dat ze er schattig uitzagen en hingen op hun mooist rond hun oma die ging over blikken koektrommels en schaaltjes met chocolaatjes.

Ik dacht: ik knip een paar druiventrossen af voordat ze gaan rotten en er een wespenplaag ontstaat. Meteen weer dat overgeorganiseerde. Ze bleef maar slepen met mesjes, scharen en stoelen die misschien steviger waren, net zo lang totdat je wel zou willen schreeuwen dat ze beter niets kon doen. Het moet jaren geleden zijn dat ik haar voor het laatst langer dan een paar minuten heb zien zitten.

Tijdens het avondeten ging het koken en rommelen gewoon door. Nog een pot appelmoes, nog een aardappel die ze wilde bakken, van die dingen.

Toen alles op was ging ze dan eindelijk zitten.

Tijdens het afwassen werd mijn broer bijna geëlektrocuteerd doordat hij een warmhoudplaatje aanzag voor een bord en het in het afwaswater gooide.

Het zingen stopte.

Opeens de magere arm van mijn moeder tussen ons in. 'Wacht, ik pak het er wel uit.'

'Nee-hee,' schreeuwde ook ik.

De situatie werd opgelost.

Op weg naar huis, een geruststellend bedoeld telefoontje: 'Het gaat goed, we leven nog steeds.'

Onnodige geluiden

24 september 2018

Bij gebrek aan ander vertier fiets ik op zaterdagen steeds vaker met jongste dochter Leah (1) naar Stumpel in Krommenie, de enige boekhandel in de verre omtrek. Nu weer voor het boek *Afrekeningen* van Paul Vugts. Hoe was dat boek in mijn hoofd gekomen? Wat had ik gelezen of gezien? Afrekeningen in het criminele circuit kunnen me namelijk maar matig boeien.

Ik liet mijn kind los.

Ze werd meteen bijna vertrapt door een vrouw die ergens bij het rek met kalenders en kaarten moet hebben gestaan, maar kroop dapper door naar de hoek met knuffels die ook in boeken voorkomen: Woezel & Pip, een heel nest Gruffalo's en de rode kater.

In de rij voor de verkoopster, achter een man met een hevige interesse in molens. 'Maak daar toch een thematafel van, echt dat gaat lopen, echt...' Daarna: 'Of ben ik weer te uitvoerig?' De verkoopster: 'Welnee, ik vind het juist wel leuk, iemand met een gerichte vraag.'

Ik kreeg hetzelfde praatje als altijd. Herinneringen aan een lange middag toen ik er met de vriendin ooit negen boeken signeerde. En dat ze ondanks alles gewoon doorgingen met proberen om boeken te verkopen, dat er geen bestsellers meer bestonden, maar dat 'de zevenzussenserie' van Lucinda Riley wel lekker liep en dat ze mijn laatste bundel in de etalage had gezet. 'Naast Nelson Mandela!'

De boeken lagen op thematafels: sport – Tweede Wereldoorlog en andere oorlogen – koopjes – kinderboeken – Zaanstreek – romans algemeen. Ze zag Paul Vugts nergens, en ook de computer zei dat het er niet was. 'Zo jammer!' Ze had wel een boek over Sasha Pechersky, de Russische soldaat die de opstand in Sobibor leidde. 'Ook ellendig.'

De dochter zat ondertussen onder een kartonnen boom waarin speelgoedvogels woonden. Mooie vogels, wel jammer van de onverwijderbare sticker met HIER DRUKKEN op de rug. Als je erop drukte maakte de vogel een geluid. De verkoopster die het boek van Paul Vugts niet had kunnen vinden zei dat de geluiden authentiek waren.

Ik drukte op de rug van een eend. Een keurig gekwaak. Daarna drukten we op alle ruggen van alle vogels.

Precies toen belde mijn moeder.

Openingszin: 'Nou, mijn gehoorapparaat doet het weer.' De buurvrouw was gevallen: twee gebroken sleutelbenen, twee gebroken polsen, een snee van tien centimeter in het voorhoofd. 'Een hele plas bloed onderaan de trap, verschrikkelijk. Maar waar sta jij? In een volière? Ik hoor vogels.'

'In een boekhandel,' zei ik.

Mijn moeder: 'Hij versterkt achtergrondgeluiden, ik hoor vogels. Ze hebben het weer niet goed gedaan. Ik ga terug naar Beter Horen.' Ze verbrak de verbinding, alsof ze meteen op pad ging.

Enfin, we kochten de eend.

Drie uur later verloren we die in de Vomar.

Zenuwachtig

31 oktober 2018

Ik logeerde twee dagen bij mijn moeder. Niet louter uit liefde, ook vanwege activiteiten in de omgeving. Ik was nog nooit zo welkom. Sinds de vrouw die al meer dan veertig jaar haar buurvrouw is na een val van de trap in een verzorgingstehuis zit, voelt mijn moeder zich onveiliger. Het enige voordeel van 'de toestand' is dat ze minder vaak vergeet haar gehoorapparaat in te doen, al is dat dan om geluiden op te vangen die ze liever niet wil horen.

Omdat ik pas 's avonds arriveerde, belde ze onvermoeibaar vaak om te zeggen onder welke steen in de tuin ze de voordeursleutels had verstopt. En dan drie uur later weer bellen met de mededeling dat ze de sleutels onder de steen vandaan had gehaald en dat ze in de huiskamer op me bleef wachten.

Ik trof haar in haar nachtjapon.

De gezelligheid bleef al snel weer steken in de bekende groef van goede bedoelingen, spraakverwarringen en irritaties. Ik draaide ten onrechte pitjes op het gasfornuis uit, zij zette 'vanwege de zenuwen' een pannetje met snijboontjes zonder water op.

Op zondag wekte ze me om half negen omdat ze niet meer wist of ze de klok in de huiskamer de avond ervoor al een uur had terug gezet.

Dat was belangrijk, er zou die dag bezoek komen.

Ik wist ervan, mijn eigen vriendin en kinderen kwamen me halen.

Het was alsof we het over vreemden hadden.

Ik werd naar de Coop gestuurd voor taart, Droste-chocolaatjes en pepernoten, en maakte me impopulair toen ik voorzichtig opperde dat ik wist dat de moeder van haar kleinkinderen niet blij wordt van zo veel zoetigheid.

Toen ik in de supermarkt was, belde ze weer.

'Ja, met mij. Ook een pak melk.'

'Staat nog in de koelkast, heb ik gisteren ook al gehaald.'

'Je wilt toch niet alleen maar snoep halen...'

Daarna: 'Ik doe het ook nooit goed.'

De rest van de ochtend zenuwachtig gedoe. Er werd drie keer alvast koffiegezet, er viel een melkkannetje kapot en er moest om onduidelijke redenen een opklaptafel uit de schuur worden gehaald.

De hele tijd dat geloer vanachter de vitrage.

Er werd een koekjestrommel op tafel gezet, er werd een koekjestrommel van tafel gepakt en in een kast gezet, er werd een koekjestrommel op tafel gezet, er werd een koekjestrommel van tafel gepakt en in de kast gezet en daarna werd er aan mij gevraagd of ik alvast een koekje uit de koekjestrommel wilde.

Getoeter. Ze siste dat het bezoek er was. Paniek bij de voordeur, die ze per ongeluk op slot had gedraaid. Rare gewaarwording: ik was plaatsvervangend zenuwachtig voor de komst van mijn eigen gezin.

Bloemkool uitverkocht

7 november 2018

Ik had op zolder gelegen, in mijn oude jongenskamer. Er hangt daar een kalender uit 2002 en de gordijnrail is naar beneden gekomen, dus vanuit het opklapbed kon ik de sterren zien. Slapen kon ik er niet. Lezen ging ook niet, hoe wanhopig ik het ook probeerde, maar *Rauter. Himmlers vuist in Nederland* van Theo Gerritse is echt te dik voor in bed.

'Rauter, Rauter...' zei mijn moeder 's ochtends, 'van welk programma was die ook alweer?'

'Van de SS, mama,' zei ik. 'Het is een boek over de oorlog.'

Mijn vader was zes jaar dood, ze ging een plantje op zijn graf zetten en ik zou meegaan, tenminste, dat was een dag eerder nog het idee.

Ze scharrelde rond de ontbijttafel.

'Je moet bloemkool meenemen, die was gisteren uitverkocht. In heel Velp was geen bloemkool meer te krijgen, begrijp jij dat? En verse worst van die andere slager, want mijn slager is ermee gestopt. Ik heb er vorige maand nog twee slavinken gekocht, die heb ik ingevroren.'

'Dat kunnen we toch meenemen op de terugweg,' zei ik, 'als we bij papa zijn geweest?'

Ze had een zwerende teen en de onhebbelijke gewoonte om haar kwalen te laten zien. Ze stroopte haar broekspijp omhoog en trok aan haar sok.

'Ik geloof het wel, ik hoef het niet te zien,' zei ik, maar toen lag haar voet al op tafel.

'Kijk, rood,' zei ze, 'ik durf er niet op te drukken. De pedicure is te grondig geweest, dan groeit de nagel erin. De mevrouw van de trombosedienst was er gisteren pas om half twaalf, ik zat om negen uur al klaar. Zij zei ook dat de dokter er maar naar moest kijken. Daar ga ik dus morgen naartoe. Naar de nieuwe dokter.'

Ze herhaalde: 'Naar de nieuwe dokter,' met de nadruk op 'nieu-we'.

'Dus we gaan niet naar het graf?'

‘Pas als ik naar de nieu-we dokter ben geweest, maar dan ben jij al weg.’

‘En bevalt de nieu-we dokter?’

‘Hij is erg jong.’

Een paar uur later stond ik met een doorzichtige plastic tas met een bloemkool en verse worst in de hand bij het graf van mijn vader.

De letters van zijn naam werden groen.

Mijn telefoon ging.

‘Verse worst,’ zei mijn moeder, ‘vergeet de verse worst niet.’

Hollandse pot

14 november 2018

Geert Wilders twitterde vorige week een foto van een bord met daarop een gehaktbal, sperzieboontjes en geprakte aardappels met jus vergezeld van de tekst: ‘Hollandse Kost. Lekkerder bestaat niet.’ Teken des tijds: meer dan tweeduizend likes.

In gedachten zag ik Geert in zijn eentje zitten prakken en daarna de vork weer keurig naast het bord leggen voor een foto. Hij was ervoor met zijn iPhone boven zijn bord gaan hangen.

Wat voor leven heb je dan?

Dat je een gehaktbal nodig hebt voor een politiek statement, maar misschien was het ook wel handig en kent Wilders zijn achterban gewoon goed. Misschien bereik je via de maag inderdaad sneller de harten. Er waren er in ieder geval nogal wat die door de tweet meteen gingen communiceren hoe lekker 'ons eten' is en dat 'ze' daar met hun poten van af moeten blijven, met hun halal.

Bijzondere reacties ook: 'Geef mij ook maar een lekkere Hollandse pot, als ze maar niet lesbisch is.'

En, bijna lief, mensen die een foto van hun eigen bord met eten stuurden.

Allemaal Hollandse pot.

Er waren er die spontaan ook gehaktbal, sperzieboontjes en geprakte aardappels met jus gingen koken.

'Goed voorbeeld doet goed volgen.'

En maar tegen elkaar zeggen hoe lekker of dat is.

Ik bekeek die foto's en het voelde alsof Geert Wilders zich met terugwerkende kracht de kookkunsten van mijn moeder had toegeëigend. Ik wilde dat het niet zo was, maar kon niet anders dan constateren dat ik ben opgegroeid met PVV-voedsel.

– Altijd aardappels, vaak geprakt, soms gebakken.

– Appelmoes uit een pot.

– Bloemkool, andijvie, boerenkool, boontjes, rodekool. Wonderlijk eigenlijk hoe broccoli zich daar halverwege de jaren tachtig nog tussen heeft weten te wurmen.

– Verse worst, blinde vink, slavink, gehaktbal, de laatste jaren eigenlijk nooit meer karbonade.

– Op vrijdag vis. Lekkerste vis volgens mijn moeder, bedreigde diersoort volgens Dion Graus: vissticks.

– Dubbelvla toe, in een glazen schaaltje.

Toen ik vorige week bij mijn moeder was en we aardappels prakten, was het alsof we samen politiek zaten te bedrijven. Bij weer een ongemakkelijk moment fantaseerde ik er aan het hoofd van de tafel een met zijn vork in de aardappelen prakkende en smakkende Geert Wilders bij. Het maakte het allemaal nog ongezelliger.

Een beetje raar om haar dat kwalijk te nemen.

Geld en geluk

30 november 2018

Voor de derde keer in korte tijd stapte ik op station Arnhem in bij dezelfde taxichauffeur die qua uiterlijk moeiteloos in *The Sopranos* had kunnen spelen. Leren jas met bontkraag, indrukwekkende wallen onder de ogen, papperig, een zak met fastfood naast de pook.

Hij: 'Naar de moeder, in Velp...'

Ik: 'Ja.'

Ineens herinnerde ik me hem ook. In een vorig leven advocaat in Afghanistan. Een vijftiger in het lichaam van een zestiger. Altijd ingewikkelde verhalen, vaak binnensmonds, in matig Nederlands. Over dat hij geloofde dat er een opperwezen is dat iedereen geeft wat hem toekomt in het leven, over de hiaten in de Nederlandse grondwet... het hoefde van mij niet nog een keer.

Ik zei dat ik hem ook herkende en voegde eraan toe: 'Ik geef fooi als je je mond houdt.'

Hij lachen.

Meteen daarop een verhandeling over dat je van geld niet gelukkig wordt.

Ik: 'Jawel hoor.'

Hij: 'Nee, ik hoef geen loterijprijs, echt niet.'

We passeerden de flat in Presikhaaf waar ik geboren ben. Ik keek uit het raam en hij begon aan een oeverloos verhaal. Ik luisterde niet, maar heb het toch onthouden. Zijn opa was de rijkste man van Herat, een provincie die grenst aan Iran. Zijn vader erfde een deel van het vermogen, waardoor hij zijn kinderen kon laten studeren. Er was altijd geld, er waren bedienden.

'Maar ik zag mijn vader niet als vriend, ik kon geen bijzondere waardering voor hem opbrengen.'

Een vluchtverhaal en dertig jaar later had hij zelf drie kinderen. De oudste twee gingen naar het Thorbecke Gymnasium in Arnhem, een mooi gebouw. Hij werkte dag en nacht om ze later te kunnen laten studeren. Vorig jaar reed hij zijn taxi total loss tegen een meterkast. Toen hij uit het ziekenhuis kwam, moesten zijn kinderen huilen. Ze smeekten hem om het rustiger aan te doen en ook om te stoppen met roken. Hij voelde hoe afhankelijk ze van hem waren.

'Ik werk voor hen. Mijn leven heeft zin. Dat gevoel zou ik nooit hebben als ik zomaar veel geld zou hebben of krijgen. Armoede maakt rijk. Je hebt een doel nodig om gelukkig te zijn.'

Ik rekende af, hij toeterde bij het wegrijden, de lamp in de slaapkamer van de buren ging ervan aan.

Mijn moeder zat in haar rode ochtendjas in een stoel voor de televisie. Ze herinnerde zich een jeugd in Brabant zonder luxe. In tegenstelling tot wat vaak gedacht wordt, zeiden ze toen nooit eens tegen elkaar dat geld niet gelukkig maakt.

Mijn beurt

3 december 2018

Ik had me verslikt in de hoeveelheid tijd die er in het schrijven van een boek over ex-voetballer Theo Janssen ging zitten en dus was het maar het beste dat ik mijn gezin tijdelijk achterliet in het dorp om een paar dagen bij mijn moeder te gaan zitten. Achter het stalen bureau in de werkkamer van mijn overleden vader, waar het volgens de kalender nog steeds oktober 2012 is.

Kon ik meteen ook even mijn moeder in de gaten houden, want het was volgens mijn zus zo onderhand wel weer eens een keer 'mijn beurt'.

Steeds vaker was het alsof ik niet haar woning maar een oefenruimte van Hans Klok binnenstapte. Terwijl de vlammen uit een pan met gehaktballen sloegen, stond zij dan in haar keuken te doen alsof ze alles onder controle had. Het hoorde er allemaal bij.

'Ben je aan het flamberen?' vroeg ik, terwijl ze een natte theedoek over het vuur wierp.

Antwoord: 'Ik hoor niets.'

Dat was het nieuwste: haar gehoorapparaat doet het alleen bij opbouwende gesprekken.

'Ik hoor geen kritiek meer. Echt niet. Ik denk dat ik er immuun voor ben geworden.'

Op zaterdag, ik was weer even beneden, trof ik tot mijn verbazing en lichte irritatie mijn broer aan de eettafel. We hadden elkaar weken niet gezien.

Ik: 'Wat doe jij hier?'

Hij: 'Ja, dat kan ik ook wel aan jou vragen.'

's Avonds gingen we samen nasi halen bij Chinees-Indisch restaurant The Blue Lotus.

'Hoe vind jij dat het gaat?' vroeg ik mijn broer. 'Kan ze hier nog blijven wonen?'

'Tuurlijk wel,' zei hij.

'Het is anders wel een enorme troep,' zei ik.

'Valt wel mee toch?' vroeg hij (misschien is het zinnig om er nogmaals op te wijzen dat hij slechtziend is).

Later lepelden we, alsof de tijd stil had gestaan, onze boerenbontborden leeg. Nergens kon je zo goed merken dat het weer december was als hier: weeïg licht vanwege de gesloten gordijnen en al die schrootjes tegen de muren, de televisie op vol volume.

Zij hoorde bijna niets.

Hij zag bijna niets.

Je zou zeggen dat ik de ideale intermediair was, maar zij waren veel beter op elkaar ingespeeld.

Toen er op de gang een staketsel van boeken, kledingstukken en blikken onverklaarbaar in elkaar donderde en ik opstond om dat dan maar weer op te ruimen, hoorde ik ze zuchtend tegen elkaar zeggen: 'Hij ziet en hoort weer van alles.'

Oudermishandeling

5 december 2018

In de straat van mijn moeder werd ik aangesproken door een buurtbewoner. Ze beschuldigde me ervan dat ik alleen maar bij mijn moeder op bezoek ging opdat ik columns over haar kon schrijven. Ze ergerde zich dusdanig dat ze er soms speciaal een krant voor ging kopen.

'Het is wel wat meer dan dat, mevrouw,' zei ik om de schande compleet te maken. 'Ik wil die stukjes bundelen, daarom ben ik hier de laatste tijd zo vaak. Ik kom er nog wat tekort.'

Het was een schandalig grapje, of misschien wel, ze zei het fluisterend, oudermishandeling.

Háár zoon kwam wekelijks en dan werd er niet gezucht of gesteund. Die zoon stak de handen wel uit de mouwen. Bij haar bladderde de verf niet van de kozijnen.

'Ik heb gezegd!'

Evenzogoed was ik met een boodschappentas op weg naar de Lidl, want alleen daar hebben ze voorverpakte plakjes jonge kaas die mijn moeder behalve betaalbaar ook lekker vindt. Ze schrijft op boodschappenbriefjes niet alleen wat ik moet halen, maar ook waar ik het moet halen. Het liefst zou ze ook nog opschrijven hoe ik de gekochte waar in de tas moet stoppen want daar heeft ze ook altijd kritiek op.

'Welke volwassen man doet de roomboter onder in de tas en daarbovenop dan een pak melk en een fles cola?'

Ja, dat wist ik ook niet.

'Welke bejaarde vrouw drinkt er cola?'

Antwoord: 'Bij de handwerkclub iedereen.'

Ja, dat wist ik dan weer niet.

Ach, er was zo veel dat ik niet wist. Toen ik nog sliep was de trombosedienst langs geweest, nog voor negenen.

'Die man poetst zijn schoenen wel.'

Haar aardige overbuurman stuurde een sms. Hij nodigde me uit om de volgende keer als ik in Velp was te komen praten over 'hoe oude mensen zich staande houden en hoe wij daarover denken'. Dat komt er nou van als je opschrijft dat ze d'r gehaktballen laat aanbranden, dacht ik bij mezelf.

Ik vroeg mijn moeder hoe zij eigenlijk over de toekomst denkt, zeker nu haar buurvrouw naar een verzorgingstehuis was vertrokken. Kort samengevat: met geen tien paarden krijgen ze haar hier weg, ze blijft waar ze is. En voor de rest was alle hulp welkom.

'Hulp die komt, maar die ook weer gaat.'

Dat was dan weer een voordeel van kinderen hebben: hulp waar je niet de hele tijd tegen hoeft te glimlachen, waar je je hardop aan kunt ergeren en waarvan je dan toch het aan zekerheid grenzende vermoeden hebt dat ze wel weer komen.

En zo verliet ik dat huis, waar de verf overigens niet van de kozijnen bladdert, juist vanwege alle wederzijdse irritaties toch nog met een nuttig gevoel.

Jan Dijklul

10 december 2018

Vanuit zijn woonplaats Eesterga stuurt columnist Jan Dijkgraaf zo'n maar niet opdrogende stroom haat en bagger de wereld in dat hij door iedereen die er ook maar een beetje toe doet, wordt geminacht. Zijn briefjes – 'briefje van Jan' – aan bekende Nederlanders die tegenwoordig op tpo.nl worden geplaatst, zijn virtuele scheten uit een enorme onderbuik. Vaak onder de gordel, nooit om te lachen, je leest vooral het eigen misnoegen.

Jan Dijkgraaf verwart de virtuele wereld graag met de echte wereld en verkeert in de veronderstelling dat er *somewhere out there* een *fanbase* is, een leger dat net zo denkt als hij en dat door hem liefkozend 'het volk' wordt genoemd. En maar lullen voor, namens en over 'al die doodnormale mensen'.

Wat 'het volk' allemaal wil, is nogal divers, maar wel bewezen is dat het Jan Dijkgraaf niet blieft, al bereiken hem uiteraard andere signalen. Sterker: als je wilt dat een beweging geen succes heeft, moet je Jan Dijkgraaf aanvoerder maken.

Bij *HP/De Tijd* liepen de lezers weg.

Op GeenPeil stemde niemand.

Bij 'de gele-hesjes-optochten' die hij organiseerde – vorige week in Den Haag, zaterdag in Rotterdam – stemden de doodnormale mensen met de voeten: ze kwamen niet. Dat lag niet alleen aan het slechte idee – terug naar het Nederland van 1996, de tijd van het liedje '15 miljoen mensen' – dat door iedereen inhoudelijk al helemaal onderuit is gehaald – maar vooral aan Jan Dijkgraaf zelf. Je kunt van een drol natuurlijk geen gebakje maken, maar dit was wel een heel groot feest voor de liefhebbers van het menselijk tekort. Haal hem uit z'n hol, zet hem in de spotlights waar hij zo naar snakt en hij verkrummelt uit zichzelf.

De beelden van Jan Dijkgraaf, een geel hesje boven de skinny jeans, dansend op '15 miljoen mensen' in Den Haag werden slechts overtroffen door een item op RTV Rijnmond, waar ze hem zichzelf voorafgaand aan 'de mars door Rotterdam' voor lul lieten zetten door hem eerst een geel hesje over het hoofd te laten trekken en daarna wat coupletten van zijn lievelingslied te laten zingen. Wat hij ook nog niet kon.

Geen medelijden, wel plaatsvervangende schaamte. In hem wellen duizenden woedende briefjes. Een *Schreibtischmörder* met als bekendste en trouwste achternaloper Henk Bres. De treurigheid eindigde met wat beschouwende mededelingen vanuit Eesterga.

Een foto van gele hesjes op de Erasmusbrug, zo gefotografeerd dat hij er in ieder geval zelf iets van een mensenmassa in kon zien. Getruukte fotografie, welke hitser is er niet groot mee geworden? En daarna de mededeling dat hij de sneeuwbal aan het rollen had gebracht en dat het nu aan 'de mensen' is. Hij gaat weer 'ondergronds'.

Zand erover.

Ingesneeuwd

17 december 2018

Ik ging eten met een vriendin aan wie ik twintig jaar geleden al mijn Playmobil had geleend. Die wilde ik, vanwege zelf twee dochters, graag terug. Ik herinnerde me een leger soldaten, maar volgens haar zaten er ook indianen en paarden tussen.

Ze had niets meegebracht. Het was veel meer dan ik dacht. Bovendien ging het dagen kosten om alles terug te vinden, zei ze tussen twee happen door. We zaten in een typisch Arnhems concept: kale muren, sobere inrichting en ingewikkelde gerechten net als in grote steden, maar dat dan wel standaard geserveerd met friet en een emmertje mayonaise.

Het ging al snel over mijn moeder. Ze vond dat ik op papier te veel de ideale mantelzorger uithing.

'Je bent daar altijd.'

Zelf had ze haar ouders eerst naar een verpleegtehuis en daarna naar een verzorgingstehuis gebracht, wat ze haar niet in dank hadden afgenomen. Goed verhaal over hoe haar ouders op die eerste plek waren geterroriseerd door een spokende 93-jarige bewoonster die de gewoonte had om bij mannen in bed te kruipen en dan te urineren, waardoor de verzorgers hadden besloten dat alle deuren op slot moesten. Toen ze er de eerste keer wegreed, zag ze haar vader zo hard op de ramen bonken dat het glas op en neer golfde.

De volgende ochtend was ik de oplader van mijn iPhone kwijt. We vonden hem uiteindelijk tussen het engelenhaar in de plastic kerstboom.

'Omdat er een stekker aan zat, dacht ik dat het de verlichting was,' zei mijn moeder, 'daarom heb ik hem erin gehangen.'

Thuis was de jongste dochter ziek.

'Ik kom eraan!' hoorde ik mezelf zeggen.

Pas op het station in Velp de constatering dat dat niet kon omdat van hogerhand was besloten dat ik was ingesneeuwd.

Op straat lag niets, maar mijn moeder begreep de NS wel. Sterker, nu ze wist dat we waren ingesneeuwd, wilde ze dat ik uit voorzorg zout ging strooien op de stoep voor haar huis.

Ik stond daar met een emmer, de hand in het bijtende zout. Zij gaf aanwijzingen vanachter de vitrage.

Grote gebaren, van 'nog meer, nog meer en maak de emmer maar leeg'.

'Nou, het zout is op, hoor,' zei ik toen ik weer binnenkwam, 'de sneeuw die er niet meer ligt zal nu ook wel smelten.'

Meteen die paniek.

De emmer leeg?

Dan moest ik voordat ik vertrok toch echt nieuw zout halen, ik was er toch.

Loempia

28 december 2018

We waren al een paar keer gaan verzitten, er zaten al worstenbroodjes, kerstkransjes, een half kerstbrood en meerdere koppen koffie in, toen ik krakend vanuit de bank omhoogkwam en zei dat we nu naar de chinees moesten gaan zodat de mensen die van ver kwamen – ik doelde op het eigen gezin – ook weer op tijd naar huis konden.

Mijn moeder (87) moest worden aangeschreeuwd.

'De chinees, de chinees, hij gaat naar de chinees,' zei mijn zus.

Mijn moeder riep terug dat ze een loempia wilde. En verder niets.

'Ik haal wel wat!' riep ik.

Mijn moeder: 'Wat?'

Mijn zus, nu harder: 'Hij haalt wat!'

Mijn moeder: 'En een loempia!'

Ik vroeg wie er mee wilde.

Toch nog een hele optocht: de vriendin, mijn jongste dochter, mijn broer en de twee puberdochters van mijn zus, die ook met elkaar via hun smartphones communiceerden.

Het was nog niet gemakkelijk om Chinees-Indisch restaurant The Blue Lotus binnen te komen. Het restaurant zit in een flat die alleen toegankelijk is via een steile trap. Erg snel ging dat niet, met een slechtziende en een buggy.

Het restaurant was, een enkel stelletje daargelaten, nog verlaten. We werden rondom een glazen tafel met een leesmap en een enorme mand kroepoek gedrapeerd. Mijn jongste dochter probeerde de mand naar het aquarium met tropische vissen te slepen.

Ik bestelde in het wilde weg het een en ander.

En een loempia voor mijn moeder.

Het tapijt en het uitzicht over het parkeerterrein waren nog hetzelfde. Hier lagen gedeelde herinneringen. Over dit vloerkleed had ik als kind gekotst en mijn vader had er een bord saté op laten vallen. Hier waren verjaardagen, een pensionering, een koperen en zilveren huwelijk en diploma's gevierd, en er was afgehaald na een begrafenis. Hier was veel gezegd, weinig geluisterd en nog meer gezwegen.

Het duurde en duurde.

Mijn zus belde namens mijn moeder.

Hoelang het ongeveer nog duurde. En of we niet vergaten om een loempia mee te nemen?

'Hoe is het daar?' vroeg ik.

'Nog hetzelfde.'

'Hier ook,' zei ik, want in feite hadden we ons gewoon verplaatst. We zaten op een rij, ongezellig was dat niet.

Een kwartier later ging er een belletje.

Twee volle plastic tassen.

En een loempia, de serveerster deed hem voor de zekerheid in een apart tasje.

Vroeger at mijn moeder nooit loempia, ik kon me het tenminste niet herinneren.

Thuis zei ze: 'Er is veel af gegaan, maar loempia is erbij gekomen.'

Kaft

16 januari 2019

Met enige regelmaat werd ik herinnerd aan een inmiddels al jaren geleden aangekondigde roman over mijn overleden vader, niet in de laatste plaats door mijn moeder, die het onheil al zag naderen maar steeds vaker opgelucht constateerde dat ze de eventuele boekpresentatie niet meer zou meemaken. 'Er verschijnt van alles, maar dat gelukkig niet.'

Ze had zichzelf ervan overtuigd dat mijn vader het liefst vergeten wilde worden. Hij liet dan ook weinig sporen na. Ja, één treffer als je zijn naam intikt op Google: de overlijdensadvertentie die ik destijds zelf opstelde voor *de Gelderlander*. Ik las nog maar weer eens dat hij een lieve vader en opa was geweest en dat hij de laatste jaren milder was geworden. Ook voor zichzelf.

Voor het boek interviewde ik een bejaarde zus van mijn vader, de enige overlevende uit een enorm Brabants gezin. Bij de vorige begrafenis van een familielid beet ze me toe dat ze hoopte dat ik de opname nooit ging afluisteren.

Ik logeerde een nachtje in de bakkerij waar hij in de oorlog ondergedoken had gezeten. In het gebouw zit tegenwoordig een bed and breakfast.

Van mijn vader geen spoor.

'Misschien heeft hij hier wel eens in geroerd,' zei een van de vrouwen die de zaak runt, terwijl ze me een koperen wastobbe liet zien die in de tuin dienstdeed als enorme plantenbak.

'Was hij een van de Joden uit Amsterdam?'

Met het antwoord – 'Nee, een bakkersknecht uit Middelbeers' – kon ze niets.

Mijn moeder kwam met een laatste relikwie. Ze had het gevonden in de kist met kerstversiering. Een schilderijtje dat mijn vader in 1949 uit Indonesië mee naar Nederland had genomen. Er stonden een palmboom en een rieten huisje op.

Niets bijzonders, meer kon hij als dienstplichtig militair waarschijnlijk niet betalen. Hij gaf het aan zijn moeder, het hing jaren in de gang van zijn geboortehuis en toen zijn ouders er niet meer waren kwam het weer terug.

'Aan wie zal ik nu het geven?' vroeg mijn moeder zich hardop af. 'Aan jou of aan je broer?'

Omdat mijn broer nog maar één oog heeft en met het andere nog geen twintig procent ziet, vond ik dat eerlijk gezegd een gelopen race – wat moest hij nou met zo'n miniatuurtje? – maar zo zat mijn moeder niet in de wedstrijd.

Ze nam een getal onder de tien in gedachten.

'Vier,' zei ik.

'Mis,' zei mijn moeder. 'Dan gaat het naar hem.'

Daarna: 'Het was wel een mooie kaft voor dat boek van je geweest.'

Briefjes

11 februari 2019

Bij mijn moeder was vasculaire dementie en beginnende alzheimer geconstateerd. Twee slag uit. Ze had volgens mijn zus korzelig op de diagnose gereageerd. Met mij had ze het er verder niet over. Ze belde wel meerdere keren met de mededeling dat ze mijn verjaardag niet was vergeten. Om haar ervan te weerhouden om met het openbaar vervoer naar Wormer te komen, gingen we dat weekeinde naar Velp.

We troffen haar staand bij de salontafel, waarop ze met een collage van gele post-its haar leven behapbaar hield. Nu ze officieel dingen mocht vergeten, deed ze nadrukkelijk haar best te laten zien dat niets haar ontging. Ze zei een paar keer dat ze niet was vergeten om taart te halen.

Vanwege ons en de slagroomtaart verplaatste ze de briefjes een voor een van de salon naar de keukentafel.

Daarna ging ze theezetten.

Daar zaten we dan.

Ik onderuit op de bank, de vriendin met de oudste op de grond en zij met haar jongste kleinkind op schoot. Ze bleef maar voorlezen uit *de Gelderlander* waarin toevallig een interview met schrijfster Nicci Gerrard (de ene helft van het thrillerschrijversduo Nicci French) stond, die een vader met alzheimer had. Ze had hem vlak voor zijn dood nog meegenomen naar Zweden.

Mijn moeder: 'Dat wil ik niet! Verschrikkelijk, daar ga ik niet mee naartoe. Koud, bah.'

Ik zei dat ze bij *de Gelderlander* al best ver waren met algoritmes, omdat ze al eerder van haar ziekte wisten dan zijzelf.

Zij: 'Ik lees dat ik aandacht nodig blijf hebben. Het contact met de buitenwereld is het belangrijkste.' Ze wees naar de nieuwe klok die aangaf welke dag het was en naar al die briefjes. 'Ik red me nog prima. Ik blijf gewoon hier. Er verandert niets.'

Ik zei dat ze me een dag eerder had gebeld met de vraag of ik naar beneden wilde komen om te eten terwijl ik honderd kilometer verderop in mijn eigen huis was.

Zij: 'Maar ik hoorde je wel!'

Ik: 'Maar ik was er niet.'

Zij: 'Wie hoorde ik dan?'

Ze was even stil en zei daarna bijna triomfantelijk dat het waarschijnlijk een hulpverlener was, want daarvan had ze er de laatste tijd te veel.

'Op een gegeven moment twee tegelijkertijd, verschrikkelijk. En maar bloedprikken, ik zei: "Eerst jij, en dan jij." Straks heb ik geen bloed meer over.'

Ze was blij dat ze binnenkort een zorgmanager kreeg.

'Ik heb het genoteerd, hij komt zich binnenkort voorstellen.'

Ze liep naar de keukentafel, schoof en ritselde wat en hield even later triomfantelijk een briefje omhoog.

'Hij komt donderdag.'

De toestand was zorgwekkend, maar nog niet hopeloos.

Sleutel

18 februari 2019

Sinds mijn moeder officieel vasculaire dementie en beginnende alzheimer heeft, was een circus van hulpverleners haar kant op gedirigeerd. 'Alsof ze op een knop hebben gedrukt,' zei ze. 'En dat terwijl ik nog precies dezelfde ben. Ik heb nog nooit zo veel afspraken gehad. De tafel ligt vol briefjes.'

Twee avonden later stond ik om tien uur 's avonds voor haar deur. Ik had een lezing gegeven in een voetbalkantine (nooit meer) in de buurt. Omdat ik haar sleutel was vergeten, zou zij volgens afspraak opendoen, maar op de deurbel en mijn telefoontjes werd niet gereageerd. Ik klopte op ramen, probeerde over de schutting te klimmen en belde ten slotte mijn broer, die wist dat in het verpleegcentrum voor ouderen met dementie sinds kort een extra sleutel van haar woning werd bewaard.

Die kwamen ze brengen, wachttijd ongeveer veertig minuten. Ik kreeg op straat gezelschap van een buurvrouw die maar bleef herhalen dat ze alles wat ik over mijn moeder schreef las. 'Dit ga ik zeker teruglezen, toch?'

Een andere buurtbewoner, ik kende hem nog niet, was de hond aan het uitlaten. Hij was timmerman geweest en wilde met alle plezier de voordeur eruit halen. 'Gaat hij er wel nooit meer in.'

De buurvrouw: 'Dan wordt het helemaal een stukje.'

Even later waren we met vier, want er kwam er ook nog eentje informeren of er iets ergs was gebeurd. 'Nog niet,' zei de buurvrouw, 'vooralsnog is het een stukje.'

We hoorden de telefoon binnen loeien. 'Dat is mijn broer,' zei ik, 'die probeert haar nu ook te bellen.'

Daar was de hulpverleenster van het verpleegcentrum, een vrouw die vaker voor dichte deuren had gestaan. Toen ze zeker wist dat ik 'de zoon' was, gingen we naar binnen.

Zij voorop, 'hallo' roepend.

In de woonkamer lag niemand, op het toilet ook niet.

We troffen mijn moeder in haar bed, zacht snurkend.

De hulpverleenster: 'Moesje slaapt.'

'Moesje', zo noemden we haar nooit.

Ze verspreidde het goede nieuws aan de groep op straat en scheurde daarna weg in haar Volkswagen Polo.

Nadat ik thee had gezet, kwam mijn moeder de kamer binnen. 'Wat maak jij een lawaai,' zei ze.

Lang verhaal kort: ze had zich slapend gehouden omdat ze geen zin had in 'poespas'. Nog voordat ik daarop kon antwoorden, stak ze zichzelf een veer in de bips. 'Vind je niet dat ik het goed geregeld heb? Ik was vergeten dat je geen sleutel bij je had, maar op deze manier kon je toch naar binnen.'

Ze gaf me de tip om voortaan met een sleutel te komen.

'Bewaar hem op een vaste plaats. Dat zeggen ze tegen mij ook de hele dag. Heel vervelend, weet jij ook eens hoe dat voelt.'

Moeder en boek

4 maart 2019

Nu ik een groot deel van de columns die ik over mijn moeder schreef heb gebundeld kregen de gesprekken over haar iets onbedoeld therapeutisch. Er waren mensen die door mijn stukjes van haar waren gaan houden, en langzaam daalde bij mij het besef in dat ook anderen iets van onze relatie mochten vinden. Ik had jaren aan een korstje gepeuterd en nu hingen ze ineens met hun koppen boven het wondje. Er waren er die meenden dat het ontstoken was.

En ik maar roepen dat het allemaal niet overdreven moest worden en dat een kleine pleister voldoende was, maar daar ging ik natuurlijk niet over. De patiënt zelf zei desgevraagd dat ze geen noemenswaardige pijn had, maar ook dat hoefde niet waar te zijn.

Ik sprak veel namens haar en beantwoordde vragen als: 'Hoelang woont ze nog thuis?', 'Is ze eenzaam?', 'Wat vindt ze er zelf van?' en 'Hou je wel van haar?'

Hoe meer ik mezelf hoorde praten, hoe groter de afkeer van mijn antwoorden. Ik had haar uitgebeend, ik was zo'n slager die met een klein mesje het laatste stukje vlees van een kadaver schraapt.

Gingen wij wel normaal met elkaar om?

En wat was normaal?

Godzijdank hadden andere schrijvers, journalisten en columnisten vaak ook geen gewone relatie met hun moeder, of ik moest hun werk totaal verkeerd interpreteren. Of lag dat aan het beroep? Mijn zus, die verpleegster is, en mijn moeder vonden elkaar bijvoorbeeld wel heel normaal.

Jean-Pierre Geelen, journalist bij *de Volkskrant*, interviewde mij en publicist en imker Mohammed Benzakour, wiens moeder een paar jaar geleden een beroerte kreeg. Hij zei: 'We verloren de gesprekken, maar ik kreeg er lichamelijke intimiteit voor terug. Ik masseer haar voeten en haar oorlelletjes.'

De tegenstelling tussen Benzakour en mij had niet groter kunnen zijn, maar zijn opmerking bleef wel hangen. Toen ik mijn moeder belde, ook omdat er een afspraak moest worden gemaakt met een fotograaf die ons samen wilde fotograferen voor *NRC Handelsblad*, vroeg ik: 'Vind jij dat we te weinig intiem zijn? Wij raken elkaar zo weinig aan.'

Zij: 'Wat bedoel je?'

Ik begon over het masseren van haar voeten, over de oorlellen zweeg ik.

'De thuiszorg doet mijn lichaam,' zei mijn moeder. 'En ik ga ook naar de pedicure, iedere week. Dus alsjeblieft niet. Je kunt toch ook helemaal niet masseren?'

Daarna: 'En ik ga niet op de foto als jij me masseert!'

Weer een misverstand.

Ergernis bij mij omdat zij dacht dat ik dat zou willen.

Ik: 'De fotograaf zegt dat het een normale foto wordt en dat je een afdruk krijgt. Die kun je ophangen.'

Zij, inmiddels gelouterd: 'Dat zeggen ze allemaal, toch?'

Normaal

20 maart 2019

De buurvrouw van mijn moeder was een paar maanden geleden van de trap gevallen. Dat was al vaker gebeurd, maar na de laatste keer was de maat vol geweest en nu stonden ze met twee man sterk een bord in de grond te stansen. Mijn moeder keek vanachter de vitrage toe.

'Te koop,' zei ze.

Aan de manier waarop ze het woord uitsprak kon je horen hoe verschrikkelijk ze het vond.

'Wij waren op elkaar ingesteld,' zei ze. 'Ze kwam me wel eens een visje brengen. Haring, maar ook makreel. We zeiden niet zo veel, maar dat hoefde ook niet. Ik heb haar ook gevonden.'

Weer dat verhaal over de buurvrouw in die plas bloed en dat ze later zag dat het ook aan haar schoenen zat.

'Nou, toen zeiden we allemaal: "Nu het gaat niet meer. Ze moet begeleid gaan wonen."'

Daarna: 'Vroeger was het wel gezellig, hoor.'

Vroeger, toen ik nog thuis woonde, mijn vader nog leefde en we nog twee buurvrouwen hadden.

Het lukte ze niet, het TE KOOP-bord viel telkens om.

Een van de mannen sloeg met een baksteen op de paal.

Ronnie, de vroegere postbode die na zijn pensionering de tuinen van buurvrouw en mijn moeder onderhoudt, was er ook opeens en keek vanaf een afstandje hoofdschuddend toe.

'Ronnie vindt het ook niets,' concludeerde mijn moeder. 'Ze kunnen nog geen paal in de grond slaan. Niks kunnen ze.'

Ze begon over Ronnie.

Hij had van de tuin van buurvrouw een fort gemaakt. De haag rondom de tuin was twee meter hoog, hij had er met een elektrische schaar heel precies vierkanten uit gezaagd.

De mannen gaven het op, ze legden het bord in de tuin en reden weg. Mijn moeder op pantoffels naar buiten.

Gesprek tussen haar en haar tuinman.

Hij: 'Ze kregen 'm d'r niet in.'

Zij: 'Nee, het lukte niet.'

Hij: 'Er zit daar beton in de grond, en verderop gaat het niet want die heg is veel te hoog. Misschien dat ze een langere paal gaan halen.'

Zij: 'Nee toch?'

Toen ze weer binnen was ging ze theezetten. Zo nu en dan keek ze naar buiten om te controleren of het TE KOOP-bord nog steeds op de grond lag.

Ik vroeg of ze opzag tegen nieuwe buren.

'Ik hoop op normale mensen. Wat denk jij, zit dat er nog in?'

Kartonnen foto

1 april 2019

Ter promotie van *Het zijn de kleine dingen die het doen* zat ik in een boekhandel achter een tafel met een plant en een kartonnen foto van mijn moeder en mij te wachten op potentiële lezers. Buiten was het lente, dus veel waren het er niet. Ik loerde naar het personeel, het personeel loerde terug. Een vrouw pakte mijn boek en analyseerde de foto van mijn moeder en mij.

'Jullie lijken op elkaar.'

'Het is mijn moeder,' zei ik.

'Alle twee bedroefde ogen.'

De waarheid was dat ik de dag waarop die foto werd gemaakt ziek was, maar de vrouw wilde een moeizame relatie, onbegrip en onverwerkt verdriet zien. Ze las de achterflap, eerst hardop, wat behoorlijk gênant was, en daarna in stilte.

Ze sloeg het boek open op een willekeurige bladzijde.

'En?' vroeg ik, toen ze me daarna aankeek.

Ze kocht het boek niet.

De boekhandelaar kwam met een kan water. Hij gaf eerst de plant wat en schonk daarna een glas voor mij in.

Ik moest volgens afspraak nog een uur zitten.

Een lezer kwam klagen over het Boekenweekessay van Murat Isik, hij vond de opbouw van het verhaal niet goed.

'Maar eigenlijk komt het hele thema me de neus uit.'

Daarna in een half uur toch nog zes boeken gesigneerd.

Weer die boekhandelaar.

'Nog een kwartier,' zei hij. 'Gewoon even doorzetten.'

Mijn moeder belde. Ik mocht opnemen, de boekhandelaar banjerde discreet weg.

'Ja zeg,' schreeuwde mijn moeder alsof ik totaal op de hoogte was van de toestand, 'nou zijn mijn sleutels weer weg. En ik weet zeker dat ik ze op het antieke kastje heb gelegd. Ik snap er niets van. Op de hoek van het antieke kastje. Heb jij ze soms meegenomen?'

Kort daarop besefte ze dat ze niet mijn broer maar mij aan de lijn had.

'O, ben jij het? Denk je nog wel eens aan mij?'

Ik zei dat ik achter een tafeltje in een verlaten boekhandel zat, achter een karton met een foto van ons tweeën. 'Dus eigenlijk zit ik voor lul.'

Ze begreep het verkeerd.

'Ik heb hier zo veel foto's hangen, ook foto's van jou, maar dan zit ik toch niet voor joker? Wat bedoel je eigenlijk?'

Ik herhaalde, harder pratend, dat ik achter een geranium en een foto van haar en mij aan een tafeltje in een boekhandel zat.

Ondertussen meldde zich een vrouw, het personeel achter de verkoopbalie zocht dringend oogcontact, ik moest de verbinding maar weer eens verbreken.

'Dat was mijn moeder,' zei ik tegen de vrouw, nadat ik een boek had gesigneerd. 'Ze is haar sleutels kwijt.'

Ik stond op, het was voorbij.

De tafel werd meteen leeggeruimd, een medewerker van de boekhandel leegde mijn glas water in de plant.

Koffietijd

3 april 2019

Een paar dagen later zat ik voor de tweede keer in mijn leven bij *Koffietijd*. Vooraf broodjes, koffie, Loretta, een redacteur, de hond van Loretta, alles. De pr-vrouw van mijn uitgeverij knoeide koffie op haar spijkerbroek. Grapje dat zes keer werd gemaakt: 'Welkom bij *Koffietijd*.'

Loretta vroeg of ze later in de uitzending met mijn moeder mocht bellen.

Ik belde haar en zei dat ik bij *Koffietijd* zat.

De nieuwe thuishulp was er, een op het eerste gezicht lieve vrouw. 'Maar ik heb wel gezegd: eerst wat doen, daarna pas koffie,' zei mijn moeder.

Loretta stond voor me te gebaren, zo van geef mij haar even, maar dat deed ik toch maar niet.

'Ik sta hier tegenover Loretta Schrijver,' zei ik, 'vind je het goed als die je straks belt?'

'Ja, jij bent de schrijver.'

Ik, harder: 'Nee, Loretta Schrijver.'

Mijn moeder: 'Hier in huis? Ik trek een andere jurk aan.'

Ze gaf de telefoon aan de nieuwe thuishulp, die zei dat ze de televisie schoon ging maken met een droge doek.

Verbinding verbroken.

Loretta: 'En? En?'

Ik werd geschminkt door een vrouw die mijn haren eerst kamde en daarna door elkaar ging wrijven. Ik werd naar een desk gebracht. Achter me deed een kok alsof hij buikspek stond te garen, in een eerder leven was hij de sidekick van Gerard Ekdom.

Eerste gesprekje met Loretta.

We bespraken foto's in mijn telefoon.

Reclameblok, toen weer over buikspek. Er lag inmiddels 'een zuurtje' op de borden, aan de spinazieterrine werd nog gewerkt. Daarna zangeres Marlayne, ze had in een sloppenwijk geholpen met het bouwen van huizen. Cement roeren, een beetje timmeren, een continu gevecht tegen tranen in de ogen. Huis-thuis-familie: schitterend bruggetje naar mijn moeder in Velp.

Met een redacteur in een drafje naar de bank bij het raam.

'Tegen het ronde kussentje gaan zitten.' Ik ging per ongeluk op het pootje van de hond van Loretta staan, sorry gezegd.

Loretta, fluisterend: 'Ze hangt live.'

God, mijn moeder.

Op de monitor zag ik haar foto, daaronder de tekst: 'Live Paula van Roosmalen, Velp.'

Ik hoorde mijn moeder zeggen dat journalisten vaak zo hard spraken, naast me smolt Loretta.

Mijn moeder: 'Dat gekwebbel, dat gekakel.'

Ik zei dat ik het surrealistisch vond om via de televisie met haar te praten, maar dat werd me meteen uit het hoofd gepraat.

Het was juist heel realistisch, vond ook mijn moeder na afloop. Eigenlijk beter dan normaal telefoneren.

'Omdat je ook kunt liplezen.'

Dus ze was blij dat de nieuwe thuishulp de televisie zo grondig had gestoft, ze hadden helder beeld.

'En dan nu koffie. Eerst werken daarna koffie, bij jou daar in de studio is het andersom, maar hier doen we het in deze volgorde.'

Herhaling

24 april 2019

Mijn moeder had twee chocoladepaashazen in de tuin verstopt, geen idee waar. We moesten maar snel komen, anders zouden ze maar smelten, de zon scheen. Met twee zingende dochters op de achterbank bereikten we Velp.

De gordijnen waren dicht, op de deurbel en telefoontjes werd niet gereageerd. Ik haalde de sleutel bij de overburen. Ze lag niet in bed, zat ook niet in haar stoel in de woonkamer.

Pas in de keuken zagen we het.

Ze lag languit in de tuin.

Ja, ze lag daar heerlijk, een prinses van 87.

Korte broek, hesje, poort op slot, het gehoorapparaat op het schoteltje naast het kopje thee.

Geen verbazing dat we er opeens waren, integendeel.

De chocoladepaashazen bleken bij nader inzien toch niet te zijn verstopt, het huis van de buurvrouw was verkocht aan een zoon van een muziekleraar en ze herinnerde zich opeens veel van de oorlog. Ze vertelde een verhaal over het huis van haar ouders dat in brand was gestoken, een vlucht met drie gezinnen en een boerenkar naar Berkel-Enschot en dat haar oudste zus '*nicht schiessen*' tegen een Duitse soldaat had gezegd.

Ondertussen schoot mijn oudste dochter (3) een waterpistool op haar leeg.

Naar het pannenkoekenhuis in Rheden, waar we de laatste tijd altijd aten.

Mijn moeder, na binnenkomst: 'Weet je waar het hier naar ruikt? Naar pannenkoeken!'

Ze wilde een pannenkoek met kersen.

Ze vertelde een verhaal over een kersenboom in de tuin van een van haar zussen.

Ik: 'O ja, daar klom ik altijd in.'

Zij: 'Nee, daar viel je uit.'

Op de weg terug naar huis hadden we het er nog over dat het allemaal wel meeviel met haar. Ze kon ondanks alles nog jaren vooruit.

Een paar uur later belde ze op.

'Waren jullie bij mij? Vandaag of gisteren? En heb ik mijn medicijnen ingenomen? Waar heb je mijn medicijnen gelaten?'

Al die vragen, zonder overdrijven, veertig keer achter elkaar.

Ik bleef herhalen dat haar medicijnen in het kluisje op de kast lagen, dat alleen de thuishulp de code kent en dat dat goed was omdat ze anders veel te veel medicijnen zou innemen.

Ze liet zich niet makkelijk geruststellen, maar ging uiteindelijk toch slapen.

De volgende dag belde ze weer. Ze herinnerde zich niet dat ze in paniek was geweest, ze hoopte dat we snel weer kwamen. Ze had twee chocoladepaashazen in de tuin verstopt voor de kinderen, geen idee meer waar. We moesten maar snel weer komen, anders zouden ze smelten, de zon scheen.

Grijze jas

6 mei 2019

We hadden een begrafenis in Dongen, de laatste zus van mijn vader was overleden. We gingen er allemaal naartoe, mijn moeder reisde met mijn slechtziende broer.

Ik zag ze zitten in de kerk, ze droeg een grijze jas.

Buiten, na de dienst sprak ik haar.

Ze zei: ‘Wat is dit voor een lente? Wat is het toch koud, ik ben blij dat ik een jas aanheb.’

We liepen naar het restaurant, waar de koffietafel was.

Ze hing het liefst aan de arm van mijn broer.

Ik zag neven en nichten die ik lang niet had gesproken. Ik zag mijn moeder pas weer in de rij voor de garderobe. O, dat vervloekte Valys, de taxiservice voor mensen die chronisch ziek zijn of een handicap hebben, waarmee ze samen vanuit Velp waren gekomen. Nou had die chauffeur, die slingerend reed en onderweg wel vijf keer was gestopt om mensen in en uit te laden, weer gezegd dat hij ze tussen twee en vier weer zou komen ophalen. Wanneer was tussen twee en vier? Hoe laat was het? Ze keek op haar horloge. Daar had je het al. Half twee. Had het dan nog zin om je jas op te hangen? Als ze eindelijk aan de beurt was, was het waarschijnlijk al kwart voor drie. En dan?

Ze keek me aan.

'En dan, jongen?'

Ik zei dat ik haar jas wel voor haar op wilde hangen en ik begon alvast aan een mouw te trekken.

Ze verzette zich.

'Ja, kom nou, dan weet ik toch zelf niet waar hij hangt?'

'Hang hem dan over een stoel.'

'Ikke niet, kom nou zeg. Wat zullen ze wel niet denken?'

Gelukkig nam mijn broer de beslissing om de jas gewoon op te hangen.

Een kwartier later wenkte ze me, ze nipte van haar koffie.

'Hoe laat is het? Zal ik mijn jas alvast gaan halen? Nee, nog niet?'

Mijn broer, ik bewonderde zijn engelengeduld, zei dat dat heus nog niet hoefde omdat hij het nog nooit had meegemaakt dat een chauffeur van Valys er op de afgesproken tijd was.

'Zou je dan even kunnen kijken of hij er nog hangt?'

Goeie grap van hem eroverheen: 'Mama, ik ben bijna blind.'

Ze vertrokken uiteindelijk zonder dat ik het in de gaten had. Een neef zei dat hij haar nog had gezien in de garderobe. Ze was daar op zoek naar een grijze jas geweest.

Een vrouw van de bediening zei: 'Bent u op zoek naar de mevrouw met de grijze jas? Die is weg, ze heeft haar jas aan.'

's Avonds belde mijn moeder dat de terugreis goed was verlopen. Ze had het onderweg 'bloedheet' gehad want de verwarming in het busje stond veel te hoog en ze had haar jas aangehouden. Een volgende keer ging ze zonder jas.

Willy de bij

17 mei 2019

Sinds ik mijn oudste dochter had verteld over de bijen was ze verliefd op deze insecten. Ze noemde ze allemaal 'Willy' naar de niet zo snuggere beste vriend van Maja uit de Japanse tekenfilmserie *Maja de Bij* die in mijn jeugd werd uitgezonden door de KRO en die we door mijn toedoen nu weer kijken op de computer.

Bij mijn moeder stond een pot honing op de keukentafel, want haar overbuurman is hobby-imker. Thuis hadden we inmiddels een stuk of acht van die potten versuikerde honing, want ze stopte er altijd wel een ongevraagd in een jaszak of tas, laatst vonden we er drie in de achterbak van de auto. Die moest ze er ongemerkt in hebben gezet.

'Hé!' zei mijn dochter toen ze die pot honing zag staan. 'Die heeft Willy gemaakt!'

Ze sloeg enthousiast met haar kinderbestek tegen de pot.

'Willy heeft dat gedaan!'

Mijn moeder draaide met haar vingers aan een minuscuul knopje van haar gehoorapparaat, meestal wil ze dan wat zeggen.

Weer dat verhaal over de overbuurman, een man met schoenmaat 46 die vroeger bij de douane werkte en nu hobby-imker is.

'Heerlijke honing, ik eet twee potten per week.'

'Nee,' zei ik, 'je geeft twee potten per week weg. Dat is wat anders.'

'De etiketten maken ze ook zelf,' ging mijn moeder onverstoorbaar door. 'Ik geloof dat zijn dochter dat doet.'

'Willy heeft dat gedaan,' zei mijn dochter.

Bijzondere spraakverwarring, mijn vader heette Wil. Mijn moeder: 'Je moet zeggen "opa" of "opa Wil", niet "Willie"...'

Daarna tegen ons: 'Aan verkleinwoordjes had hij een hekel. Ik noemde hem nooit "Willie", altijd "Wil". Dan zei ik bijvoorbeeld: "Goh Wil, zet 'm eens op een andere zender." Maar ik zei niet: "Willie, zet 'm eens op een andere zender," of: "Willie, geef mij de krant eens." Dat vind ik zo gebiedend. Nee, hoor: gewoon "Wil".'

‘Willy is de vriend van Maja,’ zei mijn dochter. ‘Ze pakken de honing en doen hem in een potje.’

‘Wil,’ zei mijn moeder, ‘niet Willie, maar ik heb nog liever dat je “opa” zegt.’

Als we willen kunnen we dit gesprek moeiteloos nog een half uur rekken, dacht ik.

Later zaten we in de kleine achtertuin, de eerste bijen hingen rond de bloesem.

‘Opa Willy!’ riep mijn dochter verrukt. ‘Hij gaat honingpotten maken.’

Ze bukte zich en plukte een paardenbloem. Daarmee rende ze achter een bij aan. Om te helpen.

‘Opa Willy!’ riep ze. ‘Willy!’

Mijn moeder zei dat opa dood was.

Dode muis

29 mei 2019

In het huisje in Frankrijk, waar ik drie dagen met vrienden was, stond een oude Citroën XM waarin lang niet was gereden. Hij zat bij de inboedel, net als de meubels en een tafeltennistafel, zei de vriend van wie het huisje was. Voor we het wisten, zaten we er met ons vieren in. Op weg naar Saint-Tropez om naar boten te kijken. Of beter gezegd: hij zat heerlijk te sturen, de rest lag er wagenziek naast en achter. Was het die typische geur uit het luchtverversingssysteem? De overdreven vering? Of toch de rijstijl, waarbij bochten en rotondes extra hard werden aangesneden?

Ik waande me weer even in de Mazda 323 waarmee mijn ouders door de jaren tachtig en de eerste helft van de jaren negentig ploegden. Mijn moeder altijd achter het stuur want mijn vader mocht van haar niet rijden, of het moesten de laatste paar honderd meter naar zijn ouderlijk huis in Middelbeers zijn. Het laatste rechte stuk vanaf de winkel van de Boerenbond gaf hij altijd een extra dot gas om haar te pesten.

Die verschrikkelijke auto.

Als we verder dan twintig kilometer moesten met de Mazda 323 kregen we van mijn moeder uit voorzorg een tabletje Primatour, want we werden altijd ziek. Op vakanties moest mijn zus bij Aken al kotsen.

Altijd bij Aken.

'Had je dat niet even tot Aken kunnen bewaren?' vroeg mijn vader die keer dat het bij Maastricht al kwam terwijl hij onze benen met een theedoek schoonpoetste.

Mijn moeder: 'Daarom moesten jullie dus korte broeken aan.'

Van wat zich op die paar vierkante meter had afgespeeld, zou je een goede Netflix-serie kunnen maken. Dieptepunt: die keer dat mijn broer me, hij moest altijd in het midden zitten, twee vingers in mijn ogen stak, mijn vader die blind naar achteren mepte en mijn moeder die riep dat ze van alle opwinding achterin de weg niet meer zag maar wel steeds harder ging rijden.

Verder waren we een normaal gezin.

Ziek, zwak en misselijk rolden we uit de Citroën XM in Saint-Tropez.

We liepen door de haven, dronken een biertje en hoorden van alle kanten dat het anders nooit regende. Op de weg terug stonden we in de file en werden we weer misselijk.

We waren het erover eens dat die geur bij de jaren tachtig hoorde, maar het kon natuurlijk ook gewoon het kadaver van een dode muis of rat zijn.

Asbest

19 juni 2019

Wij verzamelden in een café in Amsterdam-Oost, waar Ben (65), de man van mijn schoonmoeder en opa van mijn kinderen, afscheid nam van zijn werkende leven. Ben werkte bij de GGD en was dé asbestdeskundige van Nederland. Vlak voor zijn pensionering praatte hij langdurig de leden van de Eerste Kamer bij. Wat ik uit de samenvatting begreep, was hij er een voorstander van om niet overhaast alle daken met asbest te vervangen, maar eerst maar eens te beginnen met de daken die er het slechtst aan toe zijn. Hij kreeg bij zijn afscheid onder andere een kampeergasfornuis, een pot vol zaden voor in de tuin en heel veel boeken, ook voor in de tuin denk ik.

'O ja? Is hij met pensioen?' vroeg mijn moeder door de telefoon. 'Waarom stond dat bij mij niet op de kalender?'

Geritsel.

'Nee, het staat er niet op. Als je het niet weet kun je ook geen bloemetje sturen.'

Ze wist ook al niet dat hij asbestdeskundige was.

'Asbest? Ik dacht dat hij dokter was. Een aardige dokter. Niet zo uit de hoogte als de dokters in Arnhem.'

Ze hadden elkaar een paar keer getroffen op verjaardagen van de kleinkinderen, maar dan had hij het nooit over asbest.

'Asbest,' herhaalde ze.

'Asbestdeskundige,' zei ik.

'Weet je wie er ook een asbestdeskundige was?'

Ze gaf zelf het antwoord: 'Tante Ied.'

Tante Ied was haar oudste zus bij wie ze lang geleden noodgedwongen een tijd op kamers woonde.

'Op alle stallen lag daar asbest, dat was toen heel gewoon.'

Ik zei niets, maar ze schoot voor de zekerheid toch in de verdediging. 'Wat zou jij erop leggen, dan? Voor dakpannen was echt geen geld. Kom jongen, je gaat toch niet op varkensstallen dakpannen leggen? Nee hoor, oom Jack legde overal asbest op, maar ja die kreeg toen dus die hartaanval. Waarschijnlijk omdat hij een wasmachine de trap op had gesjouwd. In je eentje een wasmachine tillen, dat kun je je toch ook niet meer voorstellen?'

'Nee,' zei ik.

'Maar tante Ied bleef daarna wel achter met allemaal asbest. Dus daarom zeg ik dat tante Ied ook asbestdeskundige was.'

We vonden het beiden erg toevallig.

'Was het met eten?' vroeg ze.

'Kaasblokjes en zo,' zei ik.

'Lekker,' zei mijn moeder, ze zei dat mijn vader ook van kaasblokjes hield. 'Altijd met mosterd uit Zevenaar, zo'n klontje op de rand van het bord.'

Hitteplan

25 juni 2019

We reden naar mijn moeder.

'Mag ik oma water geven?' vroeg de oudste dochter vanuit haar zitje. Een hittegolf dreigde in Nederland. 'Papa zegt dat ze een plant is.'

'Oma is geen plant,' zei ik. 'We gaan kijken of ze het niet te warm heeft en of ze wel genoeg drinkt.'

Nou, er was weer van alles aan de hand, maar te warm had oma het niet. Het was zelfs koud in haar rijtjeshuis. Ze had een vest aan.

Ineens besefte ik: ze draait al jaren de seizoenen om. 's Winters draait ze de thermostaat helemaal naar rechts, en drentelt ze als een wandelende tak wat rond in haar eigen terrarium.

'Jezus, wat lekker,' zei de vriendin, die een bloedhekel aan te mooi weer heeft want we waren weer als gekookte kreeften uit de auto gerold. 'Hoe doe je dat?'

'Waaaaat?'

'Hoe krijgt u het zo koel?'

Als ze me een vraag stellen ga ik hem beantwoorden ook, moet mijn moeder gedacht hebben, want hup daar ging ze. Dat je een paar dagen voor het warm wordt alle ramen en deuren alvast moet dichtdoen. Net als de gordijnen.

En nooit opendoen, behalve voor bezoek.

Dat je heel veel ijsklontjes moet maken, zodat je plastic teiltjes met ijsklontjes voor de ventilatoren kunt zetten. Dat je ook ijsklontjes in handdoeken kunt doen.

Oeverloos en eindeloos. Ze deed voor hoe ze deuren, ramen en gordijnen open en dicht kon doen.

Open – dicht – warm – koud.

Open – dicht – warm – koud.

'Ja, nu weten we het wel,' zei ik, maar mijn moeder ging door. 'Zal ik koffiezetten? Want het is hier gewoon koud.' Ze liet haar armen zien aan de kleinkinderen. 'Kijk, kippenvel.'

Mijn oudste dochter keek haar streng aan.

'Jij bent een plant, jij krijgt water.'

'Ik drink al heel veel water,' zei mijn moeder. 'Hele glazen. Maar ik heb geen dorst want het is hier niet warm. Dat komt omdat de gordijnen dicht zijn, net als de deuren en ramen.'

Klapstuk: 'Ik zie vaak op televisie pas of de hitte weg is. En dan doe ik alles open.'

Ze zette de televisie aan.

Zappelin: *Bumba*, dat schijtlollige clowntje.

'Nog steeds mooi weer,' concludeerde mijn moeder en ze zette de televisie uit, maar de kinderen hadden een glimp van het clowntje gezien, en lieten nu niet meer los. Geschreeuw om Zappelin, maar de televisie bleef uit.

En zo zaten we bij elkaar in het schemerlicht, dampende kop koffie op schoot, te wachten op de zuster van de trombosedienst en tot het weer voorbij was.

'Was het maar mooi weer,' zei mijn moeder tegen de oudste, 'dan kon de deur open en kon je lekker buiten spelen.'

Alzheimer

16 juli 2019

Een paar maanden geleden bundelde ik de columns die ik over mijn moeder schreef. Ze sloeg zich dusdanig kranig door interviews dat ik dacht dat er ondanks beginnende alzheimer nog wel meer in het vat zat. Een podcast. 'Waarom geen cameraploeg?' vroeg een collega. 'Heeft Heleen van Royen ook gedaan.'

Mijn moeder zat tegenover me in haar rode ochtendjas met gouden stiksels die ze in 1972 van mijn vader had gekregen.

De nieuwe buren waren aan het verbouwen.

Geen half werk: muren en vloeren werden eruit geramd, de glazen in het notenhouten kastje trilden.

'Ik doe de komende weken gewoon geen gehoorapparaat in,' fluisterde ze, want ze was verkouden.

Nu verstond ik haar voor de verandering niet.

Dat was de eerste poging om haar te bewegen om mee te doen aan een podcast.

Een paar weken later waren we er met de kinderen, die ze ondanks al haar liefde eigenlijk niet meer aankon. Ze probeerde ze te lokken door te rammelen met de koektrommel. Ze verdroeg het niet dat ze niet stilzaten en liet dat merken, wat haarzelf nog het meeste verdriet deed.

Ze sleepte nog wel met kopjes koffie, maar we communiceerden niet meer. De verhalen werden steeds langer, de onderwerpen steeds kleiner.

Overal lagen notities: namen, telefoonnummers, afspraken.

Steeds grotere letters.

Een steeds grotere agenda ook.

De nieuwe agenda was zo groot dat ze hem eigenlijk niet meer kon kwijtraken. De nieuwe zorgmanager was een man. Ze bleef het herhalen.

Wanneer was ze me door de vingers geglipt?

Sinds haar bloedverdunners in een kluisje liggen omdat ze die anders blijft innemen, dacht ik, en ze daardoor het huis niet meer durft te verlaten uit angst om de wijkverpleegster mis te lopen.

Als ik haar nog iets had willen vragen, was het nu te laat.

En als het te laat is schiet je opeens wel van alles te binnen.

'Wat staat er eigenlijk op tafel?' vroeg ze.

'Dag mevrouw,' zei ik. 'Ik ben uw zoon. Ik ga uw verval opnemen en uitzenden.'

Ze reageerde niet op mijn cynisme en begon over de nieuwe zorgmanager, een man dus, hij had gezegd dat ze de gordijnen niet meer hoefde te wassen.

Ik stopte het opnameapparaat ongebruikt in mijn tas.

Dat toch maar niet.

Misschien dat het lukte om voortaan alleen maar vriendelijk te zijn, jammer wel dat ze dat het eerste zou vergeten.

Niet druk maken

12 augustus 2019

De laatste keer dat ik mijn moeder sprak zei ze: 'Ik ga me niet druk maken! Nee hoor, ik maak me niet druk. Ik geef alles uit handen, ik vertrouw op Onze-Lieve-Heer, ik heb nog melk in huis, ik heb nog appels en ik heb hulp genoeg. Je broer komt drie dagen voor me zorgen, dat is prettig.'

'O ja, dat is prettig,' zei ik. Dan hoef ik even niet, dacht ik erachteraan.

'Wanneer kom jij weer eens?'

'Over twee weken, op de dag dat ik naar de tandarts ga.'

'Wacht, ik schrijf het op.'

Die dag is vandaag.

Gisteren belde mijn broer vanwege de verjaardag van mijn dochter, ze werd vier.

'Heeft ze mijn kaart ontvangen? Het cadeautje dat in de envelop zat, die bol.com-kaart, ook gevonden?'

Hij had drie dagen bij mijn moeder gebivakkeerd.

Hij: 'Ik geloof dat we nu in het stadium komen dat we haar niets meer kwalijk kunnen nemen.'

Het was drie dagen gegaan over een belangrijke brief die wel of niet gepost was, want dat wist ze niet meer. Over de rampzalige consequenties die dat eventueel voor haar zorgverzekering zou kunnen hebben. En mijn zus, die over 'de papierwinkel' ging, was tot overmaat van ramp ook nog op vakantie.

'Ik denk dat ik daar beter tegen kan dan jij,' zei mijn broer. 'Je moet gewoon de hele tijd zeggen dat ze zich niet moet opwinden. "Niet druk maken," zeg ik dan. Soms wel twintig keer achter elkaar.'

Ik wist niet of ik dat kon.

'Jij moet je natuurlijk ook niet druk maken,' zei mijn broer. 'Je moet haar even bellen om te zeggen hoe laat je ongeveer komt. Anders gaat ze zich daar weer druk over maken.'

Ze nam geagiteerd op.

'Ik ben het niet vergeten! Ik heb al gebeld voor haar verjaardag! Zeggen ze dat niet tegen jou? Op de kalender staat: "Lucie vier jaar." Met een kruisje erachter, dus ik heb al gebeld. Kom nou jongen, dat vergeet ik echt niet.'

Ik zei een paar keer 'maak je niet druk'.

'Zeg, maar wanneer kom je eigenlijk? Ik heb het wel genoteerd.'

'Morgen!' zei ik.

'Nou, dan kom je toch morgen! Bij mij stond het onder "Lucie vier jaar", maar ik zal het opnieuw opschrijven. Nu staat het onder "bloedprikken". En je zus is ook nog op vakantie, maar ik maak me niet druk.'

'En verder?' vroeg ik.

'Ik zie het allemaal, wel,' zei ze. 'Ik lever me over aan wat komt. En ik maak me niet druk, echt niet, maar je moet wel zeggen wanneer je komt.'

'Morgen,' zei ik opnieuw.

'Fijn jongen, ik noteer dat alvast en maak me verder niet druk.'

Patroon

13 september 2019

Het is een patroon: ik moet of ontmoet iets of iemand in Arnhem en blijf daarna bij mijn moeder slapen. De volgende dag laat ik mezelf ophalen door de vriendin en de kinderen zodat mijn moeder die ook nog eens ziet. Over mijn komst wordt tot in den treure getelefoneerd, maar zaterdagochtend voelde ze zich toch nog overvallen toen we elkaar in de huiskamer troffen.

'Jongen! Wat doe jij hier? Hoe ben jij binnengekomen? Voortaan wel even bellen.'

Daarna: 'Omdat jij van tevoren niet belt, heb ik geen brood! Haal jij brood?'

Bij de bakker trof ik een vrouw met wie ze wel eens koffiedrinkt. Ze vroeg: 'Het gaat toch wel goed met haar? Ik heb toch geen begrafenis gemist?'

Ik zei dat mijn moeder nog leefde.

'Ach ja,' zei de vrouw. 'Ik tref haar gewoon nooit meer. Doet u haar de groeten.'

Ik kwam achterom door de carport. In mijn hoofd stond mijn vader er weer de druivenstruik te snoeien, op een trapje met alleen een korte broek aan. Vanwege de rottende trossen krioelde het er nu van de wespen. Ik legde de broden op het aanrecht en zei dat ik het rottende fruit weg wilde knippen.

Meteen de aanval.

'Kom nou! Daar heb ik Ronnie al over gebeld! Je blijft eraf!'

Ronnie, de vroegere postbode, heeft nooit afscheid kunnen nemen van zijn buurt en doet klusjes.

'Je blijft eraf,' herhaalde mijn moeder. 'Anders komt Ronnie voor niks. En dan?'

Ik deed de groeten van mevrouw N. en zei dat ze elkaar nooit meer zagen.

'Dan kijkt ze niet goed! Ik kom haar toch ook niet tegen? Waar bemoeit iedereen zich toch mee?'

Ze ging kreunend zitten.

'Ik ben gevallen, mijn rug is bont en blauw.'

Ze wilde haar rug niet laten zien, maar we gingen wel haar achtertuintje in. Ze kon de steen waarover ze gevallen was niet vinden.

'Deze,' zei ze uiteindelijk over een stoeptegel. 'Ik heb wel een kwartier gewankeld en ben uiteindelijk toch achterover gekieperd. De huisarts zei dat het een wonder was dat ik niets gebroken heb. Het zoveelste wonder.'

Opeens waren de vriendin en de kinderen er.

Mijn moeder deed haar best de oma te zijn die ze wil zijn en stelde onverwacht voor om naar het pannenkoekenhuis te gaan, waarna ze de rest van de middag vulde met het opwerpen van bezwaren die een bezoek aan een pannenkoekenhuis juist onmogelijk maakten. Als ze dan toch wat moest wilde ze eigenlijk liever koffiedrinken met mevrouw N.

'Die heb ik al lang niet gezien. Er zal toch niet iets verschrikkelijks met haar zijn?'

Nieuw slot

20 september 2019

De overbuurman van mijn moeder belde: ze kreeg de voordeur niet makkelijk open. Iets met de sleutels of het slot, maar hij dacht vooral aan 'snel een nieuw slot'. Hij had haar al twee keer geholpen, ze stond dan binnensmonds naast hem te vloeken. Ongevraagde suggestie: ik zou, als ik het te druk had, natuurlijk mijn zus kunnen bellen om het probleem te komen oplossen.

Mijn zus was me voor, ze belde vanuit de kantine in het ziekenhuis waar ze werkt.

'Ja, het voordeurslot,' zei ik.

Ze wist het al van een andere buurtgenoot van mijn moeder, ze kennen elkaar meer dan veertig jaar, en had van haar ook het vriendelijke verzoek ontvangen of we 'moeders een beetje aan het lijntje kunnen houden'.

'Het is vaak wat veel. We hebben genoeg aan onszelf.'

We wisselden ervaringen uit.

'Gisteren vond ik een beschimmeld brood, dat heb ik weggegooid,' zei mijn zus.

Ik begon over de rottende druiventrossen onder de carport.

Haar hulp was opgestapt, hoorde ik, de tijdelijke vervanging was een jongen van zeventien, die 'van slag was geraakt' omdat mijn moeder hem op zijn vrije dag de opdracht gaf om haar portemonnee te komen zoeken.

'En nu?' vroeg ik aan mijn zus.

Ze had vrijdag een gesprek met het nieuwe 'hoofd zorg' over meer hulp en ondersteuning.

We hadden het voor het eerst over een verzorgingstehuis. Ik zei dat onze moeder maar bleef herhalen dat ze dat absoluut niet wilde: 'Maak me dan maar dood.'

De laatste keer dat ik het ter sprake bracht, blies ze geagiteerd met een tuitmondje over haar beker, ze verwarmde de melk sinds kort in het Senseo-apparaat.

'Ik neem denk ik een tatoeage, hier...'

Ze wees naar haar hals.

'Dat je niet gereanimeerd wilt worden?'

'Nee. "Ik blijf thuis wonen." In blokletters.'

'De insteek is dus thuis blijven wonen,' concludeerde mijn zus, die het jargon kent.

Wonderlijk hoe snel je ook weer aan jezelf denkt.

Ik memoreerde nog maar eens dat ik op tweehonderd kilometer afstand woon, zij benadrukte dat ze een fulltimebaan en een gezin had en dat het voor haar ook niet altijd makkelijk was om daar soms twintig keer achter elkaar gebeld te worden.

In de gang van mijn moeders huis, naast de kapstok, hangt al decennia een houten bordje waarop met koperen letters VAN HET CONCERT DES LEVENS KRIJGT NIEMAND EEN PROGRAM staat, volgens een artikel uit *Onze Taal* de meest voorkomende spreuktegel.

Ik zuchtte, zij zuchtte.

We wisten al wel dat dit een van de laatste hoofdstukken zou worden en dat het verhaal waarschijnlijk niet vrolijk naar een einde zou kabbelen.

Ze ging praten met het nieuwe 'hoofd zorg', maar die ging natuurlijk niet over de sloten van de voordeur.

Varkensboer met kippenvel

1 oktober 2019

Vroeger dacht ik dat het de koeien waren die op de boerderij 'boe' zeggen, maar het zijn dus de boeren die loeien. De koeien hoor je al lang niet meer, die komen niet over het geluid van hun zoemende melkrobots heen. Dinsdagochtend stond een kluit boeren voor het NOS-gebouw journalisten op te wachten. De minachting voor de media, de stadse mensen en alles met het woord 'klimaat' erin was voelbaar. Aan het eind van de dag stond er weer een pluk, ze kwamen op uitnodiging door een extra uitzending op Radio 1 loeien, want 'dat stuk stront van D66' was er ook.

Het was boerenactiedag. De boeren waren boos en daarom mochten ze een dag lang doen wat gewone mensen nooit mogen: files veroorzaken, tegen het verkeer in rijden en hekken omverrijden.

Op het Malieveld in Den Haag wachtte ze een boterzachte ontvangst. Het wereldrecord buigen voor de boer in de openlucht werd er moeiteloos gebroken. Bij aankomst lieten ze zich in de armen van Geert Wilders vallen die wel weet hoe hij zijn stemvee moet aanspreken.

'Helden.'

Vanaf het podium werden ze daarna een uur naar de mond gepraat, tijdens Jesse Klaver mochten ze dan even loeien. Wat verbaasde waren de prominente vipzitplaatsen op het podium voor bijna alle prominenten van Forum voor Democratie.

Carola Schouten haalde meteen de angel uit de middag. Onder haar bewind werd de veestapel in ieder geval nooit gehalveerd! Daarvoor was ze dan toch echt te veel boerendochter. Zie daar de boerenlobby: daarom zijn het zo vaak mensen met boerenwortels die minister van Landbouw worden, terwijl het zo veel efficiënter zou zijn als een onbevooroordeeld persoon de stal eens zou schoonvegen.

Wat verder opviel was dat de boerenvrienden op de sociale media dezelfde mensen zijn die voor Zwarte Piet en blokkeer-Friezen en tegen ‘gelukszoekers’ en boerka’s zijn. Het maatschappelijk ongenoegen had de gele hesjes verruild voor klompen.

Arnold Karskens, de ongekozen ‘journalist van het volk’, twitterde: ‘Natuurlijk steun óók ik de protestmars naar Den Haag. Geboren & getogen in de Beemster zat ik als jonge jongen op de tractor. Hup Hollandse Boeren! Wees Voor Niemand Bang!’

Nul argumenten, veel sentiment, maar verder wel hele dagen op jacht naar feitelijke onjuistheden bij de ‘mainstream media’.

Het was een verloren dag voor zowel het klimaat als de boeren, maar een topdag voor liefhebbers van het menselijk tekort. Zelf ontmoette ik bij het verlaten van het Mediapark een varkensboer met kippenvel.

Mirakels

20 november 2019

Nou, daar zat ze dan. In een blauwe rolstoel, vastgezet tegen een tafel, gezicht naar de muur. Oranje behang, een klok en een briefje met de datum: 18 november 2019. Voor haar een doorzichtige, plastic mok met koude, zwart geworden thee, het zakje zat er al heel lang in. Mijn moeder (88) was gevallen, gevonden door de nieuwe buurman, maar ze had wel zelf op de rode knop gedrukt, was afgevoerd naar ziekenhuis Rijnstate in Arnhem, waar het ‘totaal rookverbod’ dat er vanaf 1 januari 2020 inging, groots werd geafficheerd.

Schouderblad en pols gebroken, een paar keer ‘weggeweest’.

‘Hallo!’ tetterde ik, terwijl ik haar een kus probeerde te geven.

Geen reactie.

'Zit je al lang zo?'

Antwoord, op verwijtende toon: 'Ik zit goed. Een mooie muur.'

Als ze haar hoofd naar rechts draaide keek ze in het atrium, een enorm aquarium. Als haar arm niet kapot was geweest had ze naar de andere patiënten kunnen zwaaien.

Ze probeerde telkens op te staan.

'Ik ga koffiezetten.'

'Ik trek mijn sloffen aan.'

'Ik ga wandelen.'

Het lukte niet en het mocht ook niet, maar het ergerde haar dat ik het probeerde te verhinderen. Ze vond me 'een vervelende verpleger'.

De echte verpleging, een meisje met een blonde paardenstaart, kwam binnen, ze zei dat de bewegingssensor was uitgeslagen.

Ze schoof de knalblauwe rolstoel weer tegen het tafeltje, zodat ze er zeker niet uit kon.

Ik keek naar mijn moeders gezicht dat naar de klok staarde.

'Bijna één uur, de thuiszorg komt zo.'

'Die komt niet,' zei ik. 'Je bent in het ziekenhuis.'

'Ach man...'

Tegen de vriendin was ze aardiger.

'Geloof jij maar dat ik mirakels veel pijn heb.'

Mirakels, mooi woord.

Ik zei dat haar stem was veranderd, die klonk zwaarder, maar nog wel herkenbaar.

Geen reactie.

Ze wilde weer opstaan en trok haar arm daarbij uit de mitella.

Ik vroeg aan de verpleegster of ze de hele dag alleen met zichzelf zat.

Antwoord: 'Ja.'

En: 'Daar heeft mevrouw geen last van.'

We zaten nog een half uur naast elkaar.

Ik keek naar haar hoofdje, ze had 's nachts om haar moeder geschreeuwd, er was overwogen haar naar de intensive care te brengen.

Af en toe keek ze me onderzoekend aan.

Vanuit het niets de vraag: 'Hoe is het in Vught?'

Ik zei dat ik daar niet woonde.

'Maar je broer wel!'

Ik: 'Puntje voor jou.'
Zij: 'Ja zeg, ik ben niet gek!'
Haar hoofd knakte voorover, ze sliep.

Norovirus

27 november 2019

Het ziekenhuis van Arnhem belde of iemand de vuile was van mijn moeder eens wilde komen ophalen. De vuile was... Daar had ik tweehonderd kilometer verderop nog niet over nagedacht. Ik dacht nog heel ouderwets, iemand zei 'naïef', dat alles wel voor je geregeld wordt in een ziekenhuis.

Niet dus.

Mijn moeder lag inmiddels in quarantaine op een kleine kamer van de afdeling Geriatrie, met een echte Arnhemmer in ongeveer dezelfde toestand, die ondanks een waarschuwingsbordje op de deur wel bezoek kreeg.

En veel ook.

Maar die overlast was van korte duur, wisten we inmiddels: iedereen die er binnenkwam ging hoe dan ook voor de bijl vanwege het norovirus.

Een verpleger over de besmettelijkheid ervan: 'Als je het ruikt, dan is het te laat, dan heb je het al.'

En geloof mij: je rook het, mondkapje of geen mondkapje.

De klachten: braken en acute diarree.

Ze hielden mijn moeder om die reden via camera's, vanachter een beeldscherm, in de gaten.

Als ik wilde mocht ik ook meedenken over het medisch vraagstuk waar de artsen zich over bogen: de helse pijn van haar verbrijzelde schouderblad kon worden bestreden, maar van de toegediende medicijnen bleef ze wel in een hallucinante toestand.

Mijn zus, telkens weer mijn zus, ging er, omdat ze nu eenmaal het grootste hart heeft en het dichtstbij woont, toch maar weer naartoe met stapels schoon nachtgoed. Ze pulkte de baal aan elkaar gekoekte vuile was uit een kledingkast, propte die in een vuilniszak en reed ermee naar de wasmachine in het ouderlijk huis, waar mijn broer al was geweest om de koelkast te ontruimen.

En ja, toen rook ze het dus wel.

Zij, haar man en hun kinderen waren een dag later geveld, zoals de vriendin na ons laatste bezoek ook geveld was.

Het goede nieuws was dat mijn broer en ik vooralsnog immuun leken te zijn, maar dat kon in mijn geval ook komen omdat mijn moeder me bij mijn laatste bezoek niet echt herkende en afstand wilde houden.

Niets gemakkelijker om dan zelf ook maar even op afstand te blijven, maar met zo'n houding zette je de verhoudingen wel op scherp.

Iemand zei: 'Ja, dat zouden we allemaal wel willen.'

Wat overheerste was een dubbel gevoel: er wordt op mij gerekend, maar niemand zit op mij te wachten.

Velp

2 december 2019

Ik doe mijn ogen dicht en wandel van het station in Velp naar mijn ouderlijk huis. Bij het politiebureau links: Kerkstraat, Reinaldstraat, Kosterijland.

Nieuwbouwhuizen van vijftig jaar oud.

De mensen die er toen terechtkwamen woonden er meestal tot ze niet meer konden. Vooral de laatste jaren was het een verborgen slagveld, de vijand trok alles uit de kast: kanker, dementie, alzheimer, parkinson, hartaanvallen en hersenbloedingen.

De mensen verdwenen eerder dan ze gemist werden. Als tanden die een voor een uit een gebit worden getrokken, tot je op een dag denkt: hé, ik kan niet meer kauwen.

Mijn moeder was een van de laatsten van de eersten, verschanst achter slot en grendel.

Tot ze viel.

De toestand was dramatisch, maar niet hopeloos. Duidelijk was al wel dat ze niet zou terugkeren in het huis. Haar huis, ons huis, ook wel een beetje mijn huis. We zouden het schoonmaken, leegruimen en verkopen. Een deel van de inboedel zouden we verhuizen naar haar nieuwe woonplaats, die vrijwel zeker niet Velp was.

Ik moest denken aan een collega die ik ooit vroeg waarom hij in godsnaam nog steeds alle thuiswedstrijden van Vitesse bezoekt.

Antwoord: 'Anders heb ik geen reden meer om in Arnhem te zijn.'

Velp had geen Vitesse, er was geen dringend excuus om dat dorp na het nakende vertrek van mijn moeder te blijven bezoeken. Ineens knaagde het besef dat ik het dorp onrecht had aangedaan, ik ging bij het scheiden van de markt niet zeggen dat het er geweldig was, maar er bleef genoeg over om – nu al – te missen.

Het onvriendelijke personeel bij bijna alle winkels in winkelcentrum Velperbroek; het andere uiterste: de intense behulpzaamheid van

Walter bij boekhandel Jansen & De Feijter; kasteel Biljoen; het benzinestation aan de Schoolstraat; Chinees-Indisch restaurant The Blue Lotus; bruin brood met grove korrel van bakkerij Borggreve; automatiek Beursken, vooral de nasibal; de begraafplaats aan de Bergweg; de Fredericusschool.

Ik stak de sleutel in het slot van dat huis, toen opeens vanuit het niets een buurvrouw verscheen. Op pantoffels, dus ze was er haar huis voor uit gekomen.

De vraag, een beetje zangerig gesteld: 'Komt ze nog te-ru-ug...?'

Vervolgens het ongevraagd delen van de eigen mening met te voorbarige conclusie en ten slotte de uitsmijter, een terloopse vraag in de verleden tijd: 'Had jouw moeder nou wel of geen elektrische fiets?'

Neem nooit je moeder in huis

8 december 2019

Sinds ik zo nu en dan over de aftakeling van mijn moeder schreef, kwam ik soms mensen tegen die dachten dat ik ook wel geïnteresseerd zou zijn in de aftakeling van hun ouders.

Ik deed dan altijd wel geïnteresseerd, maar had niet de behoefte om met een wildvreemde tot in detail de diepste menselijke ellende in te duiken.

In de foyer van het theater in Alkmaar klampte een man mij aan.

Hij had ook een moeder.

En zijn vader leefde ook niet meer.

Dus wat hem betrof leken we op elkaar.

Ik was de vriend die hij nooit had gehad.

Mocht hij een biertje bestellen? Nou ja, hij hoefde het eigenlijk ook niet te vragen, want hij had het al gedaan.

Zijn ongevraagde advies: neem je moeder nooit in huis.

Hij sprak uit ervaring.

'Studerende dochter eruit, moeders erin. Zo is het gegaan.'

De situatie was zo dat hij zijn moeder af en toe een luier om moest doen. Hij had ook 'steeds stelselmatiger' ruzies met zijn vrouw over zijn moeder.

'Want het drukt toch wel een stempel.'

Vanuit een ooghoek zag ik dat er bij mijn gezelschap inmiddels een bord bitterballen op tafel stond. Goh, een bitterbal, wat had ik daar ineens zin in. Dus ik zei dat ik niet van plan was om mijn moeder in huis te nemen, dat ik het een interessant gesprek vond, maar dat ik nog even met mijn vrienden wilde praten.

Hij: 'Sinterklaas vieren we dit jaar ook niet, we gaan maar zo veel mogelijk naar het theater en naar de film. Om en om, er moet er altijd één thuis zijn. Ook dat geeft spanningen.'

Ik pakte mijn bierglas.

Mocht hij zijn visitekaartje geven?

Blauw dat langzaam overging in groen, geen functie, wel met de namen, telefoonnummers en de e-mailadressen van hem en zijn vrouw, die er nu niet bij was omdat ze dus gedwongen thuis zat. Of omdat ze ruzie hadden want dat had hij tenslotte al een paar keer gememoreerd.

Hij: 'Ik deel het niet vaak uit.'

Ik begreep dat ik me vereerd mocht voelen en constateerde terloops dat hij zijn moeder toch maar niet op zijn kaartje had gezet.

Hij ritste de jas tot aan zijn kin dicht en zei dat hij misschien wel een boek ging schrijven over alles. Werktitel: *Met het zweet tussen de billen.*

Chin. Ind. Rest. The Blue Lotus

19 december 2019

Voor mijn moeder hoefden we het niet meer te doen, maar ik geloof dat we zelf de behoefte voelden aan een afronding, een kroon op al die mislukte feestelijk bedoelde bijeenkomsten, een deksel op de put. Anders kon ik de vraag van mijn broer en zus om op eerste kerstdag een restaurant in Velp voor de hele handel te regelen niet verklaren. Ik had meteen 'ja' gezegd.

Ja, ik ging een restaurant in Velp regelen.

Een restaurant in Velp...

Weer Chin. Ind. Rest. The Blue Lotus.

Tafeltje met uitzicht op het parkeerterrein, net als vroeger.

De laatste keer daar met mijn moeder zei ze: 'Het is toch net New York.'

Inmiddels was ze verder weg.

In haar hoofd was ze op een lange vakantie, laatste tussenstop in een verpleegtehuis, maar voor haar was het een hotel.

'Zwitserland zonder bergen.'

We zouden haar er even uit halen, naar binnen takelen, op een troon zetten en na afloop weer terugbrengen.

Vervolgens het bekende patroon van onvermogen waar we schijnbaar zo aan hechtten: het gezellig willen doen, maar het weer niet kunnen.

Allemaal hetzelfde bestellen, vooraf heel veel kroepoek naar binnen proppen en dan dat veel te snelle eten dat er bij ons allemaal zat ingebakken.

Het omzichtig vragen naar de bekende weg. In tegenstelling tot vroeger: geen ruzie.

Er waren nog wel ergernissen, maar zodra die aan de oppervlakte dreigden te komen, deden we keurig de oogkleppen op. De puist werd geconstateerd maar niet uitgeknepen. Vroeger werd ieder pijnpunt genadeloos benoemd, nu kauwden we het weg en slikten het door.

De onuitgesproken vraag die op tafel lag was: hoe gaan we dit straks doen? Als ze er niet meer was, wat feitelijk al zo was, want de soms narrige vrouw bij ons aan tafel leek nog maar weinig op mijn moeder. Nu deden we dit zogenaamd nog voor haar, maar kwamen we nog bij elkaar als ze er straks ook fysiek niet meer was? Of losten we op in onze eigen levens?

Ik wist het ontluisterende antwoord al wel.

De rest van onze levens zouden we ons met de kerstdagen naar Velp slepen, want elkaars woningen vonden we te ver weg, te klein of te onpersoonlijk. Velp was de drooggevallen put waar we jaarlijks samenkwamen om te constateren dat er weer geen water in zat. Het viel nooit mee, het viel nooit tegen, we zagen er als een berg tegen op, maar het jaar erop gingen we weer, we konden niet zonder.

Ik gunde iedereen een Velp en verheugde me op de dag dat de kinderen er geen zin in hadden om daarnaartoe te moeten.

Indische rijsttafel, 23 euro per persoon

27 december 2019

Goed, wij op eerste kerstdag naar Velp.

Onderweg de *Top 2000*, daar had ik tenminste zin in, maar het werd *Sneeuwwitje*.

Eerst naar dat ontzielde huis van mijn moeder.

Tegenover haar huis hadden ze de heg weggeknipt voor extra parkeerplaatsen.

Een overbuurman liep met een zilverkleurige pan op straat, hij lichtte het deksel op: gestoofde peertjes.

Mijn broer had in haar bed in de woonkamer geslapen.

Lopend gingen we naar verpleeghuis Kastanjehof.

We konden erin met een code. Vierde verdieping.

Op de deuren foto's van de bewoners: mijn moeder blazend over een kop koffie.

Ze deed in de gemeenschappelijke huiskamer haar best om iets van RTL *Boulevard* te zien, er lag een vrouw in een ziekenhuisbed voor.

Mijn dochters dansten mee naar haar kamertje. Een heel leven op tien vierkante meter: ik herkende de leren fauteuils, het notenhouten salontafeltje, de beeldjes van de contente mens en de pronte vrouw en de foto's. Mijn vader prominent aan de muur. Wij op de vensterbank, stickertje op het lijstje: 'oudste zoon'.

Ze was blij ons te zien, dat wel.

Toen ze begon te herhalen hoe fijn ze het er had, voelde ik een diep medelijden. We keken door het raam, achter de kerk lag haar huis. Mijn zus met haar gezin was er opeens ook, we pasten niet meer in het kamertje, mijn moeder bleef zeggen dat ze het toch geen kleine kamer vond.

We haalden haar eruit en stopten haar in de auto bij mijn zwager.

De rest liep naar Chin. Ind. Rest. The Blue Lotus.

Een zwijgende optocht. Opeens begon de jongste 'Atje voor de sfeer' van 'Liever te dik'-zanger René Karst te zingen op mijn schouders, op de wijs van 'Give It Up' van KC & The Sunshine Band. Dan had je een hoger gevoel voor humor.

We worstelden ons door de afhalers naar onze tafel met uitzicht op het parkeerterrein. We inhaleerden de walm, de vertrouwde geur; de afzuiginstallatie functioneerde al jaren niet.

Mijn moeder: 'Ze zijn al begonnen met koken.'

Indische rijsttafel, 23 euro per persoon.

'Bevalt het verpleegtehuis?' tetterde ik in het goede oor van mijn moeder.

'Heerlijk,' zei ze, 'het is gewoon een feest.'

Later bleek dat ze het over het eten had.

Anderhalf uur later was het op.

Van de gesprekken herinnerde ik me bijna niets – hebben we überhaupt gesproken? – maar de stemming was welwillend. Mijn moeder had geen woorden nodig om lief te zijn. Mijn jongste dochter zoog aan een rietje, zij hield met bibberende hand het glas melk vast.

Afscheid in de regen op het parkeerterrein.

Later nog een appje van mijn zus: ‘Stonken jullie ook zo naar nasi?’

Haar huis moet leeg

8 januari 2020

Mijn moeder deed jarenlang vrijwilligerswerk in een kringloopcentrum in Arnhem. Ze sorteerde of prijsde artikelen en anders was ze ‘vliegende keep’, wat inhield dat ze van klant naar klant vloog om te assisteren. Toen ik ooit in Arnhem was, vanwege een boek over Vitesse, zocht ik haar daar op. Het gebouw van Omroep Gelderland zat om de hoek.

Hoe zij toen was: ze sleepte me van het ene naar het andere artikel.

‘Kijk een scheerapparaat.’

‘Kijk een koffer.’

‘Kijk een multomap.’

‘Kijk een diaprojector.’

‘Kijk een boek over Spanje, je gaat toch wel eens naar Spanje?’

Ik bleef maar zeggen dat ik niets hoefde, dat ik haar zoon was en geen klant, dat ik geen zin had om die troep naar Amsterdam te slepen, dat ik gewoon kwam voor een praatje, maar zij ging maar door en stopte uiteindelijk bijna alles wat ze aanprees ongevraagd in een gele leren koffer. Bij het afrekenen – ze rekende af met zichzelf – constateerde ze dat ze sommige artikelen toch te duur had geprijsd.

Daar stond ik dan met mijn koffer.

Ik vond het niet lief, daarvoor was ze nog veel te gezond. Het was vooral vermoeiend.

Daarna dronken we een kop koffie op een bankstel dat een paar dagen eerder nog in het huis van een bejaarde in Oosterbeek had gestaan.

'Opgehaald door ons,' zei mijn moeder. 'Die vrouw kon niet meer thuis wonen, de kinderen wilden de spullen niet en wij zijn er blij mee. Als wij komen is het voorbij of bijna voorbij.'

We waren jaren verder, ze wachtte nu zelf in verpleegtehuis Kastanjehof op doorplaatsing naar een verzorgingstehuis in Noord-Limburg, in de buurt van mijn zus. Van wat ik ervan hoorde was de stemming verdrietig, het was niet leuk om je verleden achter je te laten. Eens per week ontving ze een ansichtkaart met telkens dezelfde tekst, van een vriendin die ook dementeerde. De telefoon op haar kamer werd vaker niet dan wel opgenomen.

Haar huis moest leeg, we gingen er om beurten met haar naartoe om de spullen te stickeren die ze mee wilde nemen. Een heel huis stopte je niet in twee kamers, hoewel ze dat het liefst wel zou doen.

Wat overbleef ging naar de kringloopwinkel waar ze zelf werkte.

Een van de medewerkers daar zei dat het soms geen vrolijk werk was, maar dat de klus vaak in een paar uur was gepiept.

'Wij zeggen hier vaak tegen elkaar: "Aan het eind van de kringloop komt altijd de verhuiswagen."'

Na een korte pauze: 'Maar dat is intern, dat zeggen we natuurlijk niet tegen die mensen.'

Groene knop indrukken

27 januari 2020

Bij een begrafenis in een kerk zat ik achter een bejaarde van wie de mobiele telefoon ging. Keiharde ringtone. De man schrok en kromp ineen, ging staan en daarna weer zitten. Zijn vrouw stompte hem meerdere keren. 'Zet 'm uit.'

Hij beklopte zichzelf. Trok zijn jas uit, voelde in zijn colbert, bleef zichzelf slaan.

De spreker, geen man met ervaring in spreken in het openbaar, vroeg ook of de telefoon uit kon.

De man voor me stak zijn handen in de lucht.

Zijn vrouw: 'En nou kijkt iedereen...'

Hij: 'Afgelopen...'

Even later ging zijn telefoon weer. Hij vluchtte de zaal uit.

Zijn vrouw, ook zichtbaar aangedaan, maakte ongevraagd excuses.

'Hij weet niet waar dat ding zit, hij weet niet hoe of het werkt, hij weet niks...'

Later, bij de koffietafel, trof ik hem. Ja, nieuwe smartphone, de oude van zijn dochter.

Zijn vrouw: 'Verschrikkelijk, we kunnen er niet mee bellen.'

Hij: 'Hij gaat nooit, maar als hij gaat komt het niet uit. En een lawaai dat eruit komt.'

Zijn vrouw: 'En wie het was... Energie...'

Hij: 'Ja, energie. Vattenfall, verschrikkelijk.'

Later die dag bracht ik een bezoek aan mijn bejaarde moeder voor wie ik de verhuizing moet regelen, lastig omdat ze nooit bereikbaar is. Voor haar op tafel een smartphone van een medewerker, tijdelijk haar navelstreng met de buitenwereld. Op een papiertje ernaast de tekst: 'Groene knop indrukken!'

'Stuk,' zei ze.

'Niet opgeladen,' concludeerde ik.

Later was ik getuige van de paniek toen het inmiddels weer opgeladen ding ging.

'En nu?' riep ze. Ze pakte het papier. 'Wat staat hier?'

Ik: 'Groene knop.'

Het lukte. Van het gesprek verstond ze niets.

'Wat wilt u toch? Ik versta niets! Ik geef u aan mijn oudste zoon.'

Ik: 'Met de oudste zoon.'

Het was iemand van een energiebedrijf, een vriendelijke medewerkster, dat wel. Ik zei dat ze mijn moeder gezien de toestand maar beter niet meer kon bellen. Het kwam vaker voor, zei de vrouw vriendelijk, vooral bij oudere mensen. Eerder die dag had ze ook al een bejaarde op een begrafenis gestoord.

'Die wist niet hoe hij zijn telefoon stil kreeg.'

Ik had natuurlijk door moeten vragen, maar mijn moeder kroop ondertussen over de vloer. Ze was de telefoon kwijt die ik in mijn handen had.

Ontruiming

3 februari 2020

Ik was met mijn broer terug in het ouderlijk huis, zwijgend vulden we dozen. We wroetten samen door vijftig jaar verzamelde troep. Hij, zoals gezegd zeer slechtziend, deed de grote spullen, ik de rest. Overal briefjes, zelfs tussen haar ondergoed. Foto's van vroeger, trommeltjes, dozen, vazen en foto's. Niets van waarde, waarom had ze eigenlijk zo veel sloten op de deur?

In verpleegtehuis Kastanjehof een paar straten verderop zat wat er over was van mijn moeder.

Ze had niets, maar tegelijkertijd alles in de gaten.

'Ik doe toch niets fout?' had ze aan mijn broer gevraagd. 'Ik luister toch goed? Zijn ze ontevreden? Waarom moet ik hier toch zijn? En hoe heet het waar ik straks weer naartoe moet?'

'Mook, mama.'

'Waarom moet ik toch naar Mook?'

De verhuizing is volgende week, ze mocht van de begeleiding niet meer naar haar eigen huis. Dat had na de laatste keer voor te veel onrust gezorgd.

'Welke spullen ik mee wil nemen? Alle spullen! Het zijn mijn spullen.'

Het selectieproces vorderde snel, maar het voelde slecht.

Onterend.

Ik ging ook maar even bij haar langs. Ik trof haar aan tafel met de groep, ze kregen eten. Mijn moeder wees naar een vrouw die met het hoofd naar voren geknakt slapend boven een bord hing.

'Dat is mevrouw Zwart, geef haar eens een hand.'

Mevrouw Zwart was een oude vriendin.

'Dat is mevrouw Zwart niet,' zei ik, 'maar ze lijkt er wel op.'

'Ze slaapt,' zei mijn moeder. 'Van enthousiasme, denk ik.'

De eerste maaltijden kwamen uit de magnetron. De verzorgster trok de plastic folie van een bak bami.

'Ruik je het?' schreeuwde mijn moeder. 'Ze hebben weer gekookt, hoor.'

'De batterijen van haar gehoorapparaat zijn denk ik op,' zei ik tegen de verzorgster, 'daarom praat ze zo hard.'

Een van de vrouwen schoof haar bord van zich af. 'Ik heb genoeg geroken...'

Mijn moeder trok me aan de mouw. 'Zie je die ene?! Daar moet je voor oppassen,' zei ze, hardop roddelend.

Daarna: 'Wanneer gaan we weer naar huis?'

Ik zei dat we aan het inpakken waren en dat we sommige dingen ook niet inpakten omdat er in het nieuwe verzorgingstehuis weinig plaats was.

Ze sloeg me op de schouder.

'Goed zo, jongen! Goed zo!'

Daarna tegen de verzorgster, op een toon alsof ze toch haar zin had gekregen: 'Hij pakt alles in. Alles!'

Bij het afscheid, tegen mij: 'Als ik straks thuis ben, gaan we in een kring zitten, en dan ga ik alles verdelen. Dan mag je als eerste kiezen.'

Diploma's

5 februari 2020

Ja, we waren goed bezig, mijn broer en ik. We draaiden nu ook muziek bij de onttakeling van het ouderlijk huis, Alex Roeka vonden we wel passend. We bereikten 'de werkkast', een ruimte onder de trap, waar mijn moeder een ongelooflijke hoeveelheid schoonmaakmiddelen, vazen en bierglazen bleek te hebben verzameld.

Mijn technisch Lego groen uitgeslagen.

Een luik, daaronder een geldkist.

We wrikten het ding open.

Vergeeld papier in een plastic hoesje, de hoop was even op een vergeten pakket aandelen, maar het waren de judodiploma's van mijn vader.

Alles ondertekend door 'de instructeur' van Jagyba in Velp, toen nog een judoschool.

Na een hevige aanval van spit op vakantie in Zwitserland besloten mijn ouders dat mijn vader aan sport moest gaan doen. Een teamsport was uitgesloten, hij ging voortaan op de woensdagen naar judo. Dat wist ik nog zo goed omdat we dan spinazie aten, mijn moeder hakte daar dan een handvol gekookte eieren door.

En altijd met vissticks.

Volgens mijn vader maakte het bij judo niets uit hoe groot of hoe zwaar je was. Ze smeten hem weliswaar wekelijks over de mat, maar in principe zou het ook andersom kunnen. Op den duur.

Hij leerde vooral hoe hij het beste kon vallen.

Later vertelde hij vaak hoe hem dat ooit het leven redde.

Ik was daarbij.

Bij de wedstrijd Vitesse-Cambuur, nog in de eerste divisie, viel het publiek op de oude staantribune van stadion Nieuw-Monnikenhuize na een doelpunt van boven naar beneden. Wij stonden onderaan, dus dan kon je ook pech hebben.

Daar lag hij dan, met een gat in zijn hoofd bij het hek.

De EHBO, of wat daarvoor doorging, was er snel bij, uiteindelijk kwam een ambulance.

De rest van de aanwezigen scandeerde alvast de naam van de begraafplaats: 'Moscowa, Moscowa', terwijl ze mijn vader naar binnen schoven.

Ik moest maar achter de ambulance aan fietsen.

Toen ik bij het ziekenhuis aankwam, was hij al gehecht.

In de jaren daarna werd het verhaal steeds mooier, de nederlaag werd langzaam een overwinning. Het was mij niet opgevallen maar tijdens zijn val had mijn vader volgens eigen zeggen een paar onbewuste koprollen gemaakt, die hij tot in den treure had geoefend als ze hem in dat zaaltje bij Jagyba van links naar rechts smeten.

'Houden of weggooien?' vroeg mijn broer.

Ja, houden toch maar, het waren achteraf bezien de belangrijkste diploma's van zijn leven. Dat vond hijzelf waarschijnlijk ook al wel, ze zaten niet voor niets in een geldkist.

Dak eraf

12 februari 2020

In de onttakelde huiskamer van ons ouderlijk huis in Velp aten we kroketten van Bert Beursken, volgens mijn broer – met zijn smaakpapillen was dan weer niets mis – hadden die de lekkerste korst. Hij schreeuwde: 'Of ken jij kroketten met een betere korst?'

Dat was dan onze humor: schreeuwen, net doen of we ruzie hadden.

'O jezus, ze heeft nieuwe buren. Die denken natuurlijk dat dit echt is.'

Daarna het grote niets.

Alles was al afgesloten: geen internet, geen televisie.

Gingen we de borden en het bestek nog afwassen? Of gooiden we die bij het grofvuil in de container?

Ik wachtte het antwoord niet eens af.

Hoppa – rinkeldekinkel – klaar.

De volgende ochtend waren de verhuizers er twee uur later dan gepland. Dat had ik goed uitonderhandeld, goedkoper dan deze Arnhemse firma kwamen ze niet. De verhuizers sloften met zwijgende tegenzin van binnen naar buiten.

Soms een korte, onderlinge conversatie.

'Deze,' zei een van de twee in de slaapkamer van mijn moeder, terwijl hij met de knokkels tegen haar kledingkast sloeg, 'deze krijg ik alleen naar buiten als ik 'm kapotsla.'

Haar inboedel bestond uit 43 dozen, een salontafel, een kast en een bank, binnen het half uur was die ingeladen.

Mijn broer ritste zijn jas dicht en liep met zijn blindenstok naar het busje.

Opeens konden de verhuizers toch tegen mij praten. 'Wat gaat die doen dan?' vroeg de voorman.

'Meerijden,' zei ik, 'dat is toch afgesproken?'

Dat risico gingen ze niet lopen, ze namen 'vanwege de regels' nooit vreemden mee.

Ik belde de directie, een vrouw die me in het Ernems uitlegde dat 'meerijden' in verhuizersjargon betekende dat je dan met je eigen auto achter de verhuisauto aan reed.

'Dat mag wel.'

Ik zei dat mijn broer bijna blind is.

Zij: 'Daarmee kun je korting krijgen bij de taxi.'

'Hang maar op! Hang maar op!' riep mijn broer. 'Het busje is al weg.'

We gingen bij de pakken neerzitten.

Anderhalf uur later belde mijn zus, ze stond veertig kilometer verderop nu al wel heel lang voor het nieuwe verpleeghuis in de storm te wachten. In haar binnenzak zat een envelop met cash voor de verhuizers. We wisten toen al dat het te weinig zou zijn.

Toen ik 's avonds thuiskwam, bleek dat het dak van mijn huis er voor een deel was afgewaaid.

Mijn vriendin had nog niets in de gaten.

Ze vroeg: 'Hoe was het?'

Ik zei: 'Dak eraf.'

Schaamte

17 februari 2020

Mijn ouders kwamen uit katholieke Noord-Brabantse gezinnen. Een eigen mening werd niet op prijs gesteld. Mijn moeder ging pas studeren na de dood van haar ouders, de grootste overwinning van mijn vader was dat hij met mijn moeder naar Arnhem verhuisde. Daar stokte de ontwikkeling.

Wat ik van mijn ouders meekreeg was: houd je op de achtergrond, val niet op, stel geen vragen.

Ze zeiden nog net niet: denk maar niet dat je iets bijzonders bent.

Toen ik de eerste keer van school werd gestuurd, gaven mijn ouders al mijn docenten een boekenbon. Een pleister op de wond, waarvan ze niet wisten dat ze die hadden.

Toen ik werd aangenomen bij *HP/De Tijd*, mijn eerste baan in de journalistiek, drukte mijn vader me op het hart om vooral te vinden wat mijn hoofdredacteur vond.

Bescheidenheid werd gezien als een deugd, 'spreken in het openbaar' was de vijand die zo nu en dan je pad kruiste. Pas toen hij met de VUT ging hield mijn vader zijn eerste speech. Hij oefende dagenlang met mijn moeder in de woonkamer, hoogtepunt was de zin: 'Werken bij de provincie is als een kam kopen als je bijna geen haar meer hebt.'

'En dan een stilte laten vallen,' zei mijn moeder. 'Dat vinden de mensen leuk.'

Mijn moeder sprak – kort – bij de begrafenis van haar lievelingszus, na afloop vroeg ze aan iedereen of ze te verstaan was geweest.

Op de middelbare school kon ik weken opzien tegen een spreekbeurt, pas na mijn studententijd leerde ik spreken in het openbaar. In Amsterdam verbaasde ik me wel eens over het gemak waarmee de kinderen van vrienden voordrachten hielden.

Vorige week moest mijn oudste dochter eraan geloven. Ze moest bij de musical naar voren komen en haar naam en functie oplepelen.

'Ik ben Lucie en ik speel engel.'

We hadden het meerdere keren geoefend.

We zaten op stoelen in de aula, de juffen lagen voor het podium instructies te geven.

Toen Lucie aan de beurt was zei ze niets, net zo lang tot een ander meisje zei wie ze was. Daarna hadden we kort oogcontact: ik zag een boerderij in Noord-Brabant. Tien minuten later liep ze opeens naar de microfoon om heel hard 'hallo' te zeggen. Na het afschminken en klassikaal ranja drinken, kwam ze naar ons toe. Ze zei dat ze eerst niets had durven zeggen, maar later wel.

Over de veertig jaar die mijn vader nodig had, deed zij een kwartier. Ik had last van gepaste trots: de eerste kop van het monster was afgehakt en ze vond het heel normaal.

Knakworst

2 maart 2020

Ik was kort in Velp, ze vroegen daar hoe het met mijn moeder was. Ze woonde nu in een woonzorgcomplex in Mook, maar ik ben daar nog niet geweest. 'Beter,' zei ik.

Op weg van mijn ouderlijk huis naar het station passeerde ik Kastanjehof, het verpleegtehuis waar mijn moeder eerst een paar maanden zat. In mijn hoofd meteen de laatste scène, een van de ergste dingen die ik ooit zag.

Mijn moeder aan de eettafel, tegenover haar een vrouw met het hoofd op haar bord.

De verzorgster met de vlindertatoeage op de arm die rondging met een steelpannetje waarin ze twee blikjes knakworsten had opgewarmd. Ze probeerde de worstjes met een vork een voor een op de borden te wippen.

Vanwege mijn aanwezigheid betrok ze mijn moeder er extra bij.

'We beginnen met allemaal twee, maar mevrouw Van Roosmalen begint met drie.'

Dan heel nadrukkelijk tegen mijn moeder.

'Mevrouw Van Roosmalen, wilt u dat ik mayonaise op uw sneetje smeer?'

Mijn moeder: 'Nou, liever niet.'

De verzorgster: 'Ik bedoel op brood, een sneetje casino wit.'

Mijn moeder maakte een wegwerpgebaar.

De verzorgster: 'Houdt u het bord maar omhoog.'

Mijn moeder keek naar mij.

'Ze houdt niet van knakworst,' zei ik.

De verzorgster: 'Doe niet zo gek…'

Uiteindelijk belandden er toch twee knakworsten op een droge boterham op het bord. Ik keek naar haar hoofd.

Strak, gespannen, kleine hapjes.

Ik zag haren op haar wang, en op haar kin.

Mijn moeder, altijd zo zorgvuldig op haar uiterlijk.

Ik liep naar de andere verzorgster, die met het gebreide vest.

Ze zat achter de computer.

'Kan mijn moeder worden geëpileerd?' fluisterde ik.

Zij: 'Mevrouw Van Roosmalen heeft geen pincet.'

Terug naar de tafel.

Mijn moeder over mij: 'Nou, daar zul je mijn broer hebben!'

Daarna tegen mij: 'Wil je mijn knakworst, jongen? Het is heerlijk!'

De verzorgster met de vlindertatoeage keek me doordringend aan en zei: 'Iedereen houdt van knakworst, dat zei ik toch?'

Ik keek mijn moeder aan, ze duwde een van haar knakworsten met een vork naar de rand van de tafel.

Ik gaf het laatste zetje.

Mijn zus zegt dat Mook beter is.

Alsjeblieft geen boek

11 maart 2020

Ik keek naar *Nieuw Zeer*, een sketchserie van de NTR, waarin Beppie Melissen op een begrafenis haar hart laat spreken en zegt hoe erg ze neerkijkt op de nabestaanden. Beppie Melissen is een geweldige actrice, ik ken haar niet, maar als ze ook maar een beetje lijkt op de vrouw die ze neerzet, zou ik haar wel willen kennen.

Ik moest aan mijn moeder denken.

Na een ingetogen leven vol rekening houden met iedereen liet ze de sociale conventies eindelijk varen.

'Verlies van decorum' was de officiële term, leerde ik van een medewerkster van het nieuwe woonzorgcentrum Mookerhof. Ik kon maar het beste 's morgens langskomen.

'Dan is mevrouw nog lekker fris.'

Wij, haar kinderen, waren steeds vaker haar broers en zussen van vroeger. We figureerden tussen de beesten op de boerderij in Oirschot. Als ze at, dan was het haar eten. Het lag op haar bord en dat was niet van ons. Moest ze naar de wc, dan trok ze soms, hup, haar broek naar beneden en je moest het niet wagen om er wat van te zeggen.

Mijn broer en zus, die al wel langs waren geweest in het nieuwe woonzorgcentrum, zeiden dat ik er rekening mee moest houden dat dertig minuten soms de maximale bezoektijd was.

Aan mijn broer had ze zo vaak gevraagd wanneer hij eindelijk weer vertrok dat hij maar was opgestaan en zei dat hij ging.

Een andere keer hadden ze koffiegedronken in een lunchroom.

Ze becommentarieerde alles en iedereen. 'Goh, wat een dikkerd! Zie je dan niet hoe dik die daar is?' En er dan ook bij wijzen. 'Die! Daar zit-ie, dat je dat niet ziet.'

Dementie is een verschrikkelijke ziekte, maar mijn moeder zei tegenwoordig wel wat ze echt dacht. Toen ze voorzichtig kwamen informeren of ze niet wilde komen helpen in de keuken: 'Ikke niet, zeg, geen haar op mijn hoofd die daaraan denkt, daar heb ik helemaal geen zin in!'

Ik belde haar gisteren om te zeggen dat ik binnenkort op bezoek kwam.

'Waarom? En met wie dan?'

'Ik, Eva, de kinderen...'

'O, ben je nog niet geweest? Ik heb je niet gemist.'

Een paar minuten later deed ze boos over het tegenovergestelde.

'Waarom komen jullie eigenlijk niet langs?'

Ik begon over haar huis in Velp, dat we het nog steeds aan het leegruimen waren en dat het moest worden verkocht.

'Welk huis?'

'Jouw huis.'

'Ach man, wat een gezeur. Je doet maar.'

Een telefoongesprek later was ze weer even de vrouw die ik kende.

Alles was geweldig, de woning, de televisie, de verzorgers… Alles behalve de Boekenweek. 'Ik wil geen boek, jongen. Alsjeblieft niet.'

Besmetting

25 maart 2020

Bij een van de zes bewoners in het verzorgingstehuis van mijn moeder is 'het virus' geconstateerd. De betreffende persoon zat in complete isolatie, wat waarschijnlijk betekende dat de deur op slot zat, want ze mochten de kamers toch al niet af. De verzorgers hadden alles onder controle, maar sommeerden de families in een schrijven wel om minder te bellen.

Nog minder, en ik belde al bijna nooit.

Alleen de aangewezen contactpersoon. En niet tijdens 'de spits', dus niet 's morgens, 's middags en 's avonds.

Ik sprak mijn moeder als laatste, we wisten toen nog van niets, maar ze had het er al wel over dat 'ze', ze bedoelde haar verzorgers, eruitzagen alsof ze naar de maan gingen.

Beschermende kleding, denk ik nu.

Haar televisie was nog steeds niet aangesloten.

Ze miste alles, ons en RTL 4, en roemde haar verzorgers.

'De allerbeste zorg die je kunt wensen.'

Toen hing ze abrupt op, verder geen mededelingen.

Ze kon niet vrijuit praten, wisten we.

'Zo doet ze altijd als er mensen bij staan,' zei ook mijn broer.

Mijn zus deelde in de appgroep 'mama' mee dat ze een simpel te bedienen smartphone heeft besteld, ze wilde met de verzorgers een vast tijdstip afspreken om te skypen.

'Kunnen ze dat aan?' vroeg ik.

'Natuurlijk krijgt ze het,' zei ik tegen mijn broer. 'Die is al lang besmet, hoor.'

Hij was ook niet optimistisch, het zal de opvoeding zijn.

Wij hebben haar weggedaan, schoot het door me heen, gewoon maar ergens heen gebracht. Naar een dorp in Limburg dat ik niet eens kende.

Ik begon tegen mijn zus over ons ouderlijk huis, waar het nog altijd een ravage was.

'Zat ze nog maar daar,' zei ik. 'Lekker scharrelen.'

Ze zei dat het daar echt niet meer ging, en dat ik dat ook wel wist.

We vonden het verschrikkelijk, terwijl er feitelijk nog niets verschrikkelijks aan de hand was. We bleven onszelf maar herhalen, dat we maar moesten wachten op die gemakkelijk te bedienen smartphone.

Ik was bang voor een begrafenis zonder mensen, dat ons laatste gesprek ging over verzorgers die eruitzagen alsof ze naar de maan gaan. Het voelde alsof we haar in een donkere kuil hadden geduwd. Ik stond aan de rand en riep af en toe zo hard als ik kon naar beneden of alles goed ging.

Toen draaide ik me om en liep terug naar mijn eigen leven.

Leah was jarig (3), we aten taart, ik moest naar de radio, ik zat alleen in de trein, ik schreef een stukje en ik dacht aan haar wanneer het mij uitkwam.

Achter de linies

30 maart 2020

Weer een mail van de overkoepelende organisatie van mijn moeders verzorgingstehuis. Rechtstreeks contact met mijn moeder wordt nog moeilijker. Het opnemen van de telefoon op haar afdeling heeft officieel geen prioriteit meer. Er is geen tijd meer om een telefoon te ontsmetten en naar mijn moeder te brengen.

In de film *1917* is het telefooncontact tussen de verschillende Britse linies ook weggevallen en dus krijgen de Britse soldaten Schofield en Blake het bevel om dwars door vijandelijk gebied naar het tweede bataljon van het Devon-regiment te gaan om de boodschap te overhandigen om de stellingen van de Duitsers niet aan te vallen.

In mijn hoofd is mijn zus Schofield en Blake, zij is de aangewezen 'eerste contactpersoon', zij woont in de buurt, alleen zij kan mijn moeder misschien nog bereiken. We hadden simpele vragen: 'Hoe gaat het?' en 'Hou je het nog vol?'

De berichten worden steeds zwarter. Eén dode, twee besmettingen en twee mogelijke besmettingen op een groep van inmiddels acht dementerende bewoners. Geen vaste gezichten meer, maar invalkrachten die zich telkens moeten omkleden omdat ze van kamer naar kamer trekken.

Haar televisie is nog niet aangesloten.

Ze heeft geen eigen telefoon.

Het lijken luxeproblemen, maar op een paar vierkante meter word je langzaam gek. In gedachten zien we haar van het kastje tegen de muur lopen. In het logboek van een van de flexkrachten stond dat mevrouw bij het naar bed brengen opstandig en onbeleefd deed en zwaaide met haar stok. Natuurlijk, dacht ik, ze weet niet waar ze is of wat er aan de hand is, ze wil eruit.

Mijn zus was met haar dochter gaan zwaaien voor het raam, er zaten vijf meter gras, struiken en wat Heras-hekwerk tussen. Ze zag dat mijn moeder samen met twee andere bewoners probeerde om een raam open te duwen, ze zag haar ook huilen.

Er is in het woonzorgcentrum een kamer waar je pakketten en kaarten kunt achterlaten, die worden er later uit gehaald. Er is geen tijd om een simkaart in de seniorentelefoon te stoppen of het installatiepakket van Ziggo uit te pakken.

Mocht ze wat krijgen, dan wil mijn moeder niet aan de beademing of naar een ziekenhuis, ze is niet bang voor ziekte, ook niet voor de dood. Ze is bang voor eenzaamheid, ze wil eruit.

Laatste bericht van mijn zus die een flexkracht had gesproken: het was moeder na meerdere uitbraakpogingen dan toch gelukt om te ontsnappen, ze had de gemeenschappelijke ruimte bereikt. Daar zat ze dan, in haar eentje voor de televisie.

We kunnen het haar niet zeggen, maar we zijn ontzettend trots.

Sterfhuizen

10 april 2020

De berichten over de situatie in de verpleegtehuizen worden steeds zorgelijker. Besmettingshaarden zijn het, broeinesten waar het coronavirus welig kan tieren. 'Een stille ramp', noemde D66-fractieleider Rob Jetten het in de Tweede Kamer. Was het maar een stille ramp, dan kon ik nog doen alsof het me was ontgaan. De weinige keren dat ik mijn moeder nog spreek, schreeuwt ze het uit.

In *NRC* werd de situatie geduid op twee treurig stemmende pagina's. Ik las: 'Opsluiten. Geen bezoek. Dubbele longontstekingen. Te weinig beschermende kleding voor het personeel.'

Anneke van Strien, arts in verpleeghuizen van het Haagse Saffier, pleitte voor een 'cohortafdeling' in verpleeghuizen, waar je met het coronavirus besmette demente ouderen kunt ophokken, zodat ze onder elkaar kunnen dwalen.

Het leek of het stuk speciaal voor mij was geschreven. Alsof ze bij de krant bij elkaar waren gaan zitten en hadden gezegd: 'Zullen we het maar eens duidelijk opschrijven, dan begrijpt hij het tenminste.'

Wat ik nog steeds niet snap: waarom mogen dementerende ouderen geen contact hebben met de buitenwereld als het gevaar toch zo overduidelijk van binnen komt? De maatregelen zijn er toch om hen te beschermen tegen ons, en niet andersom?

Ondertussen meldde mijn zus dat mijn moeder negatief getest was op het virus. Een wonder, omdat ze niet op haar kamer te houden is en bijna alle anderen op haar afdeling wel besmet zijn. Ze had inmiddels wel klachten, de kans was reëel dat ze direct na het testen een besmette medebewoner was gaan aaien.

Wat als ze de poorten opeens wel openden en we de kans kregen om haar op te halen, schoot het tijdens de afwas door me heen. Zouden we dat doen?

De ongemakkelijke waarheid is dat we haar er hier niet bij kunnen hebben.

Nee, het opwinden op afstand ligt me beter.

Komt er later, als dit allemaal voorbij is, een parlementaire enquête over wat er nu gebeurt in de sterfhuizen? En wat vertel ik mijn dochters als ze vragen wat wij deden toen ze de opgesloten mensen lieten versterven?

'Niets,' zal ik dan moeten zeggen. 'Jullie vader was nog te beroerd om te gaan zwaaien. Hij vond 220 kilometer heen en terug met het openbaar vervoer te ingrijpend, de overheid had dat trouwens ook liever niet.'

'En de andere mensen, wat deden die?'

'Die hingen uit het raam om te zingen.'

Zwaai-zwaai

20 april 2020

Na de ontmanteling van haar verzorgingstehuis in Mook kwamen mijn moeder en een deel van haar dementerende medebewoners terecht in het herstelcentrum Park Dekkerswald in de bossen bij Groesbeek. Ze zat daar op een afdeling met mensen met 'onduidelijke klachten'.

Wij ernaartoe. Mijn zus, haar man en hun jongste dochter lagen al op het gazon. Een paar flats tussen het groen. De omgeving was prachtig. Bos, heuvels, frisse lucht: is er een provincie mooier dan Gelderland?

We parkeerden.

Thuis was de oppas onwel geworden.

Op een van de gazons troffen we mijn zus en haar gezin.

Onze moeder werd ons getoond.

Daar stond ze dan, driehoog, handen tegen het glas.

Een vrouw in een beschermend pak hield haar een laptop onder de neus.

Ze keek op het scherm en dan weer naar buiten.

Hoi-hoi.

Zwaai-zwaai.

Ik riep: 'Hoe gaat het?' in de iPhone van mijn zus.

Geen antwoord.

Op het gazon zaten er meer zoals wij.

Ook achter de andere ramen verschenen ingepakte verzorgers.

'Ja, hier zit ze beter,' zeiden we tegen elkaar.

Onze verzorger bracht de handen samen en leunde er met haar hoofd op. Ze moest rusten, begrepen wij.

'Kunnen we haar kamer zien?' vroeg mijn zus.

De verzorger liep rond.

Wastafel, douche, bed, kastje, aanrecht met waterkoker.

Alles schoon.

Nog maar een keer zwaaien.

De verzorger zei op haar allervriendelijkst dat we altijd mochten bellen om een afspraak te maken voor beeldbellen of zwaaien. Dit was een verbetering, we hadden het zelf gezien en we mochten de opluchting vaker komen constateren.

Ze lieten het graag zien.

Theresienstadt, dacht ik hardop.

Later hoorde ik dat mijn broer ook nog was gekomen met een begeleider, hij had op het gras een stuk op zijn gitaar gespeeld. Mijn moeder, ze was er al snel aan gewend dat ze regelmatig voor het raam werd gezet, had 'mooi' tegen de iPad gezegd.

Nog maar iets meer dan een half jaar geleden bakte ze nog aardappels voor ons, klaagde ze over alles en viel ze de hele tijd in herhaling. Gerommel in haar dressoirkastje, waarin ze de briefjes met aantekeningen propte en dan weer dat verhaal over het afbranden van haar ouderlijk huis in 1944.

Dat kastje stond in een verzegelde ruimte in een verlaten verzorgingstehuis in Mook, alles werd goed bewaakt.

Haar enige bezit hier in Groesbeek was een tandenborstel, maar in de recreatieruimte stond wel een grote televisie, ze hield erg van André Rieu werd ons verteld.

De corona

24 april 2020

'Dat kan niet in verband met de corona,' hoorde ik mijn jongste dochter zeggen. Dat ze een lidwoord voor corona zet, vind ik mooi, dat doen ze in Arnhem ook. Mijn kinderen praten al over corona zoals wij het vroeger over kanker hadden, als een gegeven. Het is er altijd al geweest.

Als er een ambulance met loeiende sirenes door het dorp raast, dat is hier twee- tot driemaal daags omdat je via Wormer binnendoor kunt naar Jisp en Purmerend, verzucht de oudste: 'Weer een coronapatiënt.'

Gisteren hadden ze buiten een badje voor hun poppen gemaakt met Dreft en hoorde ik ze praten.

'Je moet je goed wassen,' werd er tegen een pop gezegd, 'anders krijg je de corona.'

De jongste: 'En dan ga je dood, hè papa?'

'Ja, een gruwelijke dood,' hoorde ik mezelf terugzeggen.

Af en toe vloek ik voor de vorm wat over corona, ik heb er een zeker plezier in om alles wat misgaat aan corona te wijten. Later zullen ze zich deze tijd herinneren als een periode waarin hun vader altijd thuis was, woedend over alle coronabeperkingen.

Corona is onze onzichtbare vijand, waarvoor we niet echt bang zijn.

Tussen twee ijsjes door kwam de vraag wanneer 'oma Velp' eindelijk dood zou gaan, want het was ze niet ontgaan dat met haar, vanwege corona natuurlijk, van alles aan de hand was. Was de techniek zover dat we konden beeldbellen, had het eigenlijk geen zin meer omdat ze ons toch niet zou herkennen. Fysiek ging het allemaal wel, was me verteld, maar 'mevrouw' was door alle verhuizingen inmiddels wel 'van het padje'. Ze vroeg de hele tijd: 'Hoe laat vertrekt de trein naar Velp?'

Mijn oudste dochter stond inmiddels naast me, ze smeerde een grote klodder zonnebrand uit over mijn arm.

'De dinosaurussen zijn ook allemaal al dood.'

Ik geloof dat ze het lief bedoelde.

'Als je dood bent, blijven alleen je botten over,' vervolgde ze, 'en dan kun je iemand gewoon weer in elkaar zetten.'

Als je er zo tegen aankeek, viel alles uiteindelijk wel mee. Als oma vanwege alle beperkingen straks van eenzaamheid omviel, zetten we haar later weer in elkaar en dan deden we de laatste fase gewoon nog een keer over.

Maar dat wilde mijn oudste dochter helemaal niet, ze had liever een dinosaurus.

Heerlijke tijd

27 april 2020

Ik zal u de taferelen die zich op onze zolder rondom de jaarlijkse belastingaangifte afspelen verder besparen, maar ik stuitte wel weer mooi op mijn vader.

Een mapje foto's van een jaar of twintig geleden, mijn vader vanuit allerlei standen gefotografeerd. Waarschijnlijk door mijn broer, die toen ook al bijna blind was.

Mijn vader, uitsluitend zittend in 'zijn stoel'.

Slapend boven een boek.

Waakzaam voor de televisie.

Gewoon zittend.

Ik was hem toch ook, dat doorzag ik opeens ook wel.

Het verschil tussen ons was dat hij wel goed was in het bijhouden van de administratie. Voor alles had hij een mapje, alle mapjes in archiefkasten en daar dan kleurenstickertjes op plakken.

Ik heb de kasten een paar weken geleden in Velp leeggekieperd in de gele container die we hadden gehuurd. Al die verzekeringspapieren en bankafschriften. Al die dossiers over rivieren en dijken, ik had geprobeerd ze te lezen maar ik kwam er niet doorheen. Al die boeken die hij kaftte met bruin papier: weg. En die computer er ook achteraan. Bureau in stukken geslagen, niemand die het wilde hebben.

Acht jaar na zijn dood was er niets meer over. Zijn druivenstruik verdord, zijn vrouw wegkwijnend in de bossen van Groesbeek, tegen haar zin opgesloten. Zijn graf overwoekerd door het zevenblad, nul hits op het internet.

Wij, zijn kinderen, hadden met de kennis van nu wel wat minder rigoureus tekeer kunnen gaan, want wie wilde dat afgetakelde rijtjeshuis nog kopen?

Een buurman had 'vreemdelingen' in onze container zien kruipen.

Ik keek naar foto's van mijn vader in zijn stoel, kampioen van de intelligente lockdown.

Amper vrienden, bezoek alleen op verjaardagen, broers en zussen liefst alleen telefonisch, meer dan anderhalve meter afstand geen probleem. Een man die ook na zijn pensionering gewoon doorwerkte op zijn kamertje waar mijn moeder hem uit haalde als de televisieprogramma's waren afgelopen en ze naar bed wilde.

Ik stelde me hem in deze tijd voor, een man die zijn leven lang luisterde. Op dinsdagen met mijn moeder voor de televisie, voor de zekerheid anderhalve meter uit elkaar. Bij alles zou hij zich hebben afgevraagd of het wel zou mogen van Rutte en hij zou, gewoon voor de zekerheid, nog een stapje verder zijn gegaan dan de officiële regels.

Ineens het besef dat hij deze coronatijd heerlijk had gevonden.

Ik stopte de foto's terug in het mapje.

Dag vader, tot de volgende belastingaangifte.

Levenslust

29 april 2020

Dementerende mensen hebben baat bij een stabiele omgeving, verandering is slecht. Mijn moeder is de laatste maanden vier keer verplaatst en het eind van haar lijdensweg is nog niet in zicht. Op Koningsdag kwam het bericht dat er op haar gang in de tijdelijke verblijfplaats in de bossen bij Groesbeek tegen alle geruststellende verwachtingen in toch weer een besmetting was geconstateerd.

Ze moet weer getest worden, en misschien weer verplaatst.

Voor de rest had ze vooral last van allerlei lichamelijke klachten. In de dagrapportage die we konden inzien, lazen we over spanningen en dat ze agressief was tegen het personeel in de beschermende pakken.

Ik snap die boosheid; het laatste restje levenslust dat eruit kwam.

Een bekende vertelde over zijn bejaarde vader die ook was opgesloten. Hij had geprobeerd om met een Boeddhabeeld een ruit in te slaan, om zo uit te breken. De zorginstelling had inmiddels alle losse obstakels uit de gangen verwijderd. Een onbekende mailde dat hij zijn moeder had mogen zien achter plexiglas in een container. Ze was opgestaan en had tegen het plexiglas geklauwd, daarna hadden ze elkaar aangestaard en waren ze in huilen uitgebarsten.

Begin deze week zag ik mijn moeder via de iPad. Een geest met lange grijze haren, een afwezige blik.

De oudste zat op mijn schoot.

'Is dat oma Velp?' vroeg ze.

'Zwaai maar,' moedigde ik aan.

'Maar ze zwaait niet terug.'

'Het leven is eruit,' zei ik later tegen mijn zus. 'Ze is een plant.'

We vonden elkaar in machteloze boosheid op de hoogste verantwoordelijke. Het was te laat voor een passende oplossing, het werd een kwestie van doormodderen, er kwam geen prettig einde aan dit verhaal.

Het hoogst haalbare is dat we af en toe mogen meekijken naar de eenzaamheid die haar zo kwelt, hoewel de zorginstelling al liet weten dat het videobellen gepaard ging met tijdrovende emoties, waardoor andere activiteiten, zoals 'de wandelingen op het dakterras', in het gedrang komen.

Niet meer kunnen wandelen vanwege vrijkomende emoties, dat klinkt niet als een leuk leven.

Tegen hen die zich ergeren aan alle sombere berichtgeving uit de verzorgingstehuizen, aan al die stukjes, van mij ook over mijn moeder: geloof me, we hopen inmiddels allemaal dat het snel is afgelopen.

Hekken

10 mei 2020

Een paar weken geleden zat ik met huisarts Marion de Bruin bij de talkshow *Op1* om te praten over haar vader en mijn moeder die allebei in de ZZG-woonlocatie Mookerhof hadden gezeten, die vanwege corona was ontruimd. Haar vader overleed kort na die uitzending, de schim van mijn moeder verblijft op de tijdelijke locatie in Groesbeek.

En er is een onderzoekscommissie.

We werden uitgenodigd door de directie van de zorggroep.

Strijdbaar was het woord niet, het was nieuwsgierigheid die ons naar het hoofdkantoor dreef.

Een vrouw achter een laptop, een man met een opvallend horloge.

Voor elk een glas water, condoleances voor Marion, blikken van verstandhouding waar geen eind aan leek te komen. Een lang gesprek over goede intenties en een falende uitvoering. De zin 'Ik hoor wat je zegt' bleef hangen. De directie stak de hand ruimschoots in eigen boezem, zo diep dat ik op een gegeven moment dacht: haal hem er nu maar weer uit.

Wat wilde ik nog van deze mensen?

Wat wilden ze van mij?

De best mogelijke conclusie was dezelfde als na alle rampen: niemand had het zo gewild, maar het was wel zo gegaan. Na afloop was ik murw, we reden naar de tijdelijke locatie van mijn moeder, waar nu weer een buikgriepvirus was uitgebroken.

Mijn moeder werd er met de beste intenties weer voor het raam gezet. Een herhaling van zetten.

Dit was dan toch echt de laatste keer 'contactloos bezoek', ik was uitgezwaaid.

Mijn moeder sprak in de telefoon die voor haar mond werd gehouden.

'Waarom kom je niet langs?'

Ja jezus, dacht ik, ik sta hier, beneden, kijk dan!

De iPad-zuster in de beschermende kleding zei het ook: 'Uw zoon staat beneden!'

Ze keek naar buiten.

'Is hij gescheiden?' vroeg ze aan de iPad-zuster. 'Die vrouw hoort er niet bij, toch?'

Dan een opsomming van klachten, variërend van 'Wat is er toch aan de hand?' tot 'Ik snap er niets van'.

Weer die opmerking dat ik vooral een keer langs moest komen.

De iPad-zuster: 'Zwaai maar.'

Toen de aftocht over dat gazon, de zinloosheid van alles overviel me, het was duidelijk dat goede intenties het verliezen van regelgeving. Een vriend stuurde me een artikel uit *De Telegraaf* over een verzorgingstehuis in Dieren waar ze hekken omheen hadden geplaatst om familie buiten te houden. Ik hoopte dat dat op last van minister van Volksgezond, Welzijn en Sport Hugo de Jonge overal ging gebeuren, dan was het probleem tenminste zichtbaar.

Leven en dood

20 mei 2020

Het zal de invloed van het platteland zijn, maar 'de dood' is in ons huishouden inmiddels heel normaal. De vriendin was met onze dochters naar de boerderij gefietst waar we tegenwoordig altijd naartoe gaan als ze beesten willen zien, want de kinderboerderij is wegens corona tot nader order gesloten.

'We hebben een kalf gezien!' deed de jongste op plechtige toon verslag. Haar stem vloog van opwinding een paar octaven omhoog: 'Hij was gestorven.'

De boer had het kadaver in een kruiwagen gelegd, ze hadden er wel een kwartier naar gekeken.

'Ze gaan hem begraven,' zei de oudste.

Aan haar stem was te horen dat ze het jammer vond dat ze daar niet bij kon zijn.

'Wanneer ga jij eigenlijk dood?' vroeg ze aan mij.

'Dat weet ik niet, kind,' antwoordde ik, 'van het concert des levens krijgt niemand een program.'

Ze zouden me in de zandbak en anders onder het grind begraven, ze verheugden zich er enorm op.

De afgelopen dagen kwam de dood steeds dichterbij.

Het begon met een muisje in de ontbijtlade. Ik hield Jozef, onze zwarte kater, boven het kleine bibberende beestje dat klem zat tussen een blik cruesli en een pak rijst, in de hoop dat het iets in hem zou losmaken. Dat gebeurde.

Tot afgrijzen van de kinderen legde hij een half uur later het muisje voor mijn voeten.

De afkeer maakte al snel plaats voor opwinding.

Gisteren zaten ze op hun knieën onder de boom te kijken hoe Jozef speelde met een vogeltje. 'Nu is zijn hoofd eraf,' concludeerde de oudste.

De jongste: 'Dat duurde lang.'

Daarna werd het diertje met een schepje in de blauwe emmer gedaan, waarmee ze gillend door de tuin liepen. Er werd gehuild toen ik het stoffelijk overschot afpakte en in de biobak kieperde.

'Lijken zijn geen speelgoed,' zei ik.

Vanmorgen bij het ontbijt besprong Jozef een ekster die op het gras zat. De vriendin sloeg de hand voor de mond. Ze stond op van haar stoel om in te grijpen.

'Laat de natuur haar werk doen,' hoorde ik mezelf zeggen. 'Het dier is al gewond.'

De dochters sloegen van opwinding tegen het glas.

'Ik vind het leuk, spannend en zielig,' vatte de oudste alles samen.

Meteen daarna belde mijn zus om over mijn moeder te praten. Ik liep met de telefoon in de hand de tuin in. Ik wilde niet dat de kinderen zich te veel gingen verheugen.

Belverpleegkundige

24 mei 2020

Alleen mijn broer kon het nog opbrengen om de dagrapportages over mijn moeder te lezen. Ze droeg sinds kort luiers, bij het verwisselen deed ze boos tegen het verplegend personeel en ze had de gewoonte ontwikkeld om haar fotolijstjes mee in bed te nemen.

Mijn zus had de mededeling gekregen dat ik samen met de vriendin mijn moeder mocht zien. Het contactmoment stond ingepland op vrijdag tussen 13.00 en 13.15 uur, 220 kilometer verderop.

We zaten op tuinstoelen in een partytent die tegen een van de muren van het herstelcentrum in Groesbeek was gezet. Op een tafeltje lag een babyfoon. Achter een ruit zat mijn moeder, ze gebruikte haar babyfoon als een telefoon. Om haar met het apparaat te helpen zat er een 'belverpleegkundige' bij. Ik kende deze situatie alleen uit speelfilms, waarin gedetineerden vanachter glas telefoneerden met hun bezoek. Met het grote verschil dat die wel wisten wat ze zeiden.

Openingszin van mijn moeder: 'Wat zie jij er slecht uit!'

Daarna tegen de vriendin: 'En jij ook! Zijn jullie moe? Verschrikkelijk.'

Ik: 'Jij ziet er ook slecht uit!'

De belverpleegkundige ging er maar eens goed voor zitten.

We stelden vragen: 'Hoe gaat het?' 'Hoe voel je je?' 'Wat mis je?'

Ze begon over de voortreffelijke omstandigheden waarin ze was opgeborgen. Voordeel van een kamer zonder spullen was dat je niet hoefde op te ruimen en verder was ze heel tevreden over alles. Ze keek de belverpleegkundige aan: 'Heb ik het goed gezegd?'

We keken naar mijn moeder en de belverpleegkundige met wie ze het zo goed getroffen had.

'Haar overlevingsmechanisme staat aan,' legde een bevriende huisarts me later uit. 'Dementerenden richten zich op de directe omgeving.'

Ik was een schim uit het verleden en eentje die er nog slecht uitzag bovendien. Vragen werden niet beantwoord, ze zei wat er in haar opkwam.

'Deze inrichting is beter dan die waar ons Riet zat, veel beter.'

Riet was een jongere zus, net als de rest overleden, ze was in de jaren vijftig of zestig opgenomen geweest.

'Het is hier beter dan daar,' bleef ze zeggen.

'Maar je zit niet in een inrichting,' zei ik. 'Dit is een tijdelijk verblijf. Voel je je opgesloten?'

'Ik zit liever binnen dan buiten, ze zeggen dat het waait.'

Tegen de belverpleegkundige: 'Waait het?'

We moesten afronden, achter ons stond een volgende familie.

'Waar ga ik naartoe?' vroeg ze toen ze omhoog werd geholpen.

De persconferentie was voorbij, ik tikte tegen het glas. Wist ze dit nog over een kwartier? Ik had zin om met haar te wandelen, maar daar was Nederland nog niet aan toe.

Contactpunten

3 juni 2020

De directie van de ZZG-groep waaronder het verzorgingstehuis van mijn moeder valt, stelde een onafhankelijk onderzoek in naar de wantoestanden in het begin van de coronatijd en de daaropvolgende evacuatie. Conclusie: er ging meer fout dan goed. Ons werd zo veel beterschap beloofd dat we wel moesten denken dat ze ondertussen in goede handen was. We lazen in de dagrapportage dat ze veel steun had aan de foto's die ze uit haar verzegelde appartement in Mook hadden gehaald.

Het regime werd mondjesmaat versoepeld.

We logeerden in het huis van een vriend in Nijmegen. Op eerste pinksterdag fietsten we spontaan naar de flat in het bos bij Groesbeek.

We mochten haar niet zien vanachter de glasplaat. 'Haar contactpunten zijn al gebruikt.' Ze zouden haar toch even voor het raam zetten. Daar stond ze dan, zwaaiend op de automatische piloot.

'Je kleinkinderen!' riep ik in mijn telefoon.

Mijn dochters herkenden hun oma niet meer, maar van boven werden de gebaren wilder.

'Binnenkort kom ik vrij!' riep mijn moeder in de telefoon van de verpleegkundige. 'Dan gaan we naar de winkels en dan krijgt iedereen wat.'

Dat bleef ze herhalen.

'Komt ze binnenkort vrij?' vroeg ik.

Antwoord van de belzuster: 'Nee hoor.'

Op de terugweg fietsten we via mijn zus, die daar in de buurt woont. Bij de eerste slok thee werd duidelijk waarom de contactpunten van mijn moeder op waren. Ze had als 'de contactpersoon', 'de schakel tussen instelling en familie', een dag eerder een flitsbezoek aan mijn moeder mogen brengen. Ze had 'een goede dag', dat wil zeggen: ze herkende mijn zus door haar beschermende kleding heen. Vanwege haar enthousiasme werd ze op afstand gehouden. Haar kamer was kaal.

‘Ik krijg wel ontzettend veel post,’ had mijn moeder gezegd. ‘Ze lezen die ook voor.’

‘Van wie dan?’ vroeg mijn zus.

Dat wist mijn moeder niet. Ze wees naar het nachtkastje, daar zat het allemaal in. Mijn zus vond inderdaad een stapel brieven en ansichtkaarten, die zonder uitzondering allemaal niet aan mijn moeder waren gericht. Op het nachtkastje stonden foto’s van onbekende mensen in lijstjes, we wisten dat ze die mee in bed nam.

Mijn zus vroeg: ‘Mama, wie zijn dat eigenlijk?’

‘Dat zijn foto’s,’ zei mijn moeder, ‘het is alles wat ik heb.’

Ze wees aan wie ze een aardig gezicht vond hebben, en wie niet.

Een verpleegkundige zei dat ze dacht dat mijn moeder de foto’s en brieven zelf in haar handtas had gestopt, want ze was tenslotte wel dementerend. Mijn zus merkte op dat mijn moeder sinds haar gedwongen verhuizing geen handtas meer had.

Puntje voor mijn zus, contactpunten van mijn moeder op.

Klaproos

22 juni 2020

Mijn zus belde, het ouderlijk huis moest nu echt leeg en met ‘echt’ bedoelde ze ook ‘echt’. Zij en mijn zo goed als blinde broer hadden de meeste arbeid al verricht. Kasten gesloopt, spullen van boven naar beneden gesleept, dingen gesorteerd; alles zat zo’n beetje in dozen. Ik had op afstand aangemoedigd. Het was goedbeschouwd niet meer dan redelijk dat mijn broer was benoemd tot ‘tweede contactpersoon’ van mijn moeder, waarmee hij het bezoekrecht verwierf – leve de versoepeling – om eens per twee weken een kwartier bij haar langs te gaan, en dat ik nog steeds was veroordeeld tot zwaaien vanaf het gras.

De spullen waarvan ze dachten dat ik er misschien interesse in had, stonden in dozen voor de verwarming in de woonkamer, de rest was opgestapeld in de schuur. Ze had gehoord dat ik naar Velp kwam om eigen werk te signeren, wellicht dat ik de moeite kon nemen om daarna even te kijken want maandag kwamen de mensen van de kringloop, dinsdag stond er een container voor de overgebleven troep en woensdag werd er een schoonmaakploeg doorheen gejaagd zodat de verkopende makelaar de dag erop foto's kon maken.

Ik haalde de sleutels bij Patrick, overbuurman en fanatiek Vitesse-supporter.

Het huis rook een beetje, de kraan stotterde bij het handen wassen.

Ik vond een spreekbeurt over treinen die ik had gehouden op de lagere school, schoolrapporten, foto's van familiefeesten waarop ik alle doden nog een keer zag eten, een Mariaprentje dat naast het bed had gehangen en een boekje over het huis. Ze gingen in 1969 iedere week kijken of het al opschoot met de nieuwbouw. Onderschrift bij de laatste foto: 'Zo, het dak zit erop.'

De nieuwe buren hadden haar en onze afwezigheid gebruikt om een metershoge muur tussen hun tuin en die van mijn moeder te bouwen. Waarom gingen spullen die het jaren deden opeens stuk als ze een paar maanden niet werden gebruikt? De wasmolen was uit elkaar gevallen, in de zonwering zat een scheur en in de regenpijp een knik.

In de schuur stonden stapels dozen en troep. In de achtertuin, op de plek waar mijn ouders altijd zaten – hij dommelend boven een boek, zij achter een kop thee – was een klaproos tussen de tegels omhooggekomen.

Ik zag er mijn moeder in, die maar gewoon doorging met leven in toch wel kansloze omstandigheden. Ze schreeuwde in mijn gezicht: ook zonder aandacht ga ik door.

Binnenkort maar weer zwaaien.

Smeerkaas

26 juni 2020

Hans Dorrestijn zei in een marathoninterview naar aanleiding van zijn tachtigste verjaardag tegen Gijs Groenteman dat er lange tijd weinig voor nodig was om hem en dus zijn leven te ontwrichten. 'Een buurman die niet groet.' Herkenning.

In mijn hoofd wapperen de spoken soms dagen met witte lakens. Wat me tegenwoordig helpt bij het verjagen is het nieuws. Sinds corona overvalt me steeds vaker het geruststellende idee dat ik normaler ben dan ik altijd heb gedacht.

Woensdag was de laatste persconferentie van de minister-president en zijn Hugo van het CDA: versoepeling op versoepeling: we mogen vanaf 1 juli zelfs weer naar het voetballen, maar wel op anderhalve meter van elkaar en niet juichen, zingen en schreeuwen.

'Neem een toeter mee.'

Dat zeggen dan dezelfde mensen die mijn moeder hebben gebroken door haar maanden af te zonderen van de buitenwereld. Dit was toch de overtreffende trap van wereldvreemdheid, bijna net zo raar als de ad-hocbeslissing om het zorgpersoneel opeens toch een bonus te geven om die aan de achterkant meteen weer van ze af te pakken door ze te korten op hun toeslagen?

Wat willen deze mensen van mij? Een duim omhoog? Het is een boterham met smeerkaas, die ons wordt verkocht als een snee met hagelslag.

In *de Volkskrant* stond een profiel van Willem Engel, dansschoolhouder te Rotterdam. Willem is het gezicht van actiegroep #Viruswaanzin die met tumult de buitenwereld betrad. Hij vindt dat hij boude beweringen kan doen, zonder keihard gecontroleerd bewijs te leveren omdat hij het als zijn missie in het leven ziet om 'iedereen te helpen autonome denkers te worden'.

Ik bekeek die foto – witte man, dreadlocks, stevig postuur – en zag in het beste geval *Man bijt hond.* Vroeger was hij afgedaan als iets wat pas een probleem is als er mensen achteraan gaan lopen, maar die dag was dus vorige week.

Ik kreeg al bijna zin in een interview met Edgar Davids waarin hij alles zou duiden, maar helaas komt die om totaal onduidelijke redenen alleen maar aan bod als het om racisme of voetbal gaat.

De wereld wordt steeds gekker, ik knap ervan op.

Arnold Karskens maakt van niets iets

29 juni 2020

Nadat iedereen was uitgelachen om Ongehoord Nederland, de publieke omroep in wording van ex-oorlogsverslaggever Arnold Karskens, begon Arnold Karskens in afwachting van een zendmachtiging maar gewoon met programma's op internet. Bijna de hele programmering van Ongehoord Nederland bestaat uit programma's van Arnold Karskens, zoals *De Zaag* waarin Arnold Karskens – met een zaag – de week doorzaagt en *Karskens op Zondag*, waarin Karskens op zondag te zien is, maar het meest roerend vind ik Arnold Karskens als hij met zichzelf naar een gebeurtenis gaat. Zoals gisteren toen hij vanaf een vrijwel leeg Malieveld live verslag deed van een door burgemeester Remkes verboden demonstratie van de actiegroep #Viruswaanzin.

Af en toe filmde hij zichzelf. Hij droeg een beige pet en zei dan dat het rustig was en dat er bijna niets gebeurde, maar hij was ter plekke, daar ging het om. Door zijn ogen, met zijn gehijg en zijn commentaar werd niets iets.

Wandeling over gras.

Arnold: 'Oké mensen, het blijft rustig.'

Dan een vrouw die zegt dat ze blij is dat hij verslag doet.

'Ik ben gisteren lid van je geworden, ik heb bankafschriften om dat te bewijzen.'

Arnold zei niets, hij liet de verwerking van deze informatie aan de kijker over.

Na drie kwartier cirkels trekken rondom het Malieveld constateerde hij dat er niets meer gebeurde, daarna een typische Arnold-kronkel: juist dat zou kunnen betekenen dat er elders wel wat gebeurde of dat er misschien toch nog wat ging gebeuren, hij bleef nog even live. We zagen andere pers gelaten door het beeld sjokken, ze deden geen verslag omdat er niets gebeurde, maar Arnold ging wel door.

'Wat is mij opgevallen?' vroeg hij aan zichzelf. 'Dat er weinig demonstranten zijn en dat de politie oververtegenwoordigd is.'

Daarna: 'Het Malieveld achter mij, u kunt dat zien, is zo goed als verlaten.'

Hij ging er maar weer omheen wandelen – je kon ook denken: hij overdrijft niets, goed gezien – en begon al wandelend reclame te maken voor Arnold op Zondag, waarin hij het dit keer ging opnemen voor mensen die staan voor vrijheid van meningsuiting.

Dan totaal onverwacht: een opstootje. Er lag een scooter op de grond, het sleuteltje zat er nog in. De bestuurder was gearresteerd omdat hij voor een politiebusje was blijven staan. Zijn vriendin vond dat een mongolen-actie van de politie.

Het kan hoor, dat andere media deze krent uit de pap hebben gevist, maar dan mis je toch die context van het totale niets.

Schone lei

2 juli 2020

De Gelderlander belde, ze hadden een artikel geschreven over Mookerhof. Een onafhankelijk onderzoek – 'om van te leren' – van ZZG-zorggroep had, zoals gezegd, geconcludeerd dat er fout op fout was gestapeld, de directie had excuses aangeboden en nu stond mijn moeder voor de terugverhuizing. En de krant voor de onvermijdelijke follow-up.

De verslaggever van *de Gelderlander*, Hermans was de naam, wilde wel eens weten hoe ik daartegen aankeek, want ik had destijds samen met huisarts Marion de Bruin de noodklok zitten luiden bij *Op1* en hij had van ZZG-zorggoep-directeur Hans Vos begrepen dat wij inmiddels 'een vette streep' onder het verleden hadden gezet en dat we met 'een schone lei' met mijn moeder vervolgstappen gingen zetten.

Ik wist niets van vette strepen en was vooral verbaasd. Behalve de conclusie – niets was goed gegaan, maar iedereen had wel zijn best gedaan – mocht uit privacyoverwegingen niets uit het onderzoek worden gedeeld, maar de aanstaande terugverhuizing van mijn moeder was wel onderwerp van gesprek tijdens een interview. Hermans – geen familie van Toon – dook de diepte in – mocht hij ook een wat meer vileine vraag stellen? Er was hem een verpleegster toegespeeld die aangaf dat ze wel duizend stapjes extra had gezet voor mijn moeder, of had willen zetten, want ze kreeg al snel corona.

'Die kende uw gezicht nog niet.'

Het verwijt was dat ik in die begintijd, mijn moeder woonde er nog maar net, te weinig op bezoek was gekomen.

Of ik dat via het regiokatern aan het volk wilde bevestigen? Ik antwoordde, kort en krachtig, en merkte dat het slachtofferschap ook mij als een warme jas paste. Ik wilde van Hermans weten of hij nog een moeder had en hoe vaak hij haar bezocht.

'Eens in de drie weken,' zei Hermans.

Ik neem het woord 'schandalig' niet snel in de mond, maar veel vond ik het niet. Was dit niet veel te weinig om te kunnen weten hoe het met haar ging? Het gesprek liep pruttelend ten einde, hij ging er wat van bakken, ik moest de mailbox maar even in de gaten houden.

Een halve dag later, ik hing nog steeds hongerig voor de mailbox, dacht ik dat ik hem misschien zelf ook nog even moest bellen met wat vrijblijvende tips omtrent zijn moeder. Kon die niet naar Mookerhof? Geweldige architectuur, kamers met een keukentje, personeel dat duizend pasjes extra zette en een superintegere directeur.

Mijn legendarische moeder

21 juli 2020

Ik kreeg een 'niet schrikken-telefoontje' van een van de juffen van mijn oudste dochter. Die was bij het stoeien op het schoolplein gevallen, voortand eruit, hele klas in rep en roer. Ik haalde haar op.

Een paar bloedvlekken op haar witte shirt.

De voortand in haar knuist, de wortel zat eraan.

De tandarts sprak van een mooie val, ze hoefde verder niets te doen.

'Afwachten, over een paar jaar zit er een nieuwe.'

In het dorp was niemand onder de indruk, een gaaf gebit is er nog geen statussymbool.

'Ach, het is maar een melktand, toch?' kregen we te horen.

En: 'Iedereen verliest hier wel eens een tand.'

Ik dacht aan mijn vader die aan het eind van de oorlog een voortand verloor. Er was geen geld voor een kunsttand, dat kwam toen vaker voor, niemand die erom maalde, maar hij ontbrak wel vaak op familiefoto's.

Van die schaamte had mijn dochter geen last.

Integendeel.

De voortand reisde voortdurend met haar mee, in een glazen potje waarin eerder aardbeienjam van een duur hotel had gezeten. Wanneer er mensen van buiten het dorp op bezoek kwamen, mocht ze het potje graag op tafel zetten.

Dan altijd hetzelfde gesprek.

'Goh, een tand, wat een grote, ben je aan het wisselen?'

'Nee, die is eruit geslagen. Op school. In Wormer. Zomaar.'

Daarna die ontwapenende glimlach, extra breed zodat het gat goed te zien was.

Ik bewonderde haar om het aplomb waarmee ze de zelfverzonnen verschrikkingen bracht, later worden onze dochters waarschijnlijk actrices want haar jongere zusje kon er op commando bij huilen. Nadat ze het verteld had, pakte mijn oudste haar potje weer en zei zo nonchalant mogelijk dat ze even wat anders ging doen.

Een lange aanloop naar misschien wel de mooiste herinnering aan mijn moeder van de laatste jaren. We kwamen op bezoek in Kastanjehof, haar arm zat in een mitella.

Mijn dochter ging tegenover haar zitten, zette het potje op tafel en zei dat ze geslagen was. Mijn moeder schoof het potje opzij, trok de prothese van haar bovenkaak eruit, een metalen constructie met tanden en kiezen.

'Ook geslagen, door de thuiszorg geloof ik. Zomaar.'

Even later zat ze tevreden glimlachend voor zich uit te staren, ze wist zelf ook wel dat ze zich onvergetelijk had gemaakt.

Een tasje van drie eurocent

23 juli 2020

Ik werd van verschillende kanten geattendeerd op het nieuwtje van de dag: de rechter oordeelde dat winkelketen Action ten onrechte een medewerker van het filiaal Velp had ontslagen omdat hij na afloop van een werkdag een tasje van drie eurocent bij de kassa had gepakt. Om eerder gekochte spullen in te doen.

Het waren allemaal mensen uit de omgeving van Arnhem, ik dacht dat ze hoopten dat ik in een van mijn columns tekeer zou gaan tegen Velp, maar zo zat ik al lang niet meer in de wedstrijd. Mensen die de regels strikt naleven had je overal, daar was niets Velps aan. Ik begon juist steeds meer van Velp te houden, had zelfs wroeging dat ik toen ik er woonde niet zag waar ik nu wel oog voor had. Velp is een lust voor het oog, er zijn daar een geweldige boekhandel en een fijne wijnzaak, er staan prachtige bomen en bovendien hebben de mensen er een goed gevoel voor humor. Ze durven te lachen om zichzelf.

Gelukkig raapten het *Algemeen Dagblad* en RTL *Nieuws* het nieuws met plezier voor mijn neus op, daarmee waren de mensen die allemaal hetzelfde wilden vinden wel bediend. *Clickbait* om te scoren, bijna net zo goedkoop als Action zelf, want ondertussen was ik door al dat nieuws terug in dat filiaal op winkelgebied Den Heuvel.

Mijn ouders in hun nadagen, arm in arm door de Action, alsof ze over de TEFAF in Maastricht liepen. Mijn moeder voor een zee van gekleurd plastic: 'Wat vind jij een mooie vaas, Wil?'

Mijn vader vond ze 'allemaal mooi'.

Wandelend terug naar huis, thuiskomen en dan die paniek: huissleutels kwijt.

Paspoort kwijt, rijbewijs kwijt, portemonnee kwijt, bankpas kwijt, wandelstok kwijt, muts kwijt, boodschappentas kwijt, handschoenen kwijt.

Alles kwijt.

Het lag altijd bij de Action, dat werd voor mijn moeder pas een probleem toen ze mijn vader kwijtraakte, want toen was er niemand meer die zei dat ze bij de Action was geweest.

De laatste keer dat ik bij die Action kwam, voor haar bankpas, was ze haar leven al kwijt.

We vonden het deels terug bij het leegruimen van het ouderlijk huis.

De werkkast onder de trap leek wel een filiaal van Action, het rook er zelfs naar de Action. Vier identieke roze gieters met een tuit die de slurf van een olifant moest voorstellen, sprongen het meest in het oog.

Ik heb ze aan mijn dochters gegeven.

Wanneer ik ze ermee zag sjouwen, dacht ik aan mijn ouders, winkelend bij de Action, tevreden met niets. Ik dacht er nu ook een tasje van drie eurocent bij, dat wilde ik niet, maar het was wel zo.

Verschrikkelijke vleesberg

27 juli 2020

De oude buurvrouw van mijn moeder is overleden, haar werkster belde mijn zus die het nieuws aan mijn moeder moest brengen. Zij woonde op nummer 4, wij op 6. Twee-onder-een-kap. Ik herinner me een vrouw die het leven met cynisme aanviel. Ze zat jaren met zichtbare tegenzin aan bij verjaardagen.

Meer dan veertig jaar buren, dan deel je op een gegeven moment meer dan je wilt delen. Mijn moeder deed alles om in het gevlij te komen, buurvrouw probeerde zo veel mogelijk afstand te houden.

Toen mijn vader net was overleden, raakte mijn moeder in financiële paniek en tegelijkertijd constateerde buurvrouw dat de kozijnen verrot waren. Haar klusjesman kon zijn duim tot ver in het hout duwen. Ze besloot om op haar kosten ook de kozijnen bij mijn moeder te vervangen. De reactie van mijn moeder: paniek en schaamte.

'Je komt dit weekend naar Velp,' commandeerde ze vanuit haar telefoonstoel. 'En je gaat haar bedanken.'

Mijn broer en zus waren ook al geweest.

Buurvrouw zat voor de televisie, hand op de kat.

'Ik kom bedanken voor de nieuwe kozijnen,' zei ik. 'Het is geweldig.'

Buurvrouw zei dat de zonwering aan de achterkant er flodderig bij hing en vroeg of ik mijn moeder op afstand kon houden met haar bedankjes. Ze had verse haring gebracht, druiven uit eigen tuin en een boek van Geert Mak dat ze al had.

'En nu haar kinderen. Het lijkt wel een offerfeest.'

Daarna sprak ze vrijuit over de tekortkomingen van mijn vader. 'Toen je twaalf was zei hij dat je minister-president zou worden. Jammer dat hij niet heeft mogen meemaken dat dat niet gelukt is.'

De laatste jaren groeiden mijn moeder en buurvrouw noodgedwongen naar elkaar toe. Als de een met een hoofdwond onder de trap lag, werd als eerste de ander gebeld. Een van de laatste keren dat ik bij mijn moeder logeerde, werd ik wakker van geschreeuw. Mijn moeder lag in haar nachtjapon in het huis van de buurvrouw onder de buurvrouw, die van de houten wenteltrap was gevallen. Mijn moeder had haar naar de huiskamer willen slepen, maar was door haar voeten gezakt.

'Fijn dat je er bent jongen, we zijn een verschrikkelijke berg vlees,' vatte mijn moeder de toestand samen.

De ambulance met buurvrouw was nog niet weg of ze schoot terug in haar eigen leven.

Ze ging 's nachts sop maken, want het zou kunnen dat ik bloed in het tapijt had gelopen.

Buurvrouw kwam met een tulband om haar hoofd weer terug, maar kort daarop vielen ze vlak na elkaar definitief van de trap. Ze belden een paar keer met elkaar vanuit hun verzorgingstehuizen, volgens mijn moeder waren dat korte gesprekken.

Augustus, winterstop, mei

30 juli 2020

Ik had afgesproken met een oude vriend, we hadden elkaar te lang niet gezien. Vroeger ging hij na de thuiswedstrijden van Vitesse altijd mee naar mijn ouders in Velp. Het was vooral de oneindig lijkende herhaling van alles; ieder jaar hetzelfde liedje van augustus, winterstop, mei, en na afloop koffie in Velp.

Ik wist alles nog van stadion Nieuw-Monnikenhuize. Theo Bos, de eeuwige nummer 4; de geur van de pisbakken; mijn broer die nog kon zien; Axel, een gehandicapte jongen die als ze zijn naam scandeerden tegen reclameborden ging schoppen; de eerste keer tegen Ajax toen we tegen het gazen hekwerk werden geplet; het massaal rammelen met sleutelbossen tijdens de 5-1 tegen FC Twente.

Nou ja, je had erbij moeten zijn.

Met terugwerkende kracht leek opeens dat het voetbal niet het belangrijkste was. Dat was namelijk het restant van die zondagmiddagen, dat wel gezellig willen doen maar niet kunnen, dat ongewild vervallen in die voortdurende loopgravenoorlog.

Beschietingen over en weer.

In mijn hoofd was dat allemaal verworden tot een grote grijze brij, maar mijn vriend viste er moeiteloos nog wat krenten uit. Mijn vader in die leunstoel, klassieke muziek, het gedoe, het geschreeuw. Schijnbaar werd zijn aanwezigheid als zo vanzelfsprekend ervaren dat zelfs mijn ouders de maskers lieten zakken.

Hij wist nog hoe mijn vader sprak, dat hij tussen de verwijten door opeens ‘gezellig’ kon zeggen. Mijn moeder die een schaal zelfgemaakte appelflappen op tafel zette, het zilverpapier moesten we er zelf maar afkrabben.

Hij was op het eind nog bij mijn gillende vader geweest, die morfine weigerde. Hij herinnerde zich een opgestoken duim, dat wist ik dan weer niet.

Ik zei dat mijn moeder was verdwenen in het grote niets, liet hem de foto's van dat ontruimde huis op Funda zien en zei dat ik er nog een nacht had geslapen met mijn broer. Dat we op een gegeven moment alles maar in die container hadden gegooid, dat we friet van Bert Beursken hadden gegeten op het parket en dat ik er nu nooit meer naartoe hoefde.

Hij kondigde alvast aan dat ik dat wel ging doen.

Dat er een dag kwam dat ik daar ging aanbellen en dat ik dan zou moeten huilen als in de keuken nog steeds dezelfde groene tegeltjes hangen.

Dat gaat nooit gebeuren, niemand vindt die tegels mooi.

De Gelderlander is erger

21 augustus 2020

Ik belde mijn moeder in haar complex. Ik was nog steeds niet op bezoek geweest, maar ze had me niet gemist, integendeel. Ze vroeg: 'Hoe is het met ons Noud?'

'Die is dood.'

'Hoe is het met ons Ied?'

'Die is dood.'

'En ons Riek?'

'Die is dood.'

Daarna zei ik: 'Ik zal het je maar vertellen, mama. Ze zijn allemaal dood.'

'Allemaal? Wie zorgt er dan voor de beesten?'

Ik zei dat de beesten ook allemaal dood waren, dat de boerderij aan het eind van de oorlog was afgebrand, dat ze het antieke kastje en het Mariabeeldje uit de vlammen hadden kunnen redden en dat die in haar kamer stonden.

Ze keek om zich heen.

'Dus de beesten zijn dood? Zijn er nog meer mensen dood?'

'Nou, ja, papa dus.'

Zij, geagiteerd: 'Nou moet je niet gaan doen alsof ik gek ben.'

Daarna: 'Ik ben blij dat de hitte voorbij is, jongen. Wat zaten we zaterdag te zweten in de tuin, hè?'

Ik zei dat ik nog niet op bezoek was geweest.

'Het was gezellig,' zei ze. 'Ik vind het altijd leuk als je komt, maar je moet wel op tijd terug met de trein.'

Ik zei weer dat ik nog niet op bezoek was geweest.

'We hebben theegedronken, we hebben gewandeld en ze zorgen hier goed voor me, hoor. De chocolaatjes waren heerlijk. Ik bof maar met zulke kinderen.'

'Zo is het!' zei ik. 'Ik doe het toch maar, zonder rijbewijs, die hele afstand.'

Zij: 'Het is geweldig! Een voorbeeld voor je broer en zus! Zal ik dat ook tegen de verzorging zeggen? Verder nog doden?'

Na het antwoord 'Alleen de buurvrouw, maar dat had ik al verteld' begon ze opnieuw te vertellen hoe goed het met haar ging. Ze at altijd haar bord leeg en ze had sinds kort ook weer een abonnement op de krant.

'Die lees ik dan bij de boterham, net als vroeger. Ik zal je dit zeggen: al die doden, het is verschrikkelijk, maar *de Gelderlander* is nog veel erger. Maar ik lees hem lekker toch! Kom zaterdag maar niet, jongen. Sla maar eens een weekje over, ik heb het te druk. En bedankt voor de chocola!'

Daarna verbrak ze de verbinding.

Schuldgevoel

6 augustus 2020

Ik kreeg een bericht met foto, afzender onbekend. 'Zo zit uw moeder erbij in haar kamer.' Ik zag mijn moeder in een stoel voor het antieke kastje dat al een leven lang met haar meereist. Gered uit een brandend huis in Oirschot, omhooggetakeld naar een flat aan het Cloekplein in Presikhaaf, als centraal altaar in het ouderlijk huis en dan nu in dat woon-zorgcomplex in Mook. De laatjes vol met zegeltjes, sleutels, bankpassen en kleingeld. Onderin de kristallen glazen voor bezoek. Die geur als je een laatje opentrok, als ik wilde, rook ik het nog.

Ze zag er tevreden uit, voldaan is misschien een te groot woord.

Ja hoor, schuldgevoel.

Wel ageren, tot op televisie aan toe, tegen haar eenzame opsluiting, maar vervolgens niet langskomen toen ze haar hok weer uit mocht.

Ik hoorde mezelf richting de keuken roepen: 'Gaan we nog naar mijn moeder voor er een nieuwe lockdown komt?'

Ik had haar trouwfoto met een punaise aan de muur boven mijn bureau geprikt, dus ik dacht wel aan haar.

Glimmende trouwjurk, een boeket stevig voor haar borst in de boerderij van haar zus, mijn vader als een stokstaartje ernaast. Het was niet dat de hoge verwachtingen van de hoofden spatten, maar dat zag ik misschien zo omdat ik de afloop kende.

Ik dacht dus wel aan haar, alleen gingen die gedachten allemaal over het verleden.

'Ja,' zei mijn zus vanaf een strandlaken in Bloemendaal, 'de ene keer is ze niets, de andere keer valt het mee. Je kunt wel tegen haar praten, maar het dringt niet echt door. Ze vraagt nooit naar je, maar wist de laatste keer wel weer wie ik was. Dat is het hoogst haalbare.'

Mijn broer ging iedere zaterdag, soms wist ze een uur later al niet meer dat hij langs was geweest, verder wenste hij geen publiciteit.

Komende zaterdag moet het dan maar gebeuren, nam ik me voor, dan zakken we als laatsten af naar Mook. Misschien dat ze vanwege het mooie weer mee naar buiten mag.

'We gaan naar oma Velp,' zei ik tegen mijn dochters.

Geen reactie.

Ik herhaalde de mededeling.

'Waarom eigenlijk?' vroeg de oudste terwijl ze een homp klei tegen het raam drukte.

Goede vraag.

Uit schuldgevoel, dacht ik terug, en ook omdat ik anders mijn bek moest houden als ze van hogerhand alsnog besloten om haar weer in te sluiten.

Verhuisschuit

31 augustus 2020

Daar waren we dan eindelijk. Mijn moeder werd net uitgelaten op een strook beton. Ze liep wat krommer en was wat grijzer, maar ze was nog steeds mijn moeder. Ze hing aan de arm van een verzorger, die zei dat er die avond pannenkoek werd gegeten.

In het begin van de pandemie waren de regels voor mijn moeder strenger dan voor de rest, nu was het andersom. We mochten elkaar aanraken.

In haar appartement stonden drie koekjestrommels op tafel. De dochters klommen over haar heen en drukten op de knop om haar pols waardoor de verzorger er weer was.

De verzorger beklemtoonde graag dat ze haar goed verzorgden.

'Wat zei u vanmorgen, waar ik zo blij van werd?' vroeg de verzorger.

Ik keek naar mijn moeder, die braaf knikte.

'U zei dat u mij voor honderd procent vertrouwt, dat vond ik een mooi compliment! Daar was ik erg blij mee.'

Mijn moeder: 'Ja.'

De verzorger ging weer.

'Hoe bevalt het?' vroeg ik.

'Ach,' zei mijn moeder, 'we zitten allemaal in hetzelfde schip. In de verhuisschuit.'

De jongste dochter (3) moest poepen.

De wc was vies, mijn broer zei later dat dat kwam doordat ze haar medicijnen gaven waardoor haar ontlasting dunner werd.

Mijn moeder knielde naast de wc en maakte poepgeluiden. Daar ging ze op de bank mee door omdat de jongste dochter dat prachtig vond.

Kind tussen de kinderen, ik zat er ongemakkelijk naast.

Ze zong liedjes en zei daarna dat ze lekker ging eten.

We brachten haar naar de eetzaal, de verzorger met de bril die pannenkoeken had gebakken zei dat het leuk was dat ze eindelijk bezoek had. Klemtonen op 'ein-de-lijk'.

Mijn moeder: 'Ja!'

Een straat verderop was het kermis, die begon tegenover het inmiddels failliete café-restaurant waar mijn zwager ooit zijn vijftigste verjaardag vierde.

Het feestterrein was met hekken omgeven, de tandeloze ambtenaar bij de ingang wees naar een fles zeep aan een touw. Na het ontsmetten ging het aggregaat stuk, alleen de scootertjes deden het nog. Je moest er een euro in doen, daarmee kon je dan ongeveer twee minuten rijden over een met luchtkussens afgebakend parcours. De oudste dochter begon braaf aan haar rondjes, de jongste reed de luchtkussens in en bleef gas geven waardoor ze de hele boel verplaatste. Een kermisman voegde zich bij ons. Hij zei niets en trapte met de ijzeren punten van zijn schoenen de luchtkussens weer in de goede positie.

In de auto op de terugweg vroeg ik me pas af waar we mijn moeder eigenlijk heen hadden gebracht.

Snor

1 september 2020

Ik had een snor laten staan, het zegt wat over mij dat ik de transitie van onbehaard naar behaard spannend vind. De beslissing was in een opwelling tijdens het scheren onder de douche genomen, maar waarom eigenlijk? Achteraf denk ik dat ik hoopte dat het me iets zou geven wat ik niet heb. Een kunstzinnige uitstraling, autoriteit. Maar het werkte totaal averechts. De snor werd al snel een hangsnor en benadrukte juist mijn wat sombere uitstraling. Toch liep ik er een paar dagen mee rond.

'Waarom is dit?' vroeg de jongste dochter toen ze tijdens het naar bed brengen met haar handje over mijn bovenlip wreef. Ik zei haar dat ik was betoverd door een voorbijganger en dat ik langzaam in een poes veranderde. Daar werd onbedaarlijk om gehuild.

'Ook een staart?'

De snor maakte meer los dan ik had verwacht. In het dorp constateerden ze het hardop in de winkel, alsof ik het zelf niet in de gaten had.

'Hé, je hebt een snor.'

'Ja.'

Wat moest ik anders zeggen?

De vraagtekens op het hoofd van mijn moeder toen ik opeens voor haar had gestaan. Even die twijfel of ik wel haar zoon was.

Ik wist opeens weer hoe ze mijn vader behandelde toen die kortstondig een grijze baard had. We zullen even oud zijn geweest, misschien wel behept met dezelfde twijfels.

Ze zei toen iedere dag wel twintig keer hoe lelijk ze het vond staan, en dat terwijl ze andere mannen met baarden zo bewonderde. Ze noemde dan Vincent van Gogh en Rien Poortvliet en een buurman, wat de vraag opriep waarom ze überhaupt op mijn vader was gevallen.

Ze keek me aan, het hoofd half schuin.

Ik ben het, Rien Poortvliet, die van de kabouters, wilde ik zeggen, maar ik besefte net op tijd dat ik helemaal geen baard had, dus ik herpakte me.

'Ik ben het, Marcel, je zoon.'

'Ach, nou zie ik het,' zei ze, 'ik dacht even dat je een snor had.'

De dag erop heb ik het ding er afgeschoren. De jongste dochter moest weer huilen, ze had zich er net op verheugd dat ik kat zou worden. Ik denk overigens dat ik een prima huisdier zou zijn.

Bakkersknecht eerste graad

6 september 2020

We hadden de inboedel van mijn moeder zonder het haar te vertellen verdeeld. Ik kreeg een doos met persoonlijke documenten toebedeeld. Foto's van overleden ooms en tantes, trouwfoto's van mijn ouders, maar ook de diploma's van mijn vader, keurig in plastic mapjes in een grijze ordner.

Zijn leven samengevat in documenten.

Een banketbakkersdiploma, behaald op 7 juli 1943 te 's-Gravenhage. 'Proef voor driemanscommissie.'

Het riep allemaal vragen op.

Hadden ze in 1943 dan nog genoeg ingrediënten voor gebak? Moest hij een taart bakken? In ieder geval mocht hij zich vanaf dat moment 'bakkersknecht eerste graad' noemen. Een half jaar later zat hij ondergedoken bij een banketbakker.

Een diploma handelsrekenen, Tilburg, januari 1947.

Een 'zeemansdiploma', uitgereikt bij het passeren van de evenaar toen hij onderweg was naar Nederlands-Indië. Er zat een foto bij van een militair met een plakbaard en een riek. Hij speelde voor Neptunus. Voor hem op het dek stonden honderden dienstplichtigen aangetreden. Ik had hem wel eens gehoord over die reis, een verslag dat klonk als een sociologisch experiment: een paar duizend Nederlandse jongens zes weken met elkaar op een boot. Vechtpartijen tussen Brabanders, Rotterdammers en Amsterdammers, verveling, slecht eten, luizen. Een brief van zijn zus Mies van Roosmalen. Ze meldde dat er inmiddels tientallen foto's van 'Beersche jongens' bij de Heilige Eik in Oirschot hingen, zijn foto hing aan een boom naast de kapel, en dat daar massaal werd gebeden voor een behouden thuiskomst. Ze waarschuwde voor 'koppensnellers'.

Aanstellingsbrief als ambtenaar bij de gemeente Asten. Aanstellingsbrief als ambtenaar bij de provincie Gelderland.

Een correspondentie uit 1995 met het ministerie van Defensie over een verloren gegane 'medaille', waarbij hij foto's van zichzelf als soldaat had gevoegd. Een magere jongen, de baret te groot voor zijn hoofd. Later een nieuw gedenkteken, Oorlog & Vrede, en de foto retour, het gedenkteken was nooit uit het plastic gehaald.

Drie judodiploma's, behaald bij Jagyba in Velp.

In het laatste mapje een luchtdoopbrevet. In 1976 maakten we met het gezin een rondvlucht boven Rotterdam. Foto van mijn moeder met drie kinderen op 'de achterbank', ik bij het raampje. Ze had er bijgekrabbeld: 'Het moest weer op een koopje, het was passen en meten.'

In de periode daarna heeft hij nog van alles meegemaakt, maar daar zijn geen documenten van. Ik durf wel te stellen: zo spannend als in dat verkeersvliegtuigje werd het daarna nooit meer.

Overdracht

16 september 2020

Mijn zus moest naar de notaris om namens ons de verkoop van het ouderlijk huis af te ronden. Om maar een spreekwoord aan te halen dat mijn moeder te vaak gebruikte: eind goed, al goed. Al haar flexibele kredieten in één klap afbetaald. We hadden het onder haar gat verkocht, ze wist van niets. Ze was Velp vergeten, terwijl ze daar toch bijna vijftig jaar woonde.

'Heb jij die laatste dozen uit de schuur gehaald?' vroeg mijn zus me de avond voor de overdracht.

'Er staan alleen nog wat flessen wijn,' zei ik.

Een gesprek over dat huis volgde.

De uitslagen van tafeltenniswedstrijden stonden nog met krijt op de muur in de schuur. Ik won altijd.

Die groene keuken.

Die schrootjes in de badkamer.

De parketvloer.

De werkkamer van mijn vader.

Die achtertuin waar we 's zomers boven op elkaar zaten, wachtend tot de ruzie begon. Hoe mijn moeder, als het zover was, halsoverkop al het eten van de gedekte tafel griste en naar binnen droeg. Dat rekening houden met de buren. De meesten waren nu dood.

Ik was nog bij de mensen van nummer 8 geweest. Ze hadden weer een sleutelbos van mijn moeder gevonden. Lieve mensen, vonden we, mijn zus en ik, seizoenkaarthouders van Vitesse, ze stuurden nog steeds wel eens een kaart naar mijn moeder, die alle kaarten die ze krijgt nog steeds op een rij zet op haar kast in haar kamer in Mook.

Mijn zus zei dat ze vanwege de sleutels nog een laatste ronde door de buurt wilde maken. Mijn moeder had de laatste jaren de neiging om overal haar voordeursleutels af te geven, zodat mensen er in ieder geval in konden als ze onverhoopt gereanimeerd moest worden. Terwijl ze helemaal niet gereanimeerd wilde worden, misschien dat ze daarom ook al die kettingsloten had laten monteren, waardoor de hulpverleners toen ze echt was gevallen niet naar binnen konden.

'Ik ben nieuwsgierig wie erin komen,' zei mijn zus.

'Kennissen van de andere nieuwe buren,' wist ik. 'Ze gaan verbouwen. Ik heb tekeningen zien liggen.'

'Laatste keer Velp,' zei mijn zus.

'Met Kerstmis kan toch?' opperde ik. 'Dan reserveren we toch gewoon een restaurant met z'n drieën? Dat ding naast de boekhandel.'

'Dat kan ze toch niet meer,' zei mijn zus. 'Hoe wil je haar daar krijgen?'

O ja, dat was ik vergeten, ze is er nog wel gewoon.

Prettig gezelschap

25 september 2020

Het televisieprogramma *Op1* belde. Ik had er tijdens de vorige lockdown over mijn moeder gepraat. De redactie zag een tweede lockdown naderen. Zat mijn moeder nog steeds, of weer, in dat verzorgingstehuis in Mook? Hoeveel doden waren er daar ook alweer gevallen? Ik wist het niet meer precies, ook niet hoe het met mijn moeder ging trouwens.

Ondertussen kwam opa Ben (66) achterom. De roze fiets van de oudste dochter in de hand. Mijn eerste gedachte: was mijn moeder nog maar zo jong.

'Band geplakt, stuur weer recht,' zoiets zei hij.

Ik knikte, stak mijn duim op, gebaarde dat ik niet kon praten. Gedrag dat je bewaart voor intimi.

'Ik woon in een dorp,' zei ik tegen *Op1*, 'daar komen de mensen gewoon je leven binnenlopen.'

Mochten ze nog eens bellen over mijn moeder?

Ik hing op, ging voor het raam staan en zag opa Ben in zijn auto stappen. Wat ging hij de rest van de dag doen? Een boek van Peter Sloterdijk lezen? Trommelen in zijn geluidsdichte kamer? Als ik de kinderen op vrijdag naar ze toe bracht, zat hij altijd achter een bord pap, *de Volkskrant* ernaast. Gesprekken over de tweede golf, het nut van mondkapjes en dat hij gelukkig net voor 'de grote drukte' met pensioen was gegaan. Hij werkte zoals gezegd bij de GGD, was de asbestspecialist van Nederland. Hoogtepunt in zijn werkende leven: een korte toespraak over de vervanging van daken in de Eerste Kamer.

Nog geen twintig minuten later belde de vriendin, ze was toevallig bij haar moeder. Opa Ben was uit de auto gestapt, ze hadden in de keuken 'hallo' gezegd en daarna hadden ze hem gevonden in zijn stoel. Ze hadden 112 gebeld en ze had hem gereanimeerd. Ze had erbij geschreeuwd, maar hij had weer kleur in zijn gezicht en het huis stond vol met zorgverleners.

'Ik weet niet hoe laat ik thuis ben.'

Ik haalde de kinderen van school.

De ambulance haalde ons in.

'Daar gaat opa Ben,' zei ik tegen de dochters.

Ze gingen direct tekeningen maken.

De oudste dochter zei dat ze hem weer beter ging tekenen, met wie moest ze anders zulke hoge kleurentorens bouwen?

Nog geen tien minuten later was opa Ben officieel dood.

Ik wist meteen wat ik ging missen, de onuitgesproken vertrouwdheid, het prettige gezelschap, het vanzelfsprekende.

De oudste dochter zei dat het niet eerlijk was.

'Oma Velp was eerst.'

Daarna ging ze door met tekenen.

Opa Ben

30 september 2020

Opa Ben was dood. En mijn moeder (89) was jarig geweest, ik was het vergeten. Mijn zus had een slagroomtaart laten brengen zodat ze kon trakteren in het verzorgingstehuis, het was volgens haar goed gegaan. 'De taart was op.'

Ze was op haar werk en had daar het nieuwe nummer van mijn moeder niet paraat.

Bij het algemene nummer van het verzorgingstehuis werd niet opgenomen. Kwam dat door de tweede golf?

Geen idee hoe de regels daar dit keer werden geïnterpreteerd. Ten tijde van de eerste golf werden we overstelpt met steeds strengere maatregelen, maar nu bleef het wijselijk stil. We moesten er maar van uitgaan dat er goed voor haar werd gezorgd.

Ik belde mijn broer.

Hij stond op het punt om naar het ziekenhuis te gaan, hij moest worden geopereerd. Ik wist van niets.

'Nee, natuurlijk niet. Ik had geen zin om het aan de grote klok te hangen.'

Hij praatte graag in spreekwoorden.

Ook hij had het nieuwe nummer van mijn moeder niet paraat.

'Maar het heeft toch geen zin om te bellen, ze panikeert als het apparaat afgaat.'

Hij was wel naar haar verjaardag geweest.

'Je hebt niets gemist.'

'Heeft ze ons wel gemist?' vroeg ik.

'Ik kan het me niet voorstellen.'

Ik wist niet of dit cynisme was. Ik hing op.

Ik moest de oudste van school halen – een speech schrijven voor bij de uitvaart van opa Ben – iets inspreken voor de radio – en ik stootte keihard mijn hoofd aan het kelderluik.

Ik vergat mijn moeder voor de tweede keer.

Tijdens de persconferentie belde de bezorger van Albert Heijn aan, gelukkig tijdens Hugo de Jonge. Toen ik mijn pinpas pakte, zei de jongste dochter tegen de bezorger de woorden die ze thuis had opgevangen.

'Mijn opa is overleden, hij ligt er mooi bij. Echt prachtig.'

Daarna: 'Ik heb twee oma's, die moeten we niet vergeten. Oma Velp ook niet.'

Pats, daar was mijn moeder weer in mijn hoofd.

Nog steeds niet gefeliciteerd.

Als ze weer in lockdown moest, mocht ik niet meer klagen, dan had ik mijn rechten verspeeld. Aan de andere kant: wat maakte het uit? We vergaten elkaar de hele tijd.

Dag van bezinning

7 oktober 2020

Het was de 'dag van bezinning', de dag waarop we officieel even stil mochten staan bij de ellende van corona. Ik zag nergens vlaggen halfstok, ik had ook geen coronagerelateerde doden te betreuren. Je zou kunnen zeggen dat we er tot nu toe goed doorheen waren gerold. Ik dacht aan mijn moeder, die het virus niet opliep terwijl ze om haar heen toch bij bosjes vielen. Ze had zich daar wel eens over beklaagd.

Over het geluid.

'Dat geschreeuw, jongen, altijd 's nachts. Ik heb met mijn stok op de muur gebonsd.'

Dat was de alzheimer die sprak, want ik herinnerde me haar als een empathische vrouw, niet als iemand die het eigenbelang voor alles stelt. Ze was toen ze nog thuis woonde niet voor niets zo vaak uit haar bed geklommen als ze haar buurvrouw weer eens van de trap hoorde vallen. En dan klopte ze niet op de muur met de vraag of het vallen wat zachter kon.

Dat was nu toch anders.

'Er komt een tweede golf aan,' had mijn broer tegen haar gezegd, 'dus ik weet niet wanneer ik je weer zie.'

Ze zei dat ze de deur ging blokkeren.

'Dan komt-ie er niet in.'

Daarna: 'Ze bekijken het maar.'

Eigenlijk reageerde ze zoals iedereen een beetje reageerde op de onwerkelijke toestand waarin we nu al maanden verkeerden, misschien waren we allemaal wel aan het dementeren en wisten we het niet van onszelf.

Dat zou veel verklaren.

Het gedrag van minister Hugo de Jonge bijvoorbeeld. Hoe kan het dat hij, terwijl de muren van zijn zo zorgvuldig opgebouwde kasteel in elkaar beginnen te zakken, daar bij iedere persconferentie weer zo kan staan? Die met de borst vooruit beleden daadkracht terwijl ondertussen steeds duidelijker wordt dat hij in alles heeft gefaald? Met al die gedwongen opsluitingen in de verzorgingstehuizen, het gehannes met de mondkapjes en nu zijn de virusremmers weer op.

Met terugwerkende kracht groeit de waardering voor de mens Bruno Bruins, de minister voor Medische Zorg die in het voorjaar omviel. Waarom buigt Hugo de Jonge niet gewoon het hoofd en erkent hij dat hij ook maar wat doet? In plaats daarvan blaast hij zich steeds verder op. Hoe kan het dat hij niet klapt?

Wat zal hij gedacht hebben op de 'dag van bezinning'?

Ziet hij wat wij zien?

Natuurlijk niet, daarvoor is het bord voor zijn hoofd te groot.

Kuil met ratten

26 oktober 2020

The Painted Bird, de verfilming van de gelijknamige, semiautobiografische en controversiële roman van Jerzy Kosinski uit 1965, was een gruwelijke film die geen seconde teleurstelde. Kuilen met ratten, zwarte raven die op je kop pikten, opgezwollen enkels schuurden langs de rand van een teil tegen de jeuk en overgeleverd zijn aan hordes meedogenloze ongeletterden. Dat vieze eten ook. Klodders moddervette pap.

Bij heel veel scènes moest ik in filmhuis De Fabriek in Zaandam aan mijn moeder denken. Aan haar zelfgemaakte krabber tegen de jeuk op haar onderrug. Aan haar hele leven Brinta met een dot bruine suiker erin en die dan snel wegroeren omdat ze anders zagen hoeveel suiker het was.

Koningin van de gruwelijke verhalen ook, die steeds gedetailleerder werden. Over hoe ze stiekem haar wonden verbond nadat ze de avond voordat ze met haar vader – mijn opa, een drinkende weduwnaar – met een kar vol kinderen naar de kermis in Spoordonk zou gaan in de scherpe punt van een eg was gevallen. Een jurk had ze kapotgetrokken en de reepjes stof in de wond gepropt. Die was natuurlijk gaan ontsteken.

'Ons pap werd *verrekkes* kwaad. Ik had het voor iedereen verpest, jongen. Wat als mijn been eraf had gemoeten? Daar was helemaal geen geld voor, voor een kind met één been.'

Wat als ze niet in de eg was gevallen, ze wel naar de kermis waren gegaan en hij bezopen met een kar vol kinderen van de weg was geraakt? Was daar wel geld voor?

Ze had zich opgewerkt, maar viel nu weer terug op haar overlevingsmechanisme. Niet wij, haar kinderen, maar de verzorgers waren het licht in haar leven.

Mijn broer, hij is of een beter mens of hij heeft meer tijd, ik dacht het laatste, bezocht haar nog trouw iedere week. Al zijn Valys-kilometers gingen op aan ritjes naar Mook.

Het viel soms mee, maar ook altijd tegen.

Ze zei tegen hem dat ze blij was dat alles op z'n plaats was gevallen. Al haar kinderen hadden hun bestemming gevonden, ze kon rustig sterven.

'En dan denk ik aan jou, aan Sophie en aan jullie kinderen.'

Ter informatie: er is geen Sophie en er zijn geen kinderen.

'Ja,' zei hij, 'ze zegt maar wat. Niets klopt en ze weet het zelf en daarom is ze ongelukkig.'

Ze is in een put met ratten gevallen, dacht ik opeens tijdens *The Painted Bird*. De landing is zacht, je wordt langzaam opgevreten en je voelt het.

In cohort gestopt

6 november 2020

Ik kreeg een telefoontje. 'Uw moeder zit in cohort.' Ik wist niet beter dan dat een cohort een legioen in het Romeinse leger was. Misschien dat ze in gedachten op weg was naar Napels. Maar dat was het niet. Mijn moeder was in het verzorgingstehuis spontaan door 'haar hoeven' gezakt. Geen reden voor paniek: er zakken in verzorgingstehuizen dagelijks bewoners door hun hoeven, daarom zaten ze daar ook, maar ze was wel verzwakt en ze moest zo snel mogelijk worden getest. Omdat ook 'een medewerker' met klachten positief was getest op het virus, was ze uit voorzorg in cohort geplaatst op de begane grond.

We kregen daarover een mail: 'We zijn met ons eigen expertteam in gesprek gegaan en hebben besloten geen risico's te nemen en de begane grond als cohort in te richten.'

Er was nadrukkelijk geen reden tot paniek, juist dan moest je opletten. Ik ging dan ook in overleg met mijn eigen expertteam: mijn zus.

'Ze wordt vandaag of morgen getest,' zei mijn zus. 'Voordeel van zo'n cohort is dat iedereen die daar in- en uitgaat in beschermende pakken zit, nadeel is dat alle risicogevallen bij elkaar worden gezet, waardoor ze het misschien eerder van anderen oploopt. Maar ze hebben mama in haar eigen appartement opgesloten, dus dat is prettig.'

Met het voorjaar nog in het achterhoofd besloot ik maar meteen af te reizen, want misschien was de uitslag dit keer wel 'positief' en dan was het nog maar afwachten of ik haar ooit nog te zien kreeg.

De hoofdingang was gesloten, zei mijn zus. Ik moest in Mook maar even zoeken naar 'de achterom' en daar op een knop drukken. Dan kwam er iemand en kreeg ik in een 'veilige sluis' een schort, een mutsje en een mondkap op.

Het was de eerste keer dat ik alleen met het openbaar vervoer van Wormer naar het verzorgingstehuis in Mook reisde, ook de laatste keer trouwens. Het voelde alsof ik in de middeleeuwen op bedevaart was gegaan en na dagen stapvoets dwalen opeens stadsmuren zag opdoemen.

Onderweg belde ik mijn moeder: ik kwam eraan!

Ze vloog niet van enthousiasme uit het raam.

Gekreun en wat zacht, onverstaanbaar gemompel, daarna opeens veel harder: 'Met wie spreek ik eigenlijk? Ik versta er niets van! Ik lees het voor, ze hebben het op papier gezet. Ik zit in cohort gestopt!'

'Ja!' schreeuwde ik terug. 'Je zit in cohort! Je oudste zoon is onderweg!'

'Maar ik zit eigenlijk televisie te kijken, jongen! Er was hier juist een astronaut, die heeft hem op het nieuws gezet en ik mag niet meer in de keuken eten! En verder weet ik niets, ik ben doodmoe.'

Hoofdverdachte

9 november 2020

Daar stond ik dan voor een zijingang van Mookerhof, de verblijfplaats van mijn moeder. Ik kwam in een sluis, vroeger een opberghok. Handen wassen onder toezicht. Ik kreeg van een in plastic gewikkelde verzorgster een plastic schort omgehangen. Ik moest een skibril over mijn bril zetten en plastic handschoenen aan. We liepen naar binnen. Bij de deur van de kamer van mijn moeder werd ik overgedragen aan een andere verzorgster. Ik moest ondanks de verse handschoenen weer mijn handen wassen, moest over mijn schort een overall aan. Ze reikte me ook een mondkap aan voor over de mondkap. Ik dacht dat het een grapje was, maar dat was niet zo, integendeel: zij vond twee mondkapjes over elkaar eigenlijk nog weinig.

'Uw moeder is wel hoofdverdachte.'

Waarvan?

Ik kende de riedel inmiddels: door 'haar hoefjes' gezakt, ziek, zwak en misselijk en dan gingen ze in Mookerhof tegenwoordig uit van het zwartste scenario. Het was volkomen duidelijk dat ik hier niet te maken had met een ezel die zich twee keer aan dezelfde steen stootte, eerder met een ezel die overal stenen zag en bij iedere kiezel keihard begon te balken dat hij zich daar niet aan wilde gaan stoten.

Ik ging krakend naar binnen.

Ze lag in bed, een been stak onder het dekbed uit. Zwaar ademend, af en toe met haar hele lijf schokkend. Ze had overal eczeem.

Haar ouders, ze waren op het moment van fotograferen ongeveer net zo oud als ik nu, keken mee vanaf de muur. Het liefst zouden ze uit hun zilveren lijstjes stappen om haar op te halen.

Het gehoorapparaat op een schoteltje naast het bed. Praten had geen zin. Schreeuwen ook niet, bleek. 'Hallo! Hallo! Mama? Marcel hier!'

Ik duwde tegen haar lichaam, maar hield daar na een paar keer mee op. Ik ging op een stoel zitten, mijn aanwezigheid voelde als boete doen voor al die keren dat ik er niet was geweest.

'Ze lijkt wel verdoofd,' zei ik tegen een van de mummies op de gang.

'Ja,' zei die terug. 'Mevrouw is in diepe rust.'

Daarna gaf ze me de bijna onmogelijke opdracht om mijn overall zonder de handen te gebruiken uit te trekken. Daarna op anderhalve meter met haar naar de sluisdeur, waar ik weer werd overgedragen aan de mummie die ging over het handen wassen.

In het weekend kregen we de uitslag van de coronatest: alle bewoners waren negatief getest. Mijn moeder moest de eerste dagen wel in cohort blijven, dat waren nu eenmaal de regels.

Wat maakte het nog uit? Als ik door mijn hoefjes was gezakt, zou ik ook gewoon lekker in cohort blijven liggen.

Sint-Maarten

12 november 2020

Rond vier uur 's middags was het verpakte snoep al uitverkocht bij de Vomar. Corona had het dorp veel afgenomen, maar van deze traditie bleef het met de tengels af. Ik kwam onze oude werkster tegen, de gesprekken met haar zijn altijd moeizaam, maar Sint-Maarten vormde een mooi aanknopingspunt. 'Dat vieren we gewoon,' zei ze. 'Ik zet een teil met koek op een stoel en ga zelf achter de voordeur zitten genieten.'

In haar karretje lagen vier pakken spritskoeken.

Thuis was de stemming uitgelaten, de dochters kregen van opwinding geen hap door de keel. Ik bracht nog in dat minister-president Rutte had gezegd dat het beter was om het gedoe met die lampions een jaartje over te slaan en dat er buiten dus misschien wel niets te doen was, maar dat kwam me op de kwalificatie 'stomste papa ooit' te staan.

In het donker naar buiten.

Aan de overkant van de straat hadden ze huizen en tuinen versierd met lichtjes, het snoep stond uitnodigend in potten en pannen op een keukenstoel of huishoudtrapje. De confrontatie met zingende kinderen lieten vooral de ouderen zich niet ontnemen. Ik zag in iedere oude vrouw mijn moeder. Hoe ze op en neer wiegde met haar heupen, de duimen omhoog, de gelukzalige glimlach. De werkelijkheid was dat ze moest huilen van foto's van haar kleinkinderen, omdat ze aan hen geen herinneringen meer heeft. Maar dat waren zorgen van drie uur reizen verderop.

De dochters ontpopten zich al snel tot roofdieren. Ze poseerden gewillig met hun zelfgemaakte lampions voor ruiten, de jongste zong niet eens, die wachtte op een verlossend teken om snoep te mogen pakken.

Dan hollend naar het volgende huis.

De vriendin en ik op gepaste afstand erachteraan.

Een vrouw had het snoep aan een waslijn gehangen, ze gaf vanuit een tuinstoel op afstand duidelijke instructies.

'Ik hoor niets, harder!'

Een bejaarde vrouw met mondkap op had een koord rondom zichzelf gespannen, ze gebruikte een grijper om minireepjes Milky Way aan te reiken.

'Hoe gaat het met u?' vroeg ik.

Antwoord: 'Het sociale contact is overweldigend, nu.'

Het weer was zacht, er hing verbroedering in de lucht, iedereen deed zichtbaar ontzettend zijn best.

De oudste dochter trof een klasgenoot, die een boodschappentas vol snoep achter zich aan sleepte. De vader stond er met de handen in de zakken bij. Hij zei dat er meer mensen dan andere jaren meededen.

'Veel meer.'

Ik deed ook een duit in het zakje met: 'Vorig jaar waaide het.'

'En regen,' zei de moeder. 'Heel veel regen, dat weet ik nog.'

In de Tuinstraat herkenden ze me.

'Je mag er twee pakken,' zei een man, 'als je tegen je vader zegt dat hij voortaan positief schrijft over Wormer.'

Daarna, schreeuwend naar mij: 'Dit is de Tuinstraat!'

Ik onthield: een warme avond, vooral in de Tuinstraat.

Afzeggen

9 december 2020

In het dorp begon Kerstmis de dag na Sinterklaas. De overbuurman hing zuurstokken in de boom, er hingen lichtjes in de straten, twee huizen verderop knipperden de eerste rendieren en ik zag de eerste dorpelingen met kerstbomen slepen. Wij hadden de schuur opgeruimd. Lucie van Roosmalen (5) dacht dat we al die troep naar de stort brachten om plaats te maken voor Jezus. Ze wist: 'Als de ster er is, komen er een vrouw en een man en Jezus, en daarna komen de koningen. Een rode, een gele en een bruine.'

Met mijn moeder hoeven we voor het eerst niets met Kerstmis, wat voor een vreemd soort leegte zorgde. Mijn zus haalt haar op eerste kerstdag uit het verzorgingstehuis voor een brunch, als dat mag, en brengt haar ook weer terug. Ze zal zich er weinig van herinneren.

'Jullie hoeven daarvoor niet helemaal naar Limburg te komen,' zei ze ruimhartig. 'Bovendien komen wij op kerstavond al naar jullie.'

Ik bleek het zelf te hebben voorgesteld, ze hadden al enorm veel rekening gehouden.

Ze had wat geschoven in haar rooster, haar dochters hadden er speciaal voor vrij genomen. De verkering van de oudste dochter kwam ook mee.

Even later meldde mijn broer zich, hij moet vanwege zijn handicap alles ruim van tevoren plannen en wil een hotel in de buurt boeken.

Of wilden we het soms vieren zonder hem?

De vriendin telde opeens vier huishoudens en confronteerde me met de gevolgen.

'Dat moet ik wel tegen mijn moeder zeggen, dan komt ze niet meer oppassen,' zei ze. 'En dan valt ons leven in duigen.'

Zo had ik er nog niet over nagedacht.

We bespraken mijn familie.

Mijn zus werkt in de zorg, haar kinderen zitten op de middelbare school, mijn broer ziet niemand omdat hij tot een risicogroep behoort, en van die verkering wisten we niets.

Ik belde iedereen af.

Niet omdat ik echt bang ben voor corona, maar omdat we anders geen oppas meer zouden hebben.

Ik proefde de teleurstelling, daar ging de opgelegde gezelligheid waar we allemaal altijd zo tegen opzagen.

'Na alle leuke dingen pakt corona ons ook nog de ongezellige dingen af,' zei mijn broer. Ik beloofde hem dat we volgend jaar weer ouderwets met tegenzin bij elkaar zouden komen om herinneringen op te halen aan vroeger, toen het ook al nooit gezellig wilde worden. Hij had nu al zin om te zeiken over de locatie, want hij ging niet nog een keer een reis naar Noord-Holland plannen.

In de schuur lag ondertussen een wortel voor het paard van Jezus.

Wegkwijnen

23 december 2020

We hadden vroeger een konijn. We lieten hem wel eens los op het Perzisch tapijt. Toen was het nog een leuk konijn. De laatste jaren zat hij in het donkerbruine hok voor de laurierkers, de scheiding tussen ons en de buurvrouwen. Aan het eind was hij iets dat we vooral niet moesten vergeten te voeren. Hij wilde ook helemaal niet worden aangehaald, als je dat probeerde, beet hij in je hand en dus lieten we hem maar in zijn hok.

Ik werd aangesproken door een lezer. Ze herkende me en vroeg hoe het met mijn moeder ging. Jammer dat ik bijna niet meer over haar schreef. Ze had zo meegeleefd en wilde eigenlijk ook wel weten hoe het was afgelopen.

'Was het maar afgelopen,' hoorde ik mezelf zeggen.

Lang zag ik mijn moeder als een onuitputtelijke bron, haar dementie was een extra verhaallijn. Corona maakt sommige dingen ook makkelijker, zo hoef ik het wegkwijnen van mijn moeder niet onder ogen te komen. Telefoneren kan ze niet meer, het ding ligt niet eens meer in de oplader. De laatste berichten zijn te ontluisterend om te noteren. Ik hoor ze aan. Het gaat niet meer over haar.

Ik had gedacht dat ik tot het bittere eind zou doorgaan. Dat ik zou noteren dat ik haar billen afveeg, dat ik naast haar bed zou zitten en naar haar onzin zou luisteren. Maar dat breng ik dus niet op. De fysieke afstand en het virus zijn excuses, maar ook als het vaccin er is en ze om de hoek zou wonen, zou ik niet gaan.

We keken gisteren naar filmpjes van twee jaar geleden.

Mijn moeder schuddend met een koektrommel boven het hoofdje van Lucie, ik in de stoel ernaast achter een krant. Drie keer hetzelfde verhaal over dat ze haar portemonnee bij de bakker had laten liggen.

De vriendin vroeg of we niet toch nog een keer bij haar langs moesten, nu het nog kon. Met kerst. Ik pareerde meteen.

‘We hebben er niets aan. Ik word er depressief van. Het heeft geen nut, ze vergeet toch meteen dat we er geweest zijn. We mogen toch niet allemaal naar binnen.’

Ik wil mijn moeder niet zien met een luier, ik wil haar niet horen grommen in dat bed, ik wil desnoods de oeverloze herhalingen van voor corona terug, maar niet dit. En ik wil het ook niet meer beschrijven.

Ik luister naar wat ze zeggen over mijn moeder en denk aan dat konijn. Ze zit in een hok voor de groene laurierkers. Ze verschonen en voeden haar in hun viruswerende pakken. Misschien dat ik mezelf er nog een paar keer naartoe schop. Ik zal haar niet vastpakken want dat wil ze niet. Ik zal het zien en meteen vergeten.

Vrouwen voor Vrijheid

4 januari 2021

Gek hoe je voor jezelf ook een waterscheiding maakt tussen het ene en het andere jaar. Ik had met alle rampspoed rekening gehouden, maar in het dorp gebeurde helemaal niets op oudejaarsavond.

Iedereen was braaf geweest.

De gordijnen zaten overal dicht. Soms zagen we een fietser passeren. Er sneuvelde geen ruit, de wijkagent leefde nog, af en toe een harde knal, maar daar bleef het dan toch bij. Een paar dorpen verderop was een fietstunnel opgeblazen, maar dat was daar. We ondergingen een lange televisieavond, om twaalf uur kreeg ik drie berichtjes, een was van Zalando, waar ik een dag eerder halfhoge gymschoenen had besteld.

Het voelde als een mislukte verjaardag zonder slingers.

De volgende ochtend werd ik voor mijn gevoel wakker in een ander land.

Ik zag de buurman een auto wassen, zwermen vogels, mijn dochters speelden met een bal, mijn zus belde dat mijn moeder niets van de jaarwisseling had gemerkt en dat het voor haar waarschijnlijk altijd 2020 zou blijven, de klink van de deur naar zolder brak af, ik sneed me met scheren, de vestiging van het Kruidvat was gewoon open en op de deurmat lag een anonieme kaart met de beste wensen. Ik onderging een coronatest bij een commerciële partij. Negatief, het was ongelooflijk.

En zo kachelden we rustig het nieuwe jaar in, vertrouwend op alles wat voor ons ligt.

Dan zondagmiddag, een demonstratie van 'Vrouwen voor Vrijheid' tegen 'de coronamaatregelen en uitholling van de rechtsstaat'. Ik had nog nooit van Vrouwen voor Vrijheid gehoord, uit de summiere informatie begreep ik dat ze zichzelf als iets feministisch zien, waarmee het begrip voor mij werd opgerekt. Ik zag filmpjes van een druk Vlooienveld in Haarlem en begreep dat zich daar dan voortaan ook woedende mannen onder mochten scharen. 'Feministische' vrouwen en mannen stonden te dicht bij elkaar op het gras en zongen dat ze inderdaad niet honderd, maar 99 procent zijn.

Het voelde als een voetbalwedstrijd tussen het vaccin en het virus, we hadden lang de nul gehouden, maar in blessuretijd werd de bal dan toch nog in eigen doel geschoten. We hadden zo ons best gedaan, afgezien zelfs, maar er zijn in een team altijd een paar zwakke plekken.

Binnen een paar dagen was 2021 heel erg 2020, nog even doorzetten: in 2022 wordt alles beter.

Lockdown in Presikhaaf

10 januari 2021

Door de lockdown was het dorp nog kleiner geworden. Het was nog niet gelukt om er kinderopvang te regelen. Om ons heen vielen ze met bosjes, er was geen niet-besmette oppas meer te krijgen.

We onderhandelden over onze tijd, er was niemand om ons tegen te beklagen. We hadden alleen elkaar. Als een van ons uit werken ging liet hij de ander achter met Lucie en Leah. In mijn afwezigheid werd gebakken, getekend en contact gelegd met school. Als het mijn beurt was stond ik vaak voor het raam te wachten tot het voorbij was.

Het vermaak was met de kinderen naar de Vomar en terug.

Ik dacht aan mijn moeder.

Toen ze zwanger was van mij had mijn vader haar vanuit Brabant meegenomen naar een flat in de Arnhemse wijk Presikhaaf. Mijn vader werd ambtenaar, zij vond op zevenhoog zichzelf uit. Ze kreeg mij en zat hele dagen met mij op schoot voor het raam te wachten op hem. Ze rookte Stuyvesant rood, deed de was en keek naar buiten. Met haar verjaardag kreeg ze een fototoestel. Daarmee fotografeerde ze het interieur.

De foto's plakte ze in een schrift, de onderschriften zijn zo karig dat ze me ontroeren.

'Keuken.'

'Bureau.'

'Tafel woonkamer.'

Later vertelde ze me wel eens over die tijd. Dat ze zich de hele tijd op de thuiskomst van mijn vader verheugde, maar dat het moment zelf dan bijna altijd tegenviel.

'Dan kwam hij binnen en zei: "Ik ruik gehaktbal."'

Het is dat het niet meer kan, ze verpietert in een woonzorgcentrum, maar anders had ik haar gebeld om te vragen hoe ze destijds in godsnaam door die lockdown was gerold.

Zondagochtend, ik moest weg, besloot de vriendin, ze is zwanger, dat ze de kast in de kamer van Leah in de huiskamer wilde zodat we daar de troep van de kinderen in konden proppen. Voor we het zelf wisten hadden we ons vastgedraaid op de trap. Vijftien treden lager brulde Lucie dat ze naar de wc moest.

Ik liet ze achter in chaos, deed mijn ding en realiseerde me pas bij thuiskomst hoe het daar moest zijn geweest.

Heel even schoot het door me heen om net als mijn vader de deur open te gooien en te roepen dat ik gehaktballen rook, maar dat zou nergens op slaan. De slagerij in het dorp is gesloten en vlees van de Vomar eten we niet.

Och, hij fietst

18 januari 2021

In alle actualiteitenprogramma's fietste Mark Rutte zo vaak voorbij dat je niet anders kon denken dan: daar heb je hem weer op z'n sportieve stadsfiets. Dat was natuurlijk ook de bedoeling. Wij zijn een fietsland, wij fietsen zo graag, wij zien fietsen als een onschuldig tijdverdrijf. De fiets wast alle zonden wit. De verslaggevers stonden erbij en constateerden wat iedereen zag.

'Och, hij fietst.'

Hij fietste door het beeld alsof er niets aan de hand was.

Onschuldig beeld: Rutte op die lange oprijlaan fietsend op weg naar de koning. En dan die fiets heel nonchalant tegen de trappen parkeren.

Een verslaggever van *De Telegraaf* riep: 'Dit is Nederland.'

Over een paar maanden vergelijkbare beelden. Dan legt dezelfde man, met hetzelfde stoïcijnse hoofd op dezelfde fiets dezelfde route af, dan niet met zijn slachtoffers, maar met een nieuw kabinet in zijn hoofd. Dat voor een deel wel weer hetzelfde zal zijn.

Het probleem van dit land: alles blijft altijd hetzelfde, al doen we graag alsof dat niet zo is.

Een dag na 'de val' sneeuwde het.

Bekend Nederland zat voor het raam en twitterde er de hele dag over.

'Nog geen sneeuw.'

'Wij moeten wachten tot 17.00 uur, jammer voor de kleintjes.'

'Het blijft niet liggen.'

Zo klein is onze wereld dus al geworden, dat is het bijeffect van de eeuwigdurende lockdown. Ik zat die dag in een kantoor tussen Amsterdam Amstel en Duivendrecht en belde twee keer naar huis.

Enthousiaste verslagen van Lucie en Leah die het wonder van een veranderende wereld voor het eerst meemaakten.

De jongste had zichzelf op haar driewieler vastgereden op het schoolplein en vertelde hoe ze was afgestapt en haar fietsje door de sneeuw naar huis had gesleept. Haar vingertjes waren bevroren.

'Maar dat hoort er ook bij!' zei ze monter.

De sneeuw van zaterdag had eigenlijk vrijdag moeten vallen, en dan graag in nog wat grotere hoeveelheden. Mark Rutte, de fiets achter zich aan slepend door de prut, hoe mooi en typisch Nederlands was dat geweest? De roedel zeurend en zuigend achter zich aan.

'Heeft u het koud? Net zo koud als die gezinnen die u in de kou liet staan.'

Dan het laatste rechte stuk naar het paleis, de voeten nat, de vingers bevroren.

Maar zo ging het helaas niet, zelfs het weer is hier nooit extreem, ook al denken we van wel.

Dus dus dus

20 januari 2021

Ik wandelde door Betondorp, mijn oude buurt in Amsterdam. Ik had sinds de verhuizing naar het dorp vaak heimwee gevoeld, maar nu ik er was, voelde ik aan alles dat het niet per se leuker was om hier opgehokt te zitten. Buurtwinkel Oosterwaal was gesloten. Eigenaar Marcel had het aan zijn grote hart.

Hij had zijn zaak, de goodwill, niet kunnen doorverkopen aan een nieuwe eigenaar omdat 'de woningbouw' veel meer huur wilde gaan vragen. Dit hoorde ik van een oud-buurtgenoot die nog nooit van d'r leven iets positiefs had gezegd over de woningbouw. Ze ging er even speciaal voor staan.

'Dan heb je een leven lang hard gewerkt,' zei ze over Marcel, 'en dan pakken ze je je pensioentje af. De kolerelijers.'

Kolerelijers, mooi woord.

Ze blies het me vanaf anderhalve meter nog een keer vertraagd toe.

'Ko-le-re-lij-ers.'

Ik vroeg of iedereen zijn bonnetje wel had betaald.

Er hingen in buurtsuper Oosterwaal rondom de kassa hele plukken bonnen van nog niet betaalde boodschappen. Als die allemaal betaald zouden worden had Marcel alsnog een pensioen.

'Nou ikke niet,' zei ze. 'En ik denk de anderen ook niet.'

Meteen eroverheen ratelen, meteen de jij-bak.

'We zitten in een pandemie, toch? Ga jij je goeie geld dan wegbrengen? Dat doet toch niemand? Tenminste hier niet. Misschien bij jou, in Yuppendam.'

Ik zei dat Wormer beslist geen Yuppendam was, maar dat ik de zogenaamde solidariteit in volkswijken in de praktijk zo vond tegenvallen.

'Jullie zijn zo openlijk asociaal, het is altijd ikke-ikke-ikke...'

Zo had ze er nog niet tegen aangekeken.

Er passeerde nog een Betondorper.

'Hij zegt dat we zo lekker asociaal zijn,' riep ze.

Antwoord: 'Moet hij zeggen, hij komt toch ook niets brengen...'

Ze sloot het gesprek af met de mededeling dat het in Betondorp wel meeviel met corona, ze wist maar van één dode. Een man van 63.

'Maar hij had drie jaar geleden ook al zuurstof nodig. Dus.'

Dus het viel wel mee.

Dus wat een gelul allemaal.

Dus waar hebben we het over?

Dus dus dus.

Terug in Wormer werd ik vriendelijk gegroet.

Ik zwaaide terug.

Misschien waren de mensen hier toch wel vriendelijker, socialer en aangepaster. Ze ondergingen alle beperkingen zonder morren, alsof ze er zelf geen last van hebben. Je kon eigenlijk alle maatregelen wel op ze loslaten.

Ik wist opeens wat ik in het dorp het meeste miste: de onredelijkheid, het tekort, de humor.

Een ramp wil je samen ondergaan.

Levend uitroepteken

1 februari 2021

De groenteboer, een man met wie ik binnen drie jaar wel een prettige band heb opgebouwd, droeg al weken een plastic scherm voor zijn baard. Het besloeg al bij een gesprek over sappige peren en sinaasappels, of over Italiaanse druiven zonder pit. Lucie vroeg zich af hoe hij at.

'Er zit glas voor zijn mond.'

Voor haar was hij een soort Rapunzel, een sprookjesprinses met veel te lang haar.

'Och het is toch allemaal wat,' zei ik tegen mijn groenteman over alle coronamaatregelen in zijn winkel. Ik hou ervan om te klagen met middenstanders.

Mijn groenteboer, hij deelt de ruimte met een slager bij wie ik nooit wat koop omdat ik een trouwe klant ben bij de slagerij van de zoon van de vorige burgemeester, vertelde hoe ze, de slager en hij, meteen na de laatste maatregelen eenrichtingsverkeer en een mondkapplicht hadden ingevoerd. Hij had zelfs het pinapparaat verplaatst om het besmettingsgevaar in te dammen. Een paar weken later ontving hij een schrijven van de gemeente Wormerland. Of ze per direct eenrichtingsverkeer en een mondkapplicht wilden invoeren.

'In een grote stad hebben ze tenminste boa's...' verzuchtte hij. 'Ik wil dat er iemand is die me controleert, dan heb ik eer van mijn werk.'

Ik herkende dat gevoel van vroeger.

Als ik braaf mijn Duitse naamvallen had geleerd wilde ik ook altijd een onaangekondigde overhoring.

'Gezagsgetrouw zijn ze wel,' zei mijn groenteboer over de Wormen, waarmee hij de inwoners van Wormer bedoelde, 'ze houden zich keurig aan de regels. Het is een makkelijk dorp. Ik heb het maar één keer meegemaakt dat iemand zich er niets van aantrok.'

Dat was de locoburgemeester van de VVD.

Hij was zonder mondkap tegen de stroom in binnengevallen voor even snel wat handfruit, maar plaatste met dezelfde hand waarmee hij een appeltje at net zo makkelijk zijn handtekening onder noodzakelijke maatregelen.

Mijn groenteboer liep even naar achteren om zijn inmiddels beslagen spatscherm af te vegen met een hygiënisch doekje.

Ik zei tegen Lucie dat zijn glazen scherm even af was en dat hij daarom was verdwenen, maar dat hij er snel weer was.

'Gelukkig,' zei ze. 'Dan kan hij eindelijk eten. En tandenpoetsen, want dat moet ook.'

Toen hij terug was rekenden we af, verlieten braaf volgens de looproute de winkel en liepen hand in hand over het verlaten waaiplein naar huis.

We hadden weer niets meegemaakt, maar zo voelde het niet.

3 vragen aan

2 februari 2021

Een verslaggever van *Vriendin*, een blad voor vijftigplusvrouwen, belde voor de vermaarde rubriek '3 vragen aan'. Het zou een kwartier duren. Ik hoefde niet op de foto. De aanleiding was drieledig: de coronatijd, het vaccineren van kwetsbare ouderen en dementie. Eigenlijk alles kwam samen in mijn moeder, en de relatie tussen mij en mijn moeder.

'Ik heb driehonderd woorden dus.'

Ze legde uit dat ze in het echt veel meer dan drie vragen ging stellen, maar dat er in het stuk maar drie vragen stonden, enfin, ik zat zelf in de journalistiek, ik kende het klappen van de zweep. De eerste was: 'Goh, corona, wat vervelend, wat naar, helemaal als je moedertje – hoe oud is ze ook alweer? – als je moedertje dat helemaal mee moet maken, dat helemaal moet doorstaan, dat gun je toch niemand? Dat gaat je als zoon natuurlijk aan het hart, dat is niet een afscheid dat je je wenst, dat lijkt me zo confronterend, dat je je zo machteloos voelt…'

Ik zat in de intercity tussen Amsterdam en Zaandam, de man schuin tegenover me keek me geïrriteerd aan, het remde me.

'Het is allemaal niet zo prettig inderdaad,' zei ik, 'maar we hebben het geaccepteerd, ze is niet meer de moeder die ik me herinner. Ik schrijf ook niet meer over haar...'

Ze vond het vreselijk voor me, echt vreselijk, gatverdarrie. Begreep ze nou goed dat het te dichtbij kwam, dat het schrijven over mijn moeder een verwerkingsproces was geweest?

'Nee,' zei ik. 'Ik ben er gewoon niet meer zo mee bezig. Af en toe denk ik aan haar, maar niet overdreven veel.'

De verslaggeefster werd er namens mij verdrietig van.

'Is er...' ze koos haar woorden voorzichtig, 'is er niet ook een klein beetje hoop? Een lichtje in de duisternis? Ergens heel ver weg?'

'Nee,' zei ik.

'Een moment van herkenning, bijvoorbeeld als u op de rand van haar bed zit.'

Ik zei dat ze ver weg woonde, dat ik bijna nooit meer op bezoek ging omdat ze me toch niet herkende en vanwege corona natuurlijk.

Diepe, diepe stilte, ze moest dit even op zich laten inwerken.

'Is het klaar?' vroeg ik, daarna: 'Gaat het?'

Ze nam een slok water en zei: 'Ik ken dus, nou ja, je zult me dit wel kwalijk nemen, maar ik ken dus een verpleegkundige die wel contact kan maken met dementerende ouderen... Dat is heel bijzonder, hij heet Remco, hij kan daar ook goed over vertellen...'

Ik bleef stil.

Zij: 'Nou ja, laat ook maar... heel, heel veel sterkte.'

Later kreeg ik de concepttekst, ze had haar hele ziel en zaligheid erin gelegd, voor zover dat kan met drie vragen. Er bekroop me een vreemde gedachte: ze hield meer van mijn moeder dan ik.

Willem Engel

17 februari 2021

Het is nooit leuk om een rechtszaak te verliezen. Het is verschrikkelijk om een rechtszaak te verliezen van een idioot, van iemand die bewezen slecht is voor de volksgezondheid. Het overkwam de staat, de regering ging meteen aan de slag met een noodwet.

Logische reactie wel: je kunt in deze tijd van iedereen verliezen, maar niet van Willem Engel.

Op het moment van schrijven diende een spoedappèl van de staat tegen de beslissing van de rechter om de avondklok per direct buiten werking te stellen.

Zowel minister-president Rutte als minister Grapperhaus heeft intussen opgeroepen om vooral binnen te blijven, terwijl Willem Engel, de grote waanzinnige winnaar, heeft opgeroepen tot 'een feestje op straat'.

Ik woon in Wormer, een lintdorp tussen niets en nergens. De avondklok heeft er niet ingehakt, zoals niets er hier inhakt. Er is behalve als je een hond hebt geen enkele reden om je hier na negenen op straat te begeven, tenzij je van de weg wilt waaien. De mensen hier zijn plichtsgetrouw, soms op het irritante af.

Toen ik vorige week de vuilnisbak rond negenen van de straat ging halen, passeerde er een auto die expres langzaam ging rijden zodat ik goed kon zien dat de bestuurder woedend op het horloge om zijn pols tikte.

Was ik helemaal gek geworden?

Ik kon het hele dorp wel besmetten!

Dat was waarschijnlijk 'een burgerhulp', zoals ze de mensen die op vrijwillige basis het plaatselijke ambtenarenapparaat ondersteunen hier noemen. Het zijn dezelfde mensen die afgelopen weekend klaarstonden om met een hesje aan een einde te maken aan de ijspret op 't Zwet. Ze doen dit niet voor zichzelf, maar voor ons allemaal, legde Erna van de slagerij ongevraagd uit. Zij had de laatste Bannetocht in 2012 nog meegemaakt en kon zich de mensenmassa's nog goed herinneren.

Dat nog een keer in deze tijd en je was als dorp verloren!

Ik wilde er wel bang van worden, maar het lukte niet.

Wat al die burgerhulpen en burgers niet lukte, lukte Willem Engel wel. Ik zag zijn triomfantelijke hoofd en de angst voor totale ontwrichting zit er nu toch in. Wijsheid is om niet ons maar hem op te sluiten.

Plaatsen waar je niet graag vandaan komt

22 februari 2021

Tussen zijn mediarelletjes door reist Thierry Baudet met een uitklapbare vrachtwagen door de periferie. Naar de plaatsen waar je niet graag woont of vandaan komt. Guerrillacampagne noemt hij dat zelf, want hij mag de komst van zijn 'vrijheidskaravaan' niet tevoren aankondigen. Thierry heeft standaard een petje op zijn hoofd wat hem iets mallotigs geeft. Voor de oudere lezers: Edwin Rutten in *De film van Ome Willem*. Hij geeft fans en partijgenoten op de plaats van bestemming structureel een hand, waarmee hij laat zien hoe hij over alle coronabeperkingen denkt.

Huisjesmelker Wybren van Haga is ook mee. Op troosteloze parkeerplaatsen voeren ze, soms ingeleid door C-artiesten, zoals in Tholen waar de rapper Duncan iets actueels de microfoon inblies, steeds dezelfde act – 'iedereen is gek behalve wij' – op.

Het heeft iets ironisch, de onderkant die de handen stuk klapt voor een door Thierry ingesproken filmpje vol met hoogtepunten uit de vaderlandse geschiedenis.

'Spinoza schrijft filosofie, onder Boerhaave wordt Leiden het centrum van de medische wetenschap, Antoni van Leeuwenhoek maakt de kleinste dingen zichtbaar met zijn baanbrekende microscoop en Christiaan Huygens verkent reusachtige hemellichamen...'

Dan Nederland vanuit de lucht gefilmd: gras, koeien, tulpenvelden, Deltawerken en daarna Thierry die juist alleen nog maar gelooft in wetenschappers die hetzelfde vinden als hij en nu zelfs de peilingen van geestverwant Maurice de Hond wantrouwt omdat FVD daar nog steeds niet groot, of de grootste is.

Dieptepunt tot nu toe: Roosendaal, waar een huilende kapster haar laatste geld aan Thierry wilde doneren. Hij speelde haar door naar Wybren van Haga, die haar werd voorgehouden als de reddingsboei in deze moeilijke tijd. Klamp je vast aan Wybren van Haga en je verzuipt zeker, maar dat weten ze in Roosendaal niet.

Laat staan in Tholen, Spijkenisse, en Vlissingen, allemaal plaatsen waar corona niet overheen hoefde om je somber te voelen.

Grote vraag die de vriendin en ik elkaar stelden: wanneer komt die vrijheidskaravaan naar ons? Forum was in de gemeente Wormerland bij de Provinciale Staten tenslotte met afstand de grootste. De komst van die vrachtwagen voelt als een stempel, als zij hebben aangelegd ben je officieel een kutgebied. Dan hoeven we niets meer uit te leggen.

Ruimte genoeg op de parkeerplaats voor de Vomar.

Eerst klappen voor de vaderlandse geschiedenis, dan Thierry die misschien wel refereert aan de nederlaag die de Spanjaarden hier leden in de Tachtigjarige Oorlog en als klapstuk Wybren van Haga die ons het leven van voor corona belooft, niet wetend dat er toen ook al niets gebeurde.

Cacaolucht

26 februari 2021

Er zaten twee vrouwen op het bankje van het schoolplein naast ons huis, happend van zelfgesmeerd grof volkoren. Het waren wandelaars. Van die echte, met van die stevige schoenen. 'Wij komen uit de grote stad,' begon een van de twee een gesprek.

De ander: 'Uit Amsterdam!'

Omdat ik zelf jaren in Amsterdam heb gewoond, reageerde ik daar verder niet op. Ik trok ondertussen aan een voetje van Leah die zich had verklommen, ze overschat zichzelf regelmatig aan het begin van het klimrek en bevriest dan halverwege, als ze beseft dat ze niet verder naar boven durft en al te hoog is om alleen af te dalen. Ik schrijf dit omdat ik heel veel parallellen zie met mezelf. De Van Roosmalens hebben een ongekend talent voor zelfoverschatting, zien dat zelf als eerste, maar dan is het vaak al te laat. Ik zie in Leah van Roosmalen ook mijn vader die ons en zichzelf in het donker heeft vastgereden op een bergweg in Zwitserland en die niet meer voor- of achteruit durft.

Maar dit terzijde.

De vrouw die zei dat ze uit de grote stad kwamen, snoof nadrukkelijk de buitenlucht op en vroeg: 'U bent van hier? Wat ruik ik toch?'

Ik zei dat het cacao was. Ze snoof de lucht nog een keer op en keek naar haar vriendin, die ook begon te snuiven.

'Cacao dus...'

'Ja, ik ruik het nu ook.'

Daarna tegen mij: 'Waar staan de cacaofabrieken?'

Ik had geen idee. 'Aan het water, denk ik.' Leah stond ondertussen weer met haar pootjes op de grond, ze kondigde aan heel hard te gaan rennen.

De vrouwen vertelden ongevraagd over hun wandelroute.

Begonnen op station Wormerveer, dan naar Wormer, Jisp, eindigen in Purmerend en vanaf daar met de bus weer terug naar Amsterdam.

Had ik die route wel eens gewandeld?

Ik schudde het hoofd.

'O,' zei de vrouw, ze veegde met de rug van haar hand de kruimels van haar mond. 'In Amsterdam wandelt iedereen, het is echt een rage.'

Ze stonden op, deden alle twee een mondkap voor, ze gingen weer. Ze hadden genoten van het zitten op het bankje op het schoolplein.

Ondertussen was Leah tegen een muur van de school gerend, ze heeft moeite met het vinden van de remmen als ze te enthousiast is vertrokken.

'Tegen de muur gelopen,' constateerde een van de vrouwen.

Ik had zin om iets onaardigs te zeggen, maar wenste ze een fijne dag met veel cacaolucht.

Iedereen behalve ik

1 maart 2021

Op de keukentafel lag het *AD Magazine*, met daarin een gezinsfoto uit 1981. Mijn gezin/ons gezin. Het was niet echt een verrassing, ik had de foto op verzoek zelf opgestuurd naar die redactie. En toen stond hij erin. Mijn vader in pak, mijn moeder met een enorme bril, mijn zus als Catootje uit *Jan, Jans en de kinderen* en mijn broer nog zonder beperking. Genomen door portretfotogaaf Den Heuvel in Velp. Beetje jammer dat er in koeienletters naast stond dat we geen hecht gezin waren, een feitelijke onjuistheid die ze per ongeluk hadden laten staan.

Ik zag ons allemaal op een rijtje en stelde mezelf de gewetensvraag wie ik als eerste zou vaccineren. Mijn moeder, van wie het niet per se hoefde?

Het bleek een totaal achterhaalde gedachte, want even later kwam het bericht van de zorginstelling waar mijn moeder verblijft. Tussen de vaste herhalingen 'wakker worden – soep – activiteit – slapen' was opeens 'prik' gezet. Ja, ik las het goed: 'wakker worden – soep – prik – activiteit – slapen'.

Het had de directie behaagd dat ze afgelopen zaterdag, toevallig de geboortedag van mijn vader, haar eerste prik had gekregen. Ik las de feestelijke gecomponeerde zinnen en dacht dat de drumband van Mook misschien ook nog even een riedeltje was komen spelen op de betonstrook voor de hokken. Om te vieren dat ze er binnenkort allemaal immuun zijn. Er waren daar veel slachtoffers gevallen, maar deze geluksvogels waren de dans toch maar mooi ontsprongen. Vraag niet hoe, maar ze leefden nog.

Ik communiceerde erover met mijn familie. Ze vonden het eigenlijk niets bijzonders. Mijn zus had als werker in de zorg beide prikken al achter de rug, mijn broer ontving als risicogroeper vorige week zijn eerste prik. Nog even en we konden gewoon weer bij elkaar komen, als de rest dan nog een mondkapje om had was dat om mij te beschermen.

De overheid ging over de volgorde – zwak, ziek en misselijk en zorg eerst en daarna een hele tijd niets – en had voor ons bepaald dat ik als allerlaatste kwam, terwijl ik mezelf in volgorde van belangrijkheid een andere plek had toebedeeld. Iedereen was al gevaccineerd, behalve ik!

Het was niet het juiste moment om me daarover te beklagen, ze stonden niet voor hun lol met een foto van hun niet hechte gezin in alle regionale kranten.

Misschien moest ik maar nooit een vaccin krijgen.

Linda's Wintermaand

10 maart 2021

Marco Borsato en Linda de Mol kennen elkaar al dertig jaar las ik overal. Reden om 'weer eens bij te praten' in de A'DAM Toren. Ik ging meteen denken wie ik allemaal al dertig jaar ken: want reden om weer eens bij te praten!

SBS van broer John mag meekijken.

Logisch, want emoties zijn handel voor Marco.

Ik las het goed: een 'eenmalige special' van *Linda's Wintermaand* van een uur.

Over 'de scheiding'.

'De burn-out'.

En 'de comeback'.

Jezus.

Marco Borsato heeft zijn scheiding met Leontine 'verwerkt', waarmee bedoeld wordt dat hij er werk van gemaakt heeft. Zijn goede vriend John Ewbank heeft het verdriet in kromme zinnen gegoten en die zingt Marco dan, met van die lange jankerige uithalen.

Marco vraagt zich al jaren van alles af. Waarom we bestaan, waarom we worden geboren, waarom we straks weer gaan, waarom hij is vreemdgegaan, maar in zijn comebacknummer – 'Een Moment' – duikelt hij de diepste diepte van zijn gevoelsleven in en wil hij dat Leontine hem nog één keer een seconde vasthoudt zodat hij het gevoel later weer herkent, of zoiets.

Leontine, de bedrogen ex, had het al gehoord en liet via de sociale media weten: 'Echt prachtig, lieverd. Het raakt me. Zo mooi, puur en liefdevol. Trots op jullie.'

Ze had veel letters van zinnen omgedraaid bij het *Rad van Fortuin*, maar zulke mooie zinnen had ze nog nooit gelezen. Als je zo in de wedstrijd zit, ervaar je het misschien ook wel als mooi dat je huwelijk door je ex op televisie wordt besproken. Met zijn goede vriendin Linda, bij wie, het zal de gekke coronatijd zijn, er qua goedkoop sentiment toch ook geen rem op lijkt te zitten.

Stiekem hoop ik dat dit weer zo'n sociologisch experiment van John de Mol is. De ultieme lakmoesproef. We zitten in lockdown, er komen verkiezingen aan, maar hij toont voor de zoveelste keer aan dat wij in Europa terecht onderaan allerlei lijstjes bungelen. Dit land snakt naar de ontboezemingen van een vreemdganger, nog meer dan naar knikkers. Voor het eerst ben ik blij dat mijn moeder dement is. Ik voel zelfs een lichte jaloezie. Zij wordt op zaterdagavonden tenminste in een stoel voor NPO 1 gezet en daarna in slaap gebracht.

Gewoon verwijderd

27 maart 2021

Ik beklaag mezelf de laatste tijd wel eens dat ik door corona zo weinig meemaak. Vorige week gaf ik een online spreekbeurt bij de Bibliotheek Utrecht. Onder de bezoekers zaten drie trollen, en de stroom viel ook uit. Ik kwam plakkerig de werkkamer uit gerold en zei: 'Wat ik nou toch weer heb meegemaakt...'

Ze keek niet op of om.

'Wat dan?'

'Nou d'r zat er eentje tussen die de hele tijd in een zak chips graaide als ik wat zei.'

'En toen?' vroeg ze.

'Gewoon verwijderd.'

Op dinsdagen moet ik met de trein naar het Media Park in Hilversum. Gisteren bood een neef van de vriendin aan om me naar het Media Park te rijden, dan hoefde ik niet dat hele stuk met die ellendige sprinter met al die mensen die alleen op elkaar reageren als er per ongeluk een mondkap scheef hangt.

Wij de auto in.

'Nieuws of muziek?' vroeg de neef.

Het *NOS Radio 1 Journaal*, de prettige stem van Jan van de Putte.

'Die verspreekt zich nooit,' zei ik tegen de neef.

Het bleef stil.

'En hij draagt ook geen schoenen.'

De neef reageerde met een grom, hij vond dat soort medianieuwtjes niet interessant.

En toen begon die Jan van de Putte over een incident met een pistool in de sprinter tussen Uitgeest en Amsterdam.

In mijn sprinter.

Er was een vechtpartij, er was een pistool getrokken, de passagiers waren massaal naar de laatste coupé gevlucht, een ooggetuige had schoten gehoord, de trein was stilgezet in Koog aan de Zaan, het station daar was omsingeld, meerdere arrestaties, nadere mededelingen zouden volgen.

De neef zei dat je op het station van Koog aan de Zaan roti kon afhalen, bij Paul's Eethuis. Ik was er per ongeluk wel eens uitgestapt, er hingen oranje vlaggetjes en ik had er inderdaad roti kip speciaal gegeten.

'Dat was mijn trein,' zei ik. 'Hoe gek is dat?'

De neef haalde zijn neus op.

Ik zag mezelf zitten in die trein, met mij erbij waren er doden gevallen, zo goed reageer ik niet op vertragingen.

'Gewoon altijd rustig blijven,' zei de neef.

Er was bij een overval wel eens een pistool op hem gericht.

Daarna: 'Maar dat was niet in Koog aan de Zaan.'

Ik ging 's middags gewoon met de sprinter terug naar station Wormerveer, de Zaankanters hingen er net zo lusteloos bij als anders. Er zaten er misschien een paar tussen die 's morgens het incident hadden meegemaakt, maar daar merkte je dan niets meer van. Misschien dat ze het verhaal voor thuis bewaarden.

'Er zat iemand met een pistool in de trein.'
'En toen?'
'Gewoon verwijderd.'

Liegen als Rutte

2 april 2021

De vriendin had een begrafenis, dat is natuurlijk nooit gepland, dus ik combineerde werk en de kinderen en ik keek tegelijkertijd, eerst met een schuin oog maar daarna vol overtuiging, naar het Tweede Kamerdebat over de gelekte stukken van de verkenners. Lucie (5) en Leah (4) van Roosmalen stoorden hun vader met vragen. Ze wilden Sultana's en op de iPad kijken.

Snoepen na vieren en zomaar uit tijdverdrijf op de iPad kijken zijn hier om raadselachtige redenen doodzonden. We hebben alle technologische hulpmiddelen in huis, maar als het om de opvoeding gaat, draaien we de klok graag een paar decennia terug. De ideale vader kruipt achter zijn kinderen aan over het gazon. Ik was er zelf bij toen die regels gemaakt werden, maar toch voelen ze niet als 'mijn regels'.

Maar goed, ze was er niet en ik wilde dat debat zien, dus het mocht. Maar ik zei er wel dreigend achteraan dat ze het niet, tegen geen enkele prijs, tegen hun moeder mochten zeggen. Die had als ze thuiskwam een begrafenis achter de kiezen. En ze is hoogzwanger, vooral dat eigenlijk. Lucie spuugde door haar vingers naar haar zus.

'Ik zweer,' zei ze – dat had ze dan op school geleerd.

Leah van Roosmalen zweerde ook.

Je hebt liegen en liegen als Mark Rutte, een kunstvorm.

Na 'daar heb ik geen actieve herinnering aan' kwam hij nu met 'een verkeerde herinnering' op de proppen, wat volgens hem iets heel anders is dan liegen. Ook schitterend: hij wilde de persoon die hem de ochtend voor het debat waarschuwde dat hij omtrent Pieter 'functie elders' Omtzigt een verkeerde herinnering had niet voor de bus gooien. Dat vond hij niet integer! Lachen natuurlijk.

Ze kwam rond etenstijd. De kinderen verraadden mij niet en keken daarbij naar mij.

'Ik weet niet meer wat we gedaan hebben,' zei Lucie.

Leah van Roosmalen zei dat ze het niet mocht zeggen.

Geen leugen, ik had liever dat ze het anders had verwoord.

Ze richtte zich tot mij.

'We hadden toch een afspraak?'

Ze herhaalde de afspraak.

Ik zei dat ik dan een verkeerde herinnering had aan de afspraak.

'Geen actieve herinnering' was beter geweest, maar die kende ze al.

Het knappe van de leugens van Mark Rutte is dat hij ze zo rustig en naturel uitserveert. Iedereen weet dat hij liegt, maar hij blijft volharden, ook tegen beter weten in. Ik zou liegen als ik zeg dat het mij makkelijk afging.

Aan ons ligt het niet

9 april 2021

Ons mooie huis, een vlag op een steeds grotere modderschuit. Het artikel van Carola Houtekamer en Rik Wassens – 'Het afvoerputje van het internet zit in een Noord-Hollands dorp' – in de zaterdagkrant verbaasde niet. Dit ging over 'ons'. Over Wormer.

De achttien minuten leestijd gingen op aan het hostingbedrijf Ecatel van het Haagse duo Bap K. en Reinier van E., specialisatie: phishing, spam, kinderporno en schendingen van het auteursrecht. Jezus, bij mij om de hoek. Achter de grote olietankers aan de Bruynvisweg, als ik goed snoof kon ik het onheil ruiken.

Het dorp, geconfronteerd met zo veel smerigheid, haalde in een reflex meteen de jij-bak van stal.

'Ho ho, dit heb ik niet geschreven,' verdedigde ik mezelf op de parkeerplaats naast ons huis, terwijl ik op mijn telefoon naar het artikel scrolde. 'Kijk maar, er staat Carola Houtekamer en Rik Wassens...'

Ik voegde eraan toe dat ik Carola Houtekamer wel eens had gesproken op een borrel, en dat ik haar superbetrouwbaar, integer en erg aardig vond.

'En wonen die nu ook in Wormer?'

Die kans leek me bijzonder klein, maar zeker weten doe je het natuurlijk nooit, dus het kon wel dat Carola Houtekamer en Rik Wassens nu ergens samen in een huisje in Wormer zaten te factchecken. Ik zei maar eerlijk dat ik op mijn beurt even geen zin had om dat te factchecken.

Voor de Vomar zei een vader die ik kende van het schoolplein dat hij heel erg tegen kinderporno was. Uitgebreide uitleg over wat hij met een bewezen pedofiel zou doen, mocht die zijn pad kruisen. Het verbaasde mij dat hij dan nog niet naar het bedrijfspand van Ecatel was gegaan om tien vliegen in één klap te slaan. Wat hij niet eerlijk vond: 'Wat kan Wormer hier eigenlijk aan doen?'

Niets, dat was ik met hem eens.

'Maar dat staat er niet,' zei hij. 'Er staat afvoerputje.'

Al die tijd dat ik me had beklaagd dat ik in Wormer nooit eens met iemand over een artikel uit de krant of over de actualiteit kon praten... Nou, ik had mijn zin, stonden we daar opeens een heel artikel uit z'n verband te trekken. Wat hij maar wilde zeggen: het had net zo goed niet in Wormer kunnen zijn.

Daar ging ik met hem mee.

Ieder dorp heeft wel een industrieterrein, waar natuurlijk ook dingen gebeuren die het daglicht niet kunnen verdragen. Bap K. en Reinier van E. hadden ook ergens anders kunnen neerstrijken, hoewel ik moet zeggen dat het vestigingsklimaat voor criminelen, met maar één wijkagent die af en toe versterking krijgt als er weer eens een drugspand moet worden dichtgetimmerd, hier niet per se ongunstig is.

Hij: 'Geloof me, aan ons ligt het niet. Zet dat er dan boven.'

De hele dag corona

16 april 2021

Ik was voor het eerst in een half jaar bij een van de kappers in het dorp. Ze begon maar meteen over de maatregelen die ze allemaal had moeten nemen. Kartonnen bekertjes voor de koffie, spatschermen en dat ze de stoelen na iedere klant totaal moest ontsmetten. Haar leven was helemaal veranderd!

'Vroeger had je nog wel eens een verrassend praatje, nu heb je het alleen nog maar over corona. Het lijkt wel alsof ze in het dorp nergens anders meer over kunnen praten. En dan vraag ik me af: ligt dat aan ons, of is het overal zo?'

Ik keek naar de grond.

Ze herhaalde: 'Of is het overal zo? U komt nog wel eens ergens, toch?'

Ik zei dat het overal zo was.

In Hilversum, in Arnhem en in Amsterdam.

Zij: 'Corona, corona, corona... Echt, ik zou d'r wat voor geven als het één dag niet over corona gaat...'

Ik keek weer naar de grond.

'Jij kijkt natuurlijk naar je eigen haar...' zei ze. 'Nu al meer dan bij je laatste knipbeurt. Hele slierten. Weet je hoe dat komt?'

Ik: 'Door corona.'

Zij: 'Door corona, inderdaad. Als jij straks weg bent veeg ik het op en dan doe ik het in een plastic zak. Daarna vernietigen we het. We nemen het zekere voor het onzekere... Vroeger veegden we alles op een hoop, maar die tijd...'

'Die komt nooit meer terug,' hoorde ik mezelf zeggen.

Ze verloor zichzelf al knippend in een hele serie onlogische maatregelen van de overheid, ik hoefde alleen nog maar te knikken.

'Waarom mag ik niet naar een boekwinkel, maar wel naar het Kruidvat? Raar toch?'

'Waarom mag ik niet naar Malta, maar wel naar Texel?'

'Heb jij wel eens een zelftest geprobeerd? Ja? En hoe ver steek jij die staaf dan in je neus?'

Ze kwam bij mijn bakkebaarden.

Sinds corona een probleemgebied.

'Dat gaat dus niet met mondkap om. Ik heb met de tondeuse al bij twee mannen de touwtjes doorgesneden. Wel of niet doen?'

Ik koos voor 'wel'.

Toen het klaar was, deed ik de mondkap weer om.

Ze bleef maar herhalen dat het waanzin was.

Daarna: 'En nou hebben we het toch weer over corona. Je wilt het niet, maar het gebeurt toch. Ik sprak laatst de slager. Gewoon een praatje op straat, net als vroeger. "Heb jij het tegenwoordig ook zo vaak over corona?" vroeg ik. Hadden we het er toch nog over.'

Na het afrekenen zei ze: 'Volgende keer hebben we het niet meer over corona, goed?'

Kuchscherm

23 april 2021

Het gaat goed met mijn moeder. Een paar keer gevallen, al twee prikken gehad, wel weer even in quarantaine gezeten want 'verkouden' en 'regels zijn regels', maar nu was een kennis van vroeger zelfs van plan om 'zodra het kan' met haar naar een terras te gaan.

Naar een terras in Mook.

'Lekker achter een kuchscherm!'

Kende ik een goed terras? Dat wordt dan naar mij gemaild, de betrokken maar afwezige zoon.

Ik zou niet weten waar je in Mook naar een terras kunt. De enige horeca die ik er gezien heb, zijn een café-restaurant waar mijn zwager ooit zijn vijftigste verjaardag vierde, maar dat is failliet. En eethuis Il Forno, waar ik de verbrande pizza kan aanbevelen.

'Ik weet niet of die een terras hebben,' mailde ik.

'Kent ze mij nog wel?'

Geen idee natuurlijk, maar de kans leek me klein, ze herkent haar kinderen en kleinkinderen soms ook niet. Laat staan een voormalige collega van de school voor slechthorenden van meer dan veertig jaar geleden.

'Ik herinner me nog zo veel,' schreef de mij ook onbekende vrouw. 'Jouw moeder had een prachtig handschrift en ze kon snel fietsen!'

Maar haar afkeer van terrassen was ze dan toch vergeten.

Niemand die met zo veel tegenzin op terrassen zat als mijn moeder.

Het duurde altijd te lang, ze vond het altijd te duur en ze had het altijd koud. De laatste keer herinnerde ik me nog goed. We zaten aan een wankel tafeltje voor de banketbakker aan de Hoofdstraat in Velp, ze was al aan het aftakelen en zei alles wat er in haar opkwam. Zo vond ze het grappig dat ze bij een taartjeswinkel werd bediend door iemand met overgewicht, iets wat ze vroeger nooit hardop gezegd zou hebben.

Maar die laatste keer wel. Wel tien keer.

'Ze is dementerend,' zei ik fluisterend bij het afrekenen.

'Nee-hee,' zei het bedienend personeel. 'Ze is brutaal.'

Mijn moeder bij het weggaan: 'Wat had die vrouw een harde stem. Onvriendelijk.'

Ik mailde dat ik niet wist of het wel een goed idee was en ook dat ik ook niet wist of ze mijn moeder bij het verzorgingstehuis zomaar meegaven.

Antwoord: 'Desnoods sleep ik haar even uit haar kamer, ik denk dat ze dat hartstikke leuk vindt. Even geen corona! Ik ben niet te houden.'

En nu zit ik met dat beeld: mijn moeder met al haar tegenzin achter een kuchscherm langs de A73. Een onvoorziene bijwerking van het vaccin. Ze zal er verder geen actieve herinnering aan overhouden.

Nog drie weken

26 april 2021

De vriendin is meer dan acht maanden zwanger, bij de bakker in het dorp werd ik gewaarschuwd. 'Laat je hele gezin regelmatig testen op corona, anders komt er hier geen kraamhulp.' Meteen dat visioen van vliezen die breken en dat ik de hele bups dan maar zonder rijbewijs van het dorp naar het Zaans Medisch Centrum moest zien te krijgen.

'Kan ik dat inmiddels?' vroeg ik aan mijn rijschoolleraar bij wie ik dankzij corona al anderhalf jaar in spoedcursus zit. Hij dacht van wel, de grootste problemen voorzag hij bij het inparkeren.

Een positief scenario.

Maar goed, achtste maand zwangerschap, dan zit je in een andere mindset. Dan draait alles om de nesteldrang. Om het opbouwen van een wiegje, het online bestellen van rompertjes, het weggooien van troep (mijn spullen) en het bestrijden van alles wat het nest eventueel zou kunnen bevuilen.

Ik ben hinderlijk aanwezig, ik veroorzaak onbewust overlast met mijn hele zijn. Ik adem, ik nies, ik snurk, ik beweeg, ik werk, ik praat, ik doe mijn mond open tijdens het eten, ik ga naar het toilet, ik douch, ik raak dingen aan.

Allemaal irritant.

Ik had ook nog een longontsteking, geen covid, ik zeg het er voor de zekerheid maar even bij. Twee weken waarin ze serieuze gesprekken wilde voeren over mijn dood. Had het allemaal zin gehad? Wat bleef er na de begrafenis eigenlijk van me over, behalve een onderbroek van organisch katoen en een papierwinkel, zoals ze mijn oeuvre placht samen te vatten. Ze gaf het antwoord zelf: veel goede bedoelingen en beloften. Natuurlijk, ze zou me missen, maar in het huishouden zou alles sneller en gestroomlijnder verlopen.

Leah van Roosmalen (4): 'Mama kan alles sneller en beter!'

Ik beloofde mijn leven te beteren en meer rekening te houden met haar toestand.

Ik kreeg steeds meer tegenstrijdige opdrachten. Rust houden, beter plannen, meer opruimen, meer thuiswerken, maar dan niet zo prominent aanwezig zijn. En gezond eten, net als zij.

Gisteravond keken we samen naar *Breaking Bad*, een geweldige serie die we per ongeluk nog niet hadden gezien. We kijken iedere avond verplicht drie afleveringen samen, dan zijn we een dag voor de bevalling klaar. Ze had een pak chocoladehuisjes van Albert Heijn gekocht. Ik vind die ook lekker en zei 'gezellig'.

Weer zo'n opmerking waardoor ze het idee krijgt dat ik er helemaal niets van begrepen heb. Die koekjes waren helemaal niet voor mij, ik had beloofd gezond te leven.

Nog drie weken.

Niersteenaanval

2 mei 2021

Met de bevalling in het zicht begon de vriendin een gesprek over een ruggenprik. Had ik daar soms ook een mening over? Liever niet, eerlijk gezegd. Een paar dagen eerder had ik gezegd dat ze het zelf mocht weten, een opmerking die van weinig betrokkenheid getuigde.

'Pijn is een raar ding,' hoorde ik mezelf zeggen. 'Zodra je ervan verlost bent, vergeet je het weer.'

Ik refereerde aan die keer dat ik kiespijn had en dat ik me dat pas weer herinnerde toen ik het een paar jaar later weer had.

'Maar een bevalling is natuurlijk meer dan een kwestie van even de tanden op elkaar,' voegde ik er snel aan toe.

Och, onnozele ik.

'Kiespijn is voor hem de graadmeter,' hoorde ik haar later tegen een vriendin zeggen.

Misschien dat degene die aan de knoppen zit meeluisterde en dacht dat het misschien nuttig was om mij een opfriscursus pijn te geven.

Lucie had zaterdag voor het eerst zwemles, Leah mocht mee om aan te moedigen. Op het bruggetje bij de Vomar schoot het erin. Een pijnscheut, ik kon niet meer bewegen.

Ik hing over het stuur van de bakfiets.

'Papa krijgt een baby,' zei Leah van Roosmalen (4) tegen passerende dorpelingen. Daarna begon ze met haar zus 'Hup, papa, hup!' te scanderen. Ik zette me piepend en krakend weer in beweging.

Op weg naar het einde. We bereikten het zwembad. Er waren twee andere kinderen. De badmeester schreeuwde van een afstand om afstand te bewaren. Niet alleen vanwege corona, ook omdat de zwemlessen anders geen effect zouden hebben.

'Hoort u me?! Anders focussen ze te veel op de ouders…'

Ik kon niet terugschreeuwen, ik kon nergens meer op focussen.

Ze trok zelf haar kleren uit en sprong in het water.

Bij de kassa hadden ze nog nooit zoiets gezien.

Ik kon niet zitten, ik kon niet staan.

Leah van Roosmalen bleef maar vragen of de baby er al uit was.

Het half uur duurde uren.

De weg terug was een helletocht.

Een paar uur later constateerden ze in het Zaans Medisch Centrum een niersteenaanval, ik kreeg een verlossende spuit en een zeefje om door te plassen.

'Volgende week bent u de pijn alweer vergeten,' zei de arts.

Thuis beschreef ik wat ik had gevoeld.

'Dat, en dan keer tien,' zei de vriendin.

Typisch Duits

5 mei 2021

Mijn vader werkte op het Provinciehuis te Arnhem, thuis had hij het over 'de provincie'. 'Hoe was het op de provincie?' vroeg mijn moeder als hij met de fiets achterom kwam. Of: 'Wat vonden ze bij de provincie van je nieuwe broek?'

In onze wijk, het nieuwbouwproject Onder de Beumkes in Velp, woonden meerdere ambtenaren van 'de provincie'. Mijn vader sprak ze aan bij de achternaam en informeerde altijd hoe het ging bij de verschillende afdelingen. Omdat ik die mensen honderden keren heb begroet, weet ik nog hun achternamen.

Sigmond – Mulder – Koster – Van Dijk – Ten Hove. Koster had een enorme sleutelbos aan de riem. Sigmond ging ieder jaar op vakantie naar Zwitserland, zijn zoon stemde op de PSP. Van Dijk, onze buurman, werkte bij de 'dienst water'. Ten Hove had een seizoenkaart bij Go Ahead Eagles. Mulder had een snor.

Op een dag, veertig jaar na de bevrijding, stond Van Dijk onverwachts bij ons in de huiskamer, mijn moeder schepte net het eten op. 'Van Dijk!' riep mijn vader gespeeld enthousiast. 'Wij gaan net eten.'

Van Dijk zei dat hij een belangrijke mededeling had die ons allemaal aanging. Hij deed mee aan een uitwisselingsproject met het bestuur van de Duitse deelstaat Noordrijn-Westfalen. Het betekende niet alleen dat mijn vader tijdelijk een Duitse collega kreeg, maar ook Duitse buren.

De Duitsers bleken aardige mensen. Dat herhaalden mijn ouders tegenover iedereen, dat het aardige Duitsers waren. '*Wie geht's beim Wasser?*' informeerde mijn vader wel eens op de stoep.

Op 4 mei hing overal de vlag halfstok, behalve bij onze tijdelijke buren. Dat bleef niet onopgemerkt. Er waren er die verhaal gingen halen bij 'de aardige Duitsers', die misschien wel helemaal niet zo aardig waren. De vlag had niet halfstok gehangen! De aardige Duitsers boden hun excuses aan, zeiden dat ze het niet wisten. Een extra argument voor een deel van de straat om ze verder te negeren.

'Wat zeiden ze er bij de provincie van?' vroeg mijn moeder, die een huilende tijdelijke buurvrouw op visite had gehad, die zei dat er in Duitsland op 8 mei werd herdacht. De Duitsers was geadviseerd om zich vooral gedeisd te houden en om hun auto met Duits kenteken voor de zekerheid in de garage te parkeren. Daarna gebeurde er lange tijd niets.

Op een dag stond Van Dijk weer in de woonkamer om te zeggen dat hij er weer was. 'Wij zijn er weer,' zei Van Dijk. 'Morgen ga ik weer naar water.' De aardige Duitsers waren vertrokken zonder afscheid te nemen.

Er waren buren die dat typisch Duits vonden.

Eerlijk dorp

6 mei 2021

We lagen op de bank, laatste seizoen *Breaking Bad*. Voor de deur stond een afvaardiging van de Vomar uit ons dorp, twee vrouw sterk. Ik kende de gezichten. Natuurlijk kende ik de gezichten, ik kom daar bijna iedere dag, maar zonder bedrijfskleding moest ik toch even nadenken.

'Ja, van de Vomar...' zei de oudste.

Haar jongere collega vanaf haar fiets: 'Ik denk dat jij iets kwijt bent...'

Portemonnee, ik zocht hem al de hele dag.

Een klant was hem komen brengen, ze had hem gevonden in de

struiken tegenover de supermarkt. Er zat twintig euro in, al mijn pasjes, wat bonnetjes en een zwemkaart.

Ik wilde ze de twintig euro geven, maar die hoefden ze niet.

'Wij zijn gewoon eerlijk,' zei de oudste vrouw. 'Er is hier geen politiebureau, dus de mensen brengen alles naar ons. We kijken in iedere portemonnee, maar halen er niets uit.'

Die vanaf de fiets: 'Je kijkt er wel in, maar wat we zien, laten we zitten. We hebben de halve dag op je zitten wachten, maar toen je maar niet kwam, zijn we 'm zelf maar gaan brengen. We wisten toch wel waar je woont.'

'Ja,' zei de andere Vomar-medewerker, 'dat is het voordeel van een dorp. Iedereen weet waar je woont. En dat de mensen hier eerlijk zijn, dat wil ik ook wel even gezegd hebben.'

Die vanaf haar fiets: 'Eerlijk duurt het langst.'

Mijn vriendin meldde zich nu ook bij de deur.

'Geweldig dat jullie zijn portemonnee terugbrengen!' Tegen mij: 'Heb je ze iets gegeven?'

'Ze willen niets,' zei ik.

De oudste medewerker veegde haar bril af aan haar mouw en zei dat ze bij nader inzien wel taart lustte.

'En de rest van mijn collega's ook, denk ik.'

Die vanaf de fiets: 'En dat u opschrijft dat de mensen hier eerlijk zijn.'

De volgende ochtend ging ik naar de bakker.

Ze wisten al dat ik zou komen, maar ze hadden geen taart.

'Grote taarten moet je een dag van tevoren bestellen. Je kunt wel twee kleine taarten kopen, maar een grote is leuker natuurlijk. Ze zijn daar met een stuk of tien.'

Ik kocht twee kleine taarten.

Bij de sigarettenbalie in de supermarkt zagen ze me al aankomen.

'Met twee taarten,' zei het meisje dat de tas aannam, 'want een grote moet je een dag van tevoren bestellen.'

Iedereen weet hier alles, soms nog voordat het gebeurt.

Had ik al gezegd dat de mensen hier heel eerlijk zijn?

Urine

11 mei 2021

Ik reed naar de huisarts met een flesje urine. Dat wilde hij. Voor de zekerheid. 'Waarin doe ik dat?' had ik gevraagd. Antwoord: 'Iets met een deksel.' Ik wilde het eerst in het potje van de appelmoes doen, het werd een groen flesje gin-tonic waarop ik mezelf de avond ervoor had getrakteerd toen ik naast de hoogzwangere vriendin naar de laatste aflevering van *Breaking Bad* keek.

'Het heeft me echt door de zwangerschap gesleurd,' zei ze.

Ik verstond het verkeerd, dacht dat ze het over mij had, maar het was de serie. Een serie op Netflix, hoogtepunt van ons leven in coronatijd.

Een tussenstop bij de bakker. De opdracht was een halfje waldkorn met noten. Tien minuten later weer terug, flesje laten staan.

'Meneer Van Roosmalen komt voor z'n drank,' zei ze tegen een volle winkel, terwijl ze het flesje omhooghield. 'Gin-tonic, ik was er bijna aan begonnen.'

Leah van Roosmalen (4): 'Het is plas, hoor. Papa heeft erin geplast.'

Een klant, niet onleuk: 'Dat wordt handen wassen, Riet. Met zeep, alsjeblieft!'

Ik leverde het flesje in bij het loket.

'Volgende keer graag een sticker erop,' zei de doktersassistente, een vriendelijke vrouw. 'En volgende keer ook graag voor negenen inleveren. We doen de urine altijd als eerste. Dan hebben we het maar gehad. We hebben de urine van vandaag eigenlijk al gedaan.'

'Zal ik morgen terugkomen met verse urine, in een flesje met een etiket?'

Ze maakte een wegwerpgebaar. 'Nee joh, we doen 'm zo nog wel even tussendoor.'

Dat zeiden ze er waarschijnlijk nooit bij op de huisartsenopleiding, dat je de werkdag standaard moest beginnen met het bestuderen van ingeleverde urine. Potjes, bierflesjes en drinkbekers met etiketten.

'Nou heb je je plas hier weer vergeten,' zei Leah van Roosmalen, die maar niet uitgefantaseerd raakte over het concept plas in fles.

We fietsten terug. Die lange kale weg, wind tegen.

Opeens een verlangen naar de Kempen, misschien wel het meest onderschatte gebied van Nederland. Dat hele stuk, langs het Wilhelminakanaal bij Oirschot, het meest kaarsrechte water van Nederland. Maisvelden, varkensstallen, braamstruiken, de fabriek van Heras Hekwerk. Achter mijn vader aan, die als we stopten steentjes in het water gooide.

Leah van Roosmalen zei dat ze dorst had.

'Ik lust wel een fles plas.' Gelach om zichzelf.

Misschien dat ze zich deze weg later herinnert, uitzichtloos lang, wind tegen, en dat haar vader dan altijd een fles urine bij zich had.

Sywert, steen in onze schoen

17 mei 2021

We zaten onderhand wanhopig te wachten op de eerste wee toen het nieuws over Sywert voor enige verstrooiing zorgde. Goed nieuws, want ik zie deze wijsneus graag vallen. *De Volkskrant* onthulde dat Sywert van Lienden niet de barmhartige samaritaan is die 'om niet' handelde in mondkapjes om volk en vaderland te dienen, maar dat hij flink verdiende aan de coronacrisis.

Aan ons.

Ik legde de hand op de dikke buik naast me en zei dat ik alles goedvond, als er maar geen Sywert uit komt. Niets nieuws onder de zon, dat vond ik ook al na zijn gevoelloze preek over de vluchtelingen in kamp Moria, toen hij mee ging schrijven aan het CDA-verkiezingsprogramma en toen hij een filmpje de wereld in stuurde over hoe hij met hogedrukreiniger zijn tuinpad schoonspoot. Sywert is de burgerlul die je niet wilt zijn, de buurman die je niet in de vve wilt hebben: een oude zak die per ongeluk in een jong lichaam is geland en overal over meekakelt.

Op Twitter wees iedereen naar een interview met GeenStijl waarin hij zei dat hij en zijn hulptroepen het allemaal 'om niet' hadden gedaan en dat dit hun steentje was om bij te dragen aan de zorg.

'Steentje'.

Niersteentje, galsteentje, steentje in onze schoen, steen aan een touw om zijn nek.

Heerlijk dat hij van de sokkel werd getrokken waar hij zelf op was geklommen, wel een naar gevoel over al die miljoenen. Sywert van Lienden multimiljonair, je kon het ook zien als de grootste *heist* ooit: miljoenen roven terwijl je van alle kanten op de schouders werd geslagen.

Zijn zelfbenoemd 'ontdekker', internetcolumnist Jan Dijkgraaf liet hem na de publicatie in *de Volkskrant* alvast als een baksteen vallen. Zo gaat dat in die kringen. Zo maak je vieze handjes, maar even snel zijn ze weer schoon.

Bart Nijman van GeenStijl en prins Constantijn van Oranje – een mooi span – namen het voor hem op. We mochten niet te snel over Sywert oordelen, tenminste niet op de manier waarop hij zelf over anderen placht te oordelen. We moesten maar even afwachten waar Sywert nog mee zou komen.

Zelf reageerde de zelfbenoemde weldoener alleen op bijzaken. Op de belangrijkste vraag of en hoeveel hij zelf aan zijn mondkapjeshandel heeft overgehouden, zweeg hij. Hij heeft alles – alles! – gedocumenteerd, het ligt allemaal klaar voor 'het weerwoord', 'de verantwoording', 'de parlementaire enquête' en 'de rechtszaak'.

Ga er maar van uit dat hij zich heeft verrijkt en nooit meer hoeft te werken, een vreselijke gedachte. En dan is er ook nog die minieme kans dat hij alles kan weerleggen, of dat hij al zijn winst aan zorginstanties of goede doelen heeft geschonken. Dan zitten we voor straf de rest van ons leven met zijn moralistische burgermansgepreek.

Grootkruis

18 mei 2021

De Oranjes, elke keer als je ze denkt te kennen, ken je ze toch weer niet. Stond 'de familie' er na 'het gesprek' tussen Matthijs van Nieuwkerk en koningin Máxima er bij de meerderheid van de onderdanen maandagavond weer wat beter op, want wat is ze toch sympathiek, knap, innemend en intelligent, kwam de RVD met een persbericht waarvan ik in eerste instantie dacht dat het een grap was.

Maar het was dus echt.

'Erekruis van de Huisorde van Oranje voor Hare Majesteit Koningin Máxima.'

Koning Willem-Alexander heeft zijn vrouw een onderscheiding van 68 millimeter lang en 54 millimeter breed aan een oranje lint omgehangen wegens haar inzet voor het Koninklijk Huis.

Ze geven elkaar dus medailles.

Niet om te lachen, maar echt.

Omdat zij de afgelopen dagen ongevraagd zo dichtbij was gekomen, kostte het weinig moeite om het te visualiseren.

Ik heb binnen het gezin laatst ook een medaille uitgereikt.

Lucie kreeg een goudkleurige medaille aan een rood-wit-blauw lint van de Vomar. Ze vrat hem meteen op omdat er chocolade in zat.

Een volwassen man die zijn vrouw een medaille geeft voor de goede zorgen vind ik van een andere orde. Ik ken er niet een, en andersom ken ik ook geen mannen die door hun vrouw zijn onderscheiden. Maar goed, ik woon in Wormer, hier speelt het binnenleven zich af achter gesloten rolluiken. Als ze elkaar al huldigen dan laten ze er geen persbericht over uitsturen. Zeer binnenkort baart de vriendin onze derde dochter, ik overweeg om een diploma te maken.

Ik vertelde het mijn kinderen, dat we in een land leven waar de koning en koningin elkaar medailles omhangen, ze vonden het volstrekt normaal, maar dat komt ook omdat hun referentiekader het Land van

Laaf is, en een basisschool waar de leerkrachten alles oranje versieren als het weer Koningsdag is.

De echte schok kwam pas toen ik las dat ook prinses Laurentien een paar jaar geleden in de prijzen was gevallen. Ze ontving eenzelfde medaille op haar bruiloft uit handen van haar schoonmoeder, toen nog koningin Beatrix. Misschien dat dat hetzelfde voelde als toen ik op de lagere school mijn eerste button kreeg opgespeld, je hoorde er echt bij. Er stond bij dat de prinses de versierselen ieder jaar trouw op Prinsjesdag draagt.

Je verplaatst je dan toch even in dat voorleeshoofd.

Zo ben je de doodgewone dochter van een D66-minister, zo praat je opeens geaffecteerd en speld je jezelf voor het naar buiten gaan met trots een medaille op voor je vele goede werken voor de familie van je echtgenoot. Dat is het leuke van de Oranjes, ze zijn zo gewoon.

Gouden uurtje

25 mei 2021

We kregen een derde kind, nou ja, ik kreeg het, zij moest er wat voor doen. De geboorte vond plaats in het Zaans Medisch Centrum, een voor zover dat kan prettig ziekenhuis. De bevalling doe ik even kort. De ruggenprik viel erg tegen. Het duurde zes uur. Ik las het dagboek van Renata Laqueur, nam af en toe een loopje naar de vanwege coronamaatregelen verlaten koffiecorner, en voor de rest zat ik erbij. En naast.

Na de lijdensweg, het fotomoment.

En blijheid, geluk, et cetera.

De moeder verfomfaaid, zuster A. met een schaar voor de navelstreng. Zuster B. begon over de moederkoek. Wilden we die eraan laten zitten? Ze moest het vragen, er waren mensen die dat wilden.

Modern ziekenhuis in de periferie.

'Wilt u 'm zien? Wilt u 'm zien?'

Ze liet 'm zien.

Daarna begon 'het gouden uurtje'.

'We krijgen geld voor al onze kinderen!' zei ik voor de lol.

Het was met je kind met ontbloot bovenlijf op het ziekenhuisbed liggen, ik mocht de laatste vijf minuten, de moeder stond onder de douche, een mevrouw van de ziekenhuiscatering kwam binnen met beschuit en constateerde dat ik geen vrouw was, maar daar vond ze, zei ze er uitdrukkelijk achteraan, 'niets van'.

Bij het weggaan gekerm uit een andere verloskamer.

Ze ging weer op bed zitten.

'Even van dat geluid genieten.' Moeder en kind op de achterbank in een Nissan X-Trail van een bekende uit het dorp.

Radio 1 Journaal.

'Haar eerste nieuwsbericht,' zei ik, de debiel. 'Dit onthoudt ze haar hele leven!'

Het werd: 'De vier slachtoffers van een steekpartij in Amsterdam zijn buiten levensgevaar.'

De chauffeur informeerde hoelang het had geduurd en kon iedereen een keizersnee adviseren.

'Krijgen ze wel een buikje van.'

Ik keek achterom, moeder en dochter hadden genoeg aan elkaar.

Thuis op de bank, omzoomd door haar zusters.

'Hij doet het niet,' zei Lucie. 'De baby huilt niet.'

Daarna tegen mij: 'Zet hem aan, papa.'

Leah van Roosmalen kondigde aan dat ze haar nieuwe zus de volgende dag zou leren kruipen.

Dat was het romantische gedeelte.

We waren vergeten hoe het daarna was.

Wat doorwaakte nachten met je humeur doen, dat een kraamhulp geen oppas voor je andere kinderen is en hoe moeilijk het is om niet aan jezelf te denken.

Vooral dat.

Tussentijd

2 juni 2021

Ik lag op zaal in het Zaans Medisch Centrum, wachtend op een endoscopie. Spoedklus, ik was ertussen geschoven. Een verdieping lager was een dag eerder Frida van Roosmalen (0) geboren. Laxeermiddel in plaats van beschuit met muisjes. Tegenover me een lotgenoot, iemand die hetzelfde zou ondergaan.

Hij vroeg of ik de mierzoete oplosdrank ook zo goor had gevonden. Hij had de vereiste twee liter niet helemaal gedronken.

'Dus bij mij is het als ik ga zitten nog niet helemaal helder. Er zitten nog stukjes in. Wat denkt u? Moet ik dat melden? Of komen ze er zelf wel achter?'

Ik zei dat ik hoopte dat ik eerst mocht. Grapje dat ik twee keer moest uitleggen.

Prik in mijn arm van de verpleegkundige, ik werd weggereden. Systeemplafond. Hoofden boven mijn hoofd. Arts zonder mondkap, ik met. Heerlijke roes.

Wakker worden met hetzelfde hoofd boven me.

Niets aan de hand, wat er op de scan zo zorgelijk had uitgezien, bleek niets bijzonders. Alle alarmbellen voor niets ingedrukt, nou ja, uitslapen maar en wachten tot iemand me kwam halen.

Thuis heerste de kraamzorg uit Almere, een vijftiger met een indrukwekkende vlecht. 'Ze kan ermee slaan!' zei Lucie, zij had opeens ook een vlecht.

Ik informeerde naar de moeder en de baby.

Ze waren na het geruststellende telefoontje in slaap gevallen.

Leah van Roosmalen (4), die worstelt met de nieuwe constellatie: 'Misschien zijn ze wel dood.'

In de dagen erna een stortvloed van kaarten van dorpsgenoten. We waren overweldigd door de aandacht van al deze vreemden, want van de meeste afzenders wisten we niet wie het waren. Een 97-jarige had sokjes gebreid.

‘Geboorte en dood, daar zijn ze goed in,’ zei de uitbater van het enige terras in het dorp. ‘Dan laten de mensen zich hier gelden. Wij krijgen rouwkaarten als iemand hier ooit een keer heeft gegeten.’

Ik bracht een nieuwe berg kaarten naar het kraambed, er zat een geborduurd gedicht tussen: ‘Een nieuw licht, een stralend gezicht.’

Later kreeg ik in de Vomar ook nog een grijs mutsje van een oude vrouw.

Ze liep er al twee dagen mee in haar zak.

Ik bedankte uitvoerig.

Ze zei: ‘Dat hoeft niet, ik heb verder niets omhanden.’

Geboorte en dood zijn het probleem niet, het is die verrekte tijd ertussenin.

Ronald en Frank de Boer

4 juni 2021

Ronald de Boer wordt ambassadeur van het WK voetbal in Qatar. Dat was hij natuurlijk al, dus prettig dat het officieel is. Hij krijgt er geld voor (hoeveel blijft geheim), maar het is niet zo dat de sjeiks zijn mening gekocht hebben. Hij heeft nooit onder stoelen of banken gestoken dat hij Qatar een geweldig landje vindt.

Iedereen mag vinden wat-ie wil en het wordt ook een beetje saai als we allemaal hetzelfde vinden. We zullen hem de komende jaren nog vaak zien aan de talkshowtafels, want ik ken er niet veel met dezelfde mening. Van dezelfde statuur dan.

Ja, zijn ex-collega-voetballers Xavi en Eto’o, die Ronald steeds noemt als ze hem de vraag stellen waarom hij toch zijn nek uitsteekt voor Qatar.

Meteen de tegenaanval inzetten als ze je aanvallen, je zou willen dat tweelingbroer Frank zo opereerde.

'Ik ben niet de enige, hè? Of denk jij dat Xavi en Eto'o zomaar ergens in zouden stappen?'

Fascinerende manier van redeneren.

Ik ken Xavi en Eto'o alleen van hun voetbalprestaties en kan geen interviews met ze voor de geest halen, dus ik ken ze eigenlijk helemaal niet. Of niet goed genoeg om ze meteen voor knettergek te verklaren.

Ik ken alleen Ronald de Boer en zijn tweelingbroer Frank.

Een deels synchroon leven, nu zijn ze weer gelijktijdig aan een onmogelijke missie begonnen.

Frank is als een Kapitein Iglo aan boord van de Titanic gestapt, want we weten allemaal al wel hoe het afloopt met ons Oranje op het EK. En Ronald is in een van zijn auto's keihard onderweg naar een muur of boom, want die gaat helemaal niemand overtuigen. Wat iets anders is dan hem verslaan in een discussie.

Ik lees telkens dezelfde oneliner waarmee Ronald de kritiek op Qatar pareert.

'Ik zeg altijd: veertig jaar geleden reden ze nog op kamelen, nu in Ferrari's. Dan ga je ongelukken maken.'

Ik ben niet jaloers op de mening, wel op de manier van redeneren.

Je leest het en denkt: een kameel is inderdaad wel iets heel anders dan een Ferrari.

Ik vlieg ook wel eens uit de bocht.

Weet u hoe dat komt?

Een generatie boven me zaten ze nog met z'n twaalven in een lekkende plaggenhut in de periferie van Noord-Brabant. Dat is een grote stap hoor, van de uier van een koe naar een iMac.

Een gedwongen uitstap bij station Sloterdijk

9 juni 2021

Het leven werd weer normaler, de sprinter Uitgeest-Amsterdam zat weer vol. Onder ons ook een eenling zonder mondkap, iemand die vooruitliep op de regelgeving. Hij stond in het tussenstuk met de klapstoeltjes. Niemand zei er wat van, ik ook niet. Voor mezelf sprekend: ik heb grote moeite met mensen die andere mensen op de regels wijzen, maar ook als dat niet zo was geweest, had ik in dit geval mijn mond gehouden. Meneer maakte op z'n zachtst gezegd een bijzonder geagiteerde en vitale indruk.

'Zeg er dan wat van,' leken zijn ogen te vragen. 'Zeg dan.'

De conducteur van dienst, een kleine, wat gedrongen man die ik een keer op het perron van station Wormerveer met een overrijpe peer zag worstelen (de peer won, hij zat onder), deed heel erg zijn best om niet te zien wat we allemaal zagen. Hij dook gebukt 'goedemorgen' zeggend voorbij. Nogmaals: alle begrip. Als ik conducteur was geweest, had ik dit ook laten passeren.

Maar toen gebeurde het.

Op station Zaandam verliet de stemming bepalende agressieveling de trein, zijn plaats werd ingenomen door een jonge vrouw die maar meteen in kneiterend Zaans hardop mededeelde dat ze haar mondkap was vergeten. Niemand had een exemplaar over, maar nu was er wel opeens bezwaar. Een oudere vrouw zei dat ze astmapatiënt was en dat ze pas één prik had gehad. En de conducteur was er opeens ook. Niet meer voorovergebogen, maar fier als een echte ordehandhaver. Hij veroordeelde de jonge vrouw tot een gedwongen uitstap bij station Amsterdam Sloterdijk. Ze moest daar maar een mondkapje kopen, of lenen.

'Of je knipt maar een stuk uit je T-shirt.'

De jonge vrouw begon te jammeren. 'Ik moet naar het ziekenhuis,' zei ze. De vrouw die haar aanwezigheid vanwege haar astma te gevaarlijk vond, zei dat ze haar daar zonder mondkapje ook niet binnen zouden laten. En een man met een aktetas tussen zijn benen voegde eraan toe dat ze zich dat had moeten bedenken voordat ze met het openbaar vervoer ging.

'De regels zijn duidelijk.'

Ik keek om me heen.

Was ik de enige die dit hypocriet vond? Of was ik een van de velen die maar zweeg om de goede orde te bewaren?

Het riep herinneringen op aan de keer dat ik gelijktijdig met een motorrijder van een motorclub op de Van Woustraat in Amsterdam door rood licht reed en ik door twee agenten werd aangehouden. En hij niet.

Hoe harder ik ze wees op dat onrecht, hoe bozer ze werden.

Antwoord dat ik nog altijd heb onthouden: 'Ik laat mijn gelijk niet door jou verpesten.'

Bij station Sloterdijk ging ze eruit.

Simon Kjaer, held

14 juni 2021

Ik beleefde het drama rond de Deense voetballer Christian Eriksen achter een pan dampende kaasfondue in café Bern aan de Amsterdamse Nieuwmarkt. Tegenover me mijn beste vriend uit een andere tijd, we overleefden een woongroep in Nijmegen, gingen meer dan twintig jaar met wisselend gezelschap naar alle thuiswedstrijden van Vitesse.

'En nu?' vroeg mijn vriend kijkend in de pruttelende kaas.

Geen brood.

De ober liet zich daarover niet aanspreken.

Sterker: hij maakte zich uit de voeten.

'Ja,' zei een meisje dat bier tapte, 'die is nu even niet aanspreekbaar, die kijkt op een beeldscherm in de keuken. Hij is voor Ajax.'

Wij lachen, zo kenden we Amsterdam weer.

O, dan maar geen brood, de ober is voor Ajax en staat even bij een televisie.

'Vanwege Denemarken-Finland?' grapte ik nog.

Even later kwam de ober alsnog.

Wat was er met zijn hoofd?

Aangedaan en onthutst waren misschien nog de beste woorden.

'Ja sorry hoor,' zei hij, 'we zitten er helemaal doorheen, de hele keuken is van slag.'

Hij vertelde over Christian Eriksen.

'En we zijn met allemaal Ajacieden, dus...'

Het viel me nu pas op, maar achter hun coronaschotten waren er nog veel meer van slag. Ze hingen boven hun telefoons. Van de mijne was net nu de batterij leeg, mijn vriend, een van de laatsten zonder smartphone, zag dat zijn zoon vier keer had gebeld.

Toch eten. Toen het op was kwam de ober zeggen dat de situatie verbeterd was, de laatste berichten waren dat Christian Eriksen het ging overleven. Onze ober hield van voetbal, van Ajax, van Christian Eriksen, van het leven, wij hielden van onze ober.

Er hing opluchting in de lucht.

Een paar uur later zag ik de beelden.

Alleen in de huiskamer, de gordijnen halfopen, op de bank met een fles water. Boven huilde de baby. Ik zag het drama en ik zag Simon Kjaer, de Deense nummer 4, alles goed doen. Het begrip 'aanvoerder' kreeg een nieuwe dimensie. Hij zorgde dat Eriksen zijn tong niet inslikte, begon met een reanimatie, liet zijn teamgenoten een menselijke muur om hem heen vormen en troostte ook nog de vriendin van Eriksen.

Alle handelingen goed, beter, best.

Meer dan indrukwekkend.

De volgende dag werd ik wakker met een inzicht dat ik deelde met de hele wereld: Simon Kjaer is een held, nu al de speler van het toernooi, tien punten voor de meest indrukwekkende actie ooit tijdens een voetbalwedstrijd. Je zou het na willen doen, maar probeer dat maar eens, onverwachts, onder druk.

Misschien zijn ze verdronken

30 juni 2021

Ik was tot teleurstelling van iedereen gestopt met baantjes trekken. Zelf zag ik het als een tijdelijke dip. Nee, ik mengde me weer tussen de andere ouders tijdens de zwemles. Drie keer per week een half uur. Je kon maar beter op tijd komen, er waren maar veertien plastic stoelen. Bij regen stonden we schouder aan schouder onder een afdakje. Het zwembad is prachtig gelegen. Weids uitzicht over weilanden en 't Zwet. We hadden een scène in een film van Alex van Warmerdam kunnen zijn.

'Ik heb drie kilo vlees over,' zei een man een keer tegen de vrouw die altijd als eerste bij het bad was om haar dochter in een badstof pinguïnpak te hijsen. Die van mij droeg een vossenpak met rood-witte staart die ter hoogte van de bakker tussen de spaken van de fiets was gekomen. Ook dat was niet onopgemerkt gebleven.

'Zal ik straks even een schaal vlees komen brengen?'

'Nee, dank je,' zei de vrouw, terwijl ze zich krabde op de enkel. 'De vriezer zit al jaren vol.'

Al jaren.

De laatste keer regende het niet en ik had ook nog eens een stoel, die ik zo ver mogelijk van de anderen vandaan schoof. Er werd naar me gekeken.

'Hij roept,' zei een van de vaders. 'Lucie is van jou, toch?'

De badmeester had van zijn handen een toeter gemaakt en riep: 'Vader van Lucie! Vader of moeder van Imra! Moeder van Mandy!'

We probeerden de honderd meter tot het bassin zo snel mogelijk te overbruggen, zo dicht mochten we tijdens de les nooit bij onze kinderen zijn. Er was ons al verzekerd dat ze de coronamaatregelen hier tot het uiterste moment zouden handhaven.

'Wat zou er zijn?' vroeg de moeder van Mandy, met wie ik nog nooit een woord had gewisseld.

'Misschien zijn ze verdronken,' opperde ik.

Ik zou er niet eens van opkijken als ze dat hier zo vertelden.

We stonden als kleine kinderen voor de badmeester, een man van *law and order* maar niet onsympathiek. Hij vertelde dat onze kinderen waren gepromoveerd naar een ander tijdstip. Naar een betere groep, een groep waarin hij de kinderen aan het eind van de les eigenhandig in het diepe gooide. Ik zag Lucie zich in haar zonwerende panterzwempak ontroerend fanatiek naar de overkant ploegen.

'Ze zwemt als een tijger,' zei de badmeester.

'Panter,' verbeterde ik.

De moeder van Mandy zei dat zwemmen als een tijger een gewone uitdrukking was.

'Misschien in Amsterdam niet, maar hier wel.'

We moesten weer terug naar onze plekken achter het rood-witte lint. Mijn stoel was ingenomen door een van de vaders. Hij zei dat hij de vossenbadjas ergens op de struiken had gemieterd.

Zender, geen ontvanger

2 juli 2021

Op de speelplaats van de school naast ons huis trof ik de man die consequent kleding draagt met een boodschap. Vaak T-shirts met het woord 'vrijheid' en een rood-wit-blauwe vlag. Ik had hem ook al eens gezien met een tekst tegen de mainstream media, die ik helaas vergeten ben. En ook een keer met een zwart T-shirt met alleen een grote opgestoken middelvinger. Hij woont in het nieuwbouwwijkje met huurwoningen dat eigenlijk te mooi is om het een achterstandswijkje te noemen, waar ik dagelijks met een bakfiets vol dochters doorheen dender. Er hangen daar ook veel posters van 'Moederhart' achter de ramen, een groep moeders die vraagtekens zet bij onder andere het vaccinatiebeleid.

Gezien het provocerende karakter van zijn T-shirts dacht ik dat hij het niet erg zou vinden om een praatje te maken. Misschien was dat zelfs juist wel de bedoeling.

Ik probeerde het.

Hij zei maar meteen: 'Ik ben een zender, geen ontvanger.'

Wat hij bedoelde was dat hij niet in discussie ging.

'Je krijgt toch altijd ruzie,' zei hij.

Hij vertelde hoe het tijdens de lockdown was opgelopen met zijn zus, die in de Spatterstraat woont. Ze had hem voor wappie uitgemaakt, terwijl hij haar ook financieel wel eens had ondersteund.

'Er komt geen ruis tussen mij en de waarheid,' zei hij. 'Je hebt mensen die het zien en de rest die het niet wil zien. En voor de rest ben ik niet agressief.'

Wat niet zien? Waar ging dit gesprek eigenlijk over?

Ik keek naar zijn T-shirt, wit met een Nederlandse vlag. Hij: 'Gek toch, dat het in je eigen land al bijzonder is als je je vlag draagt?'

Ik zweeg.

'Of is dat niet gek, volgens jou?'

Ik zei dat ik een ontvanger was, en niet per se een zender.

Daar kwam zijn dochter, ik dacht even dat ze bij Lucie op turnen zat, dus ik zei: 'Hé, jij zit toch ook op turnen?'

De man schudde mismoedig het hoofd.

'Dit is toch raar? Of niet?' zei hij.

'Wat?' vroeg ik.

'Ze zit helemaal niet op turnen. Ze zit op korfbal, bij Groen-Geel. Dus.'

Vooral dat 'dus' zat me dwars.

Hij tilde zijn dochter op de glijbaan, daarna ging hij twintig meter verder op het bankje zitten. Ik was overvallen door zijn waarheid: hij was inderdaad een zender, beslist geen ontvanger.

Alexander Klöpping weet alles

5 juli 2021

Het mocht weer, dus ik vond mezelf terug aan een gedekte tafel op een terras in Amsterdam-Noord. In een ver verleden werkten we allemaal voor hetzelfde tijdschrift. Waar waren we mee bezig geweest? Het tijdschrift bestond al een paar jaar niet meer en de tijdschriften waarvoor sommigen van ons daarna werkten, vielen allemaal om. De volgende keer dat we elkaar zouden zien, bestonden er waarschijnlijk geen tijdschriften meer en de keer daarop waren ook de kranten gestopt met hun tijdschrift.

Iemand zei: 'De laatste hoop was dat kereltje, die tech-dinges van bij Matthijs.'

'Die van Blendle.'

'Alexander Klöpping!' riep ik.

Weer dat verhaal over de keer dat hij Matthijs bij *DWDD* een VR-bril had opgezet, beeldvorming die was blijven hangen. Iemand wist dat zijn Urban Arrow-bakfiets was gejat en dat hij op sociale media een soort drijfjacht naar de daders was begonnen.

Een ander begon erover dat in *de Volkskrant* had gestaan dat Alexander en Sywert van Lienden met elkaar in een klasje van de BKB Academie hadden gezeten. Ja, nu zag ik de gelijkenissen ook, behalve dan dat ik Alexander ongeveer twaalf keer sympathieker vind dan Sywert waren ze feitelijk twee takken van dezelfde BKB-boom. BKB, het instituut waar ze de betwetertjes van morgen uit de grond stampen en elkaar leren hoe je de mensen alles kunt laten eten. Het geheim is de lekkere maatschappelijk verantwoorde saus die je overal overheen moet gieten.

Sywert deed het 'om niet', Alexander om de journalistiek te redden. De uitkomst was dat ze alle twee miljonair waren en wij niet.

Ieder jaar een nieuwe lichting, het is gekmakend. Het is daar net als in *The Boys from Brazil*, de een lukt wat beter dan de ander. Alexander was gelukt, maar Sywert was een misfit. Ze hadden zijn gunfactor helemaal verkeerd afgesteld.

En dan nu het engste gedeelte.

Ik had het op een openbare plek over Alexander Klöpping en nog geen dag later reed hij me op een gracht in Amsterdam bijna van mijn ov-fiets. Hij zat in zo'n speciaal voor de grachtengordel ontworpen moderne versie van de Fiat 500, elektrisch natuurlijk. Naast hem een oudere vrouw, op de achterbank een kind, maar het kunnen ook robots geweest zijn. Hij vond het hilarisch dat ik op Google Maps keek, ik voelde me betrapt. Grote lol in dat mini-autootje van ze. Hup, daar gingen ze weer. Waar gingen ze naartoe? Nergens heen, ze reden gewoon rond om iedereen uit te lachen, net als in die reclame voor Fiat Panda uit 1983.

Was dit toeval? Natuurlijk niet, ze weten alles.

Nakakelen

9 juli 2021

In de Vomar in het dorp kakelden ze de media na, niet de kranten, was het maar zo'n feest, maar vooral de televisie en wat ze allemaal hadden gezien op de sociale media. Feit en fictie vermengden zich zo tot een blurb die ze me hangend over hun winkelkarretje vertelden. 'Nou, jij zult ook wel geschrokken zijn,' zei een vrouw die zich ophield bij de cruesli.

'Net als iedereen,' antwoordde ik.

'Nou, ik vind het schandalig,' zei ze.

Dat doen ze hier nou de hele tijd: bij verontwaardiging de zin met 'nou' beginnen. En liefst afsluiten met 'dus'.

'Ik zeg een strik eromheen en weg ermee, dus,' ging de vrouw verder. Ze had het over de cocaïnemaffia. 'En ik ga hun boeken ook niet kopen.' Daarna tegen Lucie: 'Ik ken jouw papa van televisie en ik vind hem niet altijd leuk, maar soms wel. Dus.'

Ik was blijkbaar vertrouwd geworden, schoot het bij de zuivelafdeling door me heen. De eerste jaren keken ze naar me alsof ik van een andere planeet kwam, maar de laatste maanden voelden ze geen enkele schroom om tegen me aan te kakelen.

Was ik socialer geworden? Dat straalde ik blijkbaar uit.

Helemaal niet de bedoeling!

De groenteboer zei dat ze misschien de kat nou wel uit de boom hadden gekeken. 'Ze hebben hier ongeveer twee jaar nodig om te wennen. Dat is Zaans. Nou ze zijn gewend, nu kom je nooit meer van ze af.'

Ik was een vraagbaak, een gids uit een andere wereld. Alles is hier omgekeerd. Het hele land is vergeven van de journalisten/verslaggevers/bloggers die gewone mensen achtervolgen met hun blocnotes, telefoons en camera's om nietszeggende reacties vast te leggen. In mijn dorp achtervolgen de gewone mensen mij voor een quote.

'Daar zul je 'm hebben!' hoorde ik laatst. 'Had jij het zien aankomen, Marcel? Peter R. de Vries?'

Andere vragen die mij de laatste dagen gesteld zijn:

'Wanneer denkt u dat corona stopt?'

'Wat denk jij? Krijgen we een mooie zomer?'

En het dieptepunt: 'Ik heb last van de rug, wat denk jij… Is het artrose?'

Ik heb 'ja' gezegd: 'Ja, u heeft artrose. Dus.'

De man keek me aan en zei: 'Dank je wel.' Nog net niet: 'Dank je wel, dokter.'

Deze ontwikkeling is niet te stoppen. Ik had het erover met een vrouw die ongevraagd een rompertje kwam brengen voor Frida van Roosmalen. Ze is psycholoog aan huis, of beter 'bij huis', want ze opereert vanuit een garage. Haar woorden vrij vertaald: ik ben een parel die uit een oester is gerold, ze hebben 'm allemaal zien glinsteren en het heeft geen zin om terug te kruipen. 'Dan gaan ze aan de randjes peuteren.'

Jouw vrouw, mijn vrouw

14 juli 2021

Ik kon met iemand van een koeriersdienst meerijden naar het dorp Otterlo op de Veluwe, waar ik moest zijn voor werk. Hij stond te toeteren op het parkeerterrein naast mijn huis. Ik ernaartoe, Frida van Roosmalen nog op de arm. 'Hé,' zei hij, 'een baby. Een nakomertje zeker.'

Ik zei dat ik gewoon een oude vader ben en dat ik ook nog twee kleuters heb.

Hij: 'Dan kun je beter als mij zijn. Jong beginnen, dan ben je ook vroeg klaar. Toen ik begon, kon ik nog meedoen aan het schoolvoetbaltoernooi.'

Toen moest de rit nog beginnen.

Ik bracht Frida van Roosmalen naar binnen, nam afscheid en landde in zijn Mercedes.

We vlogen weg.

Hij zei dat hij voor FC Utrecht was.

En daarna: 'Weet je wat ook ruk is?'

Ik wist het niet.

Hij: 'Als je tweelingbroer meedoet aan *Jouw vrouw, mijn vrouw*. Dan begint de ellende pas echt. Niet te geloven, ik kon niet eens meer naar de frietzaak. Ging ik een frikadelletje halen, lagen ze als ik binnenkwam al op de grond van het lachen.'

Jouw vrouw, mijn vrouw (SBS6) is een programma waarin 'de vrouw' tien dagen van huis ruilt met een vrouw uit een ander gezin. Hij wist niet meer wat zijn broer allemaal gedaan had in tien dagen, wel dat hij daarna niet meer over straat kon.

'Terwijl, ik was onschuldig. Ik ben heel verschillend van mijn broer. En mijn vrouw is ook heel anders dan zijn vrouw. Ze denken vaak dat als je hetzelfde bent, dat je dan ook een soort van dezelfde vrouw hebt. Nou ik heb gewoon een brunette. Hij niet. Hij heeft een blonde.'

Tegen mij: 'Jij bent zeker geen tweeling?'

Ik had heel veel zin om te zeggen dat ik wel een tweeling was.

'Een tweelingbroer heeft ook z'n nadelen,' zei de koerier. 'Kom ik bij de afhaal, zeggen ze: "Jij bent toch van *Jouw vrouw, mijn vrouw*?" Dat hadden ze een dag eerder bij de frietzaak ook al gezegd. Dat is wel gek bij tweelingen, je hebt op dezelfde dag wel trek in hetzelfde voer. Ik zei: "Ik ben helemaal niet van *Jouw vrouw, mijn vrouw*, dat is mijn broer." Zegt-ie tegen mij: "Zou ik ook zeggen als ik jou was." Nou, dan krijg ik gewoon een waas voor de ogen. Ik heb geroepen: "Ik heb helemaal niet meegedaan aan *Jouw vrouw, mijn vrouw*, dwaas!"'

Ik werd gebeld.

Thuis.

Of ik op tijd terug was voor zwemles.

Hij kon zijn lachen niet houden.

'Zit ik opeens te denken hoe dat zou zijn, een oude lul met twee kinderen en een baby in *Jouw vrouw, mijn vrouw*...'

Middelbeers

23 juli 2021

We reden door Middelbeers. We hoefden er natuurlijk niet doorheen, maar ik had afgedwongen dat we afsloegen. Vanwege het sentiment. Het ouderlijk huis van mijn vader, ze gingen er wonen in zijn geboortejaar: 1925.

Er zit nu een lunchroom, Meesterlijk, in de naam zag ik een ode aan mijn opa die ik nooit gekend heb. Hij was bovenmeester en kon met zijn eigen kinderen ook wel een schoollokaal vullen.

De zaak was gesloten.

We bezochten het huis vroeger meerdere keren per jaar.

Mijn vader voorop, terug naar de troebele bron, het hoofd gebogen.

Een groot deel van zijn broers en zussen werd opgeslokt door de kerk, de rest kreeg gezinnen, maar er bleven ook twee broers en twee zussen over die bijna hun hele leven sleten in dat huis. Levens die stilstonden, maar die juist daarom diepe indruk maakten.

Het was een merkwaardig gezelschap, een perfecte illustratie van de zinloosheid van het bestaan. Een tafereel dat zich jaarlijks herhaalde: oom Frans van Roosmalen in het schort van een van zijn zussen achter twee plastic teilen op de keukentafel. Tuinbonen tellen. En dat zijn bejaarde zussen ons kinderen op de gang fluisterend toesisten om vooral geen geluid te maken: ‘Anders raakt hij de tel kwijt.’

Stonden we daar, zwijgend, de waarschuwing in de oren geknoopt: ‘Als hij de tel kwijtraakt, raakt hij van de leg.’

Tuinbonen tellen, ik begreep opeens waarom mijn vader alles in plastic mapjes stopte.

Mijn moeder sloeg ons soms van tevoren in de auto in het gezicht. ‘Niet lachen, jullie mogen ze niet uitlachen.’ Dat deden we soms toch, als dezelfde oom tijdens die oeverloze koffieklets zomaar vanuit het niets wat verschrikkingen uit de Tweede Wereldoorlog begon te declameren. Hij haalde zijn kennis uit een serie fotoboeken, die verder niemand mocht aanraken. Dat de Duitsers bij Katyn in Oost-Polen duizenden lijken van Poolse militairen hadden gevonden. Vermoord door de Russen, de maden kropen eruit. Of dat je als je wordt belegerd nooit verrot paardenvlees moest eten.

Er werd niet op gereageerd.

Mijn vader viel bij de bezoekjes soms in slaap, hoofd op de borst.

Ook daar werd niet op gereageerd. Zijn zussen, zijn vrouw, zijn kinderen, ze vonden het allemaal wel prima, fijn dat hij zich nergens mee bemoeide.

Misschien was het maar goed dat de zaak dicht was.

Open of dicht, wat maakte het uit?

Ik kwam voor dat uitgesleten gevoel dat mijn vader daar ook altijd moet hebben gehad, voor de ingecalculeerde teleurstelling.

En die valt nooit tegen.

Liefde voor Arnhem

26 juli 2021

We waren op minivakantie in Arnhem, stad der steden. De bomen, hotel Molendal, de herten in Sonsbeekpark, de Steenstraat, ijs van Trio. Alleen maar slimme, belezen, vriendelijke mensen ontmoet, en wat Vitesse-supporters. Ook erg aardig. We streken met de groep neer op mijn favoriete terras aan de Velperbuitensingel. Lucie en Leah begonnen direct rond te rennen. Dat kan in Arnhem, de mensen incasseren kinderkattenkwaad met een glimlach, volledig vertrouwend op de harde hand van de ouders die naar goed Arnhems gebruik wel aan de noodrem trekken als het onverhoopt uit de hand loopt.

'Leven en laten leven,' zeiden de dames naast ons toen we ze vroegen of ze geen last hadden van twee kinderen die rondom een parasol zwierden. Ik trok weer de oneerlijke parallel tussen onze woonplaats Wormer en Arnhem, die natuurlijk in het voordeel van mijn geboorteplaats uitpakte.

Typisch Arnhems vond ik dat iemand het gesprek afluisterde en daarna quasispontaan nog even kwam zeggen dat hij het zielig voor ons vond dat wij in de Zaanstreek woonden.

Daarna hadden de vriendin en ik het over onze opvoedkunsten. We schonken elkaar heerlijke Arnhemse Italiaanse wijn bij en constateerden dat we het zo slecht nog niet deden. Frida van Roosmalen lag, waarschijnlijk vanwege de Arnhemse lucht, tevreden te slapen in de kinderwagen en Lucie en Leah amuseerden het halve terras. Je las wel eens dat kleine kinderen irritant zijn voor andere restaurantbezoekers, maar onze kinderen leken eerder een toevoeging.

'We zijn goede opvoeders,' spinde ik tijdens het voorgerecht intens tevreden.

Ik was nog niet uitgesproken of op het terras naast ons kantelde een tafeltje en viel een parasol om. Een man had een scherf van zijn bierglas in zijn arm. Een ondiepe vleeswond, wel veel bloed.

Lucie rende naar ons toe om de dader aan te wijzen.

Daar zat ze!

Leah van Roosmalen huilde van schuld. We troostten ons kind, excuseerden ons bij de aanpalende tafeltjes, ook omdat we even tevoren nog zo luidruchtig hadden zitten opscheppen over de manier van opvoeden en ik liep naar de slachtoffers, van wie de man inmiddels was verbonden.

Wilden ze iets drinken?

Het slachtoffer en zijn vrouw wilden bier.

En of we alsjeblieft wilden beloven om met die kinderen in Wormer te blijven.

'Kom niet terug, het is hier niet leuk.'

Hele terras lachen.

Ik hou van Arnhem.

Niet drammerig

8 augustus 2021

De vriendin vond dat ik onze dochters Lucie, Leah en Frida van Roosmalen te veel beschrijf als ‘huilerig’ en ‘drammerig’, terwijl er ook genoeg ‘andere momenten’ zijn waarop ik zou kunnen focussen. Een beetje meer evenwicht in de verslaggeving graag.

Zaterdag reisden we naar het verzorgingstehuis in Mook, om Frida van Roosmalen aan mijn dementerende moeder te tonen. Dat mocht wel eens na tien weken. In de auto werd gezongen, de baby huilde niet. Af en toe werd ik hard met een barbiepop op mijn achterhoofd geslagen. Eigen schuld, dikke bult: moest ik maar niet zo vaak op mijn telefoon kijken. Als ik ‘au’ riep en er wat van zei, kregen ze allemaal de slappe lach.

We kwamen aan bij het verzorgingstehuis, ik trof mijn moeder hangend boven een rollator in de gang. Ik had niet verwacht dat ze me in de armen zou vliegen, ze herkende me wel en deed alsof we elkaar de dag ervoor nog hadden gezien.

Een gesprek over haar vest, gemaakt van schapenwol, lekker warm.

In haar kamertje drukten we Frida van Roosmalen in haar armen. Daarna hielp Lucie haar in een rolstoel. We wandelden naar de Maaskade in Mook, naar een watersportcentrum. Mijn moeder was passief aanwezig. Ze bestelde broodjes, maar als die dan gebracht werden deed ze verontwaardigd.

‘Zeg, ik hoef geen brood, kom nou!’

Wat nieuw was: ze zei de hele tijd dat ze genoot.

‘Wat zit ik toch te genieten! Ik geniet ervan. En ik heb het koud, ach wat heb ik het toch koud!’

Ze bleef het koud hebben en genieten, ook toen het touw van de schommel brak en Lucie zichzelf lanceerde. Het was een klap, waar het halve terras zich mee bemoeide. Een man die mij had herkend van televisie zei dat ik het etablissement moest aanklagen, later hielp hij me om mijn moeder over het grindpad omhoog te duwen.

We sloten af met een ijsje bij de snackbar.

Leah van Roosmalen zat op mijn moeder in de rolstoel, ze smeerden elkaar helemaal onder. Vroeger zou ik uitgebreider hebben beschreven hoe ik me als een soldaat de frontlinie in liet sturen met een doos tissues en hoe dat afliep. Maar één zin is genoeg: het zat tot in mijn haar, god wat hebben ze gelachen.

We namen afscheid in de eetzaal, mijn moeder werd bij drie knikkebollende dementerenden aan een tafel gezet. Een verzorgster schudde een zak friet leeg op de borden. Ik had medelijden met haar, mijn kinderen waren juist jaloers vanwege die friet. Ze waren woedend dat zij nooit friet uit een zak krijgen, maar daar staan heel veel andere momenten tegenover.

Jan Terlouw

10 augustus 2021

We hadden vroeger een goudvis die Jan Terlouw heette, omdat hij steeds maar rondjes zwom. In die tijd was Jan Terlouw nog niet de alom geliefde oom die ongevraagd met wijze raad komt, maar als commissaris van de Koningin in Gelderland de baas van mijn vader. Hij had op kantoor in ieder geval geen touwtje uit de brievenbus hangen. Mijn vader hoorde altijd via meerdere tussenlagen dat zijn rapporten waar hij hele zomervakanties op zat te zwoegen ongelezen waren afgekeurd.

Gisteren las ik weer overal dat Jan Terlouw het 'raar' vindt dat we nog steeds geen kabinet hebben, zeker in deze tijd met de klimaatcrisis.

De beste stuurlui staan natuurlijk aan wal, maar Jan Terlouw is een kapitein die jarenlang met zijn schepen over de oceanen doolde en na zijn pensionering opeens op de kade gaat staan vertellen hoe je zo snel mogelijk van A naar B kunt varen.

Weer die vergelijking met de formatie van 1977, toen ze in de zomer gewoon doorwerkten.

Hij vond het nu wel eens tijd om met de vuist op tafel te slaan.

Wat zouden de mensen van 1977 hard hebben moeten lachen als ze toen verteld was dat we 44 jaar later voor wijze woorden naar Jan Terlouw toe zouden gaan, terwijl hij toen juist bekendstond als een man die geen beslissingen durfde te nemen. Hij wist nooit of hij met links of rechts moest regeren, hij deed maar wat.

Onze goudvis stond op de vensterbank boven het sleutelrek. Op een dag kreeg hij last van witte stippen. De dierenarts uit Velp zei dat het 'vissenuitslag' was en schreef druppels voor waarvan het water donkerblauw kleurde. Na zijn genezing kreeg Jan Terlouw een groter aquarium en een handvol 'guppy's', die hij een voor een opat. We kochten ook een stenen kasteel, waar hij zo nu en dan onderdoor zwom.

Jan Terlouw had bij ons een heerlijk leventje.

Het was uiteindelijk mijn vader die de kom met vis en al uit zijn handen liet vallen. We hadden het niet gemerkt. Hij vertelde het ons onder het eten, terwijl hij met zijn vork zijn aardappels prakte.

'Ik heb Jan Terlouw door de wc gespoeld.'

Heel even dat misverstand in de ogen van mijn moeder, dan haar blik naar de vensterbank en daarna meteen een verwijt eroverheen: 'Je hebt de scherven toch niet in de vuilnisemmer gegooid?'

Hij stak de handen omhoog en zei: 'Ik doe altijd alles fout.'

Overlevingsles

12 augustus 2021

Aan de rand van het zwembad krijg ik steeds meer contact met de dorpsbewoners. De gesprekken krijgen soms zelfs een zekere gelaagdheid, ze gaan dan verder dan de zwemkunsten van Lucie (6), die gisteren, op haar verjaardag, voor het eerst zonder bandjes in het diepe dook.

Een van de moeders had Nederlandse les gegeven in een asielzoekerscentrum, maar daar was ze mee gestopt wegens 'niet zo gezellig'.

We keken naar onze kinderen, in de groep zaten ook twee meisjes met een hoofddoek.

'Begrijp jij het?' vroeg ze. 'Maar wij zeggen d'r niets van, dat is ons fatsoen. Moet je het andersom daar eens proberen...'

'Wat?' vroeg ik, alsof ik niet wist welke afslag ze in dit gesprek ging nemen.

'Nou, dat jij jouw dochter in Afghanistan op zwemles doet zonder hoofddoek. Dan hakken ze je hoofd eraf, en je dochter verhandelen ze.'

Ik begon over de tolken, de beveiligers en de logistiek medewerkers die de Nederlandse troepen in Afghanistan geholpen hadden en die onze regering nu de toegang tot ons land wil ontzeggen.

'Ze lopen allemaal gevaar,' zei ik. 'Ze vrezen voor hun levens.'

Het was duidelijk dat ik mijn hand had overspeeld.

Ik kon doorgaan met het ventileren van een mening, maar daar zou het gesprek niet gezelliger van worden. We constateerden dat we het niet eens zouden worden en focusten op het hier-en-nu. Op de zonneweide lagen nog steeds plassen, de badmeester had een verband om zijn knie, hij moest na het seizoen meteen worden geopereerd en de vrouw die de uitkijktoren bemande bleef ook op hoge leeftijd aquatraining geven.

'Die blijft op die toren tot ze eraf valt...'

'Iedereen is freelance,' zei een vader, 'want d'r is echt werkelijk nergens meer geld voor.'

'Wees blij dat we nog een zwembad hebben,' zei de moeder terug. 'Al het geld gaat naar de EU.'

Ze keken naar mij.

Werd er nou toch nog een afwijkende mening verwacht?

Had ik zin om die te geven?

Hoezo wilde iedereen het ineens over politiek hebben?

Lucie spuugde even verderop een liter water uit, de situatie was onder controle.

'Goed zo,' zei de moeder die Nederlandse les had gegeven in het asielzoekerscentrum. 'Ze hebben d'r bij kop en kont gepakt en in het water gesodemieterd, zo heb ik het ook geleerd. Geen medelijden, ze komen echt wel bij de kant.'

Daarna tegen mij: 'En zo is het met alles.'

Collectief geheugen

15 augustus 2021

Stel dat het andersom was en dat wij al jaren werden bedreigd door horden agressieve ongeletterden en dat er buitenlandse troepen waren gekomen om ons te helpen. Dat er een Afghaanse basis zou zijn in het Jisperveld, waar ik dan zo nu en dan vanuit Wormer naartoe zou fietsen om wat hand-en-spandiensten te verrichten.

Als vader van drie dochters schoot het, toen ik naar die beelden van die Amerikaanse helikopter boven Kabul keek, toch even door me heen wat ik zou doen als de vijand over de Afsluitdijk zou trekken. Ik weet zeker dat we met Lucie, Leah en Frida van Roosmalen met de oude

BMW waren vertrokken. Ik ondanks geen rijbewijs achter het stuur, de vriendin in boerka ernaast, want als we per ongeluk op een vooruitgeschoven patrouille zouden stuiten was een vrouw achter het stuur een doodvonnis.

Waarheen?

Achter de buren aan waarschijnlijk, zo ver mogelijk weg en dan vanaf een veilige plek proberen om naar Afghanistan te gaan, land van onze vriendelijke helpers die ik eerder nog zo goed had geholpen.

Met de opmars van de Taliban in Afghanistan sloop meteen de angst ons land in. Ze zouden toch niet... Ze zouden het toch niet in hun hoofd halen om hierheen te komen? Het Kamerlid Kati Piri (PvdA) verwoordde mijn gedachten: 'Terwijl de regering eigen onderdanen oproept onmiddellijk Afghanistan te verlaten vanwege de levensgevaarlijke situatie, zoekt demissionair staatssecretaris Broekers-Knol naar manieren om Afghaanse asielzoekers terug te sturen. De huidige situatie in Afghanistan laat dat absoluut niet toe, maar die politieke realiteit lijkt maar moeilijk in te dalen bij het demissionaire kabinet.'

Zelfs Afghanen die met de Nederlanders hebben samengewerkt zijn niet welkom, uitgeprocedeerde asielzoekers moeten ook nu gewoon terug. Stel je eens voor dat ze doorvertellen hoe ruimhartig we hier zijn.

Is het geen idee om de volgende keer dat Nederland in den vreemde opereert een paar tolken met de troepen mee te sturen die de locals uitleggen hoe we echt in elkaar zitten? Dat we, als het erop aankomt, altijd alleen aan onszelf denken.

'We bemoeien ons met uw problemen, we maken graag goede sier, maar help ons niet, negeer ons, geloof onze beloften niet. We laten u in de steek. Ons collectieve geheugen speelt pas na een jaar of twintig op. Daarna kunt u rekenen op ruimhartige excuses.'

Relativeren

1 september 2021

Vannacht werd ik zeven keer uit mijn bed geroepen door Leah van Roosmalen (4) vanwege een grote gele spin die haar wilde steken. Er was natuurlijk geen spin. 'Waarom roep je mama niet?' vroeg ik, want het is geen pretje om midden in de nacht door een vierjarige aan de hand genomen te worden om samen het glibberige pad tussen fictie en werkelijkheid in te slaan.

'Die geeft al borstvoeding.'

Fijn wel dat ze de taakverdeling een beetje beschermde.

'Er zit geen gele spin!' zei ik nadat ik voor de zoveelste keer overal had gekeken.

Even later hoorden we geritsel.

Boven haar plafond kroop een muis, of in het slechtste geval een rat.

'Spin!' riep ze huilend. 'Spin, spin, spin!'

Oeverloze discussie.

'Het is maar een muisje,' zei ik.

'Nee, het is een gele kruisspin.'

Daarna een verhaal dat ze op de plattelandsschool gehoord had. Dat gele kruisspinnen op zoek zijn naar blote buiken, dat ze daarin prikken, dat je dan een grote bult krijgt die steeds groter wordt totdat die op een dag openbarst en dat er dan honderden gele kruisspinnen uit komen die 's nachts dan ook weer op zoek gaan naar blote buiken om in te prikken.

'Van wie heb je die onzin?' vroeg ik.

Ze noemde de naam van een jongetje dat haar ook al een keer van een muurtje had geduwd, zijn moeder mist een voortand en heeft een tatoeage van een groot zwart kruis op haar onderarm, misschien dat de associatie met kruisspinnen daarvandaan komt.

Weer dat geritsel. Ik besloot de trekker uit de badkamer te pakken en daarmee tegen het plafond te tikken. Lang verhaal kort: ik stootte door het plafond. Allemaal gruis op haar dekbed.

Nu vond ze haar dekbed vies.

Ik haalde het dekbedovertrek eraf.

Nieuw dekbedovertrek, vloer schoongemaakt met een natte handdoek, lamp aan, lamp uit, veel gestommel, iedereen wakker met alle gevolgen van dien. Alleen Leah van Roosmalen zat tevreden op de rand van haar bed.

'Dank je wel papa, ik ben niet meer bang voor spinnen. Het is maar een muisje.'

Zelf een enorm probleem verzinnen, iedereen erin meeslepen en het, als de zaak volledig uit de hand gelopen is, als eerste relativeren: ik moest aan mijn moeder denken. Aan de keer dat we op vakantie gingen en we bij Aken omdraaiden omdat ze was vergeten om de deur op slot te doen en dat ze toen we een paar uur later onze straat opnieuw in draaiden alvast alles pareerde door te zeggen dat de deur waarschijnlijk toch op slot zat.

'Dan weten jullie dat vast.'

Ongemak

15 september 2021

Toen we in de Efteling waren, werden we in het witte restaurant aan het water bediend door een serveerster van ongeveer een meter hoog. Een vriendelijke vrouw, die gedisciplineerd doorging met het opnemen van bestellingen terwijl Leah van Roosmalen (4) haar over de rug streelde.

'Kijk dan, papa,' fluisterde ze naar mij. 'Een elfje!'

Ik probeerde haar af te leiden door over appeltaart te beginnen, een onhandige move.

'Kijk eens wat een lekkere stukken taart in die vitrine, hmm.'

Averechts effect.

Nu wilde Lucie opeens taart.

De vriendin, die Frida van Roosmalen wilde voeden, reageerde geagiteerd vanachter een gordijn op het woord 'taart'.

'Hoezo taart? We blijven aan de gang.'

Leah van Roosmalen bleef maar staren naar de serveerster.

'Kijk dan toch, papa,' fluisterde ze. 'Och wat een schatje. Ze heeft haar vleugeltjes afgedaan.'

De vrouw noteerde een dubbele espresso, twee ranja en een muntthee.

'En een worstenbroodje,' hoorde ik mezelf zeggen, zo vaak waren we nou ook weer niet in Brabant.

'Dan moet u dat zelf gaan halen in de zelfbediening,' zei de serveerster. 'Corona...'

'Laat maar,' zei ik.

'Geen probleem, meneer...'

En weg was ze.

'Naar haar holletje,' zei Leah van Roosmalen. 'Lekker naar haar holletje. Lekker peuzelen.'

Toen ze uit beeld was, riep ze heel hard dat er een elfje aan tafel was geweest. 'Dat was geen elfje,' verbeterde Lucie. 'Dat was een dwergje. Toch, papa?'

'Gewoon een klein mens,' zei papa. 'Geen elfje, ook geen dwerg.'

'Kabouters hebben een baard,' zei Leah van Roosmalen.

'Het is ook geen elfje,' zei Lucie. 'Ze heeft niet eens vleugels.'

De consumpties werden gebracht.

'Ze komt weer naar ons toe!' riep Leah van Roosmalen, met haast overslaande stem.

'Gewoon een kleine mevrouw,' herhaalde ik.

Leah van Roosmalen legde een vinger op haar lip, knikte vriendelijk naar de vrouw en kon zich daarna niet meer beheersen. Ze stond op, wees naar de plantenbak en zei: 'Daar zijn je vriendjes, je moet onder de blaadjes kijken!'

De gebeurtenis verdween in het collectieve geheugen en kwam weer tevoorschijn toen een goede vriendin vorige week aan onze keukentafel zat. Ze deed verslag van een bezoek aan de Efteling. Haar zoontje had 'kabouter' naar een kleine serveerster in een restaurant geroepen. Ze was 'door de grond gezakt' en had daarna excuses aangeboden.

Honderdduizenden bezoekers per jaar, van wie de helft minderjarig, op loopafstand van een sprookjesbos en dan stoïcijns blijven glimlachen, dan ben je een hele grote.

Ongemak (2)

1 oktober 2021

Ik schreef voor NRC een column over hoe mijn dochter Leah van Roosmalen (4) reageerde op een kleine serveerster in het witte restaurant aan het water in de Efteling. Ik kreeg relatief veel reacties. Ook van kleine mensen. Strekking: ze wisten zich altijd gezien, fijn dat iemand dat een keer zag, dat ze nooit anoniem waren. Gesterkt door deze wetenschap las ik die column voor tijdens een voorstelling in De Kleine Komedie, een theater in Amsterdam.

Dat ging goed.

Ik had er echt een tevreden gevoel over.

Na afloop liep ik, nog high van alle indrukken, de kleedkamer uit. Het was een scène uit een film: ik loop door de lege zaal, gooi de klapdeuren losjes en geroutineerd open en kijk in een bomvolle foyer waar vrienden en bekenden met glazen drank staan. Tussen mij en de gezelligheid stond een vrouw van ongeveer een meter hoog.

Nog een nadeel van klein zijn: andere mensen denken dat ze allemaal op elkaar lijken. Alsof een mens alleen zijn lengte is. Zij keek omhoog, ik omlaag, onze blikken vonden elkaar ter hoogte van mijn maagstreek.

Ik dacht: dat is ze, dit is de serveerster van de Efteling over wie ik zojuist een stuk heb voorgelezen.

'Vond je het leuk?' vroeg ik.

Ik verstond haar antwoord niet.

Ik vroeg het weer: 'Vond je het leuk?'

Gevolgd door: 'Jij bent het toch, die serveerster uit de Efteling.'

Ze was het niet.

Niet alle kleine mensen vinden natuurlijk hetzelfde, schoot het opeens door me heen, ze hebben niet allemaal gevoel voor humor.

'Wil je wat drinken?' hoorde ik mezelf vragen. Ik meende een 'nee' te zien, maar het was druk en de mensen rukten op.

'Ook geen klein drankje?'

Als je er een belediging in wil zien, kan dat, maar zo was het niet bedoeld. Ze verdween uit het zicht. Ik werd aan de borst gedrukt door een oud-huisgenoot. Ik keek nog wel tussen al die benen, maar ze was weg.

Voor de vorm deed ik nog even schuldbewust, maar twee drankjes later was ze gereduceerd tot een goed verhaal, want zo zit ik helaas ook in elkaar: ieder ongemak wordt omgezet in een verhaal, en op avonden met alcohol is er maar een kleine aanleiding nodig om iets kleins op te blazen tot grote proporties.

Kadaver

11 oktober 2021

De kat had weer een vogel gepakt. Terwijl ik dit schrijf voel ik enige schroom, ik zie op tegen de reacties. Ik schreef al eerder dat onze poezen soms een vogel pakken en toen kwam er een stroom reacties van mensen die vonden dat ik ze een bel om moest hangen, binnen moest houden of weg moest doen. Een kat die een vogel vangt maakt in dit land meer los dan een slachter in het abattoir. Nooit komt iemand met het voorstel om iedereen die nog vlees eet een grote bel om de nek te hangen.

De vogel lag op het gazon.

Leah van Roosmalen (4) hing, het hoofd half scheef, boven het gevecht tussen leven en dood dat de vogel met zichzelf voerde.

Ze zei: 'Ik denk dat hij pijn heeft, je moet een dokter bellen.'

Ik kan beter met de schep op zijn kop slaan, dacht ik. Een goed gemikte, harde tik.

Leah van Roosmalen struikelde naar binnen en kwam terug met het doosje pleisters uit de keukenlade.

Toen de toestand van mijn vader hopeloos was en hij in het grote bed lag te wachten op het einde, de artsen konden en mochten van hem niets meer doen, kwam mijn moeder ook de hele tijd met kleine doekjes voor het bloeden. Ze bracht hem tompoezen en verse haring omdat ze ergens gelezen had dat vet eten goed was.

Het verdween allemaal onder het bed, of wij aten het namens hem op, wat voor mijn moeder een teken was dat hij ondanks alles op miraculeuze wijze op de weg terug was. Ineens zag ik hoeveel Leah van Roosmalen op mijn moeder leek. Zelfde loopje, zelfde haar, zelfde bezorgde blik.

Ik pakte de schep en zei dat ik de vogel ging helpen en dat ze maar beter naar binnen kon gaan. Ze kroop in de keukenkast. Ik klaarde het karwei en gooide het kadaver in de biobak. Daarna haalde ik Leah van Roosmalen uit de keukenkast. Ze vroeg hoe het met de vogel was.

‘Weggevlogen,’ zei ik.
Ze ging kijken.
Er lag nog wat vogelbloed.
Ik dacht weer aan mijn vader, opgegeven in bed.
Mijn moeder die kwam informeren of het al beter ging en dat hij toen zei wat ze wilde horen. Ze geloofde het een halve dag, Leah van Roosmalen had vijf minuten nodig om de werkelijkheid te accepteren en relativeerde toen die doordrong meteen.
‘We hebben toch genoeg vogels.’

Park Biljoen

8 november 2021

Als je bent behept met een bestaan waarin de dagen op elkaar lijken worden de seizoenen opeens belangrijk. Mijn vader was een herfstman. Het weer van gisteren, liefst nog wat guurder. ‘Ik ga gewoon wandelen,’ zei hij op zondagmiddag als de regen tegen de ruiten sloeg. Een statement dat verder op niemand indruk maakte.

Park Biljoen in Velp tijdens de herfst, het staat me onverwachts helder voor ogen. Raar eigenlijk, want hoe vaak liep ik nu met hem mee? Bijna nooit, een wegwerpgebaar kon hij krijgen.

Maar toch, ik ben daar weer.

De regen sloeg ons in het gezicht, zijn bril besloeg, bijna geen gesprekken.

Hij wandelde zijn problemen weg. Elke dag hetzelfde rondje, op het laatst met een lichtgevend hesje over zijn jas. Even stoppen bij de gehandicaptensteiger, en als daar niemand was even de armen in de lucht steken en heel hard 'vrijheid' roepen.

Achteraf denk ik dat dat zelfspot was.

Geketend in een ambtenarenbestaan en een hypotheek op een rijtjeshuis, geen weg meer terug. Hij adoreerde tevreden mensen. We hadden thuis op de vensterbank twee beeldjes, gekleid door een zus van mijn moeder: de prompte vrouw en de contente mens. Dat was wat ze mooi vonden aan Brabant: de bewondering voor het gewone, het niets.

Hij zei dat herfstbladeren hielpen om het aardse bestaan te relativeren. We begonnen allemaal fris, maar waaiden uiteindelijk allemaal van de boom. Of zoiets. En daar dan namen van collega's bij denken.

Allemaal hetzelfde lot.

Uitblinken was uitsloverij, zinloos.

'Je taak uitvoeren,' zei hij, 'en dat dan zo correct mogelijk doen. Volgens de regels.'

Hij had op zijn werk een paar collega's die hij leuk vond, ze lunchten niet samen. Hij at liever werkend.

Na de boerderij, rechtsaf over het blubberpad.

Hij gooide een kastanje in het water, keek naar de kringen.

Ze speelden met de hele afdeling mee in de Toto, hij beheerde de pot. Een collega deed van de ene op de andere dag opeens een week niet mee, ze wonnen dertienduizend gulden. De collega had hem in het nauw gedreven in een van de wandelgangen, hij wilde de rijksdaalder alsnog betalen. Hij wankelde bijna want de man had jaren meegespeeld, maar bleef consequent aan de formaliteiten en had gezegd: 'Nee Bert, dat gaat niet, dan steel je van de anderen.'

Gisteren toen de wind me tijdens een kleine wandeling om de oren blies vond ik het opeens dapper. Een nieuw inzicht, voor de rest ben ik geen wandelaar.

Champignonsoep

17 november 2021

Ik was terug in mijn oude wijk, het café waar ik ooit dagelijks werkte was vrijwel verlaten. In de hoek waar ik altijd met mijn computer zat, was tijdelijk een kapper gestationeerd. De bediening was nog hetzelfde: nadrukkelijk niet hinderlijk aanwezig.

Aan het tafeltje achter de deur zat een man die ik van gezicht kende. Hij at een tosti, veegde met een papier de kruimels van het gezicht en haalde daarna zijn tanden uit zijn mond en legde die op het schoteltje. Dat deden mijn ouders ook wel eens na het eten. Ze hadden beiden ingewikkelde constructies in de mond. Op maat gemaakt. Bij mijn vader ontbraken een voortand en aan de rechterkant een heel rijtje.

Hij placht te zeggen: 'Het is met kauwen net als met wandelen. Als je het heel lang doet, krijg je blaren.'

Mijn moeder hield haar tanden in het openbaar altijd in, ze deed ze voor het slapengaan in een glas water.

Ze zei altijd dat iedereen van haar generatie een slecht gebit had, tenminste wel in Brabant, en dat dat kwam omdat ze daar altijd suiker in de pap deden.

'Wij wisten niet dat suiker zo slecht was, en we aten altijd pap. Bovendien hadden we geen goede tandenborstels. Die kwamen pas later.'

Pas in het verzorgingstehuis zag ik haar voor het eerst zonder tanden. In het begin van de coronatijd, toen er met haar gesold werd, waren haar tanden een paar weken kwijt.

'Die komen wel weer boven water,' zei een van de verzorgers op een toon alsof het allemaal niets meer uitmaakte.

Voor mij wel, ik schrok ervan.

Ik staarde iets te nadrukkelijk naar het bovengebit op het schoteltje, want de man begon een praatje. Hij en zijn ex-vrouw hadden alles rond hun veertigste laten trekken. Dat scheelde in de tandartskosten. Nooit spijt van gehad. Hij had zijn ex nog wel eens gezien, ze had op latere leeftijd een klikgebit genomen, maar op het laatst waren de schroeven uit haar kaak gevallen. Eentje had ze bijna doorgeslikt.

'En daarna at ze alleen nog maar champignonsoep...'

Ze was twee jaar geleden overleden.

Vel over been, maar dat had weer niets met champignonsoep te maken.

Dat gezegd hebbende, pakte hij zijn gebit en duwde het met twee vingers in zijn mond.

Hij nam afscheid met de woorden: 'En nog een fijne corona verder.'

Ik mis de stad.

Scannen

24 november 2021

Ik heb nogal te doen met de eigenaar van het enige café-restaurant dat nog in bedrijf is in ons dorp en niet alleen omdat zijn vader een Arnhemmer is en hij net als ik voor Vitesse is. Omdat hij de enige is, lijkt het alsof de gemeente Wormerland denkt dat ze corona het beste via hem kunnen bestrijden.

Op wie moeten ze anders hun beleid richten? Als er geen plekken meer zijn om samen te scholen, kun je niet meer samenscholen. De ontheffing voor het terras voor zijn zaak werd ingetrokken en de burgemeester annuleerde een etentje.

'Om het goede voorbeeld te geven, zegt ze,' riep hij toen ik gisteren met Frida van Roosmalen zijn verlaten zaak binnenliep voor een dubbele espresso. In zijn ogen was het goede voorbeeld geven juist wel naar de horeca gaan.

'Om te steunen.'

Hij pakte zijn scanner.

'Ga ik het doen? Ja, ik ga het toch doen! Je geboortemaand alsjeblieft...'

Daarna: 'Er hoeft er maar eentje voorbij te lopen... Ze kijken allemaal naar binnen om je te controleren.'

Hij werd er gek van, zijn vrouw werd er ook gek van.

Hij kende eigenlijk niemand die er niet gek van werd.

Een dag eerder was er tijdens 'de spits' een vrouw met twee kleine kinderen binnengevallen. De kinderen stortten zich direct op de kist met speelgoed, terwijl de vrouw zich uitgebreid installeerde. Toen hij vriendelijk vroeg of hij haar QR-code mocht scannen, ontplofte ze.

Hij hief de armen. 'Wat moest ik? Ze zaten allemaal te kijken, zwijgend. Ik had de rest ook allemaal gecontroleerd. Uiteindelijk vertrok ze, schreeuwend. Ze wees op haar huilende kinderen en schreeuwde: "Heb je nu je zin?" Dat gaat je als horecaondernemer toch door merg en ziel? Het ergste vond ik nog dat de rest me begon te complimenteren toen ze weg was. Zo van: "Goed gedaan, jochie." Maar in het heetst van de strijd sta je er alleen voor.'

'Zo ging het in de oorlog ook,' hoorde ik mezelf zeggen. 'Aan de zwijgende meerderheid heb je niets.'

Onnodig om de Tweede Wereldoorlog er weer met de haren bij te slepen, dat vond ik zelf ook, hoewel ik voor iemand met Arnhemse roots graag een uitzondering maak.

Hij serveerde de espresso.

'Ik heb er helemaal geen zin meer in, joh. Drie keer per dag dat gezeik. En het regent annuleringen van mensen die tegen QR-codes zijn.'

Hij liet me in zijn telefoon kijken.

'Nee, ook geen takeaway,' schreef een vrouw. 'Wij zijn tegen tweedeling!'

Hij: 'Dat waren ooit normale mensen. Iedereen radicaliseert.'

Essentieel

26 november 2021

De spanning over het al dan niet sluiten van de scholen liet zich voelen voor het schoolplein, waar ouders met elkaar hun gedachten probeerden te ordenen. Er waren op onze school al een paar keer klassen naar huis gestuurd vanwege een besmettingsgeval, maar een totale sluiting was ons nog bespaard gebleven.

'Het lijkt mij een taak voor de opa's en oma's,' zei een man die zijn kinderen inderdaad vaak liet ophalen door zijn vader omdat hij er na zijn scheiding sommige dagen alleen voor staat.

Ik stond een beetje achteraan bij het spontane kringgesprek en drong me er even tussen.

'Niet iedereen heeft een opa en oma,' zei ik.

Een moeder die een dochter bij Lucie in de klas heeft: 'Ze heb wel een oma, dat weet ik.'

Er waren ook andere problemen.

Sinterklaas mocht het schoolgebouw niet in.

'Bij ons komt hij gewoon,' kondigde dezelfde moeder aan. 'Zonder mondkap. En hij hoeft ook niet te testen, want wij kennen hem. Ik ga bezoek niet om een QR-test vragen. Zijn ze helemaal bezopen?'

Een vader, duidelijk behept met een afkeer van alles wat met coronaregels te maken heeft, ik had hem in de paar winkels die we hebben nog nooit met een mondkap gezien, zei met enige regelmaat: 'Gommers zeker weer...'

Diederik Gommers was de man bij wie hij al zijn ongenoegens kwijt kon, alsof hij telkens een nieuwe stapel vuile was voor de wasmachine legde. Hoewel het mij natuurlijk ook aanging, voelde ik toch dat dit kringgesprek niet voor mij bedoeld was. Waarom stond ik hier eigenlijk zo halfslachtig bij?

'Nou, nou, wat een ellende weer,' vatte een andere moeder alles samen. 'Ik zeg maar zo: het wordt vanzelf weer zomer. Het gaat ook weer voorbij.'

‘En de kinderopvang?’ riep er een. ‘Of krijgen we dan weer het gezeik dat je zogenaamd essentieel moet zijn. Ik vind iedereen even essentieel.’

Die breedgedragen opvatting had bij de vorige lockdown voor problemen gezorgd. Omdat iedereen in ons dorp een essentieel beroep heeft, of op andere wijze onmisbaar is, waren er te veel kinderen, waardoor het besmettingsgevaar zich van de school naar de opvang dreigde te verplaatsen.

Ik wist inmiddels dat werk in de media hier nul indruk maakt, dat komt in de fictieve rangorde net onder seizoensarbeid. De laatste keer dat ik die discussie aanging werd ik meteen kaltgesteld door een vader die beter kon schreeuwen dan ik.

‘Als er een boom in de sloot ligt, kan ik er niet langs met mijn boot. Iemand moet die boom eruit komen halen. Ik heb dat liever dan een krant. Ik denk dat iedereen dat vindt.’

Ik wrong me met bakfiets en al uit de kring en zei: ‘Eerst maar eens afwachten wat het OMT adviseert…’

Niemand reageerde.

Onvermoeibare man

29 november 2021

Ik ging met Lucie en Leah naar de speeltuin, momenten waar ik ten diepste van probeer te genieten, maar de blijdschap waar de meeste andere vaders hier van nature mee behept schijnen te zijn ken ik dan toch niet. Ik kijk vooral uit naar het moment waarop het samen spelen voorbij is. De liefde voor mijn kinderen is groot, maar het samen spelen vind ik uitputtender dan een werkdag.

Het kan het leeftijdsverschil zijn, ze beginnen in ons dorp veel eerder aan kinderen dan gemiddeld. De meeste andere vaders hadden mijn kinderen kunnen zijn, wat dat betreft zou ik in theorie meer met de opa's moeten hebben, maar met hen klik ik ook niet.

Ze wilden schommelen en namen plaats, als prinsesjes in een koetsje.

Naast ons een vader die het wel leuk vond om zijn dochter te duwen.

Hoei – hoei – hoei.

Onvermoeibare man.

Ik begon nu ook aan mijn karwei.

Eerst de een, dan de ander, de commando's volgend.

'Harder!!'

'Niet zo hard!'

'Niet stoppen!'

'Hoger dan Leah!'

De vader naast ons ging erbij staan zingen en na iedere duw in zijn handen klappen. Totaal onverwacht hield hij op met duwen en rende over het gras richting het klimrek bij het water.

'Pak me dan! Pak me dan!'

Zijn dochter erachteraan.

Hij hing er als eerste in.

Ondersteboven, zingend.

Mijn dochters keken ernaar en wilden ook naar het klimrek.

'Jij moet ook zo hangen...!'

Ik keek naar die andere vader, kind tussen de kinderen.

Hij viel uit het klimrek, met z'n knieën in de prut.

'Dan maar een vieze broek,' zei hij tegen mij.

Na de speeltuin fietsten we naar huis.

Daar speelden we drie potjes memory. Ik vind memory een heel vervelend spel, ook omdat ik telkens van ze verlies. Er zijn momenten dat ik heel erg uitkijk naar de fase dat mijn dochters zelfstandig, elk in een eigen hoek van de woonkamer een boek lezen of op hun kinderkamers zitten te puberen.

Ik zei dit een keer tegen een andere vader bij wie ik Lucie afleverde voor een speelmiddag. Hij zei dat het hem geen enkele moeite kostte om het kind in zichzelf te bereiken. Hij had zelf een hut in de tuin gebouwd en ging daar als zijn kinderen er niet waren soms zelf in zitten.

'En dan denk ik nergens aan.'

Ik was niet jaloers.

Aanwaaien

1 december 2021

Aan de keukentafel zat een vriend van vroeger. Hij was ergens leidinggevende geworden, had een bijeenkomst in de buurt en dacht: kom, ik ga eens onverwachts bij Marcel langs. Hij sprak zelf van aanwaaien. Hij was al bij heel wat mensen onverwachts aangewaaid. Hij noemde namen van studiegenoten. 'In iedere plaats waar ik kom woont wel iemand van vroeger, en je komt er altijd achter waar.'

En zo was het nu ook gegaan.

'Ik liep bij die lunchroom naar binnen, vroeg of ze wisten waar "die gek" woont en ze wezen me je huis.'

Ik wist om meerdere redenen nog niet hoe blij ik daarmee was.

Het aanwaaien was begonnen omdat hij door corona zijn functioneringsgesprekken in de natuur was gaan voeren.

De vestigingen van zijn fastfoodketen zaten overal.

'Best vaak in het bos, maar hier kan het ook. In het weiland.'

Nog nooit zo veel bewogen, hij had ook wel eens iemand in het bos ontslagen. 'Dan kunnen ze daarna geen kant op, dan moet je wel communiceren... Je loopt de frustratie eruit.'

Bij een van die wandelingen was hij na een pittig gesprek in een kuil gelopen. ‘Het viel me mee dat hij me eruit trok.’ Arm gebroken, eerst gips, daarna drie maanden met een mitella. Hij had nog steeds last, dronk de koffie met rechts terwijl hij links is. Hij moest er eigenlijk aan geopereerd worden, maar dat werd steeds uitgesteld.

‘Dat is dan toch ook corona,’ zei hij op een toon alsof het virus hem ook veel moois had gebracht.

De koffie was op, de gespreksstof ook.

Het was leuk dat er eindelijk eens iemand aanwaaide, maar het kwam me toch ook wel goed uit als hij weer wegwaaide. Was ik eindelijk een half uur alleen, zat ik opeens met een aanwaaier. Ik geloof dat ik dat ook uitstraalde want hij ging maar weer eens.

’s Avonds vond Lucie zijn portemonnee, hij lag onder de krant.

Er zaten twee bankpassen in.

Ik vond hem op Twitter.

Ik hoefde niets op te sturen, hij had de passen al geblokkeerd. Hij nam die portemonnee nog wel een keer mee als hij weer kwam aanwaaien als hij in onze natuur een functioneringsgesprek had.

In mijn hoofd groef ik een gat.

De meest wrede straf

20 december 2021

We zouden dit jaar in clusters van vier op tweede kerstdag bij mijn moeder op bezoek gaan. En daarna dan wat brunchen bij mijn zus, die ook in Limburg woont. Lucie en Leah zouden voor het eerst een mondkapje dragen, over de wieg van Frida van Roosmalen zou een plastiek gespannen zijn. We zouden anderhalve meter afstand houden, en naar achteren meebewegen als ze dat vanwege haar dementie niet zou begrijpen.

Maar het kan ook dat ze haar voor de zekerheid in een rolstoel hadden gegespt, dan zou ze wel grijpen naar Leah van Roosmalen, maar er niet bij kunnen om haar op schoot te trekken.

Ik zou liegen als ik zou schrijven dat ik me erop verheugde, maar het was toch een teleurstelling dat de bijeenkomst ons zaterdagavond van overheidswege door de neus werd geboord.

Volgend jaar dan maar, denk ik inmiddels, want ik ben niet bang dat mijn moeder ten prooi valt aan omikron.

Integendeel: ik ben nu juist bang dat ze onsterfelijk is.

Dat het onzichtbare monster haar om onduidelijke redenen de meest wrede straf heeft opgelegd: blijven leven tot je erbij neervalt om daarna toch weer door te moeten.

Een gat in je hoofd vallen – bloeden – opstaan – een helm – geen helm – weer vallen – blauwe plekken overal. Je de ene keer niets en dan weer verrassend veel herinneren. Mensen die er niet meer zijn heel erg missen, de overblijvers dan weer wel en dan weer niet herkennen. Je al lang overleden broer zien in je zoon – rustgevende medicamenten tegen de realiteit – met de groep liedjes zingen in de activiteitenruimte.

Woord voor woord meedoen met 'Op de grote stille heide'.

'Och hoe ver is mijn heide.

Hoe ver is mijn heide,

mijn heiiiiiii-de.'

Piepend met dat zachte stemmetje, ik wilde dat ik dat gepiep nooit gehoord had. Ik hoorde er wanhoop en uitzichtloosheid in. Maar het kan ook zijn dat ik dat erin wilde horen. Dat ik opgelucht was dat het wat met me deed.

Geen idee of onze komst al was gecommuniceerd.

Of er al op was gerekend.

Waarom versieren ze die verzorgingstehuizen eigenlijk met Kerstmis?

Haal de kerstbomen en stalletjes weg en het verdriet om het gemis verdwijnt.

Een fijne bezuiniging.

Goedspraaks

29 december 2021

We keken door het raam van het verzorgingstehuis in Limburg. Een lange tafel met acht dementerende bejaarden, alvast klaargezet voor het diner. De vrouw naast mijn moeder hing in haar bord. Twee gourmetstellen, de stekkers nog niet in het stopcontact. Op het aanrecht twee schalen vlees van Plus en een kom rauwkost. Lucie en Leah, een beetje druistig vanwege de lange autorit, klopten tegen de ramen.

'Oma Velp doet nog niets,' zei Lucie. 'Ze blijft gewoon zitten!'

De verzorgers zagen ons het eerst. Ze rammelden mijn moeder nog net niet door elkaar, er was in eerste instantie geen enthousiasme in te porren.

'Heeft ze de bokkenpruik op?' vroeg ik aan de verzorgende die ons opwachtte bij de deur. Ik weet niet of het Limburgs of jargon is, maar nadat ik bij een eerder bezoek werd begroet met de zin: 'Ik zeg het maar zoals het is, jullie moeder heeft de bokkenpruik op,' gebruikte ik die zin altijd.

Antwoord dit keer: 'Nee hoor, ze is goedspraaks.'

Lucie en Leah renden alvast de gang in, recht in de begerige armen van een medebewoner die er zijn eigen kleinkinderen in zag. Of wilde zien.

Mijn moeder was van tafel gehaald, ze zat op de afwasbare bank in haar kamer en telde haar kleindochters. 'Vijf!' constateerde ze verbaasd. 'Twee grote en wat kleintjes.' Ze wees naar de dochters van mijn zus. 'Zijn dat de ouders?'

'Nee,' zei de verzorgende, 'dat zijn de dochters van uw dochter, die zijn er maar heel eventjes, want vijf is heel veel. Er blijven er drie over.'

Ze wees nu naar mij. 'En dat is Marcel, uw zoon.'

'Een dokter,' constateerde mijn moeder, 'zet die maar bij de kerstboom.'

'U heeft geen kerstboom,' zei de verzorgende.

Toen we allemaal verspreid zaten, mochten de mondkapjes af. Toen herkende ze me toch.

'Marcel,' zei ze, 'wat doe jij hier?' Daarna: 'Nou jongen, ik ben blij dat je er bent want het stikt hier van de kinderen.'

We duwden Frida van Roosmalen in haar armen, ze verslikte zich bijna in een stroom liefkozingen.

Af en toe kwam ze overeind om een lichamelijk ongemak te delen. 'Ik heb diarree.' 'Heeft u iets tegen eczeem?' En: 'Ik verga van de hoofdpijn.'

Ze gaf Frida van Roosmalen aan de vriendin, die haar op de bank voedde.

'Dat is makkelijk,' zei mijn moeder.

Tegen mij: 'Ik heb hele leuke buren, een hele kamer vol.'

Nadat ze al mijn kinderen geld, cadeaus, snoep en een onvergetelijk logeeravontuur beloofd had, werd ze opgehaald voor het kerstdiner. Toen we buiten stonden, zwaaide ze, daarna knakte haar hoofd naar haar bord.

Ik haat wintersporters

4 januari 2022

De Telegraaf had het belangrijke nieuws als eerste: bijna duizend mensen die op wintersport naar Oostenrijk zijn gegaan, zijn daar besmet geraakt met het coronavirus. Weer de wintersporters dus! Tijdens de eerste golf speelden ze ook zo'n dubieuze rol. Dat schuurde ook al, maar viel toen een beetje weg door al die carnavallers die het virus over de grote rivieren brachten, maar die zijn inmiddels *kaltgestellt*.

Blijven over de wintersporters.

Eindelijk een groep waar ik al een hekel aan had die het nu zo nadrukkelijk voor de anderen verpest. Horecamensen (niet allemaal sympathiek, maar ze hebben hun afstraffing nu wel gehad), theatermensen (allemaal sympathiek) en de medewerkers van de kleine lokale boekhandels (allemaal lief) worden allemaal gedist door asociale wintersporters die ondanks waarschuwingen massaal weer hun middelvinger opstaken naar de rest. Gewoon toch op vakantie naar een risicoland gaan, schijt aan ons, schijt aan de zorg. Zij de sneeuwpret, wij de stijgende cijfers. Tel daar de spoedige installatie van Ernst Kuipers als minister bij op en je weet dat we nog heel lang in de prut zitten.

Dankzij de wintersporters!

Ik ben lang niet de enige die er zo over denkt, wintersporters blijken op de sociale media een massaal gehate groep. Wintersporters zijn de ideale vijand, er is niemand die het voor ze opneemt.

En terecht!

Als ik aan wintersporters denk, voel ik het kloppen van mijn aderen, woedende haat die een uitweg zoekt. Eindelijk een zondebok voor al mijn frustraties.

Ik wandel de huiskamer in en zeg tegen het eerste kind waarover ik struikel hoe erg ik wintersporters haat. Met hun ski-jacks en die veel te gekleurde broeken. Ik maak koffie en zet me achter de computer in de kleinste kamer van ons huis.

Daar zit ik dan, met uitzicht op het parkeerterrein.

Allemaal de schuld van de wintersporters!

Dan het besef: een gezin van de overkant is op wintersport geweest! Daar loopt die vrouw, de afdruk van de skibril is nog te zien op haar gezicht! De afsluitbare kist die, dat realiseer ik me nu pas, haast geruisloos het imperiaal heeft verdrongen uit het straatbeeld zit nog op het dak van hun auto. Heel veel zin om die auto aan te vallen. Om machteloos met mijn vuisten op de motorkap te slaan en keihard 'Anton aus Tirol' te zingen.

Waarom heb ik toch zo'n hekel aan wintersporters?

Waarschijnlijk omdat we zelf nooit gingen.

Ik kom uit zo'n gezin dat 's zomers met een Mazda 323 met te weinig geld naar een wintersportland ging, ons soort is rancuneus.

In quarantaine

10 januari 2022

Sinds een paar dagen zitten we met drie kinderen in quarantaine. Een uitdaging, omdat we reikhalzend uitkeken naar het eind van de verlengde kerstvakantie. Het leven was al schraal genoeg, dit was de niet meer verwachte bonus. De man met de hamer had geduldig op ons gewacht en sloeg twee keer raak.

Ik ben inmiddels het gevoel van tijd kwijt. Niet van plaats, want de setting is steeds dezelfde. Het is een voortdurende herhaling van memory, Netflix en touwtjespringen. Van een deel van de mensen zonder kinderen mag je daar niet over klagen. Ik was zelf ook lange tijd een mens zonder kind, ik krijg alles wat ik toen zei als een boemerang terug in het gezicht. Het is bullshit.

De vriendin en ik hebben alle twee milde klachten. Koorts, verkoudheid en Frida van Roosmalen niest en huilt meer dan normaal. Lucie en Leah zijn vooral lamlendig, de ergste kwaal van allemaal. Geen idee hoe we de resterende tijd door gaan komen. En dan hebben wij het nog makkelijk. Ik stelde me gisteren voor hoe dit zou zijn geweest in onze tweekamerwoning in Betondorp, of een flat in Presikhaaf.

Beurtelings amuseren we drie uur de kinderen, daarna mag je even alleen zijn.

Alleen zijn is een ongekende luxe geworden, minivakanties naar je eigen wereld.

De verwachting is dat we het allemaal zullen overleven en dat we binnen afzienbare tijd weer deelnemen aan het maatschappelijk verkeer, voor zover dat er is. Tot die tijd is het zaak de kalmte te bewaren. Uit alle oorlogsboeken die ik heb gelezen heb ik geleerd: tweespalt in de groep is het begin van de ondergang.

Op dag twee dirigeerde ik mijn groep naar buiten voor een wandeling. Naar het nieuwe speeltuintje bij de lelijke nieuwbouw en terug.

Als we mensen naderden riepen Lucie en Leah keihard dat we allemaal corona hebben.

'Wij ook!' riepen een man en een vrouw terug.

Het begon al snel te regenen, Frida van Roosmalen begon te huilen, Leah van Roosmalen viel en huilde daarna ook en Lucie ging boos op de grond zitten omdat ze graag zou hebben gezien dat haar vader haar een compliment had gegeven omdat ze als enige kind niet huilde. Ik kreeg de jammerende sliert met moeite in beweging en samen sjokten we door het druilweer terug naar de basis.

Ik heb al te veel stukjes gelezen van journalisten en columnisten in quarantaine of lockdown. Verslagen van hoe ze terugvallen op zichzelf. Al die stukjes waren net zo uitzichtloos als deze tijd, ik weet nog niet hoe blij ik ben dat ik nu ook een kraal aan die al veel te lange ketting heb geregen.

Roel van Velzen

19 januari 2022

Tussen alle onzin in de publieke analyse van de familie De Mol hoorde ik een entertainmentdeskundige zeggen dat we natuurlijk wel moesten beseffen dat Linda de Mol natuurlijk altijd Linda de Mol is. 'Als zij een zak chips in de supermarkt koopt, hoort ze de mensen achter haar rug praten.'

Ik ben gelukkig geen Linda de Mol, maar ik word in mijn woonplaats Wormer wel regelmatig aangesproken op wie ik ben. Bij de slager werd ik aangesproken door een onbekende.

‘En hoe is het met Marcel?’ vroeg hij hardop.

De winkel keek naar mij.

‘Goed,’ antwoordde ik. ‘En wie bent u?’

‘Roel van Velzen,’ zei de man.

Het leek me weer een slechte grap, maar hij heette echt zo.

‘Ik ben de bloemist, niet de zanger.’

‘Word je daar nooit eens moe van?’ vroeg de slager me toen Roel van Velzen het pand met een pond kipgehakt had verlaten.

Ik kon niet anders dan ‘ja’ zeggen, maar ik had het ook over mezelf afgeroepen. Als je zo veel over je woonplaats schrijft als ik, mag het dorp natuurlijk ook wat terugzeggen. Het had me geholpen om vorige week lang genoeg in quarantaine te blijven. Toen ik op dinsdag de biobak aan de straat ging zetten, werd ik vanuit een raam terechtgewezen.

‘Mondkap op!’ was er geroepen. ‘En jij moet binnenblijven…!’

Daar stond ik dan, in mijn grijze joggingbroek in een verder verlaten straat. Iets terugroepen had slechts tijdelijk verlichting gegeven en niets aan de situatie veranderd. Wij moesten binnenblijven, er waren er die daar persoonlijk op toezagen. De slager zei dat hij er wel eens moe van werd, want hij was natuurlijk ook prominent aanwezig in Wormer.

‘Ik ben natuurlijk ook wel eens geen slager. Als ik op een verjaardag kom, beginnen ze tegen mij altijd over vlees.’

‘Tegen mij niet,’ zei de vriendin van de slager.

De slager: ‘Ik praat in mijn vrije tijd heel vaak tegen mijn zin over vlees. Wat is lekker vlees? Hoe moet je een biefstuk braden? Hoelang blijven kippenpoten goed?’

We rekenden af.

De slager spreidde zijn armen en zei dat hij voor een scheiding tussen de persoon en de functie was. Wat hij wilde zeggen was: hier in de slagerij ben je veilig. Zo dom dat ik daar dan weer een stukje over schrijf.

Een middelvinger voor China

4 februari 2022

Ik hoorde van een buurman dat het schaatsen bij de Olympische Winterspelen op eén raar tijdstip wordt uitgezonden. Hij ziet mij als zijn oliemannetje naar de televisiewereld en houdt mij ongevraagd op de hoogte van zijn gedachtekronkels. Passeer ik op de fiets, steekt hij zijn hand uit waardoor ik moet remmen. Het is een goede man, en ik wil de verhoudingen graag goed houden, maar wat moet ik ermee? 's Morgens, net nadat ik de kinderen naar school heb gebracht.

Hij stak zijn middelvinger op.

Die was niet voor mij, maar voor China, waar ze op voor hem abnormale tijden sporten.

Hij had natuurlijk wel een punt.

Bij de komende Winterspelen is alles nep.

Het ijs, de sneeuw en als China onverhoopt te weinig gouden medailles wint, gaan ze met de coronatesten sjoemelen. Controleren kunnen we het amper want de NOS doet verslag vanaf de Jaap Edenbaan in Amsterdam. Er zijn in verband met de extreem strenge coronaregels maar weinig verslaggevers naar de olympische locaties gestuurd. Ze hebben de controlerende functie van de pers in handen gelegd van een paar enkelingen, van wie Erben Wennemars de bekendste is.

Ik denk dat dat beleid is. Als de kans bestaat dat je verslaggevers voor langere tijd worden opgesloten, kun je maar beter iemand sturen die je wel even kunt missen. Bijkomend voordeel is ook dat met Erben Wennemars ter plekke het net lijkt alsof er wel publiek in het schaatsstadion zit. Lawaaieriger hebben we ze niet.

Wel jammer voor de Oeigoeren die wellicht hoopten op wat extra media-aandacht, maar op mensenrechten ligt zijn focus niet. Ik las in de column van zijn vrouw Renate Wennemars in *de Stentor* dat Erben er alles aan doet om naar China te gaan. De angst om corona op te lopen is zo groot dat hij zelfs binnenshuis met een mondkapje loopt.

Erben reist af met een 'schone telefoon' en een 'schone laptop' en zal uit angst voor spionage weinig communiceren met het thuisfront.

Renate: 'Geen afleiding en volledige focus op sport.'

Ze schreef het natuurlijk niet op, maar het lijkt me voor niemand een straf dat Erben Wennemars maar beperkt met de buitenwereld kan communiceren. Het is een nieuwe denkwijze om een journalist ergens heen te sturen en hem vervolgens niet al te veel aan het woord te laten. Is China dan toch een gidsland?

En nu maar hopen dat hij niet alsnog corona oploopt en onze sporters besmet.

Of juist wel.

Zeven vinkjes

7 februari 2022

Voor *Hard Gras* schreef ik in 2006 een nummer vol over de voetbalclub Vitesse, dat later als boek onder de titel *Je hebt het niet van mij* verscheen. Later wilde Joris Luyendijk een boek met dezelfde titel uitbrengen. Hij had een aantal maanden op het Binnenhof doorgebracht om de relatie tussen journalistiek en politiek te bestuderen, en alleen deze titel dekte de lading.

Tussen meesterwerk en succes stond ik.

Nadat ik niet meteen enthousiast op die mededeling reageerde, mailde zijn toenmalig uitgever namens hem dat je 'een staande uitdrukking' juridisch niet kon claimen, bovendien bestond er ook nog een kans dat mijn boek er een nieuwe boost van zou krijgen: 'Mensen die Joris willen bestellen, bestellen per ongeluk jou…'

Uitgevershumor, maar de verhoudingen werden me opeens duidelijk, vergeleken met Joris Luyendijk was ik niets. Hij zat boven op de berg, het zou nog een hele kluif worden om die top via kronkelige weggetjes en drooggevallen beekjes te benaderen.

Kleinzielig om deze arrogantie, als het dat al is, zo op te blazen om er een punt tegen hem mee te willen scoren. Bijna net zo klein als de microagressie die Joris Luyendijk bij *The Guardian* in Londen overkwam gelijk te stellen aan de buitensluiting van alle groepen die niet net als hij zijn geprivilegieerd met 'zeven vinkjes'.

Man op de berg heeft het licht gezien, schrijft er een boek over en schrijdt vervolgens langzaam naar beneden om het aan de wereld te geven.

Ik geloof zijn kwetsbaarheid niet, ik zie vooral de marketing, het verdienmodel. Ik wil me best laten beleren, maar niet door iemand die in alles uitstraalt dat hij zichzelf verheven voelt. Zijn plotselinge zelfreflectie en nederigheid schuren. Op Twitter schreef hij zaterdag, de dag waarop het mediaoffensief voor zijn boek begon, dat hij het jammer vond dat zijn essay in *NRC* en het interview met hem in *Volkskrant Magazine* online niet los te verkrijgen waren. Jammer dat de mensen verplicht waren om al het andere nieuws erbij te nemen om hem te mogen lezen. Om daarna bij het eerste briesje tegenwind, de applausmeter van de doelgroep haperde even, te vertrekken van Twitter. Degenen die zijn visie willen horen moeten zijn boek maar kopen of zich melden in de zalen waar hij zijn lezingen geeft, die hij standaard opent met een citaat van een PVV-stemmer die zegt dat ze haar informatie haalt van Facebook. Mogen we niet meer om lachen van Joris met zijn zeven privileges. Hij heeft voor ons ook de onderbuik bestudeerd. We mogen de scheten slechts constateren en dan zegt hij wel hoe ze ruiken.

Frits Barend over dickpics

9 februari 2022

Waar we staan werd maandagavond mooi gemarkeerd door eeuwig journalist Frits Barend die bij *Op1* mocht aanzitten om mee te wauwelen over de affaire-Marc Overmars. Aan de samenstelling van de tafel zag je de rotdag die de redactie die dag met elkaar moet hebben gehad. Het moest 'er' natuurlijk over gaan, maar de gedroomde gasten hadden er stuk voor stuk geen zin in.

En dus zaten ze met Frits.

Frits Barend over dickpics, ja dan wordt er wel een piketpaaltje in het collectieve geheugen geslagen. Als we dan toch vallen, dan maar met wat extra slagroom op de taart.

Toen hij de beurt kreeg, proefde hij het woord voor in de mond, achteloos nadrukkelijk, zoals hij vroeger deed met borrelnootjes.

Hij spuugde het langzaam uit.

'Dickpic.'

Kijk, daar lag het woord op tafel. We keken er vanaf de bank nog wat onwennig naar, maar een halve dag en honderden verhalen over dickpics verder vind ik het net als iedereen inmiddels een normaal gespreksonderwerp.

Ik heb in het dorp met de vrouw van de bakker heel luchtig gesproken over dickpics. Bij het afrekenen van tien witte kadetjes ging het er even over. Het kwam er bij ons alle twee heel naturel uit, alsof we het over stormschade hadden. Ze had nog nooit een dickpic ontvangen en ik had er nog nooit een verstuurd. Even voelde ik verbondenheid, twee mensen met schone handen in een verder vieze wereld, want reken maar dat er ook in Wormer genoeg dickpics over en weer zijn gevlogen.

'Je moest eens weten,' zei ze dreigend.

Ik kon de onderzoeksredactie van NRC met een gerust hart hierheen halen, ze genieten enige faam na de onthulling dat we in Wormer het putje van het internet faciliteren. Maar dat wuifde ik weg. Ze trokken in relatief korte tijd al een kunstenaar, een hoogleraar en de technisch directeur van de grootste voetbalclub van het land hardhandig van hun sokkels.

'Dus die mensen zullen onderhand wel moe zijn,' zei ik.

En bovendien: grensoverschrijdend gedrag is overal, dus waarom zouden ze naar Wormer komen?

'Als het overal is, kunnen ze inderdaad ook op de redactie blijven,' zei ze, 'want dan is het daar ook.'

Maar goed, zij was bakkersvrouw, voor gesprekken over snijden in eigen vlees moest ik maar naar de slager. We sloten af met de dooddoener dat vroeger alles beter was omdat we toen nog niet wilden zien hoe verrot de wereld is.

Vroeger, wanneer was dat eigenlijk? Toen we nog gewoon net deden alsof we geloofden dat Frits Barend de beste vriend van wijlen André Hazes was.

Een niet-speciale dag

11 februari 2022

Ik was jarig, altijd een moeilijke dag. Ik vul hele jaren om de onbenulligheid van het vieren van je eigen geboorte er bij iedereen in te peperen en besluit dan altijd om op het allerlaatste moment toch wat aan mijn eigen verjaardag te doen.

De grootste nog beschikbare tafel in een restaurant in Amsterdam was er, in verband met coronamaatregelen, een voor maximaal drie personen. De goede vriend die ik de avond ervoor laat had overvallen met het goede nieuws dat hij, zonder partner, tussen mij en de vriendin mocht aanzitten belde af met vage coronaklachten. Zijn vrouw vond het onverantwoord dat hij in een restaurant zou hoesten, maar hij gaat dit weekend wel naar Vitesse-PSV, want hij had zich niet getest.

'En met griep mag dat wel.'

Op de achtergrond hoorde ik zijn vrouw souffleren, we gaan lang terug. Dat hij zich niet zo van de ene naar de andere kant van het land moest laten commanderen door mij, met mijn zogenaamde belangrijke medialeven. Was ik niet de man die het op zijn vijftigste verjaardag, toen hij voor het eerst een zaaltje had gehuurd, had laten afweten voor een of ander dom persreisje? Nou dan.

Het was het eerste telefoontje van de dag.

Daarna belde mijn broer.

Niet om te feliciteren, maar om mee te delen dat hij voor zijn eigen verjaardag in maart een huisje in een vakantiepark in Mierlo had afgehuurd.

Dan het geluk dichtbij. Ik was vroeg gewekt met zacht gezang, een halfslachtig 'Lang zal-ie leven'. Lucie en Leah hielden er na twee coupletten mee op. Leah had twee tekeningen gemaakt – een vluchtige schets van onze katten Joseph en Olga die tussen de wolken in de lucht vlogen en een zelfportret in oranje jurk – en Lucie was er nog niet aan begonnen.

Ik bracht de vijftig (!) tekeningen in herinnering die ze een week eerder voor de verjaardag van hun moeder hadden gemaakt.

'Misschien na school,' zei Lucie. 'Als er taart is.'

De kamer was niet versierd, ik zag geen pakjes.

'Die komen met de post, misschien,' zei Lucie, die haar moeder in alles nakakelt.

En zo bracht ik ze op de bakfiets naar hun school, op deze niet-speciale dag. Ik liep hand in hand met Leah van Roosmalen naar de poort en droeg haar over.

'Hij is jarig,' zei ze tegen de juf, die de hand op de automatische piloot naar voren stak, 'maar hij viert het niet.'

De juf trok haar hand terug, we knikten wat ongemakkelijk naar elkaar.

Ik dacht: volgend jaar doe ik normaal, maar dat denk ik ieder jaar.

Nieuw geluid

25 februari 2022

Iemand trok donderdag de parallel tussen Ongehoord Nederland-baas Arnold Karskens en de NSB'er Max Blokzijl, die net als Karskens als journalist graag berichtte vanuit het buitenland en daarmee een zeker aanzien verwierf. Blokzijl katapulteerde zichzelf in de Tweede Wereldoorlog achter de microfoon van 'de Nederlandse omroep' en werd door zijn wekelijkse radiopraatjes als de stem van de NSB gezien. Het eindigde voor hem met de doodstraf.

Arnold Karskens werd, nadat hij was uitgerangeerd als oorlogscorrespondent – de tijdschriften konden zijn producties niet meer betalen – het gezicht van Ongehoord Nederland, dat de stem van de ongehoorden zegt te vertegenwoordigen. Mensen met een heel duidelijke mening die op televisie het eigen gelijk misten.

De nieuwe omroep heeft sinds twee dagen een eigen journaal, waarin vertegenwoordigers van rechts – PVV en FVD – zonder serieuze tegenspraak hun zegje mogen doen en waarbij omroepbaas Karskens zelf ook aanschuift aan de desk.

Aanschuiven is niet het goede woord, hij staat als een bezopen kapitein als een gek te rukken aan het roer. Alsof hij door keihard te draaien de wereldgeschiedenis eigenhandig een draai kan geven. Gisteren verkondigde hij, de stropdas scheef van opwinding, dat de mensen in Oekraïne worden geslachtofferd door de NAVO, dat de Russische inval acceptabel is 'omdat je elkaar wat moet gunnen' en dat wij ons maar moeten neerleggen bij die realiteit.

Karskens noemt dat 'geopolitiek denken'.

Bijzonder voor iemand die er de laatste jaren een sport van maakte om het *NOS Journaal* te betrappen op feitelijke onjuistheden, waar volgens hem ook gebrek aan neutraliteit onder valt. Hij bundelde alles in zwartboeken die hij, als hij er weer eentje vol had, triomfantelijk omhooghield voor zijn eigen camera's.

Met dank aan iets meer dan vijftigduizend dwaallichten is hij zelf in zijn eigen onzin gaan geloven zoals ze vroeger bij *Nieuwe Revu* geloofden in al die citaten van niet-traceerbare dorpelingen en anonieme bronnen als decor voor zijn epistels over conflicten in vreemde landen. De feiten waren toen nog niet zo controleerbaar als nu, een foto van Arnold Karskens met een Taliban-muts was voldoende om alles voor zoete koek te slikken. En anders kon je er altijd nog om lachen.

Kijk die gekke Arnold nou, haha.

De muts is vervangen door een stropdas, wat voor de fijnproever minstens zo lachwekkend is. Alleen Arie Slob nam hem serieus, prettig dat die in oorlogstijd nergens meer verantwoordelijk voor is.

Eerste goede daad

3 maart 2022

De oorlog had de kinderen bereikt, ik denk dat ze de Russische inval op school summier hadden behandeld. 'Ze hebben ruzie,' vatte Lucie het conflict samen, terwijl ze zich zonder voortanden door een witte boterham met hagelslag probeerde te eten. 'De gemene man maakt alles stuk, en nu moet de rest het weer opruimen. Oneerlijk.'

'Zielig,' vulde Leah aan.

Een dag later begon Lucie over een van haar beste vriendinnen, van wie de ouders sinds kort gescheiden zijn. Ze zegt er altijd bij dat dat de schuld van de papa is.

'Omdat hij altijd weg is.'

Nu zei ze: 'De papa is er heel erg met de oorlog bezig, maar de moeder gelukkig niet.'

'Komt haar vader uit Oekraïne?' hoorde ik mezelf vragen.

'Weet ik niet,' zei Lucie. 'Hij rijdt in een vrachtauto. We moeten spullen aan hem geven. Onze kleren. En speelgoed. Dat legt hij in de garage en dan gaan ze het brengen.'

Ze stond op van tafel en begon aan een inzamelingsactie. Eigenlijk was alles bruikbaar. Mijn gymschoenen, een broek van haar moeder.

Haar zus Leah van Roosmalen stond er huilend bij, want het was vooral ook haar speelgoed dat op een hoop in een hoek van de huiskamer werd gegooid.

Er ontstond uiteindelijk een gevecht, de een trok de ander aan een vlecht door de kamer, potentiële hulpgoederen vlogen door de lucht. 'Pak dan wat anders,' probeerde ik de boel te sussen. 'Ja, geef kleren,' schreeuwde Leah van Roosmalen. 'Kleren en snoep!'

Nadat ik zei dat 'snoep' onzin was en dat er waarschijnlijk 'soep' bedoeld was, richtte de woede zich tegen mij. Ik stond tegenover twee hevig geëmotioneerde meisjes die er, net als ik, niet tegen kunnen als ze verkeerd worden begrepen.

Er werd 'allerdomste papa ooit' naar me geroepen. Het eindigde met een tocht naar het Kruidvat, waar we drie rollen Fruittella kochten. Thuis maakten ze tekeningen voor de mensen in Oekraïne. Lucie tekende een prinses onder een regenboog en Leah van Roosmalen een felrealistische schets van een afgebrand huis.

Het werd met een ernstig gezicht naar het huis van de vader van de vriendin gebracht.

'Hij was echt blij,' zei Lucie. 'Het snoep gaan ze onderweg opeten en van de tekeningen maken ze vuur zodat ze geen koude handen krijgen.'

Het was, concludeerden we samen 'haar eerste goede daad'.

In huispakken winkelen in Zaandam

14 maart 2022

Een vriend had ons twee identieke beige huispakken gegeven. Een huispak is een joggingpak voor thuis, alleen dan van een of andere thermische stof. Ik had nog nooit een huispak gedragen. Toen we 's avonds voor het eerst in onze huispakken naast elkaar op de bank lagen, ging er een wereld open. We zagen eruit als bestuurders van een ruimteschip, maar het was lang geleden dat ik zo comfortabel had gelegen. En we hadden het nog warm ook.

De dag erop was het zaterdag, een dag waarop we gewoonlijk achter onze kinderen aansukkelen.

'Ik trek weer mijn huispak aan,' hoorde ik mezelf zeggen.

'Ik ook,' zei ze.

's Middags gingen we winkelen in Zaandam.

In de spiegel in de parkeergarage zagen we voor het eerst wat voor groep we waren geworden, want we hadden onze dochters ook joggingpakken aangetrokken. We lachten om onszelf, zoals we vroeger om andere mensen lachten. Zelfverzekerd wandelden we door Zaandam, een stad waar bijna iedereen in huis- of joggingpakken loopt.

Op een van de bruggetjes in het centrum was 'een verkiezingsmarkt'. Vroeger liepen alle partijen tussen het winkelend publiek, tegenwoordig staan ze op een kluitje met elkaar te praten. Een service waardoor de kiezers er ook omheen kunnen.

We gingen er dwars doorheen.

GroenLinks deed niet eens moeite, maar de PvdA zat ons meteen achter de joggingbroek. We kregen niet één, maar drie rozen. De jongen die ze uitdeelde, hij zei meteen dat hij het zelf niet breed had, zei dat je ze samen in een vaas kon doen en dat het dan net een bos rozen was. Kochten we wel eens bloemen of hadden we daar geen geld voor? Hij hield ons duidelijk voor mensen met weinig geld.

'We zijn geen minima,' zei ik, 'we zijn columnisten.'

Zijn blik scande ons van boven naar beneden, hij moest lachen.

Lucie keek vragend omhoog en richtte zich daarna tot de gulle PvdA-jongen.

'Heb jij ook snoep?'

Het was een vaker gestelde vraag. Hij wees naar een PVV-mevrouw aan de overkant van het bruggetje, die rondging met een mand vol paaseitjes. Ik zag mijn dochter erheen sprinten.

Ik zei iets in de trant van 'Het is alsof ze het electoraat van de laatste twintig jaar uitbeeldt'.

Er viel een ongemakkelijke stilte.

Dat ik zei dat we normaal nooit in identieke huispakken lopen, maakte het alleen maar erger.

Russische toestanden

18 maart 2022

Het voelt als een nederlaag als je ironie moet uitleggen, maar bij dezen. Ik las bij *De Nieuws BV* op Radio 1 een column voor over Gideon van Meijeren van Forum voor Democratie, geschreven met hetzelfde soort overdrijving als ze bij Forum voor Democratie gebruiken als ze bijvoorbeeld opkomen voor 'hun recht' om de Holocaust te bagatelliseren. Ik zei onder andere dat ze hem, Pepijn van Houwelingen en Thierry Baudet naakt op een vlot in de Atlantische Oceaan moesten zetten met een voorraad ingevroren vissticks. Op de sociale media waren er die daar heel graag een echte doodsbedreiging in wilden zien. FVD, waar ze heus beter weten, retweette het gretig. Met de toevoeging dat ze door mensen als ik beveiliging nodig hebben.

Het dieptepunt kwam gisteren.

Arlette Adriani, bekend van *Astro TV* en commercials voor bedden voor bejaarden, presenteerde het *Ongehoord Nieuws*. Met trillende handjes, omdat ze zelf ook wel wist dat ze met bewuste framing een heel leger idioten op scherp ging zetten.

Ze zei: 'In de continue VARA-smeercampagne dat alles wat niet links is kapot moet, was het deze week de beurt aan Marcel van Roosmalen. Hij demoniseerde Kamerlid Gideon van Meijeren door hem te vergelijken met een reptiel. De uitspraken doen denken aan die van toenmalig VARA-voorzitter Marcel van Dam die Fortuyn bestempelde als een buitengewoon minderwaardig mens. De laster geuit op Nederlandse televisie leidde uiteindelijk mede tot de moord op de politicus op 6 mei 2002 door de linkse activist Volkert van der Graaf. Lijkt de geschiedenis zich te herhalen?'

Hier werden bewust appels met peren vergeleken, met als doel mij een toontje lager te laten zingen. Na afloop voerde Arlette een gesprek met twee deskundigen die uitlegden hoe gevaarlijk ik ben. 'Politiek commentator en PVV-Kamerlid' Reinette Klever vond het 'walgelijke demonisering' door nota bene de publieke omroep, waarna 'onderzoeksjournalist' Annelies Strikkers uitlegde waarom ik een gevaar ben.

'Als je gaat oproepen om volksvertegenwoordigers de zee op te sturen, vastgebonden met een klein beetje eten... dat is geen satire meer.'

En deze: 'We weten helemaal niet of het waar is dat Gideon van Meijeren een spion van Rusland zou zijn. Je creëert echt een klimaat waarin een volksvertegenwoordiger bedreigd kan gaan worden. Of erger.'

Eerlijk is eerlijk: de actualiteitenrubriek was grappiger dan de ironie.

Ik heb vaak mijn best gedaan om humor te bedrijven over de rug van Arnold Karskens, maar uiteindelijk heeft de zelfverklaarde antifascist dan toch gewonnen. Ik ben bedreigd, er is van alles door de brievenbus gegooid en er is geïnformeerd op welke school mijn kinderen zitten.

Ik zou haast zeggen: Russische toestanden.

Naar het noorden

6 april 2022

De vriendin vertrok naar het noorden voor een interview, ze bleef slapen in een tot hotel verbouwde abdij in of bij Dokkum. Tot op het laatst kreeg ik opdrachten. De biobak buiten zetten, Frida van Roosmalen driemaal daags een fles, twee fruithapjes en haar mee laten eten met de gezonde maaltijd die ik voor Lucie en Leah zou bereiden. Iets met kip en groenten, met de nadruk op groenten. Niet te veel televisie, geen troep maken, afwasmachine uit- en inruimen, een was draaien, extra dekentje in het wiegje, babyvoedsel en fruit halen. Het laatste wat ik hoorde na het emotionele afscheid was een flard uit het autoraam: 'Melk is ook bijna op.'

Tussen alles door zou ik gewoon doorgaan met mijn werkzaamheden. Ik wist dat ik ging falen. Ik moest denken aan de deeltijdopleiding journalistiek in Tilburg, waar docent Harry ons hele denken voor de rest van ons leven terugbracht tot 'wie?, waar?, wanneer?, hoe? en waarom?'

Hoe erg ik mijn best ook zou doen, er kwam een moment dat iemand of iets mijn zorgvuldig opgebouwde kaartenhuis ineen zou doen storten.

De aftrap was indrukwekkend, ik verbaasde mezelf hoe ik zo veel ballen tegelijkertijd in de lucht hield. Hoogtepunt qua multitasking was toen ik me in de supermarkt met drie verwilderde dochters om me heen door een kort radio-interview sloeg.

Ze probeerden me te helpen, gaven de katten te veel voer, gooiden een glas melk over mijn laptop, deden boeken in de afwasmachine, poepten toiletten en luiers vol en schreven de woordjes die ze op school geleerd hadden met een watervaste stift op de ramen.

Ik schreef columns, nam een podcast op en probeerde mijn belastingaangifte af te ronden, allemaal zaken die geen uitstel duldden. Natuurlijk werd er af en toe gevochten, geslagen, gehuild en met speelgoed op elkaar ingeslagen, zoals in ieder gezin waarvan een van de ouders een nachtje van huis is.

Ik zou pannenkoeken bakken, tot voor kort hun lievelingseten. Met woedetranen in haar ogen zei Lucie dat ik niet goed had opgelet omdat het sinds kort broodje knakworst is. Toen het beslag klaar was, ging de deurbel.

Ze kwamen het braaf zeggen.

'Papa, er staat een boswachter voor de deur.'

Het was een van de boa's die ons dorp veilig houden, hij vroeg zich af waarom er 'help' op een van de ramen stond. Ik zei dat de moeder een nacht van huis was, hij begreep het wel.

In de keuken hadden ze elkaar ondertussen ingesmeerd met pannenkoekenbeslag, gelukkig likten onze poezen alles op.

We aten toch nog knakworst, iedereen blij.

Romanpersonage

25 april 2022

Na afloop van onze theatervoorstelling *De Pannekoekencaravan* bleven Gijs Groenteman en ik in Venlo slapen. In het Theaterhotel dat aan het schitterende theater met uitzicht over de Maas zit vastgekoekt. Na de voorstelling deden we de stad aan. Ik herinner me gezelligheid, terrassen met *heaters* en uitpuilende kroegen. In het laatste café stond ik opeens oog in oog met de jongen op wiens verjaardag ik ooit tientallen joints rookte.

Het was meer dan dertig jaar eerder mijn eerste huisfeest in de studentenstad Nijmegen, het gros van de medestudenten kwam uit Limburg of de Achterhoek. In Arnhem, waar ik vandaan kwam, deden we altijd wat laatdunkend over Limburg, maar die avond kwam ik erachter dat ze veel wilder waren dan wij. Ze dronken allemaal bier, ze maakten de flesjes open met hun tanden. Wat deed ik daar? Ik verstond niets van hun zangerige Limburgs. Ik zat ergens in een stoel en was onbedoeld een onmisbare scharnier bij het doorgeven van joints. Lang verhaal kort: ik rookte van alles wat en kon niet meer overeind, ook niet om naar de wc te gaan.

Ik kon niets meer, die toestand duurde uren.

Dat feest speelde een grote rol in een roman, die me behalve een paar zeer negatieve recensies helemaal niets opleverde. Iedereen die zich in een van de hoofdrolspelers herkende was woedend, inclusief mijn ouders, die alle exemplaren bij de boekhandel in Velp opkochten. Het boek werd uiteindelijk verramsjt. Het was een mislukt experiment, ik wist niet beter dan dat ik er niemand een plezier mee had gedaan, maar nu stond ik opeens oog in oog met een lezer die het juist enorm waardeerde.

Hij stond voor me, in mijn gezicht schreeuwend dat we samen op de lerarenopleiding hadden gezeten, dat hij wel leraar was geworden en ik niet. Zijn vrienden, sommige herkenden me van televisie, dromden om ons heen. Ik werd besproken, ik hoorde weer hoe ik in die stoel had gezeten en stond erbij als illustratie.

Aan het eind kwam zijn hoofd heel dichtbij.

'Jij weet niet meer wie ik ben, toch?'

Ik wist het wel: Marcel van Beek, Stijn Buysstraat 24, Nijmegen, 1988.

Alles wat ik destijds met liefde uit z'n verband had gerukt, was opeens de absolute waarheid geworden.

Bij het afscheid gaven we elkaar een hand. Hij had jaren verteld dat hij behalve leraar ook een romanpersonage was en op het moment dat niemand hem nog geloofde kwam ik opeens uit de hemel vallen om alles te bevestigen.

Mocht ik er ooit aan twijfelen: mijn leven had zin gehad.

Het zijne opeens ook weer.

Meivakantie

27 april 2022

De kinderen hadden meivakantie, ik deed op zolder de laatste loodjes van de belastingaangifte: een moeilijke combinatie. Ik zat in een televisieformat, waarin de deelnemer zichzelf en zijn omgeving naar de rand van een afgrond drijft. Oma, de moeder van de vriendin, probeerde om alles in goede banen te leiden in de woonkamer. Ik hoorde haar zingen en voorlezen, maar ze waren met hun gedachten elders. Hun lieve vader worstelde boven met bonnen, printers, bankafschriften en enveloppen en niemand kon hun goede bedoelingen stoppen. Telkens als ik er bijna was met het optellen van getallen stond er een peuter of kleuter voor mijn neus, waardoor ik de tel kwijtraakte en ik mocht ook al niet eten en drinken in verband met een tandheelkundige ingreep in de ochtend.

Ik probeerde vriendelijk te blijven, ze mochten van mij op zolder blijven.

'Ik ben lekker aan het rommelen,' zei Leah van Roosmalen (5) terwijl ze een doos servies van een schap trok. Lucie stootte haar hoofd tegen een dwarsbalk, het moest verbonden worden. Beneden zaten oma en Frida van Roosmalen tegen elkaar te brabbelen. Ze zei het maar eerlijk: 'Ze zijn niet te stoppen. Je oefent een haast magnetische kracht op ze uit.'

Ik belde mijn belastingvrouw een keer of vier dat het toch nog een uurtje later werd, net zo lang tot er een keiharde deadline volgde. Aan het eind van de dag reed ik tussen Lucie en Leah op de achterbank van een Nissan x-Trail van een neef van de vriendin, die ons tegen een geringe vergoeding wel met spoed wilde brengen naar een woonboerderij in de Kop van Noord-Holland. De zon scheen, ik belde de vriendin die naar haar kantoortje was gevlucht dat we wat mij betreft met z'n allen door Krommenie konden wandelen. Ik had er dan wel weken over gedaan, maar de klus was, ondanks alle kinderen, geklaard.

We parkeerden de auto, ik liep over een grindpad naar een voordeur.

Vlak voor het aanbellen opeens het besef dat ik de twee Albert Heijn-tassen met paperassen vergeten was. De vriendin nam niet op. Oma zei dat ze met de baby twee tassen oudpapier naar de container aan het brengen was. Ze was nog niet terug.

We scheurden naar huis.

Lang verhaal kort: ze stonden er nog, op de kattenbak.

Ik knielde en had zin om 'Heer, wat bent u groot!' te roepen.

Lucie en Leah van Roosmalen juichten mee, ze zeiden dat het de leukste dag van de meivakantie tot nu toe was.

De ruimte in

23 mei 2022

Joost Eerdmans van JoostAnnabel21, wat moet je ermee? Kan dat hele zootje niet naar een andere planeet? Kunnen we ze ruimtepakken aantrekken, voor een paar jaar vloeibaar voedsel meegeven en dan wegschieten? Gewoon even weg, verder rechtvaardig behandelen. Ik vind de tekstballonnetjes met zogenaamd flinke teksten die hij er zo nu en dan uitfloept zo irritant.

De eerste neiging is altijd negeren, maar hij en de rest van JoostAnnabel21 staan inmiddels in de peilingen op een zetel of twaalf. Hun tactiek is de hele tijd flinke teksten uitslaan, maar ondertussen aanschurken tegen de zittende macht.

Zogenaamd wel redelijk zijn.

Met JoostAnnabel21 kun je wel afspraken maken, ze zijn een PVV light, en ondertussen roepen ze zo nu en dan iets stevigs.

Voor de ophef.

Even duidelijk laten horen dat ze er nog zijn.

Dat iedereen die drie keer met justitie in aanraking komt levenslang de bak in moet, of dat alle Nederlandse kinderen verplicht pindakaas moeten eten.

Dit weekend kwamen ze met het voorstel om de procedure voor asielzoekers uit veilige landen te verplaatsen naar het Caribisch deel van het Koninkrijk. Dan hebben Curaçao, Aruba en Sint-Maarten toch nog nut voor JoostAnnabel21.

Je mag Joost Eerdmans niet vergelijken met Anton Mussert en JoostAnnabel21 niet met de NSB, daar kunnen ze niet tegen, dan worden ze woedend, want ze dragen toch geen uniformen en ze zijn toch geen landverraders en fascisten?

Tegelijkertijd is het copy-paste van het Guyana-plan van Anton Mussert, die twee weken na de Kristallnacht (1938) in nazi-Duitsland – het aantal Joodse vluchtelingen nam toe – voorstelde om ze dan maar ergens anders heen te brengen. Hij wilde 'een volk zonder land' transporteren naar 'een land zonder volk', naar dunbevolkte delen van Zuid-Amerika zoals Suriname.

Het was een plan dat geen bijval kreeg, maar hij kwam er tijdens zijn proces toen hem verregaande collaboratie met de Duitse bezetter werd verweten nog wel op terug. Hij stapte even over al het andere heen en vond zijn plan met terugwerkende kracht toch niet belachelijk. Want hoeveel levens zou het gescheeld hebben als het voor de oorlog wel zou zijn uitgevoerd?

Hij kreeg gewoon de doodstraf, iets waar Joost Eerdmans ook achter staat.

Redenerend als Mussert, waar we Joost Eerdmans van JoostAnnabel21 natuurlijk niet mee mogen vergelijken, herhaal ik nog maar even dat het misschien niet onverstandig is wat ik in de eerste twee zinnen van deze column schreef. Schiet Joost Eerdmans en de rest van JoostAnnabel21 de ruimte in. Er komt vast wel een geschikt moment waarop we met elkaar kunnen constateren dat we daar geen spijt van hebben.

Vergiftigd

24 mei 2022

Op het internet circuleerden nieuwsberichten met de strekking dat 'we' in gezinsverband in de nacht van zondag op maandag het huis hadden ondergekotst vanwege het eten van bedorven slagroomsoesjes die ik bij de Vomar had gekocht om de verjaardag van mijn jongste dochter Frida van Roosmalen (inmiddels 1) te vieren.

Ik had dit zelf rondgebazuind, zonder te beseffen dat het 'nieuws' zou worden. Ik wil de angel niet uit de berichtgeving trekken, omdat we inderdaad allemaal ziek waren, maar het gaat te ver om dit te wijten aan de slagroomsoesjes van de Vomar.

Ik kom dagelijks bij de vestiging in Wormer en dat wil ik graag zo houden. Slagroomsoesjes van de Vomar kunnen tegen een stootje, zo snel bederven ze nou ook weer niet, en als je bij het eten ervan niets hebt geproefd, is de kans groot dat er met de slagroomsoesjes van de Vomar niets aan de hand was.

Een vaste klant van de Vomar, iemand die er wekelijks slagroomsoesjes koopt 'omdat ze zo lekker vaak in de aanbieding zijn' vertelde me toen ik er met Lucie was om een aubergine, een pak hagelslag en een pakje roomboter te kopen, dat ze slagroomsoesjes wel eens een halve middag in de zon had laten liggen voor ze ze at en dat ze toen nog steeds niet ziek was geworden.

Ja, oké, *case closed.*

Anderen klampten mij aan dat het weer eens heerste. Wormer wordt om onduidelijke redenen om de haverklap getroffen door griepvirussen, daar kon je slagroomsoesjes niet de schuld van geven. 'Ik heb ook wel eens een halve dag gekotst, maar kijk nu...'

Ik keek naar een vrouw achter een looprek, die inderdaad een frisse indruk maakte.

Haar man herinnerde zich ook hele kotspartijen.

'Maar nooit van slagroomsoesjes van de Vomar.'

Eigenlijk was af en toe een dag kotsen iets heel gewoons, niet iets om aan de grote klok te hangen.

Ik had mijn lesje weer eens geleerd.

Als je in een dorp woont, geeft het geen pas om dingen uit te vergroten.

Toen we allemaal weer beter waren, werden we op weg naar school ingehaald door drie brandweerauto's. Ik zei voor de lol dat de school in brand stond.

Even later bleek dat de brandweerwagens inderdaad op weg waren geweest naar de basisschool van mijn kinderen. Er was geen brand, maar er hing wel een rare lucht en dus hadden ze het gebouw alvast voor de zekerheid onder water gezet. De juffen en meesters droegen fluorescerende hesjes en geboden alle ouders en kinderen rechtsomkeert te maken.

Het was nog veel te vroeg om conclusies te trekken.

Ik blijf normaal

31 mei 2022

Ik was al heel lang aan het klimmen. Het ging met horten en stoten, één stapje vooruit, twee stapjes terug, dat werk. Opeens, toch nog onverwacht stond ik dan toch op de top van de berg. Het uitzicht was er adembenemend, hadden ze me verteld. Dat klopte, ik kreeg nog maar weinig lucht binnen.

Hoe hard ik het ook probeerde.

Uitverkochte theatervoorstellingen, een bestseller, vier pagina's aandacht in *de Volkskrant*.

Ik nam me voor om normaal te blijven doen.

'Papa staat op de top van de Olympus,' zei ik tijdens het ontbijt. 'We moeten ons allemaal voorbereiden op de val. Tot die tijd blijf ik normaal doen.'

Geen reactie.

'Ik blijf normaal doen!' herhaalde ik, terwijl ik het profiel dat Gijs Beukers in *de Volkskrant* over me had geschreven las. Leah van Roosmalen (5) stootte een glas melk over de pagina's.

'Genade, lieve papa...'

Met een theedoek depte ik de krantenpagina's. Hoorde ik mezelf nou zachtjes vloeken? Ik drukte de theedoek voorzichtig op mijn vele gezichtjes. Ik voor een boekenkast, ik in een lesauto, ik met een doos vol met zelfgeschreven boeken. Allemaal in mijn stomme blauwe pak.

'Ik ga straks een nieuwe krant kopen,' deelde ik mee. 'En verder blijf ik heel normaal!'

Mijn vriendin merkte voorzichtig op dat ik al maanden niet normaal deed. Alles draaide om mij. Ik pareerde woedend dat mijn gedrag logisch was gezien de hoeveelheid aandacht die me aanvloog. Ook nog een zin waar ik niet trots op ben: 'Partners van andere BN'ers zouden hun vingers aflikken bij hoe ik me gedraag.'

Lucie vroeg of ze een van mijn boeken mee naar school mocht nemen, een van de meesters had erom gevraagd.

'En ook een handtekening erin.'

We fietsten naar school, het boek met handtekening prominent tussen de dochters in de bakfiets.

Vergiste ik me of deden ze op het schoolplein anders, vriendelijker?

Een paar uur later stond ik in het Radiohuis met om me heen een hele groep die alles wat ik zei grappig vond. Ik herinnerde me hoe het was toen ik nog alleen stond met mijn humor.

Ik was Brian uit *Monty Python's Life of Brian* geworden. Toen ik geagiteerd opmerkte dat het allemaal niet zo grappig bedoeld was, lachten ze nog harder. Ze sloegen me op de schouders, misschien moest ik maar gewoon raar gaan doen. Net als de rest.

Ik ging het ze maar meteen vertellen als ik thuiskwam.

'Papa blijft toch niet normaal doen.'

Eigenbelang

13 juni 2022

Het nadeel van een democratie is dat iedereen in principe mee mag praten, ook de mensen met wie praten geen zin heeft omdat ze alleen maar aan zichzelf denken. Op het VVD-congres in Halfweg, een goedgekozen plaatsnaam, keken de VVD-prominenten vanaf de eerste rijen de eigen domheid in de bek. Alsof een tandarts ze voor het eerst in lange tijd een spiegel voorhield en er geen geruststellend beeld verscheen. Het rot zat overal en bedreigde ook nog de paar gezonde tanden.

Ze moeten gevoeld hebben wat iedereen kon constateren: de VVD gaat aan de eigen kortzichtigheid ten onder. Het jarenlang opzichtig aaien van de onderbuik heeft voor een vetbult gezorgd waar je liever niet mee te koop loopt. Zo een die onder het T-shirt door kruipt of waarvan het overhemd openspringt. De zo bejubelde zetelwinst na al die kabinetten-Rutte zat opeens ook aan tafel.

Het congres nam moties aan tegen het stikstofbeleid en voor 130 kilometer per uur op de snelweg en klapte de handen stuk voor fractievoorzitter Sophie Hermans, dochter van VVD-icoon Loek Hermans en ex-assistente van Mark Rutte die hardop verklaarde dat ze vooral Sophie Hermans is. Wat dat dan precies is, bleef onduidelijk.

Als het congres één ding duidelijk maakte was het dat de ratten op het punt staan om het zinkende schip te verlaten. Ze hebben zich volgevreten, maar elders worden opeens grotere en nog warmere porties eigenbelang geserveerd. En dus gaan ze weer. Naar boerin Lientje, naar Joost en Annabel 21, naar de PVV of FVD. Ze schieten alle kanten uit en ze zullen daar blijven hangen tot ook een van die partijen verantwoordelijkheid gaat dragen en compromissen moet sluiten. Dan trekken ze weer woedend verder.

Tot er nieuwe verkiezingen komen zit de rest van het land opgescheept met een op hol geslagen VVD-elite, waarvan een deel uit machtshonger bereid is om het regeerakkoord uit te voeren en een ander deel uit lijfsbehoud het liefst alle gemaakte afspraken saboteert. Bij de VVD krijg je én Christianne van der Wal die boze boeren trotseert bij haar villa en tegelijkertijd alvast voorzichtig aankondigt dat er met haar heus wel te praten valt én Kamerlid Daniel Koerhuis die juist meer stikstofuitstoot wil, omdat hij weet dat dat hem populair maakt. Het zijn de tante die met één hand al in de snoeppot op bezoek zit te wachten en de feeder die zegt dat je niet dik wordt van suiker die samen voor het unieke VVD-geluid zorgen. Van een symfonie is geen sprake, alle instrumenten maken gewoon zo veel mogelijk geluid. Alleen dirigent Mark Rutte doet alsof hij geniet.

Een beetje blij kijken

17 juni 2022

Op de foto gaan met iemand anders vind ik moeizaam. Maar je moet mee met je tijd. Of je wilt of niet. Vroeger werd je als schrijver wel eens achter een tafel gezet in een boekhandel. Dan schuifelden ze langs met hun boek. Handtekening of tekst erin, klaar. Tegenwoordig willen ze van het tekenmoment een selfie. Of een foto waarop de schrijver zijn boek omhooghoudt. Er is me ook al een paar keer gevraagd of ik met mijn hoofd in een boek wil gaan liggen, net wil doen of ik het heel zwaar vind om mijn boek op te tillen (het is een dik boek) of op mijn boek wil gaan staan. Daar trek ik een grens. Ik wil wel met mijn eigen boek en de koper op de foto, maar doe geen kunstjes.

Ik weet dat ik me bescheiden dien op te stellen, mensen luisteren naar een podcast, ze hebben een kaartje voor een theatervoorstelling of een boek gekocht. Ze willen wat terug. Een foto van hun hoofd, naast mijn hoofd. Of een foto van mijn arm om hun schouder, of andersom.

Tijdens een telefoontje met *Veronica Superguide* naar aanleiding van het verschijnen van mijn boek *Totaal* vroeg de interviewer hoe ik het vond dat er allemaal mensen met me op de foto willen. Ik heb naar waarheid gezegd dat ik dat zelf nooit zou willen, maar dat ik probeer om enthousiast te doen.

Dat heeft de zaak alleen maar verergerd.

Eergisteren na een voorstelling in de schouwburg in Nijmegen werd ik de hele tijd als volgt benaderd: 'We weten dat u er niet van houdt, maar zou u toch even op de foto willen?' U houdt er niet van om getrapt te worden, maar mag ik u bij hoge uitzondering toch even tegen de schenen schoppen?

Nieuw is ook deze: 'En wel een beetje blij kijken!'

Gebiedende wijs.

Je kunt dan wel volharden in je eigen 'nee', maar dat is zinloos, uiteindelijk wordt die 'nee' toch een 'ja'.

Soms vraag ik naar het waarom.

Het gaat ze om de bewijslast, zeggen ze dan. Ze willen kunnen bewijzen dat het echt mijn handtekening is die in hun boek staat.

Ook gehoord: 'Gewoon leuk om later naar te kijken, of om te laten zien.'

Ik fantaseer daar dan een verjaardag bij.

Ze zitten in een kring, er wordt gevraagd of iemand nog iets leuks heeft meegemaakt en dan wordt de smartphone getrokken.

'Hier kijk, Marcel van Roosmalen gefotografeerd. Hij had er geheel volgens de verwachting geen zin in.'

Of: 'Hij lachte per ongeluk wel, ook leuk.'

Wat ik ook doe, ik lever altijd.

Alles hetzelfde

29 juni 2022

In onze straat in het dorp werd vanaf het enige miniterras geklapt voor een passerende boer. De boer kon er niets aan doen, hij reed gewoon op een rode tractor. Ik had geen idee of hij aan het actievoeren was of gewoon op straat reed. Hij droeg een geruite blouse, op zijn hoofd zat een pet, hij maakte een vredige indruk.

'Kennen jullie hem?' vroeg ik aan een man die ook had geklapt, hij droeg een spiegelende zonnebril.

'Neuh...' zei hij, 'moet dat dan?'

Zijn maat, een man van een jaar of veertig, hij was aan het vervellen op zijn neus, viel hem bij.

'Moet dat dan?' vroeg hij zich ook af. 'Ik hoef aan jou toch geen verantwoording af te leggen. Of wel dan?'

Ik kon mijn journalistieke neus beter in de kinderwagen steken, dacht ik. Daar huilde een dochter. Wat dacht ik te weten te komen van deze twee onbekenden?

'Wij klappen altijd voor boeren! Al jaren,' zei die met de vervellende neus.

Nu moest ik wat terugzeggen, ik was tenslotte begonnen.

'Ik klap nooit voor boeren,' zei ik terug. 'Al jaren niet.'

Ik duwde de kinderwagen verder, richting Kruidvat.

We hebben de discussie achter ons gelaten, we zijn een land van vaststaande meningen geworden. Je vindt iets en wijkt daar niet meer van af. De erfenis van twintig jaar polderen is een volk dat geen water meer bij de wijn doet. Ook geen klein scheutje. Elk compromis is een nederlaag. Iedereen zet de hakken in het zand en wijkt geen centimeter, gesteund door de eigen bubbel. Het doel is niet eens meer om de ander over te halen, maar om de ander onderuit te halen, de val kan niet hard genoeg zijn. Het doel heiligt de middelen, en alle middelen zijn geoorloofd.

Ik kocht twee pakken Pampers-broekjes voor de prijs van een, een doosje nicotinetabletten en een rol Stophoest en passeerde weer het terras. We vonden elkaar in afkeurende blikken. Toeval of niet, maar de boer passeerde ook weer. Hij had ondertussen iets zinvols gedaan, of gewoon een rondje door het dorp gereden.

We kregen de kans om de scène opnieuw te spelen.

De mannen klapten, deden ze al jaren.

Ik klapte niet, deed ik ook al jaren.

Het verschil was dat ik niets vroeg. Ik ging niet nog een keer naar de bekende weg vragen.

In plaats daarvan keek ik in de kinderwagen, ze lag er jaloersmakend rustig bij.

Putje

13 juli 2022

Ik stond met Lucie in de rij in/rond/bij Schiphol. Ze mocht met haar vader mee naar Zwitserland, zoals ik ooit met mijn vader naar een congres in Hannover mocht. Het geplande uitstapje was bedoeld als verrassing, maar zo voelden die uren niet. Het was haar eerste kennismaking met het menselijk tekort.

Schiphol valt sowieso altijd tegen, maar door omstandigheden waren de mensen nog lelijker, afzichtelijker en afschuwelijker dan alle andere keren bij elkaar opgeteld. Het was aangekondigd leed, we konden helaas niet zeggen dat we niet voorbereid waren.

Eigenlijk kon het alleen nog maar meevallen.

Die gedachte droegen de meesten van ons in het achterhoofd mee.

'Duurt het net zo lang als in de Efteling?' vroeg ze na een half uur dapper zijn met een scheef mondje. Op de Schiphol-app veranderde de wachttijd van twee naar drie poppetjes.

'Piekdrukte, lekker dan,' ging het door de rijen.

Een vrouw in korte broek die we bij heel veel bochten tegenkwamen – je slingert je met elkaar een eind in de rondte door niemandsland – hield de moed er veel te nadrukkelijk in. We hoorden haar wel tien keer zeggen dat het haar meeviel. Met die soort heb ik het het moeilijkst. Je kunt ze in het kleinste hok stoppen en nog had het erger gekund, pas als je ze dubbelvouwt, beginnen ze te piepen.

We kregen oog voor elkaars zwakheden, de lelijkheid kwam tevoorschijn.

De vieze wrat in de nek van de man voor ons was ook Lucie opgevallen. 'Hij beweegt,' zei ze. 'Er zitten oogjes op. Het lijkt wel een vlieg.' Iemand met humor zei: 'Nee hoor, dat is gewoon kanker.'

Er stond ook een BN'er in de rij.

Ik herkende hem, hij mij.

Elke keer als we elkaar troffen, zei hij dat ik het niet moest wagen om hem ergens op te voeren.

'Nee hoor, natuurlijk niet,' zei ik, maar van die belofte kreeg ik, elke keer als ik die opgestoken duim voorbij zag komen, meer spijt.

Een voordringer, iemand die ons opzijduwde omdat hij anders een vlucht zou missen. Hoe zou dat voelen om duizend keer voor asociaal, lul of idioot uitgemaakt te worden? Om ons heen vielen de eerste kleine kinderen van ellende om, de mijne droeg haar kruis met verve. Weer een bocht, uitzicht op nog honderden lotgenoten. Met de finish in zicht werden ze radicaler, ik begon te begrijpen waarom Daniel Koerhuis van de VVD juist hier zijn gezicht had laten zien aan het begin van de crisis. Als hij niet kaal was geweest, had ik kunnen schrijven: hij hoort hier, als een dot haar in het doucheputje.

Artiest

29 augustus 2022

Er was een tijd dat ik ervan droomde om artiest te zijn. Lekker in het weekend hele mensenmassa's betoveren met mijn hits en dan backstage een leven vol seks, drugs en drank leiden. Helaas heb ik nul muzikale aanleg, er schuilt zelfs geen singer-songwriter in me. Niettemin intrigeerde die wereld me mateloos.

Afgelopen zaterdag kreeg ik een onverwacht kijkje achter de schermen. Ik was gevraagd om het ASM Festival in Arnhem, een popfestival dat met dezelfde artiesten maar onder andere namen ook in steden als Breda en Dordrecht wordt gebracht, te presenteren. Om de drie kwartier moest ik een paar zinnen zeggen tegen een dertienduizendkoppige massa.

Dan zei ik bijvoorbeeld: 'Tijd voor wat leuks, hier is Krezip.'

Dat ging goed.

In vaktermen: het was geen *tough crowd.*

Als ik het publiek zou moeten omschrijven: Jack & Jones, een net-niet-winkel voor de betere jeans.

Als ik geweest was slofte ik terug naar het artiestendorp achter een houten schutting waarvan de ingang werd bewaakt door meerdere personeelsleden van Scorpions Security.

Wat mij opviel was dat de muziekindustrie behoorlijk is geprofessionaliseerd. De artiest van nu is een manager, hij eet wortels, drinkt water en 'zingt zich in' in een container. De wildsten van allemaal waren de familie Govaert en aanverwanten van Krezip, die er na hun optreden aan de picknicktafels een soort buurtfeest van maakten met hun kinderen. En o ja, Davina Michelle uit Spijkenisse had een eigen tafelvoetbalspel meegenomen, waar ze zich met haar crew omheen vouwde.

Tijdens het festival brak er een bermbrand uit die de geparkeerde auto's van medewerkers bedreigde en tijdens de slotact viel de stroom uit. Ik stond beide keren paraat om de menigte naar de uitgang te praten, maar ze hadden liever dat ik mijn mond hield.

De stagemanager zei: 'We laten jou pas wat zeggen als het uit de hand is gelopen. Als het echt te laat is.'

Dat was dan de tweede jongensdroom die niet uitkwam. Het had me fantastisch geleken om een kolkende massa met stemverheffingen tot kalmte te manen.

Steeds harder 'Rustig blijven, mensen' schreeuwen, om daarna half struikelend van het podium te rennen.

Het kwam er helaas niet van.

In plaats daarvan riep ik aan het eind iedereen op om zo veel mogelijk afval op te rapen en in vuilnisbakken te doen en om zo min mogelijk geluid te maken. Niemand stak zijn middelvinger op, het gebeurde gewoon.

Bloemen voor Caroline

31 augustus 2022

Caroline van der Plas heeft een prijs gewonnen. Ik had het nooit geweten als we niet in het Radiohuis (NPO/Media Park) bij de klapdeuren op elkaar waren gebotst. Ze was met een heel feestcomité, inclusief journalist Ton F. van Dijk, die bij Sven Kockelmann het juryrapport had voorgelezen. Haar gezicht stond op feestelijk. Ze kende mij van mijn columns en verder was ze ook een keer te gast in *Media Inside*, waar ze Gijs Groenteman en mij volledig wegspeelde.

Sindsdien kan ik haar niet meer onderschatten.

'Dag Maarten,' zei ze.

Hoewel het niet altijd een compliment is om met Maarten van Rossem te worden verward, kwetste het niet. Even later was ze er weer, ze was toch even omgekeerd om mijn naam goed te zeggen.

'Jij bent natuurlijk Marcel!' zei ze.

'En jij bent Caroline!' deed ik veel te ad rem terug.

Ik keek naar de bos bloemen in haar hand. Gaven ze haar bij Radio 1 nou ook al bloemen? Was ze misschien voor de duizendste keer te gast geweest? Was ze in de peilingen de grootste partij van het land?

'Nee, een prijs,' zei ze en ze trok een certificaat uit haar tas.

'IJverigste Kamerlid.'

Ze moest weer door, ze had haast, nog veel te doen, ze was niet voor niets het ijverigste Kamerlid. Ik kon het allemaal opzoeken, ze was voor twaalven al twee keer bij Radio 1 voorbijgekomen, waarvan dus één keer bij Sven Kockelmann.

Ik keek de uitzending terug. Het gezicht van Caroline toen ze hoorde dat ze maar liefst 18.200 punten had gescoord, het geknik toen werd gezegd dat ze het leeuwendeel (9185) binnen had gesleept op het onderdeel volksvertegenwoordiging. Ze was blij dat het eindelijk eens inzichtelijk werd gemaakt hoe hard ze werkte en dat ze meer was dan 'dat mens op televisie'.

Het is moeilijk te geloven, omdat we haar iedere avond zien, maar televisie doet ze er dus bij. Grappig weetje: ze was in haar eentje ijveriger dan de fracties van JA21, FVD, Groep Van Haga en Volt. Het ging erin als koek, ze was in het zonnetje gezet en laat het maar aan haar over om 'dit diploma' heel ijverig uit te venten.

Heel flauw om te zeggen dat een tien voor ijver weliswaar een verdienste is, maar dat het je nog niet de slimste van de klas maakt. Tegelijkertijd zijn ijverige tegenstanders het moeilijkst te bestrijden. Ze doen zo erg hun best dat je er bij voorbaat al moe van wordt.

Vleesland

2 september 2022

Ik las op Twitter de reacties op de nieuwe campagne van de vleessector: 'Nederland Vleesland, waar smaken verschillen.' De mensen die ik volg kotsten ervan. Dat zegt natuurlijk alles over de bubbel waarin ik verkeer: vegetariërs, flexitariërs en bewuste vleeseters.

Zelf schaar ik me onder de bewuste vleeseters. We zijn ons bewust van het dierenleed, maar eten toch vlees. Wij sussen ons geweten door niet meer dan nodig te consumeren. Ik koop mijn vlees bij de betere slager en zo niet, dan let ik op het aantal sterren.

Ik durf wel te zeggen dat ik met mijn gezin ben neergestreken in het pompende hart van Vleesland. Omdat de dorpsslager ook brood verkoopt, en omdat hij een aardige man is, ben ik iedere dag wel in zijn winkel. Hij maakt de laatste tijd een gejaagde indruk: zo groot is de vraag naar zijn barbecuepakketten.

De gemiddelde vleesconsumptie per inwoner van Nederland Vleesland, honderd gram, wordt in de gemeente Wormerland moeiteloos met een factor vijf overtroffen. Toen er aan de Dorpsstraat nog een kantoorboekhandel zat, was het bestverkochte boek een barbecueboek. De uitbater van het enige huiskamerrestaurant van het dorp zweert ook bij grote stukken vlees. Ik heb hem ooit gehoord over de vegetarische biefstukken van Loetje, ook met een heel leger komt er bij hem geen 'vleesprinter'. Ik zie in de plaatselijke Vomar mensen bij mooi weer hun karren vol vlees leggen.

Hebben deze vleesliefhebbers een steuntje in de rug van de vleessector nodig om zichzelf sociaal te kunnen handhaven 'omdat vleeseters steeds meer onder vuur komen te liggen': niet echt. En andersom, moet ik kotsen van de slogan 'Nederland Vleesland, waar smaken verschillen'?

Nee, ik denk dat Nederland Vleesland een waarachtige slogan is, die de lading goed dekt, want sorry, met tulpenbollen en kaas kom je in het buitenland niet meer weg.

We maken op zijn zachtst gezegd een vlezige indruk.

Louis van Gaal als bondscoach: Nederland Vleesland.

Caroline van der Plas: Nederland Vleesland.

De toestanden in Ter Apel: Nederland Vleesland.

Alle programma's op SBS6: Nederland Vleesland.

Ik zou hier graag schrijven dat ik de uitzending van *Op1* vanuit Ter Apel ook een typisch geval van Nederland Vleesland vind, maar ik vind Margje Fikse en Giovanca Ostiana vlees noch vis. Ik denk dat ze zelf vinden dat ze een vegetarische uitstraling hebben, zeker is dat ze 'Nederland Vleesland' een verschrikkelijke slogan vinden.

Schrale tijden

5 september 2022

Het terras van het restaurant in Zaandam waar we zaterdag neerstreken was verrassend leeg. Als het een statement tegen het niveau van de horeca in het gebied was zou ik het begrijpen. De serveerster, er was nog wel personeelsgebrek, zei dat het door de crisis kwam. 'Je weet niet wat je straks moet betalen en dan kun je je geld maar beter niet hebben opgegeten.'

Dit land, de ene streek wat meer dan de andere, is van het padje. De aangekondigde ellende wordt steeds sneller steeds erger en als er een volk is dat daar slecht op gaat zijn wij het. Het zijn gouden tijden voor de *Beobachters*, de mensen die een stapje terug durven te doen om te kijken naar wat er allemaal met ons gebeurt.

Aan de vooravond van corona met dagelijks steeds somberder deskundigen begon het zuchtende volk massaal toiletpapier te hamsteren. Van alle producten toiletpapier, ik weet ondertussen wat dat over ons zegt. Ik herinner me dat ik achter het net viste en dat een knecht van de Vomar me moed insprak: er was nog wel keukenpapier, daarmee kon het eventueel ook.

Het dieptepunt/hoogtepunt was het op potten en pannen slaan – 'lawaai maken' – voor de mensen in de zorg. Iedereen uit de ramen en rammen maar, zelfs de koninklijke familie deed mee. Als de boven ons gestelden niets beters weten om een crisis te bezweren, is de conclusie niet ver weg dat het in de top van de piramide net zo schraal is als eronder.

Daarna hebben we onze zorgmedewerkers als vanouds laten stikken. We hebben nieuwe zorgen: oorlog, personeelsgebrek, stikstof, de asielcrisis en vooral de naderende winter. De energierekening wordt dusdanig onbetaalbaar dat het kabinet alvast overal geld vandaan trekt om het ergste bloeden te stelpen, maar overal duiken onheilsprofeten op om te zeggen dat het allemaal nog veel erger wordt.

En tegelijkertijd hoor je het steeds harder wordende gezoem op de achtergrond dat alles een complot is. Dat de corona-, klimaat-, asiel- en energiecrisis zijn verzonnen om het volk eronder te krijgen. Steeds luider klinkt ook de roep om nieuwe verkiezingen en om dan vooral op een van de idioten te stemmen.

Nog niet zo lang geleden hield de overheid ons rustig met de mededeling dat het allemaal zo'n vaart niet zou lopen, dat we rustig konden gaan slapen en dat we maar het beste naar het bevoegd gezag konden luisteren. Dat pakte een paar keer verkeerd uit, maar alles beter dan de huidige onkunde.

Het wordt verschrikkelijk, het wordt hels en dan behoort u voor een deel nog tot een bevoorrechte groep. Nog maar een paar maanden en u bent blij dat u ook nog een papieren krant hebt: die brandt lekker als de verwarming het niet meer doet.

Henk Staghouwer

7 september 2022

Ik wist niet wie Henk Staghouwer was. Toen ik gisteren hoorde dat hij minister van Landbouw, Natuur en Voedselkwaliteit was, was het al te laat. Verkeerde mens in de verkeerde tijd op de verkeerde plaats, vond hijzelf. Hij kwam zijn vertrek nergens sprekend toelichten. Dat deden anderen, ze prezen zijn kwetsbaarheid.

Het was voor het eerst in een lange tijd dat het bestaan van een minister me ontgaan was. De profielen in de kranten maakten me niets wijzer, ze konden worden teruggebracht tot drie pijlers: bril met blauw montuur, ChristenUnie, ongeschikt.

De laatste keer dat ik mezelf ongeschikt vond, was toen ik als student aan de lerarenopleiding stage moest lopen bij de Molenhoek Mavo in Mook, het dorp waar ze mijn moeder dertig jaar later naartoe zouden brengen, maar dat is toeval.

Het was de bedoeling dat ik geschiedenisles ging geven. Het waren de jaren negentig, een tijd waarin ze er op de lerarenopleidingen op hamerden om alles vooral toegankelijk te brengen. De leerling moest op kunnen gaan in het verhaal.

Ik had voor mijn eerste les twee bloempotten meegenomen. Het was de bedoeling dat ik die in de klas kapot zou gooien, waarna we verkiezingen uit de Griekse oudheid na zouden spelen. Lang verhaal kort: ik gooide die bloempotten veel te snel kapot, nog voordat ik mezelf had voorgesteld.

De docent achterin greep meteen in.

'Niet doen!' riep ik nog. 'Dit hoort erbij. We gaan zo de scherven oprapen en dan stemmen, net als bij de oude Grieken...'

Hij nam het toch over.

Ik zat het uur uit, zwetend, totaal van slag.

Zoiets spreekt zich rond in een kleine school.

Er was een gek uit de hemel gevallen, en niet zo'n kleintje ook. Een klas later zag ik een meisje de vuisten ballen toen ik het lokaal betrad.

Kleine pauze.

Er viel een stilte toen ik de lerarenkamer binnenliep. Er zaten collega's tussen die hun afkeer nauwelijks konden verbergen, wat een klungel. Er waren er die last hadden gehad van het lawaai, vooral van het gejuich. Opeens hoorde ik mezelf zeggen: 'Ik word toch geen leraar, ik ben ongeschikt.'

De lerares Duits die me toen in het gezicht vroeg waarom ik dat niet eerder had bedacht had ik beter van repliek moeten dienen, in plaats daarvan pakte ik zwijgend mijn tas in.

Henk Staghouwer functioneerde acht maanden niet, ik bewonder en kijk neer op zijn doorzettingsvermogen.

Marleen Pelle, jubilaris

12 september 2022

Ik was uitgenodigd voor een verrassingsfeest met de titel: 'Marleen, 25 jaar boekhandel'. Dat klinkt niet spannend, en dat was het ook niet, maar voor iemand die 25 jaar in een boekhandel werkt is zoiets natuurlijk wel spannend. In het geval van deze jubilaris was het zelfs levensbedreigend. Daar was iedereen die was uitgenodigd zich terdege van bewust: als ze er voortijdig van zou weten, konden de vreselijkste dingen gebeuren, al haar nagels en haren opeten bijvoorbeeld.

'Net als een poes,' zei een van haar vriendinnen in de appgroep.

Die vriendin werkte zelf ook in een boekhandel.

Bijna al haar vrienden en vriendinnen werkten in een boekhandel, er zaten ook een paar auteurs en uitgeverijmedewerkers tussen. Het was al met al een mooie dwarsdoorsnede van het boekenvak. Niet de top van de piramide, maar het grote vlak waar de rest op steunt. Iets meer vrouwen dan mannen, wars van uiterlijk vertoon. Uren voor het begon, de jubilaris was nog in geen velden of wegen te bekennen, hadden ze zich al verschanst in Boekhandel Hijman Ongerijmd in Arnhem. De jubilaris was wijsgemaakt dat daar een spoedvergadering was over de nieuwe boekenleggers.

Spinnend van spanning stonden we steeds dichter bij elkaar in een kleine ruimte, fluisterend filosoferend over wat de jubilaris allemaal had kunnen bereiken als ze niet verliefd was geworden op haar boekhandel.

Iemand zei: 'O god, als ze maar geen migraine heeft.'

Opeens haar stem in het keukentje achter de boekhandel. 'Ze is binnen,' werd gefluisterd. Ze versteenden. 'Nu!' riep iemand, en daar gingen we. Ik liep voorop, hoe dat kon wist niemand. Achter me een treintje boekwinkelmensen. Een geruisloze optocht. De jubilaris zeeg neer in de vertrouwde bureaustoel. De rest stond zwijgend in een kring om haar heen. Ze staarden, de jubilaris staarde terug.

Ik vond de setting heel erg boekhandel. Het duurde en duurde tot iemand hardop zei: 'En nu?'

Er werd muziek opgezet. Jazz, toevallig een genre waar de jubilaris zenuwachtig van wordt.

Ik herinner me van daarna schotels met vegetarische bitterballen, mousserende witte wijn en gesprekken over boekhandels. De jubilaris kreeg een zilveren boekenspeld, een stempel om haar eigen boeken mee te stempelen en een doos legosteentjes om een eigen boekhandel van te bouwen.

Bij het afscheid zei ze dat het voelde alsof ze in een enorme boekenkast was geklommen en eindelijk de top had bereikt. Het was voor iedereen heus wel duidelijk dat ze al haar talenten ook de komende 25 jaar weer zou gaan aanwenden om een minieme doelgroep – boekenlezers in Arnhem en omstreken – te verwennen.

Ze boffen maar.

Arm Groningen

14 september 2022

Arm Groningen, dacht ik toen ik gisteren door een kaal landschap vol weilanden met omgekeerde vlaggen naar de schouwburg in de stad Groningen reed. Na de gasboringen kwamen de aardbevingen, de scheuren in de muren, minister Wiebes met een gebrekkige communicatie en compensatie, een parlementaire enquête waarin niemand een actieve herinnering aan het gebied blijkt te hebben, Freek en Hella met een luidkeels meegezongen strijdlied, de oorlog in Oekraïne en de energiecrisis. Dinsdagavond sprak de onderbuik via Jack van Gelder over de hoofden van de Groningers aan de tafel van *HLF8* tot de rest van het land. Boodschap: 'Laten we gewoon eens egoïstisch worden.'

Als Jack van Gelder oproept om gewoon eens egoïstisch te worden, mag je dat vertalen als: land in zicht, grijp de wapens, spring in de sloepen en pak af wat je pakken kan.

Jack van Gelder begon als voetbalverslaggever, maar heeft zich inmiddels omhoog geklauwd tot orakel voor alles wat zich rechts van de VVD ophoudt. Zijn oplossing voor de energiecrisis: streep de kosten en baten van de aardgaswinning in Groningen tegen elkaar weg. De aardbevingsschade weegt niet op tegen de waarde van het goud in de Groningse grond, hij bedoelde het aardgas. Compenseer de Groningers ruim, geef ze 'fatsoenlijke woningen', trek het gas onder hun voeten vandaan en je houdt aan het eind van de rit een heel mooi bedrag over waardoor de bakkers gewoon kunnen blijven bakken en 'firma's' niet omdonderen.

Vouw het probleem tot een bal, trap die naar de andere kant van het veld en het probleem is opgelost. Bij *HLF8* is er dan geen weerwoord, waardoor zo'n Jack van Gelder zichtbaar groeit. In *Sjakie en de Chocoladefabriek*, een film die ik door toedoen van Lucie (7) en Leah (5) van Roosmalen laatst op een woensdagmiddag drie keer achter elkaar heb gezien, zit een scène waarin een meisje, Violet, opzwelt tot een enorme bosbes. Daar doet Jack van Gelder die het eigen gelijk bevestigd ziet mij aan denken. Hij kijkt dan zelfvoldaan in de camera met zo'n blik van 'stel me nog maar een vraag, dan geef ik een oplossing'.

Ik neem maar aan dat hij dit soort redenaties zelf bedenkt, als hij overdwars over een tribune bij AFC aan een sigaar ligt te lurken. Het bijzondere aan deze tijd is dat je met een bekend gezicht met verstand van niets, maar een mening over alles al snel wordt uitgenodigd om op televisie een potje vrij te komen schieten vanuit de heup.

Jack van Gelder heeft Groningen gewaarschuwd: onze oplossing is jullie probleem.

Gekkere dingen

16 september 2022

Ik was met Lucie en Leah van Roosmalen helemaal naar het industrieterrein bij Zaandam gelopen, een betonnen vlakte aan de rand van Wormer waar zich een aantal megastores hebben gevestigd. Ik waan me daar altijd in de Verenigde Staten. In de Midwest, in een van de wat minder aantrekkelijke, dunbevolkte staten. Het was al met al een flinke mars, die begon omdat we naar de sloop van een diervoederbedrijf wilden kijken, maar inmiddels begonnen nut en noodzaak van de expeditie me te ontgaan.

Ik had ze softijs van de FEBO beloofd, er is daar een drive-in-vestiging. Lucie legde me uit waarom het ijs daar beter is dan op andere plekken in deze periferie. 'Het is veel en het is met spikkels.'

We troffen er inderdaad een personeelslid van een jaar of vijftien dat overdreef met hoeveelheden. De jongen straalde desinteresse uit. Iemand die je niet op de verkeerde tijd in de geschiedenis tegen moet komen, dacht ik later. Ik kon hem makkelijk in de Tachtigjarige Oorlog situeren, met een hakselaar achter de vijandelijke linies.

Ze zaten snel helemaal onder.

Leah zei: 'Ik plak overal.'

Omdat ze nog geen puf hadden om terug te sjokken naar het dorp, vielen we bij een enorme sanitair- en keukenspecialist binnen. Meer dan dertienduizend vierkante meter vol badkamers en keukens. We waren de enige bezoekers, ze waren meteen kwijt.

Een zonnebankbruine verkoper lag achter een bureau. Hij hees zichzelf omhoog. Hij was net terug van Ibiza, een eiland waar je nog jezelf kan zijn. Hij was zichzelf geweest, en zes kilo aangekomen. Tussen hem en zijn pensioen lagen nog een stuk of vijftig keukens of badkamers. Ik zei dat ik helemaal geen badkamer of keuken zocht, dat we zomaar naar binnen waren gegaan en dat ik nog even bleef omdat mijn dochters kwijt waren.

We gingen op het geluid af, ondertussen vertelde hij over de voordelen van een los bad, financiering op keukens en dat het voor een bedrijf als het zijne prettig was als je een enorm bestand tevreden klanten had.

'Tevreden klanten komen altijd terug, dan maakt het niet uit dat je hier zit.'

Daarna: 'Ik vind weinig spontane binnenlopers wel prettig.'

Lucie en Leah waren zich aan het uitkleden in een vrijstaand bad, ze hadden al uitgevonden dat er geen stromend water uit de kraan kwam.

'Ik heb heus wel gekkere dingen meegemaakt,' zei de verkoper toen ik me verontschuldigde. 'Op Ibiza is iedereen bloot.' Daarbij leunde hij met het volle gewicht tegen een kartonnen muur. Hij viel er langzaam doorheen.

Tijdens de wandeltocht terug naar huis zeiden we de hele tijd dat we heus wel gekkere dingen hadden meegemaakt.

Herhalingen

19 september 2022

Mijn moeder had last van buikloop, op weg naar het toilet in haar appartement viel ze achterover. Het was geregistreerd door de camera's. Ze werd gevonden met een diepe snee in het achterhoofd. Het was gehecht, ze lag onder drie dekens in een diepe slaap. 'Maar zien hoe ze wakker wordt,' herhaalde mijn zus de behandelend arts. Hij had ook gezegd dat het muntje twee kanten op kon vallen.

Het muntje kan al jaren twee kanten op vallen.

De verkeerde kant.

Of de verkeerde kant.

Ze werd wakker, een beetje extra verward.

Alles deed het nog, we hoefden de agenda's niet schoon te vegen, misschien wat extra slaapmedicatie, misschien tijdelijk een helm op.

Twee dagen later zat ze alweer in de recreatieruimte, waar ze elkaar eraan herinneren dat na de zomer de herfst komt en waar ze kwartetten met familiefoto's.

Ze is inmiddels officieel 'de oudste' bewoner, waarmee ze bedoelen dat al de mensen met wie ze ooit, voor corona, de nieuwbouw inwijdde zijn overleden. Gevonden op de vloer, nooit meer wakker geworden of langzaam gesloopt. Ze heeft het er nooit over als er weer iemand is verdwenen, zoals de mensen met wie ze nu eet, zingt en kwartet of tegenover wie ze aan tafel zit haar ook niet zullen missen.

Eenmaal in een verzorgingstehuis ga je heel snel op elkaar lijken, een lege stoel is dankzij de wachtlijsten zo gevuld. Voor het leegruimen van een unit staat een week, de meeste spullen zijn toch al weg. Ze zit er langer dan al het personeel. Chantal werd Naomi, Naomi werd Natasja, Natasja werd 'die ene' en 'die ene' werd 'die andere'.

En nog een andere, en nog een. De arbeidsomstandigheden en de beloning in verzorgingstehuizen zijn nog steeds even slecht, en dus is de omloopsnelheid hoog.

Gek genoeg zijn wij, haar kinderen, die ze vaak wel en soms niet herkent en met wie ze amper nog gesprekken voert, de grootste constante factor.

Ook als we niet vaak komen.

Ik geloof dat we deze fase allemaal hadden willen overslaan, maar dat gaat niet en dus schrijf ik eens in de zoveel tijd dezelfde column over vallen, opstaan en weer vallen. Een herhaling van een herhaling. Overal vliegt de tijd, behalve in het verzorgingstehuis.

Eten en vergeten

21 september 2022

Met de beelden uit Londen nog op het netvlies was het voor veel mensen slikken toen ze op Prinsjesdag het eigen koningshuis weer onder ogen kregen. Willem-Alexander in zijn stofjas met vrouw en oudste dochter op een bankje in een glazen koets, royalty had opeens niets verhevens meer. Den Haag is natuurlijk geen Londen, maar onze optocht was wel heel stoffelijk en aards vergeleken met de grandeur daar. Met z'n drieën werden ze door een decor van joelende boeren, burgers en andere ontevredenen met omgekeerde vlaggen en Oranjegekkies naar de Koninklijke Schouwburg getrokken.

Daar zaten dan de leden van de Staten-Generaal in hun uitdossingen, met hun malle hoedjes. Alles en iedereen droeg een boodschap uit. Behalve Annemarie Jorritsma, die was met haar rode baret en gouden halssnoer gewoon zichzelf: een regentes zonder gebied. Een bloedjurk bij de Partij voor de Dieren, Caroline van der Plas in een boerenzakdoek, Lisa Westerveld van GroenLinks heel nadrukkelijk in een door haar moeder versteld tweedehandsje en Sylvana Simons van BIJ1 was als spiegel, ze was van plan om het kabinet erin te laten kijken. Zetelsteler, booswicht en huisjesmelker Wybren van Haga, die Rick Nieman wegens kritisch doen voor de Raad voor de Journalistiek daagt, was er als zichzelf. Als iezegrim, de onwelriekende reuzel. Hij zat al verontwaardigd te twitteren voordat de koning was begonnen, hij vindt alle teksten waar Sigrid Kaag een vinger in heeft gehad bij voorbaat slecht.

De man die komend jaar 450.000 euro looncompensatie krijgt, moest van het kabinet-Rutte IV voorlezen dat het heel pijnlijk is dat heel veel mensen hun rekeningen niet meer kunnen betalen. Het is altijd prettig als iemand anders je onzin moet voordragen, misschien dat het koningshuis daarom niet ter discussie staat. Hij deed het in zijn eigen tergende stijl, je moest echt je best doen om het te blijven volgen.

De dag waarop we de democratie vieren werd afgesloten met gefluit en boegeroep toen de koninklijke familie en prinses Laurentien Brinkhorst naar de mensen kwamen zwaaien. Ze zwaaiden ijzerenheinig door, zelf vonden ze het wel heel normaal om op een verhoging boven de rest te staan. De gekst verklede parlementariërs vonden zichzelf terug in de showprogramma's waarin Prinsjesdag altijd wordt teruggebracht tot wat het is: een makkelijk te produceren vulling. Je eet het en je vergeet het.

Nationale kop van Jut

30 september 2022

De koning werd uitgejouwd bij de opening van het nieuwe hoofdgebouw van het Radboudumc in Nijmegen. Niet door betrokkenen of omwonenden, maar door mensen die speciaal voor dat doel waren afgereisd. De wappies van Willem Engel hebben een nieuw object gevonden over wiens rug ze het eigen ongenoegen kunnen communiceren. De koninklijke familie kan er rekening mee houden dat ze voortaan altijd en overal met gejoel en gefluit kunnen worden begroet. De tijd van rustig lintjes doorknippen, het feestelijk pleepotten gooien en de vrolijke rondleidingen lijkt voorbij.

Als overtuigd republikein heb ik me altijd verbaasd over de stille meerderheid die kroop en boog voor de Oranjes. Omhooggevallen ambtenaren die het woord 'majesteit' heel makkelijk uit de mond lieten rollen. Toch voelt deze ontwikkeling niet goed. Zo ongeveer moeten Feyenoord-supporters zich voelen als hooligans namens hun club weer ergens een binnenstad kort en klein slaan. Ze hoeven zich er niet voor te verantwoorden, maar doen het toch. Ik had me de revolutie, voor zover dit een revolutie is, anders voorgesteld. Ik schaam me voor ons koningshuis – ik vind dat een monarchie niet meer past in deze tijd – maar ik schaam me nog meer voor de 'schaam-je-kapot'-roepers met hun omgekeerde vlaggen. Dit is geen volksopstand, maar een misverstand. Alsof iemand de deur van het gesticht per ongeluk op een kier heeft laten staan.

De koning is van jongs af aan gewend aan Oranjegekkies en hermelijnvlooien. Mensen die, wat er ook gebeurt, trouw blijven aan het Huis van Oranje. Het zal wennen zijn om bij openbare optredens voortaan vergezeld te worden door twee groepen idioten, terwijl hij idiote handelingen moet verrichten of inhoudsloze toespraken moet houden.

Ik had medelijden toen ik hem gisteren zag zwaaien. Naar wie eigenlijk? Naar de demonstranten? Naar de pers? Naar de gewone mensen thuis?

Waarom zou je eigenlijk willen zwaaien als ze ook niet naar jou zwaaien?

Het kan ook dat hij het zelf niet meer doorheeft, dat het zwaaien een gewoonte is geworden.

Misschien is dit het moment om in goed overleg tot de conclusie te komen dat de tijd van een ongevraagd nationaal uithangbord voorbij is en dat niemand zit te wachten op een nationale kop van Jut.

Gerechtigheid

3 oktober 2022

Van diverse kanten werd ik ingelicht dat Chin. Ind. Rest. The Blue Lotus in Velp het nieuws had gehaald. Ik voel me een ambassadeur van dat restaurant. Als Wil (†) en Paula van Roosmalen-Breekelmans (91) – mijn ouders – uit eten gingen, was het daar. Een restaurant in een flat met uitzicht op het parkeerterrein, zodat ze de Mazda 323 in de gaten konden houden.

'Hij staat er nog steeds.'

Heel veel mooie herinneringen.

'Wat zal het zijn?'

'Vier nasi goreng, vijf borden.'

Met mijn vader in het afhaalgedeelte.

Bladeren in de tijdschriften van de Leesmap, de boodschappentas met rits tussen zijn benen.

Kerstmis, verjaardagen, een korte periode iedere dag toen mijn moeder in het ziekenhuis in Nieuwegein lag. De stroeve gesprekken, het zwijgen, het voorzichtige zwaaien naar buren en bekenden. De slechte humor van de Velpenaar, een tafel verderop zat ooit een man die een cavia bestelde. De bediening glimlachte en bracht saté.

Het afrekenen, mijn vader rondde € 44,80 met een genereus gebaar af op € 45,-. De laatste keer met mijn moeder, kind tussen haar kleinkinderen.

De enorme stronken kroepoek, ijscoupes met koudvuur, de warmhoudplaatjes met waxinelichtjes, de ontoegankelijke entree – een steile stenen trap – voor gehandicapten. De keer dat een van de serveersters de blindenstok van mijn broer afpakte – we vonden het ding in de paraplubak achter het grote aquarium waarin vissen met afschuwelijke koppen zwommen – en ze telkens een gerecht brachten nadat we erover begonnen.

De instrumentale muziek met veel triangels.

Ventilatoren die met een stok aan- en uitgezet moesten worden.

De zware damp, de grote hoeveelheden, die geweldige smaak.

Toen ik net in Wormer woonde en ze me naar 'de beste Chinees van de Zaanstreek' brachten, dacht ik meteen: wat een onwetend schraal gebied. En daarna dacht ik aan The Blue Lotus. We aten altijd drie dagen van een afhaal, op de derde dag vulde mijn moeder het aan met Toverrijst. Tijdens het kauwen wisten we precies wat we aten: de lekkere korrels waren The Blue Lotus, de andere Toverrijst, een product – het zal toeval zijn – dat uit een pakhuis in Wormer komt.

Ik las dat medewerkers van The Blue Lotus zondagochtend een inbreker aantroffen, die waarschijnlijk al uren of dagen in de dienstlift bekneld had gezeten. De politie liet weten dat de man door de brandweer was bevrijd, met een ambulance naar het ziekenhuis was gebracht en pas na herstel zal worden verhoord. Hij had zichzelf als het ware gemarteld. Hij was in het kleine vierkant gestapt, had zichzelf opgevouwen en kwam niet meer uit de knoop. Hoe en wanneer hij was ontdekt blijft onduidelijk, de directie van The Blue Lotus doet er het zwijgen toe. Voorzichtige conclusie: ze hebben 'm even laten zitten, ik denk er een vriendelijke glimlach bij.

Stropop

5 oktober 2022

Eerst was er alleen een stenen ei, ter hoogte van Barneveld, onze eierhoofdstad en tevens de broedplaats van de voetbalbroers Schreuder, waarvan PEC Zwolle-trainer Dick en Ajax-trainer Alfred de bekendste zijn. Dit feit verleidde ons ooit tot een bezoek aan het eiermuseum, iets wat je één keer doet en daarna nooit meer.

Sinds kort is er een nieuwe eyecatcher als we over de A1 naar het oosten rijden, een negen meter hoge, boos kijkende boer. Hij is gemaakt van hooibalen en staat ter hoogte van het knooppunt Eemnes op het land van Pieter Seldenrijk, een veehouder die actief is voor het CDA.

Om zijn onderlijf is een omgekeerde Nederlandse vlag gespannen. Ik vind het een opvallend creatieve uiting, on-boers zou ik haast zeggen. Hier hebben boze boeren, want ik neem aan dat Pieter Seldendijk het niet in z'n eentje gedaan heeft, een zelfportret gemaakt. Ze hebben gewerkt met eerlijk, zelfgekozen materiaal. Dit is dus hoe ze zichzelf zien, dit beeld willen ze schijnbaar communiceren.

Ik zie een grote, onmachtige lulhannes. Als hij niet zo boos zou kijken, zou hij genetisch verwant kunnen zijn met Langnek van de Efteling. Hij zit maar op zijn krent, te boos om te werken. Hij verwacht hulp van ons, toevallige passanten.

Als ik Piet Adema (ChristenUnie), onze nieuwe minister van Landbouw, Natuur en Voedselkwaliteit, was (maar ik ben hem gelukkig niet) dan zou ik mijn slijm- en lijmoffensief beginnen bij knooppunt Eemnes. Schoenen uit, laarzen over het glimmend blauwe pak en dan met een batterij camera's achter me aan met een paar boze boeren het weiland in. Naar het zelfgemaakte monument.

Hand erop leggen en dan nogmaals zuchtend constateren dat we de focus van de stikstofaanpak te veel bij de boeren hebben neergelegd.

Hij zou het natuurlijk ook in brand kunnen steken, dat zou eerlijker zijn, maar zo zijn ze bij de ChristenUnie niet. Minister Piet is een tussenminister, ook onder hem zal er niets veranderen. In die grote strooien pop zou je met een beetje goede wil ook hem kunnen zien. Hij staat er zolang hij er staat en op een dag waait hij om of weg. Over een tijd weet niemand, behalve boer Pieter Seldenrijk en zijn boze boerenvrienden misschien, dat hij er ooit geweest is.

Het stenen ei bij Barneveld staat er dan nog wel gewoon.

Door de feiten heen praten

7 oktober 2022

Niemand krijgt vat op Caroline van der Plas van de BoerBurgerBeweging (BBB). Woensdagavond zat ze met een speelgoedketting waaraan een koe hing om haar nek tegenover me in de talkshow van Eva Jinek. Ze had zichzelf in een onnavolgbare discussie met Jesse Klaver (GroenLinks) gekatapulteerd. Het ging over het stikstofadvies van Remkes, een rapport waaruit beiden hun gelijk meenden te kunnen destilleren. Jesse Klaver had de volgens hem zeer lezenswaardige lectuur meegenomen en citeerde hele passages, maar zelfs het letterlijk citeren van passages vond Caroline de waarheid verdraaien.

En dan vertegenwoordigt zij nog het meest toegankelijke deel van de boerenlobby: de boeren die eventueel bereid zijn om met de rest van de wereld te communiceren.

'Om de tafel gaan zitten' noemen ze dat.

Als boeren ruzie hebben, gaan ze 'om de tafel' zitten. Ik denk dat ze daar dan heel boos bij kijken. Om de tafel zitten betekent dat ze bereid zijn om na te denken over een oplossing, dat is iets heel anders dan water bij de wijn doen.

Als je zoals Caroline rond de tafel zit, kun je er net zo goed met twee konijnen en een big gaan praten. Het is niet meer dan aanzitten. Ze leest dingen die niet in rapporten staan, ontkent feiten die haar niet aanstaan en verwijt anderen dat ze niet kunnen luisteren of lezen.

Haar kracht is dwars door de feiten heen praten, erbij kijken alsof je het grootste gelijk van de wereld hebt en daarna heel makkelijk naar je andere persoonlijkheid schakelen als het over iets luchtigs gaat, waardoor het geheel toch nog redelijk lijkt.

Caroline van der Plas is gekmakend voor haar opponenten, ze staat niet open voor argumenten van anderen, maar wordt toch als gesprekspartner gezien omdat de andere boeren nóg radicaler zijn. Die willen blokkeren en de samenleving ontwrichten, iets waar Caroline op tegen is. Ze adviseert haar achterban om in gesprek te gaan, maar veroordeelt de andere boeren niet omdat het hun democratisch recht is om te demonstreren. Ze is als de dood dat andere boeren haar verwijten dat ze te redelijk of te toegeeflijk is.

De loopgravenoorlog tussen boze boeren en de overheid is dusdanig geëscaleerd dat we al verplicht moeten klappen als Caroline van der Plas namens de redelijke boeren bereid is om rond een tafel te gaan zitten voor een gesprek.

Het zal niemand verbazen dat er nooit een stikstofakkoord met de boeren komt.

Gi-ga-groen

12 oktober 2022

Het is Kinderboekenweek, het thema is 'Gi-ga-groen'. Ik moest Lucie en Leah van Roosmalen in het groen naar school brengen. Zelf waren ze ook in het groen. Ik droeg die dag een grijze joggingbroek, een groen T-shirt en een groen colbert.

Lucie zei dat ze zich schaamde voor de grijze joggingbroek, Leah was milder, ze vond een groen colbert al heel wat.

Op het schoolplein stond een muziekinstallatie, want voor de Kinderboekenweek is een nummer gemaakt door Kinderen voor Kinderen dat ook 'Gi-ga-groen' heet. Alle nummers van Kinderen voor Kinderen lijken op elkaar, ik vind 'Gi-ga-groen' niet hun beste nummer, maar ik kom dan ook nog uit de tijd van 'Op een onbewoond eiland'. We maakten ons druk om zure regen en atoombommen, maar we gingen er niet met onze ouders op dansen.

'Vind je mij groen genoeg?' vroeg Lucie, ze droeg een groen joggingpak en had een groen lint in het haar.

'Groener kan niet,' zei ik, maar dat slikte ik in toen ik haar klasgenootjes zag.

De klas was een bewegend groen vlak. (Ik had mijn lenzen nog niet in.)

De juffen waren ook groen.

Lucie ging op in het groen.

'Zo jammer dat we niet mogen fotograferen,' zei een moeder bij de kapstokjes, we waren beiden door onze hoeven gezakt om de hele handel onder het juiste stickertje aan de haakjes te hangen. 'Ik vind het zo leuk dat ze allemaal groen zijn. Zo fijn dat iedereen zich aan de opdracht houdt.'

Die zin bleef hangen.

Die hele Kinderboekenweek hangt vol met opdrachten. Lucie en Leah houden me in de gaten; als ik wat in de vuilnisbak gooi, vragen ze wat het was.

Niets intimiderender dan een opgefokte basisschoolleerling die je verwijt dat je niet gi-ga-groen bent. In de ouder-app van school kwam het bericht dat de Kinderboekenweek wordt afgesloten met het maken van een herfstketting. De gevonden 'beukennootjes, eikels, kastanjes en bladeren' kunnen worden meegegeven in een papieren zak, waarop de naam van het kind staat. Ik neem me voor om die naam er met potlood op te schrijven, niet met stift. Ondertussen denk ik dat het thema inmiddels veel belangrijker is geworden dan het kinderboek. Het kinderboek hangt er maar een beetje bij, dat komt natuurlijk doordat het fysieke kinderboek gemaakt is van bomen, maar dat heb ik nog tegen niemand durven zeggen. Eerst maar eens zelf gi-ga-groen worden voor je je grote scheur opentrekt.

Toen ik gisterochtend de groenbak naar de straat sleepte voelde ik me heel even verwant met het thema van de Kinderboekenweek, maar dat ebde snel weer weg.

Nog maar een paar dagen.

Cuijk, het Napels van Nederland

21 oktober 2022

Ik moest voor een lezing naar het café van de schouwburg in Cuijk, er stond een dampend zaaltje klaar voor weer een aflevering van Boek & Praat. In de artiestenfoyer zaten twee technici zich te vervelen. Behalve de lampen aan- en uitdoen hoefden ze niets, de ene avond was de andere niet. Ze hadden honderden voorstellingen meegemaakt, maar herinnerden zich niets. Nou ja, behalve dan dat Herman Brood voor het allerlaatst in Cuijk had gespeeld.

'Zijn laatste optreden was dus hier,' zei de grootste van de twee. 'Daarna is hij van het dak gesprongen.'

De andere technicus zei dat zoiets natuurlijk wel blijft hangen.

Er viel een stilte.

'Dus...' zei de grootste technicus.

En daarna kwam er niets.

Het was eerder een conclusie dan een aanzet voor een vervolgzin.

Hij: 'Ik zeg heel vaak dus. Dus...'

De lezing verliep zonder problemen, de zaal had na afloop maar twee vragen.

'Wat vond u van de interviewer?' en: 'Gaat u nu op reportage?'

Ik antwoordde dat het al laat was en dat ik naar huis ging, met dat antwoord namen ze genoegen.

Na afloop sprak ik meerdere inwoners van Cuijk. Ik moest zeker eens langskomen voor een reportage.

'Nergens in Nederland wonen zo veel kippen als hier,' zei een man die zelf ook in de kippen zat.

'En dan?' vroeg ik. 'Moet ik dan in een kippenschuur gaan slapen?'

Hij vond dat een goed idee, hij kon het eventueel ook faciliteren. 'Na de vogelgriep.'

De vrouw die aan zijn arm hing keek me aan en zuchtte: 'Wat bent u toch een briljante geest.'

Ik ging bijna van Cuijk houden, maar toen zei de kippenman, zichtbaar geërgerd tegen de vrouw: 'Nou leuk, niet geniaal.'

Zij: 'Ik zei "briljant".'

Hij: 'Dat ook niet. Gewoon leuk.'

Daarna tegen mij: 'Gewoon een goede schrijver, het was een leuke Boek & Praat.'

Zij: 'Dat vond ik ook.'

Hij gaf me een kaartje waarop zijn telefoonnummer stond, voor als de vogelgriep voorbij was. Ik stopte het voor de vorm in de binnenzak van mijn colbert.

Buiten viel een man over een losliggende tegel, het hele centrum van Cuijk lag open. Hij kwam uit Boxmeer en zei dat het nog een hele ruk naar huis was.

Cuijk is het Napels van Nederland, een logische laatste halte.

Dement zijn we allemaal

2 november 2022

In de foyer van een schouwburg informeerde een man naar mijn moeder. Ik had opgetreden, hij had een van de boekjes met columns over haar in de hand. Ik keek naar de kaft: ik en mijn moeder in 2019. In veel betere tijden. Toen de foto gemaakt werd, hadden we net een dubbelinterview met Rinskje Koelewijn achter de kiezen. Ik vond het nog steeds een mooie foto.

De man had ook een moeder, zei hij.

Logisch. Iedereen heeft een moeder.

Hij had het met plezier gelezen, het was 'herkenbaar'.

Ik vind 'herkenbaar' niet meteen een compliment, maar meneer bedoelde het meer dan goed.

Hij begon passages na te vertellen.

Daarna veranderde zijn toon.

'Ik vind het onbevredigend dat ik niet weet hoe het is afgelopen.'

'Het is niet afgelopen,' zei ik. 'Ik ben gestopt met schrijven over mijn moeder.'

Ik voegde eraan toe dat ik ook nog een broer en zus heb en dat het ook hun moeder is/was.

'Is het nu een herhaling van zetten?' vroeg hij. 'Vallen en opstaan, zeker? Alles is al een keer gebeurd?'

'Precies dat.'

'Ik had het toch graag gelezen.'

Er viel een stilte.

Hij gaf me het boek. Ik vroeg wat ik erin moest schrijven, want dat is dan meestal de bedoeling. Hij wilde 'de datum', 'de plaats', 'een handtekening' en de zin: 'Dement zijn we allemaal.'

Ik vond het een wat aparte opdracht, maar meer ook niet, ik ben inmiddels gehard, ik heb op commando gekkere dingen in boeken geschreven. Ik vouwde het boek open en zag op de eerste witte pagina mijn eigen handtekening. 'Zet het er maar onder,' zei hij. 'Doe jij ook eens twee keer hetzelfde.'

Toen ik klaar was vroeg hij hoe het voelde om iets te doen wat ik al eerder gedaan had. Ik voelde niets, ik begreep het wel dat ik me er niets van herinnerde.

'Maar ik vind het wel gek,' zei hij.

Hij nam afscheid met 'tot de volgende keer', want dat had ik mijn moeder in een column bij het afscheid ook een keer laten zeggen.

Ook daar herinnerde ik me niets van.

Het was een rare ontmoeting, wat was de bedoeling? Wat wilde deze man me leren? Wilde hij dat ik me beter kon inleven in demente mensen? Ging ik hierdoor mijn moeder beter begrijpen? Kreeg ik straf omdat ik haar maar weinig bezoek? Of was dit een manier om af te dwingen dat ik zo nu en dan schrijf over mijn inmiddels 91-jarige moeder?

Het gaat nog hetzelfde met haar.

We zijn haar niet vergeten, zij ons wel.

Onwil

4 november 2022

Wouter Koolmees zit nog te kort bij de NS om hem de aangekondigde prijsstijgingen aan te rekenen, maar het was een prima eerste statement geweest als hij daar met zijn hele D66-hebben-en-houwen voor was gaan liggen. Gemiste kans, hopelijk heeft hij zijn D66-voorganger achter gesloten deuren wel een schop onder de kont gegeven, want wat is het bij de NS (en zusje ProRail) toch een zootje. Nooit eerder was het draagvlak om met het openbaar vervoer te reizen zo groot, maar de grootste reden om toch maar met de auto, het vliegtuig of elk ander alternatief te gaan, is de NS zelf.

Ze kunnen daar helemaal niets. Het is onkunde gecombineerd met onwil. Je hoeft de letters NS maar ergens aan te koppelen en het loopt gegarandeerd spaak. Alles bij dat bedrijf straalt uit dat niemand er zin in heeft.

Mijn persoonlijke woede is door jarenlang treinen opgebouwd, dus ik weet waar ik over praat. Ook als je vertragingen incalculeert, valt reizen met de trein altijd tegen. Op station Wormerveer wordt het niet eens meer medegedeeld als de stoptrein van of naar Amsterdam niet komt. Wat maakt het ook uit? Ze tellen het niet als vertraging, want uitgevallen treinen kunnen geen vertraging hebben, redeneren ze bij de NS.

De reiziger moet zelf maar ontdekken dat ze na betaling nergens op hoeven te rekenen. In plaats van langer maken ze de treinen korter, alles om de reis zo oncomfortabel mogelijk te maken.

Personeelsgebrek is de officiële reden, maar het personeel dat er is, lijkt ook niet vooruit te branden. Het komt regelmatig voor dat treinen moeten wachten op hun machinist in plaats van andersom, en de conducteurs die ik zie, gaan gebukt door de coupés. Of ze hangen onderuit in de eerste klas om met elkaar de vakbondsacties door te nemen.

Alleen bij de spoorwegvakbonden lopen ze zich het vuur uit de sloffen. Ze maakten dit jaar over de rug van de reizigers handig gebruik van het slappe management en sneden met een veel te scherp geslepen mes dwars door weeë managementlagen om meer salaris te eisen terwijl spoorwegpersoneel helemaal niet onderbetaald werd en wordt.

Wouter Koolmees heeft maar één opdracht: breng de NS zo snel mogelijk terug naar de staat. Openbaar vervoer is geen verdienmodel, de NS is in alles geen commercieel bedrijf. De klant is er geen koning, maar een zeurende last die ze zuchtend en steunend op de afgesproken plek proberen af te leveren en die ze dan vervolgens met een strak gezicht een prijsverhoging door de strot duwen. De doelstelling staat haaks op de bedrijfsvoering, ProRail en de NS lijken vooral te bestaan om iedereen voor een veel vervuilender alternatief te laten kiezen.

Beter dan normaal

9 november 2022

Ik was weer eens bij tandarts Stephan Auw in Nijmegen, we voeren al jaren goede gesprekken. In het begin zeg ik dan altijd nog wel wat terug, maar al snel kan dat niet meer. Gisteren zette hij drie spuiten, waarvan de laatste tijdens de wortelkanaalbehandeling in de kies want het bleek dat ik toch nog wat voelde.

Hij dacht wel eens na over vervroegd pensioen, een periode die hij omschreef als 'lekker thuis, lekker veel uit eten, lekker rustig, lekker zonnetje en af en toe lekker terug naar de praktijk om zijn favoriete cliënten te behandelen'.

Na een korte stilte: 'Jou blijf ik zeker onder handen nemen.'

Ik kon echt niet meer praten.

Mijn tong was een afstandelijke lap, mijn wangen waren als watten, zijn assistente duwde een afzuigslang tot in mijn keel. Ondertussen keek ik naar een film over archeologen op de WDR. Een team van zeven Duitsers schrobde met kleine borstels voorzichtig het zand van een stenen beeld in een Egyptische woestijn.

Zo ongeveer moest het er in mijn mond ook aan toegaan. Wat ik goed vind aan tandarts Auw is de opperste concentratie waarmee hij zijn werk doet. Hij prevelt dan wat voor zich uit, woorden, vaktermen, halve zinnen, maar als het grove werk gedaan is verslapt hij meteen.

Eerst een korte samenvatting. 'Wortelkanaal, zenuwtjes eruit, slaghoedje erop, dadelijk even afvullen.' Daarna smalltalk. 'NEC, weer een kutseizoen, toch?' 'Maar hé, Vitesse nog slechter.'

Nederlands elftal, Qatar, wat vond ik ervan?

Ik moet hem raar hebben aangekeken met die dot wit papier in mijn handen, waarmee ik af en toe het kwijl opving dat uit mijn mond sijpelde.

'Hoelang duurt de verdoving nog?' probeerde ik te vragen. Ik ging met oud-huisgenoten in het centrum van Nijmegen kaasgehakt eten.

‘Met rechts kauwen,’ zei hij. ‘Je proeft toch niets.’

Hij begon over Kwong Chow in de Steenstraat in Arnhem, een van de betere Chinese restaurants.

Ik knikte bij alle vragen.

‘Ja, jij zegt niets,’ zei hij. ‘Niemand zegt hier ooit wat terug. Ik vind het toch heel prettige gesprekken.’

Hij dacht dat hij die gesprekken het meeste ging missen als hij het rustiger aan ging doen.

Later die avond at ik met rechts bijna mijn bord leeg in Café de Plak in Nijmegen. Ik zei bijna niets, maar alle aanwezigen vonden dat ze prettig met me gesproken hadden. Iemand appte me later: ‘Het was leuker dan het normaal gesproken is.’

Slecht fietsende vrouwen

11 november 2022

Ik werd bij het Kruidvat gewaarschuwd voor een groep slecht fietsende vrouwen. Een bende. Ze zouden zich voordoen als vluchtelingen die fietsles hebben, maar in werkelijkheid waren het spionnen voor inbrekers. ‘Ze stappen de hele tijd af, zogenaamd omdat ze niet kunnen fietsen, maar dan inspecteren ze je erf en je woning. Ze bekijken je inboedel en checken de sloten.’

‘En dan?’ vroeg ik naar de bekende weg.

‘En dan komen later hun mannen en die breken in.’

Later werd ik in de supermarkt en bij de apotheek ook gewaarschuwd voor slecht fietsende vrouwen.

Toen ik koffie ging drinken in het huiskamerrestaurant begon ik er zelf over. Hadden ze al slecht fietsende vrouwen gezien? Vrouwen die door ramen gluren en die als je ze aanspreekt zeggen dat ze vluchtelingen zijn die fietsles hebben?

Bij de snackbar bij de rotonde was een vrouw die een groep slecht fietsende vrouwen had aangesproken bij een stoplicht. Wat waren ze van plan?

Maar dat waren gewone slecht fietsende vrouwen, er was ook een begeleider bij.

Toen ik na een paar dagen nog geen slecht fietsende vrouwen had gezien, kreeg het verhaal een staart. Er fietsten nog wel verdachte vrouwen rond, maar ze presenteerden zich nu ook als moeders die hun kinderen zochten. Dat konden dus ook spionnen voor inbrekersbendes zijn. Dit vergrootte de groep verdachte personen. Zeker voor ons, wij wonen naast een schoolplein waar de hele dag vrouwen vanaf hun fiets naar kinderen zoeken.

Weer later hoorde ik dat de spionnen voor inbrekersbendes ook zonder fiets opereerden en ook dat de inbrekers zelf, dus zonder vrouwen, op verkenningstocht gingen. Er waren ook inbrekers die zich voordeden als klusjesmannen.

De conclusie was dat de inbrekers ons behoorlijk veel zand in de ogen aan het strooien waren. Het kon niet lang meer duren of de gemeente zou de verlichte borden PAS OP INBREKERS! weer naast de invalswegen moeten plaatsen. Een soort vogelverschrikkers, maar dan voor inbrekers. Ze konden dan in ieder geval zelf lezen dat ze in de gaten lopen.

Een geruststellend gevoel, iedere winter weer.

Aan een moeder die lampionstokjes voor Sint-Maarten kwam brengen, vroeg ik waarom inbrekers toch altijd in het najaar en de winter naar het dorp komen.

Ze antwoordde: 'Ik denk omdat ze 's zomers op vakantie zijn, net als iedereen.'

Ro(o)smalen

16 november 2022

Een tante onderzocht ooit onze stamboom. Mijn voorouders, de Van Roosmalens, stammen uit de omgeving Den Bosch. Van Roosmalen was volgens haar een verbastering van ros-olie-molen, het waren molenaars. Gisteravond was ik voor een lezing over 'de reportage' in Rosmalen, een dorp dat aan Den Bosch is vastgeplakt. In het centrum stond om onduidelijke reden een monument van een metselaar.

Ik ging eten in een kwalitaria, iets wat het midden houdt tussen een snackbar en een restaurant. De specialiteit was frietjes met tuinkruiden. De mensen in Rosmalen vonden dat veel lekkerder dan gezouten friet. De serveerster, een vrouw van middelbare leeftijd die onophoudelijk iets aan het poetsen was met een theedoek, kon de schnitzel aanraden. Ze deed haar handen uit elkaar.

'Zo groot als een pannenkoek. Met veel paneer.'

Iemand die me herkende, kwam vragen of het speciaal voelde om als een Van Roosmalen in Rosmalen te zijn. Hij bleef maar herhalen wat ik zelf ook wel wist.

'Het scheelt een letter.'

Daarna: 'De letter "o".'

'Ooo,' zei ik.

Zou het verre familie zijn? vroeg ik me af toen ik naar al die koppen keek die voorovergebogen in borden vol frietjes met tuinkruiden hingen. Zouden mijn voorouders dit dorp soms hebben gesticht? Waren de mensen die ik zag misschien afstammelingen van hun werkmensen?

'Wonen hier veel mensen die Van Roosmalen heten?' vroeg ik de serveerster toen ze mijn bord kwam wegtrekken omdat ik mijn vork meer dan drie seconden had neergelegd.

'Och, veel te veel,' zei ze. 'Misschien nog wel meer dan Van Rosmalens. En ik weet ook niet welke d'r eerder waren...'

D'r man en daar een broer van had aanloop gehad van een Van Roosmalen.

'Echt een boer.'

Na het eten slofte ik door het centrum naar het theater, waar ik warm werd ontvangen.

'Wanneer keert u toch een keer terug naar uw roots?' vroeg een man met beslagen brillenglazen. Ik vond het een bijzondere vraag omdat ik behalve de naam nul binding voelde met het gebied.

Hij: 'Aan de rand van het dorp staan mooie woningen, twee-onder-een-kap.'

Een ander kwam vertellen dat het hele dorp binnen afzienbare tijd zou worden opgeslokt door Den Bosch en dat de dorpsnaam Rosmalen zou verdwijnen.

'Den Bosch is een echte veelvraat.'

Ik trok me terug in de kleedkamer en wachtte daar het onvermijdelijke af.

'Van Roosmalen,' riep een man met een sleutelbos aan de riem, 'Rosmalen is er klaar voor. U ook?'

Ik sjokte achter hem aan naar het podium.

Het was een leuke avond, ik vond steun in mijn fantasie. Mijn voorouders waren na het stichten van het dorp waarschijnlijk gevlucht en hadden er later voor de zekerheid een extra klinker bij verzonnen.

Stilstaand water

18 november 2022

We hebben ons huis te koop gezet. Bij dezelfde makelaar van wie we het kochten. Ik was een paar dingen vergeten. Hoe stressvol het is om alles op te ruimen vanwege 'de foto's', de ellendige vragenlijsten waar je doorheen moet. Er was een man met een baard en een apparaat gekomen. Hij hield het krampachtig voor zijn borst en concludeerde een paar uur later dat het huis kleiner was geworden. Hij zei dat heel veel mensen tegen zijn metingen aanliepen.

'De NEN 2580-meting is nu de standaard.'

Er zat niets anders op dan die te omarmen, verzet was zinloos, of ging jaren duren.

Het huis veranderde.

In de slaapkamer kwam een stoel met een teddybeer naast het bed, er hing een bosje droogbloemen op het toilet en de styliste was ook even door de boekenkast gegaan. Alles stond nu op kleur, over het boek *Totaal,* toch mijn trots, werd gezegd dat het of op 'de koffietafel' of naar zolder moest.

Wilden we een eyecatcher, een driehoek op het raam? Of per direct een bord in de tuin?

'Liever na het weekend,' hoorde ik mezelf zeggen. Een bord in de tuin voelde als een punt aan het eind van een zin.

Ik fietste gisteren toch anders door het zo vervloekte lintdorp. Ik ga slecht op grote veranderingen.

Bestond de mogelijkheid dat ik dingen ging missen? Geef de dorpen maar eens de kost waar ze zo'n groot filiaal van het Kruidvat hebben, waar je kunt kiezen uit 28 kappers, waar je gratis kunt parkeren op verschillende betonnen velden en waar de mensen je met liefde wijzen op de regels waar ze zich met elkaar aan vastklampen. Nooit was het bestuur fysiek zo dichtbij, ik kende de wethouders van gezicht en naam.

Het muntje had opeens ook een keerzijde.

De vertrouwde dynamiek rondom het schoolplein.

Het vele water.

Het open veld.

De wind.

De slagers.

Het café aan de overkant.

Sommige inwoners.

De feesten: 'derde pinksterdag' en 'het Bokketochie', waarop ze allemaal tegelijkertijd bezopen zijn.

De harmonie die oefent in het gemeenschapshuis achter ons huis. Steeds dezelfde symfonieën, omdat ze nooit compleet zijn en daar dan blijmoedig over doen.

Een buurvrouw vroeg me – ze hield me met kinderwagen en al staande in de regen: 'Heb jij enig idee wat ze dit jaar doen met de kerstverlichting op straat? In verband met de crisis?'

'Geen idee.'

'Niemand die het weet,' zei ze. 'We piekeren ons suf.'

Heerlijk huis en dorp verder, ideaal met kleine kinderen.

Lando Markhorst

21 november 2022

In de brugklas van het Thomas a Kempis College zat ik in de klas met Lando Markhorst (54). Hij werd een paar jaar later prins van carnavalsvereniging De Tomaat, ik werd van school gestuurd. Een paar maanden geleden werd ik aan zijn bestaan herinnerd. Ik kreeg een bericht van een van zijn beste vrienden. 'Brakenhoff' – in Arnhem noemen ze elkaar graag bij de achternaam – had ook op 'Thomas' gezeten.

Of ik in te huren was?

Lando Markhorst had zijn bedrijf verkocht, hij begon aan een sabbatical. Ik was tegen ieders verwachting de enige BN'er, want zo zien ze mij in Arnhem, van onze school geworden. Of ik een toespraak wilde houden op een verrassingsfeest? Nou heb ik weinig grenzen in het commercieel uitmelken van mezelf, maar bij het als clowntje uit een doos komen op het feest van een ex-klasgenoot trek ik een grens.

Brakenhoff bleef bellen.

Of ik dan een podcast met Lando wilde opnemen? Hij schreef erbij dat Lando best wel grappig was en dat hij hem graag ook 'een plekje in het zonlicht' gunde. En nogmaals: het mocht wat kosten.

Een column over Lando Markhorst dan?

Ik antwoordde dat ik weinig herinneringen aan Lando Markhorst had, behalve dan dat hij prins carnaval was geweest.

Brakenhoff kon het niet geloven.

Gewoon een keer met Lando naar Vitesse dan?

'Is er wat met Lando Markhorst?' mailde ik na het zoveelste verzoek terug. 'Is hij ziek of stervend? Of gewoon op zijn achterhoofd gevallen?'

Het antwoord was: 'Nee, maar hij is gek op aandacht en hij wil misschien zelf ook wel columnist of beroemd worden.'

Ik raadde aan om een columncursus van mijn vriendin voor Lando aan te schaffen.

Vorige week vond ik hem terug in onze woonkamer. De cursus was net voorbij. Hij had veel geleerd. Ook over zichzelf, hij wilde geen columnist meer worden. We stonden wat onwennig tegenover elkaar. Sinds de brugklas was hij niet veranderd, zelfs de schoenen waren nog hetzelfde. We wisselden wat herinneringen uit. Hij was op zestienjarige leeftijd prins carnaval geweest, De Tomaat was een paar jaar geleden opgeheven.

Vrijdag speelde ik in de Arnhemse schouwburg. Na afloop trof ik Lando Markhorst in een Arnhems café. Zijn beste vriend uit klas 1D was er nu ook weer bij.

Hij bedankte me voor mijn inbreng op zijn afscheidsfeest. Brakenhoff had Youp van 't Hek als vervanger geregeld, maar het hoogtepunt was het voorlezen van mijn afwijzingen geweest. We dronken een paar biertjes en daarna liet ik ze achter met hun Arnhemse verhalen. Zijn laatste woorden waren: 'Mijn naam in een krant zou een hoogtepunt zijn.'

Zin om alsnog een rekening te sturen.

BN'er-haat

23 november 2022

Ik zit natuurlijk in een mediabubbel, waar iedereen de hele dag bezig is met elkaar. Allemaal een mening over Matthijs. En over elkaar. Maar ik woon ook in een dorp in de periferie, waar oorzaak en gevolg nul indruk maken. Als de zeis eroverheen gaat, staan ze juichend langs de kant en dan maakt het echt niet uit of de BN'er Matthijs, Linda, Thijs of Wendy heet. De conduitestaat doet er niet toe, ze zijn totaal niet geïnteresseerd in wederhoor. Waar rook is, is zeker vuur en anders blazen ze net zo lang naar het gloeiende hout tot er vuur ontstaat. Als de kop maar rolt.

Ze heulen met iedere BN'er, maar laten hem of haar net zo hard vallen. De BN'er is de huisvriend die je na een paar bezoekjes al zat bent. Je lacht voor de vorm met hem mee, maar het is wachten op de aanleiding om hem voorgoed je huiskamer uit te trappen. Wie aan de beurt is, rest maar één ding: knielen en schuld bekennen of oprotten, maar dat laat zich ook makkelijk combineren.

Of helemaal tot het gaatje gaan, zoals André Hazes senior.

Dan ben je 'een echte', maar als zijn zoon denkt dat hij op die roem mee kan liften, heeft hij het mis. Gewoon bij start beginnen en eerst zelf een jaar of twintig in de kuil met stront liggen.

Ik vraag de mensen in het dorp als daar aanleiding toe is wel eens waar de haat voor die mensen die ze helemaal niet kennen vandaan komt. Feit en fictie worden dan moeiteloos door elkaar gehusseld, ze hebben helemaal geen aanleiding nodig om een BN'er te haten of te cancelen.

Ze haten ze allemaal.

De BN'er heeft altijd het nadeel van de twijfel.

Voor hem of haar tien anderen, iets wat ze zelf ook regelmatig naar de kop geslingerd hebben gekregen.

'Je hoeft niet te denken dat ik jou op een voetstuk heb staan,' zei een man die een verkeerd bezorgd pakketje kwam afleveren. Hij had net als ik een 'pannenkoeken-achtergrond'.

'Als er een BN'er kwam, gaven we er in de keuken altijd een rochel op, en dan goed uitsmeren.'

En denk maar niet dat je buiten schot blijft als je het domvolk naar de bek praat, juist dan val je extra hard. Dan had je maar niet net moeten doen alsof je gewoon bent gebleven.

De ideale BN'er is de BN'er die niet opvalt, maar die zijn er eigenlijk niet.

Een kerk vol dampende streekgenoten

28 november 2022

Het TE KOOP-bord in onze voortuin leidde tot een paginagroot artikel in het *Noordhollands Dagblad* en daarna was het hek van de dam. We werden ongewild middelpunt van gesprek in Wormer. Bij slagerij Gijs Tange viel de winkel stil toen ik binnenkwam voor een ons Herzsalami.

Tegelijkertijd stond er al langere tijd een openbaar interview in de Bullekerk in Zaandam in mijn agenda. Het werd georganiseerd door de Culturele Raad, een initiatief dat cultuur en Zaankanters dichter bij elkaar moet brengen.

Zaterdagavond stond ik oog in oog met een kerk vol dampende streekgenoten. Ik wist nog niet of ik een thuis- of uitwedstrijd speelde, maar dat was buiten de interviewer gerekend. René Sman zei op het podium maar eerlijk dat hij van het slag was dat een interview graag in het honderd liet lopen.

Hij had eigenlijk geen vragen voorbereid.

Op een sheet verscheen mijn cv.

Wilde ik daarop reageren?

We vonden elkaar in diepgevoeld zwijgen, op een gegeven moment toverde hij uit zijn zak een envelop met trefwoorden.

Ik trok het woord 'discipline'.

Had ik daar wat mee?

Ik stelde zelf maar voor om vragen uit de zaal te beantwoorden, dan kon de interviewer zich er eventueel ook in mengen, maar hij zei al meteen dat hij het waarschijnlijk zou laten lopen. Hij was benieuwd naar het proces dat zou ontstaan.

Ik zei dat ik niet snapte waarom ze in de Zaanstreek historische gebouwen slopen voor afzichtelijke nieuwbouw. Voor die stelling werd geklapt. De interviewer zei dat hij in een comité zat dat een molen wilde laten herbouwen. Daarna ging het nog een tijd over de Zaanse mentaliteit, die behalve door de inwoners door weinig mensen wordt begrepen.

'Wij zijn eigen,' werd gezegd.

En: 'Je moet door ons heen prikken.'

Een ander: 'Wel een paar keer prikken.'

De interviewer knikte.

Na afloop deed iedereen tevreden.

Het was legendarisch ongemakkelijk geweest.

'René was weer heel erg René,' zei een vrouw, die de interviewer goed kende.

René zelf kwam ook nog even babbelen, opgelucht dat het voorbij was. Ik had gewonnen, maar ook verloren. Eigenlijk was het gelijkspel, zei hij.

'0-0, ik ben wel tevreden.'

We vonden elkaar in de conclusie dat de spelopvatting verschilde. Ik ga altijd uit van de nederlaag, hij wilde niet verliezen en was tevreden met een bloedeloos gelijkspel.

Daarna werd ik aangesproken door tientallen Zaankanters, ze onderschreven zonder uitzondering fluisterend mijn klachten over het gebied.

Blender

5 december 2022

Tijdens het laatste kwartier van Nederland-Verenigde Staten werd er op de ramen geklopt. Een van de helpers van Sinterklaas, slechte timing vond ik, maar ik was de enige. Even later bevonden we ons, oma Wormer was er ook bij, rondom een berg cadeaus. Lang verhaal kort: ik kreeg een blender.

Een blender, het zal het lot van de vaderfiguur zijn. Mijn eigen vader kreeg naarmate hij ouder werd ook steeds dommere cadeaus en niet alleen met Sinterklaas. Ik herinner me een afwaskwast, en op zijn verjaardag ooit een stofzuiger. Een Miele, hij staat nu bij mij op zolder. Ik denk dat hij er twee keer mee gezogen heeft.

'Wat fijn, een blender, dank u wel Sinterklaas,' zei ik voor de vorm, want toen stortte een volgend kind zich alweer op de berg.

De dag erop probeerde ik het geschonken speelgoed aan de praat te krijgen. Veel gepiel met een mesje vanwege de plastic klepjes op de vakjes van de batterijen. Te kleine skates. Klei in haar. Een opmaakhoofd waarvan je de haren bij nader inzien toch niet kunt wassen.

Meeste spijt hebben we van de K3-microfoon die Sint aan Leah had geschonken. Ze is zeer muzikaal, dat wil zeggen: ze houdt van muziek, maar haar stemmetje is nog niet toe aan versterking.

Haar 'I'm Still Standing' horen zingen is drie keer ontroerend, maar vanaf de vierde keer sterf je, achter je computer. In je werkkamer. Met je blender.

Lucie had zelf heel veel gekregen, en kwam telkens informeren wanneer ik mijn blender voor het eerst ging gebruiken. Uiteindelijk besloot ik een banaan in de blender te stoppen. Dat ging goed. Ik voerde de drab aan Frida en liet de blender op het aanrecht staan. Later die dag is er heel veel in die blender gestopt. Frida bliefde de mix van nat kattenvoer, klei en yoghurt gelukkig niet.

Ook wel verbazingwekkend hoeveel troep je met één blender kunt maken. Eigenlijk kun je, als je het goed aanpakt, met een blender in gezinsverband een hele zondagmiddag bezig zijn.

De vriendin werd bij thuiskomst begroet door een kind dat door een K3-microfoon schreeuwde dat ze met de blender heel veel troep hadden gemaakt en dat we lekker bezig waren geweest.

Ik wil volgend jaar een stofzuiger, net als mijn vader, maar ik heb de zijne nog.

Rommel? Daar houden kopers niet van

7 december 2022

Is het een goed idee je huis te verkopen in een drukke periode? Nee. Met drie kleine kinderen? Nee. Gisteren was de eerste kijkdag.

Ik was tot drie uur 's nachts op zolder bezig, kruipend over vierkante meters die volgens de NEN-meting niet meetellen, maar waar ik toch al een jaar of vijf kantoor houd.

De zolder was de enige ruimte waar ik mijn gang mocht gaan. Het werd vaak als bewijs opgevoerd, zo zou het hele huis eruitzien als ik vrij spel had. Ik weet niet of dat waar is. Ik weet wel dat ik mezelf vervloekte toen ik over de vloer kroop met mijn administratie.

De vriendin deed de andere verdiepingen.

De makelaar die ons begeleidt, had ons tot gekte gedreven met lijsten, contracten, restyling en het kopiëren van huissleutels. Lucie, Leah en Frida dreven mee op de golven. Het was ook onbegrijpelijk. De ene dag zaten ze nog rondom een cadeauberg, een paar dagen later was een groot gedeelte van hun inboedel verdwenen in dozen in de schuur.

Want 'rommel', zo werd ons voorgehouden, daar houden kopers niet van.

Zelf kijk ik in een eventueel nieuw huis naar de muren, de gevel, de plafonds en de omgeving, maar in de Zaanstreek maken ze zich vooral druk over rondslingerend speelgoed en of er wel of niet een bloemetje op tafel staat.

Ik had de vriendin 's morgens achtergelaten, tegen lunchtijd belde ze drie keer achter elkaar. Nooit een goed teken.

De stofzuigerslang zat verstopt.

Het huilen stond ons nader dan het lachen, ik zag de scène voor me. De vriendin in die huiskamer met een huilende Frida en een verstopte stofzuigerslang.

'Sla hem tegen een muur,' hoorde ik mezelf roepen. 'Sla het eruit!'

Een half uur later belde ze weer.

Ze had het oorlogsgebied verlaten, de makelaar zat op onze bank te wachten op kopers. Ze had ons een ruime voldoende gegeven.

De laatste keer dat ik me zo voelde, moet in havo 4 geweest zijn, een ruime voldoende...

'Zei ze nog iets over de zolder?'

'Ja, netjes,' antwoordde de vriendin.

Op het moment van schrijven zit zij met de kinderen bij haar moeder te wachten tot 'de mensen' weg zijn en ik typ dit stukje in een café met uitzicht op de Zaan.

Later lachen we hierom.

Liggen en wachten tot de cultuur voorbij is

9 december 2022

In het *Noordhollands Dagblad* stond een interview met Kim Muller, vertrekkend programmeur van het Zaantheater. Het zal niet haar bedoeling zijn geweest, integendeel, maar in het 'afscheidsinterview' stipte ze terloops wel aan wat er mis is met de bewoners van de Zaanstreek.

De Zaanse theaterganger, voor zover de Zaankanter al naar het theater gaat want het Zaantheater is vooral een geheimtip voor Amsterdammers die in hun eigen stad bij bepaalde voorstellingen achter het net vissen, houdt volgens Kim van 'feestjes'. Feestjes zijn Wolter Kroes (uit Wormerveer) en discoavonden. En ze houden van regionaal: voorstellingen over Zaanse onderwerpen of van Zaanse of Noord-Hollandse theatermakers.

Met andere woorden: wat de boer niet kent dat vreet hij niet.

Kim Muller: 'Een Zaanse zaal moet je eerst voor je zien te winnen, hoe groot je ook bent. Maar dat vinden artiesten juist leuk; je moet niet arrogant gaan doen op het toneel. Stel je niet aan, denkt de Zaankanter dan.'

Juist dat is typisch Zaans: je boerse gedrag verkopen als een overwinning. Alsof de artiest van buiten voor een commissie van deskundigen dient te verschijnen. Het tegendeel is waar: ze gaan onderuitgezakt wachten op wat onvermijdelijk komt. Alles met een houding van: je moet niet denken dat je leuk bent.

Zelf qua cultuur niet verder komen dan Wolter Kroes en aanverwanten, maar al het andere hoofdschuddend ondergaan. Alles wat afwijkt wordt gezien als een persoonlijke aanval die wordt gepareerd met openlijk beleden desinteresse. Zaankanters bouwen graag een muur om zichzelf en zien iedere vreemdeling die door de stadspoort komt als een potentiële bedreiging of oplichter.

Kim Muller roemde Golden Earring.

'Die hebben hier met z'n allen andijvie staan koken. Hoe het smaakte? Dat weet ik niet. Ik heb niet meegegeten.'

De tip komt voor ons te laat, maar andere nieuwkomers hebben er misschien iets aan als ze het gebied betreden. Ga op de knieën, laat zien hoe gewoon je bent. Kook andijvie of een ander Hollands gerecht, begin praatjes over niets, ga tuinieren, speel een instrument, doe alsof het wereldnieuws je niet interesseert, aai dieren, draag gewone kleren, barbecue bij mooi weer, boer na het eten, laat gerust een scheet, zet achter ieder woord '-ie' ('koek-ie'), ga niet naar het Zaantheater en als je dat toch doet: lach en klap om Zaanse artiesten, bij alle andere kun je gaan liggen en wachten tot de cultuur voorbij is.

Argentinië

12 december 2022

Ik ging uit eten met vier vrienden, we werkten ooit voor hetzelfde tijdschrift en zien elkaar sindsdien twee tot drie keer per jaar om dan elke keer hardop te constateren dat de glans er wel af is. Het eigen verval wordt juist door de rest zichtbaar. De laatste keer dat ik erbij was overleed ik bijna omdat ik stikte van het lachen, ik ga goed op andermans ellende mits die goed wordt verteld.

De timing was deze keer niet perfect, de afspraak viel samen met Nederland-Argentinië. We zaten aan een tafel voor een speciaal voor ons uitgerukt diascherm, waar in eerste instantie weinig animo van de andere gasten voor was. Het niveau van de wedstrijd stond de gesprekken niet in de weg. Ik vond het eigenlijk best ideaal en nam me voor vaker zo naar voetbal te kijken.

We vonden elkaar in het prettige idee dat België al was uitgeschakeld en dat we totaal geen binding voelden met deze generatie internationals.

We waren allemaal nog ouder geworden, en nog sneller moe. Een van ons vertelde hoe hij in een vakantiehuisje een dag ruzie had gemaakt omdat hij van zijn vrouw en dochter het verwijt kreeg dat hij bij het ontbijt te veel blauwe besjes uit de gemeenschappelijke plastic bak had gegeten.

De oudste raakte zijn bril kwijt, die bleek later in een bergje puree te zijn gevallen, de ober bracht hem schoongewassen terug.

Een kleine meerderheid was totaal niet onder de indruk van het grenzeloze gedrag van de presentator achter de schermen bij *DWDD*. 'Zo word ik thuis al jaren behandeld,' zei een van mijn vrienden. 'Ieder idee wordt genadeloos afgeschoten. Ik word al uitgescholden als ik een geel doekje op het aanrecht laat liggen, of heb geknoeid met de tandpasta. Waarom gaat het daar nooit over?'

Iemand werd sinds kort getagd, zodat ze thuis konden traceren in welke van de zeven sloten hij nu weer was gefietst. Hij liet drie AirTags zien. Een ander was beledigd dat ze hem tegenwoordig juist zonder problemen liet gaan.

'Als ik ergens ben passeert de jongere generatie me zonder op of om te kijken. Alsof ik een zoutpilaar ben.'

Twee doelpunten van Wout Weghorst tegen Argentinië, waarvan een in de laatste minuut. Naast me zei iemand hoe rijk hij had kunnen zijn als hij daar een weddenschap op had afgesloten.

Om ons heen werd het drukker, iemand ging in mijn dessert – frambozenijs – zitten, ik verloor een schoen. Na de strafschoppen waren we weer gewoon vijf uitgebluste vrienden aan een tafel.

Trots op cacaoluchten

14 december 2022

Als ik dan al ergens trots op zou moeten zijn als inwoner van de gemeente Wormerland, dan was het de cacaolucht die zo nu en dan overwaaide. De dorpelingen zeiden het tegen mij als die geur in de lucht hing, soms gingen ze er speciaal voor staan om hem op te snuiven, het hoofd een beetje scheef. Als connaisseurs wanneer er een goede fles wijn wordt geopend. Op den duur ging ik zelf ook zo doen tegen mensen van buiten.

Schuin staan, even stoppen.

'Ruik dit even... Hebben jullie niet, hè?'

Om daarna af te sluiten met: 'Cacaolucht, heerlijk.'

Afkomstig van de Olam-fabriek in Oostzaan, waar ze ook die vieze Oreo-koekjes maken – die zwarte rondjes met witte vulling.

Sla ik dinsdag het *Noordhollands Dagblad* open, hebben ze opeens nieuws gemaakt. De Oreo-koekjes zijn zo zwart omdat ze bij het productieproces grote hoeveelheden giftig ammoniak met cacaobonen vermengen. Het was geheim, maar de overheid wist er wel van.

De gezondheid heeft er niet onder geleden, weet ik inmiddels, het milieu wel.

In het dorp gingen ze er niet gebukt onder.

'Zit je weer te zeiken,' zei er een die ik trof bij de Turkse kleermaker toen ik mijn colbert kwam halen.

Ik antwoordde dat ik het helaas allemaal ook niet verzon. Kon ik al die ellende maar zo goed verzinnen, dan was ik rijk geweest. Ik somde gewoon feiten op, zoals ik had gedaan toen ze de ruiten van de dierenwinkel hadden ingeslagen en ook toen uit een verhaal van de gevreesde onderzoeksredactie van *NRC* bleek dat Wormer zo'n beetje de spil was van het 'dark web'.

Daar had ik ook niet om gevraagd.

'De duivel schijt gewoon op de grote hoop,' gooide ik er een spreekwoord in. Ik wist eerlijk gezegd niet of ik het goed gebruikte, maar de man begreep in ieder geval wat ik bedoelde.

'Ja, een grote hoop ja,' zei hij. 'En niemand die er last van heb, en jij gaat ernaast staan snuffelen. En lekker dat-ie het vindt.'

Daar had hij natuurlijk wel een punt, want zo leuk is het niet om mij tegen te komen als je net in het *Noordhollands Dagblad* hebt gelezen dat je niet meer trots mag zijn op je cacaolucht uit je cacaofabriek.

'Dit is waarom ik geen kranten meer lees,' zei de man, 'altijd wat te zeiken. M'n luchten nemen ze mij niet af.'

Wat een ambtenaar!

16 december 2022

Mijn vader besteedde het grootste deel van zijn werkende leven aan het behoud van de rivierkreeft in Gelderland, de mooiste provincie van Nederland. Hij adviseerde fietspaden om te leggen, probeerde dijkverzwaringen te stoppen en maakte regelmatig wanhopige inspectietochten met een broodtrommel onder de snelbinders. Ik ben wel eens met hem mee geweest op zaterdagen. Naar de Berkel of de Linge, de langste rivier van Nederland. Lieslaarzen aan en in de blubber staan.

'Daar denk ik,' zei hij dan als hij dacht een rivierkreeft te zien wegschieten. Zeker wist hij het nooit, mijn vader wist niets van biologie, hij was niet voor niets ambtenaar geworden.

'Wat als het hier straks krioelt van de rivierkreeften?' vroeg ik op een dag.

Mijn vader vond het een moeilijke vraag.

'Ja, dan is het volbracht,' zei hij dan. 'Waarschijnlijk zetten ze me dan een paar jaar later in voor de bestrijding, dan ga ik al die fietspaden weer verleggen.'

Meer dan tien jaar na zijn dood lees ik een brandbrief van vijftien overheden en organisaties aan minister Adema van Landbouw, Natuur en Voedselkwaliteit. Er is een rivierkreeftenplaag van tientallen miljoenen rivierkreeften.

De informatie staat haaks op wat ik in mijn jeugd meekreeg. De rivierkreeft is opeens geen verrijking, maar juist een ondergraver van de biodiversiteit. Amerikaanse rode rivierkreeften graven gangen en holen waardoor de grond langs het water instabiel wordt en kan verzakken, planten zich razendsnel voort en vreten in korte tijd oevers kaal.

De rivierkreeft is kortom een monster. Het levenswerk van mijn vader is geslaagd, maar ook mislukt. Achteraf bezien best fijn dat veel van zijn direct leidinggevenden zijn rapporten met aanbevelingen om het aantal rivierkreeften te laten toenemen ongelezen in de prullenbak kieperden. Een van de aanbevelingen die hij er voor de lol in schreef – 'misschien is het een idee als de inwoners hun aquaria in het rivierwater leegkieperen' – is de grootste oorzaak van de explosie van het aantal rivierkreeften.

Gelukkig hield hij zich aan het eind van zijn carrière ook bezig met andere zaken, zoals het onteigenen van boerengrond (voor dijkverzwaring) en het verwijderen van paaltjes naast fietspaden.

Ook op die dossiers wordt opeens grote progressie geboekt.

Er is maar één conclusie mogelijk: mijn vader was een geweldige ambtenaar.

Nul stress

19 december 2022

Ik keek de WK-finale op de redactie van *De Oranjewinter*, zoals *Vandaag Inside* tijdens het toernooi heette. Ik schreef zo nu en dan een column voor ze tijdens dit WK. *Vandaag Inside* is, je zou het misschien niet verwachten, uitgerust met een van de betere redacties in talkshowland. Het niveau is hbo-plus, iets waar de redacteuren niet altijd wat mee kunnen, want de kijkers willen ook lachen.

Een van de redacteuren, hij had een week eerder nog de mensenrechtensituatie in Saoedi-Arabië onderzocht, was belast met de kijkersvragen.

Hij somde ze op.

Er zaten twee 'leuke' vragen tussen.

'Compilatiewaardig,' vond iedereen.

Terwijl Argentinië het ene na het andere doelpunt scoorde, moest hij op zoek naar alle keren dat er aan tafel gezegd was dat Lionel Messi *over the hill* of uitgerangeerd is. Dat was leuk omdat Messi inmiddels had gescoord. Maar vooral naar de meest ordinaire opmerking die de afgelopen weken aan de talkshowtafel was gemaakt. Het was als het plukken van laaghangend fruit.

'Toch wel de harige kut,' werd gezegd.

Instemmend geknik.

'Hoe vaak heeft Johan nu al gezegd dat hij een harige kut heeft opgevreten?' vroeg de eindredacteur. 'Zoek dat even uit.'

De redacteur ging aan het werk, hij moest door alle uitzendingen scrollen. Gezien het aantal uitzendingen viel het reuze mee. 'Hebben we die laatste harige kut nou al?' vroeg iemand na tien minuten. 'Ik kan hem nog even niet vinden, door al die kutcommercials.' 'Vrijdag toch?'

De redacteur ging de laatste uitzending terugluisteren, de uitzendingen van *Vandaag Inside* verschijnen ook als podcast.

'Heb je hem al?'

'Nog niet, maar ik luister wel op dubbele snelheid. Dan is het best een raar programma.'

'Vrijdag ging het over favoriete beelden tijdens dit WK,' zei hij even later, 'en toen zei Johan dat hij zijn favoriete krullenbol wel weer eens wilde zien.'

Hij liet het fragment zien. Johan Derksen duidde zijn generatie: 'Jullie lachen, maar dat komt omdat jullie geen ervaring met schaamhaar hebben. In mijn tijd zat je 's ochtends op je werk met allemaal zwarte haren tussen je tanden.'

Iedereen moest weer lachen.

'Uniek voor een 73-jarige. Dit en dat stukje over Toon Gerbrands, dat ze zeggen dat die een befbekje heeft vanwege dat tongetje dat er altijd uit hangt en dat Johan dat relativeert met: "Ik heb wel eens een kut helemaal kaalgevroten."'

Actualiteit, WK-finale, humor om te lachen, de uitzending stond. Nul stress in een prettige werksfeer.

'Heel anders dan bij andere talkshows.'

Bestreden eenzaamheid

21 december 2022

Mijn kinderen zitten op een openbare basisschool, maar dat drukt de kerstbeleving niet. Iedere dag wordt er door een andere klas gezongen bij de vuurkorf. De ouders staan dan zwijgend naast elkaar bij het vuur. Gisteren was het de beurt aan de groep van Leah, ze had thuis hardop gewerkt aan het repertoire. Mijn favoriet was het nummer 'Ik ben een kerstboom', waarbij ze al zingend een kerstboom, slingers en kerstballen uitbeeldt.

De dooi was ingevallen, het vuur wilde vanwege de miezer niet branden, zelfs spiritus hielp niet. Twee leraressen stuurden iedereen naar de aula, waar kerstbomen en opgezette kerstdieren stonden. Ik herkende twee elanden en een hert.

Ik heb niets met de andere ouders, en zij ook niet met mij, maar daar vonden we elkaar. We onderbraken onze levens even voor gezang. Het nummer 'Ik ben een kerstboom' werd twee keer ingestart. Leah schalde boven alles en iedereen uit.

Na het applaus brachten de ouders hun kinderen naar de klassen. Op de deur van het lokaal van Lucie hing een intekenlijst voor het kerstdiner, achter haar naam stonden 25 pannenkoeken.

Thuis ontdekte ik dat ik die moest gaan bakken. 'Jij bakt,' instrueerde Lucie 's avonds. 'En dan snijd ik er harten van.'

Daarna: 'Met een hart laat je zien dat je van iemand houdt. En ik houd van iedereen.'

Tegen zo veel goedheid ben ik niet bestand, dus ik zal bakken, maar ik vroeg me wel af sinds wanneer er kerstdiners zijn voor kinderen van zeven. Op het schoolplein reageerden de dag erop andere ouders vooral verbaasd op die vraag. 'Ik maak ieder jaar vleespastei,' zei de moeder van een klasgenootje. 'Al sinds jaar en dag.'

Een vader: 'Maar het mooiste vind ik het nog altijd als ze de overvloedigheid naar de oudjes brengen. Zo van: Hier, eet smakelijk, lekker tegen de eenzaamheid. En dan met zingen erbij natuurlijk.'

Ik stelde me mijn oude dag voor, in eenzaamheid in Zorgcirkel Torenerf te Wormer. En dat er dan op een dag op de deur wordt geramd, waarna een roedel kinderen 'Ik ben een kerstboom' zingt en dat ze me dan pannenkoeken, vleespastei, bitterballen en drop laten eten en chocomelk met slagroom laten drinken, net zo lang totdat ik vol zit en ze weer door moeten naar de volgende. En dat de verzorging daarna concludeert dat de eenzaamheid effectief is bestreden.

Casselerrib

6 januari 2023

We besloten de kerstvakantie te larderen met uitstapjes. Kleine kraaltjes die later zouden zorgen voor een prachtige ketting met herinneringen. Zo deden mijn ouders dat ook, al trokken ze het veel te fanatiek door, het kasteel in Doorwerth kwam ons op een gegeven moment de neus uit.

De computer suggereerde een overnachting in Preston Palace, een all-inclusive hotel in Almelo waar ik ooit mee naartoe mocht met een bedrijfsuitje. Ik herinnerde me vagelijk allemaal rode vlaggen, maar ik had schijnbaar zin om de zinloosheid van het leven recht in de bek te staren en boekte toch. Ik verkocht het als Amerika in Nederland, na afloop vond ik dat een steengoede analyse.

Het werd een etmaal dat voelde als een week, misschien wel een maand. Al voor we naar binnen mochten, waren we verslagen. Je mag daar niet te vroeg arriveren, dan moet je flink bijbetalen en dus stonden we in de regen tussen allemaal anderen, van wie er een aantal om klokslag 14.00 uur sprintend naar binnen ging. We werden verspreid over twee kamers en zagen elkaar weer in de lobby. Nog weinig gezien, maar toch al genoeg.

Door de *all you can eat*-formule verloor alles waarde, de twee oudsten verloren zichzelf in gelegaliseerde, ongebreidelde vraatzucht, Frida stortte zich op de grond. We trokken naar de overdekte kermis, een stuk of tien loeiende attracties op een te klein oppervlak. Leah werd geweigerd bij de botsauto's; twee centimeter te klein.

'Ik sjoemel niet,' zei een medewerker met een trekkend been. 'Dan is het hek van de dam, dan willen ze allemaal.' Daarna: 'Je wilt niet weten wat we hier hebben meegemaakt met te kleine kinderen in botsauto's. En vaders met een slok op.'

Ik wilde het juist wel weten.

Na zessen veranderde de vreetmachine langzaam in een zuipfestijn, *all you can drink.* We deden alles, behalve het overdekte zwemparadijs waar ze in tropische temperatuur met hun dikke reten tegen het glas lagen. Bij het avondeten zat aan de tafel naast ons een volwassen man die voor zichzelf zestien brokjes frikandel had opgeschept. De moeder van zijn kinderen bleef herhalen dat er ook een aluminium bak met casselerrib was. Ja, neem wat casselerrib, dacht ik op een gegeven moment, ik had zin om op te staan en me met dat gesprek te bemoeien en dan dingen te zeggen als: Ik weet niet of je het weet maar er staat een loei van een bak met stukken casselerrib.

De vriendin zag ineens ook wel in dat een deel van de mensheid ook niet kwaadschiks van het vlees te houden zou zijn. Ik wist er ook nog wel een paar: de klimaatdoelstellingen gaan we dus nooit halen en voor een vuurwerkverbod komt ook nooit draagvlak. Gelukkig overstromen we in 2045, jammer dat Almelo relatief hoog ligt.

Vertrapt gras

9 januari 2023

We kregen bezoek, ik had opdracht om alles te halen voor bij een kaasfondue. De vriendin dacht vooral ook aan groenten. De vrouw van de groentekraam op de vrijdagmarkt in Wormer vond dat bijna al haar groenten en fruit geschikt waren om in kaas te dopen, alles behalve frambozen en aardbeien. We hadden een fijn gesprek dat ruw werd onderbroken door een dorpeling met een klikgebit, die was weggefietst zonder de stronk broccoli die hij had aangeschaft. Hij drong dwars door ons gesprek heen, met een hoge stem roepend om zijn broccoli.

'Ik heb het daar neergelegd,' zei hij en hij priemde zijn vinger haast beschuldigend naar waar ik met onze kinderwagen stond. Ik stak meteen de handen in de lucht. Ik was dan ook totaal onschuldig, ik steel geen broccoli, ik vind broccoli een vieze groente.

De vrouw van de groentekraam vond de broccoli, de bruine papieren zak was in een krat met appels gelegd. Toen hij zijn bezit in zijn fietstas had gestopt richtte hij zich tot mij. Hij wist heus wel wie ik was, maar wist ik het ook andersom?

Nee? Nou hij gaf drukbezochte lezingen in het Jisperveld, waarin hij parallellen trekt tussen mensen en vogels. Wist ik wat de stijgende temperaturen betekenden voor de gevleugelde inwoners van ons gebied? Nee? Dacht hij al, ik moest zeker een keer komen.

Frida begon te schudden in haar kar, ze heeft een hekel aan vreemdelingen die haar vader bestoken met ongevraagde meningen en informatie.

Ik bestelde ondertussen seizoensfruit, peren en appels. De vrouw van de groentekraam, ze frequenteert Wormer al jaren eens per week, zei dat er steeds minder vogels komen. Objectieve waarneming: ze keek af en toe naar de lucht en meende er dan minder te zien dan eerder.

'Er komen er juist meer!' zei de man. 'Ze vliegen niet meer weg.'

Daarna fietste hij weg.

'O, ze vliegen niet meer weg,' zei de vrouw van de groentekraam.

'Als er maar niet nog meer vogelaars komen,' zei ik om het gesprek aan de gang te houden. Ik heb zonder echte argumenten van alles tegen die menssoort. Vogelaars doen niemand kwaad met hun verrekijkers en fototoestellen, maar irriteren toch.

'Ze trappen het gras plat,' zei de vrouw van de groentekraam.

Na het afrekenen zei ik dat ik niet naar een lezing over vogels in het Jisperveld ging, ook niet als het weer straks nog zachter zou worden.

'Ik ga daar geen gras voor plattrappen.'

Ze knikte, wij begrepen elkaar.

Brinta

16 januari 2023

We werden naar Mook geroepen, het ging niet goed met mijn moeder. Ze was sterk vermagerd en reageerde niet meer, zelfs niet op de hulphond die tot haar grote vreugde eens per week het huis werd binnengeleid. De verzorging dacht dat het misschien tijd was voor een priester.

Wilde ze dat?

Wij dachten van wel.

Ze was al eerder 'bediend', vlak voor een openhartoperatie jaren geleden. En zo zaten we dan met z'n allen in een kring in haar kamer, tussen haar koperen potten, foto's en koektrommels. Op het aanrecht stonden thermosflessen met koffie en thee. Paula van Roosmalen lag in een luxe rolstoel, blauwe doeken om haar voeten tegen doorligplekken. Ik schrok van haar toestand, het grauwe, spitse gezicht, de afwezige blik in haar ogen. Nog maar 45 kilo, praten ging bijna niet, haar hand viel weg in de mijne.

Ze hadden een cd aangezet, Bach. Daar zaten we dan, lacherig, gelaten, onhandig, een beetje als vroeger bij een familiebijeenkomst.

De priester was verlaat door een gesprek met een stel dat per se wilde trouwen in de kapel van Mook. Hij maakte zelf het bruggetje: van alle markten thuis, van het grote geluk naar het minder prettige: de naderende dood. Hij had voor zijn carrièreswitch gestudeerd in Velp, tropische landbouw, dat was dan toevallig. Hij had een ampul met wijwater en zalf meegenomen.

Het moest maar beginnen.

We keken naar mijn moeder, die, terwijl de priester zijn vinger in een potje met zalf doopte, zacht begon te pruttelen. Het was zo zacht dat zelfs de regen buiten ons stoorde. Vroeger, toen ze ons de oren van de kop kletste, negeerden we haar, nu inhaleerden we ieder woord. Ik was met mijn oren het dichtst bij, de rest vroeg of ik wilde vertalen, maar ik verstond alleen het woord 'genoeg'.

‘Genoeg,’ zei ik.

Moesten we hiermee doorgaan?

De priester stelde voor om met zalf een kruisje op haar voorhoofd en haar handen te maken en het daar dan bij te laten. Daarna stopte hij zijn stola in zijn linnen tas.

Paula van Roosmalen probeerde weer iets te zeggen.

Iedereen doodstil.

Opeens zei ze: ‘Pap!’

‘Ze wil pap,’ herhaalden we.

Een van ons ging naar de gang om te zeggen dat er om pap gevraagd was. Vijf minuten later was er een verzorger met een kom Brinta. Twee liter, ze vond het zelf ook overdreven.

Mijn zus voerde haar meerdere lepels, daarna gingen we zonder haar uit eten in Groesbeek.

Mirjam Bikker

18 januari 2023

Mirjam Bikker, het nieuwe gezicht van de ChristenUnie, zond een video het land in waarin ze aan de keukentafel een brief aan Nederland schrijft. Die brief begon zo: ‘Goedemorgen Nederland, misschien begin je de dag net als ik, aan een keukentafel als deze, hier praten we over wat ons bezighoudt.’ Praat voor jezelf, dacht ik, wij hebben ’s ochtends helemaal geen tijd om te praten. Het is proppen, haasten, corrigeren en vloeken omdat iedereen weer overal te laat dreigt te komen.

Wat verder opviel: het was een keurige keukentafel, er lag geen kruimeltje naast een van de vijf borden. De rest van de groep was schijnbaar al weg, naar werk of school. Het kan ook zijn dat er verder niemand is en dat Mirjam Bikker niet goed wijs is en de rest erbij verzint en voor de vorm vijf borden neerzet.

Ze had er zin in, maar toen ze de hele brief vol ellende had voorgelezen – vooral de zin 'gokken en drugs zijn bijna normaal' hakte erin –, wist ik niet of ik er nog zin in had. Het was wel heel erg ChristenUnie, een partij vol goede bedoelingen die als puntje bij paaltje komt niet zo barmhartig is als ze graag doet voorkomen. Haar antwoord op alles: ze wil met iedereen rond de keukentafel.

Het interview met Sven Kockelmann op Radio 1 deed later op de dag ook niet veel goeds. Sven won met gemak. Om in de metafoor van de keuken te blijven: hij schilde de aardappel, legde de schillen op een oude krant, vouwde daar kalm een mooi pakketje van en daarna maakte het niemand iets uit of hij dat nou wel of niet in de groenbak gooide.

Waar Carola Schouten de wereldse kant van de ChristenUnie vertegenwoordigt, past Mirjam Bikker heel erg in de lijn die Gert-Jan Segers bewust of onbewust heeft ingezet. Ze zit niet voor niets achter een keukentafel en niet achter een bureau. Aan het eind van haar video knoopte ze een enorme witte sjaal om haar nek om haar brief te posten. Als ik haar was had ik een jas aangetrokken, maar dat mocht waarschijnlijk niet van de partijstrategen. Die redeneren: in een jas lijk je ook bij slecht weer al snel te gewoon, veel gewoner dan in een zelf gehaakte sjaal.

Leidinggeven aan een gezin waar niemand knoeit bij het ontbijt, een brief aan een heel land schrijven en geen jas aantrekken bij slecht weer: laten we aan de keukentafels bidden voor de ChristenUnie.

Gewoon Davos

20 januari 2023

Vanuit een Zwitsers taxibusje dat hem vanaf het vliegveld in Zürich naar Davos bracht, stelde een zoals altijd frisse premier Mark Rutte het land gerust. Hij lichtte toe waarom hij zich op weg naar het World Economic Forum (WEF) liet filmen voor de socials. 'Want er was weer best wat over te doen de laatste dagen.'

Hij werd vanuit de losse pols gefilmd door iemand met weinig oog voor esthetiek schuin achter hem, het zou zomaar zijn adjudant Wopke Hoekstra kunnen zijn. De premier maakte een casual indruk, hij straalde in alles uit dat zo'n bezoek aan het WEF voor hem business as usual is.

Dat hele forum was nu echt zo'n bijeenkomst waarvan je nut en noodzaak makkelijk in een paar bijzinnen kunt uitleggen aan een geïnteresseerde medepassagier en het thuisfront. Niets bijzonders, geen gekkigheid, gesneden koek voor een staatsman die nog geen 24 uur eerder van de Amerikaanse president Joe Biden mocht doen alsof hij de telefoon opnam achter diens beroemde bureau in de Oval Office in het Witte Huis. Een vader die zijn kroost geruststellend toespreekt. 'Papa gaat heel veel praten. Niets geks. Zo weer thuis.'

We moesten vooral onthouden: niets spannends, geen besluiten, maar wel heel nuttig.

'Maar wel heel nuttig,' een normaal mens zou juist daar heel argwanend van worden. Nou, hij was in Davos beslist niet de ster van het bal. Die bijgedachte ontkrachtte hij door op te sommen op welke muurbloempjes hij zich aan de rand van de dansvloer ging storten.

'Premier Tunesië.'

'President Irak over migratie.'

'President Moldavië over de situatie in de regio daar.'

'Total en Vattenfall over de energietransitie.'

'Intel en Qualcomm over chips en de toekomst van semicon.'

'En verder zijn er heel veel journalisten en wetenschappers.'

Niets om jaloers op te zijn.

Integendeel. Je zou je hond nog niet naar Davos willen trappen.

Rutte: 'Kortom, je doet er gewoon veel ideeën op en er worden geen besluiten genomen.'

Waarom dan toch gegaan? We moesten het maar zo zien: 'Zou je dit apart moeten doen, dan praat je over letterlijk tientallen reizen naar al deze mensen toe. Of zij naar mij. Of naar ons. Dit is dus gewoon veel praktischer.'

En letterlijk beter voor het milieu, dacht ik er later, geheel zelfstandig, achteraan.

Paula van Roosmalen-Breekelmans

8 februari 2023

Mijn moeder, Paula van Roosmalen-Breekelmans (91), is overleden. Omringd door foto's van ouders, kinderen en kleinkinderen is ze dan eindelijk ingeslapen. Haar laatste woorden sprak ze een paar weken geleden tussen twee lepels pap. 'Het hoeft niet meer.'

De dood was voor haar inmiddels een vriend die om de haverklap zijn bezoek aankondigt, maar er kwam altijd wat tussen. Ik gunde haar de dood, ik geloof dat ik opgelucht was toen ik het nieuws vernam. Maar oog in oog met de realiteit, met het gedenktafeltje met de plastic bloem in het verpleegtehuis, de rommeltjes, foto's en briefjes in haar kamer die ik met mijn broer en zus moest ontruimen, hoe ze opgebaard lag in het rouwcentrum, de mond subtiel vastgezet, de doos met tissues ernaast, overviel het gemis me toch.

Ik heb geschreven over haar laatste jaren, eerst over de aanvankelijke vrolijke verwardheid en haar herhalingen, later over de ontreddering en ten slotte over de ontluistering, en uiteindelijk maar helemaal niets meer. Maar Paula van Roosmalen-Breekelmans was meer dan haar eind.

Ze was de op een na jongste dochter in het grote gezin van een Brabantse keuterboer, geboren in de boerderij aan de Koestraat in Oirschot. Die boerderij werd aan het eind van de oorlog in brand gestoken, alleen een Mariabeeldje kwam ongeschonden uit de vuurzee. Het was geen door de kerk erkend wonder, maar natuurlijk wel een wonder, dat ze liever voor zichzelf hield. 'Anders ben je je beeld kwijt.'

Toen ze veertien was, werd haar moeder ongeneeslijk ziek, haar vader bracht haar onder in het nonnenklooster aan de overkant van de straat. Vanuit haar cel kon ze het herbouwde huis zien, maar naar haar moeder mocht ze niet, een verdriet dat ze een leven lang met zich meedroeg. De nonnen van Nazareth leerden haar koken en poetsen, en met resultaat: tot ze niet meer kon, maakte ze stamppotten. Na de dood van haar moeder trok ze in bij haar oudste zus. Ze haalde haar onderwijsakte en reisde met vriendinnen naar Rome, Spanje en Frankrijk, wat in het Brabant van toen werd ervaren als een idiote onderneming.

In de bus van Oirschot naar Middelbeers ontmoette ze mijn vader. Ze begonnen een nieuw leven in Arnhem, waar ze in een flat in de wijk Presikhaaf terechtkwamen. Later verhuisden ze naar een rijtjeshuis in Velp, waar ze Oirschot en Brabant vijftig jaar lang consequent miste. Ze was er trots op dat ze een werkende moeder was, ze was ook een vrouw die met een sigaret in haar hand kon ontkennen dat ze rookte. Altijd Stuyvesant rood, tot haar eerste hartoperatie twintig jaar geleden een pakje per dag, daarna nooit meer.

Haar kwelling heette alzheimer. Het is ten einde nu, er is opeens ruimte om te herinneren wie ze was. Haar Mariabeeldje staat inmiddels bij ons op de schouw. Het ziet er heel gewoon uit, heel anders dan vroeger. De magie zat niet in het steen, maar in Paula van Roosmalen-Breekelmans.

Je ziet het altijd te laat.

The Elephant Song

11 februari 2023

We moesten samen een begrafenis regelen, ik trof mijn broer en zus in Groesbeek-De Horst. Mijn zus had buikgriep, zul je altijd zien. De moeder van haar man ging ook niet goed. Mijn broer had in een week twee uur geslapen. Drie levens.

Ik had me voorgenomen geen ruzie te maken, ik geloof dat de anderen er ook zo in stonden. Het was balanceren op een dun koord.

DELA kwam, twee vrouw sterk, een doorgewinterde en een stagiaire.

Een map met kisten, bloemstukken en rouwkaarten.

De grafsteen zat niet in het pakket.

Velp lag, qua begraafplaatsen, in 'een duur gebied'.

De steen op mijn vaders graf, dat binnenkort een gemeenschappelijk graf zou zijn, kon ondersteboven worden gezet. Die kon dan opnieuw worden gegraveerd, zat ook niet in het pakket.

So far, so good; als een mes door de boter.

Ik bracht het gedoe destijds rondom het kiezen van de kist voor mijn vader ter sprake, we kozen dit keer voor sparrenhout.

De koffietafel zat ook niet in het pakket.

Een bos bloemen of een kleine krans wel.

Wilden we een vingerafdrukje van moeder? Dan konden er identieke zilveren hangertjes voor aan een ketting van gemaakt worden.

Zat ook niet in het pakket.

Paula van Roosmalen-Breekelmans werd zestig kilometer verderop opgebaard, zat wel in het pakket. Moest ze met of zonder sieraden? Met of zonder trouwring? Welke jurk? We moesten een andere dag komen om haar te zien, later bleek het 's avonds laat al te kunnen.

Na de vraag of dat dan wel in het pakket zat, voelde de ervaren DELA-vrouw zich niet meer prettig.

Was dat nou nodig?

Daarna liep de valse lucht uit het ventiel.

Het was dan toch weer gelukt iets kleins op te blazen tot een grote rode ballon.

Naar de HEMA voor een foto en een lijst voor op de kist van sparrenhout, een potje tafelvoetbal, een wandeling, voor de laatste keer naar haar kamer in het verpleeghuis. Het lukte om samen teksten voor de rouwkaart en het bidprentje te schrijven. We reden in een auto naar het rouwcentrum en daarna naar de kerk in Velp, waar we zij aan zij knokten voor 'The Elephant Song' van Kamahl, haar lievelingsnummer.

The Blue Lotus, het Chinese restaurant in een flat op Den Heuvel dat altijd open is, was gesloten. We aten van haar geld bij een Italiaans restaurant waar we nog nooit hadden gezeten.

Ik was de enige met trek.

Tot zover waren we elkaar enorm meegevallen.

Hoed af

15 februari 2023

Frank Boeijen, de zanger uit Nijmegen, was te gast bij het Radio 5-programma met de geweldige titel *Lunch Lekker met Daniel Dekker*, waar hij een gedicht voorlas dat hij schreef naar aanleiding van de ramp in Turkije en Syrië. Hij had de pen in het hart gedoopt, zoals hij dat kan, en een gevoelige snaar geraakt; het gedicht was overal.

Na afloop dronk hij samen met Daniel Dekker een kop koffie in het nieuwe grand café naast de Albert Heijn to go op het Media Park.

Frank Boeijen schreed binnen, drie sjaals tegen de winter, daaronder een colbert, en een hoed op het hoofd tegen herkenning. Je wilt als

BN'er ook wel eens anoniem zijn, maar tegelijkertijd ging Frank Boeijen ook van tafel naar tafel om zich voor te stellen als Frank Boeijen.

Zo verscheen hij ook aan ons, ik dronk er koffie met Natasja Gibbs, bekend van radio (*De Nieuws BV*) en televisie (*Op1*).

'Ja,' zei hij terwijl hij zijn hoed afnam, 'daar is-ie dan. Frank Boeijen.'

Frank Boeijen prees Natasja Gibbs' interviewkwaliteiten, hij had een voorbeeld paraat. Over etnisch profileren, iets waar zijn nummer 'Zwart wit' in wezen ook al over ging. En voor zijn 65ste verjaardag had hij, hij boog zich nu naar mij, het boek *Totaal* van de hand van ondergetekende gekregen. Hij ging er binnenkort eens lekker aan beginnen. Hij zette de hoed weer op het geverfde haar.

Ik kreeg sterk de behoefte iets aardigs terug te zeggen, de hersens kraakten ervan en toen zei ik dat ik zes jaar in zijn stad Nijmegen had gewoond. De hoed ging weer af. Ik herinnerde hem eraan dat hij zich begin jaren negentig altijd direct achter de deur ophield in studentensociëteit Diogenes, toen de enige gelegenheid met een nachtvergunning, waar hij studentes soms overrompelde door zich totaal overbodig voor te stellen als Frank Boeijen.

'Dag, ik ben Frank Boeijen.'

Die tijd was voorbij, Diogenes was al jaren dicht en bovendien waren er tegenwoordig meer bekende Nijmegenaren. Sinan Can bijvoorbeeld was een goede vriend, die had hem overgehaald om in het belpanel van Giro555 plaats te nemen omdat hij een gedicht over de ramp had geschreven. Als iemand het woord 'viral' mooi kan uitspreken, is het Frank Boeijen.

Daarna besprak hij de veranderingen in Nijmegen sinds de jaren tachtig en negentig, toen ze daar zo links waren dat blowen zelfs 'nouveau riche' werd gevonden.

Hij zette zijn hoed weer op en zei dat hij woensdag weer op het Media Park was. Zo sprak je Frank Boeijen nooit, zo was je weer helemaal bijgepraat.

Het hoefde niet meer

17 februari 2023

Op een gegeven moment hoefde ik niet meer te komen. Te lang getwijfeld. Het aantal BN'ers dat woensdagavond wilde komen opdraven in Beeld & Geluid voor de nationale inzamelingsactie voor Turkije en Syrië overtrof de verwachtingen, allemaal wilden ze het verschil maken, geloofden ze ook dat ze een verschil konden maken. Door er te zijn, door een telefoon op te nemen.

Zou het echt zo zijn?

Wonen we echt in een land waar mensen pas geven als ze zien dat er een roedel BN'ers paraat zit? Dat je eigenlijk niet wilt geven, maar dat dan toch doet omdat de kans dan groot is dat je een BN'er aan de lijn krijgt.

En dan?

Een moeizaam gesprek.

Vorig jaar zat ik als beginnend BN'er in een belpanel, toen voor Oekraïne. We droegen identieke T-shirts naast, boven en onder elkaar, de een wat bekender dan de ander. Ik voerde vooral gesprekken met mensen die niet wisten hoe ze telefonisch geld konden overmaken, maar soms wel behept waren met een mening over mij. Het kon natuurlijk niet altijd Chantal Janzen zijn, een beller opperde de mogelijkheid om te mogen kiezen via wie hij zijn goede geld naar het doel kon sluizen. Een ander had mij al zien zitten en had tegen zijn kleinzoon gezegd dat hij juist niet hoopte op mij.

Zul je altijd zien.

Het moest allemaal snel-snel, zo was ons duidelijk geïnstrueerd, ik wist niet of ik de mensen kon geven waar ze recht op meenden te hebben. Aan de andere kant van de lijn voelde ik ze soms ook zoeken naar woorden. Over Oekraïne ging het vrijwel nooit, wel over de diepgewortelde behoefte om goed te doen.

Achteraf bij de hapjes en op de trappen naar buiten veel praatjes met andere BN'ers, het ging goed met ze, of slecht, dat maakte in het licht van het grotere geheel natuurlijk niets uit.

Een zanger zei: 'Ik ben blij dat je hier bent.'

Daarna: 'En ik ben ook blij dat ik er ben.'

Ik wist toen niets anders te zeggen dan 'bedankt', wat natuurlijk nergens op sloeg, maar het was vriendelijk bedoeld.

Daar zijn de meeste BN'ers al blij mee. Het is een bijzondere groep. Ze overschatten alles: het eigen kunnen, de eigen populariteit, de impact van hun woorden of aanwezigheid, maar zijn zich tegelijkertijd ook bewust van de ogen van het woedende volk.

In het echt zijn ze heus wel aardig, vooral voor elkaar. Het regent complimenten en dan druppelt er ook wel eens wat terug. Zo'n ramp als nu in Syrië en Turkije beleven ze net als u, de een zit er wat dieper in dan de ander. Aan de telefoon smelten ze samen met bellers die hun betrokkenheid ook kwijt moeten.

Reportage-element

22 februari 2023

Met Sandrine en Lois, twee redacteuren van het Radio 1-programma *De Nieuws BV*, reed ik naar een bushalte aan de Burgemeester de Bekkerlaan in Gemert, waar we Victor, een achttienjarige student, zouden treffen die daar dan zou vertellen dat er steeds minder bussen rijden tussen Gemert en Eindhoven, waar hij studeert. Ik werd gevraagd voor het reportage-element, wat ik niet kon weigeren. Bovendien sprak het voorgeprogrammeerde van de exercitie me erg aan.

Victor ging zeggen dat er steeds minder bussen rijden tussen Gemert en Eindhoven.

'We kunnen ook niet gaan,' opperde ik toen we gisteren op het Media Park verzamelden. 'Dan bellen we Victor, en dan zegt hij vanaf de bushalte dat er weer bijna geen bussen naar Eindhoven komen.'

Dat was natuurlijk geen optie, het moest en zou doorgaan vanwege de Provinciale Statenverkiezingen. Het leek misschien op van dichtbij op een leeg doel schieten, maar dit was nou typisch een onderwerp dat ze bij Radio 1 'de vinger in de samenleving steken' noemen.

'Heel veel mensen weten dit niet.'

We vertrokken toch.

We reden langs het Wilhelminakanaal en daarna via Veghel naar Gemert, een dorp waar iedereen aan het carnavallen was. Iedereen behalve Victor, een student die bij een bushalte aan de Burgemeester de Bekkerlaan vertelde dat er steeds minder bussen van en naar Eindhoven rijden. Hij had hierover zijn beklag gedaan in de regionale krant, waarna hij was gescout als 'nieuwsmaker'.

Ik trok het nieuws eruit, professioneel en zakelijk.

Daarna trokken we om uit te rusten het centrum van Gemert in. Onderweg interviewden we meneer Van Laar, hij deed vanwege een prostaatoperatie als enige niet aan carnaval. In café/zalencentrum Den Engelenburcht zei een vrouw dat het openbaar vervoer van en naar Gemert inderdaad 'kut met peren' is, iets wat later meerdere keren steeds krachtiger werd bevestigd door beschonken inwoners van Gemert. Ik voelde het aandeel van Victor in de reportage krimpen. In café Kop of Munt – een geweldige naam, vind ik – vroeg een als draak verklede bezoeker hoe we er in het verre Hilversum achter waren gekomen dat het openbaar vervoer van Gemert naar Eindhoven en Helmond zo kut was. Hadden we dat soms gehoord van Arno Kantelberg, die uit Gemert komt?

Ik had heel veel zin om 'ja' te zeggen, maar in plaats daarvan vertelde ik dat Radio 1 dagelijks de vinger in de samenleving steekt en dat ze zo Victor, een student van achttien die dagelijks bijna niet met de bus van Gemert naar Eindhoven kan, hadden ontdekt.

'Benieuwd wat die gaat zeggen,' zei de draak.

Vrij spel

24 februari 2023

Ik had een paar zinnen in een comedyserie van Chantal Janzen en Tina de Bruin, een Nederlandse actrice en cabaretière. Geen droom of hartenwens, maar het resultaat van een toezegging in het voorbijgaan aan Max Apotowski, de regisseur van *Media Inside*. Een vriendendienst waar ik volgens hem verder niets aan over zou houden.

'Zomerprogrammering.'

Ik was het bijna vergeten, maar de redacteuren rondom het programma mij niet. Ik werd na een vergadering van *Media Inside* in een auto geladen en naar Hilversum gebracht. De chauffeur zei dat je maar nooit wist hoe een koe een haas ving, misschien was ik volgend jaar wel acteur.

Het was in het RTL-gebouw, een bunker waar je voor iedere deur een ander pasje nodig hebt.

Ik zat opgesloten tussen andere figuranten.

En Chantal Janzen.

En Tina de Bruin.

En een cameraploeg.

Ook aanwezig: Hans Cornelissen, vroeger bekend van *Zeg 'ns Aaa*, hij zat ook in mijn scène.

Ik ben slecht in dit soort situaties. Ik had er tevoren wel over nagedacht hoe ik ongedwongen met Chantal Janzen de mediawereld zou doornemen, maar uiteindelijk weet ik niet meer wat ik tegen Chantal Janzen heb gezegd.

Ja, die paar zinnen. Een keer of twintig die paar grappig bedoelde zinnen, die ik een paar minuten voor de opnames voor het eerst zag. Ze kwamen toch anders uit mijn mond dan de schrijvers ze bedoeld hadden. Chantal Janzen, Tina de Bruin en Hans Cornelissen moesten telkens opnieuw door een deur. Er was een spontaan moment waarop werd besloten dat de zinnen ook anders uit mijn mond mochten komen, want ik speelde tenslotte mezelf, maar dan wel een versie van mezelf die niet bestaat.

'Vrij spel,' werd er geroepen.

Toen het er eindelijk op stond en de volgende figurant zich aandiende, werd ik bedankt.

Mijn acteercarrière zat er alweer op, het was kort en krachtig geweest, maar tegelijkertijd ook best lang. Toch leuk voor mij dat ik nu ook eens een bijrol in een comedy van Chantal Janzen had gespeeld, dacht ik toen ik op zoek naar een uitgang door het RTL-gebouw dwaalde. Er waren er niet zo veel die dat mij na konden vertellen. Fijn eigenlijk dat er niet gelachen was, ik had in ieder geval niet de komiek uitgehangen. Daarna liep ik me keihard vast in een draaideur, want geen pasje.

De portier had het op zijn beeldscherm gezien, beste scène van de dag.

Sweet Caroline

16 maart 2023

Waar was ik bij de zoveelste mokerslag die de Nederlandse politiek op haar grondvesten deed schudden? In Brielle, vroeger Den Briel, Alva verloor er zijn bril. Lezing, boekhandel, Boekenweek. De uitslag van de Provinciale Statenverkiezingen interesseerde de belangstellenden niets, de meeste hadden de leeftijd dat ze het wel erger hadden meegemaakt. We zaten in het hartje van populistisch Nederland, het vet zit er zo dik rond de slagader dat ze de attaque al van ver hadden zien aankomen.

Bovendien: Caroline van der Plas is niet dodelijk. Leuk is het niet, vooral niet voor mestkalveren, biggen en plofkippen, maar het kon natuurlijk veel erger. Tijdens de reis ernaartoe passeerden we bij Pernis een roterend reclamebord waarop beurtelings de smoelen van Geert Wilders, Thierry Baudet en Joost Eerdmans te zien waren. Je zou kunnen betogen dat we dankzij Caroline niet met een halve of hele gare zitten opgescheept. Het stikstofdebat is gênant, maar het deporteren van bevolkingsgroepen blijft ons nog even bespaard.

Niets zo voorspelbaar als de proteststem.

De zwerm trekt van schreeuwlelijk naar excentriekeling en landde nu even in de boerenstal van Caroline, waarvan we later zullen zeggen dat de vanuit alle hoeken gefilmde knuffel met haar moeder het hoogtepunt van haar politieke leven was. Wat daar met en om haar stond te 'swingen' op dat podiumpje in Bathmen gaat het verschil niet maken. Het voorlezen van een A4'tje gaat nog net, meer zit er niet in. (Is het kippenstal of kippestal, Carla Evers?)

Als ze al niet versplinteren in kleine hoopjes boerenbelang gaan ze wel ten onder aan de vergadercultuur. De 'elite' heeft zo haar methodes om de proteststem monddood te maken: procedures. Je kunt wel stomend op klompen naar binnen stampen, maar echt iets veranderen duurt jaren, en zo veel tijd heeft het woedende electoraat niet. Over een paar weken raken de eersten al teleurgesteld. Hoezo nog steeds dat gezeik over stikstof terwijl ze Caroline toch de macht hadden gegeven?

Het zijn kleine stapjes, maar uiteindelijk landt de zwerm op de verkeerde bloem en dan krijgen we hier de dictator die we verdienen. Ik stel voor om die absolute gek met open armen te ontvangen, laat hem of haar desnoods de Deltawerken maar opblazen. Benieuwd ook wel welk muziekstuk die dan gaat verkrachten, want ook 'Sweet Caroline' van Neil Diamond is woensdagavond in verkeerde handen gevallen.

Angela de Jong, gezinstherapeut

5 april 2023

De antipathie was even geluwd, maar opeens wist ik weer waarom ik *AD*-televisievrouw Angela de Jong zo'n storend element in het publieke debat vind. Het zijn niet eens haar van-dik-hout-zaag-je-planken-meninkjes over televisie die ze in kromme zinnetjes giet, ook niet haar gekakel daar weer over in alle talkshows – dat geloof ik zo langzamerhand wel.

Nee, het is omdat ze televisiekritiek zo graag vermengt met een maatschappijvisie die stamt uit de tijd van net voor de stofzuiger, toen pudding nog niet uit een pakje kwam. Televisiekijken kan ze wel, als de beste zelfs, maar voor de rest is ze vooral de bemoeizuchtige overbuurvrouw die ongevraagd achterom komt. Ze staat opeens in je keuken, licht het deksel van de pan, zegt dat je je vlees met een andere boter moet braden en in één adem door dat ze je nooit meer aankijkt omdat je bent vreemdgegaan. Of dat je je autistische zoon eerder uit huis had moeten gooien.

Haar moeder had gezegd dat ze naar *Kees vliegt uit* moest kijken, de documentaire over de autistische Kees Momma en zijn ouders. Nou, dat deed ze. En wat er toen gebeurde? In heldere Angela-taal: 'Wie had gehoopt anderhalf uur lekker te lachen om Kees, komt van een koude kermis thuis.'

Oorzaak van alles volgens Angela: de ouders van Kees Momma hadden eerder moeten ingrijpen, dan was ze veel ellende bespaard gebleven.

'Een moeder kan ook te veel van haar kind houden. Het is zonneklaar dat haar onbegrensde liefde en zorg, het geduld waarmee ze altijd elke tegenslag voor hem wegpoetste, niet in zijn belang waren.' Zonneklaar. Ik heb ook naar *Kees vliegt uit* gekeken, ik vond het dapper van alle betrokkenen dat ze zich hebben laten filmen en ik vind dat Monique Nolte het weer fantastisch gedaan heeft. Ik vind ook dat

KRO-NRCV zich de ogen uit de kop moet schamen dat dit vervolg op *Het beste voor Kees* bij Videoland moest verschijnen.

Over dat laatste had ik Angela de Jong eventueel nog wel willen horen, maar ze koos ervoor om met een houten pollepel in andermans soep te roeren.

Ik gun Angela de Jong en haar gezin natuurlijk het beste, maar mocht er daar ooit iets publiekelijk ontsporen dan mogen iedere amateurpsycholoog of therapeut en alle anderen niet gehinderd door kennis en/of ervaring concluderen dat er door moeders te veel kostbare gezinstijd verloren is gegaan aan al dat gekeuvel over televisie op alle zenders. Dat zou ze zelf ook hebben gedaan.

Tijs van den Brink doet Velp

7 april 2023

Johan, de vaste EO-chauffeur, stond met zijn grijze Ford B-Max dubbel geparkeerd voor mijn deur. Hij was een half uur te vroeg.

'Dat doen we standaard bij de EO.'

Hij nam me mee naar de rooms-katholieke kerk in de Emmastraat in Velp, naar *Adieu God*, het interviewprogramma van Tijs van den Brink.

De rit verliep relatief soepel.

De kerk lag er in al haar glorie nog hetzelfde bij als een maand eerder bij de eredienst voor Paula van Roosmalen-Breekelmans, mijn moeder. Johan was minder onder de indruk, hij had inmiddels zo veel kerken gezien.

We troffen de EO-crew in de pastorie, ze aten broodjes. Om ons heen een wirwar van kruizen, beelden en foto's van kardinaal Eijk en paus Franciscus. De regisseur van de dag zei dat hij oog had voor 'het rommeltje', maar dat hij toch had gekozen voor een setting in de kerkbanken.

'Ruimer.'

'Opgeruimder, vooral dat,' hoorde ik opeens een bekende stem zeggen. Het was koster Dick Mol, hij leidde de uitvaart van mijn moeder. Hij vond: als er dan ooit een cameraploeg naar Velp komt, dan zet ik ze niet in de rommel.

'Ook al kijkt er natuurlijk toch geen hond.'

Tijs van den Brink, wielrenner, PSV-supporter, Amerika-kenner, huisvader en interviewer, sloop binnen. Tijs vond het na drie stappen al een mooie kerk, ik had graag nog wat doorgekeuveld om het ijs te breken, maar dat was buiten koster Dick Mol gerekend.

Hij wilde wel eens weten wat Tijs van den Brink van paus Franciscus vond. En van kardinaal Eijk. Dick Mol had speciaal voor Tijs van den Brink de verwarming in de kerk laten loeien en hoopte dat zich dat zou terugbetalen in gratis reclame voor zijn machtige gebouw. Dick Mol vond dat de camera's te statisch stonden opgesteld. Dick Mol herinnerde zich de uitvaart van mijn moeder nog goed. Het was de eerste en de laatste keer dat 'The Elephant Song' in zijn kerk was gedraaid en hij had het leuk gevonden om expres een flinke pets wijwater over me heen te gooien. Ik bedankte hem daarvoor omdat het me uit mijn emotie haalde.

Achter me kraakte het, Tijs van den Brink spitste zijn oren, ze staken nu door zijn kapseltje heen. Ik wist toen al dat ik die informatie in het diepte-interview terug zou krijgen. En ja hoor. Niet een, niet twee, maar drie keer.

'Wat deed het met je toen je je moeder hier in deze kerk wegbracht?'

Na afloop was het gemoedelijk, laat dat maar aan de EO over. Hele schalen met broodjes, planken met cake.

Dick Mol, ik begon net aan mijn eerste hap: 'Alles wat overblijft breng ik persoonlijk naar de dagbesteding voor bejaarden.'

Buitenspel, *Vandaag Inside*

Ik ga het hele EK, en als dat nog niet genoeg is ook de Olympische Spelen en de Tour de France voor u verpesten

11 juni 2021

De Belgen lachen ons uit!

13 juni 2021

Kan iemand koning Willem-Alexander uitleggen dat ook de beste nummers drie doorgaan naar de achtste finales?

15 juni 2021

Wolter Kroes is een frikandel met oogjes

17 juni 2021

Oostenrijk is een mislukt stukje Duitsland, geen voetballand

19 juni 2021

Jack van Gelder

21 juni 2021

Rappen als Memphis Depay

23 juni 2021

Erdoğan en Jan Joost van Gangelen
zijn één en dezelfde persoon

25 juni 2021

De euforie rond Denemarken is onbegrijpelijk: 'Lelijk land'

26 juni 2021

Frank de Boer had een shake met klontjes over het hoofd
van Memphis moeten gieten

29 juni 2021

Henk ten Cate zou een geweldige dictator zijn

2 juli 2021

Heracles Almelo is als op je brommer met je ogen dicht tegen een muur rijden

4 juli 2021

Als je trots bent omdat Kuipers en Makkelie goed presteren, gaat er iets fout in je leven

6 juli 2021

Het niveau van het Belgisch voetbal in vier woorden: John van den Brom

9 juli 2021

FC Twente is het ongewenste tweelingzusje van Engeland

13 juli 2021

Wielrenners zijn beslist niet slimmer dan voetballers

17 juli 2021

Het is een nationale ramp dat er
van die broertjes Coronel twee zijn

20 juli 2021

De Olympische Spelen hebben ons héél veel irritante
bekende Nederlanders opgeleverd

22 juli 2021

Hockey is een B-sport, daarom zijn wij er zo goed in!

27 juli 2021

Japanners eten met stokjes; de enige stokjes
die onze roeiers kennen zijn roeispanen

28 juli 2021

Martens en Miedema misten hun penalty omdat ze
geen zin hadden in Humberto Tan

30 juli 2021

Nederland is geen kutland, wij maken er een kutland van:
u bent het probleem!

3 augustus 2021

Caroline van der Plas is géén Johan Derksen in een jurk,
ze is een omgetoverde biet

5 augustus 2021

Ik heb nul medelijden met Barcelona en al helemaal niet met Koeman

7 augustus 2021

Roepende in de woestijn, *Voetbal Inside*

Wereldkampioen worden kan niet met Janssen, De Jong, Pasveer en Davids als assistent

21 november 2022

Als je Jan Slagter tegen de haren instrijkt dan ontploft hij

25 november 2022

Joep Schreuder is een loopse hond met kerstverlichting!

2 december 2022

Korte Corner, *NOS Studio Sport*

Ajax moet naar zichzelf kijken

5 augustus 2019

Het AZ-stadion, monument voor mislukte architectuur

11 augustus 2019

De strijd van Mark van Bommel

18 augustus 2019

Van het seizoen 2019-2020 zullen de PSV-supporters zich later weinig herinneren, behalve dan dat er even een Griek met een baard meedeed

25 augustus 2019

Er zijn mensen die echt geloven dat Virgil van Dijk beter is dan Messi en Ronaldo. Die mensen wonen vaak in Liverpool. Of in Nederland.

1 september 2019

Leonid Sloetski was de eerste Vitesse-trainer die op het idee kwam om dan maar zonder middenveld tegen PSV te spelen

15 september 2019

De Airborne-wedstrijd

22 september 2019

Koempelmentaliteit terug bij Roda

29 september 2019

Eenzame oudere in de spits

6 oktober 2019

Michael van Praag houdt ons altijd voor hoe blij we mogen zijn dat hij in het bestuur van de UEFA zit

13 oktober 2019

Alles klopte in Utrecht

20 oktober 2019

Klimaatbewust Ajax gaat naar Qatar

28 oktober 2019

Van der Sar in Qatar

17 november 2019

Hoe zorgen de spelers van PEC dat Erben zijn kwek houdt?

19 januari 2020

John de Jong, een hert op de snelweg

26 januari 2020

Aad de Mos, een hele grote

2 februari 2020

Windstil in Eindhoven

9 februari 2020

Nog één keer over de VAR

23 februari 2020

De humor van Sjaak Polak

1 maart 2020

De KNVB maakt geen beleid maar Postbus 51-filmpjes waarvoor ze de spelers van het Nederlands elftal gebruiken

22 april 2020

Koeman, de romanticus

30 augustus 2020

Veel sterkte met ons

6 september 2020

De sirtaki is dodelijker dan corona

13 september 2020

Handboeien, de zweep en een goede pot voetbal

20 september 2020

Mark Rutte over gewenst gedrag in de stadions: 'Zitten en je bek houden'

27 september 2020

Het is allemaal de schuld van corona

4 oktober 2020

Götze naar PSV is zoiets als Cruijff naar Levante

12 oktober 2020

Na Napoli-AZ kan het alleen maar beter worden

18 oktober 2020

Geruisloos Vitesse pakt de dubbel

1 november 2020

Ook de media huilen om Maradona

29 november 2020

FC Emmen bestaat nog

14 december 2020

Het gelul over een onoverwinnelijk team hield de onderkant van het Feyenoord-legioen tevreden

20 december 2020

Verder is Qatar een geweldig land

14 februari 2021

Willem II - FC Utrecht 0-6

21 februari 2021

Er komt geen boycot tegen WK in Qatar

28 februari 2021

We hebben Ibrahim Afellay gedwongen om naar een samenvatting van RKC - FC Utrecht te kijken. Dat is martelen.

7 maart 2021

ADO is een lichaam vol puisten

14 maart 2021

Door Wout Weghorst mag iedereen blijven dromen van Oranje

21 maart 2021

Ajax ieder jaar kampioen, gefeliciteerd

2 mei 2021

Dit seizoen graag zo snel mogelijk vergeten

16 mei 2021

Je stopt een virus niet door een vak leeg te laten en daarnaast een vak vol te proppen, Go Ahead Eagles

15 augustus 2021

Zand in machine Ajax

22 augustus 2021

Jens Toornsta kan praten: 'De energie lag nog in de kleedkamer'

29 augustus 2021

Gelukkig hebben we Van Gaal

5 september 2021

De lange arm uit Teheran bepaalt de opstelling van Feyenoord

12 september 2021

Het failliet van de voetbalanalisten

19 september 2021

Ryan Babel is ons allemaal te slim af

26 september 2021

Willem II

4 oktober 2021

Verrotte voetbalwereld

11 oktober 2021

Neprivaliteit in weekend van verbinding

17 oktober 2021

De panenka van Rai Vloet

24 oktober 2021

Is Berlijn er vrijdagochtend nog?

31 oktober 2021

Doe als Feyenoord, Dirk Kuijt

7 november 2021

In Breda is niets zo belangrijk als bier

14 november 2021

De sukkels staan als eerste op

21 november 2021

Er zijn meer 'oude nesten' dan voetballers

28 november 2021

Volendam komt op ons af

5 december 2021

Ondanks Verstappen is Formule 1 saaier dan voetbal

12 december 2021

Floki, een echte FC Twente-munt

19 december 2021

Coronaregels gelden voor iedereen, behalve voor Ajax

16 januari 2022

Lex Immers de lijstduwer

23 januari 2022

Willem II - RKC, de minst aansprekende derby

6 februari 2022

Ajax blijkt geen voetbalclub, maar een gesticht

14 februari 2022

Iedereen bij 'ChristenUnie' PEC Zwolle is Gert-Jan Segers

21 februari 2022

Laten we Clarence Seedorf dit keer niet onderschatten

6 maart 2022

Vitesse, de hoer van de eredivisie

13 maart 2022

Koeman heeft de diepgang van een hazelnoot

20 maart 2022

NAC heeft ziel al lang verkocht aan duivel

27 maart 2022

Mag Ronald de Boer een paar maanden uit?

3 april 2022

Fantasieloosheid is onze kracht en zwakte

10 april 2022

Onana valt in het echt gewoon tegen, als keeper en als mens

17 april 2022

Heeft Ten Hag de handen van een chirurg?

24 april 2022

Friezen zijn juist zeer gewelddadig

2 mei 2022

De Feyenoord-supporter is het nieuwe knuffeldier van de talkshows

8 mei 2022

Hierom ben ik voor Vitesse

15 mei 2022

De Conference League is geschapen voor Feyenoord

22 mei 2022

Huilen voor arme Frans van Seumeren

21 augustus 2022

Fortunaspor

28 augustus 2022

Snuf en Snuitje hebben een nieuwe baas bij Vitesse

11 september 2022

Heero is groter dan sc Heerenveen

18 september 2022

Padel, nu weten we het wel

2 oktober 2022

Druktemakers, NPO Radio 1

Zinloos geweld herdenken we in Nederland met zinloze tochten

21 maart 2016

Nederturken

3 mei 2016

De perslunch van René Froger

31 mei 2016

Oerol

20 juni 2017

Fuck Diemen

27 juni 2016

De Waddeneilanden

23 augustus 2016

Trainingen van Hans van Breukelen

30 augustus 2016

Je werk mee naar huis nemen

5 september 2016

Zaankanters

13 september 2016

Klaas in Myanmar

27 september 2016

Het is dierendag, ik moest aan Bartho Braat denken

4 oktober 2016

Mino Raiola

18 oktober 2016

Diederik Samsom bezoekt Arnhem

25 oktober 2016

No Surrender-baas Henk Kuipers wil met zijn partij Rechtdoor meedoen aan de Tweede Kamerverkiezingen

1 november 2016

Straatcoaches hebben van hun hobby 'rondhangen' hun beroep gemaakt en een uniform en een mountainbike gekregen

8 november 2016

De 'gewone man' hoort hetzelfde liedje het liefst vier keer achter elkaar

15 november 2016

Bed-bad-brood

22 november 2016

Salinero

29 november 2016

Mantelzorg

13 december 2016

Je veilig voelen in Betondorp is een keuze

20 december 2016

Niet over de rand plassen

3 januari 2017

Dierenarts, eerste keer

6 januari 2017

Traagheid van apotheekmedewerkers

17 januari 2017

Wachten in het ziekenhuis

24 januari 2017

Liefde voor Vitesse

31 januari 2017

Inbraakpreventie

9 februari 2017

Blinden en slechtzienden met humor: een minderheid van een minderheid, die iedereen over het hoofd ziet

28 februari 2017

Hondenbezitters

7 maart 2017

Mishandeling homostel in Arnhem

6 april 2017

Korea-deskundige Remco Breuker

18 april 2017

Vitesse wint KNVB-beker

2 mei 2017

De perenboom

9 mei 2017

De mascotte van Diemen

23 mei 2017

De Toppers

30 mei 2017

Ahmed Marcouch

4 juli 2017

Gruwelen van 'OranjeLeeuwinnen'

11 juli 2017

Geluk

18 juli 2017

Zuid-Frankrijk

1 augustus 2017

Het huldigen van sporthelden

8 augustus 2017

Gestrand containerschip

15 augustus 2017

Het nieuwe logo van BNNVARA

29 augustus 2017

Lachen over mensen die normen en waarden uit de zevende eeuw aanhangen ligt moeilijk

12 september 2017

Na de journalist Humberto is nu ook het merk Humberto Tan ingestort

26 september 2017

Mantelzorgers doen het niet uit liefde

17 oktober 2017

Het leven aanvallen

24 oktober 2017

Mensen met middeninkomens worden Amsterdam uit gejaagd, omdat de bestuurders liever de minima voor de stad behouden

7 november 2017

Een huisjesmelker is geen prins, maar gewoon een huisjesmelker

16 januari 2018

De hypocrisie van D66

6 februari 2018

Wij winnen alle gouden medailles in een sport waar verder niemand in geïnteresseerd is

13 februari 2018

Steeds minder zin om te stemmen

6 maart 2018

Ralph Hamers

13 maart 2018

Henk Bres is ook tegen kanker, daarom zegt hij de hele tijd tyfus en tering

27 maart 2018

Ik denk dat het een droom van Peter R. de Vries is om Peter R. de Vries live te interviewen en om dat gesprek na te beschouwen met Peter R. de Vries

10 april 2018

De gevaren van de lente

17 april 2018

Rutte is liegen terwijl iedereen weet dat je liegt en dan doorliegen. Iets beloven en het tegenovergestelde doen.

24 april 2018

Kees de Koning

1 mei 2018

Foppe de Haan is bij uitstek het voorbeeld van iemand die niet stopte op zijn hoogtepunt

8 mei 2018

RTL Late Night

15 mei 2018

Ramadan-journaal, het kan dus wel, satire bij de publieke omroep

22 mei 2018

Alle domme mensen zijn tegen de Europese Unie

29 mei 2018

Van alle onbeschofte Kamerleden is Öztürk van DENK de domste

12 juni 2018

Sharon Dijksma: 'Amsterdam is net een vrouw'

26 juni 2018

België houdt ons ongevraagd een spiegel voor

10 juli 2018

Schiphol

17 juli 2018

Stef Blok

20 juli 2018

Het ondertekenen van een open brief tegen xenofobie en racisme dient geen ander doel dan dat we zien dat de ondertekenaars ook de juiste mening zijn toegedaan

24 juli 2018

Zorgverzekeraars zijn er niet voor mensen die iets mankeren. Fijn dat ze daar steeds eerlijker over worden.

14 augustus 2018

Miljoenenschikking van ING

4 september 2018

3FM

25 september 2018

Zou Jan Slagter alweer roken?

2 oktober 2018

Wie is er beter voor het milieu? Rob Jetten van D66
of Twan Huys van *RTL Late Night*?

16 oktober 2018

Mark Rutte en Stef Blok vinden Saoedi-Arabië een respectabel land

23 oktober 2018

Als René Froger ergens reclame voor maakt moet je het niet kopen

30 oktober 2018

Minderen voor kinderen

6 november 2018

De sinterklaasintocht in Zaanstad

13 november 2018

Uit de brievenbus van Jan Terlouw hangt geen touwtje

22 november 2018

Geld is volgens Wybren van Haga belangrijker dan mensen

27 november 2018

Jagen is een van de genetische defecten van de Oranjes.
Het zijn lustmoordenaars.

11 december 2018

Breekbaar vaasje

18 december 2018

Het Nashville-pamflet

8 januari 2019

De PvdA is als *Goede tijden, slechte tijden*: als je er na een jaar of tien weer invalt zijn de verhaallijnen nog hetzelfde

15 januari 2019

Er wordt drie tot vijf centimeter sneeuw verwacht. Voor de fans van Ronnie Flex, Boef en Famke Louise: dat is twee iPhones op elkaar, een hele kleine bergje witte koud.

22 januari 2019

Het CDA komt met de boodschap 'een hele goede morgen' en verder niets. Wat is de volgende stap? Smakelijk eten? Of welterusten?

29 januari 2019

Joram van Klaveren is het soort moslim waarvan ze bij de PVV altijd hoopten dat ze bestonden, maar die ze niet konden vinden

5 februari 2019

Wendy van Dijk gebruikte de verjaardag van haar kind voor een ode aan het gebroken gezin

12 februari 2019

Terugkerende jihadisten

19 februari 2019

Fijn voor mijn vader dat hem al die onzin bespaard is

26 februari 2019

Angela de Jong is een gewone vrouw
die denkt dat ze bijzonder is

5 maart 2019

Ik vind niet perse dat Jesse Klaver altijd onzin uitkraamt,
ik denk alleen dat hij zelf niet weet wat hij zegt

12 maart 2019

Tramaanslag Utrecht, wat overblijft
is een verlangen naar stilte

19 maart 2019

Mensen, grind of tegels in je voortuin dat kan echt niet meer

26 maart 2019

Ed Nijpels is een fantastisch ongeluk om naar te kijken

2 april 2019

Britten kunnen niet meer voor zichzelf zorgen

11 april 2019

Yvon Jaspers zal nooit meer kunnen schnabbelen als eerst

16 april 2019

Dion Graus is kaal van voren en langharig van achteren

23 april 2019

Wat van het eerste Europese debat bleef hangen
was een zielige schreeuw om aandacht

30 april 2019

Amsterdam wordt ontoegankelijk voor gewone mensen

7 mei 2019

Het Songfestival in Arnhem

21 mei 2019

Honden, poezen en baby's zijn vooralsnog veilig

11 juni 2019

Kysia Hekster

18 juni 2019

Ik stond gisteren bij de slager toen in drie korte broeken
tegelijkertijd de telefoon begon te loeien. NL Alert.
De overheid. Eindelijk, dacht ik, we gaan eraan.
De dijken zijn kapot, de Zaanstreek loopt onder water.

25 juni 2019

Wijkagenten zijn overbodig

2 juli 2019

Het Koningshuis. Je hebt er niets voor gedaan,
maar je bent toch speciaal.

9 juli 2019

Waarom zijn mensen enthousiast over de maanlanding?
'De aarde is zoveel meer'

19 juli 2019

Over rapper Sevn Alias: 'Gooi hem eruit, die antisemiet,
luister niet meer naar die shit'

23 juli 2019

Peter R. de Vries praat poep

26 juli 2019

Afbreken kan Henk Otten helemaal alleen

30 juli 2019

Treinstations rookvrij

2 augustus 2019

Denkend aan Holland van Omroep MAX is de bodem

6 augustus 2019

Lange Frans is geen homofoob, hij is gewoon dom

9 augustus 2019

Ga niet met de bus, trap er niet in

13 augustus 2019

De goeden moeten onder de kwaden lijden, dat is de Rabobank

20 augustus 2019

Wat Bolsonaro is voor het regenwoud,
is Carola Schouten voor onze beesten

23 augustus 2019

Pieter van Vollenhoven is verworden tot een mengsel van
Hart van Nederland, *De Telegraaf*, de opsteker van de week,
Peter R. de Vries en prins Bernhard

27 augustus 2019

We hoeven *De Telegraaf* nooit meer serieus te nemen

3 september 2019

Prinsjesdag

10 september 2019

Greta Thunberg is een buikspreekpop van volwassenen

24 september 2019

Boerenprotest

1 oktober 2019

Klimaatactivisme in Amsterdam

8 oktober 2019

Testosteronboeren

15 oktober 2019

Maurice Meeuwissen (PVV) is het democratisch dieptepunt van Rotterdam

22 oktober 2019

Stientje van Veldhoven past de norm aan, tot het niet meer slecht is voor het milieu

29 oktober 2019

Gespartel van VVD'ers is leuk om naar te kijken

5 november 2019

Alternatieve sinterklaasjournaals

12 november 2019

Arnold Karskens

26 november 2019

Ismail Ilgun

2 december 2019

De boeren hebben de stalbranden met succes
van de voorpagina's gedrukt

24 december 2019

Angela de Jong (2)

14 januari 2020

Niemand heeft recht op een herschreven geschiedenis. Blijf bij de feiten.

28 januari 2020

Dion Graus is een levend argument tegen de parlementaire democratie

4 februari 2020

Wanneer is het toch begonnen dat radio-dj's denken dat ze dagelijks grappiger moeten zijn dan de rest?

11 februari 2020

André Hazes jr. en Bridget Maasland, wie heeft besloten dat juist hun liefdesleven interessant is?

19 februari 2020

Er komt een pandemie aan, de economie stort in, uw werk verdwijnt. We gaan er allemaal aan.

3 maart 2020

Noord-Brabant is onze straf, ons gezwel

10 maart 2020

Mark Rutte loodst ons veilig de haven in, maar eerst worden we allemaal ziek

17 maart 2020

Sluit iedereen op

24 maart 2020

Ga weg met je 'You'll Never Walk Alone' en je 'samen zijn we een'. In de verzorgingstehuizen is er helemaal geen samen. Het is daar ieder voor zich.

31 maart 2020

Hugo de Jonge, stop deze gedwongen opsluitingen. Open de poorten.

7 april 2020

Ga met je lucifers naar het ministerie van Hugo de Jonge en stook het vuur daar op

15 april 2020

Ik geloof dat we nu op de bodem zijn

21 april 2020

Samen is het nieuwe alleen, u gaat alleen naar de kloten

28 april 2020

Aan het koningshuis had je niets in de oorlog

5 mei 2020

Nederland is een dor en leeg land geworden. Vliegtuigen zijn belangrijk, cultuur wordt met wortel en tak uitgeroeid en onze straf is Marianne Zwagerman.

12 mei 2020

Ik snak naar duidelijkheid. Ons lot ligt in handen van ambtenaren en bestuurders die de regels naar eigen welbevinden interpreteren.

2 juni 2020

Arie Boomsma

23 juni 2020

Met een beetje geluk gaan we er allemaal aan voor die vreselijke sinterklaastijd aanbreekt

30 juni 2020

Het CDA is een virus. Elke keer als je denkt dat het is uitgeroeid komt het in gemuteerde vorm terug.

14 juli 2020

Haatlijst

21 juli 2020

Is humor verboden?

23 juli 2020

Ik wil dat u straks de radio uitzet en denkt: ik weet niet wat ik gehoord heb, maar het was wel duidelijk

28 juli 2020

De Efteling fungeert in coronatijd als het afvoerputje van ons land

4 augustus 2020

Klaar met code rood en code oranje

25 augustus 2020

Vroeger was er een persconferentie als er nieuws was

1 september 2020

De visie van FVD op het Nederland van 2040

8 september 2020

Het is een wonder dat wij nog welvarend zijn,
andere landen lachen om ons

22 september 2020

We zijn ziek, niet van corona maar geestelijk,
en Diederik Gommers is onze beste vriend

6 oktober 2020

Geen sinterklaas, geen kerst, geen sneeuw:
voor ons ligt een gruwelijke winter

13 oktober 2020

Betrek ouders niet bij het onderwijs

20 oktober 2020

Kennis is al lang niet meer het criterium om mee te mogen
praten, eerder het tegenovergestelde

27 oktober 2020

2020 is nu al het ergste jaar ooit

15 december 2020

Ga waardig ten onder

22 december 2020

Beleid hier is kijken naar wat ze in het buitenland doen
en daar hobbelen we dan eerst voorzichtig
en daarna als een dolle stier achteraan

29 december 2020

Aan alle talkshowtafels zit hij als zalvende allemansvriend

12 januari 2021

De avondklok

16 februari 2021

Ga alsjeblieft naar de maan, Thierry

23 februari 2021

Wat je ook stemt: er komt toch weer een regering waarmee je het niet eens bent

16 maart 2021

Er komt maar geen einde aan ons lijden

23 maart 2021

Thierry Baudet vindt het heerlijk om voor antisemiet of nazi te worden uitgescholden

4 mei 2021

Sloddervos, uitgaansbeest en hyperintelligent: Máxima wordt vijftig en dat wordt onder andere gevierd met een biografie

11 mei 2021

De bezinningsperiode die corona ons bracht heeft tot niets geleid: we zijn er alleen maar erger aan toe

18 mei 2021

Sywert van Lienden heeft het kwaad een gezicht gegeven

1 juni 2021

Tuig van de richel is nu de geuzennaam

8 juni 2021

De VVD komt met een stickeralbum. Het is de bodem,
een beter bewijs dat ze geen idee
hebben van wat er leeft op straat is er niet.

15 juni 2021

D66 is sociaal doen, maar wel eerst aan jezelf denken

22 juni 2021

Niet de boeren, maar hun dieren zijn zielig

29 juni 2021

Geniet nog maar van deze zomer, het is uw laatste

7 juli 2021

Diederik Gommers is iedere ochtend zeven liter kwark naar binnen lepelen, je wordt er somber van

13 juli 2021

Boycot Eindhoven, het is daar een dictatuur, hun leider is gek

20 juli 2021

De vraag is niet of we worden verzwolgen door het water, maar wanneer

10 augustus 2021

Het is beter voor iedereen als Nederland internationaal nergens het voortouw neemt

17 augustus 2021

Mag ik zeven radijsjes, wat broccoli en een paar stronken Ankie Broekers-Knol?

24 augustus 2021

Ploumen en Klaver die willen regeren is als jam op een boterham met worst smeren

31 augustus 2021

GP van Nederland in Zandvoort

7 september 2021

QR-codes kunnen nog veel breder worden ingezet.
Dan maar geen muziek uit Volendam of
Wout Weghorst in het Nederlands elftal.

14 september 2021

De versplintering

28 september 2021

Ik ben nu alweer Pieter Omtzigt-moe. Ik vind het heel vermoeiend dat ik de hele tijd op de hoogte word gehouden van al zijn vermoeidheidsstadia en zijn goede daden.

6 oktober 2021

Groene stroom is nep

12 oktober 2021

Omroep Gelderland

19 oktober 2021

Maak je vooral niet druk om de toekomst, dat hoeft niet meer

26 oktober 2021

Wybren van Haga is als jeugdpuistjes, je moet het laten,
je moet er afblijven, anders wordt het erger

9 november 2021

Onder leiding van deze regering eindigen we
met z'n allen in het ravijn

16 november 2021

Omikron-variant

30 november 2021

De kracht van Ockje Tellegen is de onredelijkheid die in haar karakter zit ingebakken

7 december 2021

Vijfduizend vluchtelingen huisvesten lukt niet, maar vijfduizend proleten naar Abu Dhabi sturen is geen probleem

14 december 2021

Ik wil de kerststemming niet bederven maar we zitten in een neerwaartse spiraal die sowieso eindigt in een bodemloze put met prut

21 december 2021

Antwerpen is dé oplossing: alles wat u wil mag daar wel

28 december 2021

BNNVARA wil humor niet afschaffen, maar aanpassen

4 januari 2022

Hun misbruik is uw entertainment, uw verzetje in deze moeilijke tijd. De put waarin ze vallen kan u niet diep genoeg zijn.

18 januari 2022

Ons grootste probleem is onze neiging om mensen op een voetstuk te zetten

25 januari 2022

Als de Russen dan toch aanvallen, dan graag vandaag

1 februari 2022

D66 heeft een kind gekregen. Het heet Volt en heeft drie ogen, anderhalve hoef en een staart en het poept de hele dag.

15 februari 2022

Het Verenigd Koninkrijk had in de jaren dertig Neville Chamberlain, wij hebben Hugo Logtenberg

22 februari 2022

Stop al uw spaargeld in cryptomunten, dit is echt een heel mooi instapmoment

1 maart 2022

Giro555: 106 miljoen euro gedeeld door
17,5 miljoen Nederlanders is helemaal niks

8 maart 2022

Gideon van Meijeren is een spion van Vladimir Poetin

15 maart 2022

Arie Slob heeft Arnold Karskens een enorm geslachtsdeel
gegeven: Ongehoord Nederland

22 maart 2022

Waarom is Jesse Klaver eigenlijk tegen plastic?
Hij is zelf van plastic.

29 maart 2022

Stef Blok is ons eigen zwarte gat

5 april 2022

Lilianne Ploumen stopt, hopelijk schrijft ze geen boek

12 april 2022

D66 is niet net zo slecht als alle andere politieke partijen, ze zijn nog veel slechter

19 april 2022

Daniel Koerhuis is een belediging voor ons allemaal

3 mei 2022

Ajax mag van burgemeester Femke Halsema niet worden gehuldigd op het Museumplein. Dat is niet erg. Het is pas erg als zo'n bijeenkomst echt belangrijk voor je is.

10 mei 2022

Utrecht is yoghurt laten uitlekken in een droogdoek, zelf een ketting maken van kastanjes en meteen rust pakken als je denkt dat je overspannen bent

17 mei 2022

Dick Benschop verdwijn!

31 mei 2022

PvdA en GroenLinks denken dat ze samen sterker zijn. Het is geen voornemen uit kracht, maar uit zwakte.

7 juni 2022

Je suis Karien van Gennip

14 juni 2022

Nederland functioneert niet meer

21 juni 2022

Zo communiceert een boos boertje

28 juni 2022

Henk Bleker is in staat om het boerenverzet van binnenuit uit te rotten. Als dat lukt moeten we hem eren.

5 juli 2022

Als we in dit land momenteel ergens geen behoefte aan hebben, dan is het aan uw mening

16 augustus 2022

Naast een azc past er ook wel een kerncentrale in Albergen

23 augustus 2022

Nick en Simon: het is afgelopen, eindelijk

30 augustus 2022

Het getwijfel, het geschipper en de medemenselijkheid van Gert-Jan Segers begint iedereen de keel uit te hangen

6 september 2022

Heel goed dat Dilan Yeşilgöz zichzelf op één lijn stelt met de Duitse filosofe Hannah Arendt. Als ze in dezelfde tijd leefden, was dat andersom ook gebeurd.

13 september 2022

Pepijn van Houwelingen zit thuis te fotoshoppen. Een bak nasi ernaast, de bril beslagen van opwinding. Op de achtergrond een cavia rennend in een rad, een dode plant, geen toiletrollen, een zelfontworpen uniform, overal roebels.

27 september 2022

Wybren van Haga is een varken. Hij rolt heerlijk door uw afval, als het slecht gaat met u gaat het goed met hem.

4 oktober 2022

Johan Remkes-moe

11 oktober 2022

Stop de FVD-achterban in een pan en kook het gif eruit

25 oktober 2022

Je kunt veel van VVD'ers zeggen, maar je weet
wat je in oorlogstijd aan ze hebt: helemaal niets.
Met zulke gidsen wil je de bergen niet in.

8 november 2022

FIFA-voorzitter Infantino heeft Rusland en Oekraïne
opgeroepen tot een staakt-het-vuren tijdens het WK.
Wat een goed idee.

15 november 2022

Conny Helder is het duizenddingendoekje van het kabinet

29 november 2022

Ik word moe van D66, van hun zorgelijke gezichten, hun kleding, hun soepjurken, hun vergezichten, hun taalgebruik, hun vieze eten, hun haren, hun landgoederen en hun excuses

13 december 2022

De SIRE-campagne tegen polarisatie

10 januari 2023

Tata Steel, een kankerverwekkend bedrijf

17 januari 2023

Geert Wilders kent mensen die al 21 jaar gediscrimineerd worden

14 februari 2023

Marjolein Faber is de schreeuwende en scheldende trol van Geert Wilders

28 februari 2023

Nog een week en dan begint de boerenrepubliek

7 maart 2023

Zo ziet stemvee eruit

21 maart 2023

Rutte laat alvast het kopje hangen naar de winnaars

28 maart 2023

Daniel Koerhuis denkt dat KLM-vliegtuigen eieren leggen

4 april 2023

Paasvuur!

11 april 2023